〈政治思想研究　第25号〉

政治と性／ジェンダー／セクシュアリティ

政治思想学会 編

風行社

まえがき

『政治思想研究』第二五号をお届けする。【特集】「政治と性／ジェンダー／セクシュアリティ」は、二〇二四年の政治思想学会第三一回大会（五月二五―二六日、国際基督教大学）の統一テーマに基づくものである。本号では、大会報告者のうち四名の方に寄稿していただいた。また、国際シンポジウムに登壇していただいたJoan C. Tronto先生には、英文論考を御寄稿いただいた。

第一六回日韓政治思想学会・共同学術会議は、二〇二三年一一月九日に国際基督教大学で開催された。「ポピュリズムとデモクラシーの行方」というテーマのもと、一二本の研究発表が為された。そのうち、韓国政治思想学会の蘇眞瑩さんに発表を元にした論文を御寄稿いただき、具知會さんに翻訳していただいた上で掲載している。

【書評】では、過去二年以内に出版された会員による学術的な著作のうち、八本を取り上げている。限られた字数の中で原著の意義と魅力を引き出すべく健筆をふるってくださった評者の皆さんにお礼申し上げたい。

【公募論文】には例年を上回る一九本の応募があり、必然的に三八人に査読を引き受けていただく必要が生じた。正直に申し上げれば、査読依頼こそは最も気の重い作業と思っていた。本誌第二二号「まえがき」で当時の森川輝一主任が記しているように、査読において試されるのは対象論文ばかりではない。「査読者自身の研究者としての見識や眼力、そして学問的誠実さ」も問われる。査読者は、構成の不備、論理の矛盾、論証するための材料不足を指摘しつつ、適宜、参照すべき文献や史料を示唆したりもして、投稿者に修正を要求することもある。それが投稿者に対して教育的な役割を果たすことも少なくない。片手間にできる作業ではない上に、本誌における会員による査読は無償で為されることになっている。査読依頼は、嫌がられ断られ続けることになるものと想像し、気の重い作業だと感じたわけである。しかし、所属研究機関を定年退職している複数の会員も含め、依頼されたほとんどの方が、予想に反して快諾してくださった。

学会は研究成果を発表する場であり、そのための権利を得るために会費を支払っているという側面もあるだろう。

しかし他方、会員同士は学問の場を共に作り上げていく共同研究者でもある。研究発表や論文執筆は喜んで引き受けるが、匿名査読などは拒絶するという会員ばかりでは学会は成り立たない。依頼されたほとんどの会員が査読を引き受けてくれたという事実は、学会は共同研究の場であるという理念が本学会会員の間では広く共有されていることの証左であろう。

査読の結果、過去最多に並ぶ一〇本の論文が掲載されることとなった。投稿数自体が増加傾向にあることを踏まえると、今後、掲載に値すると判断される論文が一〇本を超えることになる可能性は少なくない。これ以上の論文が掲載されることになるとページ数増加にともなって制作費が予算内におさまらなくなることが確実な他、冊子としての体裁に難が生じる（厚過ぎて開きにくく読みにくくなる）ことも懸念される。今後、善後策を検討しなければならなくなるかもしれない課題として記しておきたい。

エントリーなしの投稿が六件あった。投稿論文のテーマが事前に明らかになれば、査読者候補の目星をつけておくことができるという点にエントリー制度の意味がある。また、エントリーなしでの投稿には「やむを得ない事情」が必要とされていることに注意を促したい。エントリー辞退についての規定はないが、二六件のエントリーのうち辞退の連絡があったのは二件のみで、一一件については連絡がなかった。著者を匿名化するためにファイルのプロパティ欄に作成者名が残らないよう注意することが要請されているにもかかわらず、これを無視した投稿が多数を占めた。いずれも研究者としてという以前の問題である。次号以降への投稿を考えている方は、「論文公募のお知らせ」を熟読して不備がないよう留意してほしい。

最後に、刊行のためにお力添えくださったすべての皆さんにお礼を申し上げたい。執筆者はもとより、大会での司会者や討論者として登壇した方々、企画委員の方々、開催校の皆さん、三八名の匿名査読者の皆さん、田村哲樹副主任をはじめとする編集委員の皆さん、風行社ならびに印刷に関わった皆さんである。一般財団法人櫻田會からは、これまでと同様に出版助成をいただいた。変わらぬご支援に、学会を代表して深く感謝申し上げたい。

編集主任　菅原　光

政治と性／ジェンダー／セクシュアリティ〈『政治思想研究』第25号〉〈目　次〉

【政治思想学会研究奨励賞受賞論文】

【書評】

国境を越えるケアをどう考えるべきなのか

――ケア実践で結ばれた諸関係の民主的な変革の可能性

●――山田祥子

はじめに

現代の先進諸国において共通して見られるのが、「ケアの危機（care crisis）」と呼ばれる、ケアの担い手が不足している現象である。その主要な背景を成しているのは、少子高齢化という人口構造の変化、そして、女性の社会進出とそれに伴う共働き世帯の増加という社会的変化である。これらの要因により、ケアを必要とする人々が増加する一方で、従来主として女性が家庭において担っていたケアは、女性が「外」に出ることで、その担い手が不足しているのである。

ケア労働の多くは賃金が低く、また、身体的・時間的な負担が大きいことから、その担い手不足は、もはや恒常的な問題となっている。国内に人材を求めることに限界を見出した先進諸国が取ってきた解決策とは、ケア労働を担ってくれる人材を自国の「外」に求めることである。たとえば日本では、少子高齢化による介護問題の深刻化を受け、政府はこれまで、技能実習制度や特定技能制度によって介護分野で働く外国人の受け入れを進めてきた(1)。二〇二四年三月には、日本政府は、二〇二四年度からの五年間にわたり、在留資格「特定技能」で最大八二万人の外国人労働者を受け入れる見込みである旨を発表した。そのうち十三万五千人を「介護」の枠で受け入れ見込みだという。[2] また、一部の自治体では、国家戦略特区制度のもと、外国人家事支援人材の活用が行われてきた。[3] これらの外国人には、炊事、洗濯、掃除、買物等の家事一般に加え、児童の日常生活上の世話および必要な保護を行うことが期待されている。このように、日本をはじめとする先進諸国の多くは「ケアの危機」という問題を抱えており、国内における政策の限界を補填するために、外国人労働者を受け入れることでケアの担い手を確保しようとしている。

以上のことが示しているのは、ケアは文字通り国境を越えて行われている社会的実践であり、一国内にとどまる問題ではなく、もはやグローバルな問題だということである。国境を越えるケア（労働）については、これまで主として国際社会学の分野においても研究がすすめられ、ジェンダーの視点からの経験的な分析や検討が活発になされてきた。[4] ところが、これらに比して、この問題に関する規範的政治理論の分野での研究蓄積は少ない。もっとも、ケアについては、周知のとおり「ケアの倫理」と呼ばれる分野が規範的政治理論と接続することで、正義、平等、民主主義といった政治理論における鍵概念が問い直されてきた。しかし、これらの研究では基本的にはドメスティックな文脈が念頭に置かれており、ケアが国境を越えることがもつ規範的含意については、なお議論の途上にあるように思われる。[5]

規範的政治理論の分野において、とりわけ国境を越える問題に対する関心から国民国家に閉じられてきた正義概念を問い直してきたのがグローバル正義論であるが、そちらに目を転じても、国境を越えるケアの問題については光が当てられてきたとは言い難い。グローバル正義論は、地球上の富や資源、さらには二酸化炭素の排出量の公正な分配に至るまで盛んに論じてきたが、ケア（責任）の分配――そもそもケアをグローバルな分配的正義の問題として捉えてよいかという点も含め――については、一部の研究を除き、ほとんど論じられてこなかったのである。[6] また、グローバル正義論の一角を占める移民の正義論の分野では、外国人一時的労働者の受け入れの是非が論じられているものの、とりわけケア労働者に焦点を当てたものは数少ない。[7] グローバルな問題を扱うはずのグローバル正義論がこれまで国境を越えるケアの問題に対してほとんど沈黙してきたのは、憂慮すべき事態であるように思われる。

本稿では、以上のような状況を踏まえ、ケアが国境を越えることがもつ規範的含意を探究していきたい。[8] 本稿は以下のように論をすすめていく。まず、第一節において、国境を越えるケアがとりわけ移住ケア労働者にとって何をもたらすのかを考察するとともに、その現象の際立った特徴を確認する。第二節では、国境を越えるケアに不正性を見出さない立場とケアの倫理から同問題を批判する議論をそれぞれ検討し、国境を越えるケアは（グローバルな）正義そして多様なケア関係を包摂し得るケアの観点から問い直されなければならないことを主張する。第三節では、以上の議論を受け、国境を越えるケアを媒介としてすでに存在する諸実践・関係をより不正でない形へと変えていくという規範的指針を示すとともに、それが取り得るいくつかの形を示す。最後に、本稿の議論をまとめた後、考えられる批判に対して応答する。

一　国境を越えるケアは何を引き起こすのか

本稿冒頭において、「ケアの危機」への対応としての外国人労働者の受け入れについて触れたが、本節では、そのようにケアが国境を越えることによって、とりわけ世界中の移住ケア労働者や彼女たちを取り巻く環境にどのような現象が生じているのかを見ていきたい。

社会学者のアーリー・ラッセル・ホックシールドは、国境を越えるケア労働に従事する人々が置かれている典型的な状況を体現している一人の女性について次のように描写している。その女性の名は、ヴィッキー・ディアス（Vicky Diaz）という。ヴィッキーは三四歳で、五人の子どもの母親である。大学卒業後、フィリピンで学校教師や旅行代理店の社員として働いていたが、ロサンゼルスのビバリーヒルズの裕福な家庭の二歳の子どものベビーシッターおよび家事手伝いとして働くために、アメリカ合衆国へと移住した。ビバリーヒルズの家庭はヴィッキーを週四〇〇ドルで雇い、ヴィッキーはというと、フィリピンの彼女の家庭で住み込みの家事労働を行っている者に週四〇ドルを支払っている。(9)

要するに、ヴィッキーは、母国にいる自分自身の子どものケアを「別の誰か」に託し、自身は国境を越えた場所で「別の誰か」のためのケア労働に従事している。このように、ケアは国境を越える形で連鎖していることから、ホックシールドはこの現象を「グローバルなケアの連鎖（global care chains）」と呼ぶ[10]。それは、「ケアの賃労働あるいは無償労働に基づいた、世界中の人々の間に見られる一連の個人的な連結（links）」という形で定義され[11]、多くの場合、より貧しい国で始まり、より豊かな国で終わるという。

それでは、移住先においてどのような状況に置かれているのだろうか。小川玲子によれば、移住ケア労働者は、次のような多くの側面から脆弱な状況に置かれている。第一に、移住ケア労働者は、受け入れ国においてシティズンシップを得られず、労働市場における交渉力をはく奪されている。第二に、多くの場合、家族を帯同することができず、妊娠すると強制的に帰国させられる場合もある。第三に、就労に関する在留資格のいくつかは、雇用主の変更が認められていない。したがって、転職の自由がないということになる。第四に、これは移住労働者であることに加えて職種がケア労働であるということにまつわるものだが、ケア労働が私的領域で提供される場合、労働法は事実上適用されないという状況が生じる。日本では移住ケア労働者が住み込みで働くことは一般的ではないが、諸外国ではよく行われている慣行である。住み込みの労働者は、雇用主の家族に合わせた生活が求められる上に、どこまでを業務として引き受けるか線引きが難しい。したがって、労働時間と休憩時間の境界も、業務の範囲も曖昧にならざるを得ず、雇用主に酷使される可能性が高まる[12]。

以上のように、国境を越えて行われる移住ケア労働は、ケアの連鎖および移住ケア労働者にとっての脆弱性を生み出すものである。加えて、次の三点を強調しておかなければならないだろう。第一に、国境を越えるケアは、世界中で生じている現象だという点である。先述したヴィッキーの例のようにフィリピンとアメリカの間だけでなく、本稿の冒頭で述べたように日本でも、そして韓国や台湾といった他の東アジアの国々においても、「ケアの危機」への対応として介護や家事労働の分野での外国人受け入れが進んでいる[13]。さらにヨーロッパへ目を向けると、たとえばルーマニアから同じEU圏内であるイタリアやスペインへと、多くの女性がケア労働者として一時的に移住している[14]。このように、移住ケア労働は世界の一部の国に限定された現象ではなく、広範に見られる現象である。

第二に、国境を越えるケア労働に従事しているのは多くが女性であり、したがってジェンダー化された現象だという点である。ケア労働自体、それがグローバル化によって越境的な性質をもつようになる以前から、歴史的に主として女性が担ってきたものであり、ジェンダー化された労働であった。皮肉なのは、国境を越えるケアの場合、受け入れ国においてはしばしば「ジェンダー平等」の推進が掲げられていることである。すなわち、先進国においては、共働きという形のジェンダー平等が推進される一方で、それを可能とするためのケア労働を外国人女性に担ってもらうという形で、性別役割分業は維持され、むしろ強化されているとも言うことができる。

第三に、国境を越えるケア労働が成立するまでには、多くの組織や制度が関わっているという点である。たとえば、上野加代子によれば、シンガポールへの家事労働者としての海外渡航は、多くの場合、エージェンシーが仲介している。エージェンシーは、パスポートやビザの手続きを代行したり、雇用者を確保したりする役割を担う。さらに、エージェンシーと就労を希望する女性たちを橋渡しするリクルーターや、ケアの技法や受け入れ国における言語などを身に付けるためのトレーニングセンターといった組織も重要な役割を果たす[15]。加えて、受け入れ国および送り出し国の政府も挙げられる。たとえば、日本は介護人材受け入れの制度として、ＥＰＡ（経済連携協定）、在留資格「介護」、技能実習、特定技能の四つの制度を掲げている。

二　国境を越えるケアは、いかなる意味で正義とケアの問題なのか

本節では、前節で述べたような特徴を持つ国境を越えるケアを規範的に分析する視角について検討する。具体的には、まず、国境を越えるケアにいかなる問題も見出さない立場を批判的に検討し、それがグローバルな経済構造、ジェンダー構造、制度的に構築された脆弱性に注意を払っていない点で妥当ではないことを指摘する。次に、国境を越えるケアをまさに「ケア」の観点から批判する議論を検討する。結論を先に述べておくと、こうした批判も実は「ケア関係」の射程が狭く、他のあり得るケア関係を見づらくしてしまう点において限界を抱えている。

まず、そもそも国境を越えるケアに対して問題を見出さない立場、すなわち、その不正性を否定する立場の主張を

見てみよう。グローバル化の擁護者であるジャグディシュ・バグワティは、ホックシールドによるグローバルなケアの連鎖の議論を取り上げ、次のように批判している。移住してケア労働に従事することが女性による自らの選択であるかぎり、その心理的負担が経済的・心理的利益を上回ることはめったにない。女性は母国の封建的な社会から逃れて新たな環境で自立することで心理的利益を、さらには母国で働くよりも高い給与を受け取ることで、経済的な利益を得ることできる。また、母国に残された子どもも、祖母の世話を受けたり良いベビーシッターに恵まれたりすれば、幸福である。[16]要するに、「グローバルなケアの連鎖は人びとを自由にするのではなく縛りつけるものだという考え方は間違っている[17]」。

バグワティの議論に対しては、少なくとも次の三点を指摘することができるだろう。第一に、移住ケア労働者たちの移住の決断が、純粋に自らの選択と言えるのかという点である。たしかに移住を決めた女性たちは、洗脳や脅迫といった意味での「強制」は受けていないだろう。しかし他方で、純粋に自発的な選択の結果だと言うことも妥当ではないだろう。なぜなら、彼女たちの移住の動機には構造的要因が絡んでいるからである。移住ケア労働者の出身国の多くは開発途上国であるが、グローバルな貿易協定、金融政策、構造調整プログラムといった制度の束がそれらの国々における貧困層のみならず中間層も貧困化させ、移住の動機を作っていることはたびたび指摘されている。[18]たしかに、移住ケア労働者の移住の動機は経済的なものがすべてではなく、パートナーからのDVの回避や海外への興味も含む複合的なものである。[19]そうした意味で、移住ケア労働者は、ただたんに構造に従属する存在ではない。しかし、マクロ的な視点から、グローバルな経済構造の不正性を批判的に問い直していくことは長期的には必要不可欠であろう。[20]

第二に、女性がケアの主要な担い手だという点が等閑視されてしまう点である。バグワティの議論から窺えるのは、ケアの担い手は「母親」や「祖母」などの女性という想定であり、そこには「父親」や「祖父」といった人々は不在である。ただし、この点はバグワティのみに責任を帰すべきではない。事実として移住ケア労働者の大半が女性であるため、ケア流出は主として女性の移住の問題として研究されがちである。また、母国に残る父親は親の役目を果たそうとするが、それはもっぱら稼ぎ手としての役割であり、実際的なケアは誰か（その多くは女性）に託しているのが現状である[21]。さらに、ケアにおける男性の不在という観点から見れば、そもそも移住ケア労働者の受け入れ国における「ケアの危機」の原因の一つは、男性（父親）のケアへの不十分な参画である。以上のような状況を踏まえるならば、国境を越えるケアは、ジェンダー構造の問題として論じられる必要がある。

第三に、移住ケア労働者の脆弱性についても等閑視されてしまう点である。たしかに、バグワティは移住ケア労働者に対する雇用主からの虐待については懸念を示しており、国内外から活発に反対運動を展開すべきだと述べている[22]。しかし、前節で触れたように、移住ケア労働者の脆弱性は、雇用主からの直接的な虐待によってだけではなく、制度的に構築されるものである。すなわち、移住ケア労働者は、多くの場合「部分的なシティズンシップ（partial citizenship）[23]」しか得ることができないために労働市場における交渉力がなく、さらに再生産の権利も持たない。受け入れ国は、途上国女性のためのケアの膨大な空間を制度的に用意する一方で、その受け入れを短期的なものとし、シティズンシップや機会を限定することで、彼女たちをケアの檻に閉じ込めているのである[24]。

以上のように、国境を越えるケアをもっぱら「女性の（自発的な）選択」の側面から捉えてしまう議論は、その選択の背後にある構造的要因や、選択を脆弱なものとしてしまう制度的要因を覆い隠してしまう。したがって、国境を越えるケアは、少なくともグローバルな経済構造、ジェンダー構造、制度的に構築された脆弱性という観点から、正義の問題として考える必要がある。しかし、ここで立ち止まって考えてみたいのは、国境を越えるケアを批判的に見る視点は、正義／不正義だけで十分なのか、という点である。この問題がケアに関わる問題であることを考慮する必要はないのだろうか。

こうした観点から、国境を越えるケアをまさに「ケア」の観点、すなわち「ケアの倫理」から批判する議論を展開しているのが、エヴァ・フェダー・キテイである。キテイによれば、「グローバルなケアの連鎖」における「グローバルな愛情の移植（global heart transplant）」、すなわち、移住ケア労働に従事していなければ自分の子どもに注いでいたはずの愛情が別の誰かへと向かってしまうことの道徳的な問題とは、それがもたらす特別な危害（harm）にある。その危害とは、ケアの倫理が重視する「関係性」（relationality）を脅かすという点に求められるという。自己を関係的なものとして理解するケアの倫理に基づけば、とりわけ子どもという依存的な存在にとっては、特定の他者との間の日常的なケアや感情的な支えといった形の親密性が自己理解にあたり必要である。しかし、外国に移住する母親は頻繁に帰国することができないという距離的な問題から、こうした親密性を子どもと維持することが困難である。(25)要するに、国境を越えるケアは、移住する女性と母国に残る子どもに「感情のコスト (emotional cost)」を支払わせるものであり、さらに、ケアの不足によって家族関係が悪化するため、(26)害をもたらすものである。

ケアの倫理からのこうした批判は、たしかに国境を越えるケアがはらむ問題の一面を的確に捉えている。移住ケア労働につきものの母と子の距離の問題に関して、現在ではインターネットを通じた遠隔会話が簡単に可能だが、そうした会話が対面でのケアの質に達することはやはり難しいだろう。しかしながら、キテイのようにケア関係として母子関係にもっぱら焦点を当てて批判することは、母子関係を本質化し、規範化してしまう危険性もあるように思われる。

たしかに、子どもにとって特定の他者からケアを受けることは必要であろう。しかし、そうしたケア関係は必ずしも母子間のものに限られない。ケア・コレクティヴによれば、ケア関係の原型として支持されている母親業は、あまりに厳格に理想化されているために、しばしば母親にとって重荷となっている。しかし、母親業は、たとえば合衆国のアフリカ系コミュニティにおいて「産みの母親《ブラッドマザー》」と他の家族構成員や近所の人々から成る「その他の母親《アザーマザーズ》」とで分担されてきたように、異なる仕方で想像されてきた。(27)つまり、もっぱら母子間のケア関係から国境を越えるケアを批判することは、移住する母親に「あるべき姿」を遂行できていないという罪悪感をもたらし得るだけでなく、ケアの別様のあり方を周縁化してしまう可能性がある。さらに述べるならば、上野が指摘するように、母国での伝統的な家族関係が良いものであり、その浸食が悪であるとは限らない。移住する母親はしばしば、受け入れ国で新たな親密圏を構築し、母国での既存のジェンダー秩序に基づく人間関係を組み替えてさえいるのである。(28)以上のような意味で、キテイの議論に対しては、「自身が属する文化圏の価値観にあてはめて、移民女性の境遇を判断している」(29)という批判が当てはまるように思われる。(30)

さらに、ケアの観点から見て国境を越えるケアが害をもち得るのは、母子間のケア関係が侵食されるからだけではなく、移住ケア労働者と受け入れ国の人々の間に適切なケア関係が存在しないからだという点も重要だろう。上述してきたように、移住ケア労働者は、受け入れ国でケアを提供する「労働者」としてもっぱら扱われ、彼女たち／彼らへのケアは蔑ろにされている。このことは、「ケアのなさの凡庸さ」という概念から説明できるだろう。ケア・コレクティヴによれば、新自由主義的な市場、そして右翼的なポピュリズムや権威主義によってケアという理念が縮減され、私たちはナショナリスティックに、「私たちと同じような人々」をケアするよう方向づけられてしまっている。これを「ケアのなさの凡庸さ（banality of carelessness）」と呼ぶことができるという。[31]

「ケアしない」という行為のほとんどは、無思慮のままおこなわれます。私たちのほとんどは、必要なケアなしに他者が放置されているのを見て、実際に喜んでいるわけではないし、残酷で破壊的な衝動をもっているわけでもありません。しかしながら、ケアする能力、実践、そして想像力に課せられた制限に対し、私たちが異議を申し立て損ねていることは、確かなのです。[32]

本稿が論じてきた移住ケア労働者に対する無思慮も、このケアのなさの凡庸さの表れと言えるのではないだろうか。移住ケア労働者自身、そして彼女たち／彼らが母国に残してきたケアを必要とする人々に十分にケアが行き渡っていない状況を、私たちの多くは歓迎しているわけではないし、そうした状況を悪意を持って進めようとも思っていないだろう。「ケアのなさ」に気づきつつも見て見ぬふりをしているか、全く気づいていないかのどちらかが大半ではないだろうか。しかし、こうした状況に異議申し立てを行っていないという事実は、ケアしない世界の構築に私たちが加担していることを示しているのである。

再び正義／不正義の言説へと戻るが、この状況はジュディス・シュクラーが言うところの「受動的不正義」でもあるだろう。シュクラーによれば、不正義は能動的に正義のルールを侵害するときだけでなく、実際の被害者や潜在的な被害者に背を向けることによっても起こる。前者は能動的不正義、後者は受動的不正義と呼ばれる。[33]重要なのは、受動的不正義を克服するためには「不正義の感覚」に目を向けることが必要であり、民主主義はその感覚に対処する最善のメカニズムであるという点である。すなわち、シュクラーによれば、民主的な原理は、「表明された不正義の感覚の一つひとつへと、たんに現実のルールに基づいて公正に向き合うよう私たちに義務づけるだけではなく、より優れた、そして可能であればより平等なルールを実現していくことをも視野に入れて、それらに向き合うよう私たちに義務づける」[34]。つまり、移住ケア労働者がこれまで表明してきた、そしてこれから表明するであろう不正義の感覚に対して、民主的なメカニズムをもって応答することではじめて「ケアのなさの凡庸さ」は克服され得る[35]。

以上、本節では、国境を越えるケアを正義とケアの観点から考察すべき理由を検討してきた。国境を越えるケアは、第一に、グローバルな経済構造、ジェンダー構造、そして移住労働者が被る脆弱性の観点から、（グローバルな）正義の問題として扱われる必要がある。同時に、この問題はケアの観点からも問い直される必要があるが、その際のケア関係は、母と子の間の関係だけでなく、多様な主体の間の関係を念頭に置く必要があるだろう。

三　ケア実践で結ばれた諸関係の民主的な変革に向けて

ケアは、あらゆる社会的活動に先立つ、そしてそれらを可能にしている基礎的な実践である。本稿は、国境を越えるケアを媒介としてすでに存在している諸実践・関係を、より不正ではない形に変えていくことをグローバルな正義の要請であると主張する[36]。その際に重要なのは、前節の議論から導かれたように、多様なケア関係を念頭に置くこと、そして民主的なメカニズムを取り入れることである。以下では、そのすべてではないが、いくつかの方向性を示したい。

第一に、国家内のレベルであるが、まずもって移住ケア労働者を政治的にエンパワーメントすることが挙げられる。繰り返し述べてきたように、現状では、多くの移住ケア労働者はシティズンシップをもたず、また、それを得る機会も一部の国を除いて閉ざされている。そのため、労働市場において脆弱な立場にあるだけでなく、市民であれば当然に有する再生産の権利も否定されている。この場合の政治的エンパワーメントは、理想的にはフォーマルな政治過程への参加であるが、宮井健志も指摘するように、一時的移住労働者に対しては国政参政権はもとより、地方参政権ですら議論の対象となっていないのが現状である[37]。しかし、「一時性は政治的無力化の根拠にはなりえず、自らに関係する政治的問題については何らかの発言・代表機会が認められるべきである」[38]。したがって、労働組合などへの移住ケア労働者の包摂を進めていくことで、声を拾い上げる必要がある。

次に、男性のケアへの参加の促進が挙げられる。男性の意識の変容と同じく重要なのが、ケアへの参加を可能とする制度的改革であり、これには企業等のアクターの協力が不可欠である。重要なのは、男性のケアへの参加は、ケアのシンボリックな価値を高めることにもつながるという点である[39]。また、男性もケアを提供するのが当たり前となれば、子どもの側の期待や規範も変容するだろう。現状では、国境を越えるケアは、自分の子どもをケアできない母親と、母親からのケアを受けられない子どもという構図で語られがちだが、男性がケアに参加することによって、母親が罪の意識を感じやすいこのような構図も変わっていくだろう。

第二に、国家間レベルの関係であるが、これには、移住ケア労働者の送り出し国と受け入れ国との間でケア責任に関する公的議論を行うことが大きな役割を果たすだろう。受け入れ国は、移住ケア労働者の労働によって、自国のケア労働の不足を補い利益を得ていることは明らかである。他方、送り出し国は、ケア労働者がもたらす外貨で利益を得ていることはたしかであるが、同時に、ケアを担う人材が流出してしまうことによってケアの不足が生じている。このケアの不足に関して受け入れ国は無関係ではないどころかその原因となっているわけだが、現状では、受け入れ国は何の応答も行っていない。したがって、送り出し国におけるケアの不足は、送り出し国のみが解決すべき問題としてではなく、双方の共通の問題として、まずは公共的な議論の俎上に載せられる必要がある。そのうえで、両者の間でのケア責任の割り当てについて議論される必要がある。その際、「責任」という考えをベースとすることが重要であろう。なぜなら、責任という語は絶対的な命令とは異なり、「つねに対話に開かれ、コミュニケーションを通じて、共同体＝コミュニティを創り出す可能性を秘め」るものだからである[40]。

このケア責任に関する公的議論は、移住ケア労働者自身のケアの問題も含むということを付言しておく必要があるだろう。キテイが述べるように、移住ケア労働者は、母国と受け入れ国の双方から「ドゥーリアの権利」、すなわち、ケアを受ける権利とケアするときには支援を得ることのできる権利が否定されている状況にある。(41) たとえば移住ケア労働者が妊娠した場合に、そのケア責任は誰が担うべきなのか。母国に強制送還することが、果たして彼女たちをケアしていることになるのだろうか。こうした点について、送り出し国と受け入れ国の間での公的な議論が進められる必要がある。(42)

最後に、国境横断的な次元が挙げられる。この次元には、グローバルな経済システムをより平等主義的なものに変えていくこと、(43) 移住ケア労働を仲介しているエージェンシーに規制をかけること、さらにケアに関わる国際制度や組織を改善していくことなどが含まれるが、ここでは、これらの実現のためにトランスナショナルな民主的運動が重要であることを強調したい。こうした運動の代表的なものとして、家事・ケア労働者たち自身によるＩＬＯ（国際労働機関）への働きかけが挙げられる。ＩＬＯは、長年、フォーマルセクターにおける労働のみを労働と見なす生産労働中心的な労働概念を採用してきた。そのため、国境を越えて行われる家事・ケア労働は労働と見なされず、これらの職に関する国際労働基準が不在であった。こうした状況を受け、各国で働く家事・ケア労働者たちは、ＩＬＯに対し、上述のような労働概念をあらため、家事・ケア労働を労働と認めるよう主張してきた。

その結果、家庭におけるケア労働を含む家事労働を労働と認め、ディーセント・ワークを求めるＩＬＯ第一八九号条約（家事労働者の適切な仕事に関する条約）が二〇一一年に採択されるに至った。同条約が採択されたことで、家事労働者は、受け入れ国に対して保護を求めるにあたり、力を行使しやすくなったという点が重要である。(44) このように、自分たちの労働が労働とは見なされず、また、過酷な待遇を受けていることを不正義と見なして移住ケア労働者があげた声は、国境横断的な規範へと結実するとともに、国際制度のあり方を変容させ、彼女たち／彼らを取り巻くケアの環境を改善させてきた。ただし、その実効性は移住ケア労働者の受け入れ国においてそうした規範が浸透しているかにかかっていると言えよう。(45) そのため、移住ケア労働者だけでなく、受け入れ国における市民たちもまた、自分たちの政府に対してそうした規範を採用するよう働きかけを行っていく必要がある。

以上のように、ケア実践の様々なレベルにおいて、それらをデモクラティックに、より不正でない形へと変えていく方法がある。加えて主張しなければならないのが、これらを可能とするためには、私たち一人ひとりがケアを志向するコスモポリタンな主体となる必要があるという点である。「ケアするコスモポリタン的主体」とは、「ナショナリズムという確信には中身がないことを見抜き、見知らぬ人々に対してケアを向けるという国境を越えた志向性を養う」[46]ような人々のことである。国境を越えるケアについて言えば、身近で働く移住ケア労働者だけでなく、同じような立場にある世界中の労働者、さらには彼女たち／彼らの母国におけるケア関係にまで注意を向けることが要請されるだろう。つまり、ある種の想像力を備えた主体となることが求められている。こうしたコスモポリタン的主体が形成されるためには、抽象的な原理を教え込むトップダウン型ではなく、対話的実践を通じた学習プロセスがその一助となるかもしれない[47]。

おわりに

本稿は、国境を越えるケアという現象に対する規範的分析がいまだ十分にはなされていないという問題意識から出発した。国境を越えるケアに不正性を見出さない立場は、背後にあるグローバルな経済構造、ジェンダー構造、移住ケア労働者が抱える制度的に構築された脆弱性を覆い隠してしまうという問題点があった。他方、ケアの倫理から国境を越えるケアを批判する立場は、もっぱら母子関係に基づいてその有害さを批判するために、当該関係を規範化してしまう恐れがあった。本稿は、国境を越えるケアで結ばれた多様な関係を視野に入れるとともに、そうした関係をより民主的なものとしていくことこそが、（グローバルな）正義そしてケアの観点から要請されると主張した。

以上のような本稿の議論に対しては、次のような批判が提起されることが予想される。すなわち、国境を越えるケアという現象を断ち切ろうとするのではなく、すでに存在している関係をより不正ではない形としていくべきと主張する本稿の立場は、ともすればたんなる現状肯定に陥るのではないか。国民国家内でケアが完結し、ケアが国境を越えなくてもよい状態を目指すべきなのではないか。

こうした批判に対しては、まず、少なくとも短期的には、グローバル化の趨勢から国境を越えるケア関係を断ち切ることは現実的ではないだろうと応答したい。さらに、ケアが国民国家内で完結する状態が望ましいと断定することもできないように思われる。なぜなら、それがたとえ適応的選好と見なされ得るとしても、開発途上国の女性たちにとって自国の外に出られる選択肢があることは、ない状態よりも良いことに思われるからである。こうした論争的な点も含めて、本稿の議論が、国境を越えるケアに関する今後の規範的分析に少しでも貢献するものとなれば幸いである。

※本稿は、二〇二四年度政治思想学会研究大会のシンポジウムI「ケアと政治」における報告を基に執筆したものである。有益なコメントをくださった登壇者および参加者の皆さまに感謝申し上げる。なお、本稿は、JSPS科学研究費助成事業（24K22416）による研究成果の一部である。

（1）なお、二〇二四年六月に、技能実習制度に代わる「育成就労制度」の新設を盛り込んだ改正入管法等が公布された。
（2）「特定技能の外国人労働者「五年間で八二万人」受け入れ枠を閣議決定」朝日新聞、二〇二四年三月二九日、朝日新聞デジタル、https://www.asahi.com/articles/ASS3X3TMMS3XOXIE03TM.html（二〇二四年十二月一日アクセス確認）
（3）二〇二四年十二月時点での実施自治体は、東京都、神奈川県、千葉市、大阪府、兵庫県、愛知県である。
（4）日本における研究として、たとえば以下を参照。伊藤るり・足立眞理子編著『国際移動と〈連鎖するジェンダー〉――再生産領域のグローバル化』作品社、二〇〇八年、安里和晃編『国際移動と親密圏――ケア・結婚・セックス』京都大学学術出版会、二〇一八年、伊藤るり編著『家事労働の国際社会学――ディーセント・ワークを求めて』人文書院、二〇二〇年。
（5）たとえば、Kittay, E. F., *Love's Labor: Essays on Women, Equality, and Dependency*, Routledge, 1999（エヴァ・フェダー・キテイ『愛の労働あるいは依存とケアの正義論〔新装版〕』岡野八代・牟田和恵監訳、白澤社、二〇二三年）の日本語版序文において、エヴァ・フェダー・キテイは、同書の出版からの十年間を振り返り、「依存について考察するには、国民国家の枠組に閉じた正義の概念から離れねばならない」ことがわかってきたと述べている（邦訳六頁）。また、ジョアン・トロントも、「フェミニスト的なケアの民主的倫理は、互いに結びついている、一連のケア実践の流れを見通すことから始まる」と述べつつも、「国際的な実践についての問いは別稿に譲る」としている。Tronto, J. C., *Caring Democracy: Markes, Equality, and Justice*, New York University Press, 2013, p. 30（ジョアン・C・トロント『ケアリング・デモクラシー――市場、平等、正義』岡野八代監訳、勁草書房、二〇二四年、三九頁）. なお、本稿でも言及していくように、両者はその後の研究において国境を越えるケアについての考察を試みている。

（6）たとえば、グローバル正義論の標準的な教科書において、ケアについて論じた章はなく、「グローバルな健康の正義」の章において、「正義の倫理」への批判としての「ケアの倫理」がわずかに言及されているのみである。Tan, K., *What is This Thing Called Global Justice?*, 2nd Edition, Routledge, 2022, pp. 160-161. 重要な例外として、本稿で言及していく次の諸論文が挙げられる。Kittay, E. F., “The Global Heart Transplant and Caring across National Boundaries”, *The Southern Journal of Philosophy*, Vol. 46, 2008; Kittay, E. F., “The Moral Harm of Migrant Carework: Realizing a Global Right to Care” in A. M. Jagar (ed.) *Gender and Global Justice*, Polity Press, 2014; Gheaus, A., “Care Drain as an Issue of Global Gender Justice”, *Ethical Perspectives*, Vol. 20, Issue. 1, 2013; Gheaus, A., “Care Drain: Who Should Provide for the Children Left Behind?”, *Critical Review of International Social and Political Philosophy*, Vol. 16, No. 10, 2013. なお、キテイの二〇一四年の論文が収録されている *Gender and Global Justice* において、アリソン・ジャガーは、「グローバルなジェンダーの正義の諸問題は、正義に関して西洋哲学が長年保持してきた前提に挑戦する」とし、以下のように正義の前提が問い直されると述べる。①グローバルな正義の領域（domain）は、家庭（households）や家族（families）も含む。それらの配置は、グローバルなレベルでの発展の影響を直接的に受ける。②グローバルな領域における正義の主体（subject）は、移住ケア労働者、セックスワーカー、グローバルな組み立てラインで働く女性たちといった、ジェンダー化された、時にはトランスナショナルな集団を含む。③グローバルな正義の対象（object）は、ケアにまつわる貢献や責任を含む（Jaggar, M. A., “Introduction: Gender and Global Justice: Rethinking Some Basic Assumptions of Western Political Philosophy” in *Gender and Global Justice*, p. 13）。つまり、ジェンダーとも深く関係している国境を越えるケアの問題は、グローバルな正義のあり方に変容を迫る。これまで正義の考察の外に置かれてきた家庭を領域として含むようになるのみならず、主要な主体であった国家に加え、移住ケア労働者といった国境を移動する集団も主体と見なされることになる。さらに、ケア責任も正義の対象となる。

（7）そうした数少ない研究として、次の論文が挙げられる。岸見太一「人口減少時代への対応としての外国人家事労働者の受け入れ――相互行為と構造という二つの観点からの規範的考察」松元雅和・井上彰編『人口問題の正義論』世界思想社、二〇一九年。岸見は、アイリス・マリオン・ヤングの構造的不正義論とそれに対する責任論から、外国人家事労働者が脆弱な主体であると同時に、その社会的位置に応じて構造を変革する責任を負うと論じている。

（8）以下、「国境を越えるケア」という語を用いる際に主に念頭に置いているケア労働の主体は、自分の子どもを母国に残して移住ケア労働に従事する労働者であるが、子ども以外のケア関係をもつ労働者を排除するものではない。

（9）Hochschild, A. R., "Global Care Chains and Emotional Surplus Value" in W. Hutton and A. Giddens (eds.) *On the Edge: Living with Global Capitalism*, Jonathan Cape, 2000, p. 130. なお、このヴィッキーという女性についての記述は、ホックシールドが社会学者レイチェル・パレーニャスの博士論文から引用したものである。パレーニャスは、グローバル化された経済におけるフィリピンの移住家事労働者に関する以下の著作を執筆している。Parreñas, R. S., *Servants of Globalization: Migration and Domestic Work*, Second Edition, Stanford University Press, 2015.

（10）移住ケア労働者が母国に残してきた家族や親族のケアを担うのは、ヴィッキーのケースのように別のケア労働者とは限らない。上野加代子によれば、シンガポールにおいてケア労働を担うフィリピン人女性やインドネシア人女性の母国では、多くの場合、親族が代わりにケアを担っている。上野加代子『国境を越えるアジアの家事労働者――女性たちの生活戦略』世界思想社、二〇一一年、三七頁。これは、アジア諸国における給与水準が北米やEU諸国に比べて低いからであるが、いずれにせよ、ケアの連鎖が見られることには変わりない。

（11）Hochschild, "Global Care Chains and Emotional Surplus Value", p. 131. なお、論者によっては、同じ現象を「ケアの流出（care drain）」と呼んでいる。この語は、開発途上国から先進国への「頭脳流出（brain drain）」から着想を得たものであるが、本稿では「ケアの連鎖」のほうを用いる。

（12）小川玲子「移住ケア労働者をめぐる多様な脆弱性と人権保障」『平和研究』第五九号、二〇二三年、三〇～三五頁。

（13）李恵景「韓国におけるケア労働市場及び移住ケアワーカーの位置付け」（左海陽子訳）安里和晃編『国際移動と親密圏――ケア・結婚・セックス』京都大学学術出版会、二〇一八年、王宏仁「台湾におけるケアの不足と外国人労働者・結婚移民」（左海陽子編訳）同上所収。

（14）Gheaus, "Care Drain", p. 4.

(15) 上野『国境を越えるアジアの家事労働者』、三〇～三二頁。

(16) Bhagwati, J., *In Defense of Globalization: With a New Afterword by the Author*, Oxford University Press, 2007, pp. 76-78（ジャグディシュ・バグワティ『グローバリゼーションを擁護する』鈴木主税・桃井緑美子訳、日本経済新聞社、二〇〇五年、一二六～一三〇頁）.

(17) Ibid., p. 78（一二九頁）. なお、ホックシールドは、ケアの連鎖をグローバル化の不可避の結果と見なし、それ自体良いものだと考える立場を「サンシャイン・モダニスト（sunshine modernist）」と呼んでいる。ホックシールドは言及していないが、バグワティはこの立場に含まれるだろう。Hochschild, "Global Care Chains and Emotional Surplus Value", p. 142.

(18) Kittay, "The Global Heart Transplant and Caring across National Boundaries", pp. 148-149; Gheaus, "Care Drain as an Issue of Global Gender Justice", pp. 73-75. 両者は、ジョン・ロールズが提唱した背景的正義の概念から着想を得て、この点を背景的不正義（background injustice）の問題だと述べている。

(19) 上野『国境を越えるアジアの家事労働者』、二六～三〇頁。

(20) この点は、グローバル正義論において、とりわけトマス・ポッゲが精力的に論じてきた。Pogge, T., *World Poverty and Human Rights: Cosmopolitan Responsibilities and Reforms*, Second Edition, Polity Press, 2008（トマス・ポッゲ『なぜ遠くの貧しい人への義務があるのか——世界的貧困と人権』立岩真也監訳、生活書院、二〇一〇年）.

(21) Gheaus, "Care Drain", p. 16.

(22) Bhagwati, *In Defense of Globalization*, pp. 89-91（一四六～一四八頁）.

(23) Parreñas, *Servants of Globalization*, p. 18.

(24) 安里和晃「はじめに」安里和晃編『国際移動と親密圏——ケア・結婚・セックス』京都大学学術出版会、二〇一八年、六頁。

(25) Kittay, "The Global Heart Transplant and Caring across National Boundaries", pp. 156-157; Kittay, "The Moral Harm of Migrant Carework", pp. 74-75.

(26) Gheaus, "Care Drain", p. 7.

(27) The Care Collective, *The Care Manifesto: The Politics of Interdependence*, Verso Books, 2020, pp. 33-34（ケア・コレクティヴ『ケア宣言——相互依存の政治へ』岡野八代・冨岡薫・武田宏子訳・解説、大月書店、二〇二一年、五八～五九頁）.

(28) 上野『国境を越えるアジアの家事労働者』、一九三頁。

（29）Bhagwati, *In Defense of Globalization*, p. 77（一二八頁）.

（30）ヴァージニア・ヘルドは、思考における帝国主義を避けるために、多くの注意（care）が払われなければならないと指摘している。Held, V., *The Ethics of Care: Personal, Political, and Global*, Oxford University Press, 2006, pp. 164-165.

（31）The Care Collective, *The Care Manifesto*, pp. 4-5, 18（七〜八頁、三二頁〜三三頁）. なお、この語は、ハンナ・アーレントがアイヒマンに見出した「悪の凡庸さ」から着想を得たものである。

（32）Ibid., p. 5（八頁）.

（33）Shklar, J., *The Faces of Injustice*, Yale University Press, 1990, p. 40（ジュディス・シュクラー『不正義とは何か』川上洋平・沼尾恵・松元雅和訳、岩波書店、二〇二三年、七五頁）.

（34）Ibid., p. 108（二〇四頁）.

（35）ただし、『不正義とは何か』において、シュクラーは基本的に同じ市民間で表明される不正義の感覚に焦点を当てており、その「市民」に移住ケア労働者のような外国人が含まれ得るかについては検討が必要であろう。この点については別稿に譲りたい。

（36）抽象的な原理を既存の実践に適用するのではなく、すでに存在する実践の解釈を足がかりにグローバルな正義を構想するという立場を拙著において展開した。山田祥子『グローバルな正義と民主主義——実践に基づいた正義論の構想』勁草書房、二〇二二年。

（37）宮井健志「移民出稼ぎの政治理論——移住労働者の人生計画を尊重する受け入れへ」『移民政策研究』第一三号、二〇二一年、一二一頁。

（38）同上、一二二頁。

（39）Gheaus, "Care Drain," p. 16. なお、ヤングは、抽象的な計算能力や言語能力などの狭い意味での知性の尺度に基づいて、特定の職種には明らかに過剰な報酬を与え、そうした知性とは異なる形態の知性を要する職種には低い価値しか与えないことを「文化帝国主義」の一形態だと述べている。後者には、幼児教育や看護などケア労働が含まれている。Young, I. M., *Justice and the Politics of Difference*, Princeton University Press, 1990, pp. 221-222（アイリス・マリオン・ヤング『正義と差異の政治』飯田文雄・苅田真司・田村哲樹監訳、法政大学出版局、二〇二〇年、三〇七〜三〇九頁）.

（40）岡野八代『ケアの倫理——フェミニズムの政治思想』岩波新書、二〇二四年、二六七頁。

（41）エヴァ・フェダー・キテイ「ケアの倫理から、グローバルな正義へ」エヴァ・フェダー・キテイ著、岡野八代・牟田和恵編著・

訳『ケアの倫理からはじめる正義論――支えあう平等』白澤社、二〇一一年、五九頁。キテイは、産後の女性のケアを担うドゥーラから着想を得た「ドゥーリアの原理」を次のようなものだと述べる。「私たちが人として生きるためにケアを必要とするのと同時に、私たちは、他の人々――ケアの仕事をする人々を含む――が生きるのに必要なケアを受け取れるような条件を提供する必要がある」。Kittay, *Love's Labor*, p. 107（二〇七頁、傍点は原文イタリック）。

（42）ただし、注意しなければならないのは、送り出し国と受け入れ国は、しばしば権力において対等なアクターではないという点である。国際関係における差異や排除に注意を払うグローバル倫理のあり方を模索するものとして、Robinson, F., *Globalizing Care: Ethics, Feminist Theory, and International Relations*, Westview Press, 1999.

（43）その中核を成すものとして、資本主義に代わるエコ社会主義的な市場の形成が考えられるだろう。The Care Collective, *The Care Manifesto*, p. 72（一二九頁）。

（44）Fish, J. N. and M. Shumpert, "The Grassroots-Global Dialectic: International Policy as an Anchor for Domestic Work Organizing," in S. Michel and I. Peng（eds.）*Gender, Migration, and the Work of Care: A Multi-Scalar Approach to the Pacific Rim*, Palgrave Macmillan, 2017, p. 219.

（45）なお、二〇二四年一二月時点において、日本はＩＬＯ第一八九号条約を批准していない。

（46）The Care Collective, *The Care Manifesto*, p. 95（一七二頁）。

（47）伊藤恭彦「「帝国」の普遍主義とコスモポリスの普遍主義――対話するコスモポリタニズムの可能性」有賀誠・田上孝一・松元雅和編著『普遍主義の可能性／不可能性――分断の時代をサバイブするために』法政大学出版局、二〇二四年、一八～二二頁。

フェミニズム以前の〈フェミニズム〉
――女性革命家は女性の革命運動の歴史をどう見出したか

●――黒川伊織

はじめに

本稿は、女性の解放は階級闘争の勝利によってこそ実現されると考えた女性革命家による戦前の革命運動――とりわけ当時は非合法であった日本共産党の女性党員たちによる運動――と、彼女らの運動経験が戦後に見出されていったプロセスについて再考し、両者の歴史的意義を総体として明らかにしようとするものである。

このような課題に取り組む本稿の構成についてあらかじめ述べておくと、次のようになる。まずは、前提として、①当時の非合法共産党における女性党員の属性や位置を確認するとともに、日本共産党に象徴される旧左翼と、日本共産党から分岐した新左翼諸党派との人的・思想的な連続／断絶を概観しておく（一）。そのうえで、続く第二節では、具体的な分析の第一段階として、メタヒストリカルな観点から、②戦前の非合法時代を生きた女性たち（具体的には山代巴や牧瀬菊枝）が、自らの先駆者（具体的には丹野セツや田中ウタ）の運動経験を戦後のある時期に顧みるべきものとして見出していった過程を明らかにする（二）。この第二節は、先駆的な女性革命家たちによる運動の意義が、自らも当事者的立場にあった後続の女性たちによって見出され歴史的に位置づけられていった過程を明らかにするものとなる。そして、第三節では、③いわゆる「ハウスキーパー」問題が〈第二波フェミニズム〉のインパクトのもと非合法共産党における「女性蔑視」の問題と関わって見出され論争の焦点の一つとなるプロセスを明らかにするとともに、〈第二波フェミニズム〉の立場からは革命運動における〈ケア〉の問題が「性」とその「蹂躙」の問題に還元されていった過程を明らかにする（三）。この第三節では、〈第二波フェミニズム〉の立場からのそのような評価のあり方がはらむ問題についても、歴史的な観点から再考してみる。そのうえで、最後に、④旧左翼の経験を有する年長世代の女性たちが、新左翼の人びとの救援活動を担っていったことに着目し、社会運動における〈ケア〉の意味について考察を加えることとしたい（おわりに）。

このような構成をとる本稿は、フェミニズムの歴史的意義を問うものとはならない。むしろ、フェミニズムのインパクトを受けながら、後続の女性革命家たちは男性中心の運動世界のなかで苦闘した先駆的女性革命家たちの歩みをどう受けとめようとしたのか、そこから何を学び後の世代に何を伝えようとしたのか、さらには、そのような彼女らの営みにすらはらまれていたジェンダー・バイアスとはどのようなものであったのかを、明らかにする。本稿は、先駆的な女性革命家の運動経験の継承を試みた後続の女性革命家たちの営みを、「フェミニズム以前の〈フェミニズム〉」と捉えつつ、この営みが〈第二派フェミニズム〉と交錯するさまを描き出すものとなるだろう。

一　近現代日本の革命運動と女性革命家

1　戦前日本の革命運動と女性革命家

戦前の女性解放運動というときまず想起されるのは、婦人参政権運動に象徴される〈第一波フェミニズム〉の運動であろう。日本における〈第一波フェミニズム〉の運動は、一九一一年に創刊された女性による文学雑誌『青鞜』を出発点とする。女性の政治的活動が本格化するのは、一九一九年の新婦人協会結成以後のことである。新婦人協会は、女性の政治活動の自由を禁じる治安警察法第五条の改正に成功し（一九二二年五月一〇日公布施行）、さらに一九二四年には婦選獲得同盟を結成するに至る。その担い手の多くは、裕福な階層に生まれた進歩的知識人の女性であり[1]、帝国憲法の枠内での女性の権利獲得を掲げていた。

それに対して、女性革命家による革命運動は、一九一〇年代末から一九二〇年代初頭にかけて社会主義に関する情報――とりわけマルクス主義思想とソヴィエト・ロシアの紹介――が日本に流れ込んでくるなかで、一九二一年四月に日本共産党暫定中央執行委員会が成立したこと（第一次日本共産党の成立）を画期としてはじまった。第一次日本共産党が三年足らずで解党したのちに、日本共産党再建を目指した共産主義グループは、現実に存在している女性差別も民族差別も、すべて資本家の打倒による社会主義の実現により解消されるという階級闘争至上主義の立場に立ち、女性固有の問題を正面から課題とすることはなかった。そのようななか、女子高等教育機関で学びながらマルクス主義に接近し非合法共産党に加わっていった女性革命家も、労働運動の現場から非合法共産党に加わっていった女性革命家も、階級闘争至上主義のもと「革命の捨て石」として自らに課せられた任務を真摯に遂行した。

非合法共産党に参加する、あるいはシンパとしてその活動を支援することは、帝国憲法の枠外に踏み出すことを意味しており、治安維持法による苛烈な弾圧を受ける覚悟が必要であった。そのような女性革命家の歴史は、当事者による自伝、あるいは当事者からの聞き書きとして残されている。しかし、これらを通時的に見通す作業は、女性史研究者・鈴木裕子（一九四九年―）しか行っていない[2]。

実際のところ、戦前の日本共産党――とりわけ一九二六年に発足した第二次日本共産党――とは、男女ともに裕福な階層に生まれたインテリゲンチャが多数を占める組織にほかならなかった。男性は旧制高校から東京帝国大学、あるいは京都帝国大学に進学して党活動に従事し、女性の多くも高等女学校卒業以上の学歴を有して党活動に従事していた。参考までに、一九二八年から一九三四年九月の間に治安維持法違反で起訴された女性二〇一名の学歴を確認しておくと、被起訴女性の七五％が高等女学校卒業以上の学歴を有しており[3]、さらにそのうちの六五名は、東京女子大学、日本女子大学、女子英学塾などの専門学校や、東京女子高等師範学校など、当時の最難関女子教育機関に学んだ経験を持っていた(4)。そのような女性のなかには、自身のプチ・ブル性を否定する方向に向かい、生家から持ち出した多額の現金を党に上納する者もいた(5)。

一方で、義務教育修了後により高い学歴へのアクセスを持ち難かった女性たちは、電話交換手やバスガール、女工などの有職女性として、労働運動の現場での活動経験を有していた。ただし、党内での女性の立場はどちらの場合も異常に低く、とくに労働者出身の男性党員からは露骨な差別を受けたというが、大学生の男性党員からはそこまでの露骨な差別は受けなかったともいう(6)。

2 戦後日本の革命運動における旧左翼と新左翼

ところで、二〇世紀日本の革命運動史を叙述する際に、まず留意しておかなければならないのが、日本共産党に象徴される旧左翼と、日本共産党から分岐した新左翼諸党派との、人的・思想的な連続／断絶である。戦前において、治安警察法・治安維持法下で非合法組織であったコミンテルン日本支部日本共産党は、戦後合法化された。しかし、日本共産党の「五〇年分裂」による党内の混乱と朝鮮戦争（一九五〇―五三年）下での武装闘争路線の強行によって大衆的支持を失った日本共産党は、一九五五年七月に開催された第六回全国協議会によって党の「統一」を回復するとともに、武装闘争路線を放棄して、あらためて議会主義政党への道を歩みはじめた。その背景にあったのは、戦後の日本共産党を指導してきたソ連／ソ連共産党が、その最高指導者であったスターリンの死後（一九五三年三月）、朝鮮戦争の休戦協定を結ぶ（一九五三年七月）などして、アメリカを筆頭とする資本主義陣営と、ソ連を筆頭とする社会主義陣営という二つの異なる体制が平和的に共存していく路線を打ち出したことである。さらに、一九五六年二月に開催されたソ連共産党第二〇回大会において、フルシチョフがスターリンへの個人崇拝を批判したこと（スターリン批判）によって、戦前以来の国際共産主義運動の歴史的正統性に疑問が噴出すると、日本国内においても日本共産党の路線に対する公然たる批判が噴出した。

このような流れのなかで成立したのが、新左翼である。平和共存路線のもと議会主義政党化する日本共産党に対して、「世界革命」を掲げる人びとは、革命的共産主義者同盟を結成し（一九五七年一二月）、さらに全国学生自治会総連合（全学連）に集う学生党員は、党に反旗を翻して共産主義者同盟（ブント）を結成することになる（一九五八年一二月）[7]。六〇年安保闘争において国会前行動の最前線に立ったのは、ブントの大学生たちであった。

その後、一九六〇年代に入ると、新左翼諸党派とは思想的立場を異にしながらも、日本共産党から離れるグループが相次いだ。まず、宮本顕治の主導により起草された「日本共産党綱領」（六一年綱領）で、日本はアメリカの従属国であると規定されたことに対して、日本は高度に発達し自立した資本主義国であるとしてこの綱領に反発した人びとが日本共産党を離れ、いわゆる構造改革派を形成した（社会主義革新運動、統一社会主義同盟）。さらに、中ソ対立が激化するなかで、ソ連を支持するグループが離党し（ソ連派／日本のこえ）、続いて中国を支持するグループが離党していく（中国派）[8]。

六〇年安保闘争の敗北後に離合集散した新左翼諸党派は、これら一九六〇年代に日本共産党を離れたグループとも接点をもちながら、いわゆる「一九六八年」に象徴されるラジカルな運動を展開していくことになった。そのような新左翼諸党派を、日本共産党はまとめて「トロツキスト」と蔑称していた。まとめるならば、新左翼は、旧左翼＝日本共産党から分岐した存在であり、その限りで、新左翼の運動はそれ以前の旧左翼の運動との連続／断絶のなかで論じられる必要がある。

このような旧左翼と新左翼諸党派との連続／断絶を前提として、まずは戦後に旧左翼の女性が、戦前の女性革命家の活動の意義を見出していく過程を検討していこう。その舞台となったのは、文化運動であった。

二　女性革命家からの聞き取りはいかにして始まったか
——牧瀬菊枝・山代巴と丹野セツ・田中ウタを中心に[9]

1　牧瀬菊枝と「母の戦争体験」

一九五〇年代に全国各地で高揚をみたサークル運動などの文化運動のうち、女性や若年労働者が多く集う場となったのが、生活記録運動であった。生活記録運動は、自らの身の回りの出来事、自身の体験などを、自身の筆により書き綴ったもので、とくに一九五〇年代後半には、全国各地に生活記録運動を行う主婦のサークルが生まれ活況を呈していた。ここでは、都市の主婦層のなかで生活記録運動を行った女性史研究者の牧瀬菊枝（一九一一―九七年）と、農村の主婦層のなかで生活記録運動を行った作家の山代巴（一九一二―二〇〇四年）のそれぞれの実践から、同時代の生活記録運動の特質と、牧瀬と山代が図らずも同時に抱いたその行き詰まり感の所在を明らかにしておこう。

まず、牧瀬のそれまでの人生を概観しておこう。静岡県の寺に生まれた牧瀬は、女学校の教員を目指して東京の実践女子専門学校に進学したが、その保守的な校風に馴染めぬまま一九三二年に同校を卒業すると、岩波書店で編集者として働き、作家・野上弥生子（一八八五―一九八五年）の知遇を得た。一九三六年夏、ロシア語研究会で牧瀬恒二（一九〇九―一九六年）と出会い結婚するも、日本共産青年同盟東大細胞の機関誌『赤門戦士』の編集に従事していた恒二は、滝川事件（一九三三年五月）により検挙された。その後恒二は予防拘禁処分も受けており、戦前において牧瀬夫妻が同居できた期間は、結婚生活の半分にも満たなかった。その間、牧瀬は恒二の母と幼い長男を抱えて校正の仕事で生計を立てていた。

敗戦後に日本共産党に入党した牧瀬は、恒二が日本共産党「五〇年分裂」で地下生活に入ると、校正の内職の傍ら、思想の科学研究会に参加して、社会学者の鶴見和子（一九一八―二〇〇六年）とともに、生活記録サークル「生活をつづる会」[10]を東京で発足させた。のちの牧瀬の回想によるなら、「ファシズムの侵略戦争」を止め得なかった当時の母たちの無力さを顧みて「母たちがひとりぼっちではいけないと考え、仲間を求めて動き出した」ことで、「生活をつづる会」がスタートしたのだという[11]。

さらに牧瀬が生活記録運動を進めていくうえでの強い原動力となっていたのが、戦時下で夫が予防拘禁されていた時期の辛い記憶だった。「国賊」と蔑まれ、予防拘禁所の夫に差し入れる布団すら運送屋が持っていってくれないなか、自宅裏に暮らす朝鮮人の一家との交流は、その時期の牧瀬を支えるわずかな光だったことが、以下の回想から読み取れる。

私は赤ん坊と二人でおりましたが、その裏に朝鮮人のくず屋の夫婦が住んでいました。この家の子どもがまだ中学生でしたが、何もしていないのに警察にひっぱられて、特高と同じ部屋にある内鮮課というところで調べられたわけです。その息子が出てきて、私の夫のことをお母さんに話したらしく、ある日のこと、そのお母さんが裏からこっそり入ってきて、生後五、六ヶ月の私の子どもを抱き上げて涙をポロポロ流して泣くんです。「お隣の坊やはお父さんがいるのに、かわいそうにこの坊やにはお父さんがいない」とたどたどしい日本語でいって泣くのです。日本人から最も差別され、虐げられている朝鮮のおばさんが、日本の官憲によっていためつけられている日本人の母子のために泣いてくれたということは、私にとって一生忘れられないことなのです。(12)

この原体験から、牧瀬は「生活をつづる会」の誰よりも戦争体験を重視して、自らの生活記録を書き続けることになる。さらに、会のなかで生活圏の近い牧瀬ら三人は、新たに「ひなたグループ」を発足させて、生活記録運動を続けながら、同時代の社会運動――一九五五年にはじまった母親大会の運営や、砂川闘争での炊き出しへの参加――にも積極的に加わっていくことになった。そのような経験のなかで、戦時下に青春を送った若者や子どもたちと出会ったことで、牧瀬らは「戦争中、子どもたちにろくな物も食べさせないで暗い幼少年期を過ごさせてしまった母としてのつらい思いを、子どもらに書きのこしておきたい」と考え、「母の戦争体験」を書き残していくこととした。この動きは全国の主婦の生活記録サークルにもひろがっていき、ついに一九五九年六月、鶴見・牧瀬の共編により『ひき裂かれて――母の戦争体験』が筑摩書房より刊行された。牧瀬は同書に「面会」と題した一編を寄せて、はじめて夫が予防拘禁されていた辛い日々のことを公にしたが、他の著者はみな空襲や買い出しの苦労など戦争によって受けた自らの被害体験を書き綴っていた。

「戦争によって、わたしたちは、愛するものたちからひき裂かれただけでなく、わたしたちの肉体と精神にさまざまな傷を負った」ことから『ひき裂かれて』と題された同書に、厳しい批判の刃を向けたのが、詩人の谷川雁（一九二三―九五年）である。一九四五年に東京帝国大学を卒業後に短期間ながら従軍した経験を持つ谷川は、『ひき裂かれて』の筆者が集った第五回母親大会（一九五九年八月）の席上で、次のような発言を行っている。

日本の母は旗をふって息子たちを戦場に送った。そのためにぼくたちの青春は粉砕された。ぼくたちには母へのうらみがある。母たちは自身が一人の男に所属する数十年間のオンリーであることを隠しておいて、学習だの仲間づくりだのといっているが、取り組んでいる対象が自分自身ではないような学習運動を私は信用しません。(13)

また、谷川のような知識人からの批判だけではなく、牧瀬の周辺にいる若い女性たちから、なぜ戦争が起きたのかという根源的問いには目を向けようとしない母の無責任さを批判されたことも、牧瀬には深く突き刺さった。結局のところ、時流に迎合して生きてしまった自分自身をいかにして客観視するべきなのか、その方法を容易に見出すことはできなかったのだ。

そのようななかで、砂川でともに闘った学生たちが六〇年安保闘争に奮闘する姿を目の当たりにした牧瀬は、その現場に立つ女子学生の姿に戦前の女子学生による抵抗の姿を重ね合わせることになった。そして、牧瀬なりの「聞き書き母の歴史」として、三〇年前――一九三〇年代前半――に権力に抵抗した当時の女子学生からの聞き取りをはじめることになった。その成果が、牧瀬「女子学生運動家の群像――昭和六、七、八年頃」（『思想の科学（第五次）』二六号、一九六四年五月）である。当時、京都府立女子専門学校に学んでいた女性と、日本女子大学に学んでいた女性の二人からの聞き取り記録であるが、ここで注目したいのは、文末に記された牧瀬の悔恨であり、以下にそれを引用しておく。

彼女ら（戦前の女子学生運動家―筆者注）は、思想をどうしても抽象的にしかつかんでいなかった。理論の正しさをかたく信じていても、これを現実の生活を変えてゆくために応用することができない、弱さ、これは今日の運動の中にも尾を引いている。労働者や農民出身のマルクス主義者のように生活の現実からつかみとった思想ではなく、自分の観念の世界でなやみぬいた末につかんだ思想であるから、労働者、農民出の人から「インテリゲンチャの限界」「観念性」を批判され、労働者出身の同志に自分にないものをみいだして惹かれ、結婚した人もあった。しかし、彼女が本で読み、つくりあげた「観念としてのプロレタリアート」と現実の労働者とのギャップから失敗した例もある。(14)

戦後に全学連に集った女子学生も、戦前の女子学生運動家のように「インテリゲンチャ」であり、やはり裕福な家庭に生まれた例が圧倒的である。そして、このように理論を自身の生活体験に落とし込めないという問題は、都市の女性だけの問題ではなかった。

2　山代巴と農村女性の文化運動

自身の生家がある広島県東部の府中で、戦後初期から農村女性による生活記録運動をはじめていた山代も、生活記録運動への行き詰まり感を抱いていた。以下、山代の歩んできた人生を、山代と長年交友の深かった歴史家・牧原憲夫（一九四三―二〇一六年）の研究により概観しておこう。(15)美術を志した山代は、一九二九年に上京して女子美術専門学校に入学するも、「上流家庭のお嬢様」ばかりの校風や家計の苦しさに思い悩むなかで、ベーベル『婦人論』に出会い、プロレタリア文化運動に接近していった。結局、一九三一年に学校を中退し、翌年には自ら「革命の捨て石」になろうと日本共産党に入党することになる。党員としての山代は、労働現場でのつながりに加えて裁縫のサークルやハイキングなどを通じて女工たちとのつながりを作りはじめたが、しかし上部機関からの矢継ぎ早の指令をこなし、警察の目をかいくぐる日々に、経済的な困窮を深めていた。そのため、オフセット印刷工として労働運動の経験も持つ杉山清（生没年不詳）と同棲をはじめたが、流産した巴の哀しみに寄り添おうとしない杉山との関係は日々悪化していた。一九三三年一二月、はじめて検束された山代は、留置場で作家の宮本百合子（一八九九―一九五一年）と出会う。二九日間の留置後に釈放され、日本共産党との連絡も切れていた山代は、杉山と別れ、さらに経済的な困窮に苦しめられながら、図案家として新たな生活をはじめたが、一九三五年五月、山代が党員であることを知った特高により転向を要求され、一〇月に山代の転向が認定された。それでも「革命の捨て石」であろうとした山代は、服装から女性史を学ぶサークルを作るなど自らの力で女性たちとのつながりを保とうとしていた。

そのような時期に、山代はのちに夫となる山代吉宗（一九〇一―四五年）と出会った。福島県の磐城炭鉱に生まれた吉宗は、明治大学専門部政治経済科に学んだ後、郷里の炭鉱の飯場頭として坑夫の組織化に努め、一九二九年の四・一六事件により検挙、一九三五年一二月に「転向」を表明して出所していた。一九三七年に吉宗と事実上結婚した巴は、夫婦で横浜市鶴見区の工場街に暮らしながら、工場労働者としての生活をはじめた。ふたりの関係は「必要を認め合った二人三脚」[16]であり、恋愛というよりもともに闘う同志であった。ガラス工場で働く巴は、ともに働く女工たちと少しずつ親しくなり、尋常小学校を出ただけの女工たちは巴にいろいろなことを尋ねてきた。吉宗もまた、巴と女工たちのつながりを手助けしていき、巴ら女工のサークル運動が誕生することになった。しかし、この小さな活動すら日本共産党再建運動の一環であると官憲は見なし、一九四〇年五月に山代夫婦は検挙され（京浜グループ事件）、そして夫婦が二度とこの世で出会うことはなかった。

獄中で巴は流産した。その流産の処置を「口に出せないほどのヒワイな言葉を投げつける」看守の前で行ったことは、終生巴の心の傷として疼いた。獄中で苦しみながら転向手記を執筆した巴であったが、獄中で互いに書簡を交わしていた吉宗には決して転向を勧めなかった。その吉宗は、非転向のまま、一九四五年一月に獄死した。巴もまた、病気の悪化のため八月一日に仮釈放され、郷里で敗戦を迎えたのであった。

敗戦後の山代は、広島で日本共産党に再入党するが、男性党員の傲慢な振る舞いに疲れ果てながら、作家として活動をはじめていく。その題材となったのが、獄中で出会った女囚たちや、そして農村で暮らす女性たちの経験であった。

この時期の代表作が、『蕗のとう』（一九四八年）や『荷車の歌』（一九五六年）である。四〇代後半にして故郷に戻った山代は、「タンポポ」グループを作って、地域の女性とともに生活記録運動をはじめたが、ここでぶち当たった大きな壁が、農村女性が「自分の歴史を客観的に書く」ことができないという厳しい現実であった。狭いムラ社会という制約のなかで、農村女性が書き綴る内容は、舅や姑との関係など「家」の苦しみばかりだったからだ。この背景にある家父長制の問題、そしてそこに絡め取られている自分自身を客観視できないままでは、またも時流に流され戦争に協力してしまうのではないか、そのような危機感を山代は抱いたのだ。

一九六二年、日本共産党機関紙『アカハタ』への連載小説執筆を依頼された山代は、東京に転居する。その連載小説は、山代の一九三〇年代の運動体験を言語化したものだった。それが、「道くらけれど」（『アカハタ』一九六二—六四年）と「濁流をこえて」（同前、一九六五—六七年）の二編である。牧原は、この二編を「共産党壊滅の原因を権力の弾圧やスパイの暗躍に帰すだけでよいのか、という問題提起につながっていた。（中略）まずしい労働者の生活の場で懸命に活路を模索する最下部の党員や支持者の苦悩として表現した[17]」と評価している。

3　丹野セツ・田中ウタとの出会い

一九六四年八月、前述した「女子学生運動家の群像」を発表した直後の牧瀬が、山代のもとを訪れた。谷川による『ひき裂かれて』批判を正面から受け止めようと苦闘していた牧瀬が、山代に助言を求めたのである。その出会いについて、牧瀬は次のように回想する。

『ひき裂かれて』が出てから、母たちの戦争体験を加害者意識にまで深められなかったという反省がありました。広島で主婦たちの書く運動を指導していた作家の山代巴さんと、生活記録をどうしたら戦争責任の追及にまで深められるのかを話しあったんです。それ以前から私は、戦前の解放運動に身をささげた女子学生の聞き書きをしていました。山代さんは、「まず、戦前の激しい弾圧の中で、獄中で非転向を貫いてきた女の人の記録をつくるのが大事なのではないか、それが戦争反省の座標軸になるのでは？」とアドバイスしてくれました。[18]

そしてそのような女性として山代があげたのが、丹野セツ（一九〇二―八七年）と田中ウタ（一九〇七―七四年）だった。その出会いについて、牧瀬の回想を引用しておこう。

そのころのわたしには権力ときびしく対決した女の人をじかには一人も知らなかった。山代さんは日本の解放運動では数少ない、非転向を貫いた丹野セツ、田中ウタの名をあげ、そのうちに紹介するからといわれた。数日して山代さんから電話で「この間話した田中ウタさんが今うちに来ているから、すぐ来るように」とのことだった。（中略）わたしのメモによると、一九六四年八月二〇日である。[19]

こうして、牧瀬による田中の聞き取りがはじまった。同潤会大塚女子アパートに暮らす田中の家を三度訪れ、一通りの話を聞き取った後の一〇月、田中が入院中の丹野を牧瀬に紹介してくれた。しかし、丹野からの聞き取りを願う牧瀬に対して、丹野は「私は書かれるようなことは何もしていません[20]」と固辞の姿勢を崩さなかった。そこで、田中と山代も加わって四人で、丹野から聞き取りを行い、その事実関係や思想について相互討論を重ねていく丹野セツ研究会が始動したのである。[21]

まずは丹野セツと田中ウタの人生について紹介しておこう。福島県に生まれ、茨城県の日立鉱山に育った丹野は、高等小学校卒業後に水戸女子師範学校に合格するも、父の反対により進学はかなわず、地元の日立本山鉱山看護婦となった。しかし、本山鉱山で出会った同世代の男性労働者たちから労働者解放思想を学び、一九二二年に家出して上京した。社会主義思想を学びながら女工として働き、当時最も戦闘的な組合であった「南葛労働組合」で活動する。一九二三年九月一日の関東大震災後、社会主義者を虐殺した亀戸事件では、南葛の同志であり同郷の川合義虎（一九〇二―二三年）と北島吉蔵（一九〇四―二三年）を失った。一九二四年三月、南葛の指導者である渡辺政之輔（一八九九―一九二八年）

と結婚し（ただし、丹野家の戸主の反対により事実婚となった）、紡績女工によるストライキ支援などに飛び回り、一九二六年末に渡辺らが再建した第二次日本共産党に入党し、夫婦で非合法活動に従事した。一九二八年一〇月の中間検挙により検挙された丹野は、一九二八年一〇月の夫の死後も、獄中で非転向を貫き、一九三八年九月に満期出獄した。その後、看護婦や保健師として自活しながら、戦後は再び南葛に戻って四ツ木診療所を創設し、その死に至るまで運動を続けた。

一方、群馬県の農家に生まれた田中は、高等小学校卒業後は家業の農業に従事していた。しかし、一九二三年九月の群馬共産党事件で検挙された兄の影響で社会主義思想に関心を抱くようになり、一九二七年に家出し上京する。女工として働きながら争議を応援していた一九二八年一月、田中は豊原五郎（一九〇三―三二年）と結婚した。このとき田中は、豊原に「わたしたちはたんなる兄妹や夫婦じゃない。苦難をともにする同志じゃありませんか。元気で頑張りましょう」[22]と言葉をかけたという。その豊原は一九二八年の三・一五事件で検挙され、豊原の拘留中の田中は、日立製作所の組織化を目指していた山代吉宗と、早稲田大学の男子学生と三人で日立に向かい、駄菓子屋をはじめた。一九二八年九月から翌年四月までのこの経験を、「ハウスキーパーのような形[23]」であったと田中は回想する。しかし一九二九年の四・一六事件で田中も検挙され、一九三二年一一月、豊原の獄死五ヶ月後に満期出獄した。この時期の日本共産党は、大森銀行ギャング事件（一九三二年一〇月）や、相次ぐ検挙によって人手が足りず、田中は運動を続けるために袴田里見（一九〇四―九〇年）と結婚し、ともに非合法生活に入った。「（田中が―筆者注）一日に一二回も連絡をやって」いたというこの結婚生活を、田中は「結局は袴田のハウスキーパーみたいな仕事だった[24]」と回想する。一九三五年三月、袴田検挙の二ヶ月後に田中も検挙され、一九三八年五月に出獄すると、丹野や山代夫妻との交友が復活するが、山代夫妻の検挙後に体調を崩した田中は、袴田との離婚を条件に実家で療養生活を続け[25]、さらに前進座でも働いた。戦後は、日本国民救援会や日ソ親善協会で働くが、上級機関に失望して一九六六年に職を辞すことになった。

このように、丹野も田中も、決して上流階級の出身ではなかった。そして二人とも「家」に縛られながらも、自らの強い意志で「家」の束縛を離れ労働で自らの生きる道を切り開いた女性革命家であった。同じく自活しながら戦前を生き抜いた山代や牧瀬とともに、四人は丹野の聞き書きをもとに忌憚ない議論を交わした。こうして出来上がった『丹野セツ』の構成は、「第一部　回想」と「第二部　討論」に分かれている。「回想」では、一九二〇年代初頭から敗戦までの丹野の暮らしと闘争が記される。そして「討論」では、「Ⅰ「母の戦争体験」記録の批判」「Ⅱ　家族からの解放をめぐって」「Ⅲ　思想と感覚の統一」「Ⅳ　南葛の血を継ぐ」というテーマでの四人の討論の記録が収められた。

その討論のうち、注目したいのが、「家族は拘束のとりで[26]」という議論と「貞女二夫にまみえず[27]」という山代の言葉である。満期出獄した丹野は、自分の出獄を待ちわびてくれていた渡辺の母の元ではなく、実家に連れ戻され、そしてその実家から離れるために、丹野は叔父の勧める結婚を受け入れ、直ちに離婚した[28]。田中も、「袴田との離婚」を条件に実家での療養生活を許されたことはすでに述べた。自らの「家」から女性革命家が生まれることは、「家」にとっては限りない恥であったのだ。また、入獄する際に、夫たちが「自分は生きて帰れないと思うから、適当な人があったら結婚してくれ」と妻に伝えた事例は非常に多かったのに[29]、周囲は「貞女二夫にまみえず」と、女性革命家の再婚に理解を示すことは少なかった[30]。その限りで、丹野や田中のような単身の女性革命家が戦時下を生き抜くことは容易なことではなかった。そのような苦しみを抱えながら、「たった一人になっても、渡辺のいったように、工場へでも長屋へでも入って、細胞をつくってゆくということができなかったのは、やはり自分自身が、そこまで成長していなかったということがいえるんでしょうね[31]」という丹野の語りは、胸を打つ。

こうしてまとまった丹野セツの回想であったが、その刊行に至るまでには困難があった。牧瀬は、「出版してくれるところがなく、あちこち持ちあるいた末にようやく世に出たのは、一九六九年の暮れのことでした[32]」と回想する。一九六九年一二月、勁草書房から『丹野セツ』初版が刊行されたが、同書への反響は編者の予想以上に大きく、一九七〇年中に四版、そして一九七五年には五版が刊行されている。『丹野セツ』は、過去の運動経験を回顧するものというより、むしろ「一九六八年」の同時代の運動と重ね合わせるかたちで読者に受け入れられたことが、以下の書評からも読み取れるだろう。

その生活記録の限界性とは（中略）「自分を加害者としてでなく被害者としてしかみられない」（牧瀬氏）ことである。この批評は、現代の労働者、学生の運動が、ベトナム戦争や沖縄や、第三世界の問題を通じて、自らをつねに被害者としてでなく加害者として措定するという自己否定の問題を提起したのと、相通ずる思想性の質を示している。（中略）この書は、いま獄中にいる多数の反戦派労働者を思い出させる。現在の労働、学生運動の質と、丹野氏や編者たちのそれに同じものを感じたからである。自己の存在を主体的契機においてとらえ、不断に自己を対象化しながら、現代社会の本質や矛盾を捉え、自らを闘う主体として形成していく姿勢である。(33)

この時期に、学生運動やベトナム反戦運動に関わった人びとから聞き取りを行ってきた筆者は、実に多くの男女が『丹野セツ』を読んでいたことに驚いた。ただし、その関心の所在は、同時期に勃興した〈第二波フェミニズム〉の運動と重なることはなかったように思われる。『丹野セツ』は運動のなかで自問自答し、いかに自分自身を生きるのかという悩みを抱いた若い男女にとっての学びの書として読まれたのである。(34)

三 「ハウスキーパー」はいかに問題として見出され語られてきたか

1 「ハウスキーパー」とは誰か――非合法共産党を支えた女性革命家たち

ところで、丹野セツ研究会には、まだやり残したことがあった。いわゆる「ハウスキーパー」の問題である。一九二〇年代後半から一九三〇年代前半にかけて、非合法共産党の活動家は、男性が単身で暮らしていると官憲の注意を引き検挙される恐れが高まったため、男女が夫婦に偽装して生活することが多かった。その際、女性の活動家は、「ハウスキーパー」と呼ばれていた。上部機関の命令で女性が男性のもとに送り込まれるのが通例であったが、なかには恋愛関係となり法律婚をする男女もいた。ハウスキーパーの任務は、アジトの保持、同志との連絡など多岐にわたっていたうえ、周囲の一般世帯から浮かないよう注意しながら暮らすことには、相当に神経を使ったであろう。

ハウスキーパーの存在が知られるようになったのは、一九三二年から翌年にかけての日本共産党員の大量検挙の時期である。同時代のメディアは日本共産党の退廃ぶりを示すものとして、これをセンセーショナルに報道し、ハウスキーパーとして検挙された女性のなかには、熊沢光子（一九一一―三五年）のように自死を選ぶ者すらいた。さらに、敗戦後の一九四六年には、一九三〇年代前半にプロレタリア文化運動に関わっていた評論家の平野謙（一九〇七―七八年）が、「政治が目的のために手段を選ばないことの例」としてハウスキーパーの存在に言及しているが、これには平野の私怨も影響していたようだ。(35)

『丹野セツ』刊行後の牧瀬は、三里塚闘争の支援に赴きながら、一九一〇年代から社会主義／共産主義運動を続け、ゾルゲ事件でも検挙された九津見房子（一八九〇―一九八〇年）からの聞き書きなどに忙殺されていた。ところが、一九七四年二月、田中が急逝した。その際の牧瀬の悔恨を引用しておこう。

昭和七、八年前後の共産党内で行われたハウスキーパーについては、田中さんの体験をふまえて、それがどうあったのか、どうあるべきなのか、なお今日の非合法活動では、それは必要なことなのかどうか、もし必要とすればそれは今日どうあるべきかを充分に討論しなければならない。わたしたち四人は、ことにハウスキーパー問題についての討論はもたついていた。（中略）それが思いもかけぬ急逝にあって、わたしたちは茫然とした。（中略）一一年前のつたない記録をここにのせることを亡き田中さんにおわびしなければならない。(36)

ハウスキーパーの最盛期は、先にも記したように一九三二年から三三年にかけての時期であったが、田中は四・一六事件で検挙されるまでにもハウスキーパーをやっていた。なぜ一九二〇年代後半に彼女がハウスキーパーに選ばれたのだろう。これは、田中が農村出身で地味な仕事にも耐え抜ける力があったからだと思われる。同時代の女性革命家の多くは、高等教育を受けた志賀多恵子（一九〇六―九五年）、福永操（一九〇七―九一年）、伊藤千代子（一九〇五―二九年）

ら良家の令嬢たちであり、三・一五事件までの比較的弾圧が緩やかな時代には、彼女らは合法局面での任務についていた。このような良家の令嬢では、労働者男性と「ハウス」を「キープ」することなど、なかなかできはしなかったのだ。

しかし、三・一五事件、中間検挙、四・一六事件で、丹野や田中ら古参のコミュニストがほぼ全員検挙されると、労働者出身の女性党員は激減する。日本共産党の活動方針もコミンテルンの指示のもと二転三転し続け、しかも官憲による弾圧はより激化した。それでも、世界恐慌のなかで社会正義を信じて非合法共産党の活動に身を投じる良家の令嬢は増えていった。しかし、相次ぐ弾圧のなかで運動は地下に潜っていくことになり、したがって彼女ら良家の令嬢が何らかの任務を遂行する機会は、男性同志とともに生活するハウスキーパー以外になくなっていく。数日毎に住処を変え、生活資金を準備し、家事を担い、さらに何のためだかわからない街頭連絡に赴くのがハウスキーパーの仕事だった。それほどまでに日本共産党は弱体化していたのだが、彼女らは主体的にハウスキーパーとしての任務を受け入れて「革命の捨て石」たろうとしたのである。

さて、ハウスキーパーにセックスの問題は付随しただろうか。吉宗は、のちに巴に対して、ハウスキーパーとしての田中の姿を次のように語ったという。

　俺たちはみんな革命の情熱で燃えていた。ウタちゃんは俺たちの情熱に油を注ぐほど燃えていた。ハウスキーパーもそのために引き受けたんだ。最初の出会いから彼女は、男女対等に話せる、革命以外には何もない人だったよ。(37)

それでも吉宗は、絶対に田中に性的関係を迫るようなことになってはならないと強く自制していたし、新婚ながら夫と離れて暮らす田中自身も、男性との共同生活に警戒心を抱いており、就寝の際には体に布団を縄で巻き付け、手には針を隠し持っていたという。(38)

この時期まで、ハウスキーパーについての議論は、当事者の間だけで行われていた。その風向きが大きく変わったのが、一九七〇年代に急速に党勢を伸ばした日本共産党に対する、さまざまな側面からの関心であった。

2 福永操の「ハウスキーパー」問題批判と世代を超えた共鳴

いわゆる「ハウスキーパー」問題が再び世間の耳目を集めたのは、一九七〇年代末のことである。一九七六―七七年にかけて『文藝春秋』に連載された、ジャーナリスト立花隆（一九四〇―二〇二一年）による『日本共産党の研究』で、ハウスキーパーが当時の日本共産党の性的放縦の象徴としてセンセーショナルに書かれたことで、当時を知る男性革命家・女性革命家が、あらためてこの問題に向き合い、議論することになっていく。

そのような議論の場となったのが、一九七七年に発足した運動史研究会である。最後まで研究会を支えた社会運動史研究者の伊藤晃（一九四一年―）は、次のようにその発足の意義を語っている。

　この会は過去の自分たちの経験を記録して後世に伝えたい、という戦前活動家の願望を結集したものでした。こういう人たち、ことにかつての転向者が運動の反省を口に出すとまずいという雰囲気はかなり減っていました。コミンテルンもないし、共産党の権威も小さくなっているから、人びとの内面を規制するものが弱まって、口を開こうと思えば開ける状況だった。その場が準備されれば良かったわけで、運動史研究会がその役割を果したことになります。

　しかし学者は敬遠したのか、日常会に顔を出すのは鈴木裕子さんくらいでした。(39)

しかし、〈第二波フェミニズム〉の影響を受けたより若い女性にとって、運動史研究会の存在意義は、理解不能なものだったようだ。松井やより（一九三四―二〇〇二年）は、以下のように運動史研究会への参加の誘いを断っている。

「運動史研究」御送付ありがとうございました。入会のおすすめ頂きましたが一つ疑問があります。発起人も全員男性、本の中の執筆者も全員男性ですが、わが国の運動は男性だけがやってきたのですか。女性はいつも陰で支える役割を押しつけられてきましたが、それでも女性も運動に関わったハズです。今必要なことは、女性がどんな関わり方をさせられたかを明らかにすることです。とにかく、あまりにも男性中心の発想は時代錯誤です。その点考慮されるなら入会致します。苦言を失礼。[40]

確かに、運動史研究会に女性の会員は少なかった。しかし、研究会が女性の問題に無関心であったわけではない。以下に引くように、運動史研究会が発行する『運動史研究』第四号で、ハウスキーパー問題を取り上げることを予告していた。

第四号では、そのほか、非合法下のハウス・キーパー問題を取り上げます。ジャーナリスティックな、また固定観念にもとずく暴露趣味をのぞけば、この慣習の事実を正確に認識して運動史上の意味を深く追求する試みは、意外に少なかったように思われます。[41]

その成果として第四号に掲載されたのが、原泉（一九〇五―八九年）・福永操・石堂清倫（一九〇四―二〇〇一年）・宮内勇（一九〇七―八二年）（聞き手、河合勇吉（一九〇四―八八年）・伊藤晃）による「座談会　ハウスキーパーの虚像と実像」である。ここでハウスキーパーを利用した党組織に最も激烈な批判を加えたのが、福永であった。福永自身にハウスキーパーの経験はないが、福永の周辺にいた良家の令嬢たちが、続々とハウスキーパーにされていったこと、そしてスパイ大泉兼蔵のハウスキーパーを務めた熊沢が、獄中で自死を遂げてしまったことなどが、福永の怒りの原動力となっていた。福永にとっては、法律婚も事実婚も、ハウスキーパーも、女性革命家に男性党員の〈ケア〉――それはアジトの世話であり、セックスの提供であった――をさせるという限りで、女性革命家の活躍の場を狭める結果となったと感じられるものでしかなかった。[42]しかし、激しい弾圧のなかで、ハウスキーパー以外に女性が活動できる場がほぼなかったこともまた事実である。

この座談会で興味深いのは、宮内や河合ら男性の側が、ハウスキーパー問題を自由恋愛の一つのかたちとして理解している点である。宮内は、「当時の党員の多くは割合ピュアだった」として、福永が批判するようなハウスキーパーのあり方と、自由恋愛による男女の結びつきを混同してはならないと主張する。[43] 河合も、「自然に、普通の恋愛を通じて一緒になって、生死を共にするような気持でやってきたというものもある」[44]と主張する。

結局のところ、この座談会では、福永の激しい怒りがクローズアップされることになった。これに対する男性からの応答は、大きくわかれた。まず、一九三〇年代前半に共産主義青年同盟で働いた岸勝（生没年不詳）からの、激烈な応答を紹介しておこう。

福永さんのハウスキーパー論には閉口です。この様に思い込まれていては返す言葉もありません。（共産主義青年―筆者注）同盟時代、多くの活動家に会い、学生連中にも仲間が数多くいましたが、この様なハウスキーパー観を持った者を知りません。K君（女性活動家、後に私と結婚）が家を飛び出して来、あちこち転々としてるのは危いから、東大学生を（原文ママ）ハウスキーパーとして兄妹の様に一緒に下宿させました。（中略）又、女だからハウスキーパーでいいのだ、とかハウスキーパーを要求し、セックスの対象としたという様なのは特殊のケースであり児玉静子（一九〇六―?年―筆者注）、飯島キミ（喜美、一九一一―三五年―筆者注）、長谷川寿子（一九〇九―?年―筆者注）、私の家内も夫々活動家として重視されました。職場の女性活動家も（原文ママ）女子学生にも随分会いました。織本貞代（帯刀、一九〇四―九〇年―筆者注）さんにも何度か会いました。特に彼女の学識（語学力）には敬意を表し（フォイエルバッハかの翻訳をやっていた）すぐ地下活動に引っぱりこむようにはしないで、その文筆を活かし、研究会（女性たちの）チューターの様な役目をうまくいく様に言ったと思います。[45]

一方で、男性党員として、女性の多大な犠牲のうえに自らの活動があり得たことを顧みた反応もあった。

原泉さんらの「ハウスキーパー」に関する座談会記録を読んで、はじめて自分の家庭の破壊の理由が理解された。自分は「良家の子女」と結婚したのだが、自分はずっとこの運動を続けてきた。家計は妻が支えていた。それが当然と考えていた。二五年後、突然妻から離婚の話が出され、ビックリした。以来二〇年、独身生活をつづけているが、今はじめてその理由が理解できた。感謝している。(46)

かつて山代や牧瀬によって当事者的立場から検討されようとしていたハウスキーパー問題は、立花隆によるセンセーショナルな取り上げを経て、このようなより幅広い人びとが関わるかたちで、検討されることになった。ここまで見てきたことを踏まえて整理するなら、女性活動家に対する性的搾取・人権蹂躙という側面を強調する福永のような立場と、それはむしろ例外であり革命運動の遂行という大前提を共有したうえでの同志的関係や恋愛感情があったとする立場との対立が見られる、といえるだろう。

このような議論の空間のなかで、どちらかといえば後者の立場に近かったはずの牧瀬も、次に引くように、その立場を変化させていく。

一九三〇年前後のように多数の女たちが革命運動に加わったことは、日本の女の歴史にとって画期的なことであろう。しかも、この運動のなかで女に与えられるのは、アジトでの飯たきや洗濯など、旧来の女の仕事、せいぜいレポーターや資金集めくらいで、政策や理論などの討論には、ほとんど参加できなかった。

それでも女たちは治安維持法という悪法のもとで、ひどい拷問や投獄にも屈せず、組織の命ずるままに、男たちの命ずるままに従った。文字通りひたむきに生きた。

(中略)女たちの献身を、多くの男たちは当然のことと受け流して、歴史は進んできたことをしみじみ思わずにはいられない。(47)

さらに、福永は、〈第二波フェミニズム〉を経験したより若い世代の女性活動家とつながっていくことにより[48]、自身の回想録のかたちで当時の女性革命家の置かれた立場を丹念に描いた『あるおんな共産主義者の回想』を上梓する(これが書房新社、一九八二年)。これをきっかけに、加地永都子(アジア太平洋資料センター、一九三九―二〇〇九年)、加納実紀代(女たちの現在を問う会、一九四〇―二〇一九年)、鈴木裕子(運動史研究者)、田中和子(女性労働者)、そして司会の小倉美千子(『新地平』編集委員)による座談会「運動の中の女と男――福永操著『あるおんな共産主義者の回想』に学ぶ[49]」が開催された(一九八三年三月二日)。ここで同書は、以下のように評価されている。

同書は、戦前共産主義運動内部における矛盾をえぐり出した書として、従来の共産党史、回想記の類いにみられぬ〝衝撃性〟を持っている。とりわけ運動のなかに大きくはらんでいた女性蔑視、軽視の風について語る福永さんの筆は、痛快でもあり、辛辣でもある。戦前の共産主義運動がきびしい弾圧と迫害のなかで苦難の道を歩んできたことは疑う余地がないけれども、その運動のなかに、〝ハウスキーパー〟をはじめとして、女性をさげすむ風潮や慣習があったことも、これまた事実である[50]。

『新地平』という雑誌自体が、新左翼の人びとに読まれていたということもあって、新左翼運動のなかでハウスキーパー的な役割を担わされ、女性蔑視を経験した女性たちが、福永に強く共感したことは疑いない。さらに、この福永を囲んだ座談会を受けて、前回の座談会にも参加した加地、加納、鈴木、田中、司会の小倉に加えて、ただ一人二〇代の村山和恵(公務員)が参加し、それぞれが運動体験を語る場がもたれることになる[51]。

以下、その内容を紹介しておこう。まず、六〇年安保闘争を京都大学で経験した加納は、「六〇年六月あたりの局面だと、学生の国鉄労働者への早朝ビラ入れなどの活動が割り当てられて、早朝から夜遅くまで、塀を乗り越えてビラ入れにいく」ときに、「自分のおんな性(原文ママ)みたいなものは、やっぱりすごく切るものでしかなかった」と語る。この「おんな性」とは、女性が「塀を乗り越え」るということに対するジェンダー規範に自らが縛られていたことを意味しているのだろう。同じく六〇年安保闘争を東京女子大学で経験した加地は、樺美智子（一九三七—六〇年）や所美都子（一九三九—六八年）の生き方に触発されて、「やっぱり反体制の一部でいたい」と考え、田中美津（一九四三年—二〇二四年）が撒いたビラ「便所からの解放」によってリブに出会ったと語る。さらに、一九七二年に大学に入学した田中和子は、大学内で起きた強姦未遂事件が、『強姦』しようとした者の出た組織をつぶす、暴力的にパージする」という党派間のゲバルトに終わってしまい、真に男女間の問題として議論できなかったことを悔やんでいる。

このように新左翼世代の女性たちが自らの経験を語るなかで、すでに女性史研究者として活躍し、福永の執筆を後押しした鈴木の視点は、また異なる。鈴木は、①福永自身はハウスキーパーを体験していないこと、②七〇年代はじめのウーマン・リブ運動が福永に影響を与えたこと、そして③党派の幹部的立場にあった福永が抱く一面的な男性党員観があることを指摘している。

鈴木もここで指摘しているように、福永は、「ひじょうに恵まれた家庭に育てられ」て、「稀にみる近代的な自我を確立」した、当時としては希有な女性革命家であり、さらにいえば、〈書く〉〈発言する〉ことを当たり前にできる女性であった。だからこそ、彼女はハウスキーパーとして歴史の底に埋もれていった旧友に心を寄せ、男性優位の運動構造を激しく指弾できた。

しかし、自分自身がハウスキーパーとして活動し、のちにその経験を語るすべを持たなかった人びとが、自身の経験を福永の指弾の通りに受け止めていたかどうかについての即断は避けるべきであろう。[52]語るすべを持たなかった無名の女性革命家たちの運動経験、そして後年の彼女ら自身によるその受け止めについては、断片的な手がかりを拾い集めつつ、そこにあったであろう多様性にも留意しながら、丹念に明らかにしていくしかない。福永の指弾の重要性はそれとして踏まえたうえで、ある意味では特権的立場にあった彼女の視点から歴史を裁断するのではなく、歴史に埋もれた具体的な運動経験を掘り起こしつつそれを踏まえることが重要であろう。

3　内面化された〈ケア〉と〈貞淑〉——「ハウスキーパー」問題批判の批判的検討

さらにここで注意を促しておきたいのは、〈第一波フェミニズム〉の女性たちも、同世代の女性革命家たちも、女性は〈ケア〉の責任を負うべきである、女性は〈貞淑〉であるべきであるといった規範を、無意識のうちに内面化していたという問題の根深さである。

たとえば、市川房枝（一八九三—一九八一年）は、獄中の丹野のかつての暮らしぶりについて、次のような「想い出」を批判的に語っている。

〈丹野—筆者注〉氏についての今一つの私の思い出は、私が同氏の自宅を最初に訪問したときのことである。それは大正一五年の暮れ頃であったと思う。本所の東京合同組合の事務所に同氏を訪れたのであった。当時氏は夫君渡辺政之輔氏とその母堂と共にこの事務所に住んでいられた。氏はあいにく医者にいかれて留守中で会えなかったが、玄関に取次を待っている間に私の眼に這入ったのは、足をふむ場所もない程に散らばった下駄、破れてボロボロになった障子、玄関の横に塵にまみれているお勝手道具等であった。こうしたことでいつも世話を焼かれている私自身であるが、女の人が一人でもいたら、もう少し奇麗にならないものかなと、少なからず眉をひそめしめられたのだった。[53]

当時の渡辺家は、若夫婦がともに活動に飛び回り、「渡政のおっかさん」こと渡辺てう（一八七八—一九四五年）が女工として働きながら家計を支え、若夫婦の弁当まで作ってくれていた。一家総出で労働運動、そして非合法運動を担う大変な暮らしを送る一家に対して、市川の眼差しは「家の汚さ」にしか向けられていない。「女の人が一人でもいたら、もう少し奇麗にならないものか」という感慨は、〈ケア〉は女性が担うべきものであるという規範を市川もまた内面化していたこと、また、その規範を女性革命家にも差し向け「眉をひそめ」るような感覚を彼女が有していたことを示している。

また、恋愛や結婚について、「貞女二夫にまみえず」という〈貞淑〉観が色濃く残っていたことも見逃せない。たとえば、「三二年政治テーゼ草案」をモスクワから日本に持ち帰った山本正美（一九〇六―九四年）の妻・菊代（一九〇五―？年）は、前述したように丹野が偽装結婚によって「家」を脱出したことについて、次のように糾弾する。

丹野さんは共産主義者なのだ。（中略）とにかく（丹野の―筆者注）相手の素性は判らないが、密輸をやっていたというように素性のはっきりしないこと、丹野さん自身長く結婚生活をする意志がないこと、家から脱出するためだけの手段としての結婚。（中略）相手がどんな人間であろうと、結婚という人生にとって重大な問題をそうやすやすと特殊な場合を除き、人道的にもとるべきではないと私は考える。(54)

次に引くように、福永もまた「貞女二夫にまみえず」という〈貞淑〉観を内面化したうえで語っているが、ここには男女の関係をめぐるさらに大きな問題がはらまれている。

野呂（栄太郎、一九〇〇―三四年―筆者注）さんのハウスキーパーだった塩沢富美子（一九〇九―？年―筆者注）さんね。野呂さんは彼女を人間的に大事にしていてくれましたね、彼女の仕事はハウスキーパーだったわけですけどね。しかし野呂さんは彼女を教育して、できるだけ思想的な面でもその他の面でも、彼女が人間的に成長するようにとの愛情がはっきりあのなかで見えます。結局、野呂さんが死んだあと彼女は再婚しないですからね。彼女の実家は下田姓で、親類の塩沢という家へ養女に行ったんです。私も初め再婚かと思ったんです。本人によく聞いてみましたら、全然再婚していません。彼女については、戸籍は問題外として誰でも野呂夫人として認める。こういう人は全然問題ないわけです。(55)

ここで語られているのは、立派な男性革命家がハウスキーパーの女性に「愛情」を注ぎ「教育」するという男女間の非対称的な関係性、そしてそのように「人間的に大事に」され「成長」した女性は二夫にまみえることはないという〈貞淑〉観である。野呂と塩沢という個別事例についてなされた発言であるとはいえ、この発言からは、そのような価値観が暗黙の前提となっていることを読み取ることができるだろう。[56]

福永のこの価値観は、ハウスキーパーを批判した平野の価値観とも重なる部分がある。平野は、獄死した西田信春(一九〇三―三三年)のハウスキーパーが、西田の検挙後にスパイと行動をともにしたことを問題視して、「数ヵ月のあいだ起居をともにしているうちに、西田信春の党員としての、人間としてのよき影響をそのハウスキーパア(原文ママ)はいささかも受けなかっただろうか[57]」と記している。平野もまた、立派な男性革命家とハウスキーパーの女性の間に、教育する/されるという非対称的な関係性を想定していたのであった。

平野はともかく、「ハウスキーパー」問題を女性革命家に対する人権蹂躙として激しく指弾した福永が、立派な男性革命家とハウスキーパーの女性の間に教育する/されるという非対称的関係性を想定し、立派な男性革命家に愛され教育されたハウスキーパーは貞淑であるべきであるという暗黙の前提に立っていたという事実は、彼女もまた男女の関係性、あるいは女性のあるべきあり方をめぐるジェンダー・バイアスに強く囚われていたということを示している。「ハウスキーパー」問題をめぐる再考は、そのような観点からも今後さらに深められる必要がある。

おわりに――世代間をつなぐものとしての〈救援〉

本稿では、まず、丹野セツ・田中ウタら非合法時代の先駆的女性革命家による革命運動の歴史が、山代巴・牧瀬菊枝ら非合法時代を知る後続世代の女性革命家により聞き取られ、出版されて、新左翼系を含むさらにのちの世代の女性活動家たちに大きな影響を与えていったさまを明らかにした。そのうえで、さらに、戦前期の社会運動についての回顧が活発化するなか、「ハウスキーパー」問題が非合法時代における女性革命家の人権蹂躙の端的な証左として浮上してくることになり、自身も非合法時代の女性革命家であった福永による強い批判が世代を超えてとくに新左翼系の女性活動家からも強い共感を得ることになったさまを明らかにした。また、あわせて、その福永の批判においても暗黙の前提となっていたジェンダー・バイアスについても指摘した。

そのうえで、最後に考えておきたいのは、「ハウスキーパー」問題などに鋭く反応した〈第二波フェミニズム〉以降の新左翼系女性活動家と、旧左翼系の女性活動家との関係についてである。両者は、異なる価値観に立脚して、対立したりすれ違ったりしただけだったのか。この点について、ここでは、〈救援〉という切り口から考えておこう。この点についてこの切り口から考える作業は、女性の革命運動の歴史が見出され語られ批判や対立が生み出されていくなかで、何がどう継承されたのかに光をあてる作業ともなるはずであり、この作業をもって本稿の「おわりに」に代えることとしたい。

日本共産党は、戦前から転向者に対して非常に冷たかった。鍋山歌子（一九〇七―？年）は、一九三三年に夫の鍋山貞親（一九〇一―七九年）が獄中で転向声明を発したのち、日本赤色救援会から誰も差し入れに行かないなか、一人で夫への差し入れを続けた。(58)

戦後、日本赤色救援会は日本国民救援会に改組されるが、基本的に共産党系の拘留者にしか支援を行わない組織であった。このような状況下で起きた事件が、一九六七年一〇月八日の佐藤栄作首相の南ベトナム訪問に反対する三派全学連および反戦青年委員会と機動隊の大衝突――いわゆる「一〇・八」第一次羽田闘争――である。その現場には、東京大学宇宙線研究所の核物理学者・水戸巌（一九三三―八六年）も一市民として参加していた。田無市の自宅に戻った巌は、妻の喜世子（一九三五年―）とともに、学生や労働者の抗議行動を「暴力行為」にすり替えようとする政府・マスコミを批判しながら、各地の警察署に拘留されたままの人びとへの接見、差し入れ、病院への医療費の支払いなどを自らの手ではじめていった。

水戸夫妻は、ともに一九五〇年代に日本共産党での活動経験を持っていた。巌は、のちにベ平連（ベトナムに平和を！市民連合）の事務局長を務めることになる吉川勇一（一九三一―二〇一五年）とは東大細胞でともに活動した間柄だった。喜世子はお茶の水女子大学理学部に学びながら、六全協後の学生運動の再建に取り組み、全学連の一員として砂川闘争にも加わっていた。夫妻は一九六〇年に日本共産党を離れている。

「羽田一〇・八救援会」は、田無市の水戸家を事務局とし、水戸家には、多くの活動家が集った。のちの全国全共闘議長・山本義隆（一九四一年―）も、水戸家で細々した事務仕事をやっていたし、喜世子は、愛車のスバル三六〇で、各地の警察署や病院を走り回った。[59] その後、第二次羽田闘争、エンタープライズ寄港阻止闘争、王子野戦病院闘争などで被救援者の数は激増していく。さらに東大闘争が本格化すると、日本共産党が「トロツキスト」と蔑称して救援を行わない新左翼の活動家に対する恒常的な救援を行うために、一九六九年三月に各地の救援団体の合同により救援連絡センターが発足したのである。[60] そして、その救援連絡センターを物心両面で支えたのは、水戸夫妻や吉川、そして戦前にプロレタリア文化運動に参加し、戦後は「五〇年分裂」で日本共産党を離れた日雇い労働者・郡山吉江[61]（一九〇七―八三年）のような、元・旧左翼の人びとだった。

牧瀬もまた、少女期からの友人であり「生活をつづる会」の仲間であった望月寿美子（生没年不詳）が、三里塚救援のために千葉県に転居したことをきっかけに、三里塚に通うようになり、権力に抵抗する「かあちゃん」からの聞き書きを行った。[62] 三里塚に通うなかで、牧瀬が抱いたのは、戦前の体験を今の若い世代に伝えてこなかった自分たちへの悔恨だった。

なぜ敗れたのか、そのマイナスの遺産目録を書き残さないために、戦後世代の女のたたかいは、戦前と似たような誤ち（原文ママ）が今くり返されているのを見て、戦前世代のわたしは胸が痛む。（中略）個人的な感情は一切除けて、あの当時の状態をはっきりさせることが当時たたかった人たちの責任ではないか。[63]

水戸も、牧瀬も、望月も、郡山も、彼女らの救援運動の原点にあったのは、「母」として「子ども」を助けたい、という感情にあった。かつて望月は、砂川闘争の現場で、怪我を負った学生になおも殴りかかろうとする機動隊に対して、雨傘をふりあげ「これはうちの子よ、なぐらないで！」と叫び、機動隊がひるんだ隙に学生を逃がしたこともあったという。[64] 何度も筆者からの聞き取りに対応してくださった水戸も、何よりも「母」としての自分の立ち位置を大切にしながら、今も反原発運動などに献身し続けている。

〈第二波フェミニズム〉の立場からすると、このような「母」という立場の本質化は受け入れ難いかもしれないが、旧左翼系の女性を含む活動家と新左翼系の女性を含む活動家との間には〈救援〉を通じてこのような関係性が構築された。〈救援〉は、〈第二派フェミニズム〉の立場からの新左翼運動に対する批判においては、闘争の最前線から排除された女性活動家が押し込められた領域と捉えられがちであったかもしれないが、この領域においてこそ、〈第二派フェミニズム〉以前・以後の女性活動家たちが出会い協働することになったともいえる。水戸や牧瀬や望月や郡山が〈救援〉に注いだ労力と情熱はどう後の世代に受け継がれたのだろうか。〈第二波フェミニズム〉以前の〈フェミニズム〉から、〈第二波フェミニズム〉以後への運動史上の遺産の継承は、原理における対立においてではなく、このような局面においてこそ、問われる必要があるだろう。

（1）ただし、新婦人協会を結成した市川房枝は、同時代の労働運動とも接点を持っていた。市川は一九一九年に当時の友愛会婦人部の責任者となり、その関係で婦人部の闘士として知られた山内みなと知り合った。ただし、市川は友愛会内部にあった女性差別を目の当たりにして、日本では社会主義より先に女の解放をしなければならないと思い、社会主義とは一切縁を切ったとされる（福永操、加地永都子、加納実紀代、鈴木裕子、田中和子、小倉美千子「座談会　運動の中の女と男――『あるおんな共産主義者の回想』に学ぶ（上）」『新地平』一〇五号、一九八三年七月、一一六頁の福永操の発言）。

（2）鈴木裕子『思想の海へ二一　女性＝反逆と革命と抵抗と』社会評論社、一九九〇年。

（3）一九二五年には高等女学校の進学率は一五％近くに達し、男子の進学先であった旧制中学校への進学率を上回っていた（内閣府男女共同参画局「高等女学校における良妻賢母教育」https://www.gender.go.jp/about_danjo/whitepaper/r01/zentai/html/column/clm_03.html（二〇二四年四月二九日最終閲覧）。

（4）「治安維持法違反女性被起訴者一覧」『思想の海へ二一』、三一〇―三二一頁。

（5）第二四回総選挙（一九四九年一月）によって日本共産党所属の国会議員となった苅田アサノ（一九〇五―七三年）は、岡山の大地主の娘として日本女子大学を卒業後、党中央特別資金局（名士関係）で活動しながら（『思想の海へ二一』、三一五頁）、一九三二年九月に現金一万円を党に上納しているが、当時は五〇〇円で小さい家が買える時代であったという（牧瀬菊枝「解放運動とおんな」『講座おんな』一巻、筑摩書房、一九七二年、一六五頁）。
（6）映画『女たちの証言――労働運動のなかの先駆的女性たち』（監督・羽田澄子、一九九六年）。大学生ともなると、一応は女性に対するスマートな振る舞い方を身につけていただろうから、実際には多くの大学生も女性差別を内面化していたものと思われる。
（7）黒川伊織『戦争・革命の東アジアと日本のコミュニスト――一九二〇―一九七〇年』有志舎、二〇二〇年、二七八―二七九頁。
（8）同前、二八七―二九一頁。
（9）本章は、黒川伊織「母が「母の歴史」を語るとき――牧瀬菊枝と生活記録運動、女性史への道」（『社会文学』四七号、二〇一八年三月）を下敷きに、その後の調査で判明した事実を書き加えたものとなっている。
（10）「生活をつづる会」による生活記録をはじめてまとめたものは、鶴見和子編『エンピツをにぎる主婦』（毎日新聞社、一九五四年）であるが、彼女らは「主婦」とはいっても、戦前に女子高等教育機関に学び、その夫たちも同じく高等教育を受け一流企業や官庁で働くホワイトカラーであった。その限りで、山の手の主婦層の集まりであったことは否めず、当時の労働者階級の「主婦」とは相当に教養も価値観も違っていただろう。
（11）山代巴、牧瀬菊枝編『丹野セツ』勁草書房、一九六九年、二八〇頁。
（12）牧瀬菊枝「治安維持法と戦後」『国民文化』一七八号、一九七四年九月、七頁。なお、運送屋が運んでくれなかった布団は、この朝鮮人一家の夫がリヤカーで予防拘禁所まで運んでくれたという（同前、七―八頁）。
（13）牧瀬菊枝「戦争体験を書いた母たち――〈母たちの学習の出発点〉」『学習の友』七三号、一九五九年一一月、二九頁。ただし、この谷川の発言の部分は、谷川雁「母親大会への直言」（『婦人公論』五一四号、一九五九年一〇月）からの引用と推測される。
（14）牧瀬菊枝「女子学生運動家の群像――昭和六、七、八年頃」『思想の科学（第五次）』二六号、一九六四年五月、三六頁。
（15）牧原憲夫『山代巴――模索の軌跡』而立書房、二〇一五年、第一章・第二章。
（16）同前、五六頁。
（17）同前、三〇七頁。
（18）「インタビュー　牧瀬菊枝さんに聞く」『季刊女子教育もんだい』三二号、一九八七年八月、七八―七九頁。
（19）牧瀬菊枝「はじめに」牧瀬菊枝編『田中ウタ――ある無名戦士の墓標』未來社、一九七五年、八頁。
（20）山代巴、牧瀬菊枝「はじめに」前掲『丹野セツ』、四頁。

(21) 丹野セツ研究会のさなかの一九六六年頃、まだ党籍のあった山代に対して、日本共産党は「党史にかかわることにふれるな」という指示を出したといい（「山代巴略年表」『山代巴――模索の軌跡』、二五頁）、実際に『丹野セツ』刊行後の日本共産党は、離党した「反党分子」からの聞き取りで党史を描くとは何事かと山代らに激烈な批判を浴びせた（同前、三二一―三二三頁）。山代の完全離党は一九六八年のことだった。

(22) 前掲『田中ウタ』、七三頁。

(23) 前掲『田中ウタ』、七八頁。

(24) 前掲『田中ウタ』、八七頁。

(25) 「戦前最後の中央委員」というプライドを抱いていた袴田は、戦後に再会した田中に「裏切り者！ 今後党機関で働くな！」と罵声を浴びせたという（『講座おんな』、一七〇頁）。

(26) 前掲『丹野セツ』、二九〇頁。

(27) 前掲『丹野セツ』、三〇三頁。

(28) 前掲『丹野セツ』、二四四―二四八頁。

(29) 前掲『丹野セツ』、三〇二頁。

(30) 前掲『丹野セツ』、三〇三頁。

(31) 前掲『丹野セツ』、三一三頁。

(32) 「牧瀬菊枝より運動史研究会への書簡」『運動史研究会会報』四号、一九七八年七月。

(33) 竹内静子「生きた座標軸としてとらえられている」『出版ニュース』八二二号、一九七〇年。

(34) 当時、日本労働組合総評議会（総評）大阪地方評議会で、唯一の女性オルガナイザーとして活躍していた伍賀偕子（一九四二年―）は、『丹野セツ』は、女性史としてではなく、社会運動史の文脈で読まれていたと語っている（二〇二四年五月二日、大阪産業労働資料館にて聞き取り）。

(35) 平野謙は、一九三一年に、小畑達夫（一九〇七―三三年、宮本顕治や袴田里見によるスパイ査問事件でスパイと疑われ殺された）の指示である女性革命家を自宅に預かっていた。彼女に恋した平野は求婚したものの、これを拒絶され、その際に彼女から「もっとしっかりした人に指導されて運動のなかにすすんでいきたい」と告げられたという（阿部浪子『平野謙のこと、革命と女たち』社会評論社、二〇一四年、四一頁）。そのような経緯もあって、平野は晩年に至るまで小畑に「個人的な怨念」を抱いていたという（同前、四八頁）。
(36)牧瀬菊枝「はじめに」『田中ウタ』、九―一〇頁。
(37)前掲『田中ウタ』、二三七頁。
(38)前掲『田中ウタ』、二三八―二三九頁。
(39)「社会主義運動史研究会から運動史研究会へ――伊藤晃氏インタビュー」（聞き手、黒川伊織・宇野田尚哉・戸邉秀明・福家崇洋）『大原社会問題研究所雑誌』七四一号、二〇二〇年七月、二二頁。
(40)「松井やよりより運動史研究会事務局への書簡」（一九七八年九月四日）『運動史研究会会報』五号、一九七八年一〇月。
(41)「事務局便り」『運動史研究会会報』六号、一九七八年一二月。
(42)原泉・福永操・石堂清倫・宮内勇（聞き手、川合勇吉・伊藤晃）「座談会 ハウスキーパーの虚像と実像」『運動史研究』四号、九三―九四頁。
(43)同前、八八頁。
(44)同前。
(45)「岸勝より運動史研究会への書簡」『運動史研究会会報』八号、一九七九年四月。なお、岸と長谷川は、当時大阪で活動していた（渡部徹、木村敏男監修『大阪社会労働運動史』第二巻、有斐閣、一九八九年、一七三二頁）。
(46)氏名記載なし「会へのたより」『運動史研究会会報』一一号、一九七九年一一月。
(47)牧瀬菊枝「革命に埋もれた女たち」『サンデー毎日』一九八〇年九月二一日号、一八―二一頁。
(48)福永は、「目下、『新地平』でハウスキーパー問題をとりあげる意向があるらしく、若い婦人研究者たちによってその準備が進んでいますようですから、記録させていただくことになると存じます」と書き送っている（福永操「会へのたより」『運動史研究会会報』一五号、一九八〇年九月）。
(49)座談会の記録は、「〈座談会〉運動の中の女と男――福永操『あるおんな共産主義者の回想』に学ぶ（上）」『新地平』一九八三年七月号、一一二―一一六頁に掲載されている。
(50)同前、一一二頁。
(51)「〈座談会〉運動の中の女と男――福永操『あるおんな共産主義者の回想』に学ぶ（下）」『新地平』一九八四年二月号、九八―一〇五頁。

(52)ハウスキーパーを務めた女性革命家が同時代に残した記録としては、中本たか子『受刑記』(一)(二)(三)、『中央公論』一九三七年六―八月号が、管見の限りほぼ唯一のものである。戦後は、佐多稲子『歯車』(『アカハタ』一九五八年一〇月―一九五九年四月連載)などがある。日本近代文学の立場からハウスキーパー問題を論じた最新の研究として、この『受刑記』を分析した池田啓悟「階層構造としてのハウスキーパー――階級闘争のなかの身分制」飯田祐子、中谷いずみ、笹尾佳代編『プロレタリア文学とジェンダー――階級・ナラティブ・インターセクショナリティ』(青弓社、二〇二二年)がある。

(53)市川房枝「丹野せつ子氏の事ども」『中央公論』一九二九年一二月号、本編一四七頁。

(54)山本菊代「書評『丹野セツ』」『労働運動研究』七号、一九七〇年、五二頁。

(55)「座談会　ハウスキーパーの虚像と実像」、九七頁。

(56)のちに再婚する福永の最初の夫の是枝恭二は、「日本共産党労働者派」(いわゆる解党派)としていち早く転向している。福永のなかでは、自分の最初の夫は野呂のような立派な(=非転向の)革命家ではなかったということが、再婚したことを正当化する理由になると考えられていたのかもしれない。

(57)平野謙「ハウスキーパア問題」『展望』一九七四年九月号、一三頁。

(58)前掲『女たちの証言――労働運動のなかの先駆的女性たち』。「モダン・ガール」であった鍋山歌子は一九二〇年代から「マネキン・ガール」(モデル)として活躍して日本共産党や労働運動の活動資金を稼いでいた(横井亀夫「九津見房子一周忌の集い」『運動史研究会会報』一九号、一九八一年七月、二頁)。「組合活動したいんだったら、俺と一緒にならなくちゃだめだ」と歌子に求婚した貞親は、一九二九年の四・一六事件で検挙されるまで、歌子に対して決して偉ぶらなかったといい、歌子は「大学を出てきた人たちのことを聞くと、封建的ですよね」との感想を残している(「労働運動のなかの先駆的女性たち」『運動史研究』一一号、一九八三年、九五―九七頁)。この感想を注6での指摘と合わせて考えてみると、東京は東京帝国大学出身のインテリ党員が多い一方、工業都市だった大阪には低学歴な労働者党員が多く、みな誰かの家に集っては議論を行い、寝食をともにするという小さな共同体を形成していたという違いが、歌子の感想の背景にあるかもしれない。

(59)「水戸喜世子氏からの聞き取り」(聞き手、川西勝美・黒川伊織・小杉亮子・牧野良成、二〇一九年一月二八日、於・水戸喜世子氏ご自宅)

(60)黒川伊織「羽田一〇・八救援会から救援連絡センターへ」『図録「一九六八年」――無数の問いの噴出の時代』国立歴史民俗博物館、二〇一七年、五三―五四頁。

（61）郡山は、一九六八年の一〇・二一国際反戦デーの際の新宿騒乱を目の当たりにして救援運動に飛び込み、三里塚野戦病院での救援に従事していた（郡山吉江『しかし語らねばならない――女・底辺・社会運動』共和国、二〇二二年）。
（62）その成果は、牧瀬菊枝『聞き書き三里塚　土着するかあちゃんたち』（太平出版社、一九七三年）にまとめられた。
（63）前掲『講座おんな』、二七二頁。
（64）前掲『聞き書き三里塚　土着するかあちゃんたち』、一四頁。

山川菊栄における「恋愛の自由」と「自主的母性」
――公娼制度、結婚制度、母性の強制に抗する性管理政策批判の展開

●――林　葉子

はじめに――政治の問題としての「恋愛の自由」と「自主的母性」

本稿は、山川菊栄の「恋愛の自由」論と「自主的母性」論を彼女の思想の核心ととらえ、それを主軸に、彼女がどのように政府の性管理政策を批判していたかを明らかにしようとするものである。「性（の）管理」という言葉は、これまで主に公娼制度を指す言葉として用いられてきたが、本稿では、「性管理政策」を、公娼制度に限定せず、結婚制度や家族制度、出産、産児制限、堕胎等の性的問題に関する法制度を含みこんだ総体として論じる。

そのように性に関する諸政策を包括的に捉える視座は、日本では最初に山川によって示された。しかしその功績は、これまで見落とされてきた。確かに山川は近代日本の代表的な女性解放論者と見なされ、特に「女性労働」に関する知見の鋭さが賞賛されてきたが、彼女のセクシュアリティ論の独自性については、ほとんど注目されてこなかった。本稿では、そのように彼女が恋愛、結婚、性売買、母性等、セクシュアリティに関わるテーマを「政治」の問題として論じてきたことに着目し、その思想の形成過程と意義について考察する。(1)彼女の書いた論説が最初に注目されたのは一九一

六年のことであり、それ以降、一九八〇年に亡くなるまで、彼女は数多くの著作を発表し続けたが、その政策論の基本的な枠組みは、すでに一九三〇年頃までには完成していると考えられることから、本稿では、一九一六年から一九三〇年までに発表された論説を中心に扱うこととする。

先行研究において、山川は「社会主義婦人解放論者」と位置づけられ、「ブルジョア婦人解放論者」に対抗する者としての側面が強調されてきた。そして、男性たちから「学んだ」社会主義理論を、いかに巧みに女性論に応用したかという観点から評価されてきた。(2) たとえば田中寿美子は、初期の山川の廃娼論について、「馬場孤蝶らについて深めた文学的素養の上に、大杉栄、荒畑寒村、堺利彦らの社会主義思想や欧米の文献から学んだ社会主義理論により、すでにマルクス主義を知り、ベーベル、カーペンターを読み、社会主義思想に立っていたのである」(3) と説明している。

しかし、そのように山川が、〈男性の社会主義理論を女性のわりにはよく理解できた優等生〉として「評価」されてきたことは、皮肉なことに、現在にいたるまで彼女の思想の革新性が覆い隠され続けてきた原因の一つとなっている。彼女の主張が、狭く「社会主義婦人解放論」の枠組みに閉じ込められ、当時の代表的な社会主義者の男性たちが彼女に与えた影響が強調されることによって、その男性たちが持ちえなかった彼女独自の新しい視点が見落とされてきたのである。

たとえば、山川の言論活動の出発点である廃娼論争において、彼女は実際には、堺利彦らから学ぶどころか、むしろ彼らの公娼制度擁護論に強く反発し、それを批判する意図をもって自らの廃娼論を展開した。(4) そしてその当時、彼女が理論的な基礎としたのは、大杉・荒畑・堺の著作ではなく、ドイツの男性社会主義者アウグスト・ベーベルでもなく、後述するように、女性解放論の先駆者であるイギリス人女性のメアリ・ウルストンクラフトであった。山川の思想形成過程に関し、先行研究では、特にベーベルら「社会主義者」からの影響が強調されてきたが、(5) そもそも山川は、英語の文献を自在に読みこなす一方で、ドイツ語は、英語のように積極的には学ぼうとしなかった。(6) そして彼女が戦後にまっさきに向かった先がイギリスであったことからも明らかなように、(7) 彼女が一貫して重視していたのは、イギリスとアメリカ、特にイギリスにおける社会運動の動向や歴史であったと考えられる。

他方、現代フェミニズム研究においては、山川は「第一波フェミニズム」の代表的な論者の一人だと見なされている。しかしその評価においても、彼女のセクシュアリティ論の革新性は見落とされてきた。一九世紀末から二〇世紀前半にかけての「第一波フェミニズム」と、それ以降の「第二波フェミニズム」の違いについては、「第一波が参政権などの公的な領域に焦点を当てたのに対し、第二波は、政治や経済活動などの公的な領域を担うのは男性、私的領域である家庭は女性、という性別化された活動領域に異議をとなえ、その構造の変革をめざし」[8]たと説明され、後者は前者よりも進化したものとして、後者の優位性が強調されてきた。しかし、ここで「第二波フェミニズム」の特徴とされている「性別化された活動領域に異議をとなえ、その構造の変革をめざ」すことは、日本ではすでに一九一〇年代から山川菊栄によって行われてきたことである。たとえば山川は、「婦人と政治」と題された論説の中で、次のように論じている。

普通に政治といふものは吾々婦人の生活とは甚だ縁遠いことのやうに思はれてゐる。（中略）専ら男子の仕事である政治と、専ら女子の仕事である家事との間には何等の有機的な関係もないやうに、大多数の婦人は信じてゐる。といふよりも信じさせられてゐるのである。（中略）婦人は政治に関係がないといふことが、婦人がその國の政治によって支配されてゐる限り、一目で見抜くことの出来るでたらめな言草であることは明白である。婦人の政治教育は、まづ此不都合な迷信の打破から着手せられねばならない[9]

こうして山川は、女性たちが「その国の政治によって支配されて」いることに目を向けさせ、「政治」は男性のものだとする旧来の考えを批判し、女性の心身に関わる様々な事象が政策の問題でもあることを示そうとした。当時の知識人の多くが、性を不変の「自然」であると論じたのに対し、山川は、そうした考え自体が歴史的に構築されたものだと捉えて、変革の可能性を示した。

また、彼女は男女の二元論を批判して、性は「千差万別」で多様なものであり、「男女の生理的相違は、男子間における個人的差別と同様に扱わるべき」であると論じた[10]。そして、女性も男性と同様に「千差万別」であるはずなのに、女らしさの規範としての「婦徳」に閉じこめられてしまうことを批判し続けたのである。

山川は、女性たちを、しばしば「奴隷」と表現した。性的に搾取される「性的奴隷」や家庭において無償で忙殺される「家庭奴隷」、労働者として働けば男性よりもはるかに安い賃金しか与えられない「賃金奴隷」としての女性たちを、どのように解放するかという問題に注力した。具体的には、女性たちの過酷な労働環境、公娼制度のもとでの人身売買、生活のために強いられる結婚や、その結婚後に望まぬ出産を繰り返させられることなどを問題視している。この「奴隷」という表現の根拠は、日本人女性の死亡率の高さである。「日本の女工九十萬、女子鉱山労働者十萬五千は普通婦人に数倍の死亡率を挙げ、その子女は虚弱で、死産流産も極めて多い、女教員、女子事務員も悉く然りである。日本では二十五歳より五十歳までの女子死亡率は同年の男子死亡率の倍以上」であって、こうした事実は、日本の女性たちが「不自然な不合理な、生活」を強いられていることの証左であると論じている[11]。

山川が、当時の知識人たちがそれぞれ別の問題として論じてきた公娼制度や結婚制度、産児制限や堕胎、妊産婦の労働環境等の、性管理政策の諸問題を、すべて一つの社会構造として総体的にとらえ、女性の「奴隷」化の問題として論じたことは注目に値する。それぞれの問題については、山川よりも早くから取り組んでいる人々がいたが、それらを総合的に体系化して把握する力量という点において、彼女は最も優れた論者であったということができる[12]。そのような把握の仕方は、「社會諸般の大小のあらゆる事件や問題は、社會全體の仕組と切放して考へることも不可能なら、解決することは猶更ら不可能[13]」だという彼女自身の考えに基づくものであった。また山川は、女性運動が「社會政策的要求を多く含むやうにな」るのは「婦人問題の中心が中流階級より労働階級に移動しようとする過渡期の状態」の現れであるととらえ、望ましいことだと考えていた[14]。

このような政策論によって山川が守ろうとしたのは、（これまでの「社会主義婦人解放論者」としての彼女のイメージからは大きくかけ離れることになるが）「恋愛の自由」と「自主的母性」であったと筆者はとらえている。彼女の女性労働論も、公娼制度批判も、〈生活手段としての結婚〉批判も、避妊や中絶の選択権の擁護も、すべては「恋愛の自由」論および

「自主的母性」論へと行きついているからである。そしてその彼女の主張は、単なる個人的な価値観として表明されたのではなく、日本の近代社会の歴史的特殊性をふまえ、日本社会に生きる女性たちにそれが最も欠けているがために最も必要とされた価値として示されたものであった。彼女は次のように述べている。

歐米の婦人運動が教育及び職業の自由、參政權の要求を以て始まったに引かへ、日本の場合は、「戀愛の自由」てふ標語によって代表された傳統的家族制度に對する反抗――家族生活に於ける婦人の個人的自由の要求――が重きをなしてゐたことは特徴的な事實である。(中略)日本に於けるが如き家族制度の束縛は、近代の歐米にはその例がなく、隨つて當時の青鞜社同人の主張した程度の個人的自由は、歐米にあっては當然の事として既に認められてゐた所で、そのために特に戰ふ必要はなかったのである。(15)

山川の思想が、欧米の女性解放運動史の「第一波フェミニズム」「第二波フェミニズム」の分類の枠組みに当てはまらないのは、彼女の主張がこのように、日本特有の社会的背景をふまえて独自に展開されたためであろう。そして日本では『青鞜』によって開始されたこの「恋愛の自由」のための闘いが、山川によって政策論として幅広く展開されることになったのである。

一　山川菊栄による性管理政策批判とそのルーツ

1　廃娼論

山川の政策論の中心には廃娼論がある。山川は、一九一六年に公娼廃止を論じて注目を集め、それを皮切りに社会評論家としての活動を始めることになったが、そのように彼女が自らの言論活動の最初に公娼制度問題に焦点を当てたのは偶然ではなく、それこそが、当時の日本社会において、最も深刻な女性の人権問題であると広く認識されていたからである。[16] その時期には、すでに日本でも廃娼運動の全国組織・廓清会の活動が活発化しており、廃娼論それ自体は、珍しいものではなかった。しかし後述のように、山川の廃娼論は、廃娼運動団体に集った人々のそれとは異質である。その際立った特徴は、公娼制度と結婚制度の関係の捉え方に見られる。

山川は社会主義者を自認し、貧困と格差の問題こそが公娼制度の基礎であると捉えており、[17] 先行研究の多くは、そのように山川が社会主義者であったがゆえに〈ブルジョア婦人解放運動＝廃娼運動〉の担い手たちよりも優れていたのだと説明してきた。しかし、その説明は史実と合致していない。そもそも日本唯一の廃娼運動の全国組織であった廓清会は男性中心の組織であって「婦人運動」ではなかったし、[18] 廓清会のリーダーが日本の代表的な社会主義者の一人である安部磯雄だったことからも明らかなように、[19] もともと廃娼運動と社会主義運動との関わりは深かった。したがって、しばしば当時の女性運動史の解説にあたって用いられてきた「ブルジョア婦人解放運動（＝廃娼運動）」対「社会主義婦人解放運動」という二項対立的な構図は、事実に即したものとは言えないのである。

山川はたしかに、公娼制度を容認する日本社会のあり方を「男性支配の極致を表現した賣淫制度と、最も組織的な腕力主義の表現である警察制度とを支柱としてゐる資本主義の文化[20]」であると見なし、社会主義者の立場から公娼廃止を強く求めていた。しかし同時にその廃娼論は、他の社会主義者たちを批判する形で展開されており、このことから、公娼制度に対する立場という点において、日本の「社会主義者」が一枚岩ではなかったことは明らかである。山川が最初に批判した相手は、当時『青鞜』の編集を担っていた伊藤野枝であり、次に、堺利彦が率いていた賣文社であった。

山川は、伊藤野枝との論争の中で、自分が「廃娼論者」であることを表明し、[21] 公娼制度を擁護する伊藤が、性や性欲、性管理政策を「自然」とみなしていることを「無知な卑屈な奴隷思想[22]」であると述べて痛烈に批判した。また、当時、堺利彦らの『新社会』では、社会主義者たちが公娼制度のもとで働く女性たちと廃娼運動家たちの双方を揶揄していたが、[23] 山川は、そうした冷笑的な態度とは反対に、当時の日本ではほとんど知られていなかった医学教育の専門家であるエイブラハム・フレクスナー（Abraham Flexner）の著書 *Prostitution in Europe*（Publication of the Bureau of Social

Hygiene, New York, The Century Co., 1914)[24]を用いて、ヨーロッパ諸国での性管理制度の失敗に関するデータに基づき、日本でも公娼制度を廃止すべきだと主張した。

当時の言論界では、娼婦には先天的な欠陥があるという考えにもとづき、その欠陥のある存在としての娼婦を公娼制度によって囲い込む必要があると主張する存娼論者が少なくなかったが、山川は、欠陥は個々人ではなく社会組織にあるのだと論じた[25]。彼女は、公娼地域である遊廓は「奴隷売買」兼「高利業」であり、日本で公娼にされた女性たちには「肉体的自由」が欠如していて「外国には全然類のない悲惨と残酷」さがあると指摘し、処罰すべきは、娼婦ではなく買春者であると主張した。

そのように山川の廃娼論においては、日本の公娼制度の特異性が強調されていたが、その廃娼論の枠組み自体は、イギリスから始まった廃娼運動のそれを踏襲するものとなっていた。山川は、近代公娼制度において、国家権力の保護によって定期的な性病検査が公娼に強いられていること（検黴制度）を「全人類の人間性に對する最大の侮辱、最大の人権蹂躙」であると批判した[26]。その性病検査制度においては、娼婦と見なされた女性たちだけが検査され、買春した男性の側は、原則、検査されなかったが、そうしたダブル・スタンダードは性差別的であるだけでなく、性病予防の効果をも減じていることを指摘した。また、その悪制度の温存が「男子に自制的習慣の養成を不必要ならしめ」、男性たちに「婦人を動物視し玩弄物視する」習慣を身につけさせてしまうことを問題視した[27]。

また山川は、この公娼制度そのものが、海外における日本人女性の売春増加の誘因となっていることも指摘している。公娼制度は、公娼（娼妓）として登録された女性以外の人が性を売ることを禁止する取締のための制度であるため、その制度によって「内國の圧迫が厳しくなれば」、規制の緩い諸外国で日本人女性を売買しようとする業者が増え、日本人女性の身体の「密輸出の盛大を促す」ことになるだろうと指摘している。そして、その結果として現れた「門司長崎あたりから箱詰にして送り出される婦人達、海外で日本婦人の聲價を擧げて居る婦人達」に対する内務省の責任を問いただしている[28]。

これらの山川の主張は、すでに当時の国内外の廃娼論者の多くが唱えていた共通見解であり、新規性はなかった。しかし、以下に述べるように、山川がこのような従来の廃娼論の基本的な論点を踏まえつつも、それを、結婚制度批判や母性に関する政策についての議論に結びつけて展開した点に、独自性があった。

2 公娼制度と結婚制度の関係をめぐる主張

廃娼運動団体に集った人々の主張と山川の廃娼論との間には、決定的な違いがある。それは、公娼制度と結婚制度の関係の捉え方の違いである。山川は、日本の他の廃娼運動家とは異なり、公娼制度と結婚制度を、表裏一体の悪制度だと捉えた。一八八〇年代から一九一〇年代にかけて次第に全国化していった日本の廃娼運動においては、廃娼派の人々のほとんどが廃娼運動団体（矯風会、廓清会等）に属していたが、山川が一貫して、そうした団体活動から距離を置き続けた要因の一つは、この結婚制度観の相違だったのではないかと考えられる。

矯風会や廓清会に集った人々の多くは結婚を美化し、重視していた。矯風会を率いた矢嶋楫子が、廃娼運動の一環として、太政官に一夫一婦制度の確立を求める建白書を出したのは、その象徴的な出来事である[29]。矢嶋に限らず、廃娼論者の多くは、結婚制度と公娼制度の二つを、全く異質で対極にあるものと見なし、結婚は善、売春は悪であると考えていた。自由廃業運動においても、遊廓から脱出した女性たちが結婚しさえすれば、全ての問題が解決したかのように論じられることが多かった。特に矯風会の女性たちは、性行為の相手を夫婦間に限定すること、すなわち「貞操」に価値を置き、女性が男性に比してその「貞操」を守りがちであることを彼女たちの美点であると捉えて、男性も「貞操」を守るべきだと主張した。矯風会でしばしば用いられた「男子の貞操」という言葉は、当時の廃娼運動の主流の人々、特に矯風会に集った女性たちの結婚観を象徴的に示している。

そのように一夫一婦制を美化する言説が廃娼論と一体的なものとして語られていた風潮に逆らい、山川は、公娼制度批判を結婚制度批判に結びつけた。彼女は、「貞操は賣淫の原動であり、賣淫は貞操の反動である[30]」と述べて、両者が有機的に繋がった問題であることを指摘している。つまり、「貞操」を重視する社会においてこそ、その反動として、性売買が盛んになるのだと主張したのである。そしてその「貞操」は、実質的に女性を商品化するための概念として機能しており、「男子に依る女子征服の象徴[31]」となっていると述べている。

山川の優れた点は、性売買問題を論じる時に、その視線を向ける先を、遊廓やその周辺だけに限定しなかったことである。彼女は、いわゆる公娼や私娼だけが性を売っているのではなく、主婦も含め、女性たちは皆、多かれ少なかれ「賣淫」的に生きざるをえない状況に置かれているということを指摘した。職業的に娼婦として生きている人々だけを問題化する旧来の廃娼論の枠組みを超えて、女性たちを「売物」にする社会制度を、より広い文脈から問題化しようとしていたのである。

山川の主張する性売買と結婚の共通点は、女性に経済力が与えられない社会構造によって、性売買または結婚が女性たちの生き残りの手段となっていることである。つまり、ここで問題化されている結婚制度とは、女性たちが「財」の確保を第一目的とする「財婚」または「金銭本位の結婚」を選ばなければ生き延びられない社会構造のことである。この「財」には、生活費等の金銭だけでなく、家の存続を目的として産む「子孫」も含まれる。結婚制度を含め、当時の政策のもとでは、多くの女性たちは、そのような「財」を交換する「財婚」によって夫に依存しなければ生活できない状況に置かれており、それは、性的身体を生活手段として用いるという点で、娼妓や芸妓の性売買と本質的に同じなのではないかと指摘しているのである。山川は、次のように述べている。

名こそ結婚でも、金故《ゆえ》に男に身を任かす點に於て、立派に賣淫行為なのである。（中略）藝娼妓の場合は、親も自分も無智無教育で、殊に貧乏故に能儀《よぎ》なく身を賣ること故、憎むよりは憐まねばならぬのに引換へて、相當に教育もあり身分もある人が、贅沢をしたく、我儘をしたい許《ばか》りに、愛もなく尊敬もない金持などへ身を賣るのは、実に卑しい下等な、見下げ果てた淫賣根性と云はねばならぬ[32]

そして、性的関係を持つ相手を選択する自由を捨てて、功利のための「手段」として行う結婚は「賣淫」と同じであり「結婚の堕落」であると述べて批判した。ここでいう功利とは、個人的な利益だけでなく、国益も含まれる。

子孫の断絶を防がんが為の結婚、國家の富強を来たさんが為めの結婚、或る倫理的功利を擧げんが為めの結婚、是等は皆な（中略）賣淫と全然同一の立脚地に立つところの結婚観である（中略）結婚が何等かの、結婚それ自ら以外のもの、手段となつた時には、如何なる場合に於てもそれは断じて結婚の堕落である[33]

そしてこのような「愛」や「尊敬」の欠如した「結婚の堕落」こそが、「賣淫の隆盛を促す有力なる原因[34]」となっており、妻も娼婦も同様に、女性たちが市場の商品のごとくに流通し、「入つては家庭奴隷、出で丶は賃金奴隷の以外の生活を私達に許さぬ資本主義の社會、私達の多くの姉妹を賣笑婦の生活に逐ふ資本主義の社会、その侵略的野心のために、私達から最愛の父を、子を、愛人を、兄弟を奪つて大砲の的とし、他國の無産者と虐殺させ合う社會[35]」に生きているというのだという。女性たちの性的な自由を奪い、それを帝国拡大のために管理して、そこから搾取するという点において、公娼制度と結婚制度は同根の性管理政策であることが、ここで指摘されているのである。

こうした山川の性管理政策批判は、同時代の平塚らいてうの主張との共通点も多い。先行研究においては、同時期の「ブルジョア婦人解放運動」の代表的存在と見なされている平塚と「社会主義婦人解放運動」の山川との思想的相違が強調されてきたが、平塚も山川と同様に、山川よりも少し後に、金銭目的の結婚（「合法的結婚の形式による愛の賣買」）と「賣淫」を、同類の「重大なる社會的不正」であると述べている。[36]そして、両者の結婚制度批判と公娼制度批判の根底には「恋愛の自由」論があった。

しかし山川は、結婚制度を批判しながらも、結婚そのものの価値は否定しなかった。その結婚が、女性たちの「恋愛の自由」と両立しうるかという点、すなわち、女性たち自身の意思が、結婚とその後の生活において守られるか否かという点が、山川の結婚論においては重視されていた。この点に関して山川は、「男子中心主義は、女子自ら自己の要求を口にすることを最も忌み嫌ふ。（中略）女をして赤裸々に自己を語らしめよ、その真実に生かしめよ　false modestyの強制をやめよ[37]」と述べている。このことは具体的には、その結婚の始まりにおいて女性側に求婚の権利があるか否か[38]、そして女性側が離婚したいと考えた時に、それが可能かという問題に関わっている。[39]また、女性たちを結果的に結婚制度に縛っている婚外子差別の問題を指摘し、婚外子の法的平等の重要性を説いた(40)。

そして、女性たちが生活のために自らの性的身体を売ることなく、「恋愛の自由」が守られる社会になった時、彼女たちには「たゞ戀愛の享楽のために異性と結合するの自由を残されるのみ」となり、「自己の要求以外の何ものに依ても、異性との結合を強ゐられることなく、妨げられることもなく」、恋愛は「性的要素を交へた所の、多少永久的なフレンドシップに進化」するだろうと山川は論じた(41)。

3 メアリ・ウルストンクラフトとウィリアム・ゴドウィンからの影響

ここまでに紹介した山川の性管理政策批判は、当時の日本の状況に即して論じられたものであるが、その主張は、イギリスの女性解放運動から思想的影響を受けて展開されたものであった。山川は晩年に、インタビューに応えて、彼女の最初の廃娼論や結婚制度論は、メアリ・ウルストンクラフトから触発されたものであるとして、次のように述べている。

> 私としてはこれ〔伊藤野枝批判の廃娼論の執筆〕を機会に外国の婦人運動の理論や実際を学んだことは大きな収穫でした。そのころ読んだものの中で、フランス大革命当時、イギリス側の熱心な革命支持者で、イギリスの婦人解放論の先駆者でもあった、メアリ・ウォルストンクラフトの『女権擁護論』とその小伝とは、私たち自身の貧しい中産階級の生活や家庭の体験と、それからくる現実的な身近な要求——教育と職業の権利、平等賃金等の要求——とともに、恋愛一辺倒の文芸作品のヒロインなどのもたない切実な共感をよびました(42)(〔 〕内引用者)。

山川の死後、一九八一年に刊行されたこのインタビュー記録の中では、山川がウルストンクラフトを初めて知った時の感想として「恋愛一辺倒の文芸作品のヒロインなどのもたない切実な共感」と記されており、あたかも、山川がウルストンクラフトから受けた影響は、恋愛論以外の側面であったかのような書きぶりであるが、山川が一九一九年に単著

『現代生活と婦人』（叢文閣）に収めた論説「メリー・ウォルストンクラフトとその時代」[43]を読むと、むしろ当時の山川は、ウルストンクラフトの恋愛や結婚から強い影響を受けていたことがわかる。山川はその論説の中で、「メリー・ウォルストンクラフトの『女権擁護論』は、十八世紀に於ける最も獨創的な書物の一に算へられ、今尚ほ女権運動の寶典を以て目されて居る」[44]と述べて、ウルストンクラフトをきわめて高く評価した。そして山川は、ウルストンクラフトの伴侶となったウィリアム・ゴドウィンの小伝を用いてウルストンクラフトを紹介しているのであるが、その内容からは、山川の「金銭本位の結婚」批判や「恋愛の自由」論が、ウルストンクラフトやゴドウィンの著作から着想を得たものだったと推定することができるのである。山川は次のように述べている。

ゴドウィンは、あらゆる人為的制度とあらゆる暴力とを斥けて（中略）一切の権力を否定し、同棲を排し、約束を罪悪視した。（中略）従つて彼は、最も密接な同棲であり、最も軽率な約束である結婚を悪として自由繼愛を主張し、子は父を知らずとも、母及び社會の愛護に依て幸福なるべきを説いた[45]

このような、一見結婚そのものの否定とも取れる主張に、山川は強い共感を表明しながらも、彼女自身はその同じ時期に山川均と結婚している。しかし彼女は、自らの結婚の実践とその結婚論との間に矛盾があるとは考えていなかったようである。その理由は、山川がウルストンクラフトとゴドウィンの結婚をどのように捉えたかという点と深く関わっている。

後に水田珠枝が刊行した『女性解放思想史』（一九七九年初版）は、山川の「メリー・ウォルストンクラフトとその時代」と構成を同じくし、ルソー批判、バーク批判、ウルストンクラフトとゴドウィンの評価等について、関連史料の詳細な検討を行った研究書であるが、同書は、結婚制度の廃止を主張したゴドウィンが、後にウルストンクラフトと結婚したことに対し、同時代の人々から非難の声があがったことを指摘している。「十八世紀末のイギリスで、社会の基礎単位である家族の解体と結婚制度の廃止を説くかれの主張が、一切の法律や権力の消滅を要求するかれの理論とともに、いやそれ以上にはげしい非難をまきおこしたことは容易に想像されるだろう。しかしかれへの非難は（中略）かれ自身が、この原則を思想上、実践上つらぬかなかったという事実に対してもむけられたのであり、とくにかれの友人やその思想の信奉者たちの攻撃は、ここにおかれていた」[46]。

山川は、こうした同時代人によるウルストンクラフトやゴドウィンへの批判を認識した上で、ウルストンクラフトらが同時代の人々に理解されなかったのは「餘りに時代に先んじて居た」ためであったと肯定的に解釈し[47]、山川自身は、彼女らの「結婚」が彼女らの主張と矛盾する行為だとは考えなかった。それは、山川が「結婚」と結婚制度を同一視せず、両者を分けて捉えていたためであると考えられる。ウルストンクラフトは、ゴドウィンとの「結婚」の前に、アメリカ人実業家のギルバート・イムレイとの間に未婚のまま第一子を授かったが[48]、この関係についても山川は「結婚」であると捉え、「［ウルストンクラフトは］イムレーと結婚した。然しこの結婚は遂に法律の承認を求めずに終つた」[49]と表現している。つまり、山川の言うところの「結婚」とは、法律婚に限定せず、より広く性的なパートナーシップを意味する概念であった。

そして山川は、ウルストンクラフトが「熱愛」したイムレイとの関係破綻の後に二度の自殺未遂をした時のことについても詳しく記している。たとえば第二回目の自殺未遂が「十一月末の暗い冷い風雨の夜」のことであり、テムズ川に投身しようとしてボートに乗り、「早く沈むやうに、衣服に雨の沁み透るのを待つて身を投げた」と、具体的に表現している[50]。そのウルストンクラフトの苦悶の跡は、彼女のイムレイへの恋愛感情の強さの裏づけとして記されているのであり、山川はその具体的な表現をゴドウィンの著作からそのまま紹介することによって、女性解放論者・ウルストンクラフトが〈恋する女性〉であったことを印象づけようとしたのだと考えられる。そして山川によれば、このウルストンクラフトの「古い悲しみを残りなく拭い去つたもの」は、ゴドウィンとの新しい恋愛関係であり、二人が「互に敬慕の情を懐き初めて、遂に戀愛生活に入」り、「事実上結婚した後も、二人は平素の持説に随つて持説を実行し、法律の承認を求めなかつた」と説明されている。ウルストンクラフトとゴドウィンとの「結婚」後の関係は、「對等」で「獨立無干渉」で、「互に獨身時代と同じく自由な生活、自由な交際を楽しんで居た」とも述べられている[51]。

つまり、山川の描くウルストンクラフトは「恋愛の自由」を生きる女性先駆者である。法律婚であったか否かは重視せず、いかに自発的で自由な恋愛感情によって結ばれたかという観点に評価の力点を置き、ウルストンクラフトの生き方を高く評価した。そして山川がその後、日本の当時の状況に即して「恋愛の自由」論を展開するにあたっては、女性解放思想を具現化した存在として、常にウルストンクラフトの姿が意識されていたと考えられるのである。

二　軍国主義への抵抗の砦としての性の自由

1　「恋愛の自由」論と「自主的母性」論

山川菊栄は、一九一七年、夫の均との子を産んだが、その後から一九二〇年代にかけて、母性に関する論説を次々に発表していった。山川は、「婦人解放の最も基礎的な二大要素」として、「恋愛の自由」と、母性に対する「選択権」、すなわち「自主的母性」を挙げた[52]。「自主的母性」は「恋愛の自由」に強く結びつくものと捉えられており、たとえば、結婚後にその結婚が失敗だったと当事者たちが気づいた場合に、その「夫婦の希望せざる結婚の永続を不必要ならしむる為めに」、つまり、子どもの存在が離婚の足枷とならぬよう、産児制限が必要であると論じた[53]。

一九一七年三月二九日、東京帝国大学総長であった山川健次郎が、女子英学塾の卒業式において「結婚を勧む」と題する講演を行い、欧州における戦争を視野に入れて日本も豊富な人口をもって国防の充実を図るべきだと論じた。その内容は女子英学塾の同窓会・学友会による『會報』第一九号に掲載された[54]。山川は女子英学塾の卒業生であったために、その『会報』を入手し、一九一八年二月、その山川健次郎の講演に対する批判として、「恋愛の自由」と「自主的母性」についての持論を本格的に展開した。

山川菊栄は、山川健次郎が「國防」の名において、男性に対する兵役のように、女性に対しては結婚と出産を強要し、あたかも「兵隊の製造器」のように女性たちを捉えていると指摘した[55]。男性たちの多くが、女性を「玩弄物」視して「容姿や年若きこと」ばかりを求め、「女子の個性や教養」を見ていないため、そのような状況下で、識見のある女性たちが良い結婚相手を見つけるのは困難なことであり、たとえ生涯独身となっても、「身を屈して」不満足な結婚をするよりは独身のままでいる方が「幸福」で、その選択に対して誰にも干渉する権利はないのだと説いた[56]。

さらに、そうした「獨身の權利」に加えて「結婚の權利」もあるのだと彼女は論じた。結婚による「本能の満足」は「義務」ではなく「權利」であり、それは、直接的な利害関係のある「當事者の意思に一任」されるべきだと述べた。「生むも生まざるも吾々の自由」であり、国家は女性たちに出産を強要せず、産みたい人に、その実現を可能にするための生活保障を行うべきであると論じた。

この山川の「自主的母性」論が、こうして初めから軍国主義への抵抗の論理であったということは重要である。当時、帝国の拡大のために多くの兵士が必要とされ、その兵士を生み出すものとして、女性たちの身体が眼差され、管理されようとしていたが、山川は、女性の身体をめぐる主導権を当事者である女性たち自身のものとすることによって、人間が「砲丸の的」とされるような生命軽視の時流に抗おうとしていたのである。彼女の考えでは、真の女性解放運動は非戦運動でもあり、「戦争に反對し徴兵制度に反對したランキン女史、非戰運動に從事して或は銃殺せられ、或は監禁せられたリープクネヒト一派の婦人達こそ、戦争援助の女權論者と事變って、眞に婦人並に全人類解放運動の上の功労者と謂ふべきである[57]」と評価していた。さらに一九一九年の論説においては、「軍國主義は男性支配の極致」であると述べ、女性と労働者にとっては徴兵制度の存廃こそが最大の課題の一つであり、「婦人と労働者とが一致提携して此制度の廢止に努めたらどうだらう[58]」と両者の協働を提唱した。

真の軍事主義批判と真の女性解放論は不可分であるとするこの山川の思想の背景には、彼女の歴史観がある。歴史家の曽祖父および祖父をもつ彼女は、殊に、武士が権力を握った時代に対して強い関心を持ち、その歴史的考察の中で、彼女独自の女性解放思想が形成されていったのだと考えられる。彼女は「古来、武士の跋扈と女子の屈従とは、洋の東西を問はず必らず相伴随する現象である[59]」と述べており、一九一八年一一月に発表した論説においては、次のように論じている。

腕力の支配を意味する戦争が婦人の利益と相容れないことは云ふまでもない。種族と種族との間に征服的事實を生じて以来婦人の地位が低下し、戦争の頻繁なる地方ほど、そして武人が勢力を得たる時代ほど婦人が暴虐に苦しむといふ古今東西に共通の現象は、この両者の関係を最も明白に語ってゐるものである[60]

こうして山川は、武力に頼る社会において女性の地位が低下した歴史を教訓として、軍事化への抵抗としての「恋愛の自由」論と「自主的母性」論を説いた。山川によれば、鎌倉時代に家族は「一個の軍事的単位」となり、家長に「その一族に対する専制的支配権」が与えられ、「家族内における女子の地位が全く奴隷化した」。その結果、女性たちには「血統の純清を期する」ために「貞潔」が強要され、女性たちの「恋愛の自由」は奪われた。その時代は同時に、遊廓が発達した時代でもあった。そのようにして「鎌倉時代以後の極端な男性中心の家族制度」は「婦人から全く個人的自由を奪い、意思の自由を奪ってしまった[61]」。

そうした歴史的経緯の中で奪われ続けてきた女性の性の「自由」を、女性たち自身の手に奪還することは、女性たちにとっての新しい「道徳」であると山川は論じた。「今後の婦人は、自分が其れを欲するからといふ理由より以外に、男に身を許してはならぬと等しく、自分が其れを欲するから、といふ理由以外に、子供を生むでもなりません。（中略）工場が労働を要求するから、國家が兵士を要求するから、支配階級が奴隷を要求するから、といふやうな、一切の外的理由に依る懐胎と分娩は、罪の罪なるものであり、不道徳の中の最大の不道徳でありま[62]す」と述べている。

この「道徳」化された山川の「恋愛の自由」と「自主的母性」の論じ方には、優生学への接近という面において、危うさも感じられる。山川は「性の問題は常に種族的利害の見地から見る必要があ」り、恋愛は個人の私事だが「その戀愛によりて生れる子供の優劣や強弱は社會全體の問題」であるため、「新しい性道徳」として、「社會全體の幸福と、より優良な種類を遺す目的とのために」、「自制」が必要なのだと述べている[63]。この後の山川は、優生思想の熱心な支持者であったとまでは言えないが、同時代の他の女性解放論者たちと同様に、山川の主張もまた、優生思想と無縁ではなかったといえるだろう。

2　産児制限運動への支持と家事・育児の社会化の提唱

山川の「恋愛の自由」論と「自主的母性」論においては、それらを現実のものにするための具体策として、産児制限と家事・育児の社会化が提唱された。

当時、日本の新聞等でも盛んに報じられたマーガレット・サンガーらの産児制限運動を山川は強く支持し、自らも産児制限論を次々に発表した。山川は、「産児制限は、生殖の奴隷たる地位より放たれんとする女性の努力の現われである」との認識を示し、産児制限運動を「性的奴隷制度に対する女性の叛逆」と位置づけた。[64]

しかし、そのように産児制限論を支持するにあたって、山川は、廃娼論を支持した時と同様に、周囲の社会主義者たちの無理解と闘わなければならなかった。レーニンは産児制限運動を批判し、サンガーと意見が対立していたが、山川はサンガーの側に立った。山川は「徹底的な個人主義的立場」から産児制限の必要性を説いて、レーニンを「嗤」ったサンガーの方を支持し、当時、世界的に広まりつつあった産児制限運動を高く評価して、「母性に対する選択権は、産児調節の手段を通じて確保され」、女性自身が自らの意思と希望によって妊娠・出産を選択する時に、母性は初めて「神聖にして、祝福せられた職分の一つとなり得る」のだと主張した。[65] また山川は、多産が女性たちのエネルギーを奪い、その活動や発達を妨げるという事実については、社会主義の社会であろうと資本主義の社会であろうと、さして違いはないのだと主張して、[66] 社会体制がどのようであろうと、女性たちが自らの妊娠・出産について「選擇権」を持つことが重要であると説いた。

そのように彼女が主張したことの背景には、自分自身の性的身体の在り方について女性たちが自ら決めることを許さない当時の日本の性管理政策があった。母性に関し、女性たちの不自由さを最も端的に示しているのは、一九〇七年の刑法に定められた堕胎罪である。また、その法によって中絶そのものだけでなく、避妊についての情報共有も極度に制限されていた。当時の日本において、母性がしばしば礼賛されたが、女性たちの現実の生活においては、その母性を理由として教育の機会や政治的・経済的な自由が奪われ、母性そのものについての決定権も奪われていた。

山川は、「婦人に對して、彼等が母となることを理由として、高等の教育を禁じ、高級の職業を拒み、同一労働に對して男子の半分しか與へず、政治的、法律的に無能力者たることを強ふる間は、母性は、婦人の特権ではなくて苦役である」[67]と述べている。そして、そのような状況を変え、真に母性を神聖なものとするためには、女性たちに対して「政治的に、社會的に、経済的に、完全に男子と平等な権利」を与え、「自由民としての婦人が自主的に」、その母性を発揮できるようにしなければならないのだと主張した。[68]

母性が女性たちにとっての「苦役」となってしまう傾向は、特に、貧しい女性たちに顕著であった。それゆえに山川は、「無産階級は出来得る限り少く生み、又は絶對に生まぬ方針を採ることが策の得たるものである」[69]と論じた。しかし、社会主義者の男性たちの多くは、しばしば、産児制限論を軽視したり揶揄したりした。たとえば石川三四郎は、「避妊問題は知識階級の道楽」であり「(避妊論は)病的な社會に於ける一種の技巧に過ぎない」と主張した。[70]山川は、その石川を批判して、次のように訴えている。

吾々に取ては、子供一人生み且つ育てることは言葉通り、自分自身の血や肉を削ることを意味します。(中略)吾々が、それほどの犧牲と苦痛とを忍んで育て上げた後、吾々の子供を俟つ運命は、戦場や工場や鉱山の大仕掛な殺人的企業ではありませんか。左様です、私共無産婦人は、自分の血を絞り肉を削って大砲の的、工場の塵となるべき資本主義の餌食を養ふべく、ブルジョアの道徳によって強要されて居ります[71]

こうして山川は、石川ら社会主義者たちに対し、産児制限問題は「知識階級の道楽」などではなく、むしろ貧しい女性たちにとってこそ深刻な重大事であり、産児制限運動は、帝国主義と資本主義に対する抵抗の砦の一つであると説いた。

しかし、そうした山川の主張の意図が、当時の社会主義者たちの間で、十分に理解されるようになったとは考えにくい。当時から、社会主義者の中にも自ら産児制限運動に取り組む者たちはいたが、その後の無産者運動の中で、女性たちは、しばしばその運動それ自体のために不当に性を搾取され、「恋愛の自由」や「自主的母性」からは遠い状況に置かれていたことが、近年の研究の中で明らかにされつつあるからである。[72]前述のように山川は、女性たちの性を「それ自ら以外のもの、手段」とするのは「堕落」だと論じたが、[73]無産者運動を円滑に進めることを目的としてその運動の担い手である男性運動家の性欲解消の手段として女性たちの性を利用するという発想こそ、まさにその「堕落」であった。

山川は政府に対し、「生みたくない者には生ますな。生まれただけの者には幸福な生活を保障せよ」[74]と要求したが、既に生まれた子どもの幸福のための方策としては、家庭労働と育児の社会化を提唱した。政府が女性たちに「生活の保障」を与えると同時に、「家庭労働を軽減する諸般の設備」を「普及」させ、「完備した育児所や託児所幼稚園」によって育児を補助して、「主婦の負擔を軽減」すべきであると主張した。[75]

そうした支援を国家が行うべき理由は、子どもたちは親の私有物ではなく「社會全體の後継者」であるためだと論じた。もしも、子どもの扶養が親にのみ一任され、何らの支援も与えられないならば、貧しさゆえに子を扶養する能力のない者は、子どもを売ったり捨てたり、あるいは子どもと一緒に心中するようなことになってしまうのだと述べて、「自主的母性」のためにも、社会全体で育児を支えるべきだと主張した。[76]山川の「恋愛の自由」論と「自主的母性」論は、当時のアナキストたちの主張と重なり合う部分もあったが、こうした家事・育児の社会化論において政府の役割が強調されたことが、両者を分ける重要な相違点であった。

おわりに——山川菊栄の思想の独自性

山川菊栄は、ここまでに紹介してきた論説に見られるように、徹底して女性の性的な「自由」と「自主」性を重視し、その実現を妨げている日本の性管理政策を批判してきた。彼女は、貧しい女性たちが、現実には「自由」や「自主」性の対極にある「奴隷」状態にあったと見なし、その「奴隷」状態からの解放の道筋を示そうとした。

その山川の主張は、長らく「社会主義婦人解放論」と呼ばれてきたが、彼女の思想の独自性は、むしろ、周囲の社会主義者たちを批判する中で形作られた。また、先行研究においては、彼女が男性の社会主義者たちから「学んだ」ことが過度に強調されてきたが、本稿では、女性解放運動の源流ともいえるメアリ・ウルストンクラフトからの影響が大きかったことを明らかにした。

山川は、典型的な「奴隷」としての娼妓たちの解放を求める廃娼論から出発し、その娼妓の「奴隷」状態と同じく、主婦や未婚・既婚の女性労働者も、同じ一つの社会構造のもとで「奴隷」状態に置かれていることを明示した。娼妓が性的「奴隷」であるという認識は、すでに一九〇〇年前後には自由廃業運動を介して日本社会全体に広まっていたが、そうした「奴隷」状態を生み出しているのは遊廓だけでなく、国家の性管理政策全体であると論じたことは、新しかった。山川は、娼妓だけでなく、金銭的な利益のために自らを売るように結婚する女性も実質的には性的「奴隷」であり、男性よりはるかに低い賃金で働く無産女性たちも「奴隷」であって、そのように女性たちに共通する苦境を生み出しているのが、政府の性管理政策全体であると見なした。そしてその国家による性管理を排し、女性たちの「恋愛の自由」と「自主的母性」を権利として守ることが、「婦人解放の最も基礎的な二大要素」であると論じた。彼女が、女性たちの「奴隷」状態からの解放のための具体策として示したのは、産児制限による「自主的母性」の堅持と、家事・育児の社会化である。女性たちばかりに科せられた不可視の無償労働を社会全体で担うことができた時、ようやく、女性たちは、性的な自由を得られるのだと論じた。

当時、日本の女性たちは分断されており、たとえば、娼妓、主婦、工女らは、それぞれに異なる場に置かれ、共に手を取り合って状況改善のために闘える状況ではなかった。それゆえに、山川は、女性たちが皆、同じ社会構造の下で、同じく「奴隷」状態に置かれていることを示し、女性たちの団結を妨げている分断状況を、その原因となっている政策へ目を向けさせることによって克服しようとしたのだと考えられる。女性たちが政治的権利を奪われ、政治に対して無関心になった結果、一見バラバラに生じている女性たちの苦境が同じ原因から発していることが見えなくなってしまっていることを、彼女は危惧していたのだと推察される。

山川は、そのような女性の分断と「奴隷」化の背後に、軍国主義があることを指摘した。軍国主義は「男性支配の極致」であり、不断に戦争が行われている状況のもとでは、女性の地位は低下し、性暴力と性的搾取の犠牲となりやすいことを、歴史の教訓として示した。また、そのように軍国主義と「男性支配」が結びついている以上、真の女性解放運動は、非戦運動と共に行われるべきであると論じた。

こうして山川は、女性たちの「恋愛の自由」と「自主的母性」を軸に、社会変革の方法についての独自の主張を展開していった。彼女は、政府の性管理政策とその背後にある軍国主義を批判しながら、同時に、仲間であったはずの社会主義者たちの間に蔓延っていた女性差別的な文化や、女性解放論者たちの軍国主義・植民地主義とも、常に闘わなければならなかった。つまり彼女の主張は、当時の典型的な「社会主義」や「婦人解放論」の枠組みを超えていくラディカリズムを常に孕んでおり、本稿では、そうした特長こそが彼女の思想の最も重要な側面であったと捉えて分析を進めてきた。しかし、山川の思想の独自性をより明確に示すためには、山川のテキストを分析することと併せて、既存の社会運動史の枠組みそのものの捉え直しを行う必要がある。その点は、今後の課題としたい。

【付記】本研究はＪＳＰＳ科研費 JP22K12655 の助成を受けたものです。

（1）本稿の一は、既発表の拙稿「恋愛の自由を売らずに生きていくために――廃娼論者としての山川菊栄が主張していたこと」（『未来からきたフェミニスト――北村兼子と山川菊栄』花束書房、二〇二三年）で示した考察を基礎に、より詳細に山川の「恋愛の自由」論について論じたものである。
（2）拙稿「山川菊栄研究にみるジェンダーバイアス」『女性学年報』第二〇号、一九九九年、拙稿「〈生活〉と〈歴史〉を結ぶもの――山川菊栄論」『同志社法学』第二六二号、一九九九年、参照。
（3）田中寿美子「解題二」『山川菊栄集』第一巻、岩波書店、一九八一年、二六六頁。
（4）山川菊栄『おんな二代の記』平凡社東洋文庫、一九七二年、一七七～一七八頁。

(5)山川菊栄研究の単行書としては、近年、伊藤セツ『山川菊栄研究——過去を読み未来を拓く』(ドメス出版、二〇一八年)や鈴木裕子『忘れられた思想家・山川菊栄——フェミニズムと戦時下の抵抗』(梨の木舎、二〇二二年)が刊行された。これらはいずれも、山川が、いかに優れた「社会主義者」であったかを力説するものである。そのことは両書の全体構成からも明らかで、伊藤の『山川菊栄研究』は、その目次に、「初期社会主義、冬の時代」、「山川均との結婚」、「ロシア革命、ドイツ革命を経て(一九一七‐一九一九)——理論の基礎がため」、「初期コミンテルン・赤瀾会・国際婦人デー」、「ベーベル『婦人論』」等、社会主義関連のキーワードを列挙し、鈴木の『忘れられた思想家・山川菊栄』もまた、全一二章の目次の中で四回も「社会主義」と記し、「山川均との結婚」、「階級社会批判」、「労働組合婦人部論争と「婦人同盟」問題」等に焦点を当てており、典型的な社会主義運動史の構成である。むろん、山川自身は事実としてセクシュアリティについて多数発言していたので、これらの研究書もそうした山川の発言に触れてはいるが、それらは結局のところ、社会主義運動史の枠組みの中に収められてしまうのである。しかし本稿で論じるように、山川のセクシュアリティ論は、しばしば、社会主義者やアナキストへの批判として展開されたのであり、それは、社会主義批判としても読むことができるのではないかと筆者は考えている。

(6)山川が重視していたとされるアウグスト・ベーベルの『婦人論』でさえも、一九二八年に翻訳を出版する際に用いたのは、原典ではなく、その英語訳であった。ベーベル『婦人論——婦人の過去・現在・未来』上巻(山川菊栄訳、一九二八年、アルス)一頁、参照。なお、山川は一九一〇年代に、ドイツ語の学習に取り組んだが、短期間で中断したようである(青山(山川)菊栄「報告」『會報』第一七号、女子英學塾同窓會・學友會、一九一六年七月、四二頁)。

(7)山川菊栄『平和革命の国イギリス』慶友社、一九五四年、参照。山川の思想への英国文化の影響力の重要性を指摘したものとして、今井けい「山川菊栄——女性運動史上の日英関係断章」『日英交流史一六〇〇~二〇〇〇』第五巻(社会・文化)、東京大学出版会、二〇〇一年、所収、参照。

(8)清水晶子『フェミニズムってなんですか?』文春新書、二〇二二年、一七~二三頁。

(9)山川菊栄「婦人と政治」『我観』第三四号、一九二六年八月。

(10)同「婦人を裏切る婦人論を評す」『新日本』第八巻第八号、一九一八年八月。

(11)同「階級から見た現代婦人(一)時代は過ぎて行く——無産階級婦人の使命」『女性日本人』第四巻第四号、一九二三年四月。

(12)山川は、日本の女性運動が、女性に関わる社会問題を社会構造全体との関連において捉えようとせず、対症療法的に動くことに対する不満を表明していた。たとえば嬌風会に対しては「最初から現在の社会そのものの成り立ちに関する理解を全然欠き、その病源を見究める努力を惜しんで、ただ表面に現れた熱や腫物を追込むに汲々としている有様」であると批判している（山川菊栄「日本現在の婦人運動」『東方時論』一九二一年二月号）。

（13）山川菊栄「婦人と過激社會運動取締法案」『女性改造』一九二三年三月号。

（14）同「婦人運動に現はれたる新傾向」『中外』第二巻第一三号、一九一八年一二月。以下、『中外』は『中外復刻版（社会文学雑誌叢書）』（不二出版、一九八八年）を用いた。

（15）同「プロレタリアと婦人問題」『種蒔く人』第四巻第一七号、一九二三年三月（復刻版、日本近代文学研究所、一九六一年）。

（16）拙稿「自由廃業運動の全国的拡大と「人権」問題――一九〇〇年の娼妓・芸妓の契約をめぐる当事者の闘争を中心に」『日本史研究』第七二九号、三三～四七頁、参照。

（17）青山（山川）菊栄「公私娼問題」『新社会』第一二号、賣文社、一九一六年七月（『新社会復刻版』第二巻、不二出版、一九八二年）。山川は、夫の均との結婚前には、当時の姓の青山を用いて論説を発表していたが、本稿では、読者の混乱を避けるため、本文中では、山川と記載する。

（18）拙稿「女たち／男たちの廃娼運動――日本における性の近代化とジェンダー」（大阪大学大学院文学研究科・博士学位論文、二〇〇八年）、拙稿「文明化と〈男らしさ〉の再構築――一九一〇年代の『廓清』に見る性欲論」（荻野美穂編『〈性〉の分割線――近・現代日本のジェンダーと身体（日本学叢書）』青弓社、二〇〇九年、所収）、参照。

（19）拙稿「廃娼論と産児制限論の融合――安部磯雄の優生思想について」『女性学』第一三号、二〇〇六年、九四～一一〇頁、参照。

（20）山川菊栄「平塚明子氏へ――新婦人協會に関する所感」『婦人公論』第六巻第四号、一九二一年四月。

（21）青山（山川）菊栄「日本婦人の社会事業に就て伊藤野枝氏に與ふ」『青鞜』第六巻第一号、一九一六年一月。

（22）同前。

（23）たとえば堺利彦は、「元来賣淫婦を自由女と云ふのは多くの男子が自由に之に接し得ると云ふ意味」であるとした上で、「『新しい女』も矢張り多くの男子が自由に接し得る（少くとも交際し得る）女である」と述べて、あたかも「新しい女」が「賣淫婦」と同様に、男性にとって都合のよい存在であるかのように表現している（しぶ六「藝者と女優と新らしい女」『新社会』第一一号、一九一六年六月）。また、別の箇所で堺は、公娼制度について「我々は此の問題に就いて大した意見はありません」と述べながらも、「此の貧困が存在する以上、何等かの形で淫を賣る女と、賣淫を買ふ事に依つて僅かに性慾を充たす男とを生ずるのは當り前です。是は淫風でも何んでもなく経済上生理上の必然です」と述べて、政策としての公娼制度に、反対する意思がないことを表明している（「質問と應答」、前掲『新社会』第一一号）。さらに、そのような堺の女性差別的な論じ方への批判として発表されたであろう青山菊栄「公私娼問題」（前掲『新社会』第一二号）が掲載された次の号で、堺は、巻末の編集者欄に「青山菊栄女史の論文は確かに本誌上の一つの花だと考へます」と書き記した。これらの表現からは、堺とその雑誌編集に携わった当時の社会主義者たちの女性軽視の傾向を読み取ることができる。

(24) この本については、廃娼運動雑誌『廓清』で紹介されたことがあり、山川は、それを参考に同書を入手した可能性がある（油谷治郎七「海外だより」『廓清』第五巻第一二号、一九一五年一二月）。

(25) 前掲「公私娼問題」。

(26) 山川菊栄「「婦人の特殊要求」について」山川均・山川菊栄『無産者運動と婦人の問題』白揚社、一九二八年。

(27) 前掲「公私娼問題」。

(28) 同前。

(29) 守屋東編『日本基督教婦人矯風会五十年史』日本基督教婦人矯風会、一九三六年、五頁。

(30) 山川菊栄『現代生活と婦人』叢文閣、一九一九年、二二五頁。なお、初出は、前掲「公私娼問題」であるが、そこでは「賣淫」と「貞操」の関係については伏せ字で記されている。その理由について筆者は、性売買制度と一夫一婦制度が表裏一体であることを明示するのは、この時期、危険思想と見なされる恐れがあったためではないかと推測している。

(31) 前掲「公私娼問題」。

(32) 山川菊栄「現代社會と婦人の使命」『婦人畫報』第一六七号、一九二〇年一月。

(33) 同「所謂倫理的結婚の倫理的價値如何」『中外』第二巻第六号、一九一八年五月。

(34) 前掲「公私娼問題」。

(35) 赤瀾会「婦人に檄す」（一九二一年、法政大学大原社会問題研究所所蔵）。

(36) 平塚らいてう「波紋（感想）」『女性同盟』第六号、一九二一年三月（『女性同盟復刻版』、ドメス出版、一九八五年）。

(37) 山川菊栄「女の視野」『中外』第三巻第三号、一九一九年三月。

(38) 同前。

(39) 同前。

(40) 山川菊栄「内縁の妻と未婚の母」『スコブル』第二六号、一九一九年二月（『宮武外骨此中にあり――雑誌集成』ゆまに書房、一九九三年、所収)。
(41)山川菊栄「資本主義下の戀愛と結婚」『解放』第四巻第二号、一九二二年二月。
(42)山川菊栄『日本婦人運動小史』大和書房、一九八一年、二〇七頁。司会は犬丸義一、聞き手は外崎光広・菅谷直子。
(43)山川菊栄「メリー・ウォルストンクラフトとその時代」(前掲『現代生活と婦人』、九六〜一三一頁、所収)。
(44)同、一二六頁。
(45)同、一一六頁。
(46)水田珠枝『女性解放思想史』ちくま学芸文庫、一九九四年、二二二頁(原著は一九七九年刊)。
(47)前掲註43、一二八頁。
(48)この前後の経緯については、ウィリアム・ゴドウィン『メアリ・ウルストンクラーフトの思い出』(白井厚・尭子訳、未來社、一九七〇年)、安達みち代『近代フェミニズムの誕生――メアリ・ウルストンクラフト』(世界思想社、二〇〇二年)、梅垣千尋『女性の権利を擁護する――メアリ・ウルストンクラフトの挑戦』(白澤社、二〇一一年)第一章を参照した。
(49)前掲『現代生活と婦人』、一二一頁。
(50)同、一二二頁。この箇所については、その内容から推して、山川がゴドウィンの *Memoirs of the Author of a Vindication of the Rights of Woman*, 1798. の原本を入手し、そこから抜粋して紹介したと考えられる。
(51)同、一二三頁。
(52)同「産児制限論と社會主義」『社会主義研究』(山川均・山川菊栄主筆)一九二一年六月号、平民大学出版部、合本第三巻所収。
(53)同「多産主義の呪ひ」『大観』秋季特別号、一九二〇年一〇月。
(54)山川健次郎「結婚を勧む」『會報』第一九号、女子英學塾同窓會・學友會、一九一七年七月、二〜四頁。
(55)山川菊栄「女の觀たる女の問題」『中外』第二巻第二号、一九一八年二月。
(56)同前。
(57)山川菊栄「女の立場から(婦人評論)」『新日本』第八巻第一一号、一九一八年一一月(『新日本復刻版』柏書房、二〇一四年)。
(58)前掲「女の視野」。
(59)前掲「女の觀たる女の問題」。
(60)前掲「女の立場から(婦人評論)」。

(61) 前掲「プロレタリアと婦人問題」。
(62) 山川菊栄「婦人界時評——産児制限問題」『女の世界』第七巻第一号、一九二一年一月。
(63) 同「婦人界一瞥」『職業婦人』一九二三年七月号。
(64) 同「女性の反逆——精神的及物質的方面より見たる産児制限問題」『解放』一九二一年一月号。
(65) 前掲「産児制限論と社会主義」。
(66) 前掲「多産主義の呪ひ」。
(67) 同「「労働神聖」と「母性禮讃」」『婦人と労働』第二巻第二号、一九二四年五月（復刻版、不二出版、一九九〇年）。
(68) 同前。
(69) 前掲「多産主義の呪ひ」。
(70) 石川三四郎「社會主義者から見た婦人救済——一夫一婦制度は自然で自由で純潔である」『女の世界』第七巻第二号、一九二一年二月。
(71) 山川菊栄「婦人界時評——石川三四郎氏と避妊論」『女の世界』第七巻第三号、一九二一年三月。
(72) その一例として、いわゆる「ハウス・キーパー問題」が挙げられる。近年の研究として、中谷いずみ「階級闘争におけるセクシュアリティ——女性闘士たちと「愛情の問題」」（飯田祐子・中谷いずみ・笹尾佳代『女性と闘争——雑誌「女人藝術」と一九三〇年前後の文化生産』青弓社、二〇一九年、所収）参照。
(73) 前掲「所謂倫理的結婚の倫理的價値如何」。
(74) 山川菊栄「内外時評」『婦人公論』第一五巻第八号、一九三〇年八月。
(75) 同「男性優越の歴史的発達」『婦人公論』第八巻第四号、一九二三年四月。
(76) 同「捨兒」『雄辯』第一七巻第六号、一九二六年六月。

ケアと動物をめぐるフェミニズム
——自然支配のポリティクスへの批判

●——内藤葉子

一　はじめに

人間と動物に関する西洋思想・哲学の伝統において、アリストテレスが「政治的動物」の資格に言語的行為能力を前提とし、デカルトが動物機械論を唱えたように、人間と動物のあいだには明確な境界線が引かれてきた。カントもまた人間と動物を区別し、人間性から動物性を排除するところに理性的存在者としての人格性を結晶化させた。カントにおいては、動物に対する節度ある扱いは、残虐な行為をすることで人間性を毀損してしまわないよう、人間性に対する間接的な義務として位置づけられた(1)。アーレントにおいても、人間の活動的生は、生殖という「自然」に結びつけられた動物とは区別されるところに現れるものであった(2)。実際のところ、人間と動物の関係や動物に対する態度や考えは多様で複雑なものであったが、「自分の慈しむものを憐れみながら同時に口にしている」という振る舞いは現代にまで貫通している(3)。ホルクハイマーとアドルノが述べるように、西洋思想において「人間の理念は、動物との区別のうちに表現されている」。動物には理性がなく、理性なき者は言葉を持たず、理性ある者にとって「理性を欠く動物への心遣い」

は無用である。その心遣いは「女性たちに任せてきた」ものであるから、女性もまた「自然を象徴する者」となる。「自然支配」が貫徹するところでは、「生物学的な劣位」は「傷痕《スティグマ》そのもの」であり、「自然によって刻印された弱さは、暴力行為を挑発する標識」であり続けた[4]。

「自然」にカテゴライズされたものは動物や女性のほか、子ども、植民地の人間や先住民、奴隷、貧困者や下層民、認知障害者も含まれる。およそマイノリティとして差別される人間は、西洋思想のなかで〈動物〉という「自然」に近いものとして位置づけられてきた。この知的伝統は現在にまで及ぶ。一例として、ケアと依存の問題から平等概念を問い直したフェミニスト倫理学者のエヴァ・キテイが、種差別を批判する功利主義者ピーター・シンガーと論争をした事例がある。シンガーは重度障害者であるキテイの娘のような人たちを「『重度の精神的遅延』のあるものたち」と呼び、この「現実のものたち（real ones）」がブタやイヌやチンパンジーより優れている根拠は何かと問いただした。キテイは「人間ではない動物との容赦ない比較」を持ち込むシンガーのような考え方を「脱人間化」と批判し、人が「存在すること」を「能力の束」ではかるべきではないと反論した。キテイはまた、障害者が「獣の相貌」を帯びるとされてきた歴史を想起する[5]。動物はつねに「劣った存在」「生物的な生にとらわれた存在」「依存者」の表象であり、そのアナロジーで論じられる人間もまた自然化され、公的領域には参加できないことの強固な理由とされ続けた。それでは、この自然支配の階層制の最下層にいる〈動物〉とは何か[6]。現在、動物に焦点をあてた議論はどのように展開しているのか。

二〇世紀後半以降、環境問題や気候変動がグローバルなレベルで喫緊の課題となっており、エコロジーの思想・理論・運動が発展してきた。動物をめぐる議論や運動も大きくはエコロジーの文脈に位置づけられるだろう。環境問題の深刻化と動物の問題は無関係ではない。海洋汚染が海洋生物の生存を損ない、牛のゲップがオゾン層を破壊し、抗生物質を含んだ家畜動物の排泄物が地域の環境や土壌を汚染する。いったん感染症が起きると、脅威はグローバルに伝搬する。他方で、生態系を第一に優先する立場と動物の権利や動物擁護を唱える立場は対立する局面もある。議論は多層的で分化しているが、本稿では動物倫理や動物の権利をめぐる領域に焦点を定めることとする。

哲学や倫理学、それから法学分野において、早くから動物倫理／動物の権利をめぐる議論が積み重ねられてきた[7]。また動物行動学の急速な発展も、動物に関する知識を刷新している。現在動物をめぐる議論は家畜動物、伴侶動物、動物園や水族館にいる動物、野生動物、境界動物、実験動物等々差異化されて、人間との関係が議論されている。[8]なかでも大規模な工場式畜産（食肉生産工場）に関心が向けられている。とくに二〇世紀後半以降、このシステムによって大量の安価な肉が市場に流通し、肉の消費が増大している。この状況に対して、家畜動物を中心とした「動物搾取」の倫理性を問う声が高まっているといえるだろう。

本稿のテーマは、この動物をめぐる問題領域とフェミニズムの関係にある。動物虐待への女性たちの抗議の声は古くからあるが、近年の動物問題を扱うフェミニズムはエコロジカル・フェミニズムに出自をもつ。一九七〇年代から八〇年代にかけてフェミニズムが諸派に分化するなかで、ラディカル・フェミニズムのなかからエコロジカル・フェミニズムと称される立場が現れてくる。これは、平和運動、労働運動、女性のヘルスケア、反核兵器運動、環境運動、動物解放運動など、フェミニストのさまざまな研究と活動から発展してきた立場である。エコロジカル・フェミニズムは、「人種、階級、ジェンダー、セクシュアリティ、身体能力、種にもとづく抑圧を承認するイデオロギーは、自然への抑圧を正当とするイデオロギーと同じ」であり、女性その他の抑圧された集団を解放することは、自然を解放する試みなしには成功しないと主張する。[9]八〇年代には、女性の再生産労働が無償労働として自然化・主婦化され、無尽蔵の自然資源のひとつとして搾取されているとして、資本主義や家父長制の複合的な構造の問題が論じられるようになった。これらの潮流は、環境問題や気候変動、生態系の危機から資本主義を批判する現代フェミニズムへと流れ込んでいる。[10]そして、動物倫理や動物擁護のフェミニズムもこのエコロジカル・フェミニズムの一翼を形成してきたのである。

以上をふまえ、本稿の構成は以下のものとなる。まず、女性と動物という二つの「自然」がどのように抑圧されているのか、またその抑圧が相関関係にあることを批判的に問うてきた、動物擁護のフェミニスト・アプローチに焦点をあてる（第二節）。次に、八〇年代のキャロル・ギリガンの『もうひとつの声で』（一九八二年）を嚆矢とする「ケアの倫理」の影響をうけて、九〇年代以降、動物擁護のフェミニズムにおいて議論が活性化したことに注目する。哲学や倫理学で発展した動物倫理／動物の権利をめぐる議論との関係で、動物擁護のフェミニズムがケアの倫理をどのように受容したのか、またケアと権利という対立軸がどのように現れたかを検討する（第三節）。さらに、動物をめぐる問題領域に対して政治学はどう応えるのかという問いに踏み込む。この問題領域について倫理学や哲学分野では議論が活性化しているが、政治学・政治思想は遅れをとってきた。それでも昨今は「動物倫理の政治学的転回（the political turn in animal ethics）」が起きている。政治学的視座から倫理学領域でなされる議論の問題点と限界が指摘され、権利と結びついた市民権および正義の問題として、人間と動物の関係が問い直されつつある。本稿ではとくにウィル・キムリッカとスー・ドナルドソンの議論を中心に見ることで、動物のシティズンシップ論の可能性がどのように検討されているかを概観する（第四節）。

以上の検討を通じて、動物擁護のフェミニスト・アプローチが自然支配のポリティクスをいかに解き明かしてきたか、またケアの倫理の受容によってその議論がどのように展開していったかを明らかにする。そのうえで、人間と動物の政治的共同体を構想するにあたって、フェミニズムが培ってきた知見が政治理論に反映されることの意義を主張する。

二　動物搾取と女性抑圧——自然支配のポリティクス

1　エコロジカル・フェミニズムと動物擁護のフェミニズム

エコロジカル・フェミニズムの理論的展開において、自然と女性の支配について論じたものとしては、キャロリン・マーチャントによる『自然の死』（一九八〇年）が比較的早い段階の作品であろう。マーチャントは、一六世紀から一七世紀にかけての科学革命と資本主義経済および機械論的な自然支配の思考が、有機的な自然観を後景化させ、生産と生殖において自然と女性を管理する道を拓いていくことになると論じた[11]。また、ヴァル・プラムウッドの『フェミニズムと自然支配』（一九九三年）は、西洋文化圏における自然と女性を結びつける理性／自然の二元論を、プラトンやデカルトらを検討することで明らかにした[12]。女性の生殖や生産能力を管理する家父長制が自然支配に貫徹するというのが、エコロジカル・フェミニズムに通底する理解であるといえるだろう。

公私二元論を批判してきたフェミニズムは、女性や女性性、女性の生殖や活動が「自然」として位置づけられることを明らかにしてきた。その際「動物」はしばしば「自然」の中核にいて、周辺化された人々の置かれた状況や属性のアナロジーとして使われてきた。しかし、動物そのものを抑圧の対象、抑圧からの解放の対象として論じることは決して主流ではなかった。マーチャントやプラムウッドにおいても動物は焦点にはなっていない。エコロジカル・フェミニズムにおいて、動物の問題は十分に捉えられてこなかったともいわれる[13]。この状況のなかで、フェミニズムと動物の問題に正面から向き合ったのが、キャロル・アダムスであった。アダムスは、「人々が動物や乳製品や卵を食べているという事実に取り組まずに、環境について話し、自分のことを環境活動家だと思えるという考え」に疑問を抱いた一人である。エコロジカル・フェミニズムのこの分派が「動物エコフェミニズム（animal ecofeminism）」と呼ばれたという[14]。

2 動物への暴力、女性への暴力——自然化の暴力

アダムスの『肉の性政治』（一九九〇年）は、肉という指示対象、肉食という行為に埋め込まれたジェンダー・ポリティクスを先鋭に描き出した作品である[15]。アダムスは動物虐待と女性虐待、肉食という動物搾取と性暴力とは相互に関係していると論じる。動物支配と女性支配に貫徹する家父長制支配／男性支配とその暴力に抵抗するために、アダムスはフェミニスト・ベジタリアニズムを提唱した[16]。彼女はのちに、「性差別と種差別は相互に関連し合い、抑圧のシステムと世界を組織する方法を相互に強化していること」を「性‐種システム（Sex-Species System）」と表現している[17]。

肉とは何か。それは死んだ動物の身体であり、「不在の指示対象（absent referent）」である。不在の指示対象とは、「名前と体を持つ動物が、肉として存在するために動物として不在にされること」であり、動物を「消費可能なもの」として解釈することである。肉食とは「人間と動物がもっとも頻繁に相互作用する方法」なのだが、通常わたしたちは肉を食べるという行為が動物との相互作用だという自覚はない。動物を食用として使用することは一つの政治的選択であるにもかかわらず、「肉」という集合名詞には個性や特性が消去されるという「自然化」がなされており、これによって

人間は動物の運命に対する責任を回避している。[18]

アダムスは、こうした肉と肉食をめぐる動物虐待はジェンダーの視座抜きには読み解くことができないと考える。肉を食べるのは労働者・兵士・父親・上流階級等の男性とされてきたこと、経済的に評価され権力を持つ者の食事が肉とされてきたことなど、肉をめぐる文化的テキストが男性性や父権的性格を帯びていることが指摘される。[19] また彼女は、ラディカル・フェミニズムが女性への性暴力を「肉片」になったような経験として表現することを取り上げる。それは、女性への性暴力が動物に加えられる暴力（「屠殺」「モノ化・分断・消費」）を想起させることで、動物自体は不在であるにもかかわらず、性暴力の苛烈さが表現される手法である。[20] あるいは、養豚業者の雑誌に掲載された、媚態を演出されたブタのポルノグラフィックな図像（「ウルスラ・ハムドレス」）を例にあげて、[21] 女性がそこに不在であっても、誰かに食べられることを待ち、媚びて、喜んで肉となるものとして動物が表象されることで、女性のモノ化やそのセクシュアリティの利用・消費がなされていると指摘する。性暴力の現場、あるいは養豚業者の雑誌には、動物と女性がそれぞれ不在でありながらも互いの参照点として呼び出される。その結果、動物抑圧と女性抑圧の構造が維持され強化され続けるのである。

動物の被る暴力と女性の被る暴力とが強く結びついている「屠殺」と「レイプ」という言葉が、女性への、あるいは動物への暴力に抗議するために比喩として持ち出されるとき、他者の経験を「借り物」にすることになる。[22] しかし、〈他者〉自体が「不在」であることによって、抗議者たちの関心はその〈他者〉の被る暴力には向かない。動物擁護運動が動物への暴力に抗議するために性差別的な手法をとる場合（毛皮への抗議に裸体の女性を登場させる広告手法など）、あるいは運動員の女性たちの労力を性別役割分業的に編成する場合（組織の執行部が男性で占められ、女性は草の根的な活動を行うなど）、女性の抑圧には無頓着であるばかりか、性差別的構造を再生産してしまっている。[23] 他方、ラディカル・フェミニズムは動物虐待に関連する言葉（例えば身体が「バラバラになる」といった表現）を用いて女性への性暴力に抗議するのだが、動物への虐待については沈黙する。アダムスは、ラディカル・フェミニズムが女性への性差別を男性支配として批判し、女性への暴力を動物への暴力の比喩で語り、女性性が動物性と等式にされ自然化されることに異議を唱えてきたにもかかわらず、動物が〈自然〉とされることは不問にしてしまう点を鋭く衝く。[24] 動物への実際の暴力もまた男性支配と結びついていることを不問にすることで、結果的にフェミニズムも「動物取引（traffic in animals）」、すなわち「動物の身体の生産、輸送、屠殺、包装」に関与しているのである[25]。それぞれの陣営がこうした手法をとることは、アダムスによれば、動物への暴力と女性への暴力が相互に関係している「性－種システム」や家父長制的構造の反映や維持に他ならないのである。

「自然」へと還元する支配的文化に挑戦するためには、自然とされたものを再政治化させる必要がある。それは不在の指示対象の存在を明らかにすること、動物は「自然」として利用できるものではなく「従属的な社会集団」であり[26]、どのように暴力的に殺害されるかをあらわにすることである。この帰結として、ヴィーガニズム（完全菜食主義／脱搾取主義）が倫理的な抵抗の実践として位置づけられることになる。

3　動物は性的・生殖的・経済的に搾取される

アストラ・テイラーとスナウラ・テイラーは、動物の搾取とは「性的、生殖的、経済的搾取」であると主張する。アダムスが「動物のレイプ」と表現したことは、隠喩ではなく、文字通り雌動物の強制的な妊娠・出産であり、卵・乳・仔の肉の消費物としての商品化である。動物たちが肉や卵や牛乳の豊かな恵みを無償で笑顔で与えてくれるというイメージは日常の食生活に氾濫している。しかし動物たちの「善意」によってわたしたちが肉を得ているわけではなく、そのイメージのもとで工場式畜産システムの過酷な暴力的プロセスは隠蔽される[27]。

工場式畜産の現場では、人工授精と強制妊娠によって市場時刻に合わせた繁殖のシステムが築かれ、経済効率から動物の病気やストレスを顧慮することはない。動物たちは最終段階で肉になるか廃棄されるかして短い一生を終える（雄動物は子の段階で肉になるか廃棄される）。アダムスが「女性化されたタンパク質（feminized protein）[28]」と呼ぶ鶏卵と牛乳の産出方法は、雌動物の性と生殖の機能が資本主義的市場メカニズムに適合的に構築されたものである。このプロセスを経て動物は不在となり、肉・卵・牛乳が消費可能な商品として市場に現れる。フェデリーチェは、近代において女性の生殖能力・再生産能力の支配と生産賃金労働からの排除が起きたことを指して、「女性の労働は空気や水と同じくらい誰もが使用可能な天然資源に見えるようになった」ため、女性自身が「コモンズ」になったと指摘したが[29]、それは雌動物の生殖能力を資本と市場がコントロールする現代の工場式畜産にまでつながっている。

テイラーたちは、農家と動物には感情的なつながりがあり、動物たちが保護と世話の見返りに卵や肉や牛乳を提供するという「神話」と、「無私の養育者」である女性たちが愛情から誰かをケアするという「神話」はつながりがあると指摘する。女性と動物が自然として表象され、自然なるものが無償で何かを与えてくれるという言説を機能させているところにもまた、自然支配のポリティクスが作動しているといえるだろう。テイラーたちは、社会主義フェミニズムの視点から「種差別的、性差別的、植民地的、生態学的に破滅的な資本主義システム」のもとで、「他の動物の子宮、乳房、生殖能力を暴力的に機械化し、利益主導で管理すること、そしてそれを可能にする巨大な不公平と荒廃を当然のことと考えるようになったのはなぜか」を問うべきだという。動物の種としての存在を尊重するためには、彼女たちを「モノではなく生きた全体性として認識する法的・経済的体制」の構築が必要なのである[30]。

三　動物に対するフェミニスト的ケアの倫理

1　動物倫理学、動物権利論の展開

前節では動物擁護をめぐるフェミニズムの議論を見てきたが、一般に、現代の動物倫理学への扉を開いたのはピーター・シンガーの『動物の解放』（初版一九七五年）であるとされている。シンガーは苦痛を感じる人間以外の動物の利害に対して、人間になされるのと同等の配慮を説く。ただ、その功利主義の議論が帰結するところの、必ずしも動物の権利を擁護することにはならない点に対して、その理論的欠陥が指摘されてきた。苦痛を感じない動物が存在するのならば動物利用に反対できなくなるし、動物搾取から利益を得るという圧倒的マジョリティの選好（食料獲得、畜産業による利益、消費者の嗜好等々）を無視できないのなら、マイノリティの動物を擁護することはできなくなるだろう。これに対し、哲学者のトム・レーガンは、『動物の権利擁護論』(一九八三年)や『動物の権利・人間の不正』(二〇〇三年)などにおいて、カントの人格性をベースに、「生の主体」である人間には「内在的価値」を認めるが動物には認めないというのは種差別であるとして、動物もまた尊重されるべき平等な権利を有すると論じた。法学者のゲイリー・フランシオンは『動物の権利入門』(二〇〇〇年)においてレーガンの立場をさらに押しすすめた。彼は動物の権利を認めることから、動物をプロパティとは見なさず、また動物の世界や領域に人間が関与すべきではないという立場を徹底させることで、家畜動物廃絶論を唱えるにいたった[31]。

2 動物擁護のフェミニズムによるケアの倫理の受容

現代の動物倫理学や動物権利論を確立させ「動物論的転回(the animal turn)」を牽引してきた流れは、フェミニズム以外のところから来ている。しかし、古くから女性たちによる動物擁護運動があったにもかかわらず、この分野においても女性たちの議論や活動は周辺化されている。「動物の権利運動の忘れ去られたフェミニズムのルーツ」を強調するテイラーの他、井上も、シンガーやレーガンよりはるか以前から動物搾取に抗議してきた女性たちの声が動物倫理学の内外で顧みられなかったのは、この社会の性差別的バイアスによるものだと指摘している[32]。

動物擁護のフェミニズムは、この動物倫理学・権利論の確立に当初から連動していたとはいえない。アダムスは『肉の性政治』を発表したとき、シンガーやレーガンからの影響は受けずに、ラディカル・フェミニズムの水脈において家父長制批判の観点から動物搾取の根源を問おうとしていたという[33]。女性と動物の関係について論じてきたフェミニスト・アプローチが、こうした男性主導の動物擁護運動の理論構築に対して声をあげだしたのは、一九八〇年代のギリガンに始まるケアの倫理のインパクトを受けたことが大きい。一九九〇年代にはいると、動物擁護をケアやケアリングの概念で語ることの意義が受容され、その過程で、動物倫理や動物権利論が「苦痛」や「権利」の語で動物搾取を論じることに批判的に向き合うことになる。とくにアダムスは、動物の地位に関する動物権利論の分析には男性支配の問題が無視されていると指摘しているが、ここにはケアの倫理からの影響がうかがえる。

わたしは──フェミニストによるケア分析のおかげで──権利論の基礎となっている自律的な個人という男性の理想が詐欺的であることに気づいた。〔……〕動物の権利哲学は明確に、自律的な個人、つまり、闘争的で孤独に知を求める自律した探求者という、伝統的には啓蒙期の理念である「理性を備えた人間」を前提にしている。しかし、自律という考えは女性のケア活動の不可視性に依存しているため、幻想である。〔……〕動物の権利の哲学が認識していない文脈とは、わたしたちが家父長制文化のなかに生きているという事実である。[34]

ケアの倫理については、アダムスは当初、西洋の家父長制文化における女性のケア提供の役割について特定の思い込みを強化するのではないかと懸念し、[35]ディーン・カーティンは、ケアの称揚が女性の自己犠牲と他者を優先する態度を助長し、私的領域に押し込めるのに利用されてしまう可能性を警戒した。[36]それゆえ、カーティンはケアの倫理が政治的次元へと展開されることを重視しているのだが、それでも次のように述べている。

ケアの倫理は、エコロジカルな倫理の観点からも直感的に訴えるものがある。人間以外の動物に権利があるかどうかは別として、わたしたちは確かに動物をケアすることができるし、実際にケアもしている。[37]

ケアリングやケアの概念と動物倫理の間にまったく齟齬がないとはいえないが、[38]総じてケアの倫理は動物擁護のフェミニスト・アプローチに積極的に取り込まれたといえるだろう。

3　ケア対権利？

それでは、動物に対するフェミニスト的ケアの倫理は、動物倫理や動物権利論に対してどのような批判を展開したのだろうか。シンガーやレーガンらへの批判を、以下の三点にまとめておく。

第一に、功利主義の立場は、動物が苦痛という感覚を持つことを道徳的存在として等しく扱われることの根拠としたが（「同様の利益は、関係する存在の種に関係なく、等しく考慮されなければならない」）、評価基準のために「苦痛の定量化」や「道徳的存在の『数式化』」を求めることで、「操作的な支配様式」に陥ってしまう。それは生体解剖のような動物虐待を正当化するために科学的・医学的実験者が用いるのと変わらない思考である。[39] また、その「一定の距離を置いた機械的性質」は、個々の経験の特殊性や関係性に注意を払わず、苦しんでいる他者を援助対象や犠牲者としてステレオタイプ化してしまいかねない。[40]

第二に、その合理主義や理性主義にもとづく人間中心主義と同一性志向が批判される。動物を目的として扱うべきというレーガンの絶対的な義務論的・非帰結主義的立場は、人間と何らかの点で同一という性質を有することを権利付与の根拠としている。動物を目的として扱うのは道徳的義務の問題であって、優しさという感情の問題ではない。これに対して、フェミニスト的洞察からは狭すぎる解釈だと批判された。「内在的価値」のある者に「複雑な意識」が想定されている以上、レーガンは事実上「合理性の基準」を持ちこんでいるし、感情が排除されるのは、合理主義と個人主義を旨とする自然権思想に由来するからである。[41] 抽象的な個人主義において、個々の存在は同一性のカテゴリーに入れられることで一般化され互換性を備えるようになる。それは、「他の動物が持つ、それ自体で価値があるかもしれない独自の能力」を曖昧にしてしまいかねないだろう。[42] またその人間中心主義は男性中心主義でもあり健常者中心主義でもある。シンガーは動物擁護に対して感情的に向き合うことを女性性や非合理性と結びつけて退け、自らの動物解放論の合理性と論理性を唱えたとして批判された。[43]

第三に、種を超えた同一性の基準にもとづく平等な扱いが道徳性の中心概念となるため、形式主義で文脈に依存しないこと、倫理的判断の客観性、身体を排除した人格が重視される点が批判された。これに対してフェミニスト・アプローチからは、経験と文脈にもとづく実際の利害関心、道徳的行為主体としての身体性の重視、自律よりも関係性にもとづいた人格の重視が主張された。[44]

4　動物に対するフェミニスト・ケア・アプローチへの批判

動物擁護のフェミニズムがケア対権利の構図で動物権利論を批判したことは、「ケアの倫理か正義の倫理か」という論争が動物をめぐる問題でも生じていたことになる。[45] ケアの倫理にもとづく動物擁護のフェミニズムの文脈重視と権利論批判は、二項対立的な論争として解釈され、以下のような批判が向けられた。第一にそれは、「権利論の理論的基盤が『差異』や文脈依存性のどんな強調にも敵対的であるという誤った仮定にもとづいて」権利論を批判していると指摘された。その立場は、関心や配慮が局地的に限定されるか、包括的な「生命の網の目」に包摂するという空虚な提案になりかねない。[46] 第二に、文脈と関係性に焦点をあてた動物倫理を求めてはいるが、実際にそれを理論的に展開できていない。義務にもとづく一般的原理から切り離されているがゆえに、その議論は場当たり的で特別扱いを求めるものにすら見えてしまう。[47] 第三に、ケアの倫理を受容したフェミニスト・アプローチが対象にする動物とは家畜動物のことであり、野生動物に対してはこの考え方は適合的ではなく、むしろ権利論（干渉しないという消極的権利論）のほうが適合的ではないかという指摘もなされた。[48]

ただ、ケアか権利かという二項対立に収斂しがちであったとはいえ、権利論を批判することが、動物に対するフェミニスト・ケア・アプローチの本意だったのだろうか。フェミニズムが批判したのは、権利論に内在する暗黙の男性中心主義、西洋思想に根付く公私二元論、自律した人間を規範とする個人主義的人間像、自立と強度に対置された依存への低評価にあったと見るべきだろう。また権利論の行きつく先として、動物の権利を認めることが動物の世界に人間は干渉しないという論理的帰結になるのであれば、家畜動物や伴侶動物として人間の世界に入り込んでいる動物たちへの構造的暴力を問題化しにくくなる。ローリー・グルーエンは、倫理学の従来のアプローチが「人種、階級、ジェンダー、能力、セクシュアリティなどにもとづいて動物の支配や抑圧を下支えする、より大きな政治的・社会的権力構造」から切り離され、個に焦点を当てる傾向があると指摘する。[49] 動物擁護のフェミニスト・アプローチはまさにその権力構造の問題性を問うからこそ、ケアの倫理にもとづいて動物との関係への積極的な介入を模索していたといえる。

フェミニスト的ケアの倫理は、一般に、「階層的な支配的二元論」がケアという営みや依存を不可視化あるいは低評価することに対して異議を唱えてきた。それが搾取的・抑圧的・差別的な構造の概念的な基盤となってきたからである。また依存者へのケアに焦点をあてるがゆえに「状況や文脈に応じた倫理」を支持し、「状況や課題の詳細をナラティヴ的に理解すること」を重視する。(50) 動物擁護のフェミニズムは、依存的とされる動物もまた感情を持ち、それを伝えることができるがゆえに、人間は動物たちの声を聞き取ることへの道徳的義務を負うと考える。この立場が文脈や関係性を重視するのは、人間中心主義の価値基準を相対化し、個々の動物の生やその個性の多様性や特殊性を可能なかぎり捉えようとするからであり、ケアの倫理はそうした態度を人間に要請する倫理として受け止められているからである。

5　共感という手がかり

ケアの倫理から関係性や文脈を重視するという点で、アダムスの「苦しみ」に対する考えを見ていこう。動物擁護運動はしばしば、人間の一般的な苦しみを根拠に「動物も人間と同じように苦しむ」という。しかし苦しみとは一般的なものなのか、と彼女は問いかける。「人間の苦しみは女性よりもむしろ男性の経験にもとづいて概念化される可能性が高い」(51)。性-種システムのもとでは、女性が経験する苦しみや害悪は男性の経験と同じものではない。感情の歴史学が感情はジェンダー化されていることを明らかにしてきたように、男性が感じ表明する怒りや苦しみには男性化されたコードがある。(52) 性差によって苦しみが同じ性質を帯びるとはいえないのであれば、種の異なる動物の苦しみが人間と同じであるとの想定は一層できないだろう。どの動物の個体がどのように苦痛を感じ表現するのか、あるいは人間には分かるように表現するものなのか等々、その動物の特性や個性などに分け入る知が求められるだろう。従来の動物擁護運動や理論が「同一性」を志向したことに対して、「同じではないこと」にどれほど自覚的であるかが問われているのである。(53)

とはいえ、そもそも「『動物』というカテゴリー」としてまとめてしまうこと自体、動物たちの多様な「差異と関係性」を不明瞭にしてしまうことでもある。(54) ジョゼフィン・ドノヴァンは、人間同士でも人間と動物の間でもその行動には多くの謎があり、読み間違えるなどコミュニケーションの不全が起こりうることを指摘する。それらを避ける、もしくは最小限にするために、ドノヴァンは「対話への配慮（caring to dialog）」や「対話的ケアの倫理（dialogical ethic of care）」を唱え、注意深さ、寛大さ、受容性、共感、感受性、想像力といった特質を重視する。また動物行動学から、動物が語りかけることを聞き、真剣に受け止め、気にかけるなど、動物の言葉に注意を払うことを学ぶ意義を説いている。(55)

グルーエンは、人間である以上その視点は必然的に人間に特有のものであり、避けられない人間中心主義はあるという。しかし、人間以外の視点から物事を見る努力ができないわけではなく、共感はそのために役立つスキルであると述べる。こうした観点から、動物に対するケアの倫理のフェミニズムにおいては、「思いやり（compassion）」、「同情（sympathy）」、「共感（empathy）」に関心が向けられ、多くの議論がなされている。(56)とくにグルーエンは、チンパンジーのエマとの交流の経験を哲学的に洞察して、「絡まりあった共感（entangled empathy）」を論じている。それは「ケアリングの認識の一種」であり、「個別の状況にある特定の他者を認識し、つながり、他者との関係において自分の立場を認識し、評価する方法」である。(57)

絡まりあった共感には、感情と認知の特別な組み合わせが関係している。共感者は常に、自分自身と自分の状況、そして彼女が共感している仲間の生き物（the fellow creature）の状況との類似点と相違点の双方に注意を払っている。一人称視点と三人称視点をこのように交互に入れ替えることで、わたしたちは関係性のなかにあり、同じ視点のなかに溶け込んでいるわけではないという感覚を保つことができるのだ。(58)

人間的条件のもとで起きる共感は不完全さを免れない。人間の感情が他者に「投影」されてしまうことはしばしば起こりがちである。(59)グルーエンは以下のように述べる。

わたしたちは他者である非言語的動物の持つ関心、欲求、ニーズ、選好などを表現しようとするとき、あまりにも安易に、動物たちの態度をわたしたち自身の態度の鏡像として見てしまったり、よくて、わたしたち人間に特有のレンズを通して、動物たちの関心、欲求、ニーズを読み取ってしまったりする。その独自の視点、独自の繁栄の方法、独自の色合いを帯びた幸福を持つ存在に対して、わたしたちは自らの投影を修正する機会を与えられている。(60)

人間の安易な投影を修正するためには、「相手が何を聞いて、何を見て、何を感じ、何を考えているのか」理解しようとする努力が求められる。学習し情報を集めることへの開けた姿勢、批判的考察、他者の生活世界に関する専門的知識と経験を有する人々から助言を得ることも必要となる。(61) グルーエンは、「絡まりあった共感」は「相手の視点を共有するプロセス」を経ることで、人間の認識を根本的に変化させうるものとなるという。(62) 共感者と共感される者双方の認識に変化を促すような共感の在り方は、一方が他方をただ依存的な存在としてのみ扱うのではないような関係性を拓こうとするものである。

6　ケアの政治化に向けて——公私二元論への批判

ケアの倫理を受容した動物擁護のフェミニスト・アプローチが権利論に対して向けた批判は、そこにひそむ男性中心主義や性‐種システムを再生産することへの批判であって、ケアか権利かの取捨選択に議論が収斂することを本意としたわけではないだろう。九〇年代には、ケアの倫理を政治的なものへと発展させなければ逆効果になるという論調が現れている。動物擁護のフェミニズムがケアの倫理を積極的に受容した主要な関心は、むしろ次のような点にあったと見るべきではないか。

社会構造がケアの濫用をあまりにも容易にしている場合、女性を抑圧する社会で女性に無私無欲にケアを提供し続けるべきだと促しても意味がない。ケアするようにという命令は、ケアすることが虐待にならないような状況を作り出すためのラディカルな政治的課題の一部として理解されるべきである。それは、関係的な自己の感覚、つまり他者の世界に共感をもって入り込みケアしようとする意欲が、すでに確立されているケアの輪に外にいる者たちを包摂するように、政治的課題の一部として拡大し発展することを要請する。その目的は、単に「私的な」倫理を公的なものにするだけではなく、公的／私的の区分を打ち崩すのに役立つことである。(63)

共感によって動物との差異に敏感になることや、公私領域の境界を揺るがすべくケアを政治化させるという主張は、動物に対する人間の支配と搾取の構造を問題化する姿勢につながっている。

ケアの伝統が伝統的なアプローチと異なるもう一つの点は、動物の搾取、商品化、残虐行為のシステムの経済的、政治的、人種的、ジェンダー的、そして文化的基盤を一貫して分析するところにある。権力システムが作動する特定の文脈を分析することによって、フェミニスト的ケアの伝統は正義に関心を寄せる。というのも、不正義が発生し強化されるのは、まさにこれらの大きな構造のなかにおいてだからである。(64)

ドノヴァンはジョアン・トロントの「ケアの政治倫理」を引き合いに、動物の苦しみへの共感は、その苦しみの責任がどこにあるのか、その苦しみに対してどうするのが最善なのかを判断する「倫理的かつ政治的視点」から補完されなくてはならないし、その苦しみに寄り添うケアの経験自体を政治的な分析につなげていかなくてはならないと述べている。(65)動物に対するフェミニスト的ケアの倫理は、動物を道具や資源として搾取するシステムを、ジェンダー・ポリティクスが作動するなかで生じている構造的不正義として捉える。それゆえに、ケアの倫理は政治化されなくてはならないと早くから主張されていた。それではケアの経験を政治化するためにはどのような議論が求められるのか。この問いについては、応用倫理学や哲学的議論の水準から政治学へとフィールドを移行させることになるだろう。

四　政治学は動物をめぐる問題にどう応えるのか

1　政治学の応答の鈍さと「動物倫理の政治学的転回」

動物倫理・動物の権利や動物擁護の問題に対して、政治学はこれまでどのように応じてきたのだろうか。この問いに向き合うとき、フェミニズムの議論からはいったん離れることにする。というのもそこでは、ケアの倫理の政治化や公私領域を揺るがすことが唱えられるのだが、人間と動物との関係をめぐって、わたしたちはどのような政治的共同体を構想できるのかという問いにまで踏み込んではいないように思われるからである。もちろんそれは、フェミニズム理論だけの問題ではなく、倫理学や哲学も十分に論じているわけではなく、政治学が引き受けるべき課題であるだろう。この課題は、動物問題に対する実践倫理が個人に対して要請されるだけにとどまらず、人間と動物の関係を政治的にどのように捉え返せるのかという論点が問われるものである。しかしこの問題に対して政治学からの応答は遅い。

この課題に正面から取り組んでいる政治哲学者のマーサ・ヌスバウムは、昨今の動物学の驚異的な発展の成果を積極的にとりこんで、ケイパビリティ・アプローチから動物のための正義論を構築しようとしている。彼女は好奇心と結びついた「驚き（wonder）」という言葉でもって動物の生の繁栄（flourishing）を肯定し、それが十全であることに対して人間が責任を負うことを論じている[66]。ヌスバウムはこうした知の発展、さらに動物が被る害悪と倫理的責任を認識する時代にあっても、有意義な変化をもたらすための知的手段がほとんどない、なかでも、法学と政治学は何の貢献も果たしていないし役にも立っていないと批判する。人種差別的な理論や女性排除的な理論のもとではそれらを反映した法体系がつくられたように、法律は理論を前提とする。そして、人間がつくった法律は、動物に「当事者適格性」を与えていない。動物に当事者適格性がないのは、わたしたちは種差別的な思想体系しか持っていないからである。ヌスバウムは「政治思想のほとんどが人間中心であり、動物を排除してきたこと」は否定できないという[67]。

スー・ドナルドソンとウィル・キムリッカは、政治理論が動物の問題について沈黙してきたのは、「統治の目標と目的について集団で審議する人間特有の能力の行使」、いいかえれば、「言語的行為」能力の有無が政治結社の構成員たることの条件とされてきたからだという。[68]

アリストテレスによると、「公正と不公正を表明する」ための「言論の力」を持つ者だけが、政治的関係の当事者、または政治的共同体の構成員になることができる。言語的行為と政治的メンバーシップとのこのつながりは西洋政治思想に深く根付いており、自由主義と共和主義の伝統、そして英米と大陸の伝統の双方に等しく見られる。そしてそれは、言語的行為によって構成されるとみなされる「政治」、「公衆」、「シティズンシップ」および「公的領域」に関するわたしたちの日常的な理解に反映されている。[69]

この理解のもと、政治哲学は子ども、認知障害者、動物に対して、「社会的構成員」であることは否定しないまでも、「政治的構成員としての資格」については「体系的に無視をしてきた」のである。[70] それでも近年、「倫理と政治のつながりを探ろうとする新興分野」は活性化しつつあり、「動物倫理の政治学的転回（the political turn in animal ethics）」および「政治理論における動物論的転回（the animal turn in political theory）」が起きている。[71] ガーナーとオサリバンは、関係論的アプローチに分類したドナルドソンとキムリッカの『動物ポリス』（二〇一一年）を「政治学的転回に関する文献のなかでもっとも重要なテキスト」と評している。[72]

2 「動物ポリス（Zoopolis）」という構想

ドナルドソンとキムリッカは、動物を家畜動物、野生動物、境界動物に分けて、家畜動物にはシティズンシップ・モデルで、野生動物には主権論で、人の領域へと招いたわけではない境界動物についてはデニズンシップ・モデルで検討するなど、人間と動物の関係を思考実験的に検討し、「動物ポリス（Zoopolis）」を構想しようとする。[73] 本書は、「動物が感覚を持つ個体としてだけでなく、政治的共同体の構成員として認識される」ことを動物権利論の目標と定めて執筆されたという。[74] 本稿では、家畜動物に限定してドナルドソンとキムリッカの議論を追うことにする。

ドナルドソンとキムリッカもまた、動物について応用倫理学から政治理論へと移行させる必要があると唱えている。背景には動物擁護運動が成功を収めていないこと、そして、それを支える動物倫理学や動物権利論の理論構成に限界があることが指摘される。[75] 両者は、動物倫理や動物権利論で論じられる消極的な権利、とくに人間社会との関わりを断つことをめざすべきだとするフランシオンらのラディカルな家畜動物廃絶論を批判する。ドナルドソンとキムリッカは家畜化が本源的に間違っていたことは認めるが、廃絶論者の議論が家畜化の多様な側面（目的、プロセス、人間への依存、取り扱いなど）をいっしょくたにしており、動物の主体性を奪い依存させる家畜化を「不自然」で「尊厳」の剥奪された状態としてのみ捉えていることに異議を唱えている。依存を尊厳のない状態と捉える点で、動物権利論もまた、自立と依存の二元論的理解や公私二元論を前提としている。フェミニズムは、自立を人間の理想とする思想にいかに男性中心主義のバイアスが入っているか、それが公私二元論の枠組みをいかに構築し続けるかを論じてきたが、ドナルドソンとキムリッカもその知見を組み込んで廃絶論者の依存観を批判する。[76] さらに、人間と動物の生きる世界を断絶させるべきであるという廃絶論者の帰結は、すでに家畜動物や伴侶動物として人間社会のなかに入り込んだ動物、さらに野生動物と家畜動物の境界にいる動物たちの存在を考慮していない。[77] 人間と動物の異種混合社会にわたしたちは生きているのであって、むしろ考えるべきは、人間と動物が共生するために、動物を政治的共同体の構成員とすることの可能性である。そのための適切な概念枠組みとしてシティズンシップ論が適用される。

動物のシティズンシップを考えるのに、ドナルドソンとキムリッカは障害理論から「依存的主体性（dependent agency）」という概念を借り出している。依存的主体性とは、重度の認知障害者は行為主体の能力を持つが、その能力は主体性の表出を認識し補助する人との関係性を通じて発揮されるというものである。重度障害者は政治的共同体の構成員に必要な主体的な善を表明できるし、同時に、これらの人々を市民として扱うためには、その善がどのように表明されているのかを注意深く汲み取ることが要請される。[78] シティズンシップをこのように考えるならば、包摂する市民の範囲をただ拡大するだけではなく、わたしたちが相互依存していることを自覚し、各人の持つ能力を社会的に発揮できるようにするためにはいかなる条件を確立すべきかが問われることになる。

それではシティズンシップはどのように動物に適用されるというのだろうか。従来の政治理論ではシティズンシップを備えるためには、「主観的な善とそれを伝える能力」、「社会的規範に従い協力する能力」、「法の共同立案に参加できる能力」というリストが想定されてきた。ドナルドソンとキムリッカはこれらのリストを認めるにしても、そのステレオタイプな解釈には異を唱えている。[79]

第一に、動物は善とは何かを熟考することはないかもしれないが、関心、選好、欲望といったその動物にとっての善を達成するために行動し、意志を伝えることはできる。動物たちの主体性が発揮できるためには、人間がどのように動物に向き合うのかが問われてくる。人間の言語を介さない以上、人間が動物たちの表情やふるまいなどを観察し、意思伝達の方法を学び、適切に応答することが必要になる。そうであれば、家畜動物や伴侶動物は人間に依存していながら、主体性を発揮していると人間自身が認識することは可能となるだろう。[80]

第二に、政治参加について、理性的な省察、交渉、同意のプロセスへの参加という強度な政治参加の要件（社会契約の交渉モデル）を前提にする必要はない。障害者に対する優生学的隔離政策や不可視化に対して障害者運動が抗議し闘ってきたのは、障害者が社会に可視化されていることが、政治的共同体の在り方や制度や構造を変えうるからである。同様に、動物もまた「そこにいること」によって変化をうながす行為主体となりうる。例えば、公共空間に盲導犬などの補助犬がいることは単に人間の便益に役立つだけではなく、公共空間の在り方に対する議論を開くだろう。また伴侶動物のイヌが会話のきっかけを作って市民間の交流を促し相互作用を育てる点にも、政治的意義を見出せる。さらに、ウマなどの使役動物による労働中止や怠業、動物園やサーカスの動物の抵抗行動など、動物たちの抗議や異議申し立てを政治参加のひとつとして数えることもできるという。[81]

第三に、自己規律と協働の能力についてはどうか。伝統的なシティズンシップ論では、市民生活において協働するためには、自制のほか、正義への関心や仲間の尊重も要請される。合理的能力や理性が前提にされるが、ドナルドソンとキムリッカは、自制、社会的規範の順守、協調行動は理性的熟慮の能力が必ずしもなくても可能であるという。昨今では動物行動学の知見から、動物が共感、信頼、利他行動、互酬性、フェアプレー感覚といった道徳的行動を見せることが明らかになりつつある。こうした行動は意識的な学びや交渉、社会規範の形成の過程を示すものであり、動物は道徳的主体ではないという人間側の思い込みへの修正が迫られることだという。それは動物本来の能力を発揮せしめることが可能かという問いを開くことにもつながるが、現状では、自己規律や協力関係を交渉によって築く動物の能力については、なおも未知の領域が広がっていると述べるにとどめている。[82]

以上、ドナルドソンとキムリッカによる家畜動物のシティズンシップ論について概要を見てきた。両者の立論には障害学の知見のみならず、「状況や文脈に応じた倫理」や共感によるアプローチを重視するフェミニズムからの知見も反映されている。

わたしたちの社会では、家畜動物が異なる生き方を探求するための機会を作り出した経験や、彼らがどのような活動や関係に満足を見出すのかをわたしたちに伝えようとしていることに耳を傾けたりした経験がほとんどない。しかし、これらは大いに学びうるタスクである。[83]

動物の声に苦しみを聞き取りその軽減をめざすことだけではなく、「能力の違いを超えて声、行為主体性、代表性を可能にするという課題」[84]に向き合う姿勢は、フェミニスト・ケア・アプローチとも重なりあっている。とはいえ、ドナルドソンとキムリッカは、文脈や関係性を重視するアプローチが場当たり的になりがちであり、権利か関係性かの二者選択に陥る傾向にあるとも批判していた。関係論的アプローチの問題は、「ケア、相互関係《パートナーシップ》、管理保護責任《スチュワードシップ》、さらには愛といったレトリック」を用いながら、「食用や医学研究のために動物を飼育し殺すことを擁護」したり、「動物が自由、自己決定、さらには生を継続することに基本的な利益を持っていることを否定する」議論も併存してしまうところだという。結局のところ、「基本的権利を保証できない」関係論的アプローチは、「人間の利益に奉仕するカースト集団としての動物への搾取を継続する扉を開く」可能性を否定できない[85]。それゆえ、ドナルドソンとキムリッカは、文脈や関係性への感受性を重視する関係論的アプローチをより政治的な用語で論じる必要があると考える。「動物ポリス」構想は、「すべての動物のもつ普遍的で消極的な権利と、人間と動物の関係の性質に応じて差異化された積極的な権利」の統合をはかることで、動物に政治的地位を与えるための論拠を提示する挑戦的な試みとなっているのである[86]。とはいえ、ドナルドソンとキムリッカは、動物擁護のフェミニスト・ケア・アプローチには権利にもとづく政治理論と両立できる、あるいは補い合う可能性があると見ている[87]。ここに、動物擁護のフェミニスト・ケア・アプローチと動物政治学の接点を見出すことは不可能ではないだろう。

五　おわりに

以上、本稿では、動物擁護のフェミニズムが、女性抑圧と動物抑圧に関わる自然支配のポリティクスに着目し批判的考察を重ねてきたこと、さらにケアの倫理を受容して動物が虐待されない状況を作り出すためには、動物に対するケアの倫理の政治化が求められると主張してきたことを見てきた。ケアの倫理は、依存者とケアする者が自然化され、公的領域から排除されてきたことを批判し、依存概念そのものの問い直しを進めてきた。動物に対するフェミニスト的ケアの倫理も、自然支配の最下層に動物が依存者として位置づけられてきた思想史の伝統と、家畜化された動物が搾取されるだけの依存的存在として描かれてきたことに異議を唱える。ケアを通じた動物と関わる方法は、動物を、保護を必要とする依存的存在としてのみ見ることではなく、この世界を分かち合う存在として捉え、その行為能力や潜在的な力を注意深く知ることでもある。ケアの倫理は人間と動物の間にもそうした関係の形成を促す倫理として捉え返せるのである。

また、動物への抑圧が女性への抑圧と深く絡まりあっているという認識は、動物解放は性差別構造の解消なくしてありえないし、逆に、性差別の解消もまた動物搾取の構造の解消なくしてありえないということを意味する。抑圧や差別の問題が単一の属性だけでは捉えきれないという点でインターセクショナリティの視座が有効であるが、この概念でもって、種の境界線を越えたところで交差してくる問題にどの程度踏み込んでいけるかはさらなる検討が必要であろう。

一方、政治理論において動物の問題を論じるためには、人間を中心とした従来の政治学の枠組み自体を問い直すことが避けられない。人間と動物がともに差別なく共存しうる政治空間や、動物に対する正義の満たされた政治社会とはどのようなものか、動物はシティズンシップを持ちうるのか、持ちうるとしたらその根拠は何かが問われてくる。本稿では、動物擁護のフェミニズムにある政治的志向や構造的不正義への関心は政治理論や政治哲学にどのように接続しうるのかという関心から、キムリッカとドナルドソンの「動物ポリス」論にその接続の可能性を見出した。フェミニズムの思想や議論が主流の学問領域において周辺化されがちであることは、動物倫理学の成立においても顕著であった。「動物倫理の政治学的転回」の全貌を十分に追うことはできていないが、この新しい潮流において、人間と動物が共存する政治社会を構想する政治学が、動物に対するフェミニスト的ケアの倫理によって培われてきた思考を受容し発展させていくことが望まれるだろう。

(1) イマヌエル・カント「コリンズ道徳哲学」御子柴善之訳、『カント全集 二〇 講義録Ⅱ』岩波書店、二〇〇二年、二六九―二七〇頁。

(2) ハンナ・アレント『人間の条件』牧野雅彦訳、講談社、二〇二三年。

(3) キース・トマス『人間と自然界――近代イギリスにおける自然観の変遷』山内昶監訳、法政大学出版局、一九八九年、四五五頁。ただし、トマスによるO・ゴールドスミスの文献からの引用。

(4) マックス・ホルクハイマー／テオドール・W・アドルノ『啓蒙の弁証法』徳永恂訳、岩波書店、一九九〇年、三九〇頁、三九三―三九四頁。

(5) Kittay, E. F., "The Personal Is Philosophical Is Political: A Philosopher and Mother of a Cognitively Disabled Person Sends Notes from the Battlefield," in *Cognitive Disability and Its Challenge to Moral Philosophy*, Eva Feder Kittay and Licia Carlson (eds.), Wiley-Blackwell, 2010, p. 400, p. 408. 内藤葉子「ケアの倫理とリベラリズム：自立か依存か――リベラルな主体をめぐっ

て」『第二二期女性学講演会』大阪府立大学女性学研究センター、二〇一九年も参照。

（6）本稿では、「人間以外の動物（nonhuman animals）」を「動物」と表記する。ヌスバウムによると、人間以外の動物がモノとして扱われてきたことから、今日の科学者は研究する個々の動物に固有名詞をつけることにこだわっているという。ヌスバウムはその慣習に従い、新著においてゾウの「ヴァージニア」、ザトウクジラの「ハル」、また仮説上の一般的な動物についても「スーザン」と呼ぶなど、個々の動物に固有名詞をあてている。Nussbaum, M. C., *Justice for Animals: Our Collective Responsibility*, Simon & Schuster, 2022, p. xvi.

（7）動物をめぐる倫理学・哲学・法学分野の議論は現在多岐にわたって展開している。「権利を守って苦痛を防ぐことに焦点を当てる」功利主義や権利論のアプローチに対し、大陸哲学や徳倫理学は「私たちに動物との関係、そしてその関係が私たち自身と私たちの行為者性をどのように形成するのかについてより深い考察を促す」傾向がある（ローリー・グルーエン『動物倫理入門』河島基弘訳、大月書店、二〇一五年、四〇―四一頁）。代表的な哲学者としては、ジャック・デリダ（『動物を追う、ゆえに私は（動物で）ある』M＝L・マレ編、鵜飼哲訳、筑摩書房、二〇一四年）、ジョルジョ・アガンベン（『開かれ――人間と動物』（岡田温司・多賀健太郎訳、平凡社、二〇一一年）、エリザベート・ド・フォントネ（『動物たちの沈黙』石田和男・小幡谷友二・早川文敏訳、彩流社、二〇〇八年）などがいる。ただしロレッドによると、英語圏の動物研究がデリダの動物哲学に着想を得ているにもかかわらず、フランスではこの研究に十分な意義が認められていないという。ロレッドは、デリダの「肉食‐ファロス‐ロゴス中心主義」という概念と、フェミニズムからの問いとの親和性を指摘し、とくにダナ・ハラウェイとキャロル・アダムスに言及している（パトリック・ロレッド『ジャック・デリダ――動物性の政治と倫理』西山雄二・桐谷慧訳、勁草書房、二〇一七年、一一〇頁、一一六頁以下）。哲学者のダイアモンドは、権利の問題以前に人間と動物の関係を実存的に問うている（コーラ・ダイアモンド「肉食と人食」横大道聡訳、C・R・サンスティン／M・C・ヌスバウム編『動物の権利』安部圭介・山本龍彦・大林啓吾監訳、尚学社、二〇一三年、コーラ・ダイアモンド「現実のむずかしさと哲学のむずかしさ」『〈動物のいのち〉と哲学』中川雄一訳、春秋社、二〇一〇年）。徳倫理学において、ロザリンド・ハーストハウスは義務論と功利主義の原則的立場をとらず、状況を考慮した有徳の人の振る舞いから肉食を否定する。Hursthouse, R., "Virtue Ethics and the Treatment of Animals", in *The Oxford Handbook of Animal Ethics*, T. L. Beauchamp and R. G. Frey (eds.), Oxford University Press, 2011. マッキンタイアは人間と動物を区別するものとしての言語的能力という哲学的伝統に対して異議を唱えている。MacIntyre, A., *Dependent Rational Animals: Why Human Beings Need the Virtues*, Open Court, 1999（アラスデア・マッキンタイア『依存的な理性的動物――ヒトにはなぜ徳が必要か』高島和哉訳、法政大学出版局、二〇一八年）. マッキンタイアの議論については、内藤葉子「ケアの倫理と依存の承認——人間（性）と動物（性）との関係から尊厳を考える」（『唯物論と現代』第六三号、二〇二一年）も参照。神学においては、アンドリュー・リンゼイ『神は何のための動物を造ったのか——動物の権利の神学』（宇都宮秀和訳、教文館、二〇〇一年）も参照。クリスティーン・コースガードはカント的義務論の立場から人間と動物の関係や動物の尊厳の問題について論じている。Korsgaard, C. M., "Facing the Animal You See in the Mirror", in *The Harvard Review of Philosophy*, vol. XVI, 2009. Korsgaard, C. M., *Fellow Creatures: Our Obligations to the Other Animals*, Oxford University Press, 2018. ヌスバウムはコースガードが動物の尊厳の尊重を論じた点を高く評価している（Nussbaum, *Justice fot Animals*, pp. 57ff.）。

（8）打越綾子編『人と動物の関係を考える——仕切られた動物観を超えて』ナカニシヤ出版、二〇一八年参照。

（9）Gaard, G., "Living Interconnections with Animals and Nature," in *Ecofeminism: Women, Animals, Nature*, Greta Gaard (ed.), Temple University Press, 1993, p. 1.

（10）例えばナンシー・フレイザー『資本主義は私たちをなぜ幸せにしないのか』（江口泰子訳、ちくま書房、二〇二三年）の一章分は、生態学的政治や環境をテーマにしている。

（11）Merchant, C., *The Death of Nature: Women, Ecology and the Scientific Revolution*, Harper & Row, 1980（キャロリン・マーチャント『自然の死——科学革命と女・エコロジー』団まりな・垂水雄二・樋口祐子訳、工作舎、一九八五年）.

（12）Plumwood, V., *Feminism and the Mastery of Nature*, Routledge, 1993.

（13）Gaard, "Living Interconnections," p. 6.

（14）Adams, C. J., "About Ecofeminism." https://caroljadams.com/about-ecofeminism（Accessed May 3. 2024）.

（15）Adams, C. J., *The Sexual Politics of Meat: A Feminist-Vegetarian Critical Theory*, Bloomsbury Academic, 1990（キャロル・アダムズ『肉食という性の政治学——フェミニズム-ベジタリアニズム批評』鶴田静訳、新宿書房、一九九四年）.

（16）ベジタリアンは倫理的菜食主義者のことを指したが、一九世紀のイギリスで設立されたベジタリアン協会で、この概念が乳や卵を食べる人を含んでしまうため論争になり、その後すべての動物搾取から決別する人々がヴィーガン協会をたちあげたという。vegan は vegetarian からの造語である。井上太一「ビーガニズム小史——動物の権利との関わりから」『ＨＵＧ』一般社団法人日本ヴィーガニズム協会、第一号、二〇二三年、一三—一四頁参照）。現在、アダムスはベジタリアン・フェミニズムではなく、ヴィーガン・フェミニズムを唱えている。Cf. Adams, C. J., "Why Vegan Feminist?" https://caroljadams.com/why-vegan-feminist

(Accessed May 3. 2024).

(17) Adams, C. J., "Caring About Suffering: A Feminist Exploration [1995]," in *The Feminist Care Tradition in Animal Ethics: A Reader*, Josephine Donovan and Carol J. Adams (eds.), Columbia University Press, 2007, pp. 202-203.

(18) Adams, *The Sexual Politics of Meat*, p. 20. 邦訳、四四頁。Adams, C. J., "The Feminist Traffic in Animals," in Gaard (1993), pp. 201-202.

(19) Adams, *The Sexual Politics of Meat*, pp. 4ff. 邦訳、二四頁以下。

(20) Adams, *The Sexual Politics of Meat*, pp. 25-27, pp. 38-42. 邦訳、五〇―五二頁、六七―七二頁。

(21) Adams, *The Sexual Politics of Meat*, pp. 19-20. 邦訳、四二―四四頁。「ウルスラ・ハムドレス」は、一九六〇年代、初期のジェームズ・ボンドの映画に登場し、『プレイボーイ』誌にも「セックス・シンボル」として登場した女優ウルスラ・アンドレスに由来して、養豚業者の雑誌『プレイボーア』に掲載された。「ウルスラ・ハムドレス」を再度論じた以下の文献も参照。Adams, C. J., "Why a Pig?: A Reclining Nude Reveals the Intersections of Race, Sex, Slavery, and Species," in *Ecofeminism: Feminist Intersections with Other Animals and the Earth*, second ed., Carol J. Adams and Lori Gruen (eds.), Bloomsbury Academic, 2022 [2014].

(22) Adams, "Caring About Suffering," p. 212.

(23) Adams, "Caring About Suffering," p. 202, p. 214, pp. 219-221.

(24) Adams, "The Feminist Traffic in Animals," p. 204.

(25) Adams, "The Feminist Traffic in Animals," p. 197. アダムスは「取引」という用語を用いて、G・ルービンのいう「女性の取引(The Traffic in Women)」を想起しつつ、女性/動物の身体が売買や交換可能な商品とされることに注意を促す。

(26) Adams, "The Feminist Traffic in Animals," p. 201.

(27) Taylor, A. and Taylor, S., "Our Animals, Ourselves: The Socialist Feminist Case for Animal Liberation," in *Lux Magazine*, Issue 3, 2021. https://lux-magazine.com/article/our-animals-ourselves/ (Accessed March 25. 2024).

(28) Adams, *The Sexual Politics of Meat*, p. 42. 邦訳、七二頁。Adams, "The Feminist Traffic in Animals," p. 197.

(29) シルヴィア・フェデリーチ『キャリバンと魔女――資本主義に抗する女性の身体』小田原琳・後藤あゆみ訳、以文社、二〇一七年、一六三―一六四頁。

(30) Taylor and Taylor, "Our Animals, Ourselves."

（31）ピーター・シンガー『動物の解放　改訂版』戸田清訳、人文書院、二〇一一年。なお本書は、二〇二三年に全面改訂版が公刊された（ピーター・シンガー『新・動物の解放』井上太一訳、晶文社、二〇二四年）。トム・レーガン『動物の権利・人間の不正――道徳哲学入門』井上太一訳、緑風出版、二〇二二年。ゲイリー・L・フランシオン『動物の権利入門――わが子を救うか、犬を救うか』井上太一訳、緑風出版、二〇一八年。動物倫理学の研究動向については、以下を参照。Nussbaum, M. C., *Frontiers of Justice: Disability, Nationality, Species Membership*, Belknap Press of Harvard University Press, 2006（マーサ・C・ヌスバウム『正義のフロンティア――障碍者・外国人・動物という境界を越えて』神島裕子訳、法政大学出版局、二〇一二年）. 田上孝一『はじめての動物倫理学』集英社、二〇二一年。

（32）Taylor and Taylor, "Our Animals, Ourselves." 井上太一『動物倫理の最前線――批判的動物研究とは何か』人文書院、二〇二二年、三一六頁。

（33）Adams, "Caring About Suffering," p. 198.

（34）Adams, "Caring About Suffering," pp. 199-200.

（35）Adams, "Caring About Suffering," p. 199.

（36）Curtin, D., "Toward an Ecological Ethic of Care [1991]," in Donovan and Adams（2007）, p. 93.

（37）Curtin, "Toward an Ecological Ethic of Care," p. 92.

（38）ケアの倫理の論者に対して、動物擁護のフェミニストがすべて肯定的に見ているわけではない。ギリガンと並んでケアの倫理を理論的に基礎づけたとされる教育学者のネル・ノディングスは、ギリガンとは異なって、植物や動物など人間以外の存在に対するケアについて早くから言及したが、シンガーの種差別批判には異議を唱え、動物へのケアを十分に近い関係にある場合に限定した。Cf. Hultman M. and Pulé, P. M., *Ecological Masculinities: Theoretical Foundations and Practical Guidance*, Routledge, 2018, pp. 170-171. アダムスは、ノディングスが「腐敗という『自然』過程と食肉処理場の活動の類似性」を暗示し、「私たちとの関係性に依存しているものとして、文字通り私たちのために（のみ）存在するもの」として、動物を「搾取可能なものとしての存在論的地位」に置き続けていると批判している（Adams, "The Feminist Traffic in Animals," p. 200, pp. 202-203）。カーティンもまた、ノディングスのケア論からは、エコフェミニズムが関心を寄せる「互恵性が期待できないような状況」を想定できず、ケアの政治化にはいたらないと指摘する（Curtin, "Toward an Ecological Ethic of Care," pp. 94-95）。

（39）Donovan, J., "Animal Rights and Feminist Theory [1990]," in Donovan and Adams（2007）, p. 64.

（40）Gruen, L., *Entangled Empathy: An Alternative Ethic for Our Relationships with Animals*, Lantern Books, 2015, p. 11.
（41）Donovan, "Animal Rights and Feminist Theory," pp. 61-62.
（42）Gruen, *Entangled Empathy*, p. 25.
（43）Taylor, S., *Beasts of Burden: Animal and Disability Liberation*, The New Press, 2017（スナウラ・テイラー『荷を引く獣たち——動物の解放と障害者の解放』今津有梨訳、洛北出版、二〇二〇年）. Taylor and Taylor, "Our Animals, Ourselves."
（44）Curtin, "Toward an Ecological Ethic of Care," pp. 91-92
（45）この論争の詳細については、岡野八代『ケアの倫理——フェミニズムの政治思想』（岩波書店、二〇二四年）を参照。
（46）Johnson, D. K. and Johnson, K. R., "The Limits of Partiality: Ecofeminism, Animal Rights, and Environmental Concern," in *Ecological Feminism*, Karen J. Warren（ed.）, Routledge, 1994.
（47）Donaldson, S. and Kymlicka, W., *Zoopolis: A Political Theory of Animal Rights*, Oxford University Press, 2011, p. 12（スー・ドナルドソン／ウィル・キムリッカ『人と動物の政治共同体——「動物の権利」の政治理論』青木人志・成廣孝監訳、尚学社、二〇一六年、一七頁）.
（48）Clement, G., "The Ethic of Care and the Problem of Wild Animals [2003]," in Donovan and Adams（2007）.
（49）Gruen, *Entangled Empathy*, p. 25.
（50）Donovan J. and Adams C. J., "Introduction", in Donovan and Adams（2007）, p. 2.
（51）Adams, "Caring About Suffering," p. 207.
（52）例えば以下を参照。ウーテ・フレーフェルト『歴史の中の感情——失われた名誉／創られた共感』櫻井文子訳、東京外国語大学出版会、二〇一八年。
（53）Cf. Gruen, *Entangled Empathy*, p. 36.
（54）Gruen, *Entangled Empathy*, p. 67.
（55）Donovan, J., "Caring to Dialogue: Feminism and the Treatment of Animals [2006]," in Donovan and Adams（2007）, pp. 364-365.
（56）グルーエンとカーティンによるcompassionとempathyをめぐっての見解については、以下を参照。Gruen, *Entangled Empathy*, p. 37. Curtin, D., "Compassion and Being Human," in Adams and Gruen（2022［2014］）.
（57）Gruen, *Entangled Empathy*, p. 3, p. 67.

(58) Gruen, *Entangled Empathy*, p. 66.

(59) Gruen, *Entangled Empathy*, pp. 56ff.

(60) Gruen, *Entangled Empathy*, p. 73.

(61) Gruen, *Entangled Empathy*, p. 60.

(62) Gruen, *Entangled Empathy*, p. 75.

(63) Curtin, "Toward an Ecological Ethic of Care," p. 93.

(64) Gruen, *Entangled Empathy*, pp. 36-37.

(65) Donovan, "Caring to Dialogue," pp. 364-365.

(66) Nussbaum, *Frontiers of Justice*. Nussbaum, *Justice for Animals*.

(67) Nussbaum, *Justice for Animals*, pp. xv-xvi.

(68) Donaldson, S. and Kymlicka, W., "Animals in Political Theory," in *Oxford Handbook of Animal Studies*, Linda Kalof (ed.), Oxford University Press, 2017, pp. 3-4. https://www.researchgate.net/publication/328916842_Animals_in_Political_Theory (Accessed November 17. 2024). 本稿での引用頁は、キムリッカが公開したオンライン版に依拠している。

(69) Kymlicka W. and Donaldson S., "Locating Animals in Political Philosophy," in *Philosophy Compass* 11/11, 2016, p. 696.

(70) Kymlicka and Donaldson, "Locating Animals," p. 697. p. 700, note 17. この点は動物倫理学も同様であると指摘される。

(71) Garner R. and O'Sullivan S. (eds.), "Introduction," in *The Political Turn in Animal Ethics*, Rowman & Littlefield, 2016, pp. 1-2. ガーナーとオサリバンによると、「政治学的転回」とは以下の内容にまとめられる。第一に、動物に対して道徳的に負っている義務についての論争に、政治概念・思想・理論を用いて取り組むことを意味する。第二に、集合的意思決定やとくに民主主義理論と実践のうちに動物の利害を包摂することに、規範的に焦点を当てようとする研究を指す。第三に、社会運動、法、政策、制度に焦点をあてるかどうかに関わらず、動物と権力関係に関わる経験的問いに取り組む研究を指す。

(72) Garner and O'Sullivan, "Introduction," p. 5.

(73) Donaldson and Kymlicka, *Zoopolis*.

(74) Kymlicka, W. and Donaldson, S., "Animal Rights, Multiculturalism, and the Left," in *Journal of Social Philosophy*, Vol. 45 No. 1, 2014, p. 132, note 30.

（75）政治哲学が動物について沈黙してきたことを指摘するものとして、以下も参照。Donaldson and Kymlicka, "Animals in Political Theory".
（76）Donaldson and Kymlicka, *Zoopolis*, pp. 77-85. 邦訳一一〇―一二〇頁。
（77）Donaldson and Kymlicka, *Zoopolis*, pp. 86-87. 邦訳一二一―一二三頁。
（78）Donaldson and Kymlicka, *Zoopolis*, pp. 104-108. 邦訳一五一―一五六頁。
（79）Donaldson and Kymlicka, *Zoopolis*, p. 103. 邦訳一五〇頁。
（80）Donaldson and Kymlicka, *Zoopolis*, pp. 108-112. 邦訳一五六―一六一頁。
（81）Donaldson and Kymlicka, *Zoopolis*, pp. 112-116. 邦訳一六一―一六六頁。
（82）Donaldson and Kymlicka, *Zoopolis*, pp. 116-122. 邦訳一六六―一七三頁。
（83）Kymlicka W. and Donaldson, S., "Animals and the Frontiers of Citizenship," in *Oxford Journal of Legal Studies*, Vol. 34, No. 2, 2014, pp. 211-212.
（84）Kymlicka and Donaldson, "Animal Rights, Multiculturalism, and the Left," p. 132, note 27.
（85）Donaldson and Kymlicka, "Animals in Political Theory," p. 15. 本稿注（38）に記述した内容とも通じるが、人間と動物の関係を生命／非生命を超えた「伴侶種」の観点から論じるポストヒューマニズムの論客ダナ・ハラウェイに対して、キムリッカとドナルドソンは、ハラウェイが動物を食べることや動物実験を擁護しているとして、「ポストヒューマニズム」の語を使用しないと述べている。Kymlicka and Donaldson, "Animal Rights, Multiculturalism, and the Left," p. 132, note 30.
（86）Donaldson and Kymlicka, *Zoopolis*, p. 11. 邦訳一六頁。ドナルドソンとキムリッカの議論に対する批判として、例えばフリーデリケ・シュミッツは、動物を市民として認めることが動物政治理論の唯一の方法というわけではないと反論する。動物に政治的主体性や市民性を認めない場合でも、動物問題に対する政治的アプローチは可能であり、すでに存在しているとして、ドナルドソンとキムリッカの政治理論としての射程の狭さを指摘している。Schmitz, F., "Animal Ethics and Human Institutions: Integrating Animals into Political Theory," in Garner and O'Sullivan（2016）.
（87）Kymlicka and Donaldson, "Animals in Political Theory," p. 15.

＊本研究は科学研究費補助金（研究課題番号23K11687）による研究成果の一部である。

「西洋」概念の形成と屈折

――『闢衛新編』の天主教に関する議論を中心に

●――蘇眞瑩（訳：具知會）

一　序論

本稿は、尹宗儀（ユンジョンウィ・一八〇五～一八八六）の『闢衛新編』（初稿本一八四八年、完稿一八八〇年代と推定）を中心に、一八四〇年代から一八六〇年代まで、いわゆる衛正斥邪派が本格的に活動する以前の、朝鮮王朝の官僚である士大夫をはじめとした知識人たちが構成した西洋の概念を説明することを目的とする。本稿が一八四〇年代から一八六〇年代という時期、そして『闢衛新編』というテキストに注目する理由は次の通りである。第一に、後に詳しく検討するように、一八四〇年代は、朝鮮の人々が西洋諸国の通商要求や物理力に直接的・間接的に触れるようになり、西学や天主教で規定された従来の漠然とした西洋イメージから、より具体的な像を抱いていく時期である。第二に、朝鮮の人々が西洋諸国の情報を本格的に収集し、それに基づいて以前とは異なる西洋のイメージを構築していったのが一八四〇年代以降のことである。この作業を進めるにあたり、まずそれ以前、朝鮮で「西」がどのような意味で使われたのかを理解する必要がある。朝鮮において「西」は何を指す語であったのか。「東洋」あるいは東アジアに対抗する概念として、

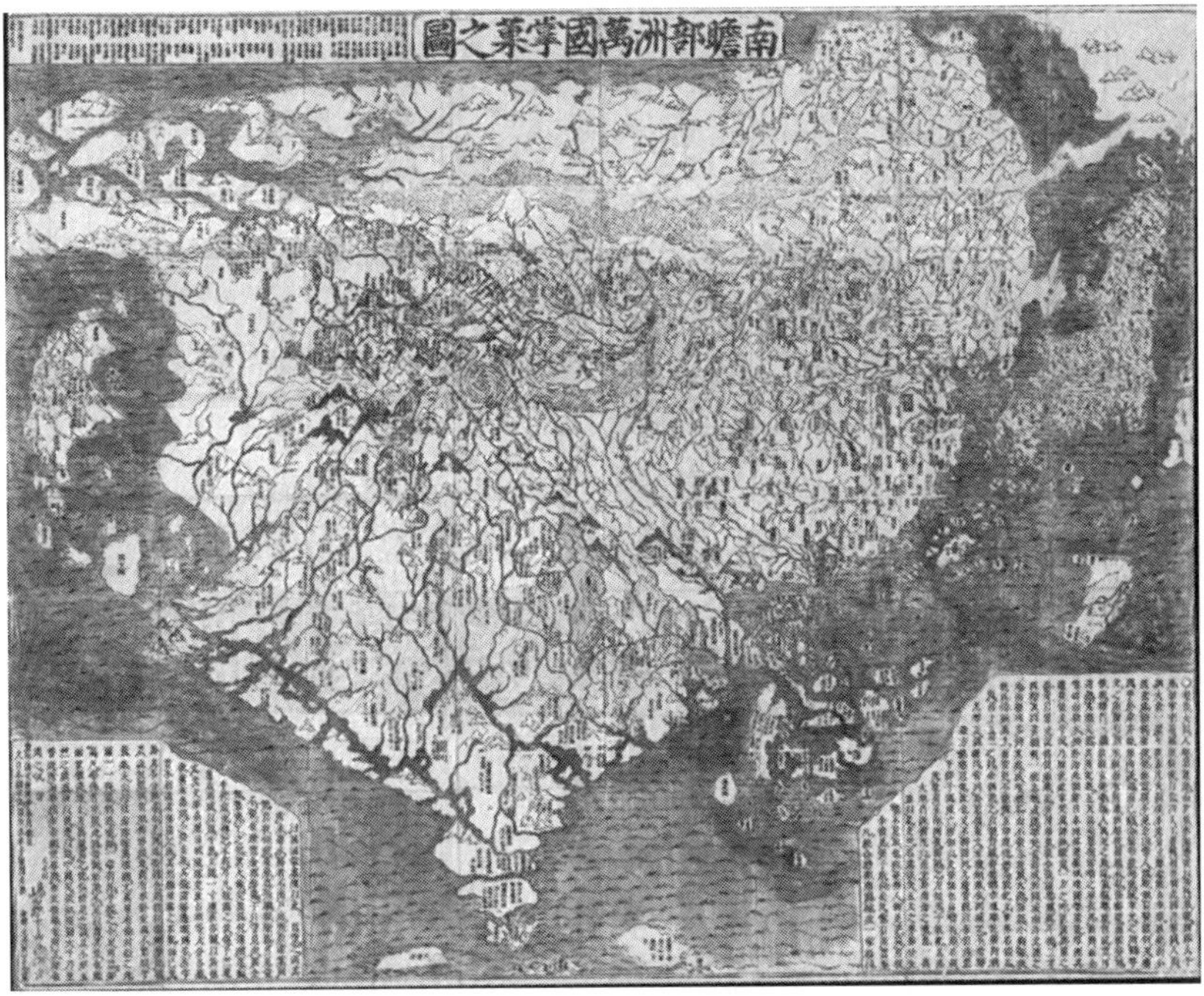

【図1】浪華子製図并撰「南贍部洲萬國掌菓之圖」、文台軒宇平、1710

図の出典：https://commons.wikimedia.org/wiki/File%3A1710_First_Japanese_Buddhist_Map_of_the_World_Showing_Europe%2C_America%2C_and_Africa_-_Geographicus_-_NansenBushu-hotan-1710.jpg

ヨーロッパまたはヨーロッパやアメリカを含む概念である「西洋」という語は、一九世紀末から一般化されていったと言える。朝鮮の士大夫のテキストで「西」という表現が西学、つまりイエズス会によって紹介されたヨーロッパの学問と関連して積極的に用いられ始める一七世紀にも、西は地理的意味のヨーロッパと正確に一致する概念として用いられていたわけではなかった。

　仏教系地図「南贍部洲万国掌菓之図」【図1】をみると、東アジアの諸国において「西」とはインド、イスラムとヨーロッパの国々がすべて含まれる概念であり、朝鮮を含む東アジアの仏教信者たちの間では、インドが「西域」という別称で呼ばれることもあった。また、マテオ・リッチ（Matteo Ricci、一五五二〜一六一〇）が明の知識人・李之藻（一五七一〜一六三〇）と共同で制作し紹介した世界地図「坤輿万国全図」（一六〇二）であ

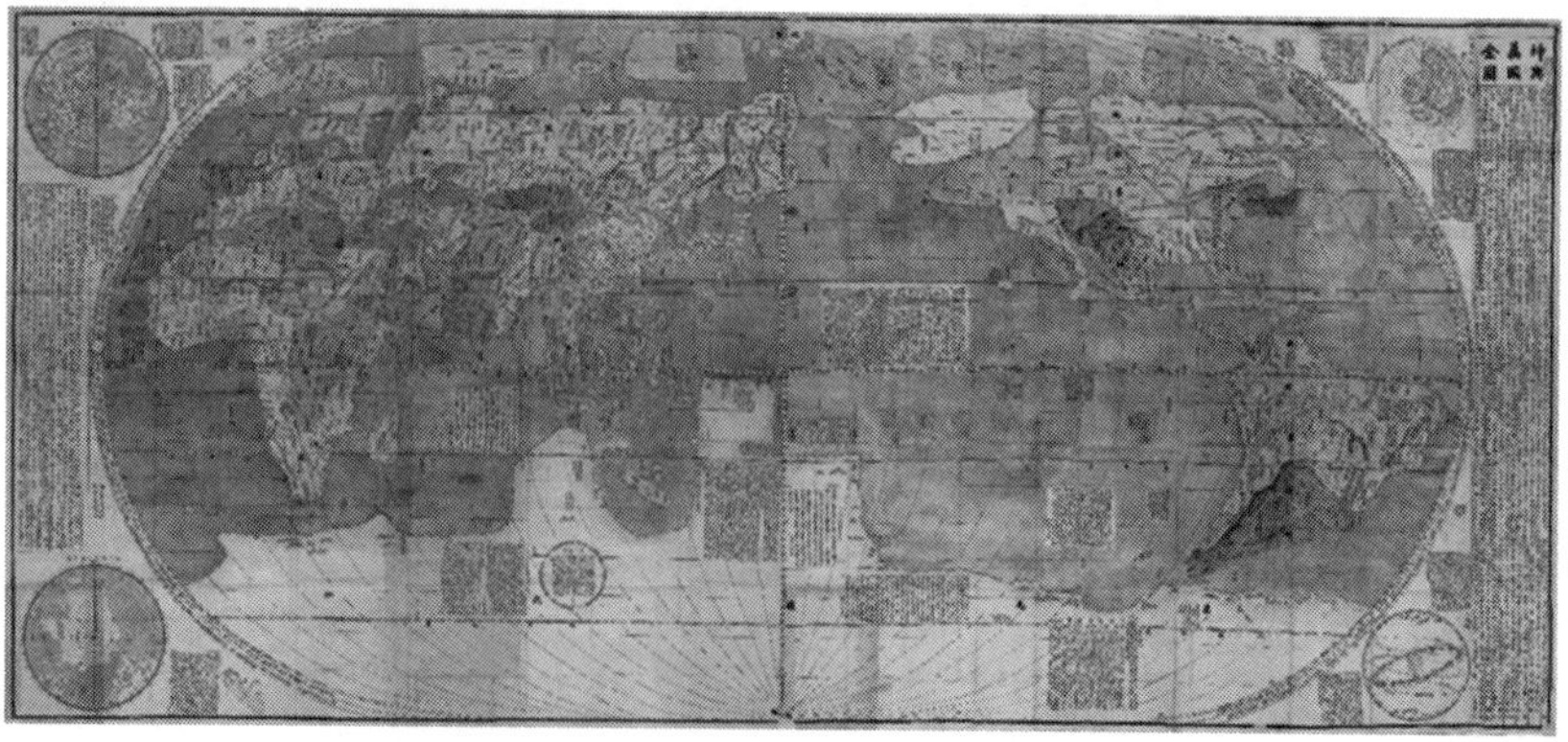

【図2】「坤輿万国全図」の日本複写本（東北大学附属図書館、狩野文庫所蔵）

図の出典： https://ko.wikipedia.org/wiki/%EA%B3%A4%EC%97%AC%EB%A7%8C%EA%B5%AD%EC%A0%84%EB%8F%84#/media/%ED%8C%8C%EC%9D%BC:Kunyu_Wanguo_Quantu_（%E5%9D%A4%E8%BC%BF%E8%90%AC%E5%9C%8B%E5%85%A8%E5%9C%96).jpg

る【図2】では、ヨーロッパの海が「大西洋」、インド洋が「小西洋」として紹介されていることが確認できる。【図3】は一八世紀末、朝鮮の知識人・魏伯珪（一七二七〜一七九八）が出版した『新編標題纂図寰瀛誌』である。そこに掲載された「西洋諸国図」では、「西洋」が中国とその朝貢国を除く全ての国を指す用語として使われている。つまり、一七、八世紀まで「西」は地理的・観念的にインドからヨーロッパまでを包括する広い概念として理解されていた。さらに一八世紀末から一九世紀初頭の朝鮮では、天主教が社会的問題となり、天主教を奉じる人々に対する迫害が進むにつれ、「西」は「邪」の意味で解釈されることもあった。すなわち、一九世紀末に西洋＝西洋の国と文化で理解される以前の「西」は意味的に可変的な概念であったとみることができる。

　政治史的にみて、朝鮮時代の官僚集団や知識人階層が認識する「西」、「西学」、「西洋」の意味内容は、一九世紀の対外関係における朝鮮の政治的判断や行為と密接に結びついていた。ここに、本論文が「西」という概念に関心を持つ理由がある。朝鮮において「西」がヨーロッパと関連して理解されるようになったのは、イエズス会士が中国に宣教する際に、ヨーロッパの天文学・数学・科学技術・地理学を翻訳して紹介した書物が、朝鮮に輸入されてからである。この書物は「西学」と呼ばれた。一七、八世紀のイエズス会士が紹介した数学や自然学に触れた朝鮮の知識人

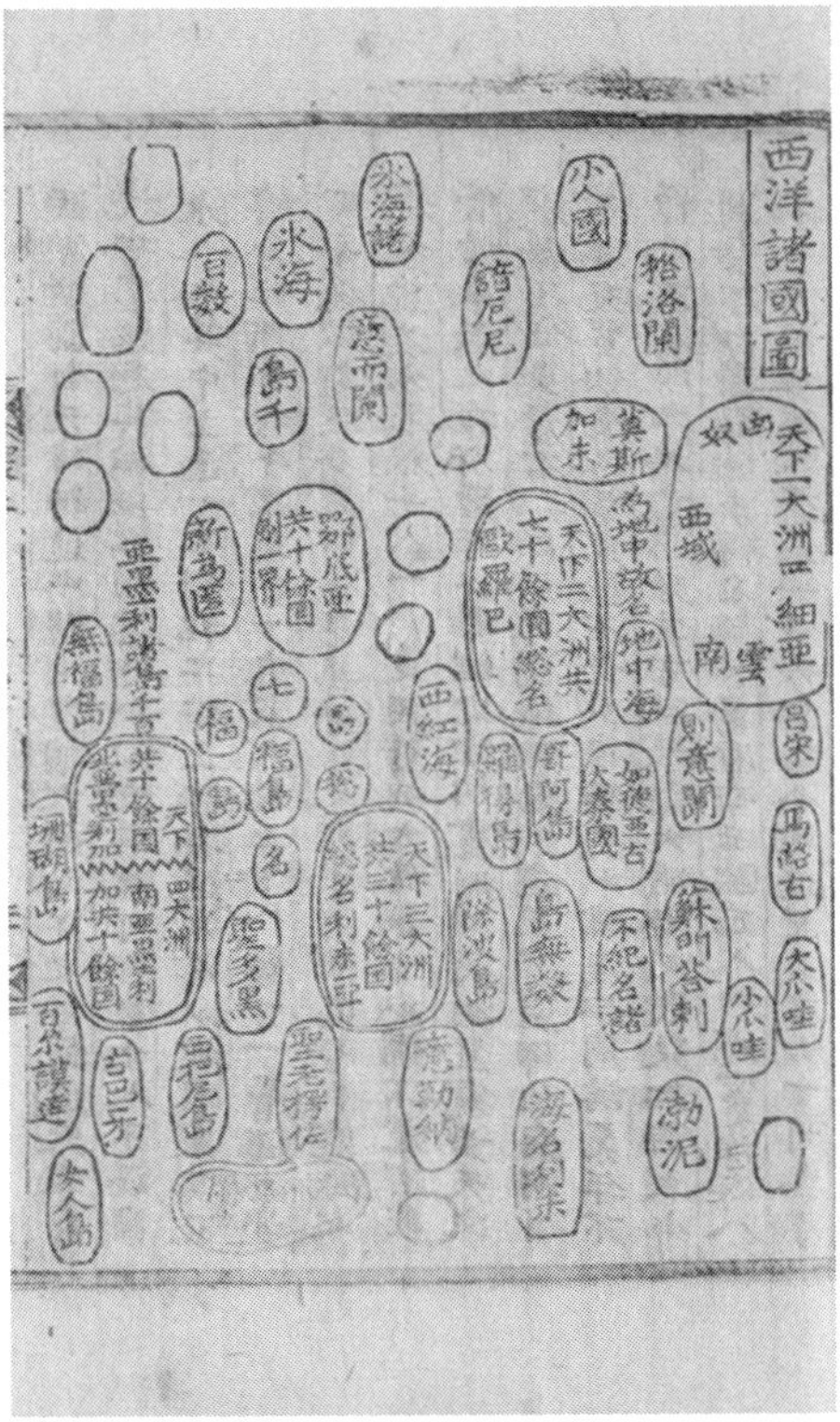

【図３】魏伯珪『新編標題纂圖寰瀛誌』(1882)
（ソウル大学校奎章閣韓国学研究院所藏）

たちは、ときに彼らの学術を高く評価し、そこから新たな地理認識を獲得した。しかし一八世紀末からヨーロッパの軍艦が朝鮮に継続的に接近し、朝鮮領内に侵入するなど国家的脅威となる事件が発生するとともに、それと「思想的」に結びついていると考えられた天主教徒の数が飛躍的に増加するなかで、「西」は次第に否定的な意味を帯びるようになった。

　このように、思想的な側面からの「西」の意味変化は、結果的に「西」という語に代表される対象に対する判断や評価の変化につながった。西学が西洋の学問として理解されていなかった一八世紀後半まで、中国へ燕行する多くの朝鮮の知識人たちは新しい学問に触れるため、北京の天主教堂を訪れ、西洋産の冊子や地図を入手しようと努めた。この時期のソウルや京畿道地域の進歩的な知識人の間では、西洋の数学が一種の教養として受け入れられたほどであり、イエズス会によって紹介された西洋の地理情報や地図は、当時の学界の周辺に位置する地方の士大夫の間でも流通するようになっていた。ところが、「西学」が天主教と関連付けられて規定されるようになると、「西」は奇異なもの、一般的ではないものと見なされ、「西学」は秩序を乱す逸脱的なものとして規定され、西洋の知識に対する関心も「異常で特異なものを好む趣向」、あるいは「危険な行為」として批判された。

　本研究の対象である『闢衛新編』が書かれた背景と、朝鮮の「西」に対する認識の変化は深い関連がある。一八三〇年代から朝鮮沿海に西洋の戦艦が出没し、英中間の第一次アヘン戦争（一八四〇～一八四二）が始まり、本格的な西勢東漸（西力東漸）が始まると、朝鮮の知識人たちの間で「西」の語は、それまでよりもはるかに狭い概念で使われるようになった。まず地理的にはヨーロッパ諸国を指すものとして理解され、天主教も、東アジア諸国を侵略するヨーロッパの軍事力と関連した勢力として認識された。言い換えれば、一八四〇年代の「西」の概念は、社会秩序を乱す西学、すなわち「邪学」としての天主教がヨーロッパの国々と直接つながっているという認識のもと、再定義されたと見ることができる。当時の人々が西洋を理解するために必要だと判断して選択、収集して作り上げた像に、既存の天主教に対する認識に加わり、意味内容の変化を経て再構成されたものと言えよう。

こうして再構成された「西」の概念が最もよくあらわれている集団は、一九世紀前半の朝鮮政治において核心勢力であった老論である。彼らは天主教迫害が始まった一八世紀末から一九世紀初頭にかけて、斥邪に関する明確な活動は行なっていなかったが、この時期を前後にして天主教への批判を開始し、外部からの侵略を懸念する文書を書き始めた。一九世紀初頭まで天主教に対する本格的な批判を行ったのは南人であり、老論と比べて非常に勢力の弱い政治集団であった。南人が「西」の問題を政治的に取り上げざるを得なかった理由は、当時の天主教徒のうち、上流階層の多くが南人であったためである。したがって、天主教人ではない南人の場合、それを積極的に証明する必要があった。そのため、安鼎福（一七一二～一七九一）の「天学考」や「天学問答」、李基慶（一七五六～一八一九）の『闢衛編』、柳健休（一七六八～一八三四）の『異学集辨』のように、天主教を批判した論稿が執筆された。一方、老論は天主教の拡散を社会問題として認識していたものの、政治的な観点から党派的にアプローチし、天主教を本格的に批判した文書を残してこなかった。それだけに、一八三〇年代から老論が斥邪に関連する作品を著述し、西洋に対する具体的な批判を始めたことは、天主教と西欧の侵略に脅威を抱き、「西」の問題についてさらに真剣に考えなければいけなくなった状況を示唆している。

老論が西洋に対する批判的な観点から西洋に関する情報を収集し、再構成したという事実が重要である理由は、彼らが一九世紀朝鮮において政策立案者として、大きな影響力を有する存在であったからである。周知のように、一八世紀後半以降、老論以外の政治勢力は政治から疎外されていた。特に南人に関しては、天主教の問題について活動に制約があった。このように老論の政治的影響力が強い状況下で、彼らが西洋に対して特定のイメージを持った場合、それが当時の政治家や官僚の政策的判断に直接的な影響を及ぼすことになる。実際に、一八三〇年代から老論の官僚集団は国内外で西洋諸国に関する情報を収集し始め、中国で入手した書物や彼ら自身が執筆した文書を老論の間で互いに共有し、書簡を通じて意見を交わしていたことが確認できる。(1)

尹宗儀は老論出身の士大夫で、斥邪の立場にあった老論の知識人や官僚とのネットワークを有していた。彼は一八二〇年代に官僚であった師や友人を通じて西洋諸国に関する情報を集め、知識人のネットワークを通じて南人の斥邪書も読むことができた。特に、彼が『闢衛新編』の初稿を完成させた一八二八年は注目すべき年である。一八三〇年代から一八四〇年代にかけて、イギリスとフランスの戦艦が朝鮮沿岸に出没し、朝鮮の人々との衝突事件が相次いで発生し、知識人たちが外国勢力との戦争の可能性を視野に入れていた時期であったからである。尹宗儀の『闢衛新編』は一方で西洋諸国の情報を、他方で朝鮮の海岸を防御するための海防論を共に記述した書物であり、当時の知識人が対外関係に抱いていた不安感がよく現れている。(2)

『闢衛新編』の特徴は、従来の研究者たちが指摘しているように、「独創的ではない」という点である。(3) 確かに、この書は他の書物から内容を抜粋して編集したものに過ぎず、特に西洋に関する情報については、南人の著述や中国の『海国図志』、『皇朝経世文編』のような書物を利用している。しかし、この事実は『闢衛新編』の政治的重要度を引き下げるものではない。我々は、尹宗儀が中国の書物全体ではなく、特定の部分だけを抜粋し引用している点に注目する必要がある。その情報と朝鮮の海防論をともに配置することで、彼は西洋および外国勢力に対する見解を提示した。また、『闢衛新編』に序文を寄せた李正観(?〜?)は高級官僚であり、尹宗儀の師・李正履(一七八三〜一八四三)とは兄弟であるとともに、朴珪壽(一八〇七〜一八七七)の戚族でもあった。開化派に政治思想で深い影響を与えた尹宗儀の友人である朴珪壽もこの書に対して重要な評価を残している。つまり、『闢衛新編』は尹宗儀の孤立した思考を示すテキストではなく、当時の影響力のある官僚や知識人が「西洋」をどのように理解したのかを示す鍵となりうる。

このような前提をもとに、本稿は『闢衛新編』における西洋のイメージに関する部分に焦点を当てて分析を行う。そこで注目されるのは、この書に記述されている「天主教」である。尹宗儀は天主教を現在理解されている宗教（religion）としてではなく、西洋国家の理念体系の一環として受け入れた。さらに、尹宗儀は天主教を理解するために南人の斥邪論を収集したが、それは朝鮮が西洋と直接接触するようになってから、南人の斥邪論が老論によって事後的に収集され、本格的に読まれたという事実を傍証する。『闢衛新編』は、西洋に対する分析と海防論から構成されていることから、西洋を問題の原因として提示し、その軍事的解決方法を同時に提案しているとも言える。したがって、『闢衛新編』は一八世紀末から一九世紀初頭にかけて、思想的な側面で天主教を国内の問題ではなく国際的な問題として認識し、（朝鮮の対外関係において—訳者注）清と日本との関係を超えて、西洋と朝鮮の関係を意識するようになり、朝鮮を隣国ではなく「西洋」から守るという問題意識が顕在化したテキストと見なすことができる。

二　尹宗儀と『闢衛新編』の学問的・時代的背景

尹宗儀は坡平尹氏の家門に属し、老論派であった。一八歳で生員試に合格したものの、長い間官職に就かず、四八歳になった一八五二年（哲宗三年）に陰仕で金浦郡守に任命された。その後、工曹参議、敦寧府都正を経て、一八八二年には工曹判書に至った。彼は老論の中でも学術的には進歩的で開放的な洛論の家で生まれたが、学問的には必ずしもそうとは言えない。なぜなら、彼の師匠である李正履が老論においても保守的な湖論に属する人物であったためである。[4]『闢衛新編』に序文を書いた李正観も、老論系列の保守的な学者・呉熙常（一七六三〜一八三三）の文人である。呉熙常は一八三〇年代に天主教と西洋を排斥する文章を多く残した。[5] 李正観は一八三九年に、「闢邪辨證」を著している。尹宗儀と李正観はともに衛正斥邪学派の学問的基礎を築いた李恒老と親交があり、李恒老系の斥邪論に大きな影響を与えた。西洋に対する排他的立場から開放的な態度に転換したことで知られる朴珪壽は老論の洛論系の人物であり、尹宗儀の親友であった。朴珪壽の文集である『瓛齋集』を参照すると、彼の弟の朴瑄壽宛を除けば、尹宗儀に最も多くの手紙を送っていた事実が確認される。朴珪壽と尹宗儀が交わした書簡は、一八四九年から朴珪壽が亡くなる一年前の一八七

五年までのものであり、手紙から、二人は主に考証学、現実政治、読んだ書籍などについて議論したことがわかる。(6)

尹宗儀が『闢衛新編』の編集を始めた一八四〇年代は、前述のように朝鮮が西欧勢力に対して前例のない危機意識を持つようになった時期である。朝鮮では一八〇一年の辛酉迫害以後、天主教の信者が増加し続けていたことが一八三〇年代になって確認された。加えて当時、外国人宣教師、すなわちパリ外国布教団（Missions étrangères de Paris）のアンベール（Laurent-Joseph-Marius Imbert、一七九七～一八三九）主教やモーバン（Pierre Philibert Maubant、一八〇三～一八三九）・シャスタン（Jacques Honoré Chastan、一八〇三～一八三九）神父らが朝鮮に密かに潜入し、宣教活動を続けていた事実が明るみになり、朝鮮の士大夫にさらなる衝撃を与えた。

実際、朝鮮が対外問題に対して警戒を始めたのは一八世紀末以降のことである。その時期より、外国勢力からの攻撃によって朝鮮が転覆するという『鄭鑑録』系の讖緯説が流行するなかで、強硬な国家的対応が示された。また、最初の天主教迫害である辛酉邪獄（一八〇一）では、朝鮮政府は天主教徒が国家転覆を企んでいると考えた。その理由の一つに、若い天主教信者であった黄嗣永（一七七五～一八〇一）が北京の天主教宣教師たちに、「西洋の戦艦を呼び、朝鮮を武力で屈服させ、信仰の自由を保障してほしい」という内容の手紙を送ったことが発覚した、いわゆる黄嗣永帛書事件が挙げられる。ただ、当時の官僚と知識人たちはこの手紙を真剣には受け止めなかった。なぜなら、東アジアから遠く離れたヨーロッパ諸国と朝鮮が実際に戦争を繰り広げる可能性は極めて低いと判断したからである。

しかし、一八三〇年代になると外国人が密かに朝鮮に潜入し、朝鮮人と偽装して宣教活動を行い、彼らの指導のもとで天主教が勢力の拡大を図った。それは、老論を驚愕させた。(7)こうした動きは二度目の天主教弾圧である一八三九年己亥邪獄で終結するが、この時期から知識人たちは天主教と西洋との関連性について本格的に考えざるを得なくなった。さらに、イギリスとフランスが朝鮮領土を侵犯した事件は、知識人たちの懸念と恐怖を増幅させた。一八三二年、イギリス東インド会社所属の商船ロード・アマースト（Lord Amherst）号が通商開放を要求し、続いて一八四〇年にはイギリス船二隻が済州島で発砲して四人余りが上陸して家畜を略奪するという事件が発生した。一八四五年には、サマラン（Samarang）号をはじめとする四隻のイギリス軍艦が済州道と巨文島を航海しながら南海岸を精密に探査し、エドワード・ベルチャー（Edward Belcher、一七九九〜一八七七）をはじめとする二百人余りのイギリス人が何の制止も受けずに朝鮮の領土を巡回した。この一連の出来事は、西洋に対して漠然とした観念を持っていた朝鮮の知識人たちに警戒心を抱かせることとなった[8]。

何よりも朝鮮人を驚かせたのは、外煙島事件と古群山島事件である。前者は、一八四六年、洪州近くの沿海外煙島にフランスのフリゲート艦クレオパトラ（Cléopâtre）号が侵入し、己亥教獄（一八三九）の際にフランス人宣教師が処刑されたことに対して朝鮮政府に抗議文を伝達した事件である。後者は、その抗議文に対する回答を求めて翌年、朝鮮に再び接近したフランス船が、全羅道扶安郡古群山島で難破し、一ヶ月余り滞在した後、上海に撤収した事件である。長さ五二・八メートル、五二門の砲を備え、八七〇人の船員が乗っていたフランスフリゲート戦艦クレオパトル号、そしてグロワール（la Gloire）号とヴィクトリュース（la Victorieuse）号に七〇〇人余りの海軍兵が乗って朝鮮半島の西海沿岸まで深く入り込んでいた事実を知った朝鮮では、不安が恐怖に変わり、戦争が起こるという噂が全国に広がった[9]。

一連の出来事は、天主教という宗教が西欧諸国と密接な関係を持っているという斥邪論者の漠然とした認識を具体化させた。政府と斥邪論者たちの天主教への認識は、思想的次元を超えて、政治的・外交的な対応をしなければならないという切迫感へと結実した。こうして朝鮮では一八世紀末、乙巳秋曹摘発事件、珍山事件などを通して、天主教を反儒教的、反文明的な勢力と規定し、秩序を乱す異端勢力として排斥したが、一八〇一年の黃嗣永による帛書事件を契機に、天主教の問題が単なる国内秩序の問題にとどまらず、外国勢力との結託を考慮しなければならないものだと認識されるようになった。そしてこの延長線上で西洋の戦艦と衝突する出来事が起こり、その結託の具体的な形態について本格的に想像するようになったのである。

このような思考は、老論系列の斥邪論者である尹宗儀の『闢衛新編』（一八四八）に見られる。『闢衛新編』は、天主教の教理を問題視する南人の斥邪論者とは異なり、西洋に関する情報を積極的に受け入れ、欧州諸国の新たな名称を整理し、多くの地図を添付することで、戦争が起きた際にどのように防御し準備するかを考察した海防策としての性格が強い。既存の研究者はこの本を尹宗儀個人の著作ではなく、「国内外の危機に直面した一九世紀朝鮮の知識人たちの悩みが込められた成果物」として評価する。尹宗儀が一八三〇～一八四〇年代の朝鮮の政治的文脈や、彼と同様の悩みを抱えていた当時の知識人たちから資料を入手し、抜粋して本を構成していった過程を考えれば、それは決して誇張ではない。

三　『闢衛新編』の構成と引用資料

『闢衛新編』は全七巻で、第一巻「諸家論辨」、第二巻「異国伝記」、第三巻「沿海形勝」上、第四巻「沿海形勝」下、第五巻「程里躔度」、第六巻「備禦鈔略」、第七巻「査匪始末」から構成されている。現存する『闢衛新編』は草稿本ではなく、一八五二年以降に改正されたものと見られる。一八四八年に初稿が完成した際、李正觀が記した序文には『闢衛新編』の初刊本目次が提示されているが、初刊本には改訂本に含まれていない「夷の教えが発生した原因［夷教因起］」という章が含まれている。尹宗儀による初稿版『闢衛新編』の修正が一八五二年以降に始まったと考えられる理由は、尹宗儀が引用している『海国図志』が一八五二年以降に出版された改訂版であるからである。魏源（一七九四～一八五七）の『海国図志』は、一八四二年の初版本が五〇冊、一八四七年の改訂版が六〇冊、一八五二年の改訂版が一〇〇冊で出版されるが、尹宗儀が最も重視して引用している「天主教考」および「天方教考」は、一八四二年版および一八四七年版には含まれていない。最終的に『闢衛新編』が完成したのは、一八八〇年代と推定される[10]。

各章の内容を概観すると、次の通りである。第一巻「諸家論辨」は、斥邪に関する文書をまとめたものである。第二巻「異国伝記」は西洋諸国に関する記述で、『明史』、『文献通考』、『皇朝経世文編』、『新唐書』、『海国図志』、および尤侗（一六一八～一七〇四）の『外国竹枝詞』からの抜粋を収録している。第三巻「沿海形勝」は、陳倫炯（一六七五～一七四二）の『海国聞見録』、ならびに魏源と賀長齢（一七八五～一八四八）の『皇朝経世文編』（一八二五～一八四八）のなかから、外国勢力が中国から土地を借りて貿易をする市場を述べた「外蕃借地互市」を地図とともに提示したものである。第四巻は朝鮮の地図、朝鮮西海岸、中国の東海岸、台湾などの地図、さらに朝鮮全体地図など、朝鮮の海防と密接に関わる地図で構成されている。【図4】に掲載した「朝鮮八道沿海郡県図」は、海防の観点から作成された軍事地図の一例である。他にも、朝鮮と日本との間の海路や、朝鮮と琉球との間の海路に関する情報も含まれている。

第五巻「程里躔度」では、世界と地図に関する地理学的な説明がなされている。第六巻「備禦鈔略」は、西洋勢力の侵略を退けるための海岸地方の軍事組織や、武器、軍艦の制作に関する説明が含まれている。第七巻「査匪始末」では、一四八二年から一八六六年の間に朝鮮が外国勢力と接触した事例を時系列に記録している。特に注目すべき点は、一八三二年のロードアマースト号の通常要求、一八四〇年のイギリス船による済州道略奪事件、アヘン戦争、一八四五年のサマラン号による済州道停泊、一八四六年のフランス艦船の出現、一八五七年のフランス艦船の再出現、一八五四年のロシア戦艦の到来について詳細に記録していることである。

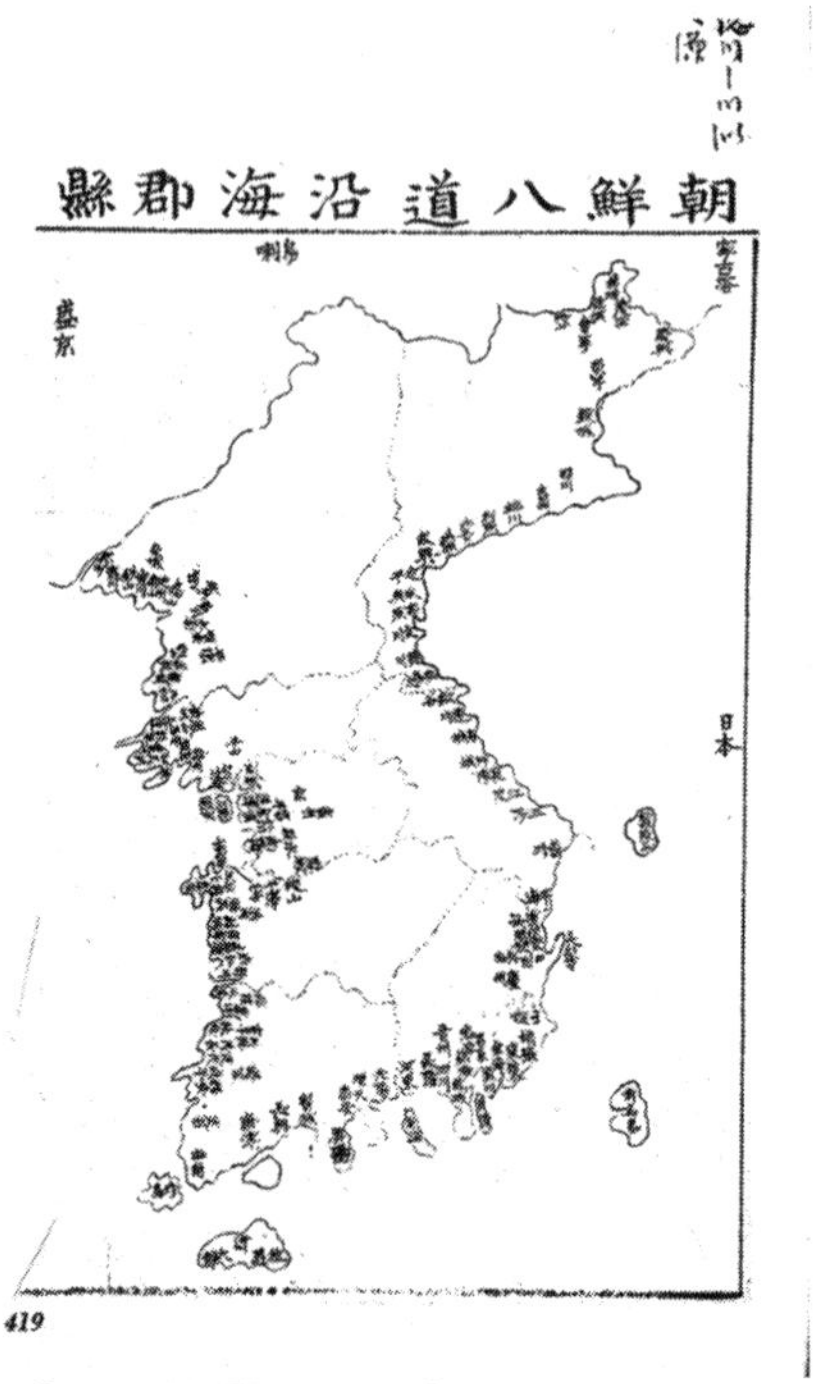

【図4】尹宗儀『闢衛新編』「朝鮮八道沿海郡県図」
この形態で沿海の郡県情報のみを収録している地図が見られるのは、18世紀末からである。これらの地図は海防という著しい目的をもって作成された軍事地図であり、尹宗儀も海防のための情報提供を目的で「朝鮮八道沿海郡県図」とともに各海岸地図を詳しく描いて本に挿入した。

尹宗儀が一八四〇年代から一八八〇年代にかけて新しい資料を入手しながら『闢衛新編』を改訂し続けていたことを考慮しても、彼が引用した資料は当時の国内外の情勢を説明するのには十分ではなく、時代遅れの資料も多く確認できる。特に西洋諸国に関する情報を『明史』のような資料から収集している点がそうである。後述するように、ただしこれは逆説的に、「斥邪」に関する彼の思考の方向性を示している点で重要である。先にも触れたように、尹宗儀の海防論の志向や彼が守るべきだと考えた「我等」が何であるかを理解するためには、『闢衛新編』において「西洋」とされているものが何であるかを把握する必要があるからである。そして、尹宗儀が言う「西洋」が天主教を指していることの意味も、彼がどのような資料を選別していたのかを理解することで明らかになるだろう。

四 『闢衛新編』で引用された天主教と海防論の関係

第一巻「諸家論辨」には、二一編の文章が掲載されている。そして紀昀（一七二四〜一八〇五）、李衛（一六八八〜一七三八）、邱嘉穂（?〜?）、趙翼（一七二七〜一八一四）、沈大成（一七〇〇〜一七七一）、喬光烈（?〜一七六五）、張甄陶（?〜?）、魏源、楊光先（一五九七〜一六六九）、黄遵憲（一八四八〜一九〇五）といった中国知識人による天主教批判、および李瀷（一五七九〜一六二四）、安鼎福（一七一二〜一七九一）、金致振（一八二二〜一八六九）、姜沆（一五六七〜一六一八）などの著述が収められている。魏源、楊光先、黄遵憲を除く中国の知識人の著述はすべて、『皇朝経世文編』からの抜粋である。注目すべきは、ポルトガルが居留していたマカオについて、詳細な説明が含まれている点である。尹宗儀は『皇朝経世文編』の「礼政」から、特に天主教を言及している第六九巻と、兵政のうち海防に関連してマカオについて触れている第八三巻を選んで引用した。またもう一つの特徴として、『皇朝経世文編』六九巻を引用する際に、そのままではなく、独自の体系を構築して再配置している。内容全体を引用する場合もあるが、必要な部分を中心に部分的に引用している例も確認できる。(11)【表1】を参照していただきたい。

このような選択的な態度は、『海国図志』からの引用においてもよく見られる。尹宗儀が『海国図志』から引用した部分をまとめると、【表2】のようになる。(12)『海国図志』の初版本は、一八四四年一〇月二六日に燕行使の副使として北京に行った権大肯（?―?）が一八四五年三月二八日に帰還する際に購入して朝鮮に持ち帰ったもので、この時期から朝鮮で大きな反響を呼んだ。朝鮮の人々がこの本に大きな関心を示したのは、西洋の船舶技術や海防に関連する籌海篇と、ヨーロッパの拡張ならびにアジア、アフリカ、アメリカ諸国の植民化であった。尹宗儀も同様であり、『闢衛新編』の第三巻から第七巻まで、すべてが海防論を扱っている。興味深い点は、第一巻が天主教の特徴に、第二巻が世界の

【表1】『闢衛新編』で『皇朝経世文編』を引用した部分と元目次の巻数

『闢衛新編』「諸家論辨」中『皇朝経世文編』引用部分	『皇朝経世文編』の巻数及び引用文献の原題目
紀昀、西学（四庫全書提要）（全体）	趙翼、天主教（『皇朝経世文編』六九巻）
李衛、天主教辨、経世文編（一部）	李衛、改天主堂為天後宮碑記（『皇朝経世文編』六九巻）
邱嘉穂、又（一部）	喬光烈、上慧方伯書（『皇朝経世文編』六九巻）
趙翼、又（一部）	邱嘉穂、天主教論（『皇朝経世文編』六九巻）
沈大成、又（全体）	西学、四庫全書提要（『皇朝経世文編』六九巻）
喬光烈、又（一部）	沈大成、讀通典職官（『皇朝経世文編』六九巻）
張甄陶、澳門図説	張甄陶、澳門図説（『皇朝経世文編』八三巻）
論澳門形勢狀	張甄陶、論澳門形勢狀（『皇朝経世文編』八三巻）
上廣督論制馭澳夷狀	張甄陶、上廣督論制馭澳夷狀（『皇朝経世文編』八三巻）

【表2】『闢衛新編』で引用された全体『海国図志』の内容

『闢衛新編』「諸家論辨」中『海国図志』引用部分	引用した『海国図志』巻数および頁数
魏源、夷情備采	魏源、夷情備采（『海国図志』巻八三、15a-17b）
魏源、天主教考上（魏源）	天主教考上、『海国図志』巻二七、18a-21b
魏源、天主教考中	天主教考中、『海国図志』巻二七、21b-23b
魏源、天主教考下	天主教考下、『海国図志』巻二七、23b-31b
魏源、天方教考	天方教考上、『海国図志』巻二五、11b-14b
魏源、天方教考下	天方教考下、『海国図志』巻二五、14b-21a
楊光先、闢邪論	楊光先、闢邪論、『海國図志』巻二七、8a-9a

国々とその主な宗教（現在の観点から述べると）に焦点を当てていることである。その構成から、尹宗儀は斥邪と海防論を結びつけて考え、海防を行うべき理由を斥邪、すなわち国家と社会を天主教徒から守ることに求めていたのではないかと推測される。

尹宗儀は、当時の一般的な朝鮮の知識人の作品と同様に、書物のなかに自らの考えを積極的に表現するのではなく、権威ある他の知識人の言説を引照して己の主張を代弁させる方法を選択した。彼が海防のために天主教について知るべきだと考えていたことは、李正観が書いた『闢衛新編』の序文にもよく現れている。李正観の序文は、典型的な儒者、性理学者のように始まる。

ああ！ 道と器、性と情、理と慾の区分が混乱することが、天下の変故であるのは言うまでもない。（中略）感情が分かれて私的な意となり、私的な意が流れて邪悪なものに至る。欲望は循環して利己心となり、利己心が極まると、世界が乱れる。西洋の教えが天下を乱すのを見てわかるように、彼らが大事にするのは感情であり、それは結局、器と慾に行き着く。もし道に従ってこのような状況を突き抜けて行けず、本性に回復できず、道理として制裁できず、怠惰に、下に流れようとする水の性質を防ぎ、薪についた火を打ち払うなら、終身努力しても得られないだろう(13)

「薪に付いた火を打ち払う」とは、薪に火がついたばかりなのにそれを叩いて消すこと、すなわち火の性質に反する行動をすることを意味する。「下に流れようとする水の性質を防ぎ」という表現とともに、自然の性質に逆らって行動することを示す。

ところで、一八三〇〜一八四〇年代の状況下で、李正観や尹宗儀が西洋を批判しながらも性理学に言及したのはなぜだったのか。実は、彼らが性理学に基づいて天主教を理論的に批判したことは、当時の人々からみても非現実的なものとして捉えられたようだ。李正観は続けて次のように述べているからである。

今、イギリスとフランスの船が海を荒らし、マテオ・リッチやジュリオ・アレーニの書物が広がり、アンベールと金大建らの一団が変装して行為を隠し、あちこちに隠れているのに、士大夫たちはただ道、性、理について議論せよというのか?[14]

この一文で、「アンベールと金大建らの一団が変装して行為を隠し」とは、フランス人宣教師や金大建などが変装して、自らの姿を偽り隠して、密かに宣教をしていたことを比喩的に表現している。

西洋列強の危機がそこまで迫っているのに、道や性、理などの観点から天主教を批判しても、それは現実的に意味がないのではないか。李正観はそうした議論の存在を認めつつも、しかしそれは浅薄な批判に過ぎないと考えた。なぜなら李正観にとって、西洋が東洋を侵犯する状況において最も本質的かつ危機的な問題は、東洋の人々が西洋の論理に耽溺することであったからである。彼によれば、通商を求めたり、西洋と対立して戦ったりすることは、例えるならば骨まで浸透した病気であるのに皮膚だけ治療するようなもので、病気を根本的に治すことにはならない。朝鮮が儒教という文明的アイデンティティを失わないようにすることが核心的問題である。李正観はおそらくそう考えた。西洋の船が朝鮮に入らないように防ぎ、西洋の書物を排除し、天主教宣教師や天主教に改宗した朝鮮人を探し出して処罰することも緊要ではあるが、李正観にとってそれ以上に本質的な課題は、儒教文明と国家の理念を守ることであった。この序文に現れる李正観の論理は、一八世紀末において、天主教や西学に対して対外的には弾圧を行わなかった正祖(一七七六〜一八〇〇)らが主張した論理、すなわち正学としての儒教がきちんと立てば、天主教のような邪学は自然に消えるという主張と軌を一にするように見える。ただし不思議なことに、『闢衛新編』には正学、すなわち儒教を守る方法や儒教に関する内容は見られず、天主教に対する具体的な内容のみが挙げられている。それはなぜか。

このような構成を理解する手がかりは、朴珪壽の「闢衛新編評語」に求めることができる。朴珪壽は「闢衛新編評語」のなかで尹宗儀の斥邪論を高く評価し、天主教の教理を批判している。この文章で注目すべきは、「天主教には侵略性がある」と主張した部分である。彼は天主教が内部で分裂し、[15]互いを邪教とみなして物理的に攻撃していると述べ、西洋の歴史は侵略と殺戮で彩られており、天主教もそのような歴史の例外ではないと主張する。朴珪壽は天主教への対策のひとつとして、斥邪書を大々的に刊行して普及させるべきであり、マカオに進出した西洋人に西学書をすべて献納させ、それを漢訳して儒生に研究させ、天主教の教理を論駁するようにしなければならないと主張している。[16]

天主教が侵略の道具として使われているならば、ただ排斥すればよいはずである。なぜ尹宗儀と朴珪壽は、あえて天主教を研究する必要があると考えたのであろうか。その理由は、この文章の末尾にうかがえる。朴珪壽はそこで、中国の儒教書籍がシンガポールやマラッカに輸出されており、これを翻訳または学習する西洋人が多いと指摘する。すなわち、儒教の原理に精通した西洋人が天主教を伝播する際に東洋の言語と論理を用いるため、東洋人が天主教に耽るのではないかと懸念するのである。[17]

そうであれば、天主教の説明が含まれた『闢衛新編』を、李正観が儒教の道を守る書物として捉えた理由が推測できる。西洋人が儒教を分析して東アジアの儒教を攻撃する言説を探したように、東アジアの知識人たちもまた、キリスト教の言語を分析し、積極的かつ論理的に応答する必要があると考えたのである。こうした志向は、尹宗儀、朴珪壽、李正観および彼らと交遊したグループ内で共有されたはずである。彼らはキリスト教の体系を理解し、その言語を分析して批判のための言説を構築することが、西洋の理念的攻勢を防ぐ最終的な方法であると認識するに至った。

また、朴珪壽が「闢衛新編評語」で、儒教と天主教を同一線上で論じていることは、尹宗儀が天主教を宗教ではなく政治理念として捉えていた可能性を示唆する。南人の斥邪論者たちは、西洋諸国についての具体的な理解がないまま、西学＝邪学＝天主教という図式に基づき、性理学の観点から天主教の論理を批判することに焦点を当てた。しかし、尹宗儀は西洋諸国を区別し、各国の宗教を把握して記述するのに相当の紙面を割いている。先にも述べたように、彼は『海国図志』に登場する外国に関する数多い情報のうち、特に宗教に関心を払った。しかし、一九世紀まで東アジアには西洋式の宗教（religion）という概念が存在しなかったことを考慮すると、彼は天主教を現在のような宗教としてではなく、国家の理念体系や社会秩序を構成する規範や教理として理解したと考えられる。

これは、尹宗儀が『海国図志』で天主教だけではなく天方教、すなわちイスラム教に関心を拡張していたことからも裏付けられる。このような関心は『海国図志』や徐継畬の『瀛環志略』にもみられ、尹宗儀が積極的に引用した清代の官僚・趙翼の『皇朝経世文編』にもうかがえる。趙翼は、世界の「教」を孔教、仏教、回回教、天主教の四つに分類し、孔教が伝播した領域は南のベトナム（交趾）、東の朝鮮、日本、琉球にとどまると述べた。趙翼と同様に魏源と徐継畬もまた、世界の国々の情報を記す際、それぞれが天主教、天方教（イスラム教）、仏教、儒教のいずれを奉じる国であるかを区別して表記した。

趙翼、魏源、徐継畬は、世界の国々を儒教、仏教、イスラム教、キリスト教に分類し、区別して論じるなかで、儒教という文明が非常に少数の国家によって支えられているという認識に辿り着いた。このことは、単に西洋諸国が東アジアを侵略する危険性を持つというだけでなく、東アジアの政治体制や秩序、文明の根幹が揺らぐことへの恐怖を含意した。一八三〇～一八四〇年代の知識人たちは、天主教を儒教に対立する邪学や邪教、社会秩序を乱す異端とみなした前世代の知識人とは異なり、特定の国家の政治と社会の基盤となるものとして理解した。これは、一九世紀初頭から中期にかけて朝鮮の知識人たちの間で具体的な地理的知識が追求されるなか、それ以前の漠然とした西洋に対する認識を克服する形で、西洋＝ヨーロッパという図式が生まれ、キリスト教を西洋の政治理念として理解するような認識の変化が起こったことを意味する。

五　結論

本稿は、尹宗儀の『闢衛新編』を分析することによって、一八四〇年代における朝鮮知識人の「西洋」観がどのように変化したのかについて検討を行った。朝鮮に西学書が伝来した最初の公式記録は一七世紀初頭である。その端緒として、李睟光（一五六三～一六二九）は一六〇三年に明へ朝天使として赴いた際、マテオ・リッチの「坤輿万国全図」などを受け取り、鄭斗源（一五八一～一六四二）はジョアン・ロドリゲス（João Rodrigues Tçuzu、一五六一?～一六三三?）に会い、イエズス会の翻訳書を受け取った[18]。これらを契機に、朝鮮の知識人たちは、使臣として中国に行った人々が持ち帰る西学書に触れるようになり、西洋への関心や世界に対する認識が形成された。しかし、西学の流行とともに天主教が社会に徐々に広がり、儒教的秩序が脅かされるという危機意識が生まれると、西学は邪学として規定され、天主教を直接的に指す形で狭い意味で再定義された。その後、アヘン戦争をきっかけにして、朝鮮知識人たちは「西」についてさらなる検討を行うことになる。アヘン戦争で中国が西洋諸国に敗北したという衝撃的な事実と、朝鮮沿岸に頻繁に出没する西洋の軍艦、さらに朝鮮境内で発見された西洋人宣教師の存在は、より具体的な西洋に対する知識が必要であるという認識につながった。尹宗儀の『闢衛新編』は、このような問題意識のもとで執筆されたのである。

開港期前後を扱った先行研究には、一九世紀末の朝鮮が外部に対して排他的な態度をとったことが遅い開放につながり、その結果、主体的な近代化および積極的な西洋文物の導入に失敗したという評価が根底にあると思われる。しかし、それは事後的な判断ではないだろうか。諸史料を検討すると、外国勢力に対し排他的な態度をとった斥邪派こそが、積極的に外部に関する情報を収集・分類し、その分析に力を尽くした。また、統治の観点からみると、未来が予測できない状況下で国家と社会を開放するよりも、混乱した国際情勢の中で国家を守り、国内秩序を維持しなければいけないという悩みが当時の政治家にとってより重要な課題として認識されていた可能性もある。また、内部の葛藤や混乱を引き起こすことなく新しい文化が流入するという楽観的見通しは、一九世紀という視点を考えると非現実的な判断のように思われる。そこで、本研究は『闢衛新編』の分析を通じて西洋像の変遷を解明することにより、一八四〇年代から一八六〇年代の間に外部との衝突という出来事に直面した知識人たちが、斥邪論と海防論を結びつけて西洋に対する特定のイメージを作り出し、これが一九世紀末の開港まで、西洋勢力に対する国家の態度や政策決定に影響を及ぼさざるを得なかった要因を探った。

「歴史に仮定（if）はない」と言うが、史料を検討しながら残念に思ったのは、一八世紀末から西学が天主教と結びついて認識される一方で、朝鮮が清との外交にのみ集中した事実である。このような状況が、「信頼できる情報の源泉」を中国の資料に限定させた可能性がある。また、「教」という語が東アジアでは信仰だけでなく政治理念を含む意味で使われたため、一九世紀初中期の知識人が天主教／キリスト教を政治理念として理解・分析しようとした点も考慮に入れなければならない。言い換えれば、当時の老論知識人たちの西洋に対する認識は、西学＝天主教という図式に沿って経路依存的に拡張されたといっても過言ではない。他方で、本稿では直接扱えなかったが、「西洋」を規定するために老論知識人が払った努力が興味深い結果につながったことも見逃せない。朝鮮が外国に門戸を開放し、朝鮮の政治体制を改革すべきだと主張した開化派の政治勢力は、実は一八四〇年代の老論斥邪派から生まれた。朴珪壽は開花派の師とされるが、彼が開花派に影響を与え得た理由は、まさに西洋に対する関心と、西洋を理解し規定するために彼が構築した知識に起因したものと考えられるのである。

参考文献

【一次文献】

『各司謄錄』「忠淸監營啓錄」

『備邊司謄錄』

『朝鮮王朝實錄』（https://sillok.history.go.kr/main/main.do）

『稗林』探求堂、一九六九年。

李潤善『公私記攷』奎章閣韓國學研究員 所藏（古4655）。

朴珪壽 著、成均館大學校 大東文化研究院 編『瓛齋叢書』成均館大學校 出版部、一九九六年。

水原教会史研究所編、『フェレオール主教の書簡』ハサン出版社、二〇一二年。（水原教會史研究所 편『페레올 주교 서한』하상출판사、2012.）

李圭景『五洲衍文長箋散稿』（https://db.itkc.or.kr）

李晩采 編纂、金鍾甲 校閲『闢衛編』闢衛社、一九三一年。

鄭元容『經山日錄』（https://library.yonsei.ac.kr/search/detail/CATTOT000000204122）

韓国教会史研究所編『闢衛新編』韓国教会史研究所、一九九〇年。

【二次文献】
キム・ミョンホ『瓛齋 朴珪壽 研究』チャンビ、二〇〇八年。（김명호『瓛齋 朴珪壽 연구』창비、2008.）
ノ・デファン「一九世紀 同道西器論 形成過程 研究」ソウル大学校博士学位論文、一九九九年。（노대환「19세기 同道西器論 形成過程 研究」서울대학교 박사학위논문、1999.）
ノ・デファン「一九世紀中葉 金致辰の斥邪論」『デグ史学』八四、二〇〇六年。（노대환「19세기 중반 김치진의 척사론」『대구사학』84、2006.）
ノ・デファン「一八世紀後半―一九世紀中葉老論斥邪論の展開」『朝鮮時代史学報』四六、二〇〇八年。（노대환「18세기 후반-19세기 중반 노론 척사론의 전개」『조선시대사학보』46、2008.）
ノ・デファン「勢道政治期 山林の現実認識と対応論」『韓国文化』四二、二〇〇八年。（노대환「세도정치기 산림의 현실인식과 대응론」『한국문화』42、2008.）
ノ・デファン「一九世紀中葉 李鎬冕の『原道攷』と斥邪論」『教会史研究』三六、二〇一一年。（노대환「19세기 중반 이호면의『원도고』와 척사론」『교회사연구』36、2011.）
ノ・デファン「愼村黃泌秀の思想的行歩」『韓国学研究』三七、二〇一五年。（노대환「신촌 황필수의 사상적 행보」『한국학연구』37、2015.）
ノ・デファン『衛正斥邪』韓国学中央研究院出版部、二〇二三年。（노대환『위정척사』한국학중앙연구원 출판부、2023.）
パク・チョンホン『悪霊が出没していた朝鮮の海』現実文化研究、二〇〇八年。（박천홍『악령이 출몰하던 조선의 바다』현실문화연구、2008.）
ウォン・ジェヨン「朝鮮後期西洋認識の変遷と対外開放論」ソウル大学校博士学位論文、二〇〇〇年。（원재연「조선후기 서양인식의 변천과 대외개방론」서울대학교 박사학위논문、2000.）
イム・ヒョンテクほか『瓛齋 朴珪壽 研究』實是学舍、二〇一八年。（임형택 외『瓛齋 朴珪壽 연구』실시학사、2018.）
チョン・オクジャ「一九世紀斥邪論の歴史的位相」『韓国学報』二一―一、一九九五年。（정옥자「19세기 척사론의 역사적 위상」『한국학보』21-1、1995.）
チョグァン「一九世紀海防論と闢衛新編」『教会と歴史』七五、一九八一年。（조광「19세기 해방론과 闢衛新編」『교회와 역사』75、1981.）

チャ・ギジン『朝鮮後期西学と斥邪論研究』韓国教会史研究所、二〇〇二年。（차기진『조선후기 서학과 척사론연구』. 한국교회사연구소、2002.）

チェ・ボユン「『闢衛新編』を通してみた尹宗儀の西洋認識」西江大学校修士学位論文、二〇〇六年。（최보윤「『闢衛新編』을 통해서 본 尹宗儀의 서양 인식」서강대학교 석사학위논문、2006.）

チェ・ボユン「『闢衛新編』で現れた尹宗儀の斥邪論」『韓国思想史研究』七七、二〇二四年。（최보윤「『闢衛新編』에 나타난 尹宗儀의 척사론」『한국사상사연구』77、2024.）

（1）尹宗儀と関係する老論斥邪論の研究は次を参照。キム・ミョンホ『瓛齋 朴珪壽 研究』チャンビ、二〇〇八年、ノ・デファン「一九世紀 同道西器論 形成過程 研究」ソウル大学校博士学位論文、一九九九年、「一九世紀中葉 キム・チジンの斥邪論」『デグ史学』八四、二〇〇六年、「一八世紀後半―一九世紀中葉老論斥邪論の展開」『朝鮮時代史学報』四六、二〇〇八年、「一九世紀中葉 李鎬冕の『原道攷』と斥邪論」『教会史研究』三六、二〇一一年、「慎村黄泌秀の思想的行歩」『韓国学研究』三七、二〇一五年、『衛正斥邪』韓国学中央研究院出版部、二〇二三年、ウォン・ジェヨン「朝鮮後期西洋認識の変遷と対外開放論」ソウル大学校博士学位論文、二〇〇〇年、イム・ヒョンテクほか『瓛齋 朴珪壽 研究』實是学舍、二〇一八年、チョン・オクジャ「一九世紀斥邪論の歴史的位相」『韓国学報』二一―一、一九九五年、チョグァン「一九世紀海防論と闢衛新編」『教会と歴史』七五、一九八一年、チャ・ギジン『朝鮮後期西学と斥邪論研究』韓国教会史研究所、二〇〇二年、チェ・ボユン「『闢衛新編』を通してみた尹宗儀の西洋認識」西江大学校修士学位論文、二〇〇六年、「『闢衛新編』で現れた尹宗儀の斥邪論」『韓国思想史研究』七七、二〇二四年。

（2）尹宗儀の家柄及び背景については次を参照。韓国教会史研究所編、『闢衛新編』「解題」韓国教会史研究所、一九九〇年、三～一一頁。

（3）チェ・ボユン「『闢衛新編』を通してみた尹宗儀の西洋認識」西江大学校修士学位論文、二〇〇六年、二五頁。本稿は『闢衛新編』に表れた著者の意図などについて、多くの部分チェの主張に同意する。ただし、本論文とチェの修士論文の相違点は、チェが西洋認識を拡張された地理認識の視点から説明しようとしたのに対し、本論文は、西洋が以前と異なり、ヨーロッパというより狭い地理領域に具体化されることで、どのような意味を持つようになったかを説明しようとした点にある。また、チェの場合、天主教やイスラム教などを宗教と見ているが、本論文は当時、朝鮮の知識人がそれを政治理念と見ていた可能性について論じている。このような文脈において本論文が説明する西洋と東洋の概念は、西洋と東洋が中国を基準に区分された概念だとするノ・デファンの主張とも異なる。ノの東西洋の概念については、ノ・デファン「一九世紀 東道西器論 形成過程 研究」ソウル大学校博士学位論文、一九九九年、一四～一五頁を参照のこと。

（4）韓国教会史研究所編『闢衛新編』「解題」韓国教会史研究所、一九九〇年、六頁。

（5）呉煕常に関しては次の論文を参照。ノ・デファン「勢道政治期 山林の現実認識と対応論」『韓国文化』二〇〇八年、四二頁。

（6）韓国教会史研究所編「解題」『闢衛新編』韓国教会史研究所、一九九〇年、六―七頁。

（7）南人斥邪派である李基慶の『闢衛編』に関しては、一八三九年己亥邪獄が起こるまで、朝鮮の知識人たちは天主教問題を深刻に受け止めていなかったが、外国人を発見され、天主教が広がっていることが確認されるにつれ、天主教問題に対する立場が変わったという指摘がある。それについては次を参照。李晩采編纂、金鍾甲校閲『闢衛編』闢衛社、一九三一年、第五巻 30a.

（8）一八世紀末から一九世紀まで朝鮮に入った西洋の戦艦については次を参照。パク・チョンホン『悪霊が出没していた朝鮮の海』現実文化研究、二〇〇八年。

（9）当時の状況がよく描かれている資料は次の通りである。『各司謄録』「忠清監營啓録」憲宗一二年六月二九日、『憲宗實録』憲宗一二年七月三日 丙戌、『稗林』「憲宗記事」一八四七年七月、『備邊司謄録』憲宗一三年一八四七年八月一一日、鄭元容『經山日録』、李圭景『五洲衍文長箋散稿』「斥邪教辨證説」、李潤善『公私記攷』、水原教会史研究所編『フェレオール主教の書簡』「マカオ極東代表部のリボア経理部長神父に送った書簡」ハサン出版社、二〇一二年、四五五～四五七頁。

（10）『闢衛新編』の編制の関する詳しい説明は次を参照。チェ・ボユン「『闢衛新編』を通してみた尹宗儀の西洋認識」西江大学校修士学位論文、二〇〇六年、一三～二五頁。

（11）〈表1〉は韓国教会史研究所編『闢衛新編』一九九〇年、一三～五五頁の内容をまとめたものである。

（12）〈表2〉は韓国教会史研究所編『闢衛新編』一九九〇年、五五～九〇頁の内容をまとめたものである。

（13）韓国教会史研究所編「闢衛新編敍」『闢衛新編』一九九〇年、八～九頁。

（14）韓国教会史研究所編「闢衛新編敍」『闢衛新編』一九九〇年、九頁。

（15）具体的には言及していないが、ここでの「分裂」とは、キリスト教が、天主教（カトリック）、改新教（プロテスタント）、聖公会（イギリス国教会）へと分派したことを意味する。

(16) 朴珪壽、成均館大学校大東文化研究院編『瓛齋叢書』成均館大学校出版部、第五巻「闢衛新編評語」、一九九六年、三五四～三五八頁。尹宗儀とは異なり、朴珪壽は林則徐（一七八五～一八五〇）の『四洲志』を積極的に引用した。

(17) 朴珪壽、成均館大学校大東文化研究院編『瓛齋叢書』成均館大学校出版部、第五巻「闢衛新編評語」、一九九六年、三五八頁。

(18) 『仁祖実録』仁祖九年七月一二日。

専門家の知的権威への信用と民主主義的討議

上田知夫

一　導入

本論文では、[1]「信用（trust/Vertrauen）」の概念について、[2]それが熟議民主主義論で果たす役割の一端を明らかにすることを目指す。民主主義的意志形成の正統性について、とりわけ問題になるのは、投票による意志形成が、社会の成員のうちでも限られた有権者によって行われることであり、そのような意志形成のプロセスがそれ自身で正統性を持つとは考えにくい。なぜなら、そのプロセスに関与できる有権者は、可能な当事者の一部に過ぎないからである。民主主義的政治体制の正統性は、結局、可能な当事者全てを含む理論によって説明される必要がある。熟議民主主義論は、この問題を、投票による意志形成に先立って行われる非公式な公共的討議における公共的意見形成とそれについての合意が持つ公共的性格に正統性の源泉があると考えることで、[3]解決しようとする。公共的意見は、本来的には、[4]市民社会において、生活世界的背景を共有した市民の間での討議においての合意に基づいて形成されるべきである。

一方で民主主義体制だからといって、あらゆる事柄について熟議によって公共的意見を形成するわけにはいかない。さらに、その際に全く無前提の状態から討議をすることもできない。そこで参照されるのが、専門家の意見である。それは、しばしば公共的な討議において論拠として利用される。ＳＮＳ時代の現在でも、公共圏において意見調整を主導するのは、個々の分野の専門家の専門知である。私たちは、様々な言明の正しさを論ずるにあたって、実際にしばしば専門家の知的権威から出発せざるを得ない(5)。したがって、熟議民主主義論は、その理論枠組みの中に専門家の知的権威の果たす役割を埋め込んでおく必要がある。同時に、熟議民主主義論にしたがえば、知的権威に基づく公共的意見形成に、公共的性格を見出さなくてはならない。専門家として知的権威を帯びた特定の市民が、公共的意見形成を自動的に主導することができるならば、それは熟議民主主義の論点をなくしてしまうからである。したがって熟議民主主義論では、公共的意見形成に専門家の知的権威が果たす役割は極めて明確でなくてはならない。

専門家の知的権威と公共的熟議の間を架橋する概念として、しばしば、「信用」の概念が利用される。公衆としての私たちは熟議に参与して意見を形成する能力や時間がない事柄について、専門家の知的権威を信用するとされる(6)。COVID-19の流行が拡大している状況下で、私たちは公共的政治的判断に際して、専門家の見解に多くを依拠した(7)。これは、民主主義の正統性を切り崩すことがなかったのか。熟議民主主義論者たちの標準的見解によれば(8)、私たちが専門家の知的権威（例えば、米国環境保護庁）を信用することができるのは、その知的権威が公表する意見が誰か（例えば、グリーンピース）に批判的にチェックされ、そしてそれに対して専門家が応答し続けるからだとされる。

本論文で取り上げたいのは、ここで用いられる「信用」の概念である。以下では、信用の表明について分析した上で（二）、先行研究を整理する（三）。その結果、「信用」概念が、「個人間の信用」概念と「ステレオタイプに基づく信用」概念に区別され、後者が前者の概念に依存することを論じる。本論文では、「個人間の信用」概念を認識的概念として特徴づけ(9)、「個人間の信用」概念を規範的相互的スキルの帰属として特徴づける（四）。その上で、政治的信用をステレオタイプに基づく信用の一種として特徴づけて記述する（五）。

二　信用表明

1　信用表明の述語の論理的構造

私たちは信用の付与と撤回を言葉にして明示的に表明することがある。両者を合わせて「信用表明」と呼ぶことにしよう。信用表明において、私たちが「私は、この契約の件についてはペーターを信用する」のように主張することで行われ、当該契約についてのペーターの働きに対する信用を明示することができる。また「おつかいに一人で行けるよ。僕を信用してよ！」のように言うことで明示的に人に信用を求めることがある。そして「彼の人材のリクルーティングは信用できない」と言うことで、ある人への信用を明示的に撤回することもある。信用表明は、一般に「信用する」という述語を用いて行われる。そしてこの述語は、三項関係によって分析される。[10] すなわち、人AおよびB、そして事柄αについて、Aはαについて Bを信用する。一方で端的に「ジャックはロブを信用する」と二項述語で述べたり、「タロウはすぐに信用する人だ」のような単項述語で述べるのは、省略的である。[11] 前者は、ジャックがロブをあらゆる（あるいは大抵の）事柄について信用することを言っているように思える。一方で後者は、おそらく、タロウが（いわば無垢の子どもについて想定されるように）あらゆる人をあらゆる事柄についても信用すること（あるいは、しがちであること）を言っているのであると考えられる。しかしすぐに人を信じやすい人もあらゆる人を、あらゆる事柄について、信じるわけではない。結局、このような一般化された信用表明は、そのままでは偽になるように思われる。「Aがαについて Bを信用する」と言うとき、αに入る事柄の候補は、行為タイプである。[12] 例えば、

〔一〕私は、一人で買い物に行くことについて、あなたを信用している。

のようにマリアがペーターに言う場合は、そのような事例である。これは具体的な買い物の機会において、誰の付き添いも必要とせずに買い物に行くことができるかどうかをチェックするのではなく、一人で買い物に行くというタイプの行為に対して一般に、マリアがペーターを信用しているのである。[13]

2　信用表明と命題的態度

一般に、［一］に現れる「信用する」という述語の使用は、信用を与える人の態度を表明しているように思われる。例えば、ハルトマンが「信用」概念に与えた作業用の定義でも、信用は「関係的で、実践的合理性を持つ態度」の一種とされる。[14]しかし本論文では、信用が命題的態度ではないと議論する。このテーゼの擁護は、信用についての報告が態度の報告ではないこと、そしてそもそも信用は他の命題的態度と合理的関係に立たないことからなる。

(1)　信用表明は態度帰属の表明ではない

命題的態度とは、（一般的には「命題」ないし「言明」と呼ばれる）言語的な表現内容に対する態度である。[15]とりわけ問題になるのは、信用表明が、命題的態度帰属の表明の一種に還元できるかどうかである。とりわけ、「AがBをαについて信用している」と表明することは、「Bがαするとが信じている」と表明すること（信念報告）[16]、あるいは、「Bがαすることを欲している」と報告すること（欲求報告）を含意するかどうか、つまり、それらの一種として分析できるかどうかである。しかしこれらはうまくいきそうにない。

第一に、信念報告は、信用表明のために必要でも十分でもない。他者への信念報告のためには、何らかの仕方で信念保有者の心的状態についての証拠が必要である。例えば、「マリアは、ペーターが一人で買い物に行けると信じる」と信念報告をするためには、マリアの認識状態についての何らかの証拠（例えば、「ペーターは、今日、買い物に一人で行った」と発話していること）が必要であり、そのような証拠があるならば、信念報告のために十分である。一方でそのような認識的な証拠は、マリアが［一］を表明するために十分ではない。とりわけマリアは、上記で表現される認識的証拠が単なる偶然であることを知っているときには、十分ではない。

一方で、信念報告は個人間の信用表明のために必要でもない。重要な違いは、ペーターが実際に買い物に失敗した時に現れる。ペーターが一人で買い物に失敗するならば、マリアの信念は誤りであったことになる。したがって、マリアは自己帰属させた信念を撤回する必要があり、それに基づいて行われる信念報告も撤回される。一方で、信用については、必ずしも一回（あるいは少数回）の失敗で撤回することはないし、撤回すべきでもない。ハルトマンは、正当にも、これを「受け入れられた違反の可能性（akzeptierte Verletzbarkeit）」と呼び[17]、「信用」概念の核となる特徴づけの一つに採用している。もしペーターが買い物に一人で行くことに定期的に失敗すると信じる証拠をマリアが持っているとき、マリアに信念を帰属させることができない。それにもかかわらず、マリアはペーターを信用することができ、私たちもそのような信用報告ができる。「ペーターの度重なる失敗にもかかわらず、マリアは一人で買い物に行くことについて、ペーターを信用し続ける」のような報告はしばしば美談であるが、マリアはその際に「ペーターは、買い物に一人で行くことができる」と表明する必要はない。マリアの立場から、何ら外的な阻害要因が想定できないときに、「まあペーターは買い物に失敗するかもしれないけれど、まずは信用してみよう」と考える場面は少なくないからである。ここで信用を信念の一種と考えると不整合である。なぜなら、信念をマリアが自己帰属する際に、同時に、彼女がペーターが一人で買い物をする能力があると信じ、かつ、外的な要因なしにペーターが買い物に失敗するだろうと信じることは不合理だからである。

(2) 信用は命題的態度と合理的関係には立たない

さらに一歩議論を進めて、本論文では、信用はそもそも主体の抱く命題的態度ではないと論じる。ペーターがベビーシッターのトムを彼の子どもの寝かしつけについて信用する際、ペーターは必ずしもトムが子どもの寝かしつけに成功することを信じている必要もないし、そのようであって欲しいと欲求したり期待している必要もない。なぜなら、そもそも主体が誰かに対して持つある事柄についての信用は、他の命題的態度との間に合理性を維持するように調整されなくて構わないからである。例えば、論理的に両立可能ではない態度を同時に持つことは許されない一方で、信用はその他の態度との間に論理的整合性が成り立たなくても維持される。「今日は気難しいから息子の寝かしつけは難しいだろうなあ」と思いながらトムを子どもの寝かしつけについて信用することはある（そして帰ってみて、「やっぱりダメだったか。でもトムに寝かしつけられないなら、まあそもそも無理だったんだな」と思い、失敗にもかかわらずトムへの信用が毀損されないこともある）し、「帰ったら息子と一緒にアイスクリームを食べたいなあ」というようなトムによる子どもの寝かしつけと両立不可能な欲求や希望を持ちながら、[18]トムを信用することもある（そして帰ってから、実際に寝かしつけられている子どもを見て、トムに対する信用を新たにすることは十分あろう）。

ここまでの行論で明らかになったのは、信用はその他の命題的態度との間に両立可能である必要がなく、それゆえ信用（あるいはその帰属）は命題的態度（あるいはその帰属）ではないことである。

3 信用付与とその表明の合理性

では、信用付与とその表明はまったく合理性に服さないのだろうか。信用表明をする者は、他のあらゆる言明の主張においてと同様、妥当性要求を掲げて主張している。ただし、その妥当性要求の正当化は、記述的な真理の妥当性要求の正当化の場合とは異なり、経験的証拠にのみ基づくわけではなく、それに反するしかたで信用を表明しうることはすでに述べた。加えて、信用は他の命題的態度と合理的な関係を持たないのであった。それでも、明示的な信用表明の際には、求められればその理由を答える必要がある。とりわけ、一人称的な信用表明については、誰かが「プロジェクトΓの遂行について、私はペトラを信用しない」と明示的に表明するとき、その人は、問われれば、なぜプロジェクトΓについてペトラの振る舞いが信用に値しないかを正当化する必要がある。一人称的信用の明示的表明は規範的理由の上になされる。信用表明のためには、信用すべき（または信用すべきではない）理由の存在が妥当性要求により含意される。[19]

二人称と三人称を主語とした信用表明も、同様に、規範的な理由の上になされる。私たちが、「ヨアヒムは、プロジェクトΓの遂行についてペトラを信用していない」と報告するとき、その妥当性要求の根拠を問われたならば、私たちはヨアヒムが手にしているであろうペトラを信用すべきでない根拠を挙げることになる。

4 表明されない信用

ところで、一人称の私がαについて二人称的として現前するBを信用するとき、私は自ら付与した信用を前提として相互行為を行うべきである。例えば、近所のパン屋での買い物について私がペーターを信用するのであれば、私はパンが手に入る前提で夕食の準備をすべきである。さらに信用を付与したら、信用する人は信用を受ける人に行為選択の自由を与えねばならない。つまり、ペーターがどのような行為・手段を通じて（例えば、どの道を通って）買い物を達成するかについて、私は関与しない。もし私がペーターにあらゆる必要なステップを明示的に指示するとしたら、それは信用していることにはならない。

そもそも、相互行為がスムーズに進んでいるときには、一人称主語での信用表明の必要はない。そのような信用が表明されると却って、これまで隠伏的に前提されていた信用の妥当性が差し止められ、明示化される。ここに信用表明の難しさがある。ペーターが期待通りにパン屋からバゲットを買って帰ってきた場合には、信用を話題にすべきではない。信用が話題になるのは、ペーターがおつかいができるかどうかについて誰か（それはペーター自身かもしれないし、第三者かもしれない）が懸念をもつときだけである。そのとき、私は自らの名誉をかけて信用を表明する。私の名誉がかかっているのは、信用表明にかかわらず、ペーターがおつかいに失敗した場合に責任（少なくともその一端を）を私が負うからである。

さらにこのことから、私を二人称的に見知っている人から見れば、信用にある種の推移性があることも言える。[20] 私と近しいトーマスが、行為タイプαについて、私を二人称的に信用するのであれば、その私がαについてペーターへの信用を示したこと（例えば、それは信用の表明であってもいいし、表明されない信用の顕現であっても構わない）は、トーマスがペーターを信用する理由になる。つまり信用は、心的態度とは異なる仕方でやはり推論役割を果たす。ここで述べた信用の推移性は、後の行論で重要になる。

5　規範的メタ討議としての信用表明

表明される必要のない信用を明示的に表明することは、「ミヒャエルは、傘を持って歩いている」のような通常の妥当性要求を掲げる発話と違い、それ自身が特殊な言語行為であり、特殊な妥当性要求を掲げる。信用表明に正当化を求める場合、通常の対話における主張の妥当性要求の妥当を一度差し止めることで相互行為としての会話を一度止めて、信用表明の正当化検証をすることを要求するからである。このような正当化検証の会話が討議であるが、以下では討議をさらに二種類に分割する。すなわち討議とメタ討議である。以下では討議においては、コミュニケーション行為遂行に関する信用が問われることなく前提されること、したがってそれに対する疑いが発生するときにメタ討議としてコミュニケーション行為遂行についての信用の正当化が行われることを確認する。

(1) 妥当性要求の明示化と討議における正当化

何らかの言明を主張する発話は、通常、相互行為の脈略でコミュニケーション行為として用いられ、そのような発話行為は更なる相互行為の調整に用いられる。したがって当該の言明の主張に際しては、それが記述として真（true/wahr）であり、規範的に正当（right/richtig）であり、主観的に誠実（sincere/wahrhaftig）[21]に主張しているという三つの妥当性要求を隠伏的に掲げる。会話は相互行為の一種として、滞りなく進む限り、妥当性要求が明示化されることはない。しかし相手が主張する妥当性要求に疑いが生じ、会話が滞るとき、対話者は問題となっている妥当性要求を明示して、問いを立てる。[22]この問い立ては、二つのことをなす。第一にこの問い立てによって、討議の会話が始まり、そこでは主張の妥当性要求がいわばカッコに入れられて効力が停止され、相互行為も停止する。第二に、主張の妥当性について明示的に問われたものは、明示化された妥当性要求について正当化を与え、正当化について会話参加者同士で合意を目指すことになる。討議で合意が得られると、その言明は妥当性要求を満たすものとして生活世界的な背景に取り込まれ、さらなる相互行為の前提としてはたらく。[23]

(2) 信用表明とメタ討議における正当化

コミュニケーションの規則についての知識は、妥当性要求を明示化し、さらにそれを正当化する技術知である。コミュニケーションのあり方は、繰り返し現に発揮されるべきであり、かつ、そのようなコミュニケーションのあり方は伝達することもできることを考えるとき、この見解は説得力を持つ。したがって、コミュニケーションとしての討議についてのルールの知識も技術知である。

討議が滞るとき、討議参加者たちは討議を止めて、メタ討議に入る。それには、やはり記述的なものと規範的なものがあり得る。ハーバマスによれば、記述的メタ討議は、討議で用いられる諸概念の一致をめぐる討議である。[24]これは問題となる概念の系譜学的な探究を要求する。本論文で問題にしたいのは、規範的メタ討議である。そこでは、「なぜ私たちは、討議の合意を知識とみなすべきなのか」が問われる。ハーバマスは、「真理諸理論」において、この問いに「一般化可能な関心」の概念を用いて答えを与えようとしたが、[25]本論文ではこれに反対し、[26]この問いを討議の位置付けに関する討議参加者相互の信用(以下、討議的信用)についての問いであると理解する。討議的信用をめぐるメタ討議は、討議がどのような相互行為の脈略を背景としているかについての討議であり、その討議において討議参加者が合意に達したとき、討議参加者は当該の討議における合意がどのような相互行為に開かれているかについて、討議相手を信用するのである。その結果討議参加者たちは、討議における合意を生活世界的な背景に再び取り込んで、再び相互行為を再開することができる。討議参加者に対する明示的な討議的信用表明は、メタ討議において、討議における合意の際にどのような相互行為に立ち戻るべきであるかについて、正当化を明示する準備があることを示す。

三　先行研究

ここまで信用とその表明について、それらの概念の特徴づけを与えるための前提となる性質をいくつか検討してきた。以下ではそのような特徴を持つ「信用」概念についての先行研究をまとめつつ、さらにその輪郭を明らかにする。とりわけ重要になるのは、信用がいかなる意味で合理的であるのかについての検討である。

「信用」概念については多くの先行研究がある。[27]本論文でそれらを網羅することはできないが、三つの立場を信用の合理性を検討する際の代表的議論として取り上げ、それぞれを批判的に分析することで、本論文の立場をより明確にしたい。

1 複雑性の縮減：ルーマン

前述した知的権威への政治的信用についてのウォレンの議論[28]（そしてそれに言及するミサクの議論[29]）は、ルーマンの信用論を参照している。[30] 以下ではその中心的議論を略述し、さらにそれに対する批判点を明らかにする。

(1) 未来の複雑性とその縮減

ルーマンの中心的アイディアは、信用が時間性と複雑性に関わるということにある。社会はあまりに複雑であり、そのシステムを見通すことは個々の主体には不可能である。さらにその複雑性は時間と共に増大する。ルーマンは、この複雑性を減少させるために、AがBを行為タイプαについて信用すると、考える。ルーマンが捉えようとする複雑性の縮減に寄与する「信用」概念は、過去の成功例の情報からの過剰な推論として特徴づけられる。αについて、Bがこれまで上首尾に行為してきたという情報があるとき、αについてはAはBを信用することで未来の複雑性を縮減することができる。これは過去の情報からの推論であり、かつ、帰納的推論としても過剰なものである。[31]

過去に適切に（あるいは私に役に立つ仕方で）行為してきた人を、将来の複雑性の縮減のために信用するということは、確かに説得力があるように思われる。なぜなら、私たちは他者への信用を自身の将来の（相互）行為の指針として現に利用しているからである。本論文でも、信用が将来の行為への指針を与えるという観点は重要になる。

(2) 信用の合理性

一方で、ルーマンの「信用」概念は記述的な概念である。過去における行為の評価は記述的な評価であり、その評価に基づいて下す将来への予測としての信用も記述的な評価である。しかしこの過去から未来への過剰な推論には二つの問題がある。

第一に「信用」概念は記述的な概念ではなく、規範的な概念である。二節で議論したように、αについてAによってBに与えられた信用は、むしろBの行為遂行手段の選択の幅を拡げる方向に作用すべきである。したがってAがBの失敗を自らのものとして引き受けることは、Bがαの実行に過去成功してきたので、これからも常に上首尾に行うだろうと期待することのゆえではないはずである。さらに第一の論点のゆえに、ルーマン的な信用は合理的でなくなる。過去の成功は、未来の成功を保証しない以上、ルーマン的な信用は理由に基づいて与えられるとは言えない。

(3) 信用と信頼性の違い

信用と似た概念に、ある人の知覚や振る舞いの規則性に依拠することができる意味での信頼性（reliability/Verlässlichkeit）がある。例えば、私が毎晩電車の中で会う紳士は中野駅で降りる。私がそのことに気づいたならば、その方の振る舞いは私にとっては信頼がおける情報源である。四ツ谷駅でその紳士の前に立つことで中野から先は座って帰れるのは、私がその紳士の振る舞いを信頼しているからである。ルーマンの言う「信用」概念に従えば、このような信頼のおける振る舞いをなす紳士は未来の複雑さを縮減してくれるので、信用に値すると言えよう。しかし信頼がおける振る舞いをなす人は、必ずしも信用に値するわけではない[32]。なぜならまず振る舞いの信頼性は人を評価するわけではないのに対して、信用は人を信用する必要があるからである。これが、第二の問題である。振る舞いの信頼性が人に与えられる信用と区別されることは、私たちの戦略的行為のあり方を検討すれば明らかである。戦略的行為の対象となる主体の振る舞いパターンは、ゲームなどで対戦相手を出し抜く際によく用いられる。そのような振る舞いの信頼性付与には、規則性を理解するための経験の蓄積が必要であるので、一回的な行為を信頼することはできない。対して、人に与えられる信用はむしろ一回しか起こらない出来事への対処についてその真価を発揮する。

振る舞いのパターンの持つ信頼性と人に与えられる信用の違いが生じる源泉は、二人称的に付与される信用の相互性にある。ある人の振る舞いのパターンの信頼性は、その振る舞いを示す人に知られている必要はなく、そのパターンを利用する者にとってのみ信頼性がある。対して信用は、信用する私だけではなく、信用されるあなたにも利用価値がある。この相互性は、信用にとって本質的である。すでに挙げた［一］を発話する場合でも、マリアがペーターをひとりでおつかいに行くことについて信用しているという情報は、ペーターとマリアの両者の行為選択のあり方を規範的に調整する点で非常に重要になる。

2 傾向性：ウィリアムズ

ルーマンの「信用」概念の特徴は、信用が情報の利用者の側によって一方的に与えられるものであることにあった。しかし信用が重要になる場面は、相互行為の場面であることを考えるとき、「信用」概念は相互的な概念として分析される必要がある。このような相互的な概念として理解された「信用」概念をウィリアムズは提案している。

(1) 傾向性としての信用

様々な性質が傾向性によってうまく記述できることはよく知られている。すなわち多くの性質の記述は、その性質が当てはまる何らかの対象について、特定の条件がそろった時に、それが示す傾向に依拠する。例えば、水溶性であるという性質は、物質が水に入れられたときに溶けるという記述を与えられる性質である。ウィリアムズは、「信用に値する trustworthy」という概念を行為の傾向性によって分析しようとする。[33] すなわち、

信用された状況においてBが、単にそれをなすことが期待されているという理由の故に、その期待されていることをなすという一般的傾向性を持つという意味で、Bが信用に値する人物であると信じる理由をAは持つかもしれない。[34]

というのも、例えば、「Bは失敗すると罰せられると予期していることをAが知っていることが理由で、AはBがなに

ごとかをするとと信用するかもしれない」[35]ことは、Bが行為の予期についての傾向性を発揮するという意味で信用に値するからである。AがBをαに関して信用する場合が、BがAの期待への気づきを必要とするというのは重要な洞察である。信用は相互的だからである。ここから、信用が相互行為の必要条件として理解されることもよりよく理解できる。ウィリアムズは次のように言う。

共同的活動(co-operative activity)の必要条件は信用である。共同的活動における信用が含むのは、片方の当事者がもう片方の当事者が特定の仕方で行為することに依拠(rely on)する意志(willingness)を持つことである。[36]

さらにウィリアムズの分析では、行為タイプαについてAがBを信用するとき、その信用について相互的な気づきがあるとしても、信用の分析に信用の表明を必要条件として伴わないところも非常に重要である。

(2) 傾向性分析の難点

しかしBがαをするというAの期待に気づいていることの故に、Bがαをするというのは、第二節で見た信用の特徴づけからいうと強すぎる要求である。とりわけウィリアムズの特徴づけを使えば、敵対的な相手がなす戦略的行為に戦略的に応答する場合にも、相手が信用に値すると言わなくてはならない。例えば、核兵器の相互確証破壊に基づく抑止力を考えるとき、そこではアメリカにとってソ連が信用に値することになる。相互確証破壊については、相手がどのような手段で核兵器を発射するかについては確かに相手の選択の余地があると認める点で信用の特徴の一部を捉えている。しかしこのような戦略的行為は、記述的な真理に関わる予測の問題として信用をとらえるので、規範性のゆえになされているわけではない。ここに、傾向性分析が持つ、ルーマンによる分析と共通の難点がある。それは、本論文で主題としている熟議民主主義論で必要とされる専門家への信用は、公共的意見形成に関わるので、戦略的行為の合理性によっては分析できないことである。むしろ、私たちの捉えたい「信用」概念は、戦略的行為と区別された意味での合理的コミュニケーション的行為の場面の分析に用いられるべきものである。

(3) 見知った個人間の信用付与とステレオタイプに基づく信用付与の区別

さらに、信用の二人称的付与が持つ相互性は、公共的意見形成に際しての専門家の知的権威に対する信用にどのように適用できるかは論じ残されている。熟議民主主義論の分析に必要な専門家への信用は個人的な見知り関係を必ずしも前提せず、専門家に帰属させられたステレオタイプを介しているからである。[37] この場合は、ウィリアムズが想定するような見知りに基づく相互性が成立していない。一方で、ステレオタイプを介する専門家への信用にも、相互性はあるように思われる。専門家と公衆は、直接の相互行為のための意志を持たないが、それでも彼らは「それをなすことが期待されているという理由の故に、その期待されていることをなす」ように思われるからである。したがって、傾向性に基づく分析の難点を別とすれば、相互性を重視する「信用」概念の分析には重要な洞察が含まれている。必要なのは、見知りに基づく個人間の信用とステレオタイプに基づく信用を区別して分析することである。

3 違反を受け入れる合理的態度：ハルトマン

ハルトマンは、規範的合理性の観点から信用を捉える。それが違反を受け入れる合理性である。[38] 違反を受け入れる合理性とは、行為タイプαについてAがBを信用するならば、AはBがαの遂行に成功しないとしてもそれを自分に責任があると考えるだけではなく、AはBがどのようにαを遂行しようとするかについて自由を認めるべきであるという直観を出発点とする。この特徴はルーマンの複雑性の縮減の考え方と比較するとき、より理解しやすくなる。ルーマンの分析においてもαの達成についてAは信用付与によりリスクをとったとされるが、それは例えば過去にBがどのように振る舞ったのかという信頼性に依拠した予測に基づくのであった。対して、ハルトマンが捉えようとする「信用」概念は、未来におけるリスクの縮減よりも、信用された人の行為の自由の承認に関わる。マリアがペーターを信用してパン屋におつかいに出すとき、マリアはペーターがどの道を通ってパン屋に向かうのか、パン屋の主人にどのような言葉で挨拶できているかについて自由を認めるべきである。マリアが付与した信用について責任を取るのは、リスクを取ることに失敗したからではなくて、彼女が認めた自由に起因する。マリアがペーターを一人でパン屋におつかいに送り出したが、ペーターはお金を払わず店を出ようとして、パン屋の主人が怒って電話してきたとする。ここでマリアは、ペーターがパンを持ち帰ったとしても、責任を認めて謝る必要がある。それは、マリアが認めた自由のゆえに起こったからである。ハルトマンが説明しようとしているのは、自由を認める信用であり、それは規範に対して合理的に応答する。ひとたび、αについてAがBを信用したならば、αの遂行手段に関わるBの行為選択についてAはBに自由を認めるべきであり、さらにそこでBが行為選択に失敗するのであれば、Aは少なくとも道義的にその失敗に責任を持つべきである。

ハルトマンは、信用の根本的な特徴の一つである規範性を捉えているが、先述の通り、信用は命題的態度に還元できない。この点をハルトマンも認めるが、そこでも彼は、信用を相互行為の相手に対する原初的な（ウィトゲンシュタイン的な魂（Seele）に対する）態度として捉える[39]。しかし命題的態度に限らず、信用を主体の持つ態度の一種としてとらえることにはより深刻な問題がある。なぜならその場合、信用の持つ相互性が記述できなくなるからである。ハルトマンのとらえたい信用の特徴（つまり事柄についての行為の自由の承認）は相互的である必要がある。ただしここで言う相互性は、相互確証破壊の事例で言う「相互性」概念とは全く異なる。αの遂行についてAがBを信用しているとき、Bはαの遂行について手段となる行為選択の自由を持つことを知っている必要があり、さらにAはBがそれを知っていることを知っている必要がある。

四　見知った個人間の信用の相互性と規範性

以上の先行研究の検討は、規範的な「信用」概念のいくつか重要な特徴を明らかにしている。ルーマンの研究の批判的検討から明らかなことは、「信用」と「信頼性」の概念の区別の重要さである。ウィリアムズの研究の検討からは、見知りに基づく信用は相互的であることがわかる。信用は、信用を与える人だけではなくて、信用を受ける人にも利用可能でなくてはならない。さらに、ハルトマンの研究の検討からは、信用付与には規範性があることがわかる。すなわち、適切な条件が満たされるとき、人は相互行為の対手への信用を前提して行為すべきである。信用を与える人の行為指針と信用を受ける人の行為指針はそれぞれお互いに知られており、さらにそれらの知識は行為指針を実行に移す際に前提として利用されて良い。［一］の表明で明示化された事例であれば、マリアはペーターが最適な仕方でパン屋での買い物をすべきだということにコミットして、自身の行為指針を実行に移す。また同様にペーターも、マリアがパンがないことを前提に夕食を作るべきではないということにコミットして自らの行為指針を実行に移す。したがって、この相互性が崩れたとき、（例えば、マリアはペーターに「信用していたのに」と言い、あるいは、ペーターがマリアに「信用されていると思っていた」と言うことによって）信用付与に伴う相手の行為指針を明示的に主題化して良い。ウィリアムズの議論との違いは、自らの行為指針を実行に移す際に、これらの相互性のコミットメントが必ずしも明示的に意識されたり、行為の理由として明示的に採用されるとは限らないことである。

これらの条件を満たす規範的で相互的な「見知りに基づく個人間の信用」概念は、認識的な概念であることを示す。すなわち、αについてAが、Aの知り合いであるBを信用するとき、AとBはお互いについてなんらかの知識を持つのである。ここで話題になっている知識概念は、より詳細な分析を必要としている。αについてAがBを信用するとき、そこで「AとBに知られている」とされる相互的な知識は、命題的な内容を持つとは限らないからである。なぜなら、命題的内容を持つ知識の帰属は、信念の帰属を含むからである。これまでの行論より、個人間の信用の表明を命題的態度の帰属として捉えることができないので、個人間の信用は、信用を与える人が持つ命題知ではありえない。命題知とは、命題ないし言明をその知識内容とする知識である。例えば、ミュンヘンはバイエルン州の首都であるとミヒャエルが知っているとき、ミヒャエルが持つのは命題知である。命題知は、信念の一種として人に帰属させるものである。

ここで注目すべきは、知識の概念について命題知（know-that）と技術知（know-how）を区別することができることである。[40] 技術知は、例えば、自転車の乗り方や箸の使い方に代表される知識である。命題知と技術知の間の関係については多くの論考があるが、本論文では討議のような了解指向のコミュニケーションについては推論主義的な考え方を採用する。すなわち了解指向のコミュニケーションは、合理的な推論関係に関わる技術知に還元されるものとして理解される。この推論関係は、ある言明の主張について、その資格を与える推論（エンタイトルメント）と、その主張から導き出される帰結についての推論（コミットメント）の二つの側面からなる。[41]

1　メタ知識としての討議的信用付与

本論文で取り上げている「信用」概念によれば、行為タイプαの遂行についてAがBを信用するとき、AはBがαの遂行について実践する仕方に干渉することはなく、また信用に違反する可能性を受け入れていることになる。この「信用」概念を討議実践に当てはめるとき、私たちは「討議的信用」の概念を手に入れる。討議的信用は、討議を遂行する際に討議参加者が二人称的に、かつ、相互に付与する信用である。討議とは、（発話行為を含む）相互行為が滞ったときに、相互行為の参加者が隠伏的に（つまり常にすでに）前提されてきた妥当性要求の一つを明示的に取り出し、その正当化についての合意を求める対話である。本論文の関心から重要であるのは、討議が合意にいたるときである。そのとき、討議参加者は、正当化について合意された言明を生活世界的な背景に取り込んで、再び停止されていた相互行為の脈略に立ち戻り、客観的世界に照らしてテストする。[43]したがって討議的信用付与は、討議で合意されたことを知識として受け入れることで、討議での合意を具体的な相互行為の脈略と結びつける実践についての信用を付与している。

ここから二つの帰結が導き出される。一つは、討議は人間の認識的営みであるので、常に可謬主義的な態度をとることが求められることである。ときに誤りうるということは、まさに、討議的信用の二人称的かつ相互的付与にとって違反の可能性であり、それは受け入れられるべきである。もう一つは、見知りに基づく個人間の討議的信用の付与は、討議においては常にすでに前提されており、明示的に了解されている必要はないことである。討議的信用の明示的な表明は、メタ討議という限定的な会話においてのみ主題とされる。メタ討議においては、Bがコミュニケーションの遂行に用いるであろう手段およびAにとって受け入れ可能なBによる信用違反のありようが明示化され、それらの妥当が括弧に入れられて、それらがなぜ受け入れられるべきであるのかについての正当化が検討される。

2 見知りに基づく個人間の信用付与は相互的で規範的な技術知の帰属である

見知りに基づく個人間の討議的信用の核心を構成している相互性と規範性は、それらを言明の主張に関わる合理的な推論技術の帰属の一種として考えるとうまく捉えられる。

(1) 個人間の信用の規範性と討議的信用

まずは見知った相互行為参加者の間で付与される信用付与の持つコミットメントの側を確認しよう。相互行為参加者の一人が別の相互行為参加者に信用を付与するとき、信用付与に伴って信用する人自身が規範性を引き受け、信用される人への規範受け入れを要請する。そしてそのような場面では、信用する人と信用される人との間に一人称複数的相互的関係が成り立っている。見知りに基づく個人間の信用付与は、一般的に、与えられるやいなや、信用を与える人に利用可能な（相互）行為の指針を与える。例えば、一人でパン屋におつかいに行くことについてマリアがペーターを信用するのであれば、マリアはペーターがいかに振る舞うのかについての期待を持つべきである（したがって、例えば、ペーターがパンを買って来ない前提で夕ご飯の献立を考えるべきではない）。それだけではなく、その期待がどのように実現されるかについては干渉するべきではなく、またペーターの行為が期待外れであったときにも、マリアは、ペーターの失敗を自らの失敗として受け入れるべきである。一方で信用付与は、信用を受ける人にも明確な行為指針を与えなくてはならない。信用を受ける人は、信用されている事柄に即した最適な振る舞いを選択するべきであるし、信用された事柄についてそれが実現できないことが明らかであれば、そのことを理由を挙げて正当化せねばならない。つまりペーターは、寄り道せずにパン屋に行き、買うべきパンを忘れることなく手に入れるといったことをすべきである。この事例の信用関係は隠伏的であり得、その場合相互行為がうまくいく限り明示されない（だからこそ、信用の明示的表明は時として相互行為の規範的前提を否定する含意を持ち、それゆえに信用を毀損しうる）。

相互行為の一種における見知った個人間の討議的信用付与は、この規範性を反映しているだけではなく、信用が相互的に付与されているところに重要な特徴がある。討議参加者どうしが相手を討議的に信用しているとき、参加者たちは（可謬主義的な意識を受け入れ可能な違反の可能性として持ちつつ）討議での合意は知識だとみなすべきである。ここで議論される信用の相互付与のあり方は、了解指向的なコミュニケーションである討議においても常にすでに前提される。討議が滞るとき、討議的信用に関わる討議参加者それぞれの行為指針（の一部）が明示的に主題化されることで、討議に関わる妥当性がカッコに入れられ、メタ討議が始まる。そこでは、討議が置かれた相互行為についての行為指針に従うべき理由が検討され、合意が目指される。

(2) 討議的信用の付与と相互行為

個人間の討議的信用付与は、すでに相互的性格を持つ信用が、さらに相互的に付与される。討議において、討議的信用付与は相互的に前提されているからである。ここで前提されている信用は、討議がどのような一人称複数的私たちの相互行為の脈略に置かれているか、すなわち討議が合意に至った場合に、その後どのようなタイプの相互行為が行われるのかについてである。これが信用についてのコミットメントの側面である。

討議での合意がどのような相互行為の脈略に置かれているかについての前提が満たされないとき、（例えば、「なんのためにこの討議をしているのだっけ」のように問うことで）討議を止めて討議的信用を明示的に取り出すことで、お互いの討議参加のあり方について主題化し、討議における合意の役割についての信用を相互確認する。したがって、討議後に何をすべきかについての個人間の討議的信用付与に関わる討議は、規範的な討議となる。個人間の討議的信用は、一人称複数的に相互付与された信用であるので、両者を規範的に拘束する。つまり討議参加者が相互に討議的信用を付与するならば、合意形成後の相互行為への立ち戻りにコミットしている。

3　討議的信用付与の請願

では個人間の討議的信用についてのエンタイトルメントはどのように特徴づけられるだろうか。すなわち、どのような条件のもとで、討議の遂行について私はあなたを信用すべきであろうか。個人間の信用を付与するエンタイトルメントのあり方の一つは、信用を受ける人による相互的コミットメントの承認請願である。[42] 行為タイプαについて、Bがαを遂行した結果として生じたBのコミットメントを、Aがさらなる行為のためのエンタイトルメントとして利用可能であるとき、AはBを先例として承認している。Bは、Aに対して、そのような先例承認をするように請願することができ、Aがその請願を受け入れるとき（つまりあらかじめ行為タイプαについては、Bのコミットメントを先例として受け入れるとき）、AはBに信用を付与すべきである。

個人間の討議的信用付与については、討議における合意が、生活世界的背景に取り込まれたときに、どのような相互行為が行われるべきかについての信用が問題になる。したがって、討議における合意をどのような相互行為の脈略に置かれた知識とみなすべきかという規範的なコミットメントの相互承認が問題となる。AがBを討議について討議的に信用するのであれば、AはBに上記の規範的コミットメントをやはり承認し、討議実践のエンタイトルメントの一部として取り入れるように請願する。

個人間の信用付与については推移性が成り立つ。これが、Cの個人間の信用付与に関わるエンタイトルメントの一種である。この推移性は、個人間の討議的信用付与についても成り立つ。特定のテーマをめぐる討議について、ある人が二人称的に討議参加者として受けいれられるためには、その相互行為の相手との間に討議的信用が相互付与されていなければならず、またそれが成り立っていれば討議参加するために十分でもある。

五　ステレオタイプに基づく信用としての知的権威への信用

相互的で規範的な技術知の帰属として信用付与を特徴づけた。このとき、「信用」概念は、どのような含意を熟議民主主義論に対して持ちうるだろうか。熟議民主主義で必要とされる公共的意見形成は、典型的には公共的意見形成のあり方の規範をめぐる討議である。そこでは、相互行為のあり方について、「どのように振る舞うべき」かという観点から討議がなされる。以下では、本論文のこれまでの考察を準備として、専門家の知的権威に対する信用付与の特徴の一部を明らかにしたい。とりわけ、政治的討議実践で信用付与が果たす役割を明らかにする。

1 ステレオタイプ判断と信用

専門家の知的権威への信用付与は、ある人を特定の活動分野の専門家として捉えるステレオタイプ判断を内に含む意味で、個人間の信用付与と区別される。ステレオタイプ判断は、人の証言に基づく認識のために必要であり、それは、証言の信頼性をステレオタイプに照らして評価することで、知識を与えると一般に考えられている。例えば、風邪を引いたとき、内科医であるBを哲学者であるCよりも私の身体状況についてより信頼性の高い仕方で判断できるだろうと私は判断する。そしてその理由は、Bが内科医であること、それに対してCが哲学者であることの故である。したがって、ここでの信頼性の判断はBやCの個人としての診断能力についての判断ではなく、彼らにいかなるステレオタイプが帰属されるかに基づく。特定の行為タイプについてのステレオタイプ判断は、その行為タイプについて、特定のステレオタイプを帰属された人の方が、そうでない人よりも信頼できるという記述的判断である。

専門家への信用は、確かにこの意味でのステレオタイプ判断に基づいているように思われる。しかし専門家への知的信用は、ステレオタイプ判断に基づくとはいえ、人に与えられるのであって、ステレオタイプに与えられるものではない。この点が重要である。ここで改めて確認すべきは、ステレオタイプに基づく信用判断の妥当性は、信頼性に基づく側面があるが、すでに論じた通り、信頼性は信用と区別されることである。したがって信頼性判断の結果だけに基づいて、私は風邪の治療に関してBをCよりも信用することはない。例えば、腕は確かな無免許医師は、確かに信頼性は高いかもしれないが、それだけでは信用に値しない。むしろ、ある人が内科医であることの信用は、その人の言論の能力による。つまり、その人が問われれば医療活動に関わる相互行為遂行について言語化でき、さらに問われればその主張された言明について討議において正当化を与えられることに依拠する。

ではなぜ、ある人をα（の遂行についてではなく、それについて）の討議に関する専門家とみなすことは、αについての討議遂行に関してその人を他の人よりも信用するエンタイトルメントを与えるように思われるのだろうか。[44]以下では、その人は専門家としての討議的信用を勝ち得なくてはならないと主張する。ここで必要とされる討議的信用は、いわば、専門分野について理性が、私たちの相互行為の脈略にどのような意味合いを持つかについて論じることを通じて、公的に使用できるために要求されるのである。

2　討議的信用付与の推移性とステレオタイプ判断

個人間の討議的信用付与は推移性を持つことを上記で述べた。すなわち特定のテーマについての討議における合意がどのような相互行為の脈略に位置しているのかについて、αについてAがBを個人として討議的に信用し、BがCを信用するのであれば、AはCを（特に疑う理由がなければ）信用すべき理由を持つ。ある人が特定のテーマの討議についての専門家としてみなされるために必要な討議的信用については、推移性が成り立つことが重要である。討議的信用付与の推移性は公共的意見形成に非常に重要な役割を果たす。ある特定の論証行為の相互行為の脈略の埋め込みに関する討議的信用付与の推移性は、その論証行為をめぐる小規模な公共圏を作る。この小さな公共圏が、これまで私的とみなされてきた問題を公共の討議に載せる。[45]このテーゼは、二つの帰結を持つ。第一に、個人間の討議的信用の相互付与が、ある相互行為の脈略に埋め込まれた特定の討議を成立させるために、常にすでに前提される。公共的意見形成は討議の一種なので、そこにおいて討議参加者はあらゆる前提を疑うことはない。この討議的信用の推移的付与は一人称的な主語で信用を表明することによっても明示化できるが、それは、ある（後述する）種類のメタ討議を開く。そのメタ討議において私は、明示化された信用に対して正当化を与えることができることによって、私の信用についてのコミットメントを明示化するのである。[46]

第二のポイントは、ステレオタイプに基づく討議的信用付与に果たす推移性の役割である。すなわち、特定のテーマに関する討議遂行について、推移的に形成された小さな公共圏において、AとBが討議の相互行為への脈略での位置付けについて個人間の討議的信用を相互付与することは、彼らがそのテーマに関わる討議に関してお互いを専門家として認めるための必要条件である。素人である私たちが、活動タイプαについての討議において、誰かを専門家として信用することは、その人がαについて形成された小さな公共圏でその成員として討議的信用を勝ち得ていることを必要とする。

3 専門家の知的権威の政治的役割

ここまで、討議的信用の推移性に基づいて専門家についてのステレオタイプに基づく信用判断のための必要条件を明らかにしてきた。ここで冒頭の問題設定に戻ろう。熟議民主主義論では、政治システムのあり方を決める投票による意志形成に先立つ公共的意見形成のありようが民主主義的支配に正統性を与えるのであった。しかし一方で、民主主義的熟議はありとあらゆることについて実行できるわけではないのであった。そこで参照されるのが、専門家による公共的意見への依拠であり、その依拠は専門家の持つ知的権威の公共的承認を必要とする。以下では、公共的意見形成に参与する市民としての私たちによる知的権威の承認について論じることで、専門家の知的役割を明確にしたい。

(1) 公共的意見形成における専門家の役割

公共的意見形成に関わる専門家には二つの役割がある。一つは、公共的な相互行為連関における問題状況を明示化して提起することである。相互行為が滞るとき、人々は討議を始める。問題状況がないところには討議はない。一方で、私たちは問題状況に明示的な言葉を与えることが常にできるわけではない。専門家は具体的な問題状況を明示することが期待されている。例えば、増大する社会保障費を増税によって賄うべきなのか、それとも国債を発行して賄うべきなのか。増税するとしたら、どの程度の増税であるべきなのか。これら具体的な問題状況の明示化があって初めて、討議は始まる。[47]

もう一つは、その問題状況に対する賛否の正当化を与えてみせることである。この正当化の仕事が重要である。なぜなら、正当化を与える言語ゲームのあり方は、自然現象の記述のあり方と異なっているからである。それをハーバマスは、二人称的参加者と三人称的観察者という説明のパースペクティブの間の方法論的二元論として説明する。[48] つまり専門家に期待されるのは、対象についての三人称的記述を与えることではなく、二人称的パースペクティブから公共圏における討議をなるべく明確な（すなわち、相互行為の脈略における位置付けが明らかであるような）仕方で展開し、公共的な合意形成を目指して参加することである。そのために、討議参加者である私たちの一員としての専門家に対する討議的信用が必要である。専門家の意見は、しばしば政治システム内からの要求に基づいて、政治システム内の判断プロセスに影響を与えるために表明される。それでも意見形成に関わる問題提起とそれに対する賛否の主張への正当化の厳密性について、私たちは公共的に専門家を信用する。そしてまさにここにおいて、専門家を私たちは討議的に信用しているのである。しかし「信用」概念は単なる記述的な概念ではなくて規範的な概念であった。ではそのような討議的信用があるとき、COVID-19の流行についてさまざまなモデル計算や疫学的知識に基づいて対策案を提供する専門家たちの意見は、どのようにして可能な当事者（つまり私たち）全員を含む合意になり得るのか。『事実性と妥当性』でハーバマスは、市民社会における専門家の役割について、こう分析している。

例えば、個々人や組織は名声を持ち得、それは個々人や組織に、個々の事柄について権能を証明したり説明を与える必要なしに、彼らの発話を使って他者の信念に影響を与えることが許される。「影響」は了解という資源から滋養を得ているが、今のところ検証されていない確信の可能性への与えてもらった信用の前渡しに依拠している。[49]

このような「専門家による公共的意見」に基づいて、市民としての公衆は自己の信念を形成し、公共的意見について合意を得る権威を有する。[50] この市民の権威の行使のあり方は、市民が専門家を二重に（つまり専門となる行為タイプについてだけではなく討議的にも）信用することに基づいている。この信用付与は二人称的であり、それは、専門家と当事者である私たちを両方拘束する。

専門家の貢献は、メディアを通じて拡散される。ハーバマスの見立てでは、メディアは様々な対抗し合う小さな公共圏の間の影響をめぐる争いの場である[51]。そこでは、核となるアイディアや概念をめぐって討議が成立しており[52]、これらの討議は、具体的な相互行為の脈絡に定位しているのであった。他方で、メディアにおいてそれぞれの小さな公共圏が影響力をめぐって争う。影響力を得るためにも、それぞれの専門家は公衆の信用を得る必要がある。専門家の貢献の拡散は、討議的信用の推移性に基づく信用の拡散でもある。ハーバマスは、これを「信用の前渡し」と表現しているが、信用とはそもそも前渡しされるものである。公衆である私たちは、自らの公共的意見を形成する際に、前渡しされた討議的信用に基づいて、専門家の意見を自らの意見形成の理由として利用する。

(2) 専門家の知的権威と討議的信用の承認請願

公共的意見形成に関わる問題提起とそれに対する賛否の主張への正当化の厳密性について、私たちは専門家を討議的に信用する。それを前提して、私たちは公共的な意見に対する自らの立場を表明するべきである。そして多くの場合、私たちにはそれ以外の方法は残っていない。他方で、専門家は自ら提起する問題提起、および、それに対する代表的意見の正当化について、私たちが討議に際してそれを理由として採用し討議することについて請願している。この事実を前提とするとき、熟議民主主義論は専門家の知的権威についての信用をどのように分析するのだろうか。

まず確認しておくべきは、個々の専門家が公共の意見に貢献するあり方が、特定の立場に基づいていたとしても、問題ないことである。個々の専門家は利益団体を含むアソシエーションの代理として、特定の見解から言明に対する正当化を提供して構わない。専門家の役割は、個々の言明の妥当性要求について正当化を与え、討議相手の正当化について批判的に検討することである。公衆としての私たちは、個々の専門家の提供する正当化に関心を持つ。それに対して、信用を失う一つのあり方は、意見の買収および圧力である。

申告されない仕方で資金または組織の権力が投入されることによってのみ公表されうるような公共的意見は、このような社会的権力の源泉が公表されるや否や、その信憑性を失う。公共的意見は、操作されうるが、公然と買収されたり恐喝されることはありない。このような事情は、公共性が随意の仕方で「生み出される」ことはあり得ないということから説明される。(53)

この信用の喪失を例にとって、これまでの行論で特徴を与えてきた討議的信用付与の分析をまとめると次のようになる。公共的意見形成において専門家は、聴衆に対して、討議的信用の付与を承認するように請願している。その請願は、その人を専門家としてステレオタイプ判断するだけではなく、了解指向的なコミュニケーションに参加するために満たされるべき規範（すなわち、私たちは討議の合意を知識とみなして、相互行為をすべきであること）についての相互承認を求めている。公然の買収や恐喝は、討議での合意内容が行為脈絡に持つ意味合いについての受け入れ可能ではない逸脱であるので、そのようなことが明らかになると専門家は（たとえ、専門家として専門分野に関する専門知を有していたとしても）公共的意見の表明についての討議的信用を失う。したがって、公衆である私たちは専門家との間に討議的信用を相互付与している。

六　結論

本論文では「信用」概念が熟議民主主義論で果たす役割を検討してきた。本論文で明らかにしたのは、討議的信用はそもそも討議において生活世界的な背景として隠伏的に前提されていること、それにもかかわらず討議参加者への討議的信用に疑いが生じたときにその信用はメタ討議において明示化されること、そしてそのような討議的信用の承認を専門家は請願していることである。

私たちは今や、冒頭で紹介した熟議民主主義者たちによる専門家の公共的意見への信用の議論を修正することができる。私たちは専門家との間で相互に、専門家の知的権威について討議的に信用している。討議的信用は、専門家による討議に関わる規範的コミットメント（すなわち、私たちの討議における合意は知識として相互行為において利用されるべきであること）を私たちの判断のエンタイトルメントとして承認することを含む。私たちは公衆としてこの承認をいつでも取り消すことができるところに、公共的意見形成について専門家を討議的に信用しても正統性問題に影響しにくいポイントがある。

ただし専門家に対する信用がステレオタイプに基づく信用であることには注意が必要である。なぜなら、ステレオタイプ判断はしばしば証言の信頼性について偏見に基づく不正義を生むからである。この問題については論じ残されている。さらに、本論文では、公共的意見の形成に専ら注目したため、討議的信用と政治システム内のプレイヤーに対する公衆の政治的信用の関係について議論できなかった。これらは、今後の課題としたい。

（1）本研究は、科学研究費補助金（24K04502）および法政大学現代法研究所研究プロジェクト（「多元主義的社会」の概念が持つ現代的な哲学的射程）の研究成果の一部である。草稿段階で、大石紀一郎、岡部麻生、アナスタシア・クルティコヴァ、佐藤亮司、宮田璃音、峰理哉および渡邉一貴の各氏との議論、および匿名の査読者のコメントから多くを学んだ。記して感謝する。それにもかかわらず残る誤りは、当然に著者のものである。

（2）“Trust/Vertrauen”はしばしば「信頼」と日本語訳されている。しかし本論文では、これらの語を「信用」と訳すことにする。この訳語の選択にいたった一つの理由は、「信頼性」の概念を“reliability/Verlässligkeit”の訳語として使用し、かつ両者の概念の区別に注目したいからである。当然、trustworthy である事柄は必ずしも reliable ではない。また「信用」という訳語を当てることができる別の概念に経済的な「credit/Kredit」の概念があるが、こちらについては本論文では議論しない。Martin Hartmann, *Die Praxis des Vertrauens*, Suhrkamp, 2011, Abs. 18.4を参照。さらに本論文で、端的に「信じる」と言ったときは、それは信念の表明であって信用の表明ではない。注（16）を参照。

（3）Habermas, J., *Faktizität und Geltung: Beiträge zur Diskurstheorie des Rechts und des Demokratischen Rechtstaats*, 4. Auflage, 1994, Kap. 7; Misak, Ch., *Truth, Politics, Morality: Pragmatism and Deliberation*, Routledge, 2000.

（4）公共的意見の形成は、現実にはこのようには進まない。むしろ公共的意見は、後述の通り、より小規模の公共圏で形成される。この観点から重要なのは、公共圏から排除され、あるいはそれと対置されていた様々なレベルにおける公共的意見の形成の可能性である。それらについては、Fraser, N., "Rethinking the Public Sphere: A Contribution to the Critique of Actually Existing Democracy," in C. Calhoun (ed.), *Habermas and Public Sphere*, The MIT Press, 1996, 109-142; 田村哲樹『熟議の理由：民主主義の政治理論』、勁草書房、二〇〇八年、五・二節など参照。

社会全体のレベルでは、公共的意見はマスメディアを経由して形成されることになる。Habermas, J., *Strukturwandel der Öffentlichkeit: Untersuchungen zu einer Kategorie der bürgerlichen Gesellschaft. Mit einem Vorwort zur Neuauflage 1990*, Suhrkamp, 1990; Habermas, *Faktizität Und Geltung*, op. cit. Abs. 8.3. また現代であればソーシャルメディアを経由した公共的意見の形成についても見逃せない。Habermas, J., „Überlegungen und Hypothesen zu einem erneuten Strukturwandel der politischen Öffentlichkeit," in *Ein neuer Strukturwandel der Öffentlichkeit und deliberative Demokratie*, Suhrkamp, 2022, 9-67.

（5）ここで言う知的権威とは、民主主義と対置されるものとしての（例えば、伝統や権力の持つ）強制力を伴う権威とは区別される。むしろ本論文で議論する専門家の知的権威は、公共圏における意見形成に際して強制力を伴わず主導的な役割を指す。この区別を「政治的権威」対「専門家の権威」としてまとめる文献として、Warren, M.E., "Deliberative Democracy and Authority," *American Political Science Review* vol. 90, no. 1, 1996, 47-48参照。

（6）Warren, Ibid., 46-60; Misak, *Truth, Politics, Morality*, op. cit., 153; 田村、前掲『熟議の理由』、一一四頁。

（7）イギリス、ドイツ、フランス、アメリカ合衆国における科学的助言のあり方についてのサーヴェイは、以下を参照。榎孝浩「COVID-19に関する英独仏米の科学的助言と課題」、『研究 技術 計画』第三六巻第二号、二〇二一年。

（8）Warren, "Deliberative Democracy and Authority," op. cit., 56.

（9）そもそも信用は情動の問題なのか、それとも認識の問題なのかという論点には立ち入らない。信用は情動の問題ではないという議論については、例えば、Hartmann, *Die Praxis des Vertrauens*, op. cit. Abs. 6.3参照。

（10）Hardin, R., *Trust and Trustworthiness*, Russell Sage Foundation, 2002, 9; Hartmann, Ibid., 82.

（11）Hardin, Ibid; Hartmann, Ibid.

（12）もう一つの候補は、人物や対象などを任せると言う意味（あるいは英語で言う"entrust"、ドイツ語で言う"anvertrauen"の意味）での信用である。例えば、「マリアは、ベビーシッターを信用して子供を委ねる」のように言うときの「信用」概念がそれである。これは、必ずしも具体的な行為タイプに還元できない。ベビーシッターに、子供を任せて外出するとき、ベビーシッターの行為は多くの場合具体的に確定しない（むしろのちに検討する事例とは違い、寝かしつけが必要ではない場合は、お留守番は、ベビーシッターが何もする必要がないことが一番良いはずである）からである。

(13) 個別具体的な事物や出来事を直示的に指示して信用を表明することは確かにある。例えば、「この時計の修理に関しては、私はあの職人しか信用しない」のように言うときである。しかし、この信用表明も、個別の時計にまつわる行為タイプに言及することに注意されたい。

(14) Hartmann, *Die Praxis des Vertrauens*, op. cit., 56.

(15) 命題（proposition）と言明（statement）は本来区別される必要があるが、ここではこれらの異同を明らかにすることは必要ではないので、どちらも交換可能なしかたで議論する。言明の概念については、Strawson, P.F., “Truth,” *Aristotelian Society Supplementary Volumes* 24, 1950, 129-56参照。

(16) 本論文は「信じる」や「信念」を、正当化された真なる信念としての知識の要素としての心的態度を表現するために（あるいは、“believe/überzeugt sein” ないし “belief/Überzeugung” の訳語として）用い、信用の述語とは区別する。もちろん、日本語で「信じる」と言うときには、どちらの用法もありうるが、それでも私たちはこの二つの用法を区別して使っているはずである。

(17) Hartmann, *Die Praxis des Vertrauens*, op. cit., Abs. 4.3.

(18) 私はトムが息子を上首尾に寝かしつけていると信じながら、帰ったら息子とアイスを食べたいと欲することができるように思われるかもしれない。しかしこのような欲求は、せいぜい反実仮想である。

(19) ただし、信用すべき理由の存在は、信用を表明するために十分ではない。信用すべき理由が多くあるにも関わらず、信用し損なうことはある。

(20) ただし、反射性と対称性については言えない。ある事柄について、自分で自分を信用することは自明ではない。またある事柄について、ペーターがマリアを信用していたとしても、その信用が相互信用である必要はない。以下で述べる信用の相互性は、反射性を満たす意味での相互信用ではないことに注意されたい。

(21) ウィリアムズは、ドイツ語の “Wahrhaftigkeit” が英語で “truthfulness” と “sincerity” という二つのことを表現しているとする。主張する人が信用に値することを、ウィリアムズは、“sincerity” への傾向性として捉える。Williams, *Truth and Truthfulness*, op. cit. sec. 5.3. 本論文では、誠実性についての議論は範囲外であるが、「信用」は誠実性に関わる概念というよりは、規範的な概念として理解されるべきであるという立場から議論する。

(22) Habermas, J., „Wahrheitstheorien," in *Rationalitäts- und Sprachtheorie*, Bd. 2 der Philosophischen Texte, Suhrkamp, 2009, Abs. 5 (bes. 259-262). 初出は一九七三年であるが、本論文ではこの版のテクストとページ番号を参照する。

(23) Habermas, J., „Wahrheit und Rechtfertigung," in *Wahrheit und Rechtfertigung: Philosophische Aufsätze*, Suhrkamp, 1999, 230-70. この論文は、ハーバマスの真理論の中心的なアイディアを変更した点で非常に重要である。すなわち、言明の真理の定義から、数多くの批判にさらされてきた「理想の発話状況」の概念が取り外された。これ以降の真理論では、討議における合意は再び相互行為にもどるライセンスとして機能する。またこれにともなって、真理の合意説は背景とする認識論を外在主義的なものへと変更する必要がある。この点については、Bernstein, R.J., "Jürgen Habermas's Kantian Pragmatism," in *The Pragmatic Turn*, Polity, 2010, 168-199. 上田知夫「ハーバマスにおける真理と正当化：理想化なしの真理合意説」、『東京医科歯科大学教養部研究紀要』第四九号、二〇一九年、三七―四九頁を参照。

(24) Habermas, "Wahrheitstheorien," op. cit. Abs. 5 (bes. 260).

(25) Habermas, Ibid., 260.

(26) 本論文がこのように主張するのは、ハーバマスが依拠する「一般化可能な関心」概念が一人称単数的な欲求により説明されることにある。規範的メタ討議は、むしろ一人称複数的で相互主観的な規範についての正当化を提供しなくてはならない。ただしこの点については、改めて独立の議論として論じることが必要がある。上田知夫「規範的メタ討議と理論的討議参加者の相互信用」、『法学志林』第一二二巻第二号、二〇二四年、一―三六頁。

(27) 最近の理論的研究には、永守信年『信頼と裏切りの哲学』、慶應義塾大学出版会、二〇二四年（専門家への信頼については二一五―二一七ページ）がある。本論文の試みは、本書の「認知的信頼」概念を道具的合理性に訴えずに説明する試みとも理解できる。

(28) Warren, "Deliberative Democracy and Authority," op. cit.

(29) Misak, *Truth, Politics, Morality*, op. cit., 153.

(30) Luhmann, N., *Vertrauen: Ein Mechanismus der Reduktion sozialer Komplexität*, 5. Auflage, UVK Verlagsgesellschaft, 2014. 初版は、一九六八年に公刊されているが、本論文では第五版のテクストとページ番号を参照する。

(31) Luhmann, Ibid., Abs. 5.

(32) ここで検討している事例は、ハルトマンの議論では、Sich-Verlassen-auf の四類系の内、第二のもの（事例（b））に該当する。

Hartmann, *Die Praxis des Vertrauens*, op. cit., Abs. 7.1（bes. 175）.

（33）Williams, B., *Truth and Truthfulness: An Essay in Genealogy*, Princeton University Press, 2002, sec. 5.2.

（34）Williams, Ibid., 88.

（35）Williams, Ibid.

（36）Williams, Ibid.

（37）本論文では、「ステレオタイプ」という概念を価値中立的な広い意味で用いることにする。ただし、ステレオタイプ自身がネガティブな、あるいは、ポジティブなイメージと結びつくとき、証言の信頼性の評価がゆがむことがある。Fricker, M., *Epistemic Injustice, Power and the Ethics of Knowing*, Oxford University Press, 2007, sec. 2.1（esp. 30-31）参照。

（38）Hartman, *Die Praxis des Vertrauens*, op. cit., Abs. 4.3.

（39）Hartmann, Ibid., Abs. 6.2（bes. 149-150）.

（40）Ryle, G., *The Concept of Mind*, Hutchinson, 1949, ch. 2.

（41）Brandom, R.B., *Making It Explicit*, Harvard University Press, 1996, 159. ただし、本論文ではハーバマスに同意し、推論連関の反実在論をとる。Habermas, „Von Kant zu Hegel: Zu Robert Brandoms Sprachpragmatik," in *Wahrheit und Rechtfertigung*, op. cit., 1999, Suhrkamp, 138-185参照。

（42）Brandom, R.B., *Reason in Philosophy: Animating Ideas*, Harvard University Press, 2009, ch. 2（esp. sec. 6）.

（43）Habermas, „Wahrheit und Rechtfertigung," op. cit., 260. 本論文は、社会的世界についても同様のテストが生じると考えるが、これは独立の論証を必要とする。

ミサクは、理想的発話状況に依拠する真理論をハーバマスに帰属させた上で、討議の目的を相互理解を目指すことにおくハーバマスの立場を批判し、「探求の諸帰結が真理と同一視される」ことを同一視しない「薄い探求」の立場を採用している。Misak, *Truth, Politics, Morality*, 106. 本論文の立場は、探求の諸帰結に合意の後の相互行為の実践と客観的世界のテストが含まれる限り、探求はいわば「厚い」ものであることである。

（44）αについて専門家としての知的権威を得るために、αの遂行が現にできる、あるいはかつてできた、ことを必要とするかどうかは、本論文では論じることのできない非常に興味深い論点である。本論文では、αについての専門家であることは、αを遂行できることを含意しないと理解する。

(45) Habermas, *Faktizität und Geltung*, op. cit., 451-452 (bes. 451). ハーバマスは、『公共性の構造転換』に一九九〇年に付した前書きで、そのような小さな公共圏としてアソシエーションを挙げている。Habermas, *Strukturwandel der Öffentlichkeit*, op. cit., Abs. 4 (bes. 45-47). ミサクは、ここで議論している公共的な問題提起について、公的であることと私的であることの区別を批判しながら、論じる。Misak, *Truth, Politics, Morality*, op. cit., 117-122. なお本論文では、「厚い探求」の理論を求めているので、ミサクの批判する「中立性原理」は当然採用しない。Ibid., 108.

(46) このことから、私の信用の表明が却ってBの信用を毀損することの理由もわかる。すなわち、特にBが疑問に思っていないところで、BがAに対するα遂行についての信用を表明すると、Aのα遂行についての信用に疑いがあることを発話の含みとして持つ。

(47)「問題状況がない」とされる場面には二つの可能性がある。一つは、本当に問題がなく相互行為がうまく進んでいる状態である。このときには、そもそも相互行為は問題化されるべきではなく、淡々と行為を続けるべきである。しかしおそらく少なくない場面で、実際には相互行為に問題が生じているにもかかわらず、そこに公共的な問題があると意識されない場面がある。公共的意見形成の開始点である問いだては、そのような隠れた問題状況を明示化するためにある(が、それがうまくいくかどうかは、また別の問題である。Fricker, *Epistemic Injustice*, op. cit., esp. chap. 7参照)。

(48) Habermas, J., „Freiheit und Determinismus," in *Zwischen Naturalismus und Religion*, Suhrkamp, 2005, 166.

(49) Habermas, *Faktizität und Geltung*, op. cit., 438.

(50) Habermas, Ibid., 440.

(51) Habermas, Ibid., 439-440.

(52) Fraser, "Rethinking the Public Sphere," op. cit., 115-116.

(53) Habermas, *Faktizität und Geltung*, op. cit., 441.

政治的自由の平等を擁護する

〈政治的自由の公正な価値〉はなぜ重要なのか

田中将人

一　問題の所在

政治的自由の平等は、リベラル・デモクラシーの中核をなす理念であり、重要性は広く認められている。ただし、その内実や程度は必ずしも自明なものではない。

選挙権を考えてみよう。一人一票の原則に異議を唱える人は少ないと思われる。だがそれだけでは政治的自由の平等は保障されない。たとえば、形式的には平等であっても、区割り上どうしても一票の格差が生じる。あるいは、社会的・経済的に恵まれた者やアクターは、政策形成に強い影響力を及ぼすことができる。被選挙権についてもさまざまな問題がある。立候補や当選の要件が平等なだけでは、やはり政治的自由の平等は保障されない。政治家のジェンダーバランスの偏りや世襲議員の多さはそのことを物語っている。

そこで、政治的自由についてもより実効的な平等が必要だ、という立場がでてくる。J・ロールズはその代表的論者のひとりである。『公正としての正義　再説』や『政治的リベラリズム』などの後期著作で、彼は〈政治的自由の公正《フェア》な価値《バリュー》〉が重要だと主張した。簡単にいえば、すべての市民は選挙結果に影響を与えたり公職に就いたりする点で公正な機会をもつべきだ、という要請である。第二節で詳説するが、本稿ではこれを「ＦＶＰＬテーゼ」とよぶ。

しかし、ＦＶＰＬテーゼに対して、リベラリズムやリバタリアニズムの研究でしられるＳ・ウォールとＪ・ブレナンは強力な批判を提起した。彼らによれば、〈政治的自由の公正な価値〉を支える論拠は説得力を欠いており、ゆえにこのテーゼは成功していない。本稿の目的は、両者の批判への応答、すなわち〈政治的自由の公正な価値〉がなぜ重要なのかを示すことをつうじて、政治的自由の実効的な平等を擁護することである。

具体的にいえば、ウォールの「ロールズと政治的自由の地位」と、ブレナンの『アゲインスト・デモクラシー』――「第四章　政治はあなたにも私にも力を与えない」「第五章　政治はポエムではない」――を主要な検証対象とする。ウォールの論文はロールズ解釈を主題としたものであり、さまざまな論考を参照しながら、ＦＶＰＬテーゼが説得力に欠けることを内在的に示すことに主眼がおかれている。ブレナンの本は、エピストクラシー（知者による統治）の擁護をテーマとするもので、ＦＶＰＬテーゼへの批判も既存のデモクラシー批判の一環としてなされたものである。

意義として、三点をあげることができる。第一に、政治的自由の平等はリベラル・デモクラシーの理念をなすため、その再擁護は重要だと考えられる。自由や平等の退潮が指摘される昨今では、現実に対する示唆も大きいと思われる。第二に、〈政治的自由の公正な価値〉の検討をつうじて、①支配の不在、②道徳的発達、③対等な地位の表出という規範理論上の重要なトピックを、整理したうえで統合的に捉えることができる。第三に、後期ロールズ研究への貢献があげられる。『正義論』以降のロールズは現実に妥協的になったとしばしば批判されてきたが、以下での議論はそうした見解に対する代替的な解釈を示すものにもなるだろう[1]。

構成は以下のとおりである。最初に、〈政治的自由の公正な価値〉の要請を「ＦＶＰＬテーゼ」として定式化し、ウォールとブレナンの批判を確認する。具体的には、①支配の不在、②道徳的発達、③対等な地位の表出という三つの論点を検討する（第二節）。つづいて、各論点への応答を試みる。①では、政治権力の特性、支配の事実、②では、適切な社会的条件の確保、政治家の育成、③では、機会概念／行使概念、正義の原理／正統性の原理という分析枠組を踏まえて、〈政治的自由の公正な価値〉がなぜ重要なのかを論証する（第三節）。最後に、結論と残された課題について述べる（第四節）。

二　政治的自由の公正な価値への批判

1　政治的自由の公正な価値テーゼ（ＦＶＰＬテーゼ）

最初にロールズの議論を確認しておきたい。『政治的リベラリズム』（一九九三年）冒頭で、正義の二原理は次のように定式化されている。

（ａ）各人は平等な基本的諸権利と諸自由からなる十全に適切な制度枠組みに対する平等な請求権を有しており、この制度枠組みは全員にとって同一の制度枠組みと両立可能である。そしてこの制度枠組みにおいては、平等な政治的自由（equal political liberties）が、しかもこの自由のみが、その公正な価値（fair value）を保障されなければならない[2]。

（ｂ）社会的・経済的不平等は次の二つの条件を充たさなければならない。第一に、社会的・経済的不平等は、公正な機会の平等という条件のもとで全員に開かれた地位と職務に伴うものでなければならない〔公正な機会平等原理〕。そして第二に、社会的・経済的不平等は社会の中でもっとも不遇な状況にある成員にとって最大の利益となるものでなければならない〔格差原理〕（Rawls 2005: 第一講義 §1.1, pp.5-6＝八頁）

傍線部のテーゼが本稿の主題である。以下ではＦＶＰＬテーゼとよぶ[3]。

ＦＶＰＬテーゼ――〔平等な基本的自由を管轄とする第一原理のなかで〕平等な政治的自由が、しかもこの自由のみが、その公正な価値を保障されなければならない。

ロールズは自由と自由の価値を区別する。簡単にいえば、自由の価値とは自由を有効に使えるリソースのことであり、所得や余暇といった基本財で測られるものである。そして彼は、基本的自由はすべての人に平等に保障されなければならないが、自由の価値については厳密な平等を保障することは難しいし、その必要もないとする。たとえば、誰もが移動の自由をもつべきだが、海外旅行を等しく楽しめることまでを保障されなくてもよい。

しかしここでロールズは、政治的自由（選挙権と被選挙権）は、例外的にその価値までもが保障されねばならないと強調する。実はＦＶＰＬテーゼは『正義論』（一九七一年）には存在せず、八〇年代後半に執筆された『公正としての正義再説』（二〇〇一年）で練られたものだった[4]。いわゆる「政治的展開」を遂げた後期ロールズにおいて、政治的自由もまた位置づけを改められたのである。

『再説』第四五節「平等な政治的自由の公正な価値」では、ＦＶＰＬテーゼについて以下のように説明されている。

> ①この保障は、市民の社会的・経済的地位が何であれ、すべての市民にとっての政治的自由の価値が、誰もが公職に就いたり選挙結果に影響を与えたりなどする公正な機会をもつという意味で、充分に平等でなければならないということを意味する。公正な機会のこの観念は、第二原理における公正な機会平等の観念に類似している。
>
> ②正義原理が原初状態で採択されるとき、第一原理はこの但書を含んでおり、当事者たちはこのことを考慮に入れて彼らの推論を行うものと理解されている。政治的自由の公正な価値の要請は、基本財の使用と並んで、正義の二原理の意味の一部なのである（Rawls 2001: §45.2, p.149＝二九七頁）

①が述べるように、ＦＶＰＬテーゼはたんなる形式的な平等ではなく公正な平等を求めるもので、「公正な機会平等の原理」に類似しているとされる。これは正義の第二原理の前半部にあたり、「才能と意欲が同レベルである者には、生まれや育ちに関係なく、同レベルの成功の見込みが保障されなければならない」とする原理である。進学や就職で形式的には機会が開かれていても、家庭環境や貧富の差が有意な影響を及ぼしているような場合、公正な機会平等の原理

は侵害されていることになる。

それゆえＦＶＰＬテーゼは、一人一票や立候補資格の平等が形式的に満たされるだけでなく、実効的なものになることまでを要求する。

ＦＶＰＬテーゼ（政治参加の公正な機会平等）――同様の才能と意欲をもつ市民は、政府の政策に影響をあたえたり、権威ある地位についたりする可能性にかんして、社会的・経済的階層にかかわらず、ほぼ等しいチャンスをもつことができる（Rawls 2001: §13.5, p.46＝九〇頁）

②はロールズ理論内部でのＦＶＰＬテーゼの位置づけについて補足したものだ。原初状態の当事者はこのテーゼが第一原理に含まれることを承知のうえで正義原理を選択すると想定されている。つまりＦＶＰＬは、第二原理に辞書的に優先する、強い要求として捉えられている。また「正義の二原理の意味の一部」とされているように、ＦＶＰＬテーゼはそれ単体ではなく正義原理全体の観点から解釈されねばならない。

政治的自由の地位についてては、ウォールが有益な整理をしているので参照しておきたい。前提として、彼はここでハーバーマス＝ロールズ論争（一九九五年）を踏まえている。争点のひとつは、コンスタンの言葉を借りていえば、政治的自由（古代人の自由）とそれ以外の基本的自由（近代人の自由）との関係だった。ハーバーマスは、ロールズが近代人の自由を古代人の自由に優先させているのでないかと問題提起した。つまり、まだ充分に民主的ではないという批判である。

『正義論』の段階であればまだしも、『政治的リベラリズム』ではＦＶＰＬテーゼを補訂していたのだから、ロールズからすれば批判は不本意だったろう。しかしこのテーゼは充分に説明されておらず、当時は『再説』が公刊されていなかったこともあって、ハーバーマスが誤読をしていたともいいがたい。むしろ論争をつうじて、ＦＶＰＬテーゼの内実がより明らかになったといえる。要点は、古代人の自由と近代人の自由は、正義の二原理に対して等根源的な関係にあるというものだ（Rawls 2005: 第九講義 §4）。つまり政治参加の自由は、思想・良心の自由などに劣らず、同等の重要性をもつと明言されたのである。

ウォールによれば、政治的自由の地位について五つの解釈が可能である[5]（Wall 2006: p.262）。

①政治的自由は（第二原理の管轄である）社会的・経済的自由に優先し、（思想・良心の自由、人身の不可侵性、法の支配といった）他の基本的自由（＝近代人の自由）よりも高い地位にある。

②政治的自由は社会的・経済的自由に優先し、他の基本的自由と同じ地位にある。

③政治的自由は社会的・経済的自由に優先するが、他の基本的自由よりも低い地位にある。

④政治的自由は社会的・経済的自由に優先しないが、内在的価値をもつ。

⑤政治的自由は社会的・経済的自由に優先しないし、内在的価値をもっていない。

①から⑤にすすむにつれて、政治的自由の地位は高いものから低いものになってゆく。①は政治参加に至高の価値を認める立場である。だが先述した等根源的な関係からして、古代人の自由が近代人の自由に優位するとまではいえないし、ロールズはこの考えを明確に否定している「〈公正としての正義〉は、古典的共和主義とは完全に両立するが、シヴィック・ヒューマニズムは退ける」（Rawls 2001: §43.3, p.142=二八四頁）。②はロールズ――とくに後期の――が支持する立場であり、FVPLテーゼの根拠になるものだと思われる。③はコンスタンやバーリン的な立場であり、政治的自由の価値を認めるが、近代人の自由を優先するものである。④はさらにそれをすすめた立場であって、価値は認めるものの、政治的自由と社会的・経済的自由に対するスタンスに区別を設けない。最後に⑤は、ある種の極論だが、そもそも政治参加に価値を認めない。

ウォールは、ロールズの議論を全体としてみれば説得的なのは③（あるいは④）であって、いずれにせよ②に依るFVPLは妥当ではないと結論している。彼は政治的自由が価値をもつことは否定しないが、それは他の基本的自由に比べて劣るため、ＦＶＰＬを過度の要求として退ける。ブレナンは、おもに⑤（ときに④）の立場をとっている。この考えからすると、そもそも政治的自由はたいしたものではないのだから、ＦＶＰＬは最初から筋違いだということになる（両者の批判については、第二節で詳しく述べ直す）。

これに対して、本稿は②の立場にたち、ＦＶＰＬテーゼを擁護する。すなわち、なぜ・いかにして以下のテーゼが妥当であるかの論証を試みる。

②政治的自由は社会的・経済的自由に優先し、他の基本的自由と同じ地位にある。

ＦＶＰＬテーゼ——（平等な基本的自由を管轄とする第一原理のなかで）平等な政治的自由が、しかもこの自由のみが、その公正な価値を保障されなければならない。

ＦＶＰＬテーゼの擁護をつうじて、その内実をより明確なものとし、いかなる含意をもつかを明らかにすること。それが本稿の目的である。

２　三つの論争点とその批判

ＦＶＰＬテーゼに対する代表的な批判として、ウォールとブレナンによるものをとりあげ、なぜ政治的自由が重要なのかについて、①支配の不在、②道徳的発達、③対等な地位の表出という三つの論点につき、両者がいかなる批判をしているのかを確認する。応答は第三節でおこなう。

①支配の不在——ＦＶＰＬは、支配の不在を達成するために必要である。

②道徳的発達——ＦＶＰＬは、道徳能力を発達させるために必要である。

③対等な地位の表出――ＦＶＰＬは、対等な地位を表出するために必要である。

これらは政治的自由（政治参加）の価値をどのように考えるかという点でも区別される。①は、政治的自由を手段的価値の観点から捉えている。②は、政治的自由を道徳発達の手段とみなすが、そのためには行為者が政治参加に何らかの意義を見出すことが必要なので、手段的価値と内在的価値を合わせもつと考える。③は、政治的自由を内在的価値の観点から評価する。

(1) 支配の不在――ＦＶＰＬと密接に結びついていない

なぜ政治参加は重要なのか。あるいは、それを充分可能にするＦＶＰＬテーゼが要求されるのか。第一の候補は「支配の不在」である。支配の不在（non-domination）とは、共和主義の政治理論で掲げられる目的だが、現代の代表的論者としてはＰ・ペティットがいる（Pettit 1997）。これは主人（強者）が臣下（弱者）に対してもつ（潜在的な）権力にかかわるものだ。主人が臣下の選択に干渉する能力をもち、しかもこの能力を思うままに・処罰されずに行使可能な場合、支配は存在する（Brennan 2016: p.95＝上 一五八頁）。

主人の能力はつねに行使される必要はない。寛大な主人は臣下の私生活に干渉せず、自由を侵害しないかもしれない。しかし、主人による干渉や侵害の可能性が保持されているかぎりで――状況が変われば、彼は臣下に過酷な命令を下しうる――支配はなお存在すると現代の共和主義者たちは考える。

それゆえ共和主義は、権力の過度の集中を防ぐためのさまざまな対案を打ち出そうと試みる。(6) ＦＶＰＬテーゼは、実際、選挙制度の改革といった〈支配の不在〉をめざす提案とともに主張されており、ロールズも古典的共和主義との近しさを強調している（Rawls 2001: §§43-45）。

それでは批判についてみてゆきたい。ウォールは〈支配の不在〉というタームを用いていないが、「ＦＶＰＬが正義にかなった立法を長期的に確保するためにベストな手段であるか否か」という論点を検討している（Wall 2006: pp.250-

252)。それゆえ、共和主義の政治理論を念頭においたとしてもこの議論は成立すると思われる。
もっともウォールによれば、経験研究上のデータに依存するため、規範理論の観点のみからこの問いに答えることは難しい。支配のありかたは社会によって異なるからである。つまりこれは、政治理論・政治哲学の先決事項というより、政治社会学の問題として捉えられるべき論点なのだ。それゆえ政治的自由が〈支配の不在〉にとって重要なのは確かだとしても、示しうるのは「ゆるやかな道具的な結びつき」があることにとどまるとされる[7]。
ブレナンの批判はより踏み込んだものだ。彼は政治的自由が〈支配の不在〉にとって有効であることを否定しないが、重大な留保を付している。

> ペティットの見解は、諸個人の大規模な集合体について考える場合には正しいように思われる。もし私たちがすべての黒人の選挙権と被選挙権を奪うのであれば、これはほかの人種が黒人を搾取し、支配し、抑圧することを容易にするであろう。しかしながら、これは個人としての黒人にとって政治的諸自由の保持や政治参加に価値があるということを示していない。それはせいぜい、充分な数の黒人が政治的諸自由を保持していることが個々の黒人にとって価値があることを示しているに過ぎない（Brennan 2016: pp.97-98＝上 一六二頁）

つまり彼は、政治的自由がマクロな次元では有効だと認めるものの、ミクロな次元ではそうでないとする。以下の二つのテーゼをみてみよう（ibid.）。

A：ある個人を除くすべての黒人は政治的自由をもっている。
B：（その個人を含む）すべての黒人は政治的自由をもっている。

ブレナンによるなら、両者に有意な差は存在しない。もしAが〈支配の不在〉を達成しているならそれで問題ない

し、Aでは達成できないがBだとできるようなケースは、少規模での政治をのぞけば、きわめて例外的なものだからである。(8)

それゆえ、〈支配の不在〉を達成するために、個人としてのあなたや私に政治的自由が必要だという議論には説得力がない。これは形式的な政治的自由（参政権）の必要性すら否定する主張なので、当然ながらFVPLテーゼを退けるものとなる。あるいは以下でみるように、政治的自由がなくとも経済的自由があるなら問題ない、とブレナンは考えるのである。

(2) 道徳的発達――FVPLを特別視する理由がない

FVPLテーゼのための第二の候補は「道徳的発達」である。「生涯を通じて、道徳的人格性の二つの力を適切に発達にさせ十全に発揮するために必須の社会的条件はどの自由であるかを考察する方法」によって、基本的自由のリストは作成される（ロールズ 2022: 第八講義 §1, p.293= 三五〇頁）。政治的自由は、道徳能力の発達に欠かせないとされ、ゆえにリストアップされる。

ロールズの用語でいうと、合理性と道理性という二つの道徳能力の発達にとって、政治参加は必須だということになる。合理性とはみずからの価値観を形成・修正・追求する能力のことであり、自由で自律した人生を送るために欠かせないものである。道理性とは多数の人びとがかかわる妥当な制度やルールに従おうとする正義感覚のことであり、これを欠けば社会的協働は困難になる。

ウォールもブレナンも、こうした道徳能力が重要であり発達が望ましいことには同意する。しかし彼らは、だからといってFVPLは必ずしも正当化されないと批判する。要点はシンプルだ。政治参加以外の手段によっても道徳能力の発達が可能だとすれば、政治的自由を特別視する理由がないというものである。

なぜ政治的自由が、ましてやその公正な価値の保障が、正義感覚の充分な発達に必要なのだろうか。政治的でない社会生活であっても、正義感覚を育む多くの機会をあたえてくれる。いくつか例をあげよう。親は子供を公平に扱う方法を決めなければならないし、雇用主は従業員を雇用・昇進させる公正な方法を考えなければならない。あるいは人々は一般的に、自分の収入（または時間）のうち、もしそうするとして、他人を助けるためにどれだけの時間を割くべきかについて考える必要がある（Wall 2006: pp.255-256）

それゆえ、政治参加が道徳的発達を促すものだとしても、それだけではＦＶＰＬの理由にはならない。政治的自由が道徳能力の発展に必須であり、きわめて重要だということが示されなければならないからだ。だが先にみたように、政治参加に至高の内在的価値を認めるシヴィック・ヒューマニズムの論法は禁じられている。だとすると、ウォールがあげる社会的・経済的生活への参加から、政治参加がもつ固有の価値を区別することは難しいようにも思われる。

ブレナンは同様の主張をより詳しく検討している。代表的なロールズ研究者のＳ・フリーマンの議論を参照しつつ、彼は、ロールズ＝フリーマン・テスト（ＲＦＴ）を考案する（Brennan 2016: p.101＝上 一六七頁; Freeman 2007）

ＲＦＴ――なんらかの自由Ｘは、Ｘが二つの道徳能力を人生全体を通して適切に涵養し十全に行使するためのすべての市民にとっての不可欠な社会的条件である、まさにその場合にのみ基本的自由である。

ブレナンはここで、フリーマンとＪ・トマーシの論争に注目する。経済的自由を高く評価するトマーシは、ウォールが述べていたように、たとえば工場経営が道徳能力の発達に重要だと主張した(9)。対してフリーマンは、一部の人にとってはそうかもしれないが、すべての人にとって不可欠ではないと応答した。つまり工場経営のような厚い経済的自由は、ＲＦＴをパスしないというわけである（cf. Rawls 2001: §32.6）。

ブレナンはこれを認めたうえで、同様のことが政治的自由にも当てはまると切り返す。つまり政治的自由もまたＲＦＴをパスしないだろうと反論する。ブレナンによれば、彼自身も含め、少なからぬ人びとは政治的自由をさほど重視せず行使もしていない。にもかかわらず、そうした人びとの多くは、合理性と道理性という道徳能力を発達させているはずだ（フリーマンがこれらを論点先取で定義していないとすれば）。ＲＦＴは要求度が高すぎるテストなのである。

かりにブレナンが正しく、政治的自由がそもそも道徳能力の発達に必須な基本的自由でないとすれば、ＦＶＰＬテーゼもまたその効力を失うことになる。

(3) 対等な地位の表出――FVPLは多くの社会で必要ない

ＦＶＰＬテーゼを支持する第三の候補は「対等な地位の表出」である。これは重要な基本財である自尊（self-respect）に関係する。自分自身やみずからの生き方に価値を見出せるとき、自尊（心）という道徳感情はたしかなものとなる。そのためには、この感情を可能にする社会的基盤がしかるべく整備されていなければならない。

政治制度が該当するのはいうまでもない。またある種の制度が、市民をたがいに道徳的に対等な存在とみなすのを奨励するうえで、他の制度よりすぐれていることもたしかである。そしてこの点で、ＦＶＰＬは「対等な関係性」を際立って表出することにより、人びとが自尊を抱くことをもっともよく可能にすると主張される。政治参加の内在的価値に焦点をあわせた議論である。

逆方向から考える方がわかりやすいかもしれない。政治的自由が平等に保障されていなかった場合、劣位におかれた人はどのような感情を抱くだろうか。彼は自分を二級市民だと感じ、政治を冷ややかに眺めるようになるかもしれない。それは自尊の劣化を招くことになる。対等な地位の表出は、スティグマ化を回避するために必要なのである。

ウォールとブレナンも、自尊が重要なものだということは認めている。[10] しかし彼らは、だからといって、ＦＶＰＬは必ずしも正当化されないと批判する。まずはウォールの反論を確認しておこう。自尊からのＦＶＰＬ擁護が成功するためには、以下の三点が真でなければならない（Wall 2006: p.259）。

①自尊の社会的構成要素は、社会の基本制度がすべての市民の対等な地位を公共的に表出すること（publicly

express）を要求する。

②´政治的自由の公正な価値（FVPL）は、社会のすべての市民の対等な地位を公共的に表出する。

③´社会の基本制度がすべての市民の対等な地位を公共的に表出する手段にかんして、他に同様のすぐれたものがない。

ウォールは①´②´を認めるが、③´には異議を唱える。つまり彼は、FVPLが適切な自尊の基盤になることは疑わないものの、あくまで選択肢のひとつにすぎないと考える。もし別の手段でも①´を充たせるのだとしたら、FVPLテーゼを支持する決定的な理由はなくなる。

それでは別の手段とは何か。ウォールは以下のような議論を展開している（Wall 2006: pp.260-261）。まず彼は、社会によっては③´が真になると認める。たしかにそこでは、程度に応じて、FVPLの失敗は一部の市民の自尊を毀損するパブリック・メッセージを表出することになる。だがこの想定は、あらゆる非権威主義的な社会でまで妥当しないのではないか。たとえば社会によっては、充分な生活保障があるなら、政治的自由の価値に結構な格差があっても、人びとはそれを厭わしく思わないかもしれない。つまりウォールは、少なからぬ社会ではFVPLまでいかなくとも、いわばそれなりの充分主義でよいと考えるのである。

ブレナンはより挑戦的な反論を展開している。彼はまず、ウォールと同様に③´を退ける。政治的自由を欠く場合、自尊が損なわれるという主張は自明なようにも思われる。「しかし、それはひょっとすると、私たち西洋のリベラル・デモクラシー支持者がたまたま有する考え方の偶然的な特徴でしかないのかもしれない」（Brennan 2016: p.128=上二一三頁）

ブレナンはこの論法をすすめて、②´までも——さらにはFVPLにとどまらず、形式的な政治的自由の意義までも——退けようとする。彼は「赤いスカーフ」のアナロジーを用いる（Brennan 2016: pp.128-129=上二一三―二一五頁）。

赤いスカーフ：この社会では一八歳になると政府から赤いスカーフがあたえられ、それが一人前の証だとみなされている。さて、政府が同性愛者を除く全員に赤いスカーフをあたえると仮定する。このとき同性愛者は憤慨し、政府に対する抗議活動を起こすかもしれない。だが実のところ、赤いスカーフと人間の尊厳に内的な結びつきは存在しない。それは社会的構築の奇妙な産物なのだ。別の社会の人からすれば、そもそも赤いスカーフは特段の価値をもっていない。

ブレナンは、平等な投票権も赤いスカーフのようなものではないか、と問題提起する。むしろ彼によれば、政治的自由（選挙権と被選挙権）に特別な象徴的意味を読み込む態度こそがあらためられるべきなのだ。つまり政治権力と尊敬を結びつけることは道徳的に望ましくない。

デモクラシーはポエムや絵画ではない。デモクラシーは政治システムなのだ。それは根底においては、正統な暴力の独占を主張する制度が、どのように、いつ暴力を行使するかを決定する方式である。ロールズ自身が信じるように、政府と政治的構造は、協働の便益を保障し、正義を促進し、平和を保障することを促すためのものである。それらは第一義的には、自尊心を高めたり、維持したり、制御したりするための制度ではない（Brennan 2016: pp.125-126＝上二〇九―二一〇頁）

こうしてブレナンは、理念よりも現実を強調する政治観をとることによって、FVPLテーゼを退ける。率直にいって、赤いスカーフと政治的自由のアナロジーは相当に強引だと思われるが、これについても次節で応答したい。

三　政治的自由の公正な価値（FVPL）はなぜ重要なのか

1　応答の概要

ＦＶＰＬテーゼをめぐる三つの論争点は次のようなものであった。

①支配の不在――ＦＶＰＬは、支配の不在を達成するために必要である。
②道徳的発達――ＦＶＰＬは、道徳能力を発達させるために必要である。
③対等な地位の表出――ＦＶＰＬは、対等な地位を表出するために必要である。

ウォールとブレナンはいずれに対しても異議を唱えていた。ウォールは基本的に政治的自由を評価し、ブレナンはときに政治的自由そのものを重視しないという違いはあるが、ＦＶＰＬテーゼが説得力を欠くとする点では共通する。端的にいえば、ＦＶＰＬがなかったとしても、①支配の不在、②道徳的発達、③対等な地位の表出はどれも達成可能だという批判である。

彼らの指摘には一見説得力がある。しかし、はたしてそれは実情に即しているだろうか。以下ではとくに、①では「政治権力の特性」、②では「適切な社会的条件」、③では「正義の実現」という論点に注目しつつ、ＦＶＰＬテーゼの再擁護を試みたい。

2　三つの論争点への応答

(1)　支配の不在――政治権力の特性、支配の事実

ウォールとブレナンは以下のように論じていた。両者はたしかに支配が問題だとは認める。しかし、政治的自由と支配の不在にはせいぜい「ゆるやかな道具的な結びつき」があるにすぎない（ウォール）。あるいは、個人としてのあなたや私に政治的自由が必要だということにはならない（ブレナン）。いずれにせよＦＶＰＬは説得力を欠く。

これに対して、私は支配の不在とＦＶＰＬには密接な結びつきがあると応答したい。ウォールに対してはＷ・エドムンドソン、ブレナンに対してはＩ・ゴンザレス－リコイとＪ・ケラルトの反論があるが、これらも参考にしつつ、なぜＦＶＰＬが必要なのかの論証を試みる。なお本項では、あくまでも手段的価値のみに注目する。以下では、①政治権力の特性、②〈支配の事実〉の想定という二つの論点を取り上げる。

①最初にブレナンへの批判からみてゆきたい。彼の立論の特徴は、政治と経済を区別しない（場合によっては後者を優位におく）ところにある。政治的自由が制限されていても経済的自由が充分に確保されているなら問題ない。あるいは、政治的自由が確保されていても経済的自由が過度に制限されているなら問題含みである。

ケラルトらは、政治権力は四つの点で特別なものだと指摘する。第一に、医療・国防・司法といったサービスを統括し、市民の基本的権利や自由へのアクセスに重大かつ永続的な影響を及ぼすこと。第二に、実力の威嚇によって支えられており、強制力をもつ制裁を課すこと。第三に、回避が困難であり、国外移住によってしか逃れることができないこと。第四に、指令があらゆる私的判断に対して規範上の優位性をもつこと。これらは相互に関連してもいる（González-Ricoy and Queralt 2018: pp.618-625）。

つまり政治権力は「独占的で、広範で、強制的で、回避不能で、最終的なタイプの権力」なのである。それゆえ〈個人レベルで政治参加が認められていなくとも、集合レベルで支配が防がれているなら問題ない〉というブレナンの主張は疑わしい。そうした好条件が成立している場合があるとしても、ひとたび支配のきざしが認められたとき、政治的自由の価値が実効的でなければ（最低でも参政権がなければ）復元はむずかしくなる。

ケラルトらはスペインのアナキストの例をあげている。彼らは選挙嫌いだったが、ファシズム台頭下の一九三六年選挙では人民戦線を支持して投票に行き、ファシストを政権から追いやることに成功した。無論このあと右派のクーデターによって内戦が勃発するのだが、ブレナン的な社会であればさらに悪いシナリオが展開していただろう。

もっとも社会的・経済権力にも四つの特徴は認められるかもしれない。ＧＡＦＡに代表されるプラットフォーマーはある意味で国家をこえる権力をもつともいえる。ただし、社会的・経済的領域における支配を正すためには、政治的自由の改善が欠かせない。反対に、ひとたび政治的支配が確立してしまえば、それ以外の領域での支配を是正するのは困難となる。支配の不在を達成するために、政治的自由は重要な手段的価値をもっている。[11]

政治的自由の改善が首尾よく社会的・経済的な支配を低減した例としては、スウェーデンをあげることができる。一八六五年から一九一一年までは「一人百票」のすさまじい金権政治であったが、二〇年代初頭に社会民主主義政権が誕生するとこの格差は改められ、社会的・経済的な平等も改善し、以降は世界でも有数の福祉国家になった（ピケティ 2024: 九二―九六頁）。なお同時代には、社会主義革命も起こっている。しかしこちらは、社会的・経済的な平等を一時的には達成できたかもしれないが、政治権力については一層の不平等を招くことになった。やがてそれは過酷な支配に帰着する。以上のことは、政治的自由の重要性を示すものだといえるだろう。

②つづけて、ウォールへの批判をとりあげる。ブレナンへの批判はウォールには全面的にあてはまらない。彼は政治的自由の形式的な平等（プラス一定の実質的平等）を認めていたからだ。しかしウォールによるなら、支配の不在の条件は社会によって異なり、必ずしもＦＶＰＬは必要とされない。彼はこのことを、ロールズのタームも踏まえて、支配の不在と政治的自由の関係は、政治哲学というよりは比較歴史学や社会学の分析によって考察されるべきだと述べていた（Wall 2006: p.267 n.41）。

これは、当該社会の来歴や性格をふまえて検討すべきだという、ごくまっとうな指摘のようにもきこえる。[12] しかし、エドムンドソンはウォールを批判しつつ述べる。「ロールズがＦＶＰＬを――そしてＦＶＰＬだけを――保障するひとまとまりの一般的事実を指す用語を導入しよう。これを〈支配の事実〉（the fact of domination）とよびたい」（Edmundson 2017: p.60）。ウォールの想定とは異なり、支配の問題は一般的事実のレベルで捉えられるべきものなのだ。ＦＶＰＬを欠く場合、支配の出現は例外というより常態なのである。

このことを裏づける実証研究も出てきている。Ｔ・ピケティが示したように、資本収益率は経済成長率を通常超過する。とりわけアメリカでは八〇年代から超富裕層への大幅な減税が実施され、あわせて経済権力の政治権力への転化という不都合な事実が露わなものとなった（ピケティ 2014）。[13] だとすれば、『再説』『政治的リベラリズム』での第一原理へのＦＶＰＬテーゼの追加は、迅速で妥当な反応だったとも考えられる。

さらにエドムンドソンは〈支配の事実〉と〈理にかなった多元性の事実〉の類推を試みている（Edmundson 2017: p.64）。この主張は興味深いが、展開されていないため補いたい。〈理にかなった多元性の事実〉とは、政治的リベラリズムの理論上の起点となる、いまの社会には相互に共約不可能な、ただし理にかなった複数の価値観が存在するという想定である（Rawls 2005: 第一講義 §6）。宗教や道徳上のさまざまな教義が代表的なものといえるが、公共的理性や重なり合うコンセンサスといった分析枠組はこの新しい事実に対応するために導入された。

その度合いは社会によって異なる。さまざまな価値観が存在する社会、違いの程度が大きい社会もあれば、そうでない社会もあるだろう。大多数が同一の価値観をもつ社会も想定可能ではある。しかしそうした社会であっても、多数派の価値観を少数派の価値観に押しつける――重なり合うコンセンサスをたんなるコンセンサスにする――試みは、必ずや抑圧にゆきつく。

大部分にコンセンサスが成立していたとしても、それは〈理にかなった多元性の事実〉を退ける説得的な理由にはならない。同様にして、少なからぬ社会がほどほどの政治参加でうまく回っていたとしても、それだけでは〈支配の事実〉への反証にはならない。むしろ逆に、相対的に高レベルでの社会保障にもかかわらず政治的支配が生じた例があれば、ＦＶＰＬテーゼを要請するものとして捉えるべきだろう(14)。

以上、①政治権力の特別性、②〈支配の事実〉の想定という二点についてＦＶＰＬテーゼを擁護してきた。「支配の不在」はＦＶＰＬの主要論拠であり、以下でみる「道徳的発達」と「対等な関係性の表出」は別個の論点だが、これを補強するものでもある。

(2) 道徳能力の発達――適切な社会的条件の確保、政治家の育成

本項では、道徳的能力の発達の観点から、ＦＶＰＬテーゼを支持する二つの応答を示す。第一はＲＦＴ批判の反駁であり、「いかなる仕方で自由を行使すべきか」が重要になる。第二は被選挙権の平等の擁護であり、政治家がもつべき

道徳能力に注目する。

それではまず、ブレナンの批判に応答したい。道徳能力にかんして、彼はロールズとフリーマンを参考にしつつ次のテストを提案していた（Brennan 2016: p.101＝上一六七頁）。

> ＲＦＴ――なんらかの自由Ｘは、Ｘが二つの道徳能力を人生全体を通して適切に涵養し十全に行使するためのすべての市民にとっての不可欠な社会的条件である、まさにその場合にのみ基本的自由である。（強調は引用者）

政治的自由はＲＦＴをパスできないとされた。なぜなら、政治参加をしなくとも道徳能力を発達させている人はたしかに存在するからである。ただしこの基準はあまりに厳しい。というのも、権威主義体制下ですら少数の勇敢な人は合理性と道理性をもちうるとすれば、道徳能力の涵養にはほぼいかなる自由も必須ではなくなるからだ。

そこでブレナンは、フリーマンに可能な反論として、ＲＦＴをゆるやかに修正するという選択肢を提示している（Brennan 2016: p.105＝上一七四頁）。要点は「涵養」と「行使」の切り分けにある。

> 修正版のＲＦＴ――自由を基本的なものにするのは、すべての人にとってそれが生の全体を通した道徳的人格性の二つの能力の適切な涵養もしくは十全な行使のための不可欠な社会的条件であることである。（強調は原文）

ブレナンは政治的自由がこの修正版ＲＦＴをパスしうることを認める。「それ〔道徳的能力〕を行使するためには十全で平等な選挙権が必要であるのかもしれない」（ibid.）。しかし彼はさらにすすんで、この場合、トマーシが推す工場経営のような厚い経済的自由もパスすることになる――それゆえ、政治的自由は経済的自由に優先するものではなくなる――と主張する。いずれにせよフリーマンの立論、ひいてはＦＶＰＬは説得力を欠く。

ウォールの批判も同旨だと解釈できるが、両者の主張を次のように整理しておきたい。

α：道徳能力の発達にかんして、政治的自由と経済的自由の行使に重要性の違いはない。
β：経済的自由の公正な価値を認めないのなら、政治的自由についても同様にすべきである。
γ：ＦＶＰＬは非対称的なダブルスタンダードであって擁護できない。

しかし、この論証には飛躍がある。私もαには同意するが、だからといってβγが導かれるわけではない。いいかえればαとβγは分離できる。

次のケースを考えてみよう。政治家のＡ、ジャーナリストのＢ、タクシードライバーのＣがいる。三人は職業上それぞれ異なる度合いで政治的自由を行使している。Ａはフルに関与し、Ｂは部分的に関与し、Ｃはほとんど関与していない（Ｃは乗客との会話を好むが、政治の話は慎んでいる）。だが、ＡＢＣの職務と道徳能力の発達に必然的な結びつきはない。政治家はすぐれた仕事だがタクシードライバーはそうではない、と想定する必要はない（それだとシヴィック・ヒューマニズムになる）。政治家のなかにも道徳的能力を発達させた人とそうでない人が存在し、ジャーナリストやタクシードライバーでも同様だろう、というだけの話である。

ブレナンやトマーシ好みの工場経営者のＤを登場させてもよい。仮定上Ｄは政治的自由を行使しないが、経営者のなかにも、合理性と道理性を発達させた者とそうでない者がいるだろう。つまり重要なのは「政治的自由か経済的自由か」ではなく、「道徳的能力を発達させるかさせないか」「いかなる仕方で自由を行使すべきか」という論点である。

それではどのような場合、道徳的能力の発達は首尾よく促進されるのだろうか。実はウォールもブレナンも、あるべき社会的・経済的自由の行使についてはほとんど述べていない。おそらくは以下のようなものだろう。つまり、何かプランを立て、周囲の人と協力し、逆境に立ち向かい、目的を達成するといったものである。まさかそれは、権力や金力を傘に着て、他人をこき使い自分だけ栄達する、といったものではないはずだ。Ｄは経済的自由を存分に行使してよいが、専制君主のようにふるまうべきでない。

一般には消極的自由の擁護者とされるバーリンも次のように述べている。「資本家にとっての無制限の自由は労働者の自由を破壊し、鉱山所有者や親の無制限の自由は子供を鉱山労働に使うのを許すでしょう。弱者を強者にたいして守らねばならないし、その限りで自由を制限しなければならない、これは確実なことです」「財産にたいする無制限の自然権は神聖であるという考え――バークとフランスの革命家たちはともにそう信じていたと思います――は、私自身は承認できないと思っています」（バーリン、ジャハンベグロー 1993: 六八、一一四頁）

バーリンの主張は説得的だが、これを受け入れるとすれば、社会的・経済的自由の行使についても「支配の不在」がなるべく達成されていることが望ましい。政治権力は「独占的で、広範で、強制的で、回避不能で、最終的なタイプの権力」であるゆえに、政治的自由の実効的な平等のレベルがその他の領域の自由にあたえる影響は大きいと思われる。これは共和主義が〈法の支配〉を重視する所以でもある（Lovett 2022: ch.3）。だとすれば、αを認めるにしても、$\beta\gamma$は導かれない。むしろαはＦＶＰＬを必要とするのだ。

ＲＦＴの「不可欠な社会的条件」という箇所にあらためて注目しよう。たんに「不可欠な条件」でないのがポイントである。経済的自由と区別される政治的自由が基本的自由としてカウントされるのは、それが「支配の不在」という背景的な社会的条件と強いつながりをもつからなのだ。そしてこのつながりゆえに、政治的自由の価値は手厚く保障されるに値する。[15] ウォールとブレナンはαを指摘する点では正しいが、$\beta\gamma$については説得的な論拠を提出していない。

つづけて第二に、政治家の道徳的能力の発達の観点からＦＶＰＬを擁護したい。これは選挙権というより被選挙権の実効的な平等にかかるものだ。確認しておけば、本稿では、政治参加に関与する仕事ほど内在的価値がすぐれた職務だとは想定しない。道徳的発達の点でＡＢＣＤの仕事内容に優劣はない。ただし「一定の質をもつ政治家の育成」は社会全体にとってきわめて重要である。不適格な政治家が選ばれつづけるなら社会は衰退してゆく。

それゆえ政治家には、適切な道徳的能力を身につけることが求められる。ただし、この職業の選抜コストと育成コストは高い。政治的能力は、数学、芸術、スポーツなどの才能と異なり、若くして際立ってあらわれることは少ない。ペーパーテストと相関する部分もそこまで多くはないだろう。とりわけＦＶＰＬが弱い場合、形式的な政治的自由（被選挙権）の平等があっても、世襲議員の選出可能性が高まる。日本の国会議員に占める世襲議員の割合は三割近くにのぼるが、これはきわめて多いといわざるをえない。不適格な人材も少なくないだろう。

そうした人物は既得権益やコネクションに恵まれているため、専制君主のようにふるまえてしまうこともある。彼らは貴重な政治的自由を浪費し、誤った仕方で能力を発達させてゆく。この観点からすると、被選挙権においても公正な機会平等は重要なものとなる。

> ＦＶＰＬテーゼ（政治参加の公正な機会平等としての）――同様の才能と意欲をもつ市民は、政府の政策に影響をあたえたり、権威ある地位についたりする可能性にかんして、社会的・経済的階層にかかわらず、ほぼ等しいチャンスをもつことができる（Rawls 2001: §13.5, p.46＝九〇頁）[16]

このテーゼは、不適格な人材のリジェクト可能性を高めるとともに、社会的・経済的に不遇だがすぐれた政治的才能と意欲をもつ市民のリクルートメントを要請する。無論あらかじめ資質を見抜くのは容易ではないが、さまざまな人材が発掘・反映されることは、支配や徒党の発生を減少させ、適切な競争を促すことで、政治家志望者の道徳能力の発達に資するだろう。

キャリアパスがそれなりに多様であるのも望ましい。社会的・経済的領域での活動を経て資質を開花させる人もいる。この点で私はウォールやブレナンと同意見だが、重要なのはそれを政治参加につなげてゆくことである。Ａだけではなくｂｃｄからも政治への道を歩む者が出てきてもよいし、そうあるべきではないだろうか。ＦＶＰＬはそのような回路を確保するものでもある。

以上の議論をまとめておく。第一に、ＦＶＰＬは、経済的自由よりも政治的自由が内在的にすぐれているから要求されるのではない。むしろそれは、道徳能力を発達させるための適切な社会的条件という観点から必要とされる。第二に、ＦＶＰＬは、適切な政治家の育成という理由にもとづき、被選挙権の実効的な平等の観点からも擁護される。

(3) 対等な地位の表出――機会概念／行使概念、正義の原理／正統性の原理

最後の論点に移りたい。これは政治参加の内在的価値にかかわるものだが、ブレナンに対しては、政治的自由の否定には固有の悪さが存在すると反論する。ウォールに対しては、〈正義の基準〉と〈正統性の基準〉を区別できていないとの批判を行う。まずはウォールの整理をふたたび確認しておきたい。

①政治的自由は（第二原理の管轄である）社会的・経済的自由に優先し、（思想・良心の自由、人身の不可侵性、法の支配といった）他の基本的自由（＝近代人の自由）よりも高い地位にある。
②政治的自由は社会的・経済的自由に優先し、他の基本的自由と同じ地位にある。
③政治的自由は社会的・経済的自由に優先するが、他の基本的自由よりも低い地位にある。
④政治的自由は社会的・経済的自由に優先しないが、内在的価値をもつ。
⑤政治的自由は社会的・経済的自由に優先しないし、内在的価値をもっていない。

ＦＶＰＬは②に適合するが、おもにウォールは③、ブレナンは⑤から批判を試みていた。前者によれば「政治的自由はそこまで価値がない」。後者によれば「政治的自由はそもそも価値がない」。以下では⑤④③を順に批判し、②以外を退けてゆく。なお、基本的自由のなかで政治的自由を特権視する①（＝シヴィック・ヒューマニズム）は論争性が高いと考えられるため、あらかじめ考察対象から除外する（Rawls 2001: §43.3）。

ブレナンへの反論（⑤への批判）からはじめたい。彼は平等な投票権を赤いスカーフに喩えていた。そもそもそれはたいした価値をもたず、否定されても自尊心を毀損するようなものではない。しかしケラルトらが示すように、政治権力は「独占的で、広範で、強制的で、回避不能で、最終的なタイプの権力」であった。赤いスカーフのアナロジーは説得力に欠けるように思われる。

以下の思考実験はブレナンへの批判を補強する。イタリアの大手パスタ会社の会長はあるときこう述べた。「わが社

の広告に同性愛者を起用することはない、嫌な人は他社のパスタを食べてもらえば結構だ」。これは実際の失言だが、反実仮想として首相がこう述べたとしよう。「政府広告に同性愛者を起用することはない、嫌な人は他国の公共サービスを利用してもらえば結構だ」(González -Ricoy and Queralt 2018: pp.631-638)。

ともに不適切発言だが、後者は前者よりも侮辱の程度がつよい。それには二つの理由がある。ひとつは、「政治権力の特別性」ゆえに対象者が一層困難な立場におかれるからである。国外脱出のコストは非常に高いが、パスタの乗り替えはそこまでではない。もうひとつは、政府機関と民間企業が負う義務の違いに由来する。企業の目的は経済的利益の追求であるため、失言を撤回する義務まではないかもしれない(売上や評判は下がるだろうが)。対して、政府の目的は市民の正統な利益の保護であるため、公式な謝罪が必要とされるだろう。

つまり〈経済的自由の否定〉と〈政治的自由の否定〉——あるいは〈企業による自由の否定〉と〈国家による自由の否定〉——を比較すると、後者はより悪い内在的価値をもつ。だとすれば、平等な投票権と赤いスカーフのアナロジーはなおさら不適切である。一部の人びとに政治的自由を認めない社会は、対等な地位の表出に失敗しており、自尊を明らかに毀損する。それゆえ⑤は退けられる。

もっともこの主張は、先述の主張——「α:道徳能力の発達にかんして、政治的自由と経済的自由の行使に重要性の違いはない」——と整合しないと思われるかもしれない。先ほどは二つの自由を無差別に扱っていたはずなのに、ここでは質的な区別を設けているのではないか。しかし、適切に捉えられるならば矛盾は存在しない。

説明しよう。これは④への批判にもかかわるものだ。くりかえしになるが、本稿は〈政治参加(=政治的自由の行使)は至高の内在的価値をもつ〉とは想定しない(=①の否定)。政治的自由ではなく社会的・経済的自由を行使することで道徳能力を発達させることは可能である。しかしこのことは、政治的自由が社会的・経済的自由に優先しないことを意味しない。

なぜなら①〜⑤のテーゼは、道徳能力の発達にもかかわるが、それと同時に、自由の保護の仕方にもかかわっているからだ。RFT批判への応答でふれたように、政治的自由は「支配の不在」という背景的な社会的条件と密接なつながりをもつゆえに、経済的自由よりも優先して保護されるべきなのだ[17]。

政治的自由と経済的自由は、行使（exercise）では対称的だが、機会（opportunity）では非対称的だともいってよい。おそらくこの区別は、ロールズがシヴィック・ヒューマニズムを退ける一方で古典的共和主義を支持する主要論拠になるものだと思われる（Rawls 2001: §43.3）。

会長／首相の暴言のケースが示すように、政治的な支配がある状態は、経済的な支配がある状態よりも、機会の内在的価値の面ではより悪いのである。たとえ当面は政治的自由を行使するつもりがなくても、その機会が否定されていることは当人の地位を貶める。これはまさに政治的支配が存在する状態であり、正義が充分に実現されているとはいいがたい。それゆえ④は退けられる。つまり、政治的自由は社会的・経済的自由に優先して保護される必要があるのだ。

こうして②と③が残った。これからは③への批判、すなわちウォールの批判にとりかかりたい。実はこの立場には、一見それを裏づけるロールズの文章が存在する。

〈公正としての正義〉は、平等な政治的自由（古代人の自由）は、たとえば思想の自由や良心の自由（近代人の自由）ほど内在的な価値を概してもっていないとみる（コンスタンやバーリンに代表される）リベラリズムの伝統の系譜に賛同する（Rawls 2001: §43.3: p.143=二八五頁）

これは普通によめば③であり、ウォールが②を退ける主要論拠でもある。他方で、第二節冒頭でみた正義原理の定式化をはじめ、ロールズは明確に②に拠るＦＶＰＬを支持していた。ここには明らかな矛盾があるようにも思われる。しかし、ひきつづく以下の文章を合わせてみるなら整合的に解釈することができる。

たとえ政治的自由が他の基本的自由（＝近代人の自由）を保護し維持するために不可欠な制度的手段であるにすぎないとしても、政治的自由は依然として基本的なものに数えることができる。政治的により弱い集団やマイノリティが選挙権を否定され、公職や政党政治から排除されているなら、彼らは自分の諸々の基本的な権利と自由を、否定されはしないまでも制限されそうである（Rawls 2001: §43.3: p.143＝二八六頁）

行使／機会の区別につなげていえば、政治的自由の行使は（経済的自由の行使と同じく）思想・良心の自由の享受ほどの内在的価値をもたないとしても、さまざまな自由の機会を確保する点では経済的自由に優先する。[18] ウォールが重視する第一の引用は、③＞②ではなく、①≠②（＝シヴィック・ヒューマニズム批判）の意が本旨だろう。やはり重要なのは、背景的な社会的条件の確保なのである。[19] それゆえ③は退けられる。

もっとも以上の議論は、ロールズ釈義の性格が濃厚で――必要な作業ではあるが――それだけではＦＶＰＬを充分に支持するものではない。ここからはより実質的なウォール批判にとりかかりたい。あらためて彼の主張を確認しておこう。

①′自尊の社会的構成要素は、社会の基本制度がすべての市民の対等な地位を公共的に表出すること（publicly express）を要求する。
②′政治的自由の公正な価値（ＦＶＰＬ）は、社会のすべての市民の対等な地位を公共的に表出する。
③′社会の基本制度がすべての市民の対等な地位を公共的に表出する手段にかんして、他に同様のすぐれたものがない。

ウォールは①′②′を認めるが、③′を退けていた。ブレナンとは異なり、彼はＦＶＰＬを正面から批判しているわけではない。むしろその批判は、ＦＶＰＬテーゼまでをも正義原理に含めるのは余分だ（つまり『政治的リベラリズム』での補訂は不必要だった――第二節参照）というものだと考えられる。これを〈余分批判〉とよびたい。

余分批判：ＦＶＰＬテーゼを正義原理に書き込むのは余分《リダンダント》である

二つの応答を提起できる。ひとつは、〈支配の事実〉は支配の不在という手段的価値のみならず、対等な関係性の表出という内在的価値の点からしても可能なかぎり是正されるべきというものだ。これは相応の説得力をもつと考えられるが、基本的にはケラルトらに即して反論したとおりである。そのため以下ではもうひとつの応答に集中したい。それは〈正義の原理〉に固有の役割にかかわるものだ。

後期ロールズ理論では、正義《ジャスティス》と正統性《レジティマシー》が評価基準として区別される。前者はもっとも理にかなったもの（the most reasonable）、後者は理にかなったもの（reasonable）にかかわる。両者はともに、それをパスすれば政府の権力の執行を正当化するものとなるが、正義が単一の構想を指し示すのにたいして、正統性は一群のさまざまな構想を含む（齋藤・田中 2021: 一四一―一四三頁）。

ウォールの批判は、あらゆる社会でＦＶＰＬまでが必要とされるわけではないだろう、というものだった。この主張は〈正統性の原理〉としてみるならたしかに正しい。政治的自由の価値が一定程度しか認められていなくても、さほどの支配や抑圧が生じていないとすれば、その社会はさしあたり正統で理にかなったものだと述べることはできる。

しかし、正義の原理には正統性の原理には尽きない役割がある。例として、あらためて一票の格差を考えてみよう。二二年の参議院選挙では三・〇三倍だったが、最高裁は合憲だとの判断を下した。はたしてこれは、政治的自由が充分に保障されている状態といえるだろうか。そうではないと考える人もいるだろう。少なくとも「対等な関係性の表出」として充分であるかは疑わしい。

もちろん現実の区割り上、一票の格差をゼロにすることは不可能ではある。とはいえ、この目標への漸近をめざすことには意義がある。そうした格差是正への訴訟が繰り返されることで、実際にも合憲のラインがより厳格になってきてもいる（一昔前は六倍まで合憲とされていた）。だがウォールの立論からすると、こうしたなお残る格差にうまく異議を唱えることはできなくなる。[20]

ＦＶＰＬは、そこからの逸脱に対して挙証責任が課せられる、プロタントな基準線として重要な意味をもつ。正統だが完全には正義にかなっていない（legitimate yet not fully just）という評価領域を確保しておくことは、規範理論的にも実践的にもけっして余分ではない。一票の格差のような問題に対しては、司法で正統性の審査をしたうえで、立法でさらに正義を追求してゆくのは妥当なことだと思われる。[21] そのときＦＶＰＬはいわば羅針盤や北極星の役割をはたすだろう。それゆえ、ＦＶＰＬテーゼを正義の原理に書きこむことには固有の意義があるのである。[22]

まとめよう。①行使概念ではなく機会概念としてみた場合、政治的自由の否定は経済的自由の否定よりも、一層問題含みである。②〈正義の原理〉には〈正統性の原理〉に尽きない固有の役割がある。それゆえ、ブレナンやウォールの批判に反して、政治的自由を基本的自由として優先的に取り扱う理由が存在するのである。

四　結論

本論文では、〈政治的自由の公正な価値〉がなぜ必要であるかを、ＦＶＰＬテーゼとして定式化したうえで、①支配の不在、②道徳的発達、③対等な地位の表出という三つの論点につき、ウォールとブレナンの反論に応答するかたちで論証した。両者によれば、これらを充たすためにＦＶＰＬテーゼは必要ではない。しかし「政治権力の特性」「適切な社会的条件」「正義の実現」などの観点からの考察は、〈政治的自由の公正な価値〉の必要性を示すものであった。

政治的自由の平等は重要なトピックであるため、この結論は少なからぬ意義をもつと思われる。ただしウォールとブレナンの批判への応答に焦点を合わせたため、論じきれなかったことも多い。ここでは二点を記しておきたい。

一点目は、ＦＶＰＬテーゼが政治制度の設計や改訂にいかなる含意をもつかの検討である。近年ではエピストクラシー（知者の支配）やロトクラシー（籤引き民主制）の研究が盛んだが、ＦＶＰＬはこうした制度構想といかなる関係をもちうるだろうか。ブレナンはエピストクラシー論者なので、本稿の結論はエピストクラシーへの批判を含意するだろうが、ロトクラシーとのつながりは未決の問いである。あるいは一種の義務投票制などが求められるのかもしれない。投票へのアクセスを改善し、有権者のコストをなるべく減らす必要もあるだろう（Darby 2024）。

二点目は、政治的自由の平等にまつわる他の重要な論点、たとえばパーマネント・マイノリティなどの問題を取り上げられなかったことである。選挙権・被選挙権はあるが、みずからの意見が政治に反映されることはありそうにない人びとはいかなる処遇を受けるべきだろうか。既存の不平等や価値観のヒエラルキーの是正が求められるとすれば、FVPLはより大胆な措置を要求するかもしれない。これらについては今後の課題としたい。

（1）ロールズ理論の枠組を用いて政治的自由の平等を擁護する先行研究は多数存在する。たとえば以下でも参照する、フリーマン、エドムンドソン、ケラルトらによるものがある（Freeman 2007; Edmundson 2017; González-Ricoy and Queralt 2018）。より最近ではV・コスタは自尊の観点からの擁護を試みている（Costa 2022）。ただしこれらの研究はそれぞれ説得的な部分をもつが、三つの論点を区別できていないきらいがあり、それゆえウォールやブレナンからの批判に充分に応じきれていない。これにたいして、本論文では三つの論点からの再構成を試みることで、より説得力のある再反論を提示する。また本稿では、後期ロールズ（政治的リベラリズム）の枠内で〈政治的自由の公正な価値〉を擁護可能だと主張するが、このことは、論争的もしくは包括的な善の構想によらずとも政治的自由の平等を支持できることを意味する。ウォールやブレナンを批判する立場のなかには、経済的自由よりも政治的自由のほうが全般的に内在的価値が高いという考えに接近するものもある。しかし本稿は、そうした議論の余地がある立場（シヴィック・ヒューマニズム）を回避したうえで、政治的自由の平等を擁護できると主張する。この点については、後掲の注17も参考のこと。

（2）精確には「諸自由」である。つまり、単一かつ抽象的な「自由」ではなく、いくらかの具体的な自由のリストが念頭におかれている（Rawls 2001: §§13, 32）。ただし「政治的諸自由」では煩瑣になるため「政治的自由」とする。以下ではとくに選挙権と被選挙権を考察対象とする。

（3）本稿の主眼は「規範理論としてのFVPLテーゼの検討・擁護」にある。それはロールズ解釈の側面を含むが、釈義上の細かな論点についてはおもに注で触れるにとどめる。便宜のため、ロールズの著作を参照する際は頁数のほか節番号も用いる。

（4）ただし『再説』での正義原理の定式化においては、FVPLテーゼは明示化して列挙されてまではいない（Rawls 2001: §13.1）。

(5) ウォールは、ハーバーマスへの返答でロールズが②を標榜したのは勇み足ではないかという否定的な評価を下している。ロールズ理論における政治的自由の位置を考察した濱真一郎も、ウォールに依拠しつつ同様の結論に至っている（Wall 2006: p.264; 濱 2019: 四一―四二頁）。本論文では、両者とは反対に、この選択には積極的な意義があると主張する。

(6) ブレナンが参照するのはペティットだが、その立論はロールズにも当てはまると想定する。現時点でのまとまった共和主義研究としては Lovett 2022 をあげておきたい。ロベットは大筋で〈公正としての正義〉に好意的であり、めざす社会を「秩序だった共和国」と名づけている。

(7) 手段的価値の観点からのみでFVPLテーゼを論証することは困難を抱えている。それゆえ政治的自由の内在的価値（＝③対等な地位の表出）からの考察が必要となる。

(8) ここでは政治的自由の価値は手段的な観点から捉えられている。特定人物の政治的自由が剥奪されていることの内在的価値は、③対等な地位の表出での論点となる。

(9) 自由市場の意義を強調するトマーシの正義論については Tomasi 2012 を参照。

(10) ただしウォールが自尊をロールズ内在的に解釈しているのに対して、ブレナンは社会的・経済的自由の意義を強調するいささか独自の捉え方をしているところがある。

(11) ケラルトらは、政治的自由が位置財でもあることに着目したブレナン批判も展開している（González-Ricoy and Queralt 2018: pp.625-631）。要点は、一部の人が政治的自由を剥奪された状態は、ブレナンの想定以上に権力の不均衡をもたらすというものである。

(12) ロールズも、体制選択の問題――リベラルな社会主義か財産所有のデモクラシーか、多数決型デモクラシーか立憲デモクラシーか――を検討する場合、政治社会学（political sociology）が有意だとする。だが同時に、政治哲学上の検討が政治社会学に重要な影響をあたえるともしている。特定の理念に導かれた政治的構想は決定的な「教育的役割」をはたしうるからである（Rawls 2001: §42.2; 44.2）。

(13) ピケティの基本テーゼは、資本収益率＝rは経済成長率＝gを超過するというものだ（r＞g）。彼はこの二〇〇年ほどの莫大なデータを分析し、概してrが四～五%、gが一・五%程度だと実証した。またM・ギレンズとB・ペイジは、一九八一年から二〇〇二年までのアメリカ連邦議会での政策決定過程を分析し、経済エリートや企業利益を代表するグループの影響力がきわめて大きいこと、そして国民の多数派の意見と隔たっていることを明らかにした（Gilens and Page 2014）。

（14）支配の不在がひとたび実現したとしても、経済的不平等は不安定化の要因となることについては、Lovett 2022: pp.206-224。あるいは、経済的平等がすすんでいても、FVPLが保障されていなければ、社会状況の変化に伴って不安定になりやすいとも考えられる。「一億総中流」が過去のものになったといわれるのは、そうしたことも関係しているかもしれない。

（15）政治的自由と経済的自由とは、道徳的発達に対するいわば使用価値において質的な違いはない。ABCDの職業に貴賎はない。ただし同時に、政治的自由は社会関係を構成するルールに深くかかわっている。この性格ゆえに、FVPLは必要とされる。あわせてγの「ダブルスタンダード」批判について補足しておくと、憲法学ではまさに精神的自由と経済的自由を別個の仕方で扱う「二重の基準論」が通説になっている。ただしこれについても、二つの自由が内在的価値で異なるからではなく、立法プロセスの健全性を保つために必要とされるという論拠が説得的である（長谷部 2000: 第七章）。

（16）細かくいえば、これはFVPLテーゼ（第一原理に属する）そのものではなく、それが第二原理前半に対してもつ要請や含意をあらわすものだと思われる。

（17）本論文は、支配の不在の重要性を強調するケラルトらの論考に多くを負っているが、「道徳能力の発達にかんして、政治的自由と経済的自由の行使に重要性の違いはない」ことを強調する点で、彼らの議論と異なる。コスタが指摘しているように、ケラルトらは政治参加という善の構想がより有意なものだと想定する傾向にある（Costa 2022: pp.149-150）。しかしこの議論だけでは、シヴィック・ヒューマニズムという負荷の高い立場への接近を防ぐことができない。本稿の立論によるならそうした論争的な前提に立たなくともFVPLを擁護できる。

（18）支配の不在は制度の観点からみれば手段的価値だが、この引用にあるマイノリティの権利制限は、当人たちにとっての重要な内在的価値の毀損ともみなしうるだろう。

（19）コンスタンやバーリンを参照した以下の論述もみよ。「政治的自由の役割はおそらく、他の〔基本的〕自由を保持するための、ほとんど手段としてのものであろう。だが、この見解が精確であるとしても、一定の政治的自由を基本的自由に含まれるとみなし、自由の優先権によって保護することには何の障害もない」（Rawls 2005: 第八講義 §2, p.299= 三五六頁; see also 第九講義 §3.3 p.404 n.39= 四七七頁、注三九）。

（20）ウォールに可能な反論としては、対等な地位を公共的に表出する代替手段として、政治的自由の平等以外に訴えかけるというものを想定できる。しかし、FVPLを欠く社会的・経済的自由の行使は、支配や抑圧の問題を払拭するのは困難だと思われるため、説得的なものとはいいがたい。

許容可能な一票の格差がどの程度までなのか、というのは明確に答えるのが難しい問題である。だが少なくとも、訴訟が起こされていることは、現状の格差が理にかなっていないと考える人びとの存在を示しているし、そうした声は真剣に受け止められるべきだろう。ただしもちろん、一票の格差はそれ自体が最終目的ではなく、理念的な代表の考えの一部をなすものとして捉えられる必要がある（粕谷 2015）。それゆえ場合によっては、恵まれない立場の人びとが過大代表されることも許容されるかもしれない。たとえばD・エストランドは、本稿と同じくロールズの枠組を用いつつ——ただし彼が依拠するのはおもに『正義論』である——他に適当な手段がない場合、恵まれない立場の人びとへの複数投票制が要請されうる、という挑戦的なテーゼを提起している（Estlund 2023）。もっともエストランドも複数投票制には固有の難点（自尊の毀損）があると認識しており、可能なら一票の格差はより低いほうが望ましいとはいえるだろう。

(21) 私の解釈では、FVPLのすべてが「憲法の本質事項」に含まれるわけではない（cf. Rawls 2001: §13.5）。とはいえ一票の格差に違憲判決が下されうるように、FVPLに含まれる、政治的自由の価値のミニマムな保障は憲法の本質事項に該当する。

(22) この〈余分批判〉への反論のポイントは、他の二つの論点（支配の不在、道徳能力の発達）についても妥当するだろう。

＊議論の要点にかかわる啓発的なコメントをいただいた、二名の匿名査読者と小林卓人氏に感謝します。

【参考文献】

Brennan, Jason. *Against Democracy*, Princeton University Press, 2016.〔井上彰ほか訳『アゲインスト・デモクラシー（上・下）』勁草書房、二〇二〇年〕

Costa, M. Victoria. Political Liberty, in Luppi, Robert (ed.), *John Rawls and the Common Good*, Routledge, 2022, pp.140-160.

Darby, Derrick. The Fair Value of Voting Rights, in *Journal of Social Philosophy*: 55 (2) 2024, pp.209-220.

Edmundson, William A. *John Rawls: Reticent Socialist*, Cambridge University Press, 2017.

Estlund, David. One Person, at Least One Vote?: Rawls on Political Equality…within Limits, in Weithman, Paul (ed.), *Rawls's A Theory of Justice at 50*, Cambridge University Press, 2023, pp.296-312.

Freeman, Samuel. *Rawls*, Routledge, 2007.

Gilens, Martin and Page, Benjamin I. Testing Theories of American Politics: Elites, Interest Groups, and Average Citizens, in

Perspectives on Politics: 12 (3) 2014, pp.564-581.
González-Ricoy, Inigo and Queralt, Jahel. Political Liberties and Social Equality, in *Law and Philosophy*: 37, 2018, pp.613-638.
Lovett, Frank. *The Well-Ordered Republic*, Oxford University Press, 2022.
Pettit, Philipe. *Republicanism: A Theory of Freedom and Government*, Oxford University Press, 1997.
Rawls, John. *A Theory of Justice: Revised Edition*, Harvard University Press, 1999.〔川本隆史・福間聡・神島裕子訳『正義論 改訂版』紀伊國屋書店、二〇一〇年〕
Rawls, John. *Justice as Fairness: A Restatement*, E. Kelly (ed.), Harvard University Press, 2001.〔田中成明・亀本洋・平井亮輔訳『公正としての正義 再説』岩波現代文庫、二〇二〇年〕
Rawls, John. *Political Liberalism*, expanded ed, Columbia University Press, 2005.〔神島裕子・福間聡訳『政治的リベラリズム 増補版』紀伊國屋書店、二〇二二年〕
Tomasi, John. *Free Market Fairness*, Princeton University Press, 2012.
Wall, Steven. Rawls and the Status of Political Liberty in *Pacific Philosophical Quarterly*: 87, 2006, pp.245-270.
粕谷祐子「一票の格差をめぐる規範理論と実証分析：日本での議論は何が問題なのか」『年報政治学』第六六巻第一号、二〇一五年、九〇―一一七頁。
齋藤純一・田中将人『ジョン・ロールズ：社会正義の探究者』中央公論新社、二〇二一年。
長谷部恭男『比較不能な価値の迷路：リベラル・デモクラシーの憲法理論』東京大学出版会、二〇〇〇年。
濱真一郎「ロールズ正義論における政治的自由の位置づけ：コンスタン＝バーリンのリベラルな伝統との関連で」『社会科学研究』第七一巻第一号、二〇一九年、二一―四二頁。
アイザィア・バーリン、R・ジャハンベグロー『ある思想史家の回想：アイザィア・バーリンとの対話』河合秀和訳、みすず書房、一九九三年。
トマ・ピケティ『21世紀の資本』山形浩生・守岡桜・森本正史訳、みすず書房、二〇一四年。
トマ・ピケティ『平等についての小さな歴史』広野和美訳、みすず書房、二〇二四年。

哲学的アナキズムとは何か
――政治的責務否定論の意義と限界

福島　弦

序

政治思想としての「アナキズム」を特徴づける仕方は様々だが、その有力なやり方の一つは「国家の正統性（legitimacy）を否定する思想」であろう。この特徴づけは、市民を統治し服従を要求する国家の特別な権利とされるものを否定し続けてきたアナキズムの伝統の重要な側面を捉えているように思われる(1)。この意味でのアナキズムとして真っ先に思い浮かぶのは、反体制的な暴力的ないし非暴力的抵抗運動を通して究極的には国家を廃絶すべきとする、現代政治理論においてしばしば「政治的アナキズム（political anarchism）」と呼ばれる立場であるように思われる。政治的アナキズムは、単に国家の正統性を否定するだけでなく、正統ではない国家の存在はそもそも正当化できないのであり、そのため我々は国家の廃絶を目指すべきであると考える。

だが、現代政治理論におけるアナキズムは政治的アナキズムだけではない。政治的アナキズムとは区別され、さらには盛んに議論されている立場として「哲学的アナキズム（philosophical anarchism）」が存在する。政治的アナキズムが正統ではない国家の廃絶を目指すべきとするのに対し、哲学的アナキズムは必ずしも国家の廃絶にコミットしない。それは、政治的アナキズムと同じく国家の正統性を否定する一方で、それでも国家の存在が正当化される可能性を認め、我々は必ずしも国家に対抗しその廃絶を目指すべきであるわけではないと主張する。[2] 哲学的アナキズムが拘るのはむしろ、相当程度正義に適った国家の下でさえも、我々は「政治的責務（political obligation）」――自国の法だからという理由で法に従いまたその他の仕方で自国を支持する特別な責務――を一般的には負っていないという点である。[3] 我々の多くが無批判に受け入れがちな自国に対する特別な責務を疑う哲学的アナキズムは、その是非や含意が広く議論されている影響力ある立場である。[4]

本稿は、哲学的アナキズムの立場を明確化し、それが有力な立場であることを示した上で、それが自国の法や制度に対して我々が採るべき態度について持つ含意を検討する。哲学的アナキズムの含意の検討がとりわけ重要なのは、哲学的アナキズムに対する主要な批判として、政治的アナキズムとは対照的にそれが自国の法や制度に対して採るべき我々の態度に殆ど影響を与えない「牙の抜かれた（toothless）」[5] 立場であるとの批判があるためである。[6] 本稿はこの批判に半ば反対し半ば賛成する形で、哲学的アナキズムの意義と限界の両方を詳らかにする。より詳しく言えば本稿は、哲学的アナキズムは自国の法と制度に対して採るべき我々の態度に一定の含意を持つ点で確かに意義があるが、それだけではそのような態度の重要な側面について何も言えない点で限界も存在すると主張する。哲学的アナキズムの意義と限界を見極めることは、遵法義務論及び市民的不服従論など、政治的責務の存否が影響を与える議論やそれらに基づく現実の政治的実践とその評価を左右する含意を持つ点で、理論的・実践的に重要である。

本稿は次のように進行する。第一節では、政治思想としてのアナキズムの分類を行うことで、本稿の主題となる哲学的アナキズムとは何であるかを明確化する。第二節では、哲学的アナキズムのうちの特定の立場である「アポステリオリ哲学的アナキズム」を他のアナキズムの立場及び政治的責務肯定論から擁護することで、有力な哲学的アナキズムの立場を詳らかにする。第三節では、第二節で擁護された哲学的アナキズムの立場が法や制度に対して採るべき我々の態度に対して持つ含意を検討し、その意義と限界を論ずる。

本論に入る前に、本稿の限界を二点明示しておきたい。第一に、アナキズムには様々な学問領域・方法からアプローチが可能であるが、本稿は「分析系政治哲学」におけるアナキズムに射程を限定する。したがって、大陸系政治哲学、思想／運動史、人類学等からのアナキズムへのアプローチは、豊富な研究蓄積が存在するところではあるが、本稿では扱わない[7]。第二に、最終的に本稿の主題となるアポステリオリ哲学的アナキズムの政治的責務否定論が正しいことを示す決定的論証は行わない。というのも、本論で述べる通り、それを行うためには政治的責務を肯定する様々な議論を網羅的に各個撃破する必要があるが、紙幅の都合上そのような論証を行う余地はないためである。ただ本稿では、従来の政治的責務肯定論が難点を抱えることを示すことで、アポステリオリ哲学的アナキズムが有力な立場であることは示す。したがって本稿が行うのは、アポステリオリ哲学的アナキズムの真理を立証した上でその意義と限界を検討することではなく、それが有力な立場であることを示した上でそれが正しかった場合の意義と限界を示すことである。

一　アナキズムを分類する

本節では、政治思想としてのアナキズムの分類方法として、直交する二つの分類軸——政治的／哲学的アナキズム及びアプリオリ／アポステリオリ・アナキズム——を提示した上で、二つの分類軸を合わせてアナキズムを分類する2×2のマトリクスを描く。

1　政治的アナキズムと哲学的アナキズム

現代政治理論においてアナキズムを分類する際に頻繁に用いられる分類軸の一つは政治的アナキズムと哲学的アナキズムの間に引かれる[8]。国家は正統ではないという点で両者は合意する一方、両者が食い違うのは、正統ではないあらゆる国家の廃絶を目指すべきか、という点である。以下では政治的アナキズムと哲学的アナキズムについて順に概説する。

(1)　政治的アナキズム

政治的アナキズムは、国家の正統性を否定する点で本稿が焦点を当てるアナキズムの特徴を備えているのみならず、正統ではない国家の存在はそもそも正当化できず、したがってそのような国家の廃絶を目指すべきであるとする。そのため、政治的アナキズムは次の二つの主張の両方にコミットしている立場として特徴づけられる。

政治的アナキズム（political anarchism）：
1．国家は正統ではない。
2．正統ではない国家の存在は正当化できず、我々はその廃絶を目指すべきである。

この意味での政治的アナキズムの思想は、国家の正統性を哲学的に否定するのみならずそれに反対する政治的運動を提唱してきた思想史上のアナキストたちの多くに見られるが、その思想を支える論拠は様々である。例えば、国家権力により侵害されてしまう個人の自己決定権や独立性に訴える「個人主義的」な政治的アナキズム（e.g. B・タッカー）や、国家により破壊されてしまう共同体の紐帯の重要性に訴える「共同体的」アナキズム（e.g. P・クロポトキン）、さらにはキリスト教の教説に基づいて世俗の政治的権威を疑う「キリスト教的」アナキズム（e.g. L・トルストイ）等がある。[9] これらの立場に共通するのは、国家は必要悪としてさえ容認できない悪辣な機関であり、それを廃絶すべきだという点である。

このように政治的アナキズムは思想史上のアナキストたちに広く見られる思想であるものの、その支持者は思想史上の人物に限られず、現代の分析系政治哲学に限っても一定の支持者が存在する。例えばM・ヒューマーは、単に国家の正統性を否定するだけでなく、国家よりも良い実行可能《フィージブル》なオルタナティブとしてアナルコ・キャピタリズム的なスキームが存在するため国家の存在は正当化できず、したがって国家は廃絶されるべきであると主張している点で、政治的アナキズムに与している現代の論者の一人である。[10]

(2) 哲学的アナキズム

哲学的アナキズムは、国家の正統性を否定する点で政治的アナキズムに同意する一方で、正統ではない国家であってもその存在が必ずしも正当化できないとは限らず、したがって我々は必ずしも国家に対抗しその廃絶を目指すべきではないと主張する。つまり、政治的アナキズムとは異なり哲学的アナキズムは、国家は正統ではないとの哲学的な評価を下しはするが、それだけを以てして国家に対抗し廃絶を目指す政治的運動が義務ないし許容可能になるとは主張しない[11]。哲学的アナキズムにとって国家の廃絶を目指すべきか否かは、あくまで正統ではない国家が備える様々な偶然的性質に依存する。したがって、哲学的アナキズムは次の二つの主張の両方にコミットする立場として特徴づけられる。

哲学的アナキズム（philosophical anarchism）：

1. 国家は正統ではない。
2. 正統ではない国家の存在は必ずしも正当化できないとは限らず、我々は必ずしもその廃絶を目指すべきであるわけではない。

ここで次の疑問が生じるかもしれない。哲学的アナキズムは、国家は正統ではないとの判断とその国家の存在は正当化できないとの判断を直結させないが、なぜ「正統ではない国家の存在が正当化できる」ことがありえるのか。この疑問に答えるためには、ここで言われている「正統性」とは何であり、その否定は何を意味するのかの説明が必要である。

ここでの「正統性」とは、被治者に「政治的責務」を課す国家の一般的権利を意味する[12]。正統な国家の下で存在するとされる政治的責務とは、自国の法にそれが自国の法であるという理由で従いまたその他の仕方で自国を支持する特別な責務を意味する。したがって正統性の否定とは、国家はこの意味での政治的責務を課す一般的権利を保持しておらず、そのため被治者は政治的責務を一般的には負っていないことを示しているに過ぎない。

哲学的アナキズムは、この意味での正統性を備えていない国家の存在が正当化されることもありえると主張する。

というのも、政治的責務を課す一般的権利を保持していない国家であっても、人々の権利を保障し公共財を提供するなど、それなしには不可能かつ道徳的に不可欠な機能を果たしているかもしれないためである。自国の法にそれが自国の法であるという理由で従いまたその他の仕方で自国を支持する特別な責務を仮に我々が一般的には負っていなくとも、そのような重要な機能を果たしている国家の廃絶は大きな災厄を招きうるため許容できないこともありえると哲学的アナキズムは主張する。

以上の点をより明確に理解するために重要なのは、国家の「正統化（legitimation）」と「正当化（justification）」の区別である。[13] 国家の正統化とは、国家が被治者に政治的責務を課す特別な一般的権利を保持していることを示すことを意味する。他方の国家の正当化とは、国家が存在している状況が実行可能《フィージブル》なオルタナティブと比べて優れていることを示すことでそれを廃絶すべきではないことを示すことである。哲学的アナキズムが着目するのは、正統ではない国家でも、それが存在する状況は実行可能なオルタナティブと比べて優れているかもしれないので、国家の正統化の失敗はその正当化の失敗を含意しないという点である。[14] これは例えば、ある教師‐生徒間関係について、教師の言うことに教師がそう言ったからとの理由で従う責務が生徒たちに一般的に存在することを示すことに失敗することは、その教師‐生徒間関係の存在自体が正当化されないことを含意しないことと同様である。

以上を念頭に政治的／哲学的アナキズムの区別をもう一度整理しよう。正統性は政治的責務を課す国家の一般的権利を意味する。政治的／哲学的アナキズムの両方が国家はその権利を欠いていることに同意する。加えて政治的アナキズムは、国家はその権利を欠いているだけでなくその存在自体が正当化できないので、国家の廃絶が求められると主張する。それに対し哲学的アナキズムは、そのような特別な権利を欠いている国家の存在が正当化できる可能性を認め、正統ではない国家の廃絶が求められるか否かを未決のままにする。

2　アプリオリ・アナキズムとアポステリオリ・アナキズム

政治的／哲学的アナキズムの分類軸と直交するもう一つの分類軸は、「アプリオリ・アナキズム（*a priori* anarchism）」

と「アポステリオリ・アナキズム（*a posteriori* anarchism）」の間に引かれる。[15] この区別は、政治的／哲学的アナキズムの区別のように正統ではない国家の廃絶の是非に関わるのではなく、どの範囲の国家が正統ではないのかに関わる。

(1) アプリオリ・アナキズム

アプリオリ・アナキズムは、国家の正統性の概念自体と何らかの極めて重要な価値や義務が根本的に対立するため、既存の国家のみならずあらゆる可能な国家は正統ではないと主張する。そのためこの立場が国家は正統ではないと判断する根拠は、極度に理想的な国家であれば備えないことがありえるような国家が偶然的に備えうる特徴ではなく、極度に理想的な国家でも不可避的に備える国家の正統性の概念にとって本質的な特徴である。

この意味でのアプリオリ・アナキズムは次のように定式化できる。

アプリオリ・アナキズム（*a priori* anarchism）：
あらゆる可能な国家は正統ではない。

アプリオリ・アナキズムの好例はR・P・ウォルフが著書*In Defense of Anarchism* で展開した哲学的アナキズムである。[16] ウォルフによれば、我々は責任ある行為者として自分が何を行うべきかを他人に任せず自分で決めるカント的自律の義務を「枢要な（primary）」[17] 義務として負っている。だが、政治的責務を課す一般的権利を持つ正統な国家の概念は、国家がそう命じたという理由でその命令に従う責務を含意する点で、自らの判断を放棄して他者の判断に委ねる「判断の服従」を含意し、そのため自律の義務に根本的に違背する。つまり、自律の義務がそれを犯せない枢要な義務であることを前提とした場合に、国家の正統性は論理的に不可能となる。これは、個別の国家で偶然的に起こる違背ではなく、国家の正統性の概念と我々の義務との根本的違背である点で、既存の国家のみならずあらゆる可能な国家の正統性を否定するアプリオリ・アナキズムの論拠となる。

ウォルフは国家の正統性を否定する一方でその廃絶の是非については未決のままにしており、また国家の命令に（それが国家の命令であるからという理由以外の理由で）従う理由が存在しうることも示唆しているため、アプリオリ・アナキストであるだけでなく哲学的アナキストでもある。[18] だが政治的／哲学的の分類軸とアプリオリ／アポステリオリの分類軸は直交するのであり、アプリオリ・アナキズムには「アプリオリ哲学的アナキズム」だけでなく「アプリオリ政治的アナキズム」も存在する。例えば既に触れたキリスト教的政治的アナキズムの支持者たちの一部は、神の意志に従う宗教的な義務と世俗の政治的権威の命令にそれが命令であるからという理由で従う義務が根本的に違背するため、どのような国家であっても正統ではありえないとするアプリオリ・アナキズムに与している。[19]

(2) アポステリオリ・アナキズム

アポステリオリ・アナキズムはアプリオリ・アナキズムとは対照的に「あらゆる可能な国家は正統ではない」とは主張せず、正統な国家は原理的にはありえるとした上で、少なくとも既存の国家では国家の正統性の条件が満たされていないと考える。つまり、国家は正統ではないとの判断は、国家の正統性の概念と極めて重要な価値や義務との根本的対立から直に導かれるのではなく、既存の国家が偶然的に備えている特徴から導かれる。この違いは、両者の論証スタイルの違いにも表れている。アプリオリ・アナキズムが極めて重要な義務や価値を前提にそれが国家の正統性概念と対立することを示す「演繹的」な議論を展開するのに対し、アポステリオリ・アナキズムは一般的政治的責務の論証を試みる諸種の政治的責務肯定論が既存の国家が備える特徴に照らしていずれも成功しないことを示す「各個撃破論法」を用いて政治的責務否定論を擁護する「帰納的」な議論を展開する。[20]

以上を踏まえ、アポステリオリ・アナキズムは次のように定式化できる。

アポステリオリ・アナキズム（*a posteriori* anarchism）：

正統な国家はありえるが、既存のあらゆる国家は正統ではない。

アポステリオリ・アナキズムの代表的論者はＡ・Ｊ・シモンズである。シモンズは、あらゆる既存の国家は政治的責務を課す一般的権利を欠いている点で正統ではないと考える一方で、正統な国家は原理的には可能であり、あらゆる可能な国家が正統ではないわけではないと主張する。[21] シモンズの哲学的アナキズムは、一般的政治的責務が存在するために必要とされる条件を既存の国家が満たしていない点に依拠しているが、①既存の国家が一般的政治的責務の存在条件を満たしていないことと、②理想的な国家であれば一般的政治的責務の存在条件を満たすことができることは両立する。例えばシモンズは、既存の国家においては統治に対する被治者の自由な同意が与えられることはよくて稀であることから同意に基づく既存の国家の正統性の説明は失敗するとしながらも、全員が統治に対して自由な同意を与える極度に理想的な国家であれば正統性を備えうることを否定しない。[22]

シモンズは正統ではない国家の存在が正当化されうることを認める点で「アポステリオリ哲学的アナキズム」を支持しているが、アプリオリ・アナキズムと同様アポステリオリ・アナキズムも政治的アナキズムと組み合わされうる。例えばＭ・ヒューマーは、シモンズと同様に、例えば全員の自由な同意に基づく極度に理想的な国家は正統でありうることを認める点でアポステリオリ・アナキズムに与している一方で、シモンズとは異なり、正統ではない国家の存在は正当化されずそのような国家は廃絶されるべきだと主張している点で「アポステリオリ政治的アナキズム」に与している。[23]

3　アナキズムの四分類

以上、アナキズムを分類するための二つの分類軸を説明してきた。二つの分類軸は直交するため、それらを合わせてアナキズムを四分類する２×２のマトリクスが描ける。

表1　アナキズムの四分類

	政治的アナキズム	哲学的アナキズム
アプリオリ	アプリオリ政治的アナキズム（e.g. 一部のキリスト教的アナキズム）	アプリオリ哲学的アナキズム（e.g. ウォルフ）
アポステリオリ	アポステリオリ政治的アナキズム（e.g. ヒューマー）	アポステリオリ哲学的アナキズム（e.g. シモンズ）

以上で分類されている四つの立場がそれぞれコミットする二つの主張は次の通りである。

アプリオリ政治的アナキズム（*a priori* political anarchism）：
1．あらゆる可能な国家は正統ではない。
2．正統ではない国家の存在は正当化できず、我々はその廃絶を目指すべきである。

アポステリオリ政治的アナキズム（*a posteriori* political anarchism）：
1．正統な国家はありえるが、既存のあらゆる国家は正統ではない。
2．正統ではない国家の存在は正当化できず、我々はその廃絶を目指すべきである。

アプリオリ哲学的アナキズム（*a priori* philosophical anarchism）：
1．あらゆる可能な国家は正統ではない。
2．正統ではない国家の存在は必ずしも正当化できないとは限らず、我々は必ずしもその廃絶を目指すべきであるわけではない。

アポステリオリ哲学的アナキズム（*a posteriori* philosophical anarchism）：
1．正統な国家はありえるが、既存のあらゆる国家は正統ではない。
2．正統ではない国家の存在は必ずしも正当化できないとは限らず、我々は必ずしもその廃絶を目指すべきであるわけではない。

二　アポステリオリ哲学的アナキズムの擁護

本節では、前節で四分類したアナキズムの立場のうち「アポステリオリ哲学的アナキズム」を擁護する。以下ではまず政治的アナキズムから哲学的アナキズムを擁護し、次にアプリオリ哲学的アナキズムからアポステリオリ哲学的アナキズムを擁護する。最後に政治的責務肯定論を扱い、それを決定的に退けることはしないが、それが難点を抱えることを指摘することで、アポステリオリ哲学的アナキズムが有力な立場であることを示す。

1　政治的アナキズムからの哲学的アナキズムの擁護

政治的アナキズムと哲学的アナキズムの対立点は、正統ではないあらゆる国家の存在が正当化できず、そのためその廃絶を目指すべきなのか、という点に存する。ここで哲学的アナキズムは、「正統ではないがそれでも存在が正当化できるため廃絶すべきではない国家」が存在しうることを示せれば政治的アナキズムを退けることができる。ここで重要なのは、①国家の正統性の欠如は、国家が政治的責務を課す一般的権利を保持していないことを意味すること、そして、②国家の正当化とは、国家が存在している状況が実行可能《フィージブル》なオルタナティブと比べて優れていることを示すことでそれを廃絶すべきではないことを示すことを意味する点である。したがって哲学的アナキズムは、「その下で自国の法だからという理由で法に従いまたその他の仕方で自国を支持する特別な責務が一般的には負われていない国家であっても、それが存在している状況が実行可能なオルタナティブと比べて優れているために廃絶すべきでないことがありえる」ことを示せれば自説の擁護に成功する。

正統ではないが存在が正当化される国家は存在しうる。それは、正統ではない国家であっても、それ以外の実行可能な社会組織の方法では不可能な仕方で道徳的に不可欠な機能を果たせる点で存在が正当化されうるからである。法の支配を実現し、人々の権利を保障する制度を備えた、現実世界の国家のうちでも相対的に正義に適った国家を想像してほしい。政治的アナキズムも哲学的アナキズムも共にこの国家は政治的責務を課す一般的権利を持つとは考えず、そのため正統ではないと考えるだろう。だが、この国家は我々の殆どが道徳的に不可欠だと考える重要な機能を果たしている。なぜならこの国家は、共通の政治権力の下で人々の大規模な行為調整を可能にすることで、人々の権利を保障し、公共財を提供し、有意義な生を送るための秩序のある共生の枠組を整備しているためである。[24]

国家が欠陥を抱えがちなことは確かであり、相対的に正義に適った国家でも人々の権利を侵害することはままあるだろう。それでも、国家のない状態というオルタナティブを考えると一定範囲の国家は正当化できる。なぜなら、例えばホッブズほどの過酷な自然状態を想定しなくとも、人々がその下で共生するための明示的な法を制定・執行・裁定する国家権力を欠いた不安定な状態と比べれば、一定範囲の国家の存在は許容されて然るべきであるからである。そうであれば、正統ではないが廃絶すべきでもない国家は存在しうる。

無論、あらゆる国家の存在が正当化できるわけではない。被治者を虐待し暴虐の限りを尽くす悪辣な国家の存在は正当化できないだろう。だが哲学的アナキズムはこの点を否定する必要はない。それが否定するのは、政治的責務を課す一般的権利を保持していないとの理由で正統ではないあらゆる国家の存在が正当化できないことだけである。この主張と、「正統ではなく存在が正当化もできない国家は存在する」との主張は両立可能である。

一定範囲の国家は国家なき不安定な状況と比べて正当化されるとの前述の点に対し、安定的な国家なき社会は実行可能であり、そのような社会と比べると国家は劣るのであってしたがって正当化できないと主張されるかもしれない。実際に、国家なき社会は無秩序を意味するとの考えは単なる先入観であり、国家以外の社会組織の方法の真剣な検討を妨げてきたと政治的アナキストの多くは主張してきた[25]。例えばヒューマーは、国家を廃絶した上で国家の主要な機能――治安維持、個人の権利保障、刑事司法、紛争解決、外敵からの防衛等――を企業等の私的アクターに任せる社会編成は無秩序を意味せず、またその方が国家より優れておりかつ実行可能であるため国家は正当化できないと主張する[26]。

だがヒューマーの提案には問題がある。例えばヒューマーは、国家の下では独占が生じるためサービス改善の誘因がなく非効率的となる治安維持・権利保障を「私的保護協会（private protection agency：ＰＰＡ）」に任せることで、ＰＰＡ同士の市場競争を通じた効率性の向上が見込めると考えている[27]。だが、共通の権力の下に置かれていない場合には、企業として利益を最大化する誘因を持つＰＰＡが他のＰＰＡを攻撃して名をあげようとすることで秩序が不安定化する可能性が存在する。これに対しヒューマーは、争い合うコストを考えるとＰＰＡ同士は平和的共存を目指して共通の裁定者を選ぶことに合意すると主張する[28]。だが仮にその想定が正しいとしても、より強いＰＰＡは自らに有利な裁定者を選ぶ交渉力を保持しており、人々はそのような交渉力のある強いＰＰＡと契約する誘因を持つため結局は独占が生じ、国家に対する比較優位とされていたそもそもの利点がなくなる[29]。

これに対し、ここで指摘されているのはヒューマーの提案に固有の問題であり他の議論には適用できないと主張されるかもしれない。この反論に包括的な応答を与えることは難しいが、国家へのラディカルなオルタナティブを実行可能な選択肢として擁護する立場一般に反対する考慮事項としてＥ・バーク由来の「制度的保守主義」がある点は指摘できる[30]。バークは、フランス革命が引き起こした大混乱を目撃し、既存の制度は我々が完全には理解することが難しい複雑な仕組み――中には非合理に見えるものも含まれる――により機能していると考えた。そして、たとえ高尚な理想の下で行われたとしても、制度の改革は予期しない悪い結果を招く可能性が高いため、改革は非常に慎重に進めるべきだとの制度的保守主義を擁護した。これが正しいのであれば、国家の廃絶により生じるリスクを上回る利益を証明する責任は、国家廃絶を主張する側にあると言える。だが国家へのラディカルなオルタナティブは未だ十分に試されたことはないのであり、それが上手くいく確証はない点で論証責任は果たされていない。そうであれば、あらゆる正統ではない国家を廃絶すべきと結論づけることは異論を招くほど向こう見ずであり、そのような議論は正統ではない国家の存在は正当化されえないことの説明に失敗する。

2 アプリオリ哲学的アナキズムからのアポステリオリ哲学的アナキズムの擁護

前項で政治的アナキズムから哲学的アナキズムを擁護したが、哲学的アナキズムにはアプリオリとアポステリオリの二種類がある。アプリオリ哲学的アナキズムは、国家の正統性の概念と極めて重要な義務や価値が根本的に対立するためあらゆる可能な国家が正統ではないと主張するのに対し、アポステリオリ哲学的アナキズムは既存のあらゆる国家が正統ではないことを認める一方で、それは理想国家であれば備えないことがありえる既存の国家が持つ偶然的な特徴によると考え、あらゆる可能な国家が正統ではないとは考えない。

アプリオリ哲学的アナキズムの問題を、その代表例であるR・P・ウォルフの議論を検討することで詳らかにしよう。[31]既に説明したようにウォルフは、他人に任せず自分で責任を持って自らが行うべきことを決める自律の義務が枢要な義務として存在するため、その義務と根本的に対立する政治的責務はどのような場合であっても正当化されえず、そのため政治的責務を課す一般的権利を意味する正統性を国家が備えることもないと主張する。

ウォルフの議論には二つの反論が可能である。第一に、ウォルフの考える「自分で決める」自律の義務が本当にそれと対立する考慮事項を元から排除しうる「枢要な」義務であるかは疑わしい。その証拠に、我々は日常的に「判断をその都度自分で行わない」という意味での判断の放棄を行っている。例えば、我々が何かを行うことを約束した場合には、その行為を行うかをその都度判断することを放棄し、約束したという理由で当該行為をする責務の下に置かれるが、仮に「自分で決める」義務が枢要な義務であればこの種の一見したところ無害な行為も許容不可能となってしまう。[32]別の例として、自分で決定せずに医者等の専門家の判断に従うことは日常的によくある無害な行為であるように思われる上、ウォルフ自身も一部その合理性を認めているが、それを認めることは「自分で決める」義務は根本的な重要性を持たないことを認めていることと同じであるように思われる。[33]

加えて、「自分で決める」義務を凌駕しうる義務が存在するため自律の義務はウォルフが考えるほどの枢要性を備えない。例えば、自分で決めることで他者に危害が加わる場合や窮地に陥っている他者を見殺しにすることになる場合には、自分で決める義務より他者に危害を加えない義務や他者を見殺しにしない義務が優先されることは多くが認めるところだろう[34]。そうであれば、なぜ「自分で決める」義務に違背するというだけの理由で国家の正統性を当初から不可能とみなせるか不明である。

第二に、仮にウォルフの自律の義務が枢要な義務であると認めたとしても、自律の義務と対立しない理想国家はありうる。例えば、市民全員が合意した内容のみを実行する全会一致の直接デモクラシー制国家であれば、国家の決定に従うことと「自分で決める」義務は対立しない。無論、円滑に機能する全会一致の直接デモクラシー制国家は極度の理想国家であろうが、アプリオリ哲学的アナキズムは極度の理想国家の正統性ですら否定する必要がある[35]。そのためウォルフの議論はあらゆる可能な国家が正統ではないことを示せていない。

以上の点からウォルフのアプリオリ哲学的アナキズムには問題がある。ただ、アプリオリ哲学的アナキズムにはウォルフ的な自律基底的なもの以外に、例えば共同体の価値や宗教上の価値に訴えるものなどがありえる。そうであれば、ウォルフの議論を個別に退けたところで、アプリオリ哲学的アナキズム全体を退けたことにはならない。

この点に十分に答えるためには自律以外の価値に訴える議論の詳細を検討する必要があるが、それを行わずとも当該の議論が成功しないと考える理由がある。なぜならそれらの議論はウォルフの議論が直面したのと同型の問題に直面するためである。具体的には、①依拠する価値や義務がそれと対立する考慮事項を元から排除する枢要なものであることを示し、さらには②考えられるどのような理想国家であってもその価値や義務と根本的に対立することを示すという二つの論証ハードルが存在するが、それらを超えることは困難である。例えば共同体の価値に依拠するアプリオリ哲学的アナキズムがあったとして、①共同体の価値がそれと対立する考慮事項を元から排除する枢要性を備えることを示すのは難しいだろうし、②例えば先述の全会一致の直接デモクラシー制国家のような極度の理想国家においてもそのような共同体の価値が実現できないことを示すことも難しいだろう。

このように、アプリオリ哲学的アナキズムは問題含みである。そのため、哲学的アナキズムによる国家の正統性の否定が正しいのだとしたら、それはあらゆる可能な国家が正統ではないからではなく正統な国家はありえるが既存の国家は正統ではないからであり、したがってアポステリオリ哲学的アナキズムが妥当であることになる。

3　政治的責務肯定論からのアポステリオリ哲学的アナキズムの擁護

これまで政治的アナキズムから哲学的アナキズムを擁護しアプリオリ哲学的アナキズムからアポステリオリ哲学的アナキズムを擁護してきた。これらはしかし、アナキズムの立場の中でアポステリオリ哲学的アナキズムが最も有力であることは示しているものの、アポステリオリ哲学的アナキズム自体の正しさの擁護としては不十分である。なぜなら、「既存の国家は正統ではない」というアポステリオリ哲学的アナキズムの中心的主張の正しさは示されていないからである。それを示すためには、既存の国家の下で政治的責務が一般的に存在していることを肯定する「政治的責務肯定論」を退ける必要がある(36)。

だが本稿ではアポステリオリ哲学的アナキズムが真であることを示す決定的な論証は行えない。なぜなら、アポステリオリ哲学的アナキズムの擁護論は前述の通り既存の国家の特徴に鑑みればいずれの政治的責務肯定論も失敗するという各個撃破的な試みであるが、それは本稿でアポステリオリ哲学的アナキズムの決定的擁護を行うことを二つの理由で困難にするためである。第一の理由は、既存の政治的責務肯定論を全て検討し退けることはそれだけで一冊の著書が必要となるような試みであるため、本稿ではそれを十分に行うことはできないからである。第二の理由は、各個撃破的な試みは既存の政治的責務肯定論を退けていく試みになるが、既存の政治的責務肯定論が失敗するというだけでは、未だ検討されていない新たな政治的責務肯定論が成功することを否定できないからである。

そのためここでは、既存の政治的責務肯定論が抱える問題点を概説することで、アポステリオリ哲学的アナキズムがその含意を真剣に検討するに値する有力な立場であることだけを示す。重要なのは、正しいとは言い切れないが有力ではある立場の含意を検討することには意義がある点である。例えば功利主義や義務論が真である決定的な論証がなかったとしても、それらが有力な理論であればそれらが正しかった場合の含意を検討することには意義がある。さらに、分析系政治哲学で広く用いられる「反照的均衡（reflective equilibrium）」の方法を用いるのであれば、理論が正しかった場合の含意が何であるかに応じて理論を修正する必要が存在しうるのであり、尚更含意の検討が重要となる。[37]
アポステリオリ哲学的アナキズムが有力な立場であるのは、既存のいずれの政治的責務肯定論も我々が既存の国家の下において一般的政治的責務はおろか多くの場合政治的責務を負うことの論証にすら難点を抱えるからである。各種の政治的責務肯定論に対する古典的な批判はシモンズの *Moral Principles and Political Obligations* でなされ、その発表後様々な政治的責務肯定論が発表されてきたが、いずれも問題があることが示されてきている。[38] 結果として現在では政治的責務否定論は理論家の間では幅広く受け入れられている。[39]
政治的責務肯定論の問題点をより焦点を絞って検討するため、政治的責務の中でも重要な位置を占め、哲学的アナキズムの成否を議論する際の主な論点になっている「一般的遵法義務（general duty to obey the law）」とは何かを論じよう。[40] 哲学的アナキズムが否定する一般的遵法義務は次の四つの特徴を持つ。[41] 第一に、それは「プロタント（pro tanto）」の義務である。つまり、一般的遵法義務は絶対的な義務ではなく、対抗的な考慮事項により凌駕されうる義務である。第二に、一般的遵法義務は「包括的に適用可能（comprehensively applicable）」な義務である。つまり、一般的遵法義務は国家の法の一部ではなく全てに対して負われる義務である。第三に、一般的遵法義務は「普遍的に負われる（universally borne）」義務である。つまり、一般的遵法義務は国家の法が適用される人々の一部だけではなく全員によって負われる義務である。第四に、一般的遵法義務は「内容独立的（content-independent）」な義務である。つまり、その義務は法の実質的内容に由来するのではなく、それが自らに適用される国家の法であるという事実に由来する。
既存の遵法義務肯定論は、以上の特徴を持った一般的遵法義務を正当化することはもちろんのこと、遵法義務——それが自国の法であるという理由で法に従うプロタントの義務——が多くの場合存在することを示す上でも難点を抱える。この点を一般的遵法義務の正当化を試みる既存の有力な理論の問題点をスケッチすることで示そう。[42]
一般的遵法義務を正当化する古典的な理論は遵法義務の根拠を被治者の同意に求める「同意理論」である。被治者が統治に対して妥当な同意を与えていれば遵法義務は確かに生じるかもしれないが、この理論の問題点は実際には統治に対して「明示の同意」を与えている市民は居ても例外的——例えば帰化した市民など——である点に存する。この点に鑑みて一部の論者は、市民は国内居住の事実により統治に「暗黙の同意」を与えていると主張するが、移住のコストを考えると居住による同意は多くの場合自由な同意ではなく、そのため妥当な同意とはみなせない[43]。最後に、合理的に考えるのであれば市民は統治に同意するであろうという形で「仮想的同意」に訴える議論もあるが、現実の市民の意志に基礎を持つ明示/暗黙の同意と比べてなぜ「合理的に考えれば同意するであろう」という事実が拘束力を持つのかは定かではなく、さらになぜ市民が合理的に考えれば統治に同意するかに関する説明は仮想的同意論の外部に見出されなければならないが、そのような説明の候補となる以下で検討する理論も難点を抱えるためこの種の論証も望み薄である[44]。

「フェアプレー理論」は、他者の遵法行為により便益を得てきた人々は公正さの観点から自らも法に従う義務を負うと主張することで一般的遵法義務を説明しようとする[45]。この理論に対してはまず、遵法行為により与えられる便益(例えば治安)の公共財としての性質に鑑みると他者の遵法行為による利益は理に適った形では拒絶できないのであり、このように押しつけられた便益には返礼義務はないとの批判がある[46]。だが、仮にこの批判が誤っていたとしても問題は残る。まず、自らを搾取する不公正なスキームに対して公正さの観点からの返礼義務は負わないため、フェアプレーの義務が一般的に生じるためには法遵守を巡る協働のシステムが公正な負担と便益のバランスを参加者間に保証している必要があるが、既存の国家でその種のバランスが担保されているとは言い難い。さらに、仮に全体の法遵守スキームが公正であったとしてなぜそれだけの理由で個別の不公正な法に従う責務が生じるのかも定かではなく、加えて返礼義務がなぜ別の仕方ではなく「遵法行為」で履行される必要があるのかについての「正当化ギャップ」の問題も存在する[47]。

「関係的責務論」は、例えば家族や友人であることが一定の権利義務関係を含意するように市民であることは遵法義務を含む一定の権利義務関係を含意するとし、一般的遵法義務を市民としてのメンバーシップに基礎づける[48]。だがこの立場が一般的遵法義務を基礎づけようとする場合、次のジレンマが生じる。一方で市民全員が関係的責務を負うと主張するのであれば責務を単なる同国市民としての形式的な法的地位などの薄い関係に基礎づける必要があるが、その場合にはなぜその種の薄い関係が一般的遵法義務のような強い義務を基礎づけられるかが不明である。他方で関係的責務を社会への積極的コミットメントや強い同胞意識などに基づく一定程度厚い関係に基礎づけるのであれば前述の問題は克服できるかもしれないが、既存の国家の市民全員がその種の厚い関係にあるとは到底いえず、一般的遵法義務の正当化に失敗する。加えて、仮に市民としてのメンバーシップが他の市民に対する一定程度の特別な配慮・尊重義務を含意したとしても、他の市民に対する特別な配慮や尊重を表す方法は多様であり、それが「遵法行為」という多くの場合その便益は無視できるほどに小さい行為の形で履行される必要がなぜあるのかも不明である。

「正義の自然的義務論」は遵法義務を正義に適った制度を支持する被治者の義務に基礎づける。(49) だが、この理論は正義を義務の基礎に置いているため本当に「内容独立的」な遵法義務を基礎づけられるのかがまず不明であり、それを認めたとしても、既存の国家には不可避的に存在する、正義にもとる法や正義と無関係の瑣末な法への遵法義務をどのように説明できるかは定かではない。加えて、仮に理想的な法体系を整備した国家の下であっても、ルールの一般性に由来してルール遵守が正義を促進しない状況が生じうるため、理想的国家の下でさえこの理論が一般的遵法義務を基礎づけられるかは疑わしい。(50)

もちろん以上の簡単なスケッチではアポステリオリ哲学的アナキズムの政治的責務否定論が正しい決定的な論証にはならない。しかしながら、既存の国家における一般的政治的責務の正当化が難点を抱えることを示すには以上のスケッチで十分であろう。そうであれば、これでアポステリオリ哲学的アナキズムが有力な立場であることは少なくとも示せたのであり、それが正しいとしたらどのような含意を持つのかを検討することが認められる。

三　アポステリオリ哲学的アナキズムの意義と限界

これまでアポステリオリ哲学的アナキズム――以下、煩雑さを避け単に「哲学的アナキズム」と表記――が有力な立場であることは示した。本節ではそれが正しいとしたら持つ含意を検討する。この検討が重要なのは、哲学的アナキズムが正しいとしても、それは実践的含意に乏しいという意味で「牙の抜かれた」理論であるとの批判があるためである。

以下ではまず哲学的アナキズムに対するこの「牙なし」批判を説明する。続いて哲学的アナキズムは一定の含意を持つことを示し、その意義を部分的に擁護する。その上でやはり哲学的アナキズムがそれ自体では答えられない我々が法や制度に対して採るべき態度に関わる重要な問題が存在することを指摘することで、その限界についても詳らかにする。

1 アポステリオリ哲学的アナキズムへの「牙なし」批判

政治的責務肯定論以外の哲学的アナキズムへの主要な批判は、哲学的アナキズムは当初の印象とは裏腹に特に重要な実践的含意を持たないと主張する。例えばC・ガンスは哲学的アナキズムについて「過激な見かけとその実践的含意の味気なさの間の決まりの悪いギャップ（embarrassing gap）」が存在する、「牙の抜かれた（toothless）」理論だとしている。[51]

この種の「牙なし」批判がなされる理由は、哲学的アナキズムが正しいとしても、それは少なくとも相当程度正義に適った国家の下では市民が多くの場合法に従いその他の仕方で自国の制度を支持する責務や理由を持つことと両立するからである。その理由は、仮に「自国の法であるとの理由で自国の法に服従しその他の仕方で自国を支持する特別な責務」が存在しないとしても、それ以外の根拠に基づく自国の法に従い自国を支持する責務や理由は存在しうるし、それは相対的に正義に適った国家の下であれば尚更であるからである。

この点をクリアにするために、法に従う二つのやり方を区別しよう。[52] 一つ目は法に「服従する（obey）」ことであり、こちらは「遵法義務（the duty to “obey” the law）」の説明でも出てきたように、「法が法であるという理由で法に従う」ことである。二つ目は法を「順守する（comply）」ことであり、こちらは「法が法であるという理由」以外の理由から法が指令する内容に沿って行為することである。ポイントは、遵法義務の否定は、法に服従する義務の否定を意味するが、法を順守する義務や理由の否定は含意されない点である。

以上を踏まえ、政治的責務以外の根拠から法を順守する責務・理由が生じる場合をシモンズの分類を元に三種類挙げよう。[53] 第一の種類は、法から独立に存在する自然的な道徳的義務から法の順守が直接的に要請される場合である。法の中には我々が人間として自然的に負っている義務を全うする行為を指令するものが存在する。例えば殺人や傷害を禁止する法などがそれに当たる。これらの法には、「それが法であるから」という理由で法に従う服従義務がなかったとしても、当然自然的義務から順守義務が生じる。また、これらの消極的義務に関わる法のみならず、もし我々が例えば困窮者を助ける援助の積極的義務も自然的に負うのであれば、困窮者に財を再分配する法などにも順守義務があることになる。

第二の種類は、法で指令されている行為内容それ自体は自然的には義務とされていないが、行為調整を意図する法により顕著な調整点が生じた結果その調整点に従わないことが道徳的義務に違反することになる場合である。例えば我々は自動車で左側通行を行う義務を社会的実践から離れて自然的に負っているわけではないが、日本の法律が顕著な行為調整点として左側通行を生じさせている場合には、仮に服従義務がなかったとしても他者に危害を加えないために左側通行の法に対する順守義務が生じる。調整問題の解決は法の主要な機能と広くみなされていることからも、この種の順守義務は幅広い法に適用されうる。

第三の種類は、法に従った行為を他者が予期し、それを当てにして計画を立てている場合に、法に従わないことでその計画を妨げるような予期に反した行動を行わない理由が存在する場合である。これはシモンズによれば前二種類と異なりそれ自体は義務ではなく義務以下の道徳的理由であるため、それ自体では順守義務を構成せず順守理由を構成するのみだが、それでも「何をすべきか」という行為者の実践的推論において重みを持つ(54)。

以上三つのケースのいずれにも当てはまらず、したがって順守義務を説明できない法も確かに存在するだろう。だが、そのような法は、謂れのない強制を相対的に行わない相当程度正義に適った国家の下では少なくなる。そうであれば哲学的アナキズムは、少なくとも相当程度正義に適った国家の下では、一見したところのラディカルさに反して、政治的責務肯定論と大差のない遵法行為を要求するため実践的含意に乏しいことになる。これが哲学的アナキズムに対する「牙なし批判」である(55)。

2　アポステリオリ哲学的アナキズムの意義

哲学的アナキズムが政治的アナキズムのような実践的含意を持たないことは確かであるが、それを認めてもなお「牙なし」批判には一定の応答が可能である。というのも、哲学的アナキズムの政治的責務否定論は、「他の条件が等しければ、政治的権威に服従しろ」という「服従に有利な前提（presumption in favor of obedience）」[56]を根本的なところで破棄することに由来する確かな実践的含意を持っているためである。

この点を敷衍しよう。もし一般的政治的責務が存在すれば、遵法義務の存在が道徳的推論のベースラインとなり、その義務を凌駕する考慮事項が存在しない限り服従が義務となる。だが政治的責務は多くの場合存在しないとの哲学的アナキズムの主張が正しければ、多くの場合において遵法義務の存在は道徳的推論のベースラインとはならず、遵法行為が義務ないし許容可能ですらあるかを巡る道徳的評価は、所与の状況で遵法行為と非遵法行為をそれぞれ支持する政治的責務以外の道徳的義務・理由の慎重な重みづけに依存する。つまり、法や制度に対して採るべき我々の態度を考える際のベースラインが服従であることに疑義を呈する点で、哲学的アナキズムは我々の道徳的推論に一定の含意を持つ。

加えて重要なのが、哲学的アナキズムは単なる理論的観点からの（非）遵法行為を巡る道徳的推論への含意に限らず市民の日常的実践への含意も持つ点である。市民の日常的な遵法実践において、「それが法であるから従うべき」との遵法義務に由来する理由は、しばしばそこで推論を停止させてしまうほど強力な考慮事項であるように見える。哲学的アナキズムはこの種の実践の妥当性を疑い反省を促す効果がある。なぜならそれが正しければ、「善き市民は自国の法に従う政治的責務を持つ」との考えに安住せず、個別の状況において遵法行為は道徳的義務ないし許容可能でさえあるのかを考慮する責任を市民が保持しうることを含意するためである。シモンズが言うように、哲学的アナキズムは「シティズンシップが道徳的推論の重荷から人を解放しないことのリマインダーとして機能する」[57]。

以上の点だけでは、哲学的アナキズムは（非）遵法行為を巡る理論家や市民の頭の中の推論にのみ影響を与えると思われるかもしれない。だが、哲学的アナキズムは道徳的推論に影響を与えるのみならず、道徳的推論のベースラインを動かすことにより推論の結論を変えることで、現実にどのような（非）遵法行為を行うべきであるかを巡る実践的指令を左右しうる。[58] 例えば政治的責務以外の論拠から法に従う義務や理由の説明ができない不正な法や瑣末な法については、政治的責務の存在を前提にする場合には服従が要求される場合でも、不服従が許容可能ないし義務であるとの結論が擁護される場合がある。シモンズはそのような実践的含意が生じる例として大麻所持を取り締まる法や「自然に反する」性行為を取り締まる法を挙げている[59]。別のアクチュアルな事例としては、米国の少なくない州で見られる、近親相姦や強姦の場合ですら例外を認めない極めて厳格な中絶禁止法が挙げられる。もし我々が政治的責務を負っているのであればこの種の法に従う義務が存在することになるのかもしれないが、ベースラインとしての政治的責務が存在しないのであれば例えば望まない妊娠をしているが州外に出て中絶手術を受ける経済的その他の余裕のない人々に対して医師が秘密裏に中絶手術を施すことは道徳的に許容可能となるかもしれない。これらの例が正しければ、哲学的アナキズムは単に道徳的推論に影響を与えるだけでなく、実際の（非）遵法行為の実践的指令を左右しうる点で確かな実践的含意を持つ。

以上で擁護した実践的含意について異論がないわけではない。例えばW・ショイアマンは、市民的不服従論の文脈において、哲学的アナキズムは実際には標準的な市民的不服従論が用いる道具立てに似た形で法に従う義務や理由に訴えるため結局は標準的な市民的不服従論に「回帰する（come home）」と主張している[60]。だが前述の点を踏まえるとこの評価が誤っていることが分かる。なぜなら、標準的な市民的不服従論ではまず遵法義務の存在を前提にした上で、それが凌駕されるのはどのような場合かを問う形で議論が組み立てられるが、前述したように哲学的アナキズムはその種の前提を破棄するためである。そうであれば、哲学的アナキズムは遵法行為と不服従との間に当初から服従に有利な非対称性を持ち込む標準的な市民的不服従論の発想を再考する重要な含意を持つ[61]。

以上より、哲学的アナキズムが政治的アナキズムのような実践的含意を持たないことは確かであるが、それは我々が法や制度に対して採るべき態度に確かな含意を持つ。この点で哲学的アナキズムは一定の実践的含意を持っており、その意義は否定できない。

3　アポステリオリ哲学的アナキズムの限界

哲学的アナキズムには一定の実践的含意が存在するため「牙なし」批判が完全に当たるわけではない。だが哲学的アナキズム自体では法や制度に対する我々の態度を巡る重要な問いに答えられない点でそれには限界もある。なぜなら哲学的アナキズムの政治的責務否定論は、「自国の法であるとの理由で法に従いまたその他の仕方で自国を支持する特別な責務」が多くの場合存在しないことは示す一方、それだけでは政治的責務以外に法に従い制度を支持するどのような義務や理由が存在するかについては特に規定しないからである。

　哲学的アナキストたちが政治的責務肯定論の各個撃破に成功し政治的責務否定論の擁護に成功したとしても、政治的責務以外に法を順守するどのような義務や理由が存在するかについては道徳理論に応じて様々な立場がありえる。例えばハードなリバタリアンは他者の生命・身体・自由・財産等を侵害しない消極的義務しか認めず、そのため例えば困窮者への支援の積極的義務に関わる法を順守する義務はないと考えるかもしれない。リベラルな平等主義者であれば、再分配を通じた相当程度の平等の担保が正義の義務であり、それを命ずる法を順守する義務が存在すると考えるかもしれない。さらに功利主義者であれば行為類型に依拠した義務の判断は行わず、どのような（非）遵法行為であれ全体の福利を最大化する場合には義務となるとの文脈依存的な判断を行うかもしれない。ここで明らかにしたいのはどの道徳理論が正しいかではなく、どの道徳理論と組み合わせるかに応じて哲学的アナキズムの含意は変わるため、哲学的アナキズムの政治的責務否定論それ自体だけでは我々が法や制度に対して採るべき態度の重要な側面に答えを与えられない点である。

　以上を踏まえると、我々が法や制度に対して採るべき態度を十分に理解するためには、哲学的アナキズムの政治的責務否定論それ自体の正しさを示すことを超えて、それをどのようなより実質的な道徳理論と組み合わせるのかを考える必要がある。シモンズは著書 *On the Edge of Anarchy* でロック的道徳理論と哲学的アナキズムの政治的責務否定論を組み合わせる形で実際にそれを行っている[62]。ただ、代表的論者であるシモンズがロック主義者であることから哲学的アナキズムとロック主義との間に必然的結びつきがあるかのように捉えられるかもしれないが、政治的責務肯定論の各個撃破の上に成り立つ哲学的アナキズムは必ずしもロック的道徳理論と結びつく必要はない。例えば第二節第3項でスケッチした政治的責務肯定論の各個撃破はロック的道徳理論に依拠せずとも可能である。政治的責務肯定論が失敗するとの点を共有していれば例えば功利主義者でも非ロック的義務論者でも哲学的アナキストにはなれるのであり、別の組み合わせの可能性は開かれている[63]。

哲学的アナキズムの政治的責務否定論自体では解決できない、我々が法や制度に対して採るべき態度に関わる重要な問題が存在することをイラストレートするため、その種の問題を三つ例示しよう。第一に、パターナリズムや卓越主義に基づく法に従う道徳的義務はあるかという点である。シモンズは、哲学的アナキズムは「道徳主義的な《モラリスティック》」法やパターナリスティックな法を順守する義務の欠如を含意すると考えているが、実際にはどの道徳理論と組み合わせるかに応じてこの点は変わってくる[64]。例えば一般的福利を増進する強い自然的義務が存在するとの立場であれば、全体の福利を増進させるパターナリズムや卓越主義に基づく法に従う義務が存在するかもしれない[65]。パターナリズムや卓越主義に基づく強制の許容可能性については熾烈な論争が存在しており、この点に十分に応えるためには哲学的アナキズムを超えてより実質的な道徳理論のレベルで考える必要がある。

第二に、国家の存在が正当化されず、したがって国家の廃絶を目指すべきであるための条件は何かという問題がある。いつ国家の廃絶を目指すことが義務ないし許容可能になるのかは、法や制度に対して我々が採るべき態度の重要な側面であるが、この点についても哲学的アナキズムの政治的責務否定論だけでは答えられず、より実質的な道徳理論と組み合わせる必要がある。なぜなら、この問題への応答は、国家のオルタナティブは何かという相当程度経験的な点に加え、国家の存在を正当化できる論拠は何かという道徳的考慮事項にも依存するためである。例えば功利主義であればオルタナティブよりも国家が存在していた方が少しでも全体の福利が向上する場合には国家の存在は正当化できるのに対し、ソフトな義務論では国家が理に適った程度の権利侵害だけを行う場合には正当化できると考え、ハードな義務論は仮に国家が存在した方がより多くの権利保障を行えるとしても国家が権利を侵害する場合には国家の存在は正当化不可能であると考えるかもしれない[66]。

第三に、これまで道徳的義務や理由を論じてきたが、道徳的規範性と打算的（prudential）規範性の関係も我々が法や制度に対して採るべき態度に重要な含意を持つ。例えば、悪辣な法に従わない道徳的義務が存在する一方で、従わない場合には刑罰を受ける場合を考えてみてほしい。法に従わない道徳的義務があるがその義務を履行すると自らの利益が毀損される点で法に従う打算的理由が存在する場合、我々は「全てを考慮に入れて」何を行うべきか。この点に応えるには哲学的アナキズムの政治的責務否定論だけでは不十分であり、哲学的アナキズムをより実質的な道徳理論と組み合わせるのみならず、道徳的規範性と打算的規範性の関係に関するメタ規範理論的立場とも組み合わせることが必要となる[67]。

以上で示したように、哲学的アナキズムには一定の実践的含意がある点で確かに意義があるが、他方でそれだけでは我々が法や制度に対して採るべき態度の重要な側面について答えを与えることができない点で限界も存在する。

結論

本稿では哲学的アナキズムの意義と限界を論じた。第一節ではアナキズムを政治的／哲学的及びアプリオリ／アポステリオリの二つの分類軸を使って四分類した。第二節では四分類の中でアポステリオリ哲学的アナキズムが有力な立場であることを示した。第三節ではアポステリオリ哲学的アナキズムへの「牙なし」批判を軸に、アポステリオリ哲学的アナキズムは法や制度に対する我々の態度について確かな含意を持つ点で一定の意義を持つが、それが沈黙する問題も多く存在することからその含意には限界もある点を示した。

（1）この種のアナキズムの特徴づけは次を参照。Fiala, A., “Anarchism”, in *The Stanford Encyclopedia of Philosophy*（*Winter 2021 Edition*),（ed.）E. N. Zalta, 2021, URL=〈https://plato.stanford.edu/archives/win2021/entries/anarchism/〉§ 2; Simmons, A. J., “Philosophical Anarchism”, in *For and Against the State: New Philosophical Readings*,（eds.）J. T. Sanders and J. Narveson,

Rowman & Littlefield, 1996, pp. 19-20. 無論、アナキズムが反対する支配は国家によるものに限られず、それ以外の様々な支配関係も懐疑や抵抗の対象とされてきたため、この特徴づけはアナキズムの伝統の全てを捉えているわけではない。

（2）「哲学的アナキズム」の語は本稿で扱う意味以外の形でも用いられる。既存の用法の分類は次を参照。McLaughlin, P., "In Defence of Philosophical Anarchism", in *Anarchism and Moral Philosophy*, (eds.) B. Franks and M. J. Wilson, Palgrave Macmillan, 2010, pp. 13-19.

（3）以下、本稿では「責務（obligation）」と「義務（duty）」を互換可能な形で用いる。

（4）哲学的アナキズムを明示的に支持する主な研究は次を参照。Egoumenides, M., *Philosophical Anarchism and Political Obligation*, Bloomsbury, 2014; Fiala, A. G., *Against Religion, Wars, and States*, Rowman & Littlefield, 2013; McLaughlin, "In Defence of Philosophical Anarchism"; Simmons, A. J., *Moral Principles and Political Obligations*, Princeton University Press, 1979, ch. 8; Simmons, A. J., "The Anarchist Position: A Reply to Klosko and Senor", in *Philosophy & Public Affairs*, vol. 16, no. 3, 1987; Simmons, "Philosophical Anarchism"; Simmons, A. J., *On the Edge of Anarchy: Locke, Consent and the Limits of Society*, Princeton University Press, 1993; Simmons, A. J., "The Duty to Obey and Our Natural Moral Duties", in C. H. Wellman and A. J. Simmons, *Is There a Duty to Obey the Law?*, Cambridge University Press, 2005; Wolff, R. P., *In Defense of Anarchism*, Harper & Row, 1970. また、「哲学的アナキズム」の語を用いていないもののその政治的責務否定論に賛同する代表的研究は次を参照。Green, L., *The Authority of the State*, Oxford University Press, 1988; Raz, J., *The Authority of Law, 2nd ed.*, Oxford University Press, 2009, ch. 12; Regan, D. H., "Law's Halo", in *Social Philosophy & Policy*, vol. 4, no. 1, 1986; Smith, M. B. E., "Is There a Prima Facie Obligation to Obey the Law?", in *The Yale Law Journal*, vol. 82, no. 5, 1973. 関連する点を扱う邦語研究は次を参照。瀧川裕英『国家の哲学：政治的責務から地球共和国へ』、東京大学出版会、二〇一七年、第十二章；山本啓介「シモンズの権利基底的な政治的責務論とリバタリアニズム」、『一橋法学』第一九巻第一号、二〇二〇年；山本啓介「哲学的アナーキズムと市民的不服従：A・J・シモンズの場合」、『一橋法学』第二十巻第二号、二〇二一年；横濱竜也『遵法責務論』、弘文堂、二〇一六年.

（5）この表現は次を参照。Gans, C., *Philosophical Anarchism and Political Disobedience*, Cambridge University Press, 1992, p. 90.

（6）この批判については次の研究を参照。Gans, *Philosophical Anarchism and Political Disobedience*; Miller, D., *Anarchism*, J. M. Dent & Sons, 1984, ch. 2; Scheuerman, W. E., *Civil Disobedience*, Polity, 2018, ch. 4（ウィリアム・E・ショイアマン『市民的不服従』森達也監訳、人文書院、二〇二二年、第四章）；横濱『遵法責務論』、一四二～一四四頁.

（7）大陸系政治哲学・思想／運動史・人類学におけるアナキズム研究は例えば次を参照。【大陸系政治哲学】Malabou, C., *Au voleur! Anarchisme et philosophie*, Presses Universitaires de France, 2022（カトリーヌ・マラブー『泥棒！：アナキズムと哲学』伊藤潤一郎・吉松覚・横田祐美子訳、青土社、二〇二四年）; Newman, S., *Postanarchism*, Polity, 2016【思想／運動史】Kinna, R., *The Government of No One: The Theory and Practice of Anarchism*, Penguin Books, 2019（ルース・キンナ『アナキズムの歴史：支配に抗する思想と運動』米山裕子訳、河出書房新社、二〇二〇年）; 森政稔『アナーキズム：政治思想史的考察』、作品社、二〇二三年【人類学】Graeber, D., *Fragments of an Anarchist Anthropology*, Prickly Paradigm Press, 2004（デヴィッド・グレーバー『アナーキスト人類学のための断章』高祖岩三郎訳、以文社、二〇〇六年）; 松村圭一郎『くらしのアナキズム』、ミシマ社、二〇二一年．また、複数の学問領域に跨る近年の本邦でのアナキズム研究としては次を参照。田中ひかる編『アナキズムを読む：〈自由〉を生きるためのブックガイド』、皓星社、二〇二一年; 森元斎編『思想としてのアナキズム』、以文社、二〇二四年．

（8）例えばFiala, "Anarchism"; Simmons, "Philosophical Anarchism"を参照。

（9）Kropotkin, P., *La Conquête du Pain*, Tresse et Stock, 1892（クロポトキン『麺麭の略取』幸徳秋水訳、岩波書店、一九六〇年）; Tolstoy, L., *T͡Sarstvo Bozhie vnutri vas*, A. Deibner, 1894（トルストイ『神の国は汝等の衷にあり』北御門二郎訳、冬樹社、一九七三年）; Tucker, B. R., *Instead of a Book, By a Man Too Busy to Write One*, B. R. Tucker, 1893.

（10）Huemer, M., *The Problem of Political Authority: An Examination of the Right to Coerce and the Duty to Obey*, Palgrave Macmillan, 2013.

（11）ここでは哲学的アナキズムと政治的アナキズムを両立不可能な立場として説明しているが、哲学的アナキズムを「国家の正統性を否定する思想」、政治的アナキズムを「国家の廃絶を目指す思想」とそれぞれ特徴づけるなど、二つを両立可能な形で特徴づける研究（Egoumenides, *Philosophical Anarchism and Political Obligation*, p. 2; Huemer, *The Problem of Political Authority*, p. 137）も存在する。だがこの方法では例えばヒューマーとシモンズとの間のものなどのアナキスト間の対立をうまく整理できないため本稿では採用しない。

（12）この権利は論者によっては「権威（authority）」とも呼ばれる。また、これとは異なる実り多い正統性構想を擁護する研究は次を参照。福島弦「これからの「正統性」の話をしよう：国家の規範的正統性の概念分析」、『政治思想研究』第二二号、二〇二二年．

（13）この区別について詳しく論じている研究としては次を参照。Simmons, A. J., "Justification and Legitimacy", in *Ethics*, vol. 109, no. 4, 1999.

(14) 必ずしも国家を廃絶すべきとは主張しない哲学的アナキズムは、伝統的なアナキズムとかけ離れているので「アナキズム」と呼ぶに値しないとの主張は次を参照。Jun, N. J., "On Philosophical Anarchism", in *Radical Philosophy Review*, vol. 19, no. 3, 2016. この問題は相当程度言葉上の問題ではあるが、本稿はアナキズムを国家の正統性を否定する思想と理解するため、「哲学的アナキズム」を「アナキズム」と呼ぶことは誤称ではないと考える。

(15) アプリオリ／アポステリオリ・アナキズムの区別はSimmons, "Philosophical Anarchism" により導入され、他の論者（e.g. Fiala, "Anarchism"）にも引き継がれている。

(16) Wolff, *In Defense of Anarchism*.

(17) Wolff, *In Defense of Anarchism*, p. 18.

(18) Wolff, *In Defense of Anarchism*, p. 9.

(19) この点についてはFiala, "Anarchism", §2.2を参照。

(20) 「各個撃破論法」についての説明は次を参照。瀧川『国家の哲学』、一九六頁.

(21) Simmons, "Philosophical Anarchism".

(22) Simmons, "Philosophical Anarchism", pp. 25-26.

(23) Huemer, *The Problem of Political Authority*, ch. 2, part II.

(24) この点については次を参照。Wellman, C. H., "Samaritanism and the Duty to Obey the Law", in *Is There a Duty to Obey the Law?*, ch. 1.

(25) この主張に取り組むようコメント頂いた匿名査読者に感謝申し上げる。

(26) Huemer, *The Problem of Political Authority*, part II.

(27) Huemer, *The Problem of Political Authority*, chs. 10-11.

(28) Huemer, *The Problem of Political Authority*, pp. 253-254.

(29) この点は次を参照。Viehoff, D., "Review of *The Problem of Political Authority: An Examination of the Right to Coerce and the Duty to Obey*", in *Mind*, vol. 124, no. 494, 2015.

(30) Burke, E., *Reflections on the Revolution in France*, J. Dodsley, 1790（エドマンド・バーク『フランス革命の省察』新装版、半澤孝麿訳、みすず書房、一九九七年）.

（31）Wolff, *In Defense of Anarchism*.

（32）類似の指摘は次を参照。Horton, J., *Political Obligation*, Macmillan, 1992, pp. 129-130; Simmons, “Philosophical Anarchism”, p. 25; 瀧川『国家の哲学』、一九四頁。

（33）専門家に従うことの合理性を認める記述はWolff, *In Defense of Anarchism*, p. 15を参照。

（34）類似の指摘は次を参照。Horton, *Political Obligation*, p. 129.

（35）実際にウォルフは全会一致の直接デモクラシー制国家が正統でありえることを認める記述をしている箇所（Wolff, *In Defense of Anarchism*, p. 23）がある。この記述はアプリオリ・アナキズムと対立するとも捉えられるが、ウォルフは同書で「真正な（de jure）正統な国家の概念は空虚（vacuous）」（p. 19）であり自律と権威を宥和させうる国家は「丸い四角、既婚の未婚者、知覚されていないセンス・データのようなカテゴリーに入れられるべきである」（p. 71）とも書いているため、これらのアプリオリ・アナキズムを支持する記述を優先し、本稿ではウォルフをアプリオリ・アナキストとして理解する。

（36）政治的責務肯定論とは別の批判として、ある種の正統性概念を用いればアポステリオリ哲学的アナキズムは正統性肯定論に回収されるとの批判があるが、この批判は哲学的アナキズムが用いる正統性概念と異なる概念を用いて議論を展開している点で少なくとも内在的批判にはなっていないためここでは扱わない。この批判は次を参照。Edmundson, W. A., *Three Anarchical Fallacies: An Essay on Political Authority*, Cambridge University Press, 1998, part I; Wendt, F., “Against Philosophical Anarchism”, in *Law and Philosophy*, vol. 39, no. 5, 2020.

（37）反照的均衡についての古典的説明は次を参照。Rawls, J., *A Theory of Justice*, *Rev. ed.*, Belknap Press, 1999, pp. 18-19, 42-45（ジョン・ロールズ『正義論 改訂版』川本隆史・福間聡・神島裕子訳、紀伊国屋書店、二〇一〇年、二八～三〇頁、六八～七一頁）。

（38）Simmons, *Moral Principles and Political Obligations*. 政治的責務肯定論を包括的に退ける研究としては例えば次を参照。Green, *The Authority of the State*; Huemer, *The Problem of Political Authority*, part I; Murphy, L. B., *What Makes Law: An Introduction to the Philosophy of Law*, Cambridge University Press, ch. 7; Wendt, F., *Authority*, Polity, 2018.

（39）政治的責務否定論が幅広い支持を得ているとの評価は次を参照。Edmundson, W. A., “State of the Art: The Duty to Obey the Law”, in *Legal Theory*, vol. 10, no. 4, 2004, p. 218; Green, L., “Who Believes in Political Obligation?”, in *For and Against the State*, p. 1; Greenberg, M., “The Moral Impact Theory of Law”, in *The Yale Law Journal*, vol. 123, no. 5, 2014, p. 1314; Raz, J., *The*

Morality of Freedom, Clarendon Press, 1986, p. 97; Regan, "Law's Halo", p. 15.

（40）政治的責務には遵法義務以外に、「善き市民」として負っていると考えられている他の義務——政治参加の義務や有事における（超法規的）国家防衛義務——が含まれる。例えば次を参照。Simmons, *Moral Principles and Political Obligations*, pp. 4-5.

（41）以下の特徴づけは次の研究を参照した。Kramer, M. H., "Legal and Moral Obligation", in *The Blackwell Guide to the Philosophy of Law and Legal Theory*, (eds.) M. P. Golding and W. A. Edmundson, Blackwell, 2005, pp. 179-180.

（42）以下の記述は、福島「これからの「正統性」の話をしよう」、第三節第2項を一部参照している。

（43）暗黙の同意論は例えば次を参照。Locke, J., *John Locke: Two Treatises of Government*, (ed.) P. Laslett, Cambridge University Press, 1988 [1689], §119（ジョン・ロック『完訳 統治二論』加藤節訳、岩波書店、二〇一〇年、第一一九節）.

（44）仮想的同意論は例えば次を参照。Pitkin, H., "Obligation and Consent II", in *The American Political Science Review*, vol. 60, no. 1, 1966.

（45）例えば次を参照。Klosko, G., *Political Obligations*, Oxford University Press, 2005.

（46）この批判はSimmons, *Moral Principles and Political Obligations*, ch. 5を参照。

（47）正当化ギャップの問題については次を参照。Zhu, J., "Fairness, Political Obligation, and the Justificatory Gap", in *Journal of Moral Philosophy*, vol. 12, no. 3, 2015.

（48）関係的責務論は例えば次を参照。Horton, *Political Obligation*, ch. 6.

（49）例えば次を参照。Quong, J., *Liberalism without Perfection*, Oxford University Press, 2010, ch. 4; Wellman, "Samaritanism and the Duty to Obey the Law"; 瀧川『国家の哲学』.

（50）この点については次を参照。Kolodny, N., *The Pecking Order: Social Hierarchy as a Philosophical Problem*, Harvard University Press, 2023, pp. 47-48. ここで扱わなかった遵法義務の論拠として国家への感謝や公職者への敬譲やデモクラシーにおける他の市民の判断への尊重の観念に訴えるものも存在する。ここで詳細な検討はできないが、これらの論拠に共通する問題として、感謝の義務や敬譲義務の根拠となる尊敬の義務や他の市民の判断への尊重の義務が存在することを仮に認めたとしても、なぜそれが遵法義務の履行という形で果たされなければならないかが定かではない。関連文献として次を参照。【感謝論】Walker, A. D. M., "Political Obligation and the Argument from Gratitude", in *Philosophy & Public Affairs*, vol. 17, no. 3, 1988;【敬譲論】Soper, P., *The Ethics of Deference: Learning from Law's Morals*, Cambridge University Press, 2002; 横濱『遵法責務論』;【デモクラシー論】Christiano,

T., *The Constitution of Equality: Democratic Authority and Its Limits*, Oxford University Press, 2008.

（51）Gans, *Philosophical Anarchism and Political Disobedience*, pp. xi, 90.

（52）この区別は関連文献に広く見られる。例えばEdmundson, “State of the Art”, p. 217を参照。

（53）次を参照。Simmons, *Moral Principles and Political Obligations*, pp. 192-194; Simmons, “The Anarchist Position”, pp. 275-279; Simmons, *On the Edge of Anarchy*, pp. 262-265; Simmons, “The Duty to Obey and Our Natural Moral Duties”, pp. 190-193.

（54）道徳理論（e.g. 功利主義）によっては、他者の予期を裏切らないこと自体を場合によっては義務としうるが、ここではシモンズの考えに沿ってまとめる。

（55）「牙なし」批判とは反対に、哲学的アナキズムは実際には国家への反抗やその廃絶を指令する過剰な実践的含意を不可避的に持つとの批判があるが、ここで論じたように哲学的アナキズムは政治的責務以外の法や制度に従う理由に訴えることができるためこの批判は当たらない。この種の批判としては次を参照。Senor, T. D., “What If There Are No Political Obligations?: A Reply to A. J. Simmons”, in *Philosophy & Public Affairs*, vol. 16, no. 3, 1987; Wellman, “Samaritanism and the Duty to Obey the Law”, pp. 25-29.

（56）「服従に有利な前提」については次を参照。Simmons, *Moral Principles and Political Obligations*, p. 200.

（57）Simmons, *Moral Principles and Political Obligations*, p. 200. 市民が法に従う義務があるかをその都度評価することは認識的に困難であるため、原理のレベルではなく市民の意思決定のレベルでは原理的には存在しない「一般的遵法義務」がまるで存在するかのように振る舞った方が良い場合もありうる。だがその場合にもアポステリオリ哲学的アナキズムには一定の含意がある。というのも、その場合であっても一般的遵法義務が存在することを単に前提とするのではなく、なぜそれが原理的には存在しないにも関わらず実践的には存在するかのように振る舞った方が良いのかに関する追加的説明を要求するからである。

（58）この点を強調するようコメント頂いた匿名査読者に感謝申し上げる。

（59）Simmons, “The Anarchist Position”, p. 279.

（60）Scheuerman, *Civil Disobedience*, p. 99（ショイアマン『市民的不服従』、一七〇頁）.

（61）山本啓介（山本「哲学的アナーキズムと市民的不服従」、一一五四頁）は、ロールズ的な標準的市民的不服従論と比べたシモンズの哲学的アナキズムに基づく市民的不服従論の意義について、それが拠って立つロック的な道徳的教説に照らしてロールズのものよりも広範な不服従を正当化できる点を指摘しているが、この意義は哲学的アナキズムによる政治的責務否定論自体の意義ではなくそれとロック的道徳理論を組み合わせた場合の意義である点でここで論じている意義とは異なる。哲学的アナキズムの政治的責務否定論とより実質的な道徳理論との関係については次の項で詳しく論じる。

（62）Simmons, *On the Edge of Anarchy*.

（63）政治的責務否定論に与する功利主義者としては例えばＤ・リーガン（Regan, "Law's Halo"）が、非ロック的義務論者としてはＪ・ラズ（Raz, *The Morality of Freedom*）がいる。

（64）関連するシモンズの記述は次を参照。Simmons, "Philosophical Anarchism", p. 29.

（65）関連する論点については次を参照。Wall, S., "Moral Environmentalism", in *Paternalism: Theory and Practice*, (eds.) C. Coons and M. Weber, Cambridge University Press, 2013.

（66）ソフトな義務論についてはSimmons, "The Anarchist Position" を参照。ハードな義務論については次を参照。Huemer, M., "A Reply to Layman on Legitimacy and Disobedience", in M. Huemer and D. Layman, *Is Political Authority an Illusion?: A Debate*, Routledge, 2021, pp. 132-133. 本稿第二節第1項で行った政治的アナキズムからの哲学的アナキズムの擁護はこの意味でのハードな義務論が誤っていることを前提としている。

（67）次を参照。Dorsey, D., *The Limits of Moral Authority*, Oxford University Press, 2016.

［謝辞］
本稿に書面によりコメントを頂いた大庭大、小林卓人、田中将人の各氏、また有益な助言を下さった二名の匿名査読者に感謝申し上げる。本研究はＪＳＰＳ科研費23KJ0352の助成を受けたものである。

デモクラシーとユートピア

――ミゲル・アバンスールのラディカリズムの根源について

和田昌也

一　はじめに――デモクラシーを再考するためのユートピアという視角

戦後のフランス政治哲学を代表するひとりであるミゲル・アバンスール（一九三九―二〇一七）のもっとも知られ、また解釈者の間で近年、もっとも議論が活発に交わされているもののひとつとして、彼のラディカル・デモクラシーのモデル、とりわけ「蜂起するデモクラシー démocratie insurgeante」の理論が挙げられよう。アバンスールは一九七〇年代以降、盟友のクロード・ルフォールやコルネリウス・カストリアディスらとともに、雑誌 Textures や Libre などを舞台に、政治哲学の新たな課題としてデモクラシーの再考を位置づけるとともに、みずからも政治的考察を開始した。

しかし、アバンスールの著作がときに読者を当惑させ、また読解上の大きな困難のひとつとなっていると言えるのが、その議論が難解であることもさることながら、それが「時代錯誤的 inactuel」[1]であり、また「転覆的 subversif」[2]で、さらには「反逆者 révoltiste」[3]とさえ評されるほど、あまりに過激で極端な主張や解釈を厭わないことではないだろうか。

このようなアバンスールの議論に一貫してあらわされているラディカリズムの一例を挙げるとすれば、ルフォールのデモクラシー理解に対する彼のつぎのような批判のうちに容易に看取されるところであろう。すなわち、人権をめぐる種々の抗争、いわゆる「人権の政治politique des droits de l'homme」がデモクラシーを活性化するという「野生のデモクラシーdémocratie sauvage」の見方を提示したルフォールに対し[4]、アバンスールは、抗争に立脚するデモクラシー観に一定の理解を示すものの、結局のところ、ルフォールのデモクラシーは、国家による権利の承認を志向するがゆえに、逆説的ながら国家を強化し、政治的なものの可能性を閉却する弊に陥るものであるとして峻拒するのである[5]。

では、アバンスールの「蜂起するデモクラシー」とは具体的にいかなるものなのだろうか。それは、アバンスール曰く、「国家に抗して位置づけ」られる「継続的抗争lutte continuée」[6]、すなわち国家的なものの枠組みの「外」で展開される集団的で永続的な蜂起の謂いである。たしかに、そのような対抗的な断続的政治活動としてのデモクラシーの実践は、近年のグローバル金融資本や強権的で抑圧的な権威主義体制への大規模な異議申し立ての運動の数々にその具現を見るのは難しくなく、研究者もそこに一定のアクチュアリティを見出していることもまた事実である[7]。とはいえ、そのような時折の偶発的な集合的活動をデモクラシーと同一視するならば、同時に後景に退くのが、いかなる政治共同体を私たちが築こうとするのか、あるいは営もうとするのか、という至極まっとうな常態へのヴィジョンであろうし、そもそもそのような理論はいったいなにを指し示すものと言えるのかが判然としなくなる。

要するに、アバンスールのラディカルなデモクラシー構想が読者に喚起する一つの核心的問いは、そのような理論構想をいかなるものとして受け止めることができるのだろうか、というものだと言えよう。それは単なる扇動的な急進主義の域を出ないのか、それともなにか他の狙いを含み持つものと言えるのだろうか[8]。

本稿は、一見すると非現実的で非合理的とさえ映ずるかもしれないアバンスールのラディカルなデモクラシー論を理解する鍵として、彼の「ユートピア」論に着目し、アバンスール独自のユートピアの理論的実践として、彼のデモクラシー構想の意義を捉えることを目指す[9]。アバンスールのラディカル・デモクラシー論に関しては、すでに一定の蓄積があるが、それはしばしば「活動action」や「抗争conflit」の語で説明されてきた[10]。そのことの一面での正しさは、先ほど引用したように、アバンスール自身の「継続的抗争」とする定義にもあるとおり、認められるところである。しかし、それらの先行研究において十分に明らかになっているとは言えないのが、彼のデモクラシー論におけるユートピア論としての側面である。本稿は、むしろ、アバンスールのデモクラシー論の晩年の転回は、彼が長きにわたって取り組んできたユートピア論の特質と方向性に由来するところであることを示したい。そのことで、彼のデモクラシー論が単なる扇動的で反逆的な性質を有するものというよりはむしろ、人々の真に自由で解放的なあり方を今一度ともに思考することを可能にする一種の理論装置として受け止めることができ、またそれが彼のその理論的企図に合致することが理解できるだろう。アバンスールは、レジーム内での穏健なデモクラティックな実践や、既存の秩序に対抗しているかに見える過激な政治現象にも還元されない、人々の自由な政治共同体の在り方の存在を「ユートピア」に仮託し再考するよう促している。そのためには、しばしば絵空事として軽んじられたり、調和的な全体主義的世界像として危険視されたりしてきたユートピアの思想史のなかから別種のユートピアを再発見しようとするアバンスールの作業そのものに焦点が当てられなければならない。

以下ではまず、アバンスールがなぜユートピアについての議論を開始し、それをいかなるものとして位置づけているのかを概観する（二）。続いて、彼が特異な仕方で導入した思想史的区分である「新たなユートピアの精神」の思想潮流において、アバンスール自身が看取する「ユートピア的動物」の意義について考察する（三）。そして、このようなアバンスールによるユートピアとデモクラシーの分節化の試みの狙いと意義を指摘し（四）、最後に、「別の在り方」を模索するアバンスールのユートピアの位置づけが、デモクラシーを再考するうえで、いかなる意義と示唆を与えることができるかを示す（五）。

二　ユートピアの効用——理想か空想か、それとも？

アバンスールのユートピアを捉えようとするとき、ただちに浮上するのが、そもそも彼は、ユートピア的思考について批判的でなければならないのではないだろうか、という疑問であろう。それもそのはず、アバンスールは自らの政治哲学を彫琢する途上において幾度となく「鳥瞰的視座surplomb」[11]を自らに禁じ、またハンナ・アーレントとともに、

「政治について上から思考するpenser *sur* la politique」のではなく、「政治を思考するpenser la politique」[12]ことの意義を強調してきた。つまり、彼の政治的思考が外在的ではなく内在的であること、換言すれば、任意の道具立てによる分析や立て直しの対象として政治をモノのようにとらえるのではなく、政治の事象を直視し、その内側において反省しながら実践を企てることをその本質的特徴として有していることについては、異論をさしはさむ余地はない。[13]

では、果たしてこのアバンスールの政治に内在しようと徹する一貫した姿勢とユートピアへの関心は両立しうるのだろうか。もっとも、ユートピアと一口に言っても、実に多義的である。実際、様々な使われ方がこれまでの歴史において為されてきたことは、あらためて指摘するまでもないだろうが、あらかじめ触れておきたい。それらをいくつか例示するだけでも実に豊富なバリエーションの存することがみとめられよう。すなわち、「どこにもない」「国家の最善の状態」[14]（トマス・モア）という積極的定義から、「現実の基盤の上にすえ」られていない「絶対的真理」[15]（フリードリヒ・エンゲルス）という消極的定義、はたまた知識社会学的枠組みにおける「虚偽意識」[16]（カール・マンハイム）という分析的概念、むしろ、「現実の政治的可能性の限界」をおしひろげ、「われわれをとりまく政治的・社会的諸条件とわれわれを宥和」させる「現実主義的ユートピア」[17]（ジョン・ロールズ）等々。

これらの多義性の一端は、語源学的にも理解しうるところである。モアによる造語として知られるutopiaなる語は、*u*と*topos*に分節でき、古代ギリシア語*topos*は「場所」を指す一方で、uを否定辞「*ou*」と解する場合は「どこにもない場所」を意味することとなり、逆にそれを「善い／良い」を意味する「*eu*」と捉えることで「理想的な場所」と解釈されもしてきた。[18] このように、それぞれの意味内容と用法の相違にもかかわらず、ポール・リクールの言葉に即して言い表すとすれば、「代替となる社会を空想し」、「どこにもない場所」へと外在化することで成し遂げようとする、既存の秩序の「想像的変更」[19]という点で、ユートピアの概念とその思想は、一定の共通した機能を有してきていることは確かであろう。

このようなユートピアの共通了解に照らせば、アバンスールがユートピアをいかなるものとして捉え、自らの理論構想に取り入れようとしたか、やはり依然としてあまりにパラドキシカルで直ちに了解しがたいところがあると言わざるをえない。とはいえ、実際のアバンスールとユートピアの関係は、最初期から晩年に至るまで、すなわち、ジル・ドゥルーズの指導のもと作成された博士論文「社会主義的－共産主義的ユートピアの諸形態：批判的共産主義とユートピア *Les formes de l'utopie socialiste-communiste: essai sur le communisme critique et l'utopie*」（一九七三年）から晩年の種々の論稿に至るまで、半世紀近くもの間、数多くの議論の蓄積を経て紡ぎだされたものである。したがって、その両者の関係が複雑だが密接不可分なものであることを踏まえることが、彼の思想を理解するうえでなによりも肝要なのである[20]。そして、結論を先取りすれば、アバンスールは、理想であれ、幻想はたまた現実に立脚しない虚偽意識であれ、以上のユートピアの思想史を整理、分節化したうえで、自らユートピアの概念のオルタナティブを模索してきたのである[21]。ここでは、彼の豊饒な蓄積を誇るユートピア論の全てを網羅的に検討することはできない。むしろ、彼のユートピア論の骨格を成し、それ以後の議論の基礎的枠組みを形成した一九七一年から一九七二年にかけて公表された論稿「ユートピアの歴史とその批判の運命」[22]を主として参照しつつ、彼の提起する「新たなユートピア精神le nouvel esprit utopique」[23]の理論枠組みとその狙いを捉えることをここでの狙いとしたい。

とはいえ、その枠組みを捉える前に、まず、彼のユートピア論の基調をなすものについて確認しておく必要がある。彼がユートピア論に取り組んだ背景として、消極的なものと積極的なもの、これら二つの事柄が指摘されなければならない。

まず、消極的なものについてであるが、彼がユートピア論を世に問うことを開始する一九七〇年代には、フランスにおいてリベラリズムあるいは保守主義の台頭があり、とくにソルジェニーツィン『収容所群島』の一九七三年の刊行を主たる契機としながら、ソ連の全体主義への批判が一挙に噴出した。当時、「ユートピア、それは強制収容所goulagのことだ」[24]と喧伝され、アンドレ・グリュックスマンやベルナール＝アンリ・レヴィら論壇知識人が「ユートピアへの憎悪la haine de l'utopie」を一般化させた結果、ユートピア思想が危殆に瀕していたのである[25]。

次に、より重要なことだが、アバンスールが一九六五年に、マルクーゼの『エロス的文明』（原著一九五五年）に出会ったことが、その積極的背景として指摘されよう。彼の述懐によれば、とりわけその書の第七章「空想とユートピア」における想像力とユートピア的思考を通じた解放の展望に触れたことが、アバンスール自らのユートピア論に取り掛かる際に、決定的に重要な視座を確立させたのである。[26] 要するに、ユートピアは、単なる空想に堕するものではなく、人間の解放においてはむしろ必要不可欠なものであるという考え方を、マルクーゼからアバンスールは引きだしたのである。

このようにアバンスールは、ユートピア論の可能性に一足先んじて触れながらも、同時代のユートピアへの悪評に抗する形で、時代の忘却からユートピアの意義と可能性を救出する試みを開始することになったのである。

以上の問題関心を土台としながら、アバンスールは、とりわけエンゲルスらマルクス主義者によって「空想的社会主義」と看做され軽視されてきた一九世紀以降の社会主義の思想史をたどり直し、そこにユートピア思想の三つの概念展開の歴史的段階の区分の導入を試みる。

まず、第一の段階として、アンリ・ド・サン゠シモン、シャルル・フーリエ、ロバート・オーウェンの三者から成る「社会主義的ユートピア utopie socialiste」[27] が挙げられる。アバンスールによれば、彼らに共通していたものは、「幸福への意志」[28] であり、「新たな世界というユートピアのイメージを描き出すことで、人間性の解放を試みた」[29] ことであった。また、階級によって分割された支配の在り方にアソシエーションを対置したこともその共通点としてアバンスールは指摘している。[30]

第二に、「新ユートピア主義 néo-utopisme」が挙げられる。社会主義的ユートピアが現実に対して理想を強く掲げ、その「絶対的懸隔」を特徴としたのとは対照的に、サン゠シモン、フーリエ、オーウェンのエピゴーネンから成るとアバンスールが指摘するヴィクトル・コンシデランらのこの潮流は、むしろ「社会主義的ユートピアと支配的思想、あるいは共産主義運動と支配階級の思想との融和」[31] を目指し、さらに言えば、既存の秩序の変革ではなくその「合理化」を図ったものと理解されなければならないものである。

しかし、アバンスールにとって、これら「社会主義的ユートピア」と「新ユートピア主義」の両思潮はそれぞれ、以下の諸点で問題をはらんでいる。まず、「社会主義的ユートピア」の思想家らは、人間の幸福のイメージやそこに対する情熱をたえず抱き続けるものの、結局そのような解放や幸福のイメージは「アルキメデスの点」から構成されるものにほかならず、「自由な存在の間の、生き生きとして活動的で、持続可能な関係性についてのイメージを明確化できなかった」[32]。その一方で、「新ユートピア主義」は、例えばフーリエのファランステールがこの段階に至っては現実との対抗的関係を持たずにむしろ、実現されるべきプログラムへと転じていったことからも理解されるように、ユートピア自体の退潮と変質をその特徴的な問題として抱えたのである[33]。

では、アバンスールにとって積極的意義を有することになる第三段階の「新たなユートピア精神」の潮流とはいかなるものを指すのであろうか。この潮流には、一八四八年の革命以降に新たなユートピア論を展開したジョゼフ・デジャック、ウィリアム・モリスらに加え、エルンスト・ブロッホ、ヴァルター・ベンヤミンら、二〇世紀以降に著作を著した人物も含まれている。これらの思想家に通底する新たなユートピアのイメージに関しては、以下の二つの点からその重要性が指摘できるだろう。

まず、自己批判によって展開する自律的運動という点である。とりわけ、「新ユートピア主義」がユートピアを社会変革のプログラムへと変質させ、後退させたことを反省しつつ、ユートピアの再活性化を図るべく、ユートピアの理解を、任意の思想家によるモノローグから、むしろ、複数の人々の間の「ディアローグ」[34]によって可能となる共同の解放の実践へと刷新させていった点である。したがって、ユートピアはもはや任意のセクトや閉じたサークル等の小集団内部で完結するものではなく、またその構想をしたためた書物の中で完成することも、そこに閉じ込めておくこともできない点において[35]、むしろ自由で開かれた在り方へと変容していったのである。

第二に、より重要な点だが、「他なるもの」の思考を特徴とすることである。それは、何らかの理想の描出による解放ではもはやユートピアたりえない以上、むしろ、これまで存したものとは「別のユートピア」を可能にすべく、「ユートピアを別の仕方で考えること」[36]を目指すものでもある。このことは、二重の意味で理解されなければならない。すなわち、別なる場所を意味するユートピアそれ自体を、別の仕方で思考しなおすことを意味しているのである。とりわけ、この「他なるもの」の思考に関しては、アバンスールは、モリスの「休息の時代」[37]、レヴィナスの「エポケー」[38]、ベンヤミンの「眠り」[39]など、種々の「目覚めの技法」を取り上げ、その内的連関を追っている。それらの手法のいずれにも共通するのが、新たなユートピアの思想が、既存の秩序の時間と空間を宙吊りにすることを通じて、「新たな世界内存在、世界内共同存在の開かれた実験を試みていること[40]」である。

このように、アバンスールは、一九世紀以降のユートピアの概念史的考察を通じて、新たなユートピア的思考の系譜を浮かび上がらせながら、それらの議論のうちに自らのユートピア論の萌芽を看取しようと模索を開始したのである。そのことが「新たなユートピア精神」という独自のユートピア論を構築することを可能にした。「新たなユートピア精神」、繰り返せば、それは、任意のユートピア像の完成を志向するのではなく、むしろ、アバンスールによれば、「ユートピアを別様に考えること」であり、さらに言えば「ユートピアの可能な歩みを探求すること」でさえある。[41] アバンスールのユートピアは、彼の言に倣えば、次のように言い表すことができる。

> ユートピアにとって本質的なことは、完璧で幸福な社会あるいはどこにもない社会を思い描くことではなく、むしろ、現実的なものやその圧倒的存在感、現実の物象化や硬直化から免れていることである。〔中略〕ユートピアにとって重要なのは、肯定的イメージを生み出すことではなく、数々の亀裂を生じさせることなのである。[42]

ユートピアは、アバンスールにとって、その本義に照らせば、別様に考えることを志向するものである以上、何らかの像の観照によって置き換えうるものではない。むしろ、別様に考えることの意味内容は、まずなにより、現実の足かせから自由でなければならず、そしてより重要なことに、ユートピアは現実のなかに諸々の亀裂を走らせるべきものとして解釈されなければならない。

このようなユートピア理解を基礎としつつ、アバンスールは、自らのユートピア論を政治哲学へと発展させるうえで、もうひとつの重要な概念の提起を試みようとする。それは「ユートピア的動物」という政治的人間像である。

三　政治的動物からユートピア的動物へ——ユートピアが解放的であるために

以上で明らかにしてきたように、アバンスールのユートピアの再解釈の狙いは、ユートピアそれ自体を「別様に考えること」に存するのであった。すなわち、アバンスールはユートピアの詳細な描写を目指したのでは決してなく、別様に考えることを志向する思想潮流をその「新たなユートピア精神」の名の下に救い出すとともに、その方法を剔抉することを目指したのである。別様に考えることとしてのユートピアが意味するのは、過言を恐れずに述べれば、人間の解放をただ観念において志向するだけでなく、同時に、それを可能にするものとしての実践に何らかの仕方で接続されなければならないということである。それはすでに指摘したように、アバンスールがマルクーゼのユートピア論に出会って以来、一貫して存する実践的な理論的関心なのである。そして、このようなアバンスールのユートピア論の根幹をなすのが、彼の独特の定義でもある「ユートピア的動物animal utopique」という政治的人間観である。このことを理解するためには、いわゆる政治哲学の伝統に位置し、アリストテレス以来の政治的人間観である「政治的動物」を敷衍し、「ユートピア的動物[43]」との相互関係を看取しようとする彼の解釈が引き続いて検討されなければならないだろう。

とはいえ、アバンスールが「ユートピア的動物」をめぐる議論を複数の論稿で行なってきたものの、遺憾なことにその大胆な定義とは裏腹にいずれも断片的なものに留まり、また量的にも十分なものと言えないのも確かである。それでも、ここでは二つの言明を参照しながら、その意義と狙いを浮かび上がらせたい。

一つ目は、二〇一四年の対談の際のものであり、もう一つは、二〇〇六年から二〇一〇年の間に執筆された論稿である。いずれも、彼の長年の思索がさまざまに結実していく最晩年の結論的な見解を表明したものといえ、また数少ない貴重な言明でもあることから、少し長めに引用する。

> 人間をユートピア的動物として私が包括的な名称で定義するのは、政治をユートピアに置き換えようという考えがあるからではありません。反対に、私にとって、ユートピアの特徴は、政治の特徴の拡大のなかに存するものです。それはより正確には、政治の延長なのです。レヴィナスが言論活動するという人間の性格を書物、すなわち文

学的動物にまで拡張するよう考えることを促すのと同様に、私はユートピア的動物としての人間を、政治的動物としての人間の延長と看做します。政治の根源的問いのひとつは、既存の政治社会の保存と、より善く、より正しい政治社会の探求の間で選択することではないでしょうか。したがって、ユートピア的動物は、まさに政治的動物の延長のなかに位置するものであり、またポリスが善き生の理念と結びつき、卓越性を探求するものであるがゆえに、それらのどちらか一方を欠いては、他方について思考することができないのです。(44)〔傍点筆者〕

レヴィナスの議論の足跡において、人間は政治的動物であるというもうひとつのアリストテレス的命題と同じく、その構成員の生存を保障するのではなく、ポリスの確立、すなわち自らが幸福な人生を送ることができるようにすることを目的とする自給自足の共同体の確立を認めることが可能である。それは、群衆の集合体とは区別される、ポリスを確立する能力、すなわち政治的能力を承認することを意味するものであるのだが、その政治的能力は善く生きること（*eu zen*）を要請すると同時に、善く生きることを保障しうる政治的共同体の探求をも要請する。この善く生きることを保障する政治的共同体とは、ユートピアというもうひとつの可能な名前なのである。〔中略〕レヴィナスに拠れば、アリストテレスのこの表明を新たに拡張し、任意の条件のもと、政治的動物としての人間からユートピア的動物としての人間へと歩を進めることは正しいことなのである。(45)〔傍点筆者〕

この両者の言明の間、およそ数年の懸隔は存在するものの、大きな論点や力点の移行は確認できず、多くの点で重なり合う記述が存在する。とはいえ、順を追ってその要点を確認しよう。

第一の言明で注目すべきは、二点ある。まず、ユートピアを、政治と対立するものではなく、むしろ政治の延長として捉えていることである。政治的な正であれ善であれ、それらを追い求めることは、現実の政治秩序の形成維持と切り離されるものではないというのである。つぎに、ユートピアと政治的現実は相互に影響を及ぼしあい、どちらか一方を欠いては、他方のものを思考しえないという不即不離の関係にあることを指摘していることである。

つづいて、第一の言明と第二の言明に共通するのだが、何より重要な点は、アバンスールが伝統的な政治的動物の定義に飽き足らず、より善く、より正しい政治社会を確立することを希求する存在として「ユートピア的動物」の概念を提起し、構想していることである。プラトン以来、善く生きることは政治哲学の中心的理念としてながらく据えられてきたものであるが、ユートピア的動物は、既存の政治秩序に身を置きながらも、つねにより善い政治共同体を模索し続け、その暁にはそのユートピアを個別具体の状況下において、実際に打ち立てることをも夢見続ける存在として理解されているのである。

要するに、アバンスールのいうユートピア的動物とは、既存の政治秩序のなかで生を送りながら、同時により善い政体を確立せんと欲する政治的主体を意味するものである。しかし、ユートピア的動物にとって、既存の政治秩序が無意味でないことに十分な注意が必要であろう。それはまさに第一の言明にあるように、既存の政治とユートピアが相互に密接な関係を築くべきものである、とアバンスール自身が指摘しているように、既存の秩序を形成維持するからこそ、ユートピア的動物はそのなかにあって、より善い政体の探求が可能となることも確かである。この意味において、既存の秩序の形成維持とより善い政体の探求は、同一存在における二つの顔と言っても過言ではない。政治的動物として、既存の秩序のうちで「卓越性」をめぐって善く生きることを目指しながらも、裏面において、そのようなより善い生をよりよく実現しうる別の秩序をも希求することをやまない存在、それがアバンスールにとってユートピア的動物の意味するところである。言い換えれば、それは、架空の島の住人のことではなく、眼前の政治秩序のなかに身を置きつつも、それに「抗して思考するpenser contre」[46]ことに貫かれ、またつねに「より善く生きること」を保障し、それを可能とする政治共同体を模索し、創設することを絶えず夢見続ける両義的存在であると言うことができるだろう。その限りにおいて、ユートピアはいまここ*hic et nunc*において、つねに解放の可能性を保持し続けるのである。

しかし、まだ問いは残存する。アバンスールにとって、ユートピアが政治と密接な関係にあることは確認されたとしても、政治的動物とユートピア的動物の相互関係とは実際、いかにして可能となるのだろうか。アバンスールはこの問いについて、デモクラシーとユートピアの分節化を試みることで答えようとする。

四　デモクラシーのユートピア化とユートピアのデモクラシー化

ユートピアとデモクラシーの困難な関係を捉えることが、本節の狙いとなる。実際、アバンスールは「デモクラシーのユートピア化」と「ユートピアのデモクラシー化」というパラドキシカルな議論を打ち出しながら、その謎めいた相関関係を解き明かそうとする。いったい、この二つの定式化はなにを意味しているのだろうか。

まず、端的に指摘しうるのが、アバンスールが明確に断っているように、この定式化は、ユートピアとデモクラシーを融合させることを目指すものでは決してないということである[47]。さらに言えば、前節でも少し触れたように、アバンスールは、ユートピアが政治にとって代わることを目指しているわけではまったくないのである。

では、具体的に、アバンスールはいかなるものとして両者の関係性を捉えようとしているのだろうか。この点について、アバンスールは次のように述べている。

> ユートピアのデモクラシー化、それはデモクラシーの考え方に固有の批判精神にユートピアを服せしめることであり、智者と愚者の間の区別を拒否することである。もはや天才的発明家は存在せず、ユートピアが万人の関心事となり、それがモノローグからディアローグの形態へと移行することが重要である。［中略］並行して、デモクラシーのユートピア化も重要である。それは、政治的レジーム、法治国家として単純にデモクラシーを看做すのではなく、ユートピアのインスピレーションから切り離されないよう他なるものを探求しつつ、常に脅かされているデモクラシーの退廃に抗して絶えず抵抗しうるような社会的なものの固有の制度としてデモクラシーを捉えることが必要なのである[48]。［傍点筆者］

第一に、「ユートピアのデモクラシー化」についてだが、アバンスールにとって、ユートピアはもはや「天才的発明家 inventeur génial」の手によるものであってはならない。むしろ、ユートピアが智者の専売特許と化し、社会の部分的な人々にのみ関わる代物となってしまわぬよう、つねに「万人の関心事」となることが肝要となる。そのためには、人々の間のデモクラティックな「批判精神」に委ねることが不可欠だという。このように、ユートピアが人々の相互の吟味にかけられることによって、自己崩壊することを回避する狙いもそこに明確に見出すことができるだろう[49]。ユートピアがディアローグの形態へと移行すべきとするいまのアバンスールの解釈はそのことを意味しているのである。

第二に、「デモクラシーのユートピア化」に関してであるが、アバンスールは、デモクラシーが具現化され制度化されることで、人々の実践への関心が希薄化してしまえば、デモクラシーがその存立基盤を喪失することを危惧している。そこから、デモクラシーが常に「別様の在り方」を模索するユートピアのインスピレーションと関係を切り結ぶことで、「市場、法治国家、権威主義の腐敗した諸形態からデモクラシー[50]」を擁護する必要性を説いているのである。

このように、ユートピアは智者のモノローグへと堕する傾向を本質的に有すること、その一方でデモクラシーは所与の政体内の穏当な実践に留まる傾向を含み持つものであること、この二点に鑑み、アバンスールは、むしろ両者の相互に異なる特性を保持しつつ、互いがより積極的な影響関係を行使しうるよう、ユートピアとデモクラシーの分節化というモデルを提起したのである。

とはいえ、このことは、両者がまったく別々のものとして存在し、また対立すべきものであることを何ら意味するものではない。むしろ、アバンスールはユートピアとデモクラシーの双方を通底するものとして以下の二つの事柄を指摘している。

まず、アバンスールが指摘するのは、両者がともに「人間との関係[51]」を強固に有する点である。その人間とは、まさに前項で検討した「ユートピア的動物」としてのそれを指すものである。当然、それはただ単純に別の政治秩序を模索するだけの存在として終始すべきものではないことは、もはや繰り返す必要もないだろう。政治的動物が同時にユートピア的動物でなければならないというアバンスールの両義的存在の解釈は、デモクラシーとユートピアの関係の考察においても踏襲されている。すなわち、両者は根底において、人間の自由と解放の実現に深く関連しているのである。

次に、より重要なことなのだが、アバンスールは両者が「どこにもない場所」に関係している、と指摘している。アバンスールのユートピアは、何らかの任意の視点から描かれるものではなく、別様の世界の在り方を模索するものである点において、「他のどこにもない場所 un autre non-lieu」の源泉と看做すことができるものである。その一方、デモクラシーはといえば、「新たな無秩序を生じさせ、どこにもない場所をこじ開ける」ものと解すべきものである。この両方の意味において、デモクラシーとユートピアは共通して「どこにもない場所」の理論的実践的探求と理解することができるのである。(52)

このようにアバンスールは、デモクラシーとユートピアが双方の間の緊張関係を保持しつつも互いの長所と短所を補完しあうことで、人間の自由と解放のための「どこにもない他の場所」を穿つダイナミックな理論的関係を築きうることを明らかにしようと試みたのである。

五　おわりに——ユートピアとデモクラシーの未来

結局のところ、ミゲル・アバンスールのユートピア概念の特質は、単なる理想の観照でも「どこにもない場所」の子細な描出でもなく、むしろ既存の世界の内部における「別様の在り方」を模索する理論と方法として捉えることができると言えるだろう。ただし、この理解そのものが、彼の狙いに反しないように注意しなければならないだろう。

というのも、アバンスールがユートピアに関する思索と解釈を積み重ねていくことで目指したのは、たったひとつの確からしいユートピア像への到達では決してなかったということである。アバンスールは次のように述べている。自らの一連のユートピア研究に通底するものは、「全体化しようとする目的のなかにユートピアを閉じ込めることのないよう、ユートピアを複数化しようとする意志 volonté de pluraliser l'utopie である」(53)、と。アバンスールがユートピアの思想史のなかから浮かび上がらせ積極的な意義を看取しようとした「新たなユートピア精神」の思潮に名を連ねるモリス、ブロッホ、ベンヤミンなどのユートピア論に関しても、彼のユートピアを複数化しようとする意図に照らせば、それらの相違点をめぐる綿密な解釈の余地がまだまだ残っていると言わざるを得ない。

それでも、アバンスールが救い出す「新たなユートピア精神」に貫かれたユートピアへの欲望と諸々のモデルに共通するものは、既存の秩序を自明視せずに問い直すための方法であり、解放への視座であると言えるだろう。アバンスールのユートピア思想史の再解釈と彼自身の「新たなユートピア精神」の諸モデル、そしていわば古くて新しい「ユートピアの政治哲学」は、近年、ようやく盛んになりつつあるアバンスールの世界的受容によって、より詳細な検討がなされ、新たな解釈の可能性が生み出されていくだろう。[54] そのアクチュアリティに触発されながら、本稿は、ユートピアと政治、ひいてはデモクラシーの分節化という困難な道を歩むことを選び模索を続けたミゲル・アバンスールの思想の特質を捉えるべく、検討を行った。

いずれにせよ、以上のようにアバンスールのユートピア論を解釈すれば、冒頭で触れた彼の永続的蜂起としてのデモクラシーという理論がラディカルであるゆえんが理解できるのではないだろうか。アバンスールは、一九九七年の論稿「ユートピアとデモクラシー」[55]で、「デモクラシーのユートピア化」を力説し、その方向性を目指した。しかし、結果的に、それまでの自らのデモクラシー理解に存した「別様の在り方」を模索する可能性の欠如という問題を払拭し、「野生」よりラディカルな「蜂起するinsurgeante」を形容語として選びとることとなったのである。すなわち、自らのデモクラシーのモデルを真に「ユートピア化」させるに至るには、二〇〇四年の『国家に抗するデモクラシー』第二版の序文「蜂起するデモクラシーについて」を待たなければならなかったことが、このように了解されるのではないだろうか。

たしかに、アバンスールは、ルフォールのラディカル・デモクラシーのモデルは、その中心が「空虚」であることをルフォール自身がつとに強調していることから、当初、「別のどこにもない場所」という自らのユートピア構想との近さを見出し、それに立脚した理論構想を企てていた。[56] しかし、ルフォールのデモクラシーがその終極において、国家制度の強化と見まがう形態であることを看取することで、結果として、アバンスールは、決してレジームと同一視されず、そこへと回収されないようなモデルとしてデモクラシーを描きなおす必要性を強く認識するに至ったのであった。[57]

アバンスールのこの理論的作業を下支えしているのが、本稿が明らかにしてきた彼のユートピア理解なのである。

そして、アバンスールの考えるデモクラシーは、現実の政治秩序を宙づりさせる実践であれこそすれ、制度そのものとは区別されてしかるべきものであった。アバンスールをして、デモクラシーを「継続的抗争」とも呼ぶべきラディカルな形態として描き出させしめたのは、本稿で検討してきたように、彼のいう「新たなユートピア精神」に範をとった彼の一連のユートピア構想であった。とりわけ、彼が強調するように、そのユートピアは「別の秩序」の構想にとどまらず、それ自身が従来のユートピア理解を別様な仕方で問い返すものであった。このような仕方で、デモクラシーとユートピアは、別様な秩序を志向する点でアバンスールの政治哲学のなかで密接不可分な関係を築いていると言えるのである。

無論、デモクラシーとユートピアの間の還元不可能な緊張関係というものは残存すべきものであるし、アバンスール自身そのことをつとに強調していたことは繰り返すまでもないかもしれない。しかし、過言を恐れずに言えば、本当の緊張関係は、より一般的な仕方で述べれば、そのような理論的な描出自体と現実の実践面の間に存するものであるというべきかもしれない。そして仮にポール・マッツォッキの指摘するように、アバンスールのデモクラシーのモデルが「評議会のユートピア」[58]とも称しうるものだとすれば、彼の真意に鑑みて、人々の自由で解放的な実践を終極において可能にこそすれ、決して閑却することのないモデルである限りにおいてである、と理解されなければならないだろう。この意味において、「ミゲル・アバンスールは政治的なものの包括的な理解をユートピアの理念に結びつけた、現代フランスにおける唯一の哲学者である」[59]というマニュエル・セルヴラ゠マルザルの評価は、十分首肯しうるのである。

アバンスールは、かのベンヤミンとともに次のように説いている。現実への目覚めは、夢見ることなしには生じない、と。「みなでひとつの政治共同体 communauté politique des «tous uns»」の到来を説くアバンスールの政治理論は、一種の夢゠ユートピアをうちに含み持つものであり、そのような夢を見ることによって初めて、現実に覚醒し、その在り方を問い始めることができるのだと言えるであろう。その距離、すなわち、ユートピア的なデモクラシーの理論が現実との間に保持する距離が豊かであればあるほど、私たちはその間でともに思考し、活動することができると言えば、言い過ぎであろうか。日々のデモクラシーの実践は現実とユートピアの「中間状態に位置づけられるからこそ、人民の行動を可能にする」[60]、というのがアバンスールの確信である。デモクラシーは、それゆえに、ラディカルなのである。

※翻訳のあるものは参照したが、文脈に即して適宜、訳を変更したことを断っておく。

（1）Fabio Ciaramelli, « Démocratie et citoyenneté », dans Anne Kupiec et Étienne Tassin, *Critique de la politique autour de Miguel Abensour*, Sens & Tonka, 2006, pp. 45-60.

（2）Michael Löwy, « Miguel Abensour, philosophe subversif », *Raisons politiques*, n° 54（2014/2）, pp. 153-159.

（3）Marcel Gauchet, *La condition historique*, Gallimard, 2005. ゴーシェからの非難に対する反論については次を参照。Miguel Abensour, *Lettre d'un « révoltiste » à Marcel Gauchet converti à la « politique normale »*, Sens & Tonka, 2008.

（4）クロード・ルフォール、渡名喜庸哲・太田悠介・平田周・赤羽悠訳『民主主義の発明：全体主義の限界』勁草書房、二〇一七年、とりわけ第一章「人権と政治」を参照。

（5）Miguel Abensour, *La démocratie contre l'État. Marx et le moment machiavélien*, Félin, 2012, p. 11〔松葉類・山下雄大訳『国家に抗するデモクラシー』法政大学出版局、二〇一九年、六頁〕。ルフォールとアバンスールのデモクラシー論の相違という論点は、アバンスールの主著のひとつ『国家に抗するデモクラシー』の一九九七年の初版のなかに認めることはできない。むしろ、アバンスールがルフォールと明確に袂を分かつことになるのは、二〇〇四年に刊行する第二版に付した序文「蜂起するデモクラシーについて」においてである。ここでは両者のデモクラシー論の異同について立ち入れないが、ルフォールとアバンスールのデモクラシー論の相違に関しては次を参照。Martin Legros, « Qu'est-ce que la démocratie sauvage? » dans *Critique de la politique autour de Miguel Abensour*, pp. 93-102.

（6）Abensour, *La démocratie contre l'État*, pp. 27-28〔二三頁〕.

（7）この点に関する研究として、差し当たっては次を参照。Martin Breaugh et al. (eds.), *Thinking Radical Democracy: The Return to Politics in Post-war France*, University Toronto Press, 2015.

（8）近年の社会科学一般における「ラディカル化」とその意味については、次を参照。Manuel Cervera-Marzal, « Une « démocratie radicale » pas si radicale ? Chantal Mouffe et la critique immanente du libéralisme », *Raisons politiques*, n° 75（2019/3）, pp. 13-28.

（9）アバンスールの最初期にあたる論稿である一九六六年のサン＝ジュスト論から彼のラディカル・デモクラシー論を捉える視座については次を参照。山下雄大「統治なき自然、蜂起するデモクラシー：ミゲル・アバンスールのサン＝ジュスト論から出発して」、HAPAX 第九号（二〇一八年）、五五―七四頁。

（10）Martin Breaugh, "From a Critique of Totalitarian Domination to the Utopia of Insutgent Democracy: On the "Political Philosophy" of Miguel Abensour" in Martin Breaugh et al.（eds.）, *Thinking Radical Democracy*, 2015, pp. 234-254.; Monique Rouillé-Boireau, « Miguel Abensour, penseur libertaire», Lignes, n° 56（2018/2）pp. 103-114.

（11）Miguel Abensour, *Pour une philosophie politique critique?*, Sens & Tonka, 2009, p. 36.

（12）Miguel Abensour. *Hannah Arendt contre la philosophie poltique?*, Sens & Tonka, 2001, p. 248.

（13）アバンスールは、自らの政治的アンガージュマンに関する考え方を、ヘーゲルに倣い、次のように端的に述べている。「外部でないようなあらゆる内部は、内部ですらない」（Miguel Abensour, *La communauté politique des «tous uns». Entretien avec Michel Enaudeau*, Les belles lettres, 2014, p. 24）。したがって、アバンスールは、現実政治を等閑視することも、そこへと没入するあり方でもないような、「内なる外」の思考を展開しようと企てていることは理解されよう。

（14）トマス・モア、平井正穂訳『ユートピア』岩波文庫、二〇〇四年。一方、モア自身のユートピアの描出は単なる理想状態のそれではなく、むしろ、「アイロニー」としての意味を帯びるという指摘も存在する。この点に関しては、次を参照。菊池理夫「モアとルネサンス・ユートピア」（菊池理夫・有賀誠・田上孝一編『ユートピアのアクチュアリティ：政治的想像力の復権』晃洋書房、二〇二二年、四五―五八頁）。

（15）エンゲルス、大内兵衛訳『空想より科学へ』岩波文庫、二〇一七年、四八―四九頁。

（16）マンハイム、高橋徹・徳永恂訳『イデオロギーとユートピア』中公クラシックス、二〇〇六年。

（17）ジョン・ロールズ、中山竜一訳『万民の法』岩波現代文庫、二〇二二年、七、一七頁。

（18）Thomas Bouchet, *Utopie*, Anamosa, 2021, p. 5.

（19）ポール・リクール、川崎惣一訳『イデオロギーとユートピア：社会的想像力をめぐる講義』新曜社、一九八六年、六八頁。これらのユートピア思想の概観と論点整理は次を参照。Lyman Tower Sargent, *Utopianism. A Very Short Introduction*, Oxford University Press, 2010.

（20）アバンスールのユートピア論の網羅的考察は Gilles Labelle, *L'écart absolu: Miguel Abensour*, Sens & Tonka, 2018を参照。ま

た、彼のユートピア論全体を俯瞰しようとする際に、決定的な意義を有すると言えるのが、アバンスール自身の指摘にもあるように（Miguel Abensour, *L'homme est un animal utopique*, Sens & Tonka, 2013, p. 11）、一九八〇年代、とりわけ八一年の論稿「社会主義的ユートピア」を境とした「転回 charnière」である。彼自身がそのことの表明を為している点において、ユートピア論の転回の意義は決して些細なものに留まるものではないはずであるが、それにもかかわらず、その転回期を軸とした思想形成過程の考察は、先行研究においてもまだ為されておらず、今後の課題としたい。

(21) 近年、ユートピアそのものを主題とする研究が盛んに為されてきているが、特に政治思想分野においてはアバンスールに触れないものはないと言っても決して過言ではない。その好例としては、次のものが挙げられる。S. D. Chrostowka and James D. Ingram（eds）, *Political Uses of Utopia: New Marxist, Anarchist, and Radical Democratic Perspectives*, Columbia University Press, 2016.

(22) Miguel Abensour, « L'histoire de l'utopie et le destin de sa critique », *L'histoire de l'utopie et le destin de sa critique*, Sens & Tonka, 2016, pp. 13-78.

(23) この言葉自体は、アバンスール自身によってアイロニカルな仕方で為された造語である。その念頭にあるのが、ガストン・バシュラールの『新しい科学的精神 *Le nouvel esprit scientifique*』（関根克彦訳、ちくま学芸文庫、二〇〇二年［原著一九三四年］）である。なぜアイロニカルであるかと言えば、アバンスールによれば、自身のユートピア論を構築するうえで同じくバシュラールの『夢見る権利』（渋沢孝輔訳、ちくま学芸文庫、一九九九年）を参照しつつも、当時マルクスの科学性を強調していたルイ・アルチュセールが思想的に依拠していたのが、バシュラールの科学的認識論であり、そのような仕方で解釈され提起されたマルクス像、とりわけエンゲルスと同様に、空想的（ユートピア的）社会主義から科学的社会主義へと移行し、ユートピアの思想的意義を閑却したとするマルクス解釈に対抗して称されたのが、この「新たなユートピア精神」という語なのである（Abensour, *La communauté politique des «tous uns»*, p. 300）。

　その一方で、アバンスールは、「新たなユートピア精神」のアイデアを、エルンスト・ブロッホ『ユートピアの精神』から得たとも述べている（Manuel Cervera-Marzal, Anders Fjeld et Alice Carabedian, « L'utopie et la lutte des hommes. Entretien avec Miguel Abensour », dans Manuel Cervera-Marzal et Nicolas Poirier（dir.）, *Désir d'utopie. Politique et émancipation avec Miguel Abensour*, L'Harmattan, 2018, p. 18）。

　両者の証言の間の先後関係や整合性については、その他の判断材料があるわけではなく、ここではこれ以上の論究ができないが、バシュラールとブロッホ双方の著作に触れたのが一九六五年ごろであったとする彼の言を踏まえれば（ibid.）、バシュラールに依拠したアルチュセールによる、空想より科学へと移行したとするマルクス解釈に抗しながら、ブロッホがユートピア思想を復権させんと試みていることに触発され、自らの思索を展開するに至ったと解するのが妥当といえるであろう。

（24）Abensour, *L'homme est un animal utopique*, p. 195.

（25）Manuel Cervera-Marzal, *Miguel Abensour*, p. 150.

（26）Abensour, *La communauté politique des « tous uns »*, p. 29. 実際、マルクーゼはその書において「現実のなかにひそむさまざまな可能性を、ユートピアの無人島に追いやること自体が、実行原則のイデオロギーがもつ本質的要素である」（H・マルクーゼ、南博訳『エロス的文明』紀伊国屋書店、一九八六年、一三六頁）と批判し、想像力とユートピアをその軛から解放することを試みている。

（27）彼らの思想に対する概観は、次を参照。中嶋洋平『社会主義前夜―サン＝シモン、オーウェン、フーリエ』ちくま新書、二〇二二年。

（28）Abensour, *L'histoire de l'utopie et le destin de sa critique*, p. 47.

（29）Ibid., p. 45.

（30）Abensour, *L'homme est un animal utopique*, p. 178.

（31）Abensour, *L'histoire de l'utopie et le destin de sa critique*, p. 59.

（32）Labelle, *L'écart absolu*, p. 169.

（33）Abensour, *L'histoire de l'utopie et le destin de sa critique*, p. 62.

（34）Ibid., p. 66.

（35）Ibid., p. 68.

（36）Abensour, *L'homme est un animal utopique*, *op. cit.*, p. 179.

（37）ウィリアム・モリス、川端康雄訳『ユートピアだより』岩波文庫、二〇一三年。

（38）エマニュエル・レヴィナス、内田樹訳『観念に到来する神について』国文社、二〇一七年。

（39）ヴォルター・ベンヤミン、今村仁司ほか訳『パサージュ論3』岩波文庫、二〇二一年。

（40）Abensour, *L'homme est un animal utopique*, p. 25.

(41) Abensour, *La communauté politique des « tous uns »*, p. 342.

(42) Abensour, *L'homme est un animal utopique*, p. 278.

(43) 一方、意味内容の異同はあれど、「ユートピア的人間 *homo utopicus*」に関する議論はギュンター・アンダースをはじめとして一定程度なされてきている。この点に関しては、Christophe David, «De l'homme utopique à l'utopie négative. Notes sur la question de l'utopie dans l'œuvre de Günther Anders », *Mouvement*, n° 45-46 (2006/3-4), pp. 133-142 ; Haud Guéguen et Laurent Jeanpierre, *La perspective du possible. Comment penser ce qui peut nous arriver, et ce que nous pouvons faire*, La Découverte, 2022, p. 228.

(44) Abensour, *La communauté politique des « tous uns »*, pp. 374-375.

(45) Abensour, *L'homme est un animal utopique*, pp. 17-18.

(46) Patrice Vermeran, *Penser contre. Essais sur la philosophie critique de Miguel Abensour*, Sens & Tonka, 2019.

(47) Martin Breaugh, « Le lien social entre démocratie et utopie » dans *Critique de la politique autour de Miguel Abensour, op. cit.*, p. 91.

(48) Abensour, *L'homme est un animal utopique*, p. 263.

(49) Cervera-Marzal, *Miguel Abensour*, p. 170.

(50) Abensour, *L'homme est un animal utopique*, p. 184.

(51) Abensour, *Pour une philosophie politique critique?*, p. 358.

(52) Ibid., p. 362.

(53) Manuel Cervera-Marzal, Anders Fjeld et Alice Carabedian, «L'utopie et la lutte des hommes. Entretien avec Miguel Abensour» dans Cervera-Marzal et Poirier (dir.), *Désir d'utopie : Politique et émancipation avec Miguel Abensour*, p. 15.

(54) ユートピアのアクチュアリティを思想史の観点から問い直す近年の研究としては、次を参照。Augustin Dumont (dir), *Repenser le possible. L'imagination, l'histoire, l'utopie*, Éditions Kimé, 2019.

(55) Miguel Abensour, « Utopie et démocratie », *Raison présent*, n° 121 (1997), pp. 29-41.

(56) Ibid., p. 41.

(57) このようなルフォールに対するアバンスールの批判に関しては、その妥当性をめぐって、ルフォール自身の議論の側からのさらなる検討が必要となるかもしれない。というのも、ルフォールは一九六〇年代、とりわけ七〇年代より、「支配したいという欲望と支配されたくない欲望」という「原初的分割」に依拠した政治像を構想しており（拙稿「フランスにおけるもうひとつの政治哲学の復権のモメント―C・ルフォールの一九七〇年代の「転回」の視座から」、『同志社グローバル・スタディーズ』第一〇号（二〇二〇年）、八七―一〇一頁）、アバンスールの指摘するように、果たしてルフォールの議論が権利の擁護と確立に終始する「人権の政治」の域を出ないのかどうかについては、慎重な検討が求められるだろう。実際、しばらくリベラルの思想家として受容されてきたルフォール政治哲学に存する「制度化するものl'instituant」の議論が注目を集めていることは指摘しておきたい（Étienne Balibar, Jean-Claude Monod, et Myriam Revault d'Allonnes, « Le concept de totalitarisme est-il encore pertinent ? » *Esprit* n° 451 (2019), pp. 83-98）。その一方、本稿冒頭でも言及したカストリアディスも自らの政治哲学における政治的主体を「制度化する人民le peuple instituant」として規定しているのだが、彼とアバンスールとの比較検討については次を参照。Manuel Cervera-Marzal, « Miguel Abensour, Cornelius Castoriadis. Un conseillisme français ? », *Revue du MAUSS*, n° 40 (2012/2), pp. 300-320. このように、彼らフランスにおけるラディカル・デモクラシーの論者は等しくデモクラシーの「創出」の局面に着目しているのであるが、それらの間の異同に関する比較研究は、その重要性に鑑み、今後の課題としたい。

(58) Paul Mazzocchi, "Beyond the Education of Desire: The Utopia of Councils in Abensour", Theoria, No. 176 (September 2023), pp. 96-120. マッツォッキがアバンスールのユートピア論のなかに見出す「評議会のユートピア」とは、本稿でもすでにその基本理解を捉えてきたように、単なる青写真へと還元されるものではなく、むしろ、解放のプロジェクトとして永続的に実践が積み重ねられていくべきものであり、とりわけ重要なのは、人々がヒエラルキーから自由なあり方において、「ともに活動することacting in concert」を中心的理念とすることを言い表している（ibid., p. 98）。

(59) Manuel Cervera-Marzal, « Utopianiser la démocratie, démocratiser l'utopie. Le projet philosophique de Miguel Abensour », dans *Désir d'utopie*, p.112.

(60) Abensour, *La démocratie contre l'État*, p. 17［一一二頁］.

［謝辞］

本稿は、二〇二四年度第三一回政治思想学会研究大会自由論題報告の内容をもとに執筆したものです。当日、来場され、ご質問いただいた皆様にこの場を借りてお礼申し上げます。また、本稿の査読を務めてくださった二人の先生方にも感謝いたします。賜った数々のご指摘の全てを反映できたと言えるか覚束ないですが、少しでも改良されたところがあるとすれば、それらの恩によるところであることは言うまでもありません。どうもありがとうございました。本研究はＪＳＰＳ科研費JP23K12417の助成を受けたものです。

ジェーン・アダムズの初期平和論
――世紀転換期アメリカにおける進化論と民主主義

小野寺研太

序論

本稿では、一九～二〇世紀の転換期にアメリカで活躍したジェーン・アダムズ（Jane Addams）の初期平和論を検討する。アダムズは、米国初のセツルメントであるハル・ハウスをシカゴに設立し、移民が置かれていた当時の劣悪な生活・労働環境を改善するべく、さまざまな社会改良事業に取り組んだ人物として、アメリカでは広く知られた存在である。第一次世界大戦後は国際的な平和運動のリーダーとしても活動し、アメリカ人女性としては初めてノーベル平和賞を受賞した人物でもある（一九三一年、ニコラス・バトラーと共同受賞）。著名な社会活動家・平和運動家としてのイメージが先行しがちなアダムズであるが、彼女には優れた知識人としての顔もあった。当時の大西洋間（イギリス、ドイツとアメリカ）で活発に読まれ議論された知的資源を幅広く吸収し、ハル・ハウスでの多様な経験を踏まえ練られた独自の思索は、デューイらの古典的プラグマティズム形成やシカゴ学派社会学の成立にも大きな影響を与えた(1)。特に一九九〇年代後半から二〇〇〇年代にかけて、アダムズの哲学的側面に光が当てられるようになると、知的文脈に即してその特徴を明らかにする思想史的アプローチや、ケアの倫理との理論的関係性を検討するアプローチが本格化し、現在でも様々な議論が展開されている(2)。

このような近年の研究潮流を踏まえた上で、以下ではアダムズの『新しい平和の理想』(*Newer Ideals of Peace* 以下、『新しい理想』と略記)に焦点を合わせ、発表当時共有されていた知的資源と関係づけた場合、どのような読解が可能かを検討する。一九〇七年に出版された同書は、多くの称賛を得た『民主主義と社会倫理』(1902)に次ぐアダムズ第二の著作であると同時に、一九〇〇年前後を起点とするアダムズ平和論の最初期にあたるものでもある。『新しい理想』は、一見すると平和論には思えない著作である。タイトルに平和を冠する著作でありながら、大部分は移民や児童労働の問題、女性参政権といった国内問題に焦点が当てられているからだ。(3) そこでは、平和論として現在予想される軍縮の必要性や国際機関の機能、あるいは戦争の非人道性といった問題は論じられていない。しかしこの著作は、アダムズにとってれっきとした平和の書だった。『新しい理想』が平和論に見えない大きな理由の一つは、この著作が置かれている歴史的文脈が、現在の私たちと大きく異なっていたことにある。

本稿では、当時の平和運動やアダムズが利用できた知的資源などに関わる歴史的文脈、特に進化論との関係を検討し、スペンサー思想が『新しい理想』の理論的骨格を形作っていることを詳述する。すでに述べたように、アダムズに関する先行研究は英語圏を中心に多くの蓄積が存在する。本稿がアダムズの初期平和論を検討する上で注目するのは、同時代の進化論との関係である。この点については、マリリン・フィッシャーの一連の研究が参考になる。(4) アダムズと一九世紀後半の進化論言説との関係を検討したフィッシャーは、アダムズの主著『民主主義と社会倫理』において、ダーウィンやスペンサー、コント、ヴントといった当時の多様な進化論がいかに強力な思想的支柱となっているかを詳細に跡づけた(Fischer 2019)。また『新しい理想』についても、フィッシャーはスペンサー思想が同著作に与えた影響を論じており(Fischer 2010; 2023)、本稿もこうした議論に負うところが大きい。だがフィッシャーは、『新しい理想』とスペンサー進化論の関係について、必ずしも理論内在的な分析をしているわけではないため、アダムズの平和論が持つ論理構造の十分な解明には至っていない。本稿はその分析に取り組み、『新しい理想』が、一般的に進化論で想定される歴史的傾向性に関する通時的枠組みとしてではなく、むしろ共時的な社会分析としてスペンサーの議論を応用した平和論だったことを示す。(5) こうした読解は、彼女がその後半生で深く関与していく平和運動の源流に連なる著作の分析である点で、アダムズの平和論の変化や持続を考察する上で重要なヒントをもたらす。さらに『民主主義と社会倫理』から続くアダムズの民主主義論の理論的解明にもつながるため、以下の考察は「フェミニズムの政治思想」の検討に貢献する意義も有すると考える(6)。

本稿は以下のように構成される。まず『新しい理想』が刊行された一九～二〇世紀転換期の歴史的文脈を整理する。ポイントは、アメリカの海洋進出の端緒となった米西戦争とそれに続く植民地戦争（米比戦争）によりアメリカ国内で展開された平和運動である。次に、『新しい理想』を読み解くための知的前提を押さえる。後述するように、当時の言説状況で進化論に基づいた社会観は広く共有されていた。とりわけ影響力が大きかったのがスペンサーであり、『新しい理想』もこれらの共通了解を前提として議論が構成されている。これらの準備作業を踏まえた上で、実際に『新しい理想』ではどのような議論が展開されているかを検討し、同著作に見えるアダムズの初期平和論を再構成していく。

一　歴史的文脈——米西戦争・フィリピン領有と世紀転換期アメリカの平和論

一九〇〇年前後のアメリカが直面した国際問題は、米西戦争（1898）と米比戦争（1899～1902）である。長年独立を求めてきたキューバに対するスペインの苛烈な弾圧への反発と、ハバナ湾で発生した原因不明の戦艦メイン号爆発事件によって、アメリカ国内の世論は開戦へと大きく傾き、キューバの独立と自由を守るという名目でスペインとの戦争を開始した。圧倒的な戦力差によって交戦は数ヶ月で停止し、同年のパリ条約によって、アメリカはフィリピンやグアム、プエルトリコを獲得し、キューバを保護国化した。アメリカ政府は当初の独立の約束を反故にしてフィリピンを植民地化したため、独立運動の指導者エミリオ・アギナルド率いるフィリピン独立軍とアメリカ軍との間で武力衝突が生じた。これが米比戦争である。二〇万人ものフィリピン人被害者を出したとされる同戦争は、米西戦争で帝国主義的な世界進出を開始したアメリカによる、最初の植民地戦争だった。

先行研究によれば、世紀転換期アメリカの平和運動は第一次世界大戦の前後でその性格を大きく異にしており、反体制的で急進的な性格を強めていく一九一四年以降の平和運動に比べると、それ以前、すなわち米西・米比戦争期の平和運動は、穏健的、さもなければ保守的とすら言えるものだった。一九〇〇年前後から一九一四年までのアメリカ平和運動の特徴は、大きく言って二つ挙げられる。第一に、主としてエリート層によって主導された運動だったことである。まず運動をリードしたのは、聖職者や教育関係者らである。一八二八年に設立されたアメリカ平和協会や一八九五年以降開催されたモホンク・レイク会議を足場としながら、彼らはアメリカのフィリピン領有に反対する反帝国主義を掲げた。その後平和運動の指導者たちは、実業家のような経済エリートの取り込みを意識的に図り、例えば平和会議で実業家向けのセッションを設けるなどして、その支持者を拡大させていった（Marchand 2015, chap.2）。第二に、たとえフィリピン領有や軍備拡大に反対していても、この時期の平和運動は、その核にアメリカの政治制度や価値観への信奉を抱き、それらの世界的拡大を支持していた点である。例えば、平和論者が反帝国主義を掲げた理由は、それが建国以来伝統とされてきたアメリカの孤立主義に反していたからであり、あるいはフィリピン領有が武力を通じた粗野なやり方によるものだったからである。同意なしに文明化を押し付けることが不道徳だから批判していたのであって、宣教や商業、教育といった文明的なやり方を通じて、アメリカの文明が世界的に拡大していくこと自体に反対するものではなかった（Patterson 1976, chap.3）。また経済エリートが平和運動に参加したのも、情勢安定が事業の継続的拡大に不可欠だったからであり、また平和という価値を掲げることで、彼らの市民的責任感を社会にアピールできると考えられたからである（Marchand 2015, chap.4）。アメリカの繁栄をアングロサクソンの人種的優越と捉え、その拡大を正当化したジョン・フィスクらの社会ダーウィニズムを支持する者が平和運動の中に少なくなかったように、議論の焦点はあくまでも、アメリカの文明や価値をグローバルに展開する際の方法をどうすべきかという点にあった。したがって、アメリカ文明の拡大を中心に据えている点では、帝国主義者と反帝国主義者の間に大きな断絶はなかった。

　このように、世紀の変わり目から一九一四年までのアメリカの平和運動は、決して反体制的だったり急進的だったりするわけではなく、むしろアメリカの価値観を信奉する当時の論調に棹さすものだった。彼らは、紛争解決手段として仲裁を重視し、武力によらない国際紛争の解決可能性に信頼を置いた[7]。国内の紛争処理手段が国際間にも応用可能であると考えていた点で、彼らは国内的な秩序の安定と国際的な秩序の安定を連続的に捉えていた。この時代に平和を訴えることは、支配体制の抑圧や強制に抵抗したり、戦闘による人的被害や残虐行為の非人道性を批判したり、あるいは国内外の多様なアクターを通じた紛争解決手段を模索したりすることではなかった。それは、国際的な秩序の安定をアメリカ国内の秩序の安定と重ねながら、その両者の実現を訴えるものだったと言える。

従来のアメリカ平和運動史研究において、アダムズはハル・ハウスで培った経験に基づき、行動的で急進的な平和主義を掲げた存在とされた一方で、その発想の根底には当時のアメリカ・フェミニズムに根強く存在した「母性」の強調があったとされてきた（Herman 1969）。また、上述した平和運動の基本的発想はアダムズにも共有されており、理想主義的（あるいは楽観的）な議論だとして当時から批判されていた。しかし近年では、当時の社会進化論を摂取したアダムズは、戦争が人間の闘争本能に由来するという本質主義的理解と一定の距離を保っていたとする議論もあるように（Agnew 2017）、当時の知的文脈との関わりを踏まえた再評価も活発であり、単に本質主義的で理想主義的な平和論者だったと片付けることはできない。問うべきは、当時の知的文脈の中でアダムズがどんな知的資源を使い、どのような思想的独自性を提示できたかにある。

二　アダムズ初期平和論の思想史的文脈――H・スペンサーとW・ジェイムズ

1　知的資源としてのスペンサー進化論

「なぜ生物の種はこれほど多様なのか」を科学的に説明する進化論において、現代につながる理論的基礎を提示したのは、言うまでもなくチャールズ・ダーウィンの『種の起源』（1859）であるが、一九世紀後半の知的空間において影響力を持った進化論はダーウィンのものだけではなく、ラマルクやスペンサーなどによる広範な議論が展開されていた(8)。特にアメリカにおいて、スペンサー進化論は生物学以外の知的分野（哲学や社会学）に携わる者にとって不可欠の議論とされ、個人主義と産業化を擁護する彼の主張は、事業拡大を哲学的に正当化するイデオロギーとして、多くの経済エリートにも歓迎された(9)。

リチャード・ホフスタッターのアメリカ社会進化論に関する著作がこれまで広く読まれてきたこともあり、スペンサー＝社会ダーウィニストとする認識は、現在でも一般的である。しかし学術的には、スペンサーの思想は「リバタリアニズム」とも「ユートピア社会主義」とも、あるいは「保守主義」とも言い得る余地があり、何らかの統一した像を結ぶことは困難であるとされる（藤田 2021）。初期スペンサーが、ロバート・マルサスに対立してウィリアム・ゴドウィンのラディカリズムを継承した点を重視し、彼を「ユートピア社会主義者」と位置づけるピアス・ヘイルのような議論もあれば（Hale 2014）、『人間対社会』（1884）に見られる後期の社会主義批判および個人主義擁護と、初期のラディカリズムの間にある乖離を、単なる「保守主義」化と片付けることなく、内在的な思想的変化として説明する議論も存在するなど（Francis 2014）、スペンサー思想の体系的理解については現在でも様々な主張がある。近年のスペンサー研究を詳細に検討する余地はないが、さしあたりここで確認しておきたいのは、進化論が持ち得た受容（解釈の仕方）の幅広さである。スペンサー思想それ自体の複雑さもあって、その受け止め方は「競争的個人主義を信奉する社会ダーウィニスト」といったシンプルなものにはとどまらなかった。むしろ数々のスペンサー研究やダーウィン研究が示唆するように、当時の人間にとって、進化論という知的共通項の理解の仕方に何らかの安定解があったわけではない。進化論をどう理解するかは、自身の思想的スタンスと深く関わる問題であり、それゆえ様々な形を取っていた。

進化論という思想的共通項に対する理解の仕方にどのようなヴァリエーションがあったのかを、プラグマティズムとの関係で検討したのが、トレヴァー・ピアスの『プラグマティズムの進化：アメリカ哲学における有機体と環境』（2020）である。ピアスは、一九世紀後半から二〇世紀初頭にかけてのプラグマティズムに関わった論者を、複数のコホート（世代）に分け、それぞれのコホートにおいて進化論がどのように読まれ、また議論されたかを検討している。中心的に論じられているのは、「メタフィジカル・クラブ」に集った哲学者（第一コホート）と、それに続くプラグマティストたち（第二コホート）である。ピアスによれば、ジェーン・アダムズが属する第二コホートの論者たちは、進化論をある程度確立された科学的・哲学的見解として受容した。アダムズやデューイらは、学生時代からダーウィンやスペンサーらの生物学に親しみ、また教壇に立つようになってからも、進化論のテキストを自分たちの授業で用いた。進化論を理論的骨格として組み込むことができた第二コホートは、それを科学理論として信頼の置けるものであるかを巡り見解が対立していた第一コホートとは異なっていた（Pearce 2020, chap.3）。

第二コホートのプラグマティストたちが得たのは、進化論が社会道徳とも接続可能である、という着想である。ポイントは二つある。第一に、スペンサーが強調したような、主体と環境との相互作用という考え方である。人間を含む生物は、変化する環境に適応することで、外的形状や神経組織、消化吸収などを変化（発達）させていく。こうした環境適応による変化は、生物個体のみならず人間の集団、さらには社会にも当てはまり、その規模や支配関係、集団や社会に関する知識やそれらを支える法の発生を引き起こす。また生物個体にしろ人間社会にしろ、適応によって変化した主体が今度は環境を変化させることもあり、主体と環境は相互作用的に関係している（Ibid., chap.2）。言い換えれば、生物個体にも人間社会にも、環境との相互適応という共通の発達（進化）の原理が存在し、知識や法のように人間の精神に関わるものであっても、それは例外ではないということである。第二に、人間社会の道徳も、環境への適応によって徐々に進歩していくという見方である。ピアスによれば、第二コホートのプラグマティストらは、同時代のイギリス理想主義を経由してヘーゲル哲学に触れたことで、ダーウィンやスペンサーに見られる進化論と、人間精神の弁証法的展開を重ねて理解することができた。社会科学的な調査結果に基づいて社会に何らかの介入をすることは、超有機体（社会）の環境適応を手助けするものであり、ひいては社会道徳の発達にもつながると、彼／彼女らは考えた（Ibid., chap.4）。

つまり当時の進化論は、生物と社会が同様の仕組みで相互に影響を与えあいながら、外的環境に適応していくものだという社会認識を、アダムズを含む第二コホートのプラグマティストたちにもたらしたと言える。生物は環境に適応することでその形態を変化させ、さらにその内部組織を発達＝複雑化させている。こうした発達＝複雑化＝進化の原理は、生物個体だけでなく人間の社会にも当てはまる。人間は、その生活環境に適応するように集団の規模や編成といった社会のあり方を変え、それらを維持する知識や仕組みを整えていく。さらにこうした社会的な環境適応は、人がそこで生きるための価値観や共同体観にも影響するため、人間の道徳も社会のあり方に伴って発達＝進化する。では、人間の社会の進歩とは、さらに具体的に言うとどのようなものなのか。スペンサーの社会進化論の基礎をなす「軍事型」社会と「産業型」社会という類型論は、この問題を論じたものである。

2　軍事型社会／産業型社会

『新しい理想』にはスペンサーへの直接的言及がないにも関わらず、その基本的な理論フレームが彼の進化論であることは、当時の読者にとって明瞭なことだった。[10]『新しい理想』の中で幾度も繰り返されるのが、「軍国主義」(militarism)と「産業主義」(industrialism)の対比だったからである。[11]軍事型と産業型という二類型は、古代から現代(スペンサーの生きた時代)に至るまでの様々な事例から帰納的に導かれた、一種の「理念型」である。後期スペンサーの代表的著作である『人間対国家』(1884)にも用いられる「軍事型」(militant type)と「産業型」(industrial type)の対比は、『社会学原理』で詳細に説明されている。軍事型の社会とは、外的行動、すなわち外敵との戦闘に備え、攻撃や防衛を遂行する構造が大きく発達した社会を指す。こうした社会は全体が軍隊組織のあり方に沿う形で編成される。そのため軍事型社会では軍隊のトップが政治的指導者となり、中央集権的統制によって、産業のみならず教育や市民の私生活に至るまで監視と管理が施される。また構成員の存在は、その集合体の利益のためにあるとされ、権威への絶対服従が美徳であり、それに対する抵抗は犯罪であるとされる。[12]軍事型社会と対になっている産業型社会は、外的行動(外敵との戦闘)よりも内的維持を優先している社会を指す。この場合「産業」とは工業のみを意味するのではなく、農業や製造業、商業も含意しており、それらが主要な構成要素となることで、社会の維持に貢献している点が強調される。軍事型社会の画一的で中央集権的な統制に代わり、産業型社会では多様な信条や活動に基づく自治が形成され、分散的で非強制的な協力からなる社会を生み出す。[13]権威への服従義務や共同体への強制的な協力ではなく、市民の意志を実現することが産業型社会の至上命題となり、統治主体はそれをサポートする側へと役割を転換する。

行論との関係で押さえておく必要があるのは、スペンサーの議論に依拠する限りこの二類型は、一方(軍事型)から他方（産業型）への不可逆的な社会進化を説明するためだけのものではないということである。スペンサーの議論の基調は、有機体（生物）の進化プロセスと超有機体（社会）の進化プロセスが相似形を為している、というものである。軍事型／産業型と並列的に想定されているのは、有機体が敵から身を守り、あるいは生存するため（捕食や逃避）に外的器官を司る神経系を発達させる過程と、より複雑な細胞組織を持つのに伴って、徐々に個体を維持する内的器官（消化吸収）を複雑化させていくという過程である。有機体で外的器官が先行して進化（発達）し、その後内的器官ができあがっていくのと同様に、社会（超有機体）も軍事型から産業型へと進化するとされている。しかし、生物において内的器官が十分に発達したからといって、獲物を食べたり／捕食者から逃げたりするための器官が即座に不要になるわけではないように、AからBへの移行はAの消滅を意味するわけではない。そのため、一つの社会においても軍事型と産業型は共存、混在するものとされる。したがって軍事型と産業型は、発達（進化）の段階を示す言葉でもありながら、一つの社会に同時に存在する機能類型を示す言葉でもある。確かに巨視的には、平和的で民主的な産業型社会への移行が念頭に置かれているが、実際に存在した社会を捉える微視的な眼差しでは、社会の「ほとんどすべてが過渡期」であり（Spencer 2013, §258）、一つの社会に軍事型の要素も産業型の要素もあるとされる。別様に言えばこの議論は、軍事型と産業型の二つをパラメータの極とする線分上のどこにその社会があるか、どちらが優勢かどうかで当該社会を特徴づけられる、という認識を示唆している。

軍事型と産業型のどちらが優勢になるかは、直前の状況や周囲の物理的環境、隣接する社会、人種の混合などの影響も受けるため（Ibid., §261, 265）、スペンサーの議論では、軍事型→産業型だけでなく、産業型→軍事型になることも想定されている。例えばスペンサーは、社会は常に「異なる状況にあった祖先の社会に由来する、衰退した制度と習慣を含んでおり、これらがその後に存在する状況の影響をある程度曲げてしまう」と述べている（Ibid., §261）。つまり、産業型社会への移行という社会進化のプロセスが基本的な順番として想定されるものの、それを妨げる要因も数多く存在することが指摘されている。スペンサーは、クリミア戦争、インド大反乱、アヘン戦争などの同時代的な例を挙げながら、「国際紛争が再発した場合、部分的にしか発展していない産業型の社会が軍事型の社会へと逆行する様子は注目すべきである」と述べている（Ibid., §266）。ここでは、古い社会が軍事的で、新しくなるほど必然的に産業的になるという不可逆的発展ではなく、外的環境によって軍事型／産業型の二極の間を移動するように、当該社会が変様（metamorphose）していくことが想定されている。

このように、過渡期の社会がどのようなものであるか、どのように変様するのか、あるいはその変様がどのように妨げられるのかに関する詳細な記述は、スペンサーの軍事型／産業型という類型が、決定論的な社会法則上の用語としてではなく、それらをパラメータとして社会状況を捉えるための、社会学的な分析ツールとして理解可能であることを示唆している[14]。確かに大枠としては、産業型への進歩（社会進化）が想定されており、また批評家としてのスペンサーの力点もそうした枠組みに依拠した時代診断にあったところはある。しかし『社会学原理』の理論的検討から浮かび上がるのは、決定論的な社会法則を示したものだとは言えない側面である。さらに前述のピアスによれば、生物と環境との間に生じるミスマッチと同様に、道徳もその社会状況に適応できないことで緊張関係が生じ、その是正を必要とする、という進化論的な社会道徳理論は、『新しい理想』とほぼ同時期にデューイやミードらによっても展開されていた（Pearce 2020, chap.6）。こうした知的文脈で考えれば、スペンサーの軍事型／産業型という対概念もまた、「前者から後者へと社会が進化する」ことの弁証だけでなく、「現在のアメリカ社会は、この対概念を使って捉えた場合、どのようなものであるか」を考える分析ツールとしてアダムズが用いた可能性があると言えるだろう。

当時のアメリカ社会を批判的に捉える際、軍事型／産業型というスペンサー進化論の枠組みを、アダムズが通時的というよりもむしろ共時的な概念として使った可能性があることは、両者の思想的関係性を考える上で重要である。『新しい理想』は、軍事型／産業型を両極とする線分上にアメリカを位置づけ、その軍国主義的な側面とそれがもたらす弊害を論じる著作だと言えるのではないか。そうした意味での軍国主義へのアンチテーゼを提示した点で、『新しい理想』はアダムズにとっての平和論だったと言えるのではないか。アダムズがスペンサーの対概念を共時的なものとして使用していた可能性については、第三節で検討しよう。それに先立ち、以下では、軍国主義へのアンチテーゼという議論に関するもう一つの知的文脈を確認してみたい。

3　ウィリアム・ジェイムズの「戦争の道徳的等価物」

『新しい理想』を読解する上でもう一つ重要な文脈が、ウィリアム・ジェイムズとの関係である。というのも、『新しい理想』はジェイムズの反軍国主義論を対話の相手とする著作だからである。実際、『新しい理想』の序文は、以下のように記されている。

戦争の道徳的代替物（the moral substitutes of war）の漸進的発展に関するこれらの研究は、国際色豊かな都市の産業地域で行われた。ここでは道徳が、顕著な社会性と国際性を示している。（Addams 2004, 3）

ここでアダムズが述べている「戦争の道徳的代替物」は、ジェイムズの「戦争の道徳的等価物」（the moral equivalent of war）を想起させる言葉である。一九一〇年に刊行された論考のタイトルになっているこの言葉は、一九〇〇年代初頭に展開されたジェイムズの反軍国主義論のキーワードだった。当時、アメリカ国内でも様々な反応があったフィリピン領有に関して、ジェイムズはきわめて批判的な立場を取っていた。ジェイムズは、フィリピンに対する戦争がれっきとした犯罪であり、アメリカ人はフィリピン人の弱さをその劣等性と誤認し、彼らの人間性を理解できない道徳的鈍重さに陥ったと批判した（Welch 2016, chap.8）[15]。このように、ジェイムズにとって戦争や侵略行為は、アメリカ社会の道徳的劣化を意味していた。この道徳的劣化を回避するにはどうしたらよいか。ジェイムズが提起したのは、戦争がもたらすのと同等の価値観や道徳を見出し、戦争に向かう気質をその等価物に逸らせるというやり方だった。その置き換えに当たるものが、「戦争の道徳的等価物」である。

ジェイムズの『宗教的経験の諸相』（1902）の一節に見つけることができる「戦争の道徳的等価物」の議論は、社会の柔弱化に対して、戦争がその抑止力になり得るのかという問いから生まれたものである[16]。

> しかしながら、戦争が精力的な生活と英雄主義の鍛錬の場であるという事実は変わらない。また、戦争は原始的な本能に根ざしているため、今までのところ普遍的に利用可能な唯一の鍛錬の場である。しかし、この不条理と犯罪の大規模な組織が、柔弱化に対する唯一の防壁なのかと真剣に自問するとき、私たちはそれに愕然とし、禁欲的な宗教に、より好意的な視線を向けることになる。〔熱力学の〕熱の仕事当量（the mechanical equivalent of heat）についてはよく知られている。今、私たちが社会において見出す必要があるのは、「戦争の道徳的等価物」である。それは、戦争と同様に普遍的に人々に語りかける英雄的なものでありながら、戦争が霊的自己と両立しなかったのに対して、それ〔霊的自己〕と両立するものである。（James 1982a, 367〔 〕内は筆者による補足。以下同様。[17]）

ジェイムズは、物質的な富の追求が現代社会に「柔弱さ」をもたらし道徳を退廃させていると批判し、それを回避する方法として、[18]スポーツや軍隊、冒険的事業のようなエネルギー溢れる英雄主義に一定の意義を見出した。しかしだからといってジェイムズは、英雄主義に基づいて戦争を是認するわけではない。前述したフィリピン領有に対する批判からも分かるように、戦うことが古来より人間の本性と一致するとしても、それは破壊以外の何物でもないからである。そこで、「戦争と同じように普遍的に人々に語りかける」道徳的等価物を見出す必要があるとジェイムズは主張する。

ジェイムズはこの議論を、一九〇四年にボストンで開催された第一三回万国平和大会での演説で一般向けの反軍国主義論として展開し、人間の好戦性を別の道筋へ逸らすという社会道徳上の戦略として提示した。[19]ジェイムズは演説の中で、戦争が日常の退屈を一掃する最もスリリングな興奮をもたらし、その意味で人間に活力と高揚感をもたらすといった側面を認めつつも、こうした人間の本性に根付く好戦性こそが「私たちの永遠の敵」だと位置づける。その上でジェイムズは、人間の好戦性そのものを変えるのではなく、それを別の方向に逸らすという戦略を提案する。

> 普遍的な平和や全面的な軍縮について多くを語るのは、無益であると私は考える。我々は根本的治療ではなく、予防策を取るべきだ。敵を欺き、政治的にその行動を封じ込める必要がある。敵の性質を変えようとするのは徒労で

ある。(James 1982b, 122)

いかに「敵を欺く」のか。戦争支持派が抱く空想の余地を残しながら、しかし現実的には開戦ができない状況を作っていくことによって、である。

> しかし、戦争の可能性を一つ一つ潰していくための実践的な仕組みを、あらゆる方法で組織していく必要がある。平和主義者を権力につけ、編集者や政治家に責任感を教育するべきだ。（中略）どんな些細な口実でも、仲裁の手法を用いるべきであり、その先例を積み重ねていく必要がある。競争心を刺激し、英雄的なエネルギーを発揮できる新たなはけ口を見つけ出すべきだ。そうすれば、世代を経るごとに国家間の摩擦は緩和され、緊張状態も危険性を減じていく可能性が高い。(Ibid., 123)

このように、ジェイムズの反軍国主義論は、①好戦性を人間の本性に根付くものとして捉えた上で、その本質的改変を企図せず、②好戦性に向かうエネルギーの発露を戦争以外に向けさせる回路をつくることで、戦争開始の可能性を縮減させるという議論だった。アダムズの『新しい理想』も、「代替物」という語句の変更が加えられているものの、基本的な方向性としてはジェイムズの議論と重なるものだったと考えられる[20]。他方、フィッシャーが指摘するように、仲裁手段の拡大や平和主義的エリート層の増大によって、戦争が徐々に実行不可能になっていくという楽観的見通しは、当時の平和運動論者の間で広く共有されたものであり、ジェイムズの議論は同時代の論調をなぞったに過ぎないという面もあった (Fischer 2018)[21]。したがって問題は、ジェイムズが提起した「戦争の道徳的等価物（あるいは代替物）とは、どういうものか」という問いに対するアダムズなりの回答が、どのような理論的独自性を有していたかにある[22]。

三　『新しい平和の理想』というフェミニズム的平和論[23]

1　軍国主義の「生き残り」

米西戦争に対する最初の態度表明と言える講演「民主主義か軍国主義か」(1899) から『新しい理想』に至るまで、アダムズは軍国主義がはびこる以上、民主主義は定着しないという議論を一貫して論じている。中央集権的な統制や監視、強制によって暴力的に統治される軍国主義的な (=軍事型の) 社会から、自治と自発的協力によって成り立つ民主主義的な (=産業型の) 社会に進むにはどうしたらよいか。アダムズはスペンサーの枠組みを前提にしたこの問いを、戦争の準備を不要にする=戦争をなくすという平和の問題として焦点化する。平和的 (非軍国主義的) な=民主主義的な社会をもたらすには、これまでとは異なる新しい平和の理想が必要であるとアダムズは述べる。「道徳的価値の再調整」や「精神的エネルギーの新たな中心」、「新しいヒロイズム」(Addams 2004, 9, 16) といった多様な表現を駆使しながら、アダムズはこの新しい理想を、共同体成員をまとめ上げる、ある種の社会道徳として提示している。[24] タイトルが示すように、アダムズは当時のアメリカ社会の批判的分析を通じて、そこから立ち上がってくる「新しい理想」を論じようとする。社会について論じたスペンサーが、その類型 (type) を論じたのに対し、アダムズが同様の枠組みを「軍国主義」や「産業主義」、あるいは「人道主義」といった主義 (ism) に置き換えたのは、この著作の主眼があくまでも人々の道徳観 (morality) のあり方にあるからである。『新しい理想』でアダムズは、ある社会の仕組みや組織、状況の分析を通じて、そこに伏在している社会認識や価値判断にアプローチする。その意味でこれは、前著『民主主義と社会倫理』同様に、社会道徳を論じた著作である。

なぜ古い理想は、新しい理想に取って代わられる必要があるのか。アダムズが問題視するのは、こうした社会道徳上の不適応、すなわち「生き残り」の存在である。[25] アダムズはこれを、アメリカの政治状況を素材とした進化論的な見方で説明している。アダムズによれば、アメリカの統治機構は、建国者たちの「共感的想像力の産物である「自然人」に関する理論に基づく理想主義」よって作られたものだった。しかしこのような統治の議論は、結局のところ国民を信用しておらず、「その根源は、主権者と臣民の関係、法律家と法律が抑制する者との関係」で構成されていた。イギリスから独立した新政府は、現実の姿よりも劣った社会状態を想定したため、建国者たちは「共同体をまとめるために、罰則、強要、強制、軍事規範の名残に依存した」。つまり建国から現在に至るまで、アメリカ社会は軍事型に近いものであったとアダムズは位置づける。このような軍事型の名残を持つ統治機構は、より複雑化・多様化し高度に組織された都市社会で要求されるはずの、現代的な「より拡散した地方自治」には適さない。「私たちの政治機構は、まったく異なる条件のために考案されたものであり、その後の発展に伴う一連の変化に適合するよう調整されてこなかった」のである（Ibid., 21-2, 25）。アメリカ建国者たちの理想やその統治機構を、スペンサーで言うところの軍事型社会として理解することが妥当かどうかは、ひとまず措いておく。ここで重要なのは、アダムズが古いタイプの社会を批判する際に、進化論的な語彙（「連続的な変化」や「適応」）を用いた点である。[26] 社会の仕組みが軍事型から産業型にシフトしなければならないのは、その社会を取り巻く現状（生物学的に言えば、生物の生息環境）が連続的に変化し、そこに適応しなければならなくなるからである。それにも関わらず、今のアメリカ社会には、環境変化に適応できない社会道徳が残存しているとアダムズは見る。

さらにアダムズは、軍国主義（軍事型社会の遺物）が為政者にとどまらず、労働組合のような対抗的アクターにも共通することを指摘し、軍事型の社会道徳がいつまでも「生き残って」しまう可能性を示唆する。かつてのように労働組合が小さく、また使用者に迫害されていたときに比べれば、現在の労働組合は組織も大きくなり、力も持つようになった。そこで使用者との間で折り合いをつけ、妥協点を見出だせる組合も出てくる。しかしこのような成熟した協調路線の拡大は、設立されて間もない未成熟の労働組合が掲げる敵対的姿勢によって妨害されてしまうと、アダムズは述べる。「新しい労働組合は、好戦的な若さと原始的な道徳観に加えて、ストライキを宣言しがちである。（中略）労働組合主義のこの段階は、「ピケ」や「戦場」といった戦争用語に満ちており、運動の最も深刻な過ちの原因となっている」と、アダムズは新興の労働組合が見せる戦闘的な姿勢を批判する。アダムズにしてみれば、たとえ労働運動であっても、戦闘的な姿勢で対立を煽るやり方は、成熟した社会的コミュニケーションが要求される産業型社会に適応できておらず、旧来の社会道徳を引きずる「生き残り」であるに過ぎない（Ibid., 65）。無論このように述べるのは、軍国主義の残存が当該社会全体の道徳的性格に深刻な影響をもたらしかねないからであって、彼女が労働運動そのものに反対しているからではない（むしろ彼女は積極的な支持者である）。スペンサーの軍事型／産業型という区別が相対的なものであったように、アダムズの認識においても、軍国主義的要素と産業主義的要素は一つの社会に混在するとされる。言い換えれば、アダムズの生きるアメリカは、都市社会に適応していく進化の途上、すなわち過渡期にあるため、環境適応の仕方次第では、軍事型の社会道徳がいつまでも「生き残って」しまう可能性がある。

アダムズが最も懸念するのは、軍国主義の「生き残り」が拡大することで、状況としては産業型に適応してよいはずのアメリカ社会が、軍事型社会に戻ってしまうことである。スペンサーが論じていたのと同様に、軍国主義から産業主義という変化は必ずしも不可逆的なものではなく、どちらが優勢になるかは、そのときの状況や環境に依存する。人間は、「苛立ちや不当な扱いに対する感情を主な絆として、永続的に結集することはできない。しかし、そのように結束している間は攻撃的な行動をとらざるを得ない」と捉えるアダムズからしてみれば、アメリカが都市化しているからといって、産業型に即した民主的な社会への進化が保証されるわけではない。それどころか、産業型の社会道徳が軍事型のそれに戻ってしまう可能性も排除できない。為政者や使用者といった政治的経済的権力者だけでなく、労働組合のような対抗的アクターであっても、それらが新たな社会状況に適応できない限り、産業主義の定着を阻害し、軍国主義の延命に力を貸してしまう（Ibid., 69）。

階級や集団の分裂は、その構成員が、劣った集団や階級は理性や公正な取引によって訴えることなどできず、より低い次元で扱われなければならないと考えるとき、道徳観の相違とともに最も危険なものとなる。〔そこでは〕テロリズムは必要かつ合法的なものであり、彼ら〔＝劣位にある集団や階級〕が特定の行為を行うことを、恐怖によって抑制できると考えられている。使用者が労働者に対し、あるいは労働組合員が非組合員に対し、このような精神を

示す限り、彼らは必然的に武力行使に戻り、戦争の方法に戻る。(Ibid., 74)

このように、アダムズにとっての進化論は、不可逆的発展を弁証するような歴史段階論ではなく、対立する要素が混在する社会の過渡的形態を捉える分析枠組みとして威力を発揮するものだった。進化論者としてのアダムズの眼には、産業化の状況にあるにも関わらず、その統治機構や社会組織のあちこちに闘争的な軍国主義が残存し、産業型に適応しきれていないアメリカ都市社会の姿が映っていたと考えられる。[27]

2 軍国主義がもたらす社会的不正義

では、軍国主義はアメリカの都市社会にどのような弊害をもたらしているのか。軍国主義的な社会道徳の残存が与える影響は、アダムズにおいて、劣位にある者や脆弱な者の排除と集団的対立を引き起こす社会的不正義の問題として位置づけられている。例えばアダムズは、軍国主義による闘争的社会関係の長期的な広がりが、他の一般市民に与える波及効果を複数列挙している。第一に地域社会が階級別に分断されることで生じる敵意と誤解、第二に人種間の反感、第三に肉体的な強さのみを称賛する「唯物主義の精神」、第四に子どもや若年世代への悪影響である(Ibid., 70-2)[28]。より具体的に言えば、『新しい理想』でアダムズが強調したのは、移民、子ども、女性の政治的経済的排除の問題である。

都市社会(ここでは彼女が活動の本拠地としていたシカゴが想定されている)で移民が増加しているにも関わらず、彼/彼女らが政治的主体と見なされず、民主主義から排除されている点を、アダムズは繰り返し批判している。アメリカ人は「ケルト人、ゲルマン人、ラテン人、スラブ人など、次々とやってきた移民の政治的理想を執拗に無視し(中略)、すべての民族をひとつの基準で統治するというアングロサクソンの誘惑に陥って」きた。そのため、多様な民族を含む民主的な政府を作り上げることに失敗しているとアダムズは捉える(Ibid., 28)。こうした排除の根底にあるのは、アダムズによれば、移民への蔑視である。貧しく無知な外国人のために投票せよ、と呼びかける社会改革論者が象徴的に示すように、たとえ改革志向だったとしても、アメリカ人が移民に示しているのは、「蔑視の態度、(中略)劣位にある人々に対する征服者の精神の生き残り」である。アメリカ社会は、移民を自国の政治生活の真の担い手と考えてはいない。さらにこうした移民蔑視の態度は、第二世代である移民の子どもにも伝播し、軽蔑の眼差しは彼らによって模倣される。相対的にアメリカナイズされた第二世代の子どもたちは、移民に対するアメリカ社会の蔑視を内面化することで、第一世代（例えば親）を軽蔑するようになる。移民の蔑視は、こうして移民内部の世代間紐帯を弱める結果にもつながっているとアダムズは指摘する（Ibid., 28-9）。

異なる存在への無理解と軽侮というアメリカ社会の認識パターンは、移民だけでなく子どもに対しても当てはまるとアダムズは述べる。児童労働に従事する子どもへのケアの不足と社会的無関心は、「子どもたちのことをよく知らずに愛そうとする前世紀の気質」に由来している（Ibid., 76）。アダムズが児童労働の規制を正当化する根拠は、文字通り産業主義的なものである。「労働者自身が最大の資産であり、熟練労働者の知的関心、自由人で教育を受けた者にしかない自己統制力と協調性こそが、世界市場で勝ち残る唯一のものだという信念」が広がりつつある現代の状況を考えれば、「多数の労働者を早期に働かせることは、明らかに損失」である。将来にわたる高度な産業主体を育成するために必要なのは、児童労働の規制、公教育の拡大、そして子どもたちが人間的なつながりを育むのに役立つ遊び場や運動場、体育館の整備である（Ibid., 80-1）。このようにアダムズは、移民への軽蔑や子どもの軽視に共通する、一方的な権力関係の存在を批判する。移民や子どもに対する配慮が為されるとしても、そこにあるのは、決して対等な民主的関係などではなく、優劣のヒエラルキーを前提にした一種の「施し」であり、「心優しい軽蔑の関係」に他ならない。移民を軽蔑的に扱い、子どもを保護の対象とせずに浪費するメカニズムを保持し続けるアメリカ社会は、アダムズからすれば、産業型に適応した道徳に達しているとは到底言えない（Ibid., 75）。

さらに、社会道徳が新たな状況に適応できないことで生じる政治的経済的主体からの排除は、女性にも当てはまる。アダムズはこれを、参政権問題と関連付けて論じている。自然権に基づく政治思想を、軍国主義的な性格を持つものとして退けるアダムズは、参政権とは「神聖不可侵である」ことを根拠に与えられるものではなく、誰がそれを持つかはあくまでも社会状況との関わりで決まるものだと考える。敵からの防衛に備えなければならない軍事中心の社会であるならば、選挙人たる資格を軍事的任務遂行の能力に還元し、成人男性のみに参政権を与えることには「一定の論理があった」かもしれない。しかし、現在の社会を取り巻く環境は、軍事的なものから産業的なものへとシフトしつつある。そうだとすれば、参政権の構成も変化しなければならない（Ibid., 89）。軍事型の社会になぞらえて言えば、産業型の社会にも、生き残るために克服すべき「敵」は存在する。それは、「不衛生な住居、有毒な下水、汚染された水、乳児の死亡、伝染病の蔓延、混ぜ物がされた食品や牛乳、煙で汚れた空気、換気が悪い工場、危険な職業、青少年犯罪、不健康な過密状態、売買春、そして酩酊」といった都市問題である。この数多の都市問題に対応しうる者が、産業型の社会では選挙人となる必要がある（Ibid., 90）[29]。

> 論理的に言えば選挙人は、この困難な戦いにおいて勇敢な役割を果たすことができる者、過去において少なくとも子どもたちの世話や掃除、食事の準備、家族を道徳的な危険から守ることに努めた者、そして人口過密によって不可避的に都市行政の熟慮と管理の対象となる生活の側面を伝統的に担ってきた者で構成されるべきである。（Ibid., 90）

「都市は（中略）拡大された家政（enlarged housekeeping）」であり、そこで必要となる複雑で多種多様な行政活動は、「細部と多様な業務に慣れ親しんだ精神、幼い子どもの健康と福祉に対する義務感、そして他者の清潔と快適さに対する責任感を持つ者の助けを必要とする」。そうである以上、伝統的に家事やケアに従事してきた女性を政治的に排除する理由は存在せず、都市問題に対処するための選挙人の適性を、武器を持つ能力で判断するのは「不条理である」（Ibid., 90-1）[30]。

さらにアダムズが強調するのは、この問題が女性全体の社会的地位向上と不可分だという点である。単に行政分野に「女性の視点」を組み込むだけならば、政治に参画するのは一部の（例えば一定程度の教育を受けた）女性でよいということになりかねない。アダムズは、これを明確に否定する。それでは選挙人になれない女性のニーズを十分に汲むことができず、移民や子どもと同様、多くの女性が人的に浪費される状況を変えることにはつながらない。アダムズは、シカゴ市内の若年移民女性が従事していた、劣悪な条件下での過重な工場労働（sweatshop labor）を念頭に置きながら、以下のように述べる。

女性の参政権は、教育を受けた女性が行使する限りにおいてのみ価値がある、という発言（中略）は、女性の判断が最も必要とされる事柄が、素朴で基礎的なものであり、教育と呼ばれるもので大きく左右されるようなものでないという事実を、完全に無視している。例えば、現在大都市で行われている工業プロセスにおける、全ての工場や作業場の衛生状態は、数千人もの働く女性の健康と生命に密接に影響している。（Ibid., 92）

産業化の状況で必要なのは、「労働者に対する理解と尊厳を示す姿勢」であり、まさにそれが「戦争に代わる人間の労働を、より積極的かつ民主的なものにする必要性を示している」。このように、アダムズの論じる女性参政権論の範囲は、政治的権利の付与に留まるものではなかった。そこには、女性が参政権によって政治的主体となることに加え、過酷すぎる労働から保護されること、そして共同体の一員として関わる能力を育むための教育を受けられることといった、民主的包摂の側面が含意されていた（Ibid., 98-9）[31]。

3　新しい人道主義

ではアダムズが理想とする社会道徳とは、どのようなものか。それは、政府の介入を通じて「大都市、すなわちより良い人間性が育まれない場合に野蛮さと退廃への疑いようのない傾向を示してしまう人口密集地区において、生活を可能に、そして人間らしくすることを目指す試み」であり、進化の途上にある過渡的社会において「育成（nurture）が戦争に取って代わること」である（Ibid., 12, 17）[32]。それは『新しい理想』の中で「新しい人道主義」や「新しいヒロイズム」など複数の表現で示されているが、意味するところは基本的に同じである。ここで改めて注意が必要なのは、軍国主義と対になっている産業主義に対するアダムズの評価が、あくまでも民主主義の社会的拡大に適うかどうかに関わっていたという点である。産業主義を、生産者同士を国際的につなぎ合わせ、商業的側面を伸ばすものだと考えれば、既存の商業はすでに国際化している。だがそうした産業主義もまた、軍国主義的な残滓と無縁ではない。なぜならそれは、「企業の積極的な事業展開と、絶えず軍事防衛や新規市場の開拓を求める」性質のものであり、「必然的に戦争に資するものであり、実際、現代における征服の代表者」だからである（Ibid., 59）。このような「無秩序な商業主義は、政府の侵略行為への格好の準備作業」となる。事業の成功によって道徳的問題は曖昧になり、自治の道徳的基礎は否定され、商業的発展の推進が軍国主義に容易に置き換わる。労働組合運動がそうであったように、国際商業における産業主義的な志向もまた、軍事型に転化する可能性を有している点にアダムズは注意を喚起する（Ibid., 109）[33]。

こうした「新しい人道主義」がアメリカ都市社会に萌す可能性の一つを、アダムズは移民居住区に見いだし、それこそが新たな国際関係のモデルになり得ることを強調する。アメリカの移民は、同じ出身地同士の狭いコミュニティだけに留まって生活するわけではない。異なる国から大量の移民が流れ込む都市社会では、同じコミュニティからなる絆を打破する機会と必要性がある（Ibid., chap.1）。こうした関係性を育むときに、それぞれの差異を超えた平等性と普遍性が生まれると、アダムズは述べる。

> 新しい世界における交流を求めるうちに、全ての移民は人間生活そのものの根源的な平等性と普遍的な必要性に還元される。人間の普遍的特性を除くとあらゆる点で異なる者同士が、日々の接触によって必然的に生みだす結束力を、〔彼らは〕発達させるのである。（Ibid., 12）

アダムズは、移民の社会的位置づけを転倒させる。移民居住区は、軍国主義的な社会道徳が生き残るアメリカで、単に被害者や劣位の者として存在するのではない。むしろ彼／彼女らこそが、多様で「混雑した」関係性において、人間の基本的ニーズとその充足の必要性を表面化させる。そしてその充足に向けた取り組みが、ハル・ハウスのような社会事業組織を中心にいくつも行われている。その点で移民居住区は、新しい時代状況に適応した社会道徳が胎動している空間である。これまでのケア倫理研究の成果を踏まえるならば、当事者の状況を注視し、そのニーズへの応答を重視するアダムズの立場こそ、その平和論をフェミニズム的なものにしたと言える。移民たちによる基本的ニーズの充足願望が、これからの都市行政や慈善活動、教育のあるべき姿を示唆するように、彼らの日常生活は「来たるべき国際関係を予言するものである」とアダムズは指摘するのである（Ibid., 12-3）。

結論

ここでようやく私たちは、『新しい理想』がいかなる平和論であるかの理解に近づくことができる。ヒエラルキー的な関係性のもとで、統制や管理、監視を通じて暴力的に社会を掌握しようとする軍国主義的な社会道徳に代わるものは何か。それは、闘争や競争優位の社会で劣位に立たされ脆弱にならざるを得ない者たちを包摂し、政府による介入を通じて、彼／彼女らの基本的なニーズを満たそうとする社会道徳、すなわちその社会の構成員が等しく、人間らしく生きることができる社会を目指す産業主義＝「新しい人道主義」である。なぜこの「新しい人道主義」は、軍国主義と代替される必要があるのか。第一の理由は、進化論的なものである。軍事型の社会に適応的な社会道徳は、産業化と都市化が進み、多様な人々で構成される状況に適応できていない。第二の理由は、新たな状況へと自分たちを適応させることは、それ自体が「人間の建設的労働」であるとアダムズは考えるからである。ジェイムズの「道徳的等価物」への応答を想起させつつ、アダムズはこう述べる。

私たちが真に直面している課題は、第一に、戦争によって遺された古い美徳が、社会にとっての障害となった後も保持されないようにすること、そして征服の結果として受け継がれた人間性への軽蔑によって、社会の進歩が阻害されないようにすることである。第二に、戦争そのものと同じくらい活力があり広く行き渡った、自発的で友愛的

> な行動こそが、戦争の美徳に代わるものを見つける唯一の方法である、という前提に基づいて行動しなければならないということだ。（Ibid., 104-5）

したがって、洞察力や忍耐力、不屈の精神を要するこの仕事（＝新たな社会状況へと適応すること）を、「難しくなく、男らしくもなく、鍛錬を要しないと呼ぶのは、明らかに不合理」（Ibid., 108）なのである。

アダムズにとって平和問題の焦点は、国内統治にも国際関係にも通底する軍事型の社会道徳を、いかにして違う形に変えるか、そして脆弱な者や社会的に劣位に置かれた者たちが被る不正義を解消した包摂的な民主主義を、いかに実現していくかにあった。ジェイムズをはじめとする当時の反軍国主義が好戦的性向を人間の変えがたい本質としたのに対し、その人間観に立脚せず、他者と社会を育むために人間が有するニーズへの応答可能性を指摘し、それこそが平和の礎を築く鍵になると論じたところに、アダムズという世紀転換期フェミニストの平和論の思想的独自性があった。

そして、このようなアダムズの初期平和論のロジックは、第一次大戦の経験によって修正を余儀なくされていく（Pratt 2004）。第一次大戦を挟んだフェミニストたちの平和論の変化をさらに詳細にたどることは、その歴史的な意義と限界を明らかにすることにつながるだろう。またそれは、「フェミニズムの政治思想」の系譜を検討していくための、重要なテストケースになるはずである。

（1）プラグマティズムとフェミニズムの哲学的関係性をめぐる近年の研究潮流の嚆矢となったのがSeigfried（1996）である。また、シカゴ学派との関係については、Deegan（1990）が著名である。

（2）近年の最もまとまった成果は、この分野を牽引してきた多くの研究者によって執筆された *The Oxford Handbook of Jane Addams*（2023）である。他にも、Seigfried（2002; 2010; 2013）、Hamington（2009）、Fischer et al.（eds.）（2010）、Hamington（ed.）（2010）、Eddy（2015）、Shields（2017）、Fischer（2019）など、数多くの研究がある。伝記的研究としては、Brown（2007）、Knight（2008, 2010）がある。また邦語文献としては、木原（1998）、杉山（2019）がある。なお管見の限り、アダムズの

思想に関する時期的区分の定説はないが、①ハル・ハウス活動期と②平和運動期に大別できる。本稿が扱うのは、②の初期である。

（3）序章を除く『新しい理想』の目次は以下の通りである。第二章「都市行政における軍国主義の生き残り」、第三章「都市行政における移民活用の失敗」、第四章「軍国主義と産業立法」、第五章「労働運動における集団道徳」、第六章「産業能率のための児童保護」、第七章「都市行政における女性の活用」、第八章「戦争の美徳の消滅」。

（4）Fischer（2003; 2004; 2006; 2010; 2019; 2023）がある。

（5）『新しい理想』について論じた先行研究には、他にHerman（1969）やSchott（1993）、Sklar（2003）、Pratt（2004）、Knight（2010 chap.4）がある。またアダムズの平和論について述べた邦語文献として、高村（1999）、相方（2023）がある。

（6）ここでの「フェミニズムの政治思想」は、フェミニズム的ケア倫理の立場から人間や社会、政治に対する従来の見方やあり方を批判的に捉え、変革の構想を示す諸議論を指す。Tronto（2013）や岡野（2024）を参照。

（7）この時期の平和運動が仲裁を重視するようになったのは、一八九九年の万国平和会議（ハーグ平和会議）で常設仲裁裁判所が設置されたことや、英米間の対立が仲裁条約によって解決されていたことが大きいとされる（Patterson 1976, chap.1）。

（8）近年の研究成果としては、Schuller（2018）やPearce（2020）がある。

（9）スペンサーが活躍した一九世紀後半の文脈に沿うと、ここでいう個人主義は、個人の自由を拡大するために国家の役割を制限する政治思想を意味する。この個人主義に対立するのが、集団主義である。藤田（2021）を参照。

（10）Sklar（2003, 82-3）やFischer（2010, 168）の指摘に基づく。

（11）軍事的／産業的という対比は、オーギュスト・コントに遡ることができるが、『新しい理想』への理論的影響という点では、スペンサーの方が強いと考えられる（Fischer 2023も参照）。他方でアダムズには、イギリスのコント派知識人から受けた影響があることも指摘されている（Fischer 2019; 2023）。

（12）具体的には、次のように説明されている。「戦闘的な社会の生活を維持するための協力は、強制的協力である。周囲の敵対的な社会に対処するために適応した社会構造は、中央集権的な調整システムの下にあり、すべての部分がそれに完全に従属している。」（Spencer 2013, §259）

（13）さらに以下の記述を参照。「否応なく強要された画一的な信条に代わり、自発的に受け入れられた多様な信条が登場する。そして、これらの信条を支持してますます増え続ける団体は、専制的に統治される代わりに、多かれ少なかれ代表制的な方法で自らを統治するようになる。」（Ibid., §260）

(14) マイケル・タイラーは、スペンサーにおいても、軍事型／産業型は同時代的な社会分析を意識したものだったと述べている（Taylor 2007, 102-48）。またマーク・フランシスは、こうしたスペンサーの社会進化論の性質を「進歩的でもなければ退行的でもない」時間中立的なものだったとしている。フランシスによれば、この時間中立性は『社会学原理』で初めて表明されており、社会変化を上昇運動と見なしていたそれ以前の議論とは区別される（Francis 2014, 306）。

(15) ただしジェイムズのフィリピン領有に対する批判的見解は、個人的な手紙に記されたのみで、一九〇〇年前後に公式の見解として表明されることはほとんどなかった。リチャード・ウェルチは、この点について、当時のアメリカでは哲学が非現実的な学問だとされ、哲学者の見解を政策形成のアドバイスとして受け入れる素地がなかったからだと述べている（Welch 2016, chap.8）。

(16) ルイーズ・ナイトは、ここでのジェイムズのアイデアがラルフ・ワルド・エマーソンの「戦争」という論考から借用したものである点を示唆している（Knight 2010, 170）。

(17) 引用部分は岩波文庫版（桝田啓三郎訳）の日本語訳を一部参照した。なお同版で"the moral equivalent of war"は、直前の「熱の仕事当量」に合わせて「戦争の道徳的当量」（岩波文庫版、一六七頁）と訳されているが、文意を明確にするため、ここでは「戦争の道徳的等価物」と訳している。

(18) 「例えば、現代の「精神」の相当大きな部分を占める物質的な贅沢と富の崇拝は、ある程度、柔弱さと男らしさの欠如（unmanliness）を生み出していないだろうか」（James 1982a, 365）と述べるように、ジェイムズにとって「戦争の道徳的等価物」は、あくまでも男らしさ（manliness）に関わるものである。

(19) 万国平和大会は、一八八九年から一九三九年にかけて毎年開催された平和大会で、ハーグの万国平和会議とは別のものである。この会議にはアダムズも出席し、二人は同日に演説を行っている。会議についてはMarchand（2015, chap.2）も参照。

(20) 『新しい理想』第一章でアダムズは、ジェイムズの名前を挙げながら、『宗教的経験の諸相』における「戦争の道徳的等価物」の一節を引用している（Addams 2004, 16）。

(21) 『新しい理想』よりも後に公表された「戦争の道徳的等価物」（1910）では、若年男性を徴集し、兵役ではなく様々な公共事業に従事させることで、より健全な男らしさと共同体精神を持たせる構想が示されている（James 1982b, 171-2）。

(22) ナイトはこの点について、『新しい理想』はジェイムズとエマーソンが言いたかったことの「壮大な練り上げ」だったとしている（Knight 2010, 170）。『新しい理想』を読んだジェイムズが好意的な評価をしていることを踏まえても、アダムズとジェイムズの間に基本的な方向性の相違はなかったと思われる。アダムズの独自性は、その方向性に沿うようにスペンサーの議論を転用したところにある。リンダ・ショットは、アダムズとジェイムズの議論を比較した上で、両者の違いが男女間の性質や役割の相違を強調するジェンダー視点によって形成されたものだと指摘している（Schott 1993）。この時期の平和論をめぐるアダムズとジェイムズの関係については、Fischer（2010）やKnight（2018）も参照。

（23）『新しい理想』における平和論は、第一次大戦期に隆盛するフェミニストらの平和運動と結びつき、アダムズが議長を務めた一九一五年の国際女性会議（Women at the Hague）でのハーグ決議採択に結実することになる。女性の平等な政治参加、子どもの平和教育推進、合意による非軍事化と平和構築などを提起したハーグ決議はアダムズの議論と重なる部分も多く（Tickner and True, 2018）、その意味で『新しい理想』に始まる彼女の言説は、当時のフェミニストらの平和論を牽引していたと言える。

（24）アダムズの社会道徳論が、多様性を持った民主的共同性への志向である点は、『民主主義と社会道徳』で全面的に論じられている。ここには、アダムズが父親の影響で幼少期から親しんでいた、イタリア統一運動の指導者ジュゼッペ・マッツィーニの影響もある。

（25）フィッシャーによれば、この「生き残り」（survivals）は、同時代のイギリス人類学者エドワード・バーネット・タイラーに由来するものである（Fischer 2019, 104）。タイラーは、かつては適していたが、環境変化による社会進化を経ても残り続ける社会的実践を示すものとしてこの言葉を用い、「生き残り」の不適応がやがて社会的不均衡をもたらすとした。二―2でも述べたように、同様の指摘はスペンサーにも見られる。フランシスはこの点について、スペンサーの社会進化論は、後期ヴィクトリア朝の人類学者と同列に扱われるべきだと述べている（Francis 2014, 295）。

（26）行論からも推察されるように、アダムズの進化論理解は、環境変化に対する意識的な適応を想定する点で、ラマルク的なものに近い。一九世紀アメリカにおけるラマルク主義の受容については、Schuller（2018, chap.4）を参照。また進化論の発想にアダムズが親和的であることは、次の言明からも窺うことができる。「現代の人間であれば、「生まれながらの権利」の「虚しい尊厳」のうちにある、本質的に進歩しない人間性という一八世紀的概念」の粗雑さを簡単に見抜くことができる。なぜなら、現代人はより情熱的な人間観、すなわち、ゆっくりと進化する人類という現代の進化論的な概念に慣れ親しんでいるからだ。この概念において、人間の権利は「譲渡不可」なものではなく、経験という悲劇的な過程を経て獲得されたものである。こうして苦難の末に獲得された権利は、大切に守らなければいつでも失われてしまうことを、現代の人間は認識している」（Ibid., 21-2）。

（27）アダムズがダーウィンやスペンサーの進化論に触れたのはロックフォード神学校時代に遡ることができるが、当時から社会ダーウィニズムには批判的であったとされる（Brown 2007, 85）。また『新しい理想』でも、「富裕な人物による疑わしいビジネスの手法を、その人物の成功を理由に黙認することに慣れている国民は、成功裏に遂行された事業に伴う道徳的問題を曖昧にすることに何の困難も感じないだろう」（Addams 2004, 109）とあるように、商業的成功を人種や社会の優劣に読み替える考え方に対して、アダムズは終始批判的である。

(28) アダムズはここで米西戦争を例に、次のように指摘している。「新聞や演劇ポスター、街頭での会話は、数週間にわたって戦争と流血で埋め尽くされていた。子どもたちは毎日、路上で戦争ごっこをしてスペイン人を殺していた。残酷さへの傾向を抑制する人道的本能、そしてどんなに絶望的な、または堕落した人間であっても生命は神聖であるという成長しつつある信念は消え去り、より原始的な本能が現れてくる。」（Addams 2004, 71-2）

(29) 日常的なニーズ充足（＝ケア）を基礎として国際的な平和構築の可能性を論じるアダムズの発想は、一九八〇年代以降に台頭する批判的安全保障研究と親和性が高いと言える（岡野 2019; 相方 2023）。またディーガンは、二〇〇〇年の国連安保理決議 1325 以降注目されるようになったWPS（Women, Peace, and Security）アジェンダが、アダムズの牽引したフェミニスト・プラグマティズムの平和論と多くの点で重なることを指摘している（Deegan, 2003）。

(30) 一般的なアメリカ・第一波フェミニズムの理解では、こうした公共的な家政概念はフェミニストらによる母性主義や「共和国の母」たる道徳性の称揚に連続するものとして捉えられる。アダムズもその文脈から完全に自由だったわけではない。しかしアダムズにおける家政概念やジェンダー的差異の指摘は、かなりの程度意識的かつ戦略的なものだったことが指摘されており（Fischer 2006; Haslanger 2016）、当時の女性中心主義的な言説との同一視には、一定の留保が必要である。

(31) 同時代の女性参政権運動は、アメリカ・第一波フェミニズムの評価を考える上で極めて両義的である。第一に、カイラ・シュラーが指摘するように、それはしばしば白人至上主義とレイシズムにつながっていた（Schuller 2021, chap.1, chap.2）。アダムズも、ハル・ハウスでの活動で深く関わった移民問題には深い理解があったものの、黒人差別の認識については限界があったとされる（Knight 2010, chap.4）。第二に、全米の女性参政権運動を牽引したキャリー・キャットマンのように、女性の戦争奉仕を政治参加の正当化に利用する論調は広く支持されていた（Marchand 2015, chap.6）。女性参政権論者とアダムズら平和活動家には運動上の協力関係もあったため慎重な検討を要するが、女性性の本質化を戦略的に回避しながら、ケアに基づく平和の実現に女性の民主的参加が必須であることを指摘した点には、アダムズの相対的な独自性があると言える。

(32) 政府による権力的介入を積極的に容認する点で、アダムズの認識はスペンサーのそれと異なるが（例えばSpencer 1884=2017）、それ以上に両者には民主主義をめぐる理解において大きな差異がある。アダムズの民主主義論では被治者の政治的参画が重視されるのに対し、『社会学原理』以降のスペンサーは、個人の政治参加が社会的利益に資するとする民主主義を進歩的なものとは位置づけていない（Francis 2014, chap.19を参照）。

（33）フィッシャーは、アダムズの帝国主義批判がジョン・ホブソンの『帝国主義論』（1902）を下敷きにしている点を指摘している（Fischer 2010, 172-3）。

［参考文献］

Addams, Jane, *Newer Ideals of Peace, in Jane Addams's Writings on Peace vol. 1*, (ed.) Marilyn Fischer, Thoemmes Press, 2004.

Agnew, Elizabeth N., "A Will to Peace: Jane Addams, World War I, and "Pacifism in Practice"", in *Peace & Change*, vol. 42, no. 1, 2017.

相方未来、「社会福祉とフェミニスト平和・安全保障の繋がり：ジェーン・アダムズの福祉実践と平和運動」、『同志社アメリカ研究』、第五九号、二〇二三年

Brown, Victoria Bissell, *The Education of Jane Addams*, University of Pennsylvania Press, 2007.

Deegan, Mary Jo, *Jane Addams and the men of the Chicago School: 1892-1918*, Transaction Books, 1990.

———, "Introduction: Women and World Peace", in *Women at The Hague: The International Peace Congress of 1915*, (eds.) Addams, Jane et al., (The Macmillan Company, 2002), Kindle, 2003.

Eddy, Beth, *Evolutionary Pragmatism and Ethics*, Lexington Books, 2015.

Fischer, Marilyn, "Introduction", in *Jane Addams's Writings on Peace vol. 1*, (ed.) Marilyn Fischer, Thoemmes Press, 2003.

———, *On Addams*, Thomson Wadsworth, 2004.

———, "Addams's Internationalist Pacifism and the Rhetoric of Maternalism", in *NWSA Journal*, vol. 18, no. 3, 2006.

———, "The Conceptual Scaffolding of Newer Ideals of Peace", in *Jane Addams and the Practice of Democracy*, (eds.) Fischer, Marilyn et al., (University of Illinois Press , 2008), Kindle, 2010.

———, ""The Moral Equivalent of War": William James's Minor Variation on Common Themes", in *William James Studies*, vol. 14, no. 1, 2018.

———, *Jane Addams's Evolutionary Theorizing: Constructing "Democracy and Social Ethics"*, (The University of Chicago Press,

2019), Kindle, 2019.
———, "Addams's Methodologies of Writing, Thinking, and Activism", in *The Oxford Handbook of Jane Addams*, (eds.)P. M. Shields et al., Oxford University Press, 2023.
Fischer, Marilyn et al. (eds.), *Jane Addams and the Practice of Democracy*, (University of Illinois Press, 2008), Kindle, 2010.
Francis, Mark, *Herbert Spencer and the Invention of Modern Life*, (Routledge, 2014), Kindle, 2014.
藤田祐、「二一世紀のハーバート・スペンサー：スペンサー思想史研究の主要論点」『現代思想』第四九号第一二巻、二〇二一年
Hale, Piers J., *Political Descent: Malthus, Mutualism, and The Politics of evolution in Victorian England*, (University of Chicago Press, 2014), Kindle, 2014.
Hamington, Maurice, *The Social Philosophy of Jane Addams*, University of Illinois Press, 2009.
Hamington, Maurice (ed.), *Feminist Interpretations of Jane Addams*, The Pennsylvania State University Press, 2010.
Haslanger, Sally, "Epistemic Housekeeping and the Philosophical Canon: A Reflection on Jane Addams' "Women and Public Housekeeping"", in *Ten Neglected Classics of Philosophy*, (ed.)Schliesser, Eric, Oxford University Press, 2016.
Herman, Sondra R., *Eleven Against War: Studies in American Internationalist Thought, 1898-1921*, Hoover Institution Press, 1969.
Hofstadter, Richard, *Social Darwinism in American thought, 1860-1915*, University of Pennsylvania Press, 1944（リチャード・ホフスタター『アメリカの社会進化思想』後藤昭次訳、研究社出版、一九七三年）.
James, William, *The Varieties of Religious Experience*, Penguin Books, 1982a（ウィリアム・ジェイムズ『宗教的経験の諸相』桝田啓三郎訳、岩波文庫、一九六九年）.
———, *Essays in religion and morality*, Harvard University Press, 1982b.
木原活信、『J. アダムズの社会福祉実践思想の研究：ソーシャルワークの源流』、川島書店、一九九八年
Knight, Louise W., *Citizen: Jane Addams and The Struggle for Democracy*, (The University of Chicago Press, 2006), Kindle, 2008.
———, *Jane Addams: Spirit in Action*, (W.W. Norton, 2010), Kindle, 2010.
Marchand, Roland C., *The American Peace Movement and Social Reform 1889-1918*, (Princeton University Press, 1973), Kindle, 2015.
岡野八代「批判的安全保障とケア：フェミニズム理論は「安全保障」を語れるのか？」『ジェンダー研究』第二二号、二〇一九年

――――，『ケアの倫理：フェミニズムの政治思想』、岩波書店、二〇二四年

Patterson, David S., *Toward a Warless World: The Travail of The American Peace Movement 1887-1914*, Indiana University Press, 1976.

Pearce, Trevor, *Pragmatism's Evolution: Organism and Environment in American Philosophy*, (The University of Chicago Press, 2020), Kindle, 2020.

Pratt, Scott L., "Jane Addams: Patriotism in Time of War", in *Midwest Studies in Philosophy*, vol. 28, no. 1, 2004.

Schott, Linda, "Jane Addams and William James on Alternatives to War", in *Journal of the History of Ideas*, vol. 54, no. 2, 1993.

Schuller, Kyla, *The Biopolitics of Feeling: Race, Sex, and Science in The Nineteenth Century*, (Duke University Press Books, 2017), Kindle, 2018.

――――, *The Trouble with White Women: A Counterhistory of Feminism*, Bold Type Books, 2021（カイラ・シュラー『ホワイト・フェミニズムを解体する：インターセクショナル・フェミニズムによる対抗史』飯野由里子・川副智子訳、明石書店、二〇二三年）.

Seigfried, Charlene Haddock, *Pragmatism and Feminism: Reweaving the Social Fabric*, University of Chicago Press, 1996.

――――, "Introduction", in *Democracy and Social Ethics*, Jane Addams, University of Illinois Press, 2002.

――――, "The Courage of One's Convictions or the Conviction of One's Courage?: Jane Addams's Principled Compromises", in *Jane Addams and the Practice of Democracy*, (eds.) Marilyn Fischer et al., (University of Illinois Press , 2008), Kindle, 2010.

――――, "The Role of Place in Jane Addams and Margaret Preston", in *The Pluralist*, vol. 8, no. 3, 2013.

Shields, Patricia, *Jane Addams: Progressive Pioneer of Peace, Philosophy, Sociology, Social Work and Public Administration*, Springer, 2017.

Shields, Patricia M. et al. (eds.), *The Oxford Handbook of Jane Addams*, (Oxford University Press, 2023), Kindle, 2023.

Sklar, Kathryn Kish, ""Some of Us Who Deal with the Social Fabric": Jane Addams Blends Peace and Social Justice, 1907-1919", in *The Journal of the Gilded Age and Progressive Era*, vol. 2, no. 1, 2003.

Spencer, Herbert, *The Man Versus The State*, 1884（『ハーバート・スペンサーコレクション』森村進訳、筑摩書房、二〇一七年）.

――――, *Principles of Sociology, vol. 1*, (Greenwood, 1975), Kindle, 2013.

杉山恵子『アメリカ、19世紀末のくびき』、出窓社、二〇一九年
高村宏子「第一次世界大戦とジェンダーに関する一考察：ジェーン・アダムズを中心として」『東洋女子短期大学紀要』第三一号、一九九九年
Taylor, Michael, *The Philosophy of Herbert Spencer*, Continuum, 2007.
Tickner, J. Ann, True, Jacqui, "A Century of International Relations Feminism: From World War I Women's Peace Pragmatism to the Women, Peace and Security Agenda", in *International Studies Quarterly*, no. 62, 2018.
Tronto, Joan C., *Caring Democracy: Markets, Equality, and Justice*, NYU Press, 2013.
Welch, Richard E., *Response to Imperialism: The United States and the Philippine-American War, 1899-1902*, (The University of North Carolina Press, 1987), Kindle, 2016.

［謝辞］本稿のベースとなった第三一回政治思想学会研究大会「自由論題報告」に参加された皆様と、二名の匿名査読者の方に、心より感謝申し上げます。

ハインリッヒ・リッカートと国民社会主義

——「ハイデルベルクの伝統」の終焉

田渕舜也

一　はじめに——天野貞祐の当惑

二・二六事件の首謀者・北一輝の実弟で、後に衆議院議員にもなる北昤吉（1885-1961）は、一九二一年、当時日本で流行していた新カント学派（西南学派）の領袖ハインリッヒ・リッカート（1863-1936）の下を訪問した。その時のリッカートの様子を北昤吉は次のように描いている。「リツケルトは典型的學者として、フィッシャーよりは勿論、ヰィンデルバンドよりも遙かに世間人たる要素がなく超然として「先驗的理想主義」の開展にのみ唯一の興味を注いでゐる。レントゲン光線の研究者としてのノーベル賞金を得てゐるレーナルド教授が極端右黨的政見の爲めに、暗殺されたラウテノーの死を弔ふ勞働者の示威運動に挑戰的態度を取つて、一夜勞働者集會處（……）に捕虜となつたことがある程の政治的不寛容の雰圍氣の中に、獨りリツケルト教授のみは、政治に超越して、其の價値哲學の體系化にのみ專念してゐる」[1]。しかし、時代が下るとリッカートの非政治性が急転したことが、日本の哲学者たちの間でまことしやかに語られることになる。京都帝国大学教授で戦後には文部大臣にもなる天野貞祐（1884-1980）は、一九三八年において当惑しつつ次のように述べている。「リッケルトはドイツ理想主義の精神を體得した高邁な人物だつたと思ふ。（……）ファウスト氏はリッケルトがナチス的な考へ方をしてゐたやうに言ふさうであるが、確かに彼は強い國民的感情の所有者であつた、また社會的感情を有つてゐたことにも疑を容れる餘地はない。然し或人がリッケルトはnational（國民的）でありsozial（社會的）であつても、nationalsozial（國民社會的）ではないと云つたのに私は同感する。ユデア人やユデア人の作品を排斥することにリッケルトが同感しようとは私には考えられない」[2]。

本論考の目的は、一九二〇年代には非政治的であったリッカートが三〇年代に入って急速に政治化しナチス擁護に向かった原因を明らかにすることにある。日本国内においては、リッカートの学問論について大正期以来数多くの先行研究が存在する。しかしリッカート自身を政治社会的な側面から分析したものとしては僅かに向井守および岸川富士夫の研究が挙げられるに過ぎない。しかも向井はリッカートが国民社会主義に哲学的基礎づけを与えたという単なる事実を指摘しているに過ぎず[3]、また岸川はリッカートのナチス擁護に関してまったく触れないままリッカートの社会哲学を構成している[4]。リッカートの政治化という先に引用した天野の証言は、国内では一度も本格的な検討対象とはならなかったのである。

一方、国外では数が多いとは言えないものの、それなりの研究の蓄積がなされてきた。これまでの先行研究は、リッカートと政治との関係性について、次の三つの視点から分析してきたと整理することができる。一つ目の視点は、大学人と政治（とりわけナチス）との関係性というマクロな観点から、大学人リッカートの政治性を分析するものである。二つ目の視点は、一つ目の視点とは反対に、ミクロな観点からリッカート哲学の理路そのものに着目して、リッカートの政治性を分析したものである。三つ目の視点は、一つ目と二つ目の視点の間に位置するメゾレベルのもので、大学人（哲学界）の動向とリッカートの理路そのものとの両者を視野に入れながら、リッカートのナチス擁護の原因を探るものである。以下、典型的な研究を挙げつつ、その限界を指摘する。

一つ目のマクロレベルの視点からなされた研究としては、フリッツ・K・リンガーの『読書人の没落』が挙げられる。リンガーの研究は「世襲の権利や富ではなく、主として教育上の資格証明によって身分を得た社会的、文化的エリート」と定義された「読書人階層」[5]と政治との、一八九〇年から一九三三年までの関係を分析したものである。当該研究において、リッカートの政治論は読書人的な政治理論の典型例として挙げられている[6]。しかし、リンガーの研究の焦点は「読書人階層」にあるため、リッカートのナチス擁護については一切触れることがない点に、本研究の観点からは限界がある。

二つ目のミクロレベルの視点を採ったものとしては、ハンス・フルダ及びアイケ・ボールケンの研究が挙げられる。フルダはこれまで知られていなかったリッカートのナチス擁護という衝撃の事実を、当時入手が難しかったリッカートの講義録の分析から明らかにした点で評価できるものの、用いている資料が限られているため、リッカート哲学の理路そのものの分析は不十分に留まっている。そのため、なぜリッカートが政治化したのかという原因を明らかにできているとは言い難い[7]。また、ボールケンは共同体の役割を強調するリッカートの社会倫理学の理路を丹念に追った上で、それをコミュニタリアニズムと位置づけ、しかもナチス擁護の原因をこのコミュニタリアニズムに帰している[8]。興味深い解釈ではあるものの、現代におけるリッカート哲学の意義というボールケン自身の問題関心が先立ち、本来ならば重点的に検討すべきリッカートのフィヒテ解釈に触れるところが少ないという点で、ナチス擁護の原因分析としては不十分である。

三つ目のメゾレベルから分析したものとしてドミニク・カエギによる注目すべき研究がある。カエギはリッカート哲学の理路を追いながらも、リッカートのナチス擁護という結果は、リッカート哲学の理路そのものの帰結ではなく、むしろ当時の哲学界における主導権争いの帰結に過ぎないという注目すべき解釈を提出している[9]。しかし、リッカートがそうした主導権闘争からナチス擁護に向かったという指摘そのものについては首肯しうる余地があるものの、リッカート哲学とナチス擁護との関係を哲学界という状況にあまりにも一面的に還元している点でカエギの研究は修正が必要である[10]。

本論考では、「読書人階層」（哲学界）とリッカート哲学の理路そのものとを視野に入れる第三のメゾレベルの分析視角を採用し、以下のことを明らかにする。①時系列順にリッカートの社会倫理学の発展過程を追い、②社会倫理学がフィヒテ解釈と関連性を有していることを指摘する。そして、③当時ドイツが置かれていた厳しい国際環境とマルティン・ハイデッガーとの対抗関係という遠因が、①と②で検討したフィヒテ解釈によって概念化された「社会国家」と

「国民社会主義ドイツ労働者党」との相似性という近因と組み合わさった結果、ナチス擁護が帰結したことを明らかにする。最後に、④本研究の含意《インプリケーション》として、哲学界がなぜナチスを積極的ないし消極的に支持したのかというマクロレベルの問題について、メゾレベルの本研究から見えてくる仮説を提示する

本論考は次のように構成される。第二章では、リッカートの社会倫理学の萌芽が見られる「哲学の概念について」を取り上げ、そこで提起される説明・理解・解明の三分肢構造が実践的行動の指針を与えるための構造として考案されていることを明らかにする。第三章では、以上の三分肢構造を前提としてリッカートが具体的にどのような社会倫理学を提示しようとしたのかを『哲学体系』から確認する。第四章では、リッカートのフィヒテ解釈が社会倫理学と関連をもつことを指摘しつつ、一九三三／三四年に行われた未刊行の「フィヒテ講義」から、ナチス擁護と社会倫理学＝フィヒテ解釈とがどのように関係するのかを明らかにする。第五章では、リッカートがかつて言祝いだ「ハイデルベルクの伝統」が[11]、リッカートの弟子アウグスト・ファウストを通じてナチスの教育改革へと接続していったことを指摘する。そして最後に第六章では、大学（哲学）とナチスというマクロレベルの問題に対して、本研究の成果から引き出しうる仮説を提示する。

二　「哲学の概念について」——説明・理解・解明

本章では「哲学の概念について」（一九一〇年）を取り扱うが、当該論文はリッカートの思想発展を三つの時期に、つまり心理主義を部分的に残した「前期」、体系構築の準備段階に当たる「中期」、体系が完成する「後期」に分けた場合[12]、体系の萌芽が見えはじめる「中期」に属する代表的なものである。その後のリッカート哲学は当該論文で提示される説明・理解・解明の三分肢構造を前提にして展開される。

本論考の関心から見て当該論文の最も重要な概念を説明すれば、説明（Erklären）は現実性（Wirklichkeit）に、理解（Verstehen）は価値（Wert）に、解明（Deuten）は意味（Sinn）に対応する（VP-27（一三〇―一三一頁））。それぞれの概念

をリッカートの議論に沿いつつ説明しよう。リッカートにおいて、現実性とは主観と客観とを包括する領域を意味している。リッカートが言うには、客観から世界を説明する「客観主義」と主観から世界を説明する「主観主義」の二つがあるが、これらは共に不可能である。一方の客観主義は全ての事象を因果連鎖に組み込むが、これは不可能である。というのも因果連鎖はそれを認識し判定する主観なくしては成立しないからである（VP-4（一七頁））。では他方の主観主義が正しいのかと言えばそれもまた否である。主観が真に実在し、客観は現象に過ぎないというのは間違いで、主観も客観もともに現実性を有するというべきである（VP-8（三八頁））。ここで言われていることは、九鬼の説明を借りれば「表象的内在主義」と表現できる事態である。[13] つまり、主観も客観も現象として内在している。しかし、先に指摘したように主観は因果連鎖を「判断」するという特殊な機能を有し、この主観による判断を通じて超越的な価値が内在に侵入してくることになる。「もし我々が生の意味の解明を得ようとするなら、主観は積極的に固定されていなければならない。その際我々が必要とする基礎は、価値妥当（Wert-geltungen）の領域にのみ可能なのであって、けっして主観主義の現実性ではあり得ない」（VP-10（四七頁））。つまり、判断する主観が価値妥当という領域にその判断を逐一照らし合わせることで、諸現象に意味づけがされることになる。そして、リッカートはこの判断を単なる因果連鎖といった理論的な生の一面だけに限るのではなく、むしろ人間の生の全面に展開する。善や美といった具体的な価値ではなく単に真理という価値によって内在している現実を捕捉する様式は単なる説明（Erkärung）である一方で（VP-28（一三五頁））、善や美といった具体的な価値は理解（Verstehen）によって捕捉され、その捕捉された価値に従って、我々の生の意味（Sinn）が解明（Deutung）されることになる。

　しかし、そもそも出発点として哲学はどうすれば価値を理解できるのであろうか。リッカートによれば、それは既に存在する文化対象（Wertobjekt）から価値を引き剥がし、どのような価値がその文化対象を文化財（Kulturgut）にするかを確定することによって可能になる（VP-17（八二頁））。つまり、現に目の前に意味をもって存在する文化財が、一体いかなる価値に統御されているのかを分析することによって価値を理解することが出来る。一方、こうして理解されて確定された価値は逆に我々の生の意味を指し示すことになる。「文化の歴史的な多様性において文化の価値を理解

（verstehen）しなければならない。そうしてはじめて我々の生の意味もまた、諸価値からの解明（Deutung）を通じて我々に明らかになるのである」（VP-28（一三五頁））。つまり、「理解」とは現にある意味の世界から価値の純粋世界への上昇面を指し、「解明」とはその上昇によって至りついた価値の高峰から逆に生の意味を指示する下降面を指すわけである。

さらに、ここで重要なのは我々の生の意味を解明する価値は一定の基準に沿って選別されるべきだとリッカートが暗に想定していることである。「あらゆる文化を拒絶することすらそれが正当化されるためには、文化価値の理解や批判を経なければならない。そうしてはじめて以下の問いに答えることができる。我々はそもそもどこへ向かって努力しているのか。この生存の目的はなにか。我々は何をなすべきか」（VP-28（一三五頁））。価値は当為であるがゆえに将来の展望を与える。つまり「来たるに違いないものではなく、来たるべきもの」（VP-29（一四〇頁））を示すのである。

当該論文において、リッカートは真・善・美といった諸価値の形式的区分を示さないだけでなく、それぞれの価値の具体的な内容も示していない。本論考の関心ではもちろんながら善という価値が重要となるが、善価値の形式面については第三章で検討することになる『哲学体系』において社会倫理学として定式化され、内容面については第四章で検討するフィヒテ解釈によって明らかになる。

三 『哲学体系』――自由と社会倫理学

『哲学体系』（一九二一年）はリッカート価値哲学の一つの到達点ともいうべき著書で、以降のリッカートの思索は根本的には変化しない。論点は多岐にわたるが、本論考の関心から見れば当該書で展開される自由と社会倫理学の議論が重要である。

リッカートにとっては、「自由も全ての哲学的問いと同じように価値問題（Wertproblem）である」（SP-299）が、多くの哲学者と同じように自由の二重性（Doppelseitigkeit）を指摘することからリッカートは議論を始める。「自身を妨害してくる強制から自由である者、そして、この自由を評価した目的への手段と見なす者だけが自由と呼びうる」（*ibid.*）。

自由の二重性そのものは決して新奇なものではないが、リッカート自由論の独自性は妥当する価値とそれを評価する主体が議論の中核に位置しているところにある。

際立った意味における自由は価値の妥当性を自由に承認する主体が、同時にその価値の妥当性を要求する場合にのみ存在する。つまり、自由は我々が意欲に対する当為の関係性について述べたときに説明した、服従すると同時に命令する意志を人格において結合（Personal-Union）しているところに存在するのである。言い換えれば、そもそも自律的行為（autonome Akt）がいかなる点においても自由なのである（SP-310）。

こうして、リッカートは自由を三つの概念、つまり、「無原因性」、「価値評価行為（Akt der Wertung）」、「自律」に定式化するが（*ibid.*）、以上の引用からも窺えるように「自律」を中心として他の概念が導出されていると考えられるだろう。社会倫理学はこの自由概念を前提にして展開される。ただし、この自由概念がそのまま社会倫理学に転用されるわけではない。「概念の助けによって特定の文化価値の領域を他の領域から区別させるような倫理的なるものの概念を規定することが、ここではむしろ重要なのである。そのためには、自律という概念そのものは適していない」（SP-325）。そして、リッカートは「自律」としての自由という「形式」を前提にしながら、「形式」としての「自律」に「内容」を盛り込むことで社会倫理学を構築しようとする。では、「自律」という「形式」に盛り込まれる「内容」とは何か。それは「社会」という先に指摘した自由の三概念に次ぐ四つ目の概念である（SP-328）。ただし、「社会」という「内容」は常に「自律」という「形式」を有し続けなければならない。「倫理的に価値があるものとして妥当するために、内容は形式を持たなければならないが、この「形式」として自律は描かれる」（SP-327）。したがって、リッカートの社会倫理学は次のようなものとなる。

倫理学とはしたがって、事実的に存在するもの、そして事実として構成されているような習俗（Sitte）についてではなく、倫理性（Sittlichkeit）という文化価値についての学問なのである。それは、社会の習俗を考慮しつつも、社会的でありながら自分自身で決定する自律的な個人に対して、その実現が義務と見なされる価値についての学問なのだ（SP-329）。

第三章での検討を前提にしてこの部分を解釈すれば、習俗から倫理的価値へという上昇面＝「理解」と、その倫理的価値が逆に習俗の改廃を指示するという下降面＝「解明」とがここに表現されている。そして、リッカートの社会倫理学はこうした下降面において、次の発言からも窺えるように、重要な実践的意義を有している。

我々が社会的な関係を考慮に入れて何を行うのかについても、我々はただ個人の良心とのみ照らし合わせる。したがって、我々はある状況下でも社会の習俗に対して個人主義的に我々自身を守るであろうし、実際に、その習俗で個人の自律を侵害する共同体を倫理的な共同体とは呼ばないであろう。人格の自律としての自由は何事においても倫理的基準であり続ける（SP-329-330）。

ただし、ここで言われる人格の「自律」は「個人主義」的な恣意や放埒を意味しておらず、さらには社会と隔絶した個人人格を意味しているわけでもないことには注意しなければならない。「個人というのは常に社会的関係によって、倫理的に規定されている」（SP-330）。確かに分析の焦点を個人に置く個人倫理学（Individualethik）も存在するが、それは本質的には社会倫理学の一分野に過ぎない。つまり、リッカートは広義の社会倫理学の中に、一方に個人を分析の中心とする個人倫理学と、他方に二人以上の個人から成る共同体を対象とする狭義の社会倫理学があると考えているのである。加えて、狭義の社会倫理学は更に細分化が可能で、性愛倫理学（Sexualethik）、法哲学（Rechtsphilosophie）、哲学的政治学（philosophieschen Politik）をリッカートは挙げているが、『哲学体系』ではそれら細分化された学問分野についてそれ以上の詳しい説明はなされていない（*ibid.*）。社会倫理学は現に存在するものについての心理学的、社会学的、人間学的理論と密接な関係をもたなければないが、それら諸学を統括する役割を他の経験科学に譲ることは出来ない。「社会的自由という倫理的価値についてはっきりとしていなければ、倫理学は無茶苦茶な多様性の前に立たされることになる。そのとき、倫理学の素材を学問的に統括することを可能にさせる原理を倫理学は有していないだろう」(SP-332)。『哲学体系』は細分化した学問分野を統括する原論として構想されているに過ぎないわけである。

本章での検討によって、リッカートの社会倫理学は価値発見という上昇面だけでなく、その価値が現実の規範を指示する下降面についても扱っていたことが明らかとなった。しかし、『哲学体系』はその名の通り体系を示しているに過ぎず、本論考の関係では最も重要と目される哲学的政治学もその名が登場するだけで、それが一体どのような学問なのかについては触れられないまま終わっている。社会倫理学が示す「自律」という価値は度を超えた不法な習俗や社会体制を拒絶するには有用でも、より妥当な習俗や社会体制を作り上げる指針としては価値の内容があまりにも貧弱である。当該書が示す規範はどちらかと言えば消極的であって積極的なものではないが、積極的な規範を指示する役割は次章で検討するフィヒテ解釈を通じて構築される哲学的政治学が果たすことになる。

四 「哲学的政治学」から国民社会主義へ

本章ではリッカートのフィヒテ解釈の検討を通じてリッカートの哲学的政治学を明らかにし、リッカートの社会倫理学が有する積極的な実践性とナチス擁護との間の脈絡を明らかにする（第一節）。またそれに加えて、彼が厳しい国際環境の中にいるドイツと哲学界の状況に対してどのように対応し、そしてその果てになぜナチス擁護に走っていったのかを指摘する（第二節）。

1 「哲学的政治学」の完成と変容

リッカートのフィヒテ解釈については、公刊された論文としては「フィヒテの社会主義についての哲学的基礎」（一九二三年、「哲学的基礎論文」と呼称する）、「学問としての理想的政治学について」（一九二五年）、「フィヒテ政治学の一般的基礎」（一九三八年）があり、その他には未刊行の講義録「フィヒテの生涯と学説」（一九三三／三四年、以下「フィヒテ講義」）がある。「フィヒテ政治学の一般的基礎」は「フィヒテ講義」とほぼ似た内容なので本章では触れず、『哲学体系』（一九二一年）出版から程なくして展開された哲学的政治学を前二つの論文（「哲学的基礎論文」と「学問としての理想的政治学」）から明らかにし、その後「フィヒテ講義」に言及することにする。

リッカートによれば、フィヒテは『閉鎖商業国家』に見られるように社会主義を唱えたが、それは「学的原理から導かれたもの」（PG-151（四四頁））である。リッカートはフィヒテにおけるこの学的原理と社会主義との関連を明らかにするため、『フランス革命についての大衆の判断を正すための寄与』（以下、『フランス革命論』）、『自然法論』、『閉鎖商業国家』を辿っていく。リッカートの解するところ、フィヒテ哲学の根本は「行の哲学（Philosophie der Tat）」であるが、これはカントの超越論的観念論および倫理的自律と結びつきながら発展してきたものである（PG-156（五三頁））。そして、まさしくこの「行の哲学」から文化理想が導出される。倫理的理性は我々の感性を支配しようと闘いを挑むが、そこに感性文化（Kultur der Sinnlichkeit）の思想が成立する。倫理的理性が指し示し、感性界の一部分として達成可能な最終目的に向けて、何人も受動的に教育されるのではなく、自分自身を自分自身で能動的に教育しなければならない。そして、この感性文化という考えに従って憲法変更の権利が判断される。「自由な自己規定という目的が達成されない国家は、理性の目的に適うように変革（umstalten）されるのである」（ibid.（同上））。

また、この理性は所有権の起源ともされる。人格としての我々各人は未だ誰の所有権にも属していない物件を理性的な目的の為の手段として用いることが出来る。「自由な存在の自由な働きを邪魔することは許されない。このことから以下のことが帰結する。我々は我々自身の力によって形成された物件、あるいは我々が形式を与えた物件の使用からあらゆる他者を排除する権利があるのである」（PG-157（五六頁））。そして、所有権の起源は国家ではなく人間の理性あるいは自由にあるのだから、すべては国家ではなく各人に属するということになる。

ただし、この所有権はまさしくこの同じ所有権から一定の制限が課せられる場合がある。「フィヒテが言うには、遺産受取人（Begünstigte）のために必要不可欠のものを手に入れることが出来ない人がいる限り、一切の慈悲なく奢侈は制限されなければならない。自身の労働によって健全な方法で生存できない人間がいる場合は、したがって、経済的生活に対する国家の介入が要求されるのである」（PG-160（六一頁））。あるいは、リッカートは次のように説明している。「働かざる者食うべからずということを我々は知っている。しかし、フィヒテによれば、働いている者が食えない、あるいは食うに耐えられないものを食べるべきだというのは考えられないことなのである」（PG-160（六二頁））。

もっとも、リッカートの評価では、『フランス革命論』でのこうした議論は経済個人主義的あるいは自由主義的なフランス重農主義者と一致する論述が含まれており、未だ社会主義への途上にあるものとされる（PG-161（六三頁））。より本格的な社会主義の展開は『閉鎖商業国家』まで待たなければならないとされるが、ここからリッカートの想定する社会主義が要求する国家の介入度合いあるいは労働の組織化の「強さ」が窺えよう。熊谷英人が指摘するように、『フランス革命論』で描かれる国家は各人の限定された私的権利を管理するための名目的存在と化しているが、[14]リッカートがこれに満足せずに、後に言及する「社会国家」（Sozialstaat）を要求したことはナチス擁護の伏流となる（「社会国家」という概念の持つ歴史的負荷およびこの概念と国民社会主義との関係性については次節で指摘する[15]）。

また、リッカートは『哲学体系』で提示した社会倫理学の四概念――無原因性、価値評価行為（Akt der Wertung）、自律、社会――を彷彿とさせる存在論的個人主義（der ontologische Individualismus）、自律的個人主義（der autonome Individualismus）、歴史的個人主義（der geschichtliche Individualismus）という三概念を導入してフィヒテ哲学と社会主義との関連を説明しようとする。存在論的個人主義は「無原因性」に、自律的個人主義は「価値評価行為」と「自律」に、歴史的個人主義は「社会」に相当する（PG-165、166、169（一〇七、一〇八、一一五頁））。そして、リッカートが解釈するには、この三つの概念のなかでもっとも重要なのは『哲学体系』と同じく自律的個人主義である。

自己決定が可能なために、人間は自身の現実的存在においてもまた自由でなければならないので、自律的個人主義にとって存在論的個人主義は、conditio sine qua non（欠くべからざる条件）として先行する。歴史的個人主義は感性的個人的に形作られた文化生活——我々はその内部で自由に活動しなければならない——に、自律という理想を適用する際に、結果として出てくるものである。したがって、実際のところ、社会政治的要求に対して根本的なのは自律的個人の自由なのである（PG-171（一一七頁））。

自律的個人を貫徹するためには存在論的個人主義が欠くべからざる条件として必要となる。ここにおいてリッカートは、フィヒテが法律国家に留まることができずに、「社会国家」に進まざるを得なかったと解釈する（PG-175（一二五頁））。自由放任型の経済システムでは、現実の人間は日々の困窮によって因果連鎖の奴隷となる。「むしろ国家の強制力を排斥する経済的個人主義の消極的自由は、経済生活の自然因果過程に個人を委ねることで、個人を別の点で不自由にさせることに繋がるに違いない」（PG-176（一二八頁））。そこで、人間が新たな原因を始めることができるようになるためには労働を組織化し、各人の生存を保障する経済的社会主義が必要になる。こうして、リッカートは次のように結論する。

文化的制作（Kulturarbeit）という関係の中で、個々の構成要素として倫理的個人を自由に保持したい者は、人間共同体の形式たる国家に次の課題を与えなければならない。つまり、すべての個人が各人の良心に従い、人類文化への共同作用に向かって自律的に自分自身を規定しようとするとき、かれらすべての個人が感性的個人として各人の個性を自由に教育することができるように、そしてその際にはかれらの個人的な使命が満たされるように生きることができるような経済を組織するという課題を、国家に与えなければならないのである（PG-176-177（一二八頁））。

次に「学問としての理想的政治学について」（一九二五年）を検討しよう。当該論文では、これまでの検討のように政治理想の内容を確定するためにはフィヒテが用いられず、むしろ第一章や第二章で検討した「哲学の概念について」と『哲学体系』で示された形式面での議論を補充するためにフィヒテの『閉鎖商業国家』が用いられる。リッカートが想定する哲学的政治学は以上で検討した「哲学的基礎論文」において内容面で完成し、これから検討する「学問としての理想的政治学について」において形式面で完成する。つまり、当該論文でもって内容面でも形式面でも哲学的政治学は完成することになるのである。

「学問としての理想的政治学」では、フィヒテの『閉鎖商業国家』とヘーゲルの『法哲学』とが対比され、前者の方法論上の優位が示されると同時に、ヘーゲルの政治学も実はフィヒテの『閉鎖商業国家』と同様の方法論的構造を有していると結論づけられる[16]。よく知られているように、『閉鎖商業国家』は「哲学」、「現代史」、「政策＝政治学（Politik）」の三篇に分かれているが、リッカートによれば「観念論の国家学」（die Staatslehre des Idealismus）は常にこの論理的構造を取る。つまり、「第一に国家の価値を確定する哲学。それから、国家が現在どのような状態にあるのかを示す現代史。最後に、国家において何が起こるべきかを語る政治学」という論理的構造を観念論の国家学は採らざるを得ないのである[17]。いうまでもなく、これは第二章で検討した三分肢構造に符合し、哲学は理解、現代史は説明、政治学は解明にそれぞれ対応する。その意味で、「哲学の概念について」以来、営々と発展を続けてきたリッカートの価値哲学は、一般的なイメージと異なって――そしておそらくはリッカート当人の期待あるいは自己規定に反して――むしろ哲学的政治学において一つの理想的な姿を取ることになったといえよう。

ここまでの議論をまとめれば、一九二五年時点におけるリッカートの哲学的政治学の到達点は、内容的には社会主義であり、理解・説明・解明の三分肢構造がその内容を形式的に基礎づけるというものであったのである。

しかし、一九三三／三四年の「フィヒテ講義」ではその完成した姿に別の要素が付加される。つまり、国民社会主義（Nationalsozialismus）に合致するように、国民（National）と社会主義（Sozialismus）との結合が果たされることになるのである。リッカートは講義冒頭付近で次のように述べている。

フィヒテを新しく時局の中に置くこと。とりわけ国民的高揚（nationale Erhebung）は今年の初めにしばしば私をフィヒテに関しての初期の講義［＝リッカートが行ってきたフライブルク大学の私講師時代以来の講義］について考えさせた。根本的には同じであった。四〇年前に作ったメモを見たとき、それが依然として今日でも使えるということに驚いた。[18]講義が実際に行われたのが一九三三／三四年の冬学期（講義録の右上に 2.Nov. 1933という表記がある）[19]であること、そして「今年の初め」という発言からして、「国民的高揚」が三三年一月のヒトラー内閣成立か三月の総選挙（政党得票率四三・九％）を指していることは間違いない。リッカートはナチスが勝利を収めた時局に照らし合わせてフィヒテを理解しようとしていたのである。「フィヒテは歴史的に興味深いだけではない」[20]わけである。そして、リッカートはフィヒテに現代的意義を見いだすべく、「先駆者としてのフィヒテ」と題された節では次のように述べるに至っている。

他方において、社会的な要素と、その社会的なものと結びついた国民的なものの要素は、フィヒテの思想において本質的なまま残っている。そして彼は歴史的な観点からは今日的な意味での国民社会主義者ではありえないが、疑いなく彼は今日の運動の興味深い先駆者たちに属している。もちろん、彼はすべての哲学者たちのなかで、国民社会主義として今日我々を取り囲んでいるものの、初めての、そして同時にずば抜けて重要な先駆者である。そのことによって、彼は今日的な興味の対象にも値するのである。[21]

ところで、先に引用した「フィヒテ講義」の冒頭ではフライブルク大学時代から用いていたメモがそのまま使えるとリッカート自身は語っているものの、公刊されている著作物を見る限り本当にそうだったかは怪しいと判断せざるを得ない。というのも、先に検討した、「哲学的基礎論文」や「学問としての理想的政治学について」において、国民（Nation）は周辺的な役割しか果たしていないからである。リッカートにおいて重要だったのは社会主義であって、国民はほとんど視界に入っていなかったはずである。実際、リッカートの哲学的政治学の内容を規定する「哲学的基礎論文」ですら、Nation は単純に計上すれば僅かに四度、それも実質的にはたった一度だけしか登場していないが（PG-168、172、173）、Sozialismus の登場回数は優に六〇を超えており、リッカートの興味関心の重心が社会主義にあったのは間違いない。リッカートはさして注目していなかった国民の要素を新たに読み込むことで、国民社会主義に合致するように自身のフィヒテ解釈を意図的に再構成した可能性が高い。

２「哲学的政治学」から国民社会主義への接近

リッカートは完成した哲学的政治学を改鋳してまで、なぜ積極的に国民社会主義を哲学的に擁護しようとしたのか。理由は三つ考えられる。一つ目は、不正義だと考えていたヴェルサイユ体制を打破する希望をナチスが与えてくれたことである。「フィヒテ講義」でリッカートはフィヒテにかこつけて一次大戦以来のヴェルサイユ体制を次のように批判している。「しかし、非常に悲観的なフィヒテでもヴェルサイユ条約のような酷いもの（Ungeheuerliches）が出てくることは予見できなかった[22]」。フルダが指摘するところによれば、リッカートは一九一七年から三〇年までの間にドイツの戦争責任に反対する宣言に四回署名している[23]。確かに各国の外交文書などが完全に開示されていない状態でドイツにのみ過大な戦争責任を負わせることに対する抗議はむしろ正当なもののように思えるが、こうした国際社会に対する拭いがたい不信感がナチス擁護の基層にあったと考えられる[24]。

二つ目は、ドイツ文化そのものの生存についての強烈な危機感を背景に、リッカートが理想として概念化していた「社会国家」（Sozialsttaat）と現実の国民社会主義とが多くの部分で重なりあっていたことである。ここで言う「社会国家」とは、前節で指摘したようにリッカートがフィヒテ哲学を通じて用いた概念ではあるが、それ自体独特の歴史的負荷を負ったドイツ特有の概念である。エルンスト・ルドルフ・フーバーは、「社会国家とは、伝統的な国家性と工業的な階級社会との対立を、社会的統合を通じて克服しようと試みる近代工業時代の国家である[25]」と定義し、その起源をローレンツ・フォン・シュタイン（1815-1890）に見ている[26]。つまり、リッカートはフィヒテの死（一八一四年）以後に朧気ながらも概念化されつつあった「社会国家」という概念をフィヒテに適用したのであり、その意味でリッカートはシュタイン以来の社会国家概念の思想圏内にいるといえよう。フーバーは社会国家の根本価値として、「広汎な被保護者大衆のための、生存保障、完全雇用、労働力の維持[27]」を挙げているが、こうした根本価値は世界恐慌以来危殆に瀕していたドイツ経済を考えれば、リッカートにとってより一層切実なものであったのは想像に難くない。実際、リッカートは次のように述べている。

我々が現在、活動している状況は、ドイツ文化の全体が依然として危機にあるということによって特徴づけられている。このことから、この危機をめぐる政治的な問題が前面に出てくることが理解される。というのも我々がなしている政治に、ドイツ的文化人としての我々が「生き残る」かどうか、あるいはドイツ文化の全体が滅ぶかどうかが懸かっているからである。それゆえ、今日ドイツの文化の内部で活動しようとしている全てのドイツ人は、国民政治的な文化目的の優位に対して反抗するべきではないのである。(28)

そして実際に、以上のようなドイツ文化の生存の重大な危機に対して、ナチスは「社会国家」の根本価値に沿うような政策を矢継ぎ早に展開した。三三年六月には第一次失業減少法（ラインハルト計画）が制定され、九月にはヒトラー自身が建設労働者とともに鍬入れを行って宣伝したアウトバーン建設の起工式が行われている。もちろん、現代の歴史学の知見をもってすれば、アウトバーン建設を始めとするナチスの経済政策は喧伝されていたよりも効果が薄く、失業者減少の決定的要因は無茶な軍需経済だったことが明らかになっている。(29) しかし、社会科学者ならぬ哲学者に過ぎない同時代人リッカートの目には、自身の理想とする「社会国家」を実現することでドイツの文化的危機を今まさに救済しつつある救世主としてナチスが映っていたとしても不思議ではない。(30)

フーバーの研究を引き継いで、社会国家の成立と発展を歴史的に追ったゲアハルト・リッターは、いかにナチスが社会国家という理念を倒錯させて濫用したかを描いている。(31) リッターが言うように、社会国家は「個人に対する社会的統制の強化に、あるいは社会を上から操作する手段として悪用されうると同時に、社会での依存関係を減らし、窮乏からの解放により実質的自由を拡げながら、人間の社会的自律を増大させる道具としても利用されうる。扶助と参加の二重性に、またその機能と作用が持つ両義性《アンビヴァレンツ》に、社会国家の危険とチャンスが同時にひそんでいる」(32)。ナチスは社会国家の

「危険」が如実に表れた例ではあったが、同時代人の目には「チャンス」にも見えたのである。

最後に、リッカートがナチスを擁護した理由の三つ目はハイデッガーへの対抗意識である。リッカートの許で一時期学んでいたゴーロ・マンは次のように証言している。「ヤスパースのところには、このご老体のところよりはるかに大勢の学生がおしかけていた。クーノ・フィッシャーやヴィンデルバントなどリッカートと同じ学派の同僚たちはとっくに亡くなっていた。「だが私はまだ生きている」とリッカートは叫んだことがある。とくに学生が哲学界の新星マルティン・ハイデッガーのことに触れようものなら、激しく怒った(33)」。また、明言はされていないが恐らくは先に検討した「フィヒテ講義」を指して次のようにも述べている。「私にはこの見栄っ張りな老人は、過去に威光を放っていた伝統のむなしい抜け殻としか見えなかった。イマヌエル・カントの弟子といっても、奥に人格を持たぬ仮面だったことが、一九三三年にも証明された(34)」。リッカートがハイデッガーやヤスパースと哲学的に対抗関係にあったのは周知の事実であったし、例えば公開された著作物のなかでもリッカートはハイデッガーを公然と批判していた(35)。

また、ハイデッガーがフライブルク大学学長就任講演「ドイツ大学の自己主張」を行ったのは一九三三年五月二七日のことである。しかも六月の終り頃にはハイデルベルク大学にハイデッガーは訪れ、「新しい帝国の大学」という題の講演を行っている(36)。リッカートがこの講演を聴いたかどうかは不明であるが、リッカートが「フィヒテ講義」を行ったのが一一月以降であること、そしてそもそもリッカートは定年を迎えており講義義務がないにもかかわらず能動的に「フィヒテ講義」を行ったことを考慮すると(37)、講義に名前が挙げられていないにせよ、ハイデッガーの大学論と積極的な政治的動向が「フィヒテ講義」の基層にある可能性は非常に高い。事実として、ハイデッガーの学長就任から僅か二日後の五月二九日に、リッカートはハイデッガーに早速手紙をしたためている。「学長閣下へ。あなた様が大学の学長として送ってくださった大変丁寧で好意的な祝辞（Glückwünsch）に感謝致します。（……）あなた様の公務の負担が軽くなりましたら、一旦すぐにでもここに来られ、そして再び落ち着いて我々二人の心の底にあるものについて語り合うことをあなた様が決意することを私は願っております。／今日はここで終わらなければなりません。というのも、私は全面的にやらなければならない教育活動（Lehrtätigkeit）を果たさなければなりませんから(38)」。祝辞が一体どのようなものであったのかは不明であるし[39]、この手紙からリッカートの真意を確定することはできない。しかし、注目すべきなのは、先に指摘したようにリッカートは定年退職を迎えており、既に講義の義務がないにもかかわらず未だ「教育活動」への熱意を失ってはいないことである。そして実際、リッカートはまさに「教育活動」の一環としてナチスを擁護する「フィヒテ講義」を行うことになる。ハイデッガーと会ってリッカートは果たして何を話そうとしたのか。純哲学的な問題に関してだったのか、はたまたハイデッガーが進めようとしていた大学改革についてだったのか。それを知ることができる資料は残念ながら残されていない。しかし、リッカートがハイデッガーの動向を注視し続け、彼に対抗意識を抱いていたのは確かである。

以上の議論をまとめると、ドイツの置かれていた厳しい国際環境及びドイツ哲学界における主導権争いという遠因と、リッカート自身が彫琢していた理想的な社会国家と現実の国民社会主義との相似性という近因とが組み合わさることで、「フィヒテ講義」におけるナチス擁護という結果を生んだのである。

とはいえ、やはりリッカートの価値哲学と現実のナチズムとが現実にはズレていたことが、『哲学の根本問題』(一九三四年)における国民概念についての透徹した価値哲学的考察からは窺える。当該書でリッカートはNationを独立価値(Eigenwert)に位置づけている。独立価値とは諸価値を序列付けるために導入された概念で、第三章以来検討してきた自由概念と深く結びついている。リッカートにおいて、自由とは究極的には「自律」を意味し、そして「自律」に適う価値が専ら考察の対象であったわけだが、そもそもこの世界には「自律」に適うわけではない価値に溢れている。そこでリッカートはそれらの諸価値を整序するため、「自律的価値」としての独立価値と、その独立価値の実現に役立つ条件価値(Bedingungswert)——生命価値(Lebenswert)・文明価値(Zivilisationswert)ともリッカートは表現している——とに諸価値を大きくは二つ、細かくは三つに分類したのである[40]。そして、リッカートは国民(Nation)を独立価値に位置づけると同時に、リッカートらしい冷静な概念分析によって、国民を民族(Volk)、国家(Staat)、祖国愛(Vaterlandsliebe)に分割する。そして、国家は倫理的価値に、祖国愛は愛価値(erotisch Wert)に服すると指摘し、さらに民族と国家とを同一視することを戒めている[41]。民族についてはどの価値が対応するかは述べられていないが、民族は自然であるとリッカートが考えていること、そして自然民族が文化財に成るためには国家的秩序を要すると想定していることから、条件価値に属すると考えられる[42]。つまり、リッカートの理論構成においては、国家が条件価値たる民族を統制するというモデルが暗に想定されており、しかも国家は倫理的価値に服するため、第三章で見てきた人間の自由＝自律が国家を通じて民族にも貫徹されることが前提となっていると考えられる。よって、リッカート本人はナチスを擁護した後でも、国家ではなく民族共同体（Volksgemeinschaft）を強調し続けたナチズムそのものとも[43]、あるいは「風土」としての民族概念から大学改革および政治改革を唱えるハイデッガーとも異なって[44]、民族概念には冷淡であり続けたし、それを決して改革の基準とはしなかった。リッカートにおいて改革の基準はあくまでも人間の自由＝自律であるべきだったのであり、「奥に人格を持たぬ仮面だった」にせよ、少なくとも理論的には彼はカントの忠実な弟子であり続けたと言える。

確かに、以上で明らかにしてきたように、リッカートが国民社会主義に合致するように自身のフィヒテ解釈を再構成し、加えて今までさして注目していなかったはずの国民概念を明晰化することに努めたのは事実である。しかし、国民社会主義に合致するような再構成を経たとしてもリッカートの哲学的政治学とナチスという現実とは依然として微妙にズレていた。だが、幸か不幸かリッカートはそのズレが白日の下に曝される前の一九三六年に亡くなってしまう。そして、このズレを覆い隠すかのようにこの老教授の権威を、リッカートの弟子アウグスト・ファウストは次章で見るように利用することになるのである。

五　「ハイデルベルクの伝統」から「ナチス教員連盟」へ

ファウストは自身が編集を務めるリッカートの七〇歳誕生記念論文集の末尾に、『自然科学的概念構成の限界』の一節を引いて次のように述べている。

この個性化的「価値関係」の助けによって、誤って理解された人文的理想（Humanitätsideal）への狂信に対して、国民的思想（Nationalgedanken）の本来的な意味と価値をも守ることができる。国民教育学（Nationalpädagogik）の基礎付けのために、そのような国民的思想が有用であることは言うまでもない[45]。

なぜリッカートがこれまでほとんど主題としてこなかった「国民教育学」をファウストは突如登場させたのか。それは、ナチスの教育改革に深く関与していくことになるファウストをリッカートが追認したからだと考えられる。リッカートは自身の哲学を紹介した論稿「体系的自己描写」（Systematische Selbstdarstellung）において、倫理学は共同体的思考を考慮することなくしては内容的には決定され得ないという『哲学体系』以来の自説を示した箇所で、ファウストの論稿「社会教育と国民教育」（Sozialerziehung und Nationalerziehung）を脚注で引いている[46]。

ここでまず注目すべきは、そのファウストの論稿が掲載された雑誌『ドイツ的教育の本質』（Deutsches Bildungswesen）は「ナチス教員連盟」（Nationalsozialistischer Lehrerbund: NSLB）の設立者ハンス・シェムによって編集されていたという事実である[47]。また、こうした外形的状況だけでなく、ファウストの論稿の内容もまた注目に値する。共同体は対象化不可能であると指摘した後、ファウストは次のように述べている。

> 単に客観的な認識理解にのみ労力を費やさないそのような教育処置のみが、ある共同体への帰属性を引き起こしうるし、そして、共同体の対象化不可能性においてその帰属性は強化されうるのである。小規模ではあるが、この一例として戦争前におけるドイツ青年運動の同盟的共同生活がある。（……）以前は、国家的な教育の本質に対立するとしてほとんど援助を得られなかったにもかかわらず、とりわけ青少年の国民的な鍛錬において、今日の共同体的教育が——既にイタリア・ファシズムにおいて、そしてようやくドイツの国民社会主義において——青年運動の伝統を更に前進させているのは良い徴候である[48]。

ドイツ青年運動は多種多様な展開を経ながらもナチズムの教育改革に流れ込んでいくが[49]、ファウストは生活不安と専門化した学問によって倦んでいた「若き教養市民層」が持つ改革へのエネルギーを利用しようとするナチスに協力することで共同体意識の強化を図ろうとしたと考えられる。そして、そうであるからこそ、ドイツ文化そのものの生存に危機感を抱いていたリッカートは、前章で検討したようなナチスとの微妙な距離感を内に秘めながらも、ファウストの追認を通じてドイツ文化の救世主たるナチスの教育改革へと合流したのである。[50]

そして、ナチスの御用教育学者として悪名高いエルンスト・クリークがリッカートの後任としてハイデルベルク大学に招聘され、さらにクリークの専門に合うように講座名が「哲学および教育学」に改組されたことに対して、[51]リッカートとファウストが何らかの反対を示した資料は残っていない。更に言えば、本章冒頭で示したリッカートの七〇歳誕生記念論文集にファウストが寄せた「国民教育学」という発言は、リッカートとその後任のクリークとを思想的に架橋しようとしたものと解釈できる。つまり、ここにおいてリッカートの価値哲学はクリークらナチス教育学と接続されるに至ったのである。

かつてリッカートはハイデルベルク大学で活躍した哲学者たちの名を一人一人ある種の満足感をもって挙げていた。エドゥアルト・ツェラー、クーノ・フィッシャー、パウル・ヘンゼル、ヴィルヘルム・ヴィンデルバント、ハインリッヒ・リッカート、エミール・ラスク、エルンスト・ホフマン、オイゲン・ヘリゲル、ヘルマン・グロックナー、そして最後にアウグスト・ファウスト。[52]リッカートは彼らを貫く精神を「ハイデルベルクの伝統」（Heidelberger Tradition）として言祝いだ。しかし、まさにその伝統の末端に位置するファウストはナチス支持のため重用されブレスラウ大学の正教授となるが、ソビエト連邦軍によるブレスラウ包囲下にあって自死する。[53]つまり、「ハイデルベルクの伝統」はナチス崩壊と共に潰えたのである。

六　哲学と国民社会主義——哲学的保守派と哲学的改革派の「殺到」

ピーター・ゲイの卓抜した表現によれば、「ワイマール文化は、時代の流れによって内側《インサイド》へと駆り立てられたアウトサイダーがつくった、幻惑的なまでにはかない瞬間の作品であった」[54]。当時の哲学界にこの図式を当てはめるのであれば、リッカートは間違いなくハイデッガーを代表例とするアウトサイダーに追い立てられる内側《インサイド》であった。

実際、第三章で扱った『哲学体系』の前編として本来は構想されていた『生の哲学：我らが時代の哲学的流行思潮の叙述と批判』（一九二〇年）[55]や、マックス・ウェーバーの死後に起きた『職業としての学問』を巡る論争に関連するウェーバー擁護論文「マックス・ウェーバーと彼の学問的態度」（一九二六年）[56]は、学問に浸透してこようとする「生の哲学」《アウトサイダー》に対する内側からの反転攻勢とも言うべきものであった。

しかし、同時代のドイツに留学していた京都学派の田邊元（1885-1962）がリッカートの『生の哲学』を指して「カント派の孤塁」と評し、「生の哲学」と現象学の綜合としてのハイデッガーに軍配を上げているように[57]、リッカートの反転攻勢も空しく新カント学派は一九二〇年代中盤から衰退局面にあった[58]。

そして、こうした状況において現われたのが、学問とは異なった論理で動く政治集団のナチスだった。ナチスが依拠した民族共同体（Volksgemeinschaft）という概念は、既に存在する社会像を写し取ったものではなく、むしろ将来的な「約束」であったが[59]、その約束の内容は曖昧模糊としていた。しかも、それは現実的な階級社会を覆い隠す（水平的な）平等主義によって国民からの支持を調達できると同時に、真に力のあるものを尊ぶ（垂直的な）実力主義によって強力な施策を遂行可能にするものだった。その意味で、民族共同体に依拠するナチスは現実を変革するに足る力をもつように思われた[60]。

第四章第二節で見たように、敗北を予感していた哲学的保守派のリッカートはナチスを擁護し、ナチス教員連盟に関与するファウストを追認することで、アウトサイダーたちに最後の反転攻勢を仕掛けて状況を引っくり返そうとした。一方、哲学的改革派の代表者であるハイデッガーもまた、ナチスを通じて大学改革および政治改革を唱えた。さらに両者から微妙に距離を置いていたカール・ヤスパースですら「大学改革の問いへの提題」（一九三三年）を著していた[61]。つまり、哲学的保守派か哲学的改革派かを問わず、哲学者たちの全派閥にわたって、哲学内部の論理だけではなく、事実力の次元で自らが思い描く社会改革ないし大学改革を押し通そうとする機運が存在したのである。

こうした機運が存在した理由は二つあるだろう。一つ目は、上述したようにナチスの依拠する民族共同体（Volksgemeinschaft）という概念が現実的な変革力を持っていたにもかかわらず、その意味内容が曖昧であるがゆえに哲学者たちの自前の理論と明白な矛盾を来たさなかったことにある。微妙なズレに半ば気づきつつも、リッカートもハイデッガーもヤスパースも、ナチスに一種の期待をかけることができたのである。

二つ目は、改革が改革を誘発する事態である。第四章で指摘したようにリッカートはハイデッガーを強烈に意識して「フィヒテ講義」を行ったが、ヤスパースが「大学改革の問いへの提題」を著したのもハイデッガーの学長就任演説「ドイツ大学の自己主張」が機縁となっている。哲学的改革派のナチスへの接近が呼び水となって、哲学的保守派もその他の派閥もナチスに「殺到」していったのである。

「読書人階層」の典型例である哲学的保守派・リッカートの検討から透けて見えてくるのは、変革をもたらす政治アクターとしての「国民社会主義ドイツ労働者党」の姿であり、それを我先にと利用しようとした哲学者たちの姿である。哲学と国民社会主義との関係というマクロレベルの大問題に答えるためには、リッカート、ハイデッガー、ヤスパースだけではなく、より包括的で精緻な研究が必要となる。しかし、以上で指摘した①民族共同体という概念がもつ現実変革性と曖昧模糊さとの共存、②改革が改革を呼ぶメカニズムは、その一つの仮説的解答として有益であるように思われる。

［参考文献］

邦訳されている文献は原文参照の上で適宜訳し直した。なお、四角括弧は論文著者による補足である。また、以下の引用文献については略号を用いた。

VP=Rickert, Heinrich „Vom Begriff der Philosophie", in: *Logos Band. I*, 1910, S. 1-34（『哲学の概念』坂崎侃訳、大村書店、一九二二年）

SP=――, *System der Philosophie*, Tübingen, 1921.

PG=――, „Die philosophischen Grundlagen von Fichtes Sozialismus", in: *Logos Band. XI*, 1923, S. 149-180（『リッケルト論文集』、

改造社、一九二九年、「フイヒテの社會主義の哲學的基礎」、「フイテの哲學に於ける倫理的個性主義と經濟的社會主義」。ただし、翻訳は相当程度の意訳と編集がなされている）

（1）北昤吉『哲学行脚』、新潮社、一九二六年、五九―六〇頁。

（2）天野貞祐『学生に与ふる書』岩波書店、一九四九年、一四〇―一四一頁。

（3）向井守『マックス・ウェーバーの科学論』ミネルヴァ書房、一九九七年、一六〇頁。

（4）岸川富士夫「H・リッカートの社会主義的価値哲学と社会主義論」、『市民社会の思想』宮本憲一ほか編、御茶の水書房、一九八三年。

（5）フリッツ・K・リンガー『読書人の没落』西村稔訳、名古屋大学出版会、一九九一年、四頁。

（6）同上、七九頁。

（7）Fulda, Hans Friedrich. „Heinrich Rickerts Anpassung an den Nationalsozialismus“, in: *Deutsche Zeitschrift für Philosophie Bd47*, 1999.

（8）Bohlken, Eike. *Grundlagen einer interkulturellen Ethik*, Würzburg, 2002, S. 216.

（9）Kaegi, Dominic. „Philosophie“, in: *Die Universität Heidelberg im Nationalsozialismus*, (Hg.) Wolfgang U. Eckart, Heidelberg, 2006, S. 335.

（10）なお、こうした研究史の最新文献としてはフルダの報告„Krise und Untergang des südwestdeutschen Neukantianismus im Dritten Reich“, in: *Vergessen? Verdrängt? Erinnert?: Philosophie im Nationalsozialismus. Schriftenreihe der Deutschen Abteilung des Europäischen UNESCO-Lehrstuhls für Philosophie*（Paris）, Bremen, 2008. および、*Philosophie im Nationalsozialismus*,（Hg.）Hans Jörg, Hamburg, 2009に所収されている同名タイトルの論文が挙げられる。状況にリッカートのナチス擁護を還元しているカエギへの反論が含まれているが、その主張の骨子そのものは註（7）で示されたものとほとんど変わりがなく、また、本文で指摘した欠点を克服していないため取り上げるには値しないと判断した。ただし、以上の報告および論文はリッカートだけではなくその他の西南学派の政治的動向まで分析の対象となっており、学派研究としては有益なものとなっている。

（11）なお、リッカートは「ハイデルベルクの伝統」のメルクマールに体系家であると同時に哲学史家であることを見ている。しかし、これはヴィルヘルム・ヴィンデルバントには当てはまったとしても体系家リッカートに当てはまるかどうかは疑わしい。実際はリッカートによって「創られた学統」に過ぎないと見なすべきだろう。Rickert, Heinrich. *Die Heidelberger Tradition in der deutschen Philosophie*, Tübingen, 1931. S. 6.

（12）九鬼一人『新カント学派の価値哲学』弘文堂、一九八九年、ⅰ頁。

（13）同上、五五頁。

（14）熊谷英人『フィヒテ―「二十二世紀」の共和国』、岩波書店、二〇一九年、八五頁。

（15）なお、ライナー・ペッシュによれば同時代のフィヒテ解釈から見たリッカートの特徴は、とりわけ一九三三年以降には殆ど触れられることのなくなった『フランス革命論』を、三八年に至っても言及し続けたことにある。Pesch, Reiner. *Die politische Philosophie Fichtes und ihre Rezeption im Nationalsozialismus*, Kassel, 1982, S. 139. 所有権の起源は国家ではなく人間の理性あるいは自由にあり、すべては国家ではなく各人に属するという主張が含まれる『フランス革命論』を前提として社会国家を論じるリッカートの議論は、『フランス革命論』を「急進的自由主義」と断じて拒絶する同時代の風潮と比べれば、遙かに穏当で「リベラル」なものであったのは間違いない。しかし、ここでの問題はその穏当な社会国家論がナチスに接続してしまうことにあるのだが、それについては第四章二節以下で検討される。

（16）Rickert, Heinrich, „Über Idealistische Politik als Wissenschaft", in: *Die Akademie Heft IV*, 1925, S. 167.（『リッケルト論文集』、改造社、一九二九年、一八一頁）

（17）*ibid.*（同上）

（18）Rickert, Heinrich, *Fichtes Leben und Werk*, 1933/34, S. 5. なお、当該資料はハイデルベルク大学図書館が電子公開している。https://doi.org/10.11588/diglit.33303（2024年8月30日閲覧）また、頁数は図書館UIが示すものではなく、各電子画像下に割り振られているものに合わせているので注意のこと。

（19）*ibid.*

（20）*ibid.*

（21）ebd., S. 8-9.

（22）ebd., S. 8.

（23）Fulda, Hans Friedrich. „Heinrich Rickerts Anpassung an den Nationalsozialismus," in: *Deutsche Zeitschrift für Philosophie Bd47*, 1999, S. 267.

（24）また、他にも敗戦に伴うドイツの領土割譲もリッカートの目からは不当なものに見えた。リッカートの弟子アウグスト・ファウストは次のように証言している。「七〇歳のリッカートが、国民社会主義的な革命（nationalsozialistische Revolution）に非常に強く関心を示したということは、彼が最晩年にほとんど完成させることができた「社会的及び国家的思想家としてのフィヒテ（Fichte als sozialen und nationalen Denker）」という本に詳述されているだけでなく、既に一九三四年に出版された「哲学の根本問題（Grundprobleme der Philosophie）」（例えば二二三／二三四頁）においても示されている。一九一八年から一九三三年までの間のドイツの無力感、分裂感を彼は決して忘れることができなかった。そして彼は繰り返しそのことを思い返した。というのも、彼は自分の生まれ故郷のダンツィヒがドイツという祖国から分離されることを、とりわけ許すことができなかったからである」。Rickert, Heinrich. *Unmittelbarkeit und Sinndeutung: Aufsätze zur Ausgestaltung des Systems der Philosophie*, Tübingen, 1939, S. XVIII. なお、「社会的及び国家的思想家としてのフィヒテ」は管見の限り出版されることはなかったが、以下の論文が掲載されている。Rickert, Heinrich. „Die allgemeinen Grundlagen der Politik Fichtes", in: *Zeitschrift für deutsche Kulturphilosophie*, Bd. 4, Tübingen 1938. 内容的には第四章で検討してきたフィヒテ解釈の総まとめであって目新しい論点は存在しないが、最終頁以下の部分は目を引く。「特に社会的および国民的な事柄について言えば、したがって、フィヒテの死後、フィヒテが取り組んだのと同じ問いが、他の多くの人間にとっても喫緊のものであったということ、そして今日のドイツの人は、フィヒテが生きていた時代にそうであったよりも、少なくとも遥かにフィヒテ的な理想により近づいているということは争いようがないのである」。ebd., S. 24.

（25）Ernst Rudolf Huber, „Rechtsstaat und Sozialstaat in der modernen Industriegesellschaft", in: *Nationalstaat und Verfassungsstaat*, 1965, S. 257.

（26）ebd., S. 255.

（27）ebd., S. 258.

（28）Rickert, Heinrich, *Grundprobleme der Philosophie*, Tübingen, 1934, S. 223.（『哲学の根本問題』湯浅誠之助訳、理想社、一九三八年、二五六頁）

（29）アダム・トゥーズ『ナチス破壊の経済上・下』山形浩生・森本正史訳、みすず書房、二〇一九年。

（30）リッカートがいかにナチス支持へと急転したのかについて、リッカートの弟子の一人であるヘルマン・グロックナーは次のように述べている。「家の中でリッカートは（……）大いに政治談義をしていたのにもかかわらず、私はいつものように当時の政党政治に興味がありませんでした。もし選挙があれば、私はリッカートに［どこに投票したら良いのか］聞くのです。そういうわけで我々はドイツ民主党ないしドイツ人民党（demokratisch oder Deutsche Volkspartei）に投票しました。私の妻は社会民主主義的な若気の至りを抑えることが難しかったのですが。その時、ヒトラーはリッカートからまだ完全に拒絶されていました。やっと一九三三年になって、彼はヒトラーの成功によって自分の気持ちを変えたのです。当時、彼は次のことを示唆しました。根本的には、フィヒテは最初の国民社会主義者であった。なぜなら、フィヒテは国民主義者であり社会主義者であったからである、というのです」。Fulda, Hans Friedrich. „Heinrich Rickerts Anpassung an den Nationalsozialismus," in: *Deutsche Zeitschrift für Philosophie Bd47*, 1999, S. 257. なお、demokratisch oder Deutsche Volkspartei の解釈は難しいが、クリスチャン・ヤンセンに従って、ドイツ民主党（Deutsche Demokratische Partei）ないしドイツ人民党（Deutsche Volkspartei）を意味すると解した。Jansen, Christian, *Professoren und Politik*, Göttingen, 1992, S. 287.

（31）Ritter, A. Gerhard, *Der Sozialstaat*, München, 2010, S. 133.（『社会国家』木谷勤ほか訳、晃洋書房、一九九三年、一四〇頁）

（32）ebd., S. 21.（同上、一六頁）

（33）Mann, Golo. *Erinnerungen und Gedanken*, Frankfurt, 1986, S. 289.（『ドイツの青春2』林部圭一ほか訳、みすず書房、一九九三年、一三頁）

（34）ebd., S. 291.（同上、一六頁）

（35）Rickert, Heinrich. „Geschichte und System der Philosophie", in: *Archiv für Geschichte der Philosophie Bd 40*, 1931, S, 426

（36）ハンス・ザーナー『孤独と交わり』盛永審一郎ほか訳、晃洋書房、二〇〇〇年、九九頁。グイード・シュネーベルガー『ハイデガー拾遺』山本尤訳、未知谷、二〇〇一年、一一七頁。

（37）Fulda, Hans Friedrich. „Heinrich Rickerts Anpassung an den Nationalsozialismus", in: *Deutsche Zeitschrift für Philosophie Bd47*, 1999, S. 258.

（38）Rickert/ Heidegger, *Briefe 1912-1933*, Frankfurt, 2002, S. 74.

（39）ebd., S. 136.

（40）Rickert, Heinrich, *Grundprobleme der Philosophie*, Tübingen, 1934, S. 170, 182-183.（『哲学の根本問題』湯浅誠之助訳、理想社、一九三八年、一九七、二二一―二二二頁）

（41）ebd., S. 192-193.（同上、二二二―二二三頁）

（42）ebd., S.189.（同上、二二九頁）

（43）石田勇治『ヒトラーとナチ・ドイツ』、講談社現代新書、二〇一五年、二一四―二一七頁。

（44）轟孝夫『ハイデガーの哲学』、講談社現代新書、二〇二三年、二六二―二七八頁。

（45）Faust, Augst. „Notizen“, in: *Festgabe für Heinrich Rickert*, Bühl-Baden, 1933, S. 91.

（46）Rickert, Heinrich. „Systematische Selbstdarstellung“, in: *Deutsche Systematische Philosophie nach ihren Gestaltern*,（Hg.）Herman Schwarz, 1934, S. 282.

（47）ナチス教員連盟については小嶋総一郎『ナチス教育断章』、三省堂書店／創英社、二〇二二年、第一章。なお、『ドイツ的教育の本質』の表紙は雑誌の性格を次のように説明している。「ナチス教員連盟の全国区に向けた教育学の月刊誌。バイエルン教育及び文化省の官庁機関誌の付録」*Deutsches Bildungswesen Heft 6*, München, 1933.

（48）Faust, Augst. „Sozialerziehung und Nationalerziehung“, in *Deutsches Bildungswesen Heft7*, München, 1933, S. 72.

（49）田村栄子『若き教養市民層とナチズム』、名古屋大学出版会、一九九六年。

（50）民族共同体を強調する国民社会主義と国家＝（法）を強調するリッカートという両者の見解の相違の他にも、見逃すべきではない相違として両者の人種理論への態度の差がある。例えば、本文でも紹介したナチス教員連盟の設立者ハンス・シェムは自身が編集する『ドイツ的教育の本質』に掲載した演説論稿「国民社会主義的意味における教育思想」において、次のように述べている。「人種―防衛―人格性そして宗教性。我々は今日ドイツ的地の上で全世界のための闘争を闘っている。ドイツ民族は他の民族の定めた枠内で奉仕し、指導する立場にある。ドイツ民族の生こそまさに我々の第一の目的である。病んだ医者は他者を助けることはできない。それゆえ、我々自身は一旦健康になる必要がある。人種問題の認識はその際、とりわけ有用となる」。Schemm. Hans. “Gedanken zur Erziehung im nationalsozialistischen Sinn”, *Deutsches Bildungswesen Heft 6*, München, 1933, S.6. 一方、ファウストが引くリッカートの『自然科学的概念構成の限界』では以上のような人種理論を振りかざすナチス教育理論とは完全に背馳する主張がされている。「ただし、その言葉［国民Nation］は「自然Natur」と同じ起源を有しているが、我々はその言葉を自然と区別しなければならない。我々が今考えているのは歴史的に生じてきた文化の形姿であって、それは例えば「人種」のような自然概念によっては決定されないのである。概念をより広くあるいはより厳密に把握するならば、例えば共同の、歴史的に生じた文化言語を国民的紐帯とみなすだろうし、あるいは、ある歴史的に生じてきた国民的文化国家への帰属性を決定的な要素とみなすだろう」。Rickert, Heinrich. *Sämtliche Werke Band3/2*.（Hg.）Rainer A. Bast, De Gruyter, 2023, S.680.

ナチス教育学は人種を国民の絶対要件と捉えたのに対して、リッカートはそれを絶対要件とは捉えなかった（なお、ファウストはナチス教育学と違って人種理論について一切触れていない）。それゆえに、リッカートは本論文冒頭で紹介した天野が証言するように反ユダヤ主義とは縁遠かったし、実際に彼が最も期待していた弟子はユダヤ人のエミール・ラスクであった。さらに、リッカートの父親ハインリッヒ・エドウィン・リッカート（1830-1902）は著名な自由主義的政治家であり、「反ユダヤ主義への対決のための協会」（Vereins zur Abwehr des Antisemitismus）の設立の際（一八九〇年）に指導的な役割を果たしている。エドウィン・リッカートはオーストリアの作家ヘルマン・バールのインタビューに対してこう語っている。「最も重要なことが、われわれが議会的な同胞をあちこちで近づけることにあること、そしてお互いを理解し合うべきであることには変わりはない――そして、私はこれが最良の結果をもたらすことを期待しているのです（……）特に反ユダヤ社会との戦いのためには」。Bahr, Hermann. *Der Antisemitismus*,（Hg.）Claus Piaus, Weimar, 2005, S. 63.［Berlin 1894］存在と当為とを峻別する価値哲学という哲学的観点から見ても、家系という人間関係から見ても、リッカートが人種理論に染まる可能性は万に一つもなかった。

しかし、リッカートは父のように反ユダヤ主義に対して果然と抗議したわけではない。ユダヤ人美術史家レイモンド・クリバンスキーは、ナチスが一九三三年に政権を獲得してから次々と実行される反ユダヤ主義的政策に関してリッカートと交わしたやり取りを次のように回顧している。

そのようなとき［ユダヤ人が経営する会社に黄色い星マークが付けられる等の政策が実施されたとき］、著名なリッカート教授が私を招待してくれて、好意からこう尋ねられた。「我々のユダヤ人の友人たちはどう考えているのかね?」彼は私の「彼等は恥じている」という答えを誤って「彼等は何ら恥じておりません」と理解した。私は彼にこう説明した。彼等は恥じているのです。というのも、ドイツのエリートの精神的指導者たちがいつも通り温和に反対せずに、そのような処置が取られたからです。彼は気に障った様子でこう述べました。「その抗議が一体何の役に立ったと言うのかね?」私はそれに対してこう反論しました。「教授殿、我々はあなた方の講義を聴き、あなた方の本を読んできました。人は人自身のために物事を行うのであって、その有用性のために行うのではないという要請はドイツ哲学の特徴であり、それはフランスの合理主義とも、イギリスの功利主義とも、アメリカのプラグマティズムとも異なったものである、とあなた方は述べています。この危機的状況においてなにか有用性の問題が行動指針となるべきなのでしょうか?」Klibansky, Raymond. *Erinnerung an ein Jahrhundert*, Frankfurt am Main und Leipzig, 2001, S. 91.

このあまりにも核心を突いた反論にリッカートがどう答えたのかについて残念ながらクリバンスキーは語っていない。しかし、それはともかくとして、「我々のユダヤ人の友人たち」（unsere jüdischen Freunde）というリッカート自身の言い回しから窺えるようにリッカート自身が反ユダヤ主義と無縁であったのは間違いない。だが、「友人たち」が迫害の最中にあってもリッカートはそれに対して抗議せず、むしろまさしくその同年には本文で検討したようにナチスを哲学的に擁護することになるのである。

父が作り上げた「反ユダヤ主義への対決のための協会」は一九三三年に解散となるが、それにもかかわらず息子リッカートが反ユダヤ主義を掲げ、実際にそれを実行に移す政党を擁護するという政治的な選択を行ったのは、彼の哲学と家系を考慮すればそれだけ一層重大なものであったといえる。ドイツ文化の生存のためという「有用性」の次元から「国民社会主義ドイツ労働者党」を哲学的に擁護したことで、息子リッカートは父の世代の奮闘を水泡に帰することとなった。

(51) Remy. Steve P. *The Heidelberg Myth*, Cambridge, 2002, p. 38.
(52) Rickert. Heinrich. *Die Heidelberger Tradition in der deutschen Philosophie*, Tübingen, 1931, S. 5-6.
(53) Fulda, Hans Friedrich, „Krise und Untergang des südwestdeutschen Neukantianismus", in: *Philosophie im Nationalsozialismus*, (Hg.) Hans Jörg , Hamburg, 2009, S. 93.
(54) ピーター・ゲイ『ワイマール文化』亀嶋庸一訳、みすず書房、一九九九年、iv頁。
(55) Rickert, Heinrich. *Die Philosophie des Lebens: Darstellung und Kritik der philosophischen Modeströmungen unserer Zeit*, Tübingen, 1920, S. III.
(56) Rickert, Heinrich. „Max Weber und seine Stellung zur Wissenschaft", in: *Logos Band*. XV, 1926. なお、『職業としての学問』を巡る論争については、フリッツ・K・リンガー『読書人の没落』西村稔訳、名古屋大学出版会、一九九一年、二四三頁。
(57) 田邊元『田邊元全集第四巻』、筑摩書房、一九六三年、一九、三四頁。
(58) 大橋容一郎「新カント学派と近代日本」『思想』一一一八号、岩波書店、二〇一七年、一四二頁。
(59) Wildt, Michael. „Volksgemeinschaft A modern Perspective on National Socialist Society", in: *Visions of Community in Nazi Germany*, (eds.) Martina Steber et al, Oxford University Press, 2014, p. 43.
(60) 石田勇治『ヒトラーとナチ・ドイツ』講談社現代新書、二一六頁。
(61) ハンス・ザーナー『孤独と交わり』盛永審一郎ほか訳、晃洋書房、二〇〇〇年、九七頁。

【謝辞等】

匿名査読者二名の有益なコメントに感謝する。なお、本研究は日本科学協会の笹川科学研究助成による助成を受けたものである。

［政治思想学会研究奨励賞受賞論文］

修正主義論争再考

――ベルンシュタイン・カウツキー・ジョレスの革命的改良主義

佐久間　啓

序論

一九世紀末に起こった「修正主義論争」とは一体いかなる論争だったのだろうか。ドイツ社会民主党（ＳＰＤ）そして第二インターナショナル（一八八九―一九二〇年）全体を揺るがした一大論争は、それまでの社会主義運動を強く規定していた『共産党宣言』と、一九世紀後半の政治経済的発展を経験した西欧社会との矛盾から勃発した。

一八四八年に執筆された『共産党宣言』は、鉄鎖以外に何ものも失うものをもたないプロレタリアートを想定し、「労働者は祖国をもたない」と断言した。労働者階級が苦境を抜け出す唯一の方法は「既存の秩序を暴力的に転覆すること」なのだ。ところが、社会主義者が敗北した一八四八年革命後の半世紀において、西欧や北欧の労働者は、普通選挙権を獲得し、「国民国家」に包摂されていく。第二インターが発足した一八八九年において、フランスやドイツ、スイスの労働者は「国民」としてすでに選挙権を有していた。またイギリスでは第三回選挙法改正を通じて、労働者階級の有権者数は確実に増加し、ベルギーやノルウェーなどの国々でも選挙法の改正が見込まれていた(1)。さらに経済面においては、一八七三年から始まる「恐慌」を乗り越え、それ以降の不況も短期で終わったことによって、資本主義の終わりを素朴に想像することは容易ではなくなっていた。それどころか、一部の国々では経済成長の恩恵が労働者にまで滴り落ちるという不測の事態も生じていた。要するに、修正主義論争の背景には、プロレタリアートの「国民化」、議会制民主主義の定着、そして「資本主義の柔軟性」という『共産党宣言』から逸脱した現象が存していたのである。

修正主義論争とは、したがって『共産党宣言』の時代的制約を理解し、民主化の波が到来した新たな時代に適合する社会主義のあり方をめぐる論争であった。そこでは、価値論や弁証法、史的唯物論などマルクス主義の根本理論にくわえて、民主主義論や国家論、さらには労働者の日常闘争といったより実践的なトピックにまで議論が及んでいた。実際、エドゥアルト・ベルンシュタインとカール・カウツキーは、それぞれ「修正主義」と「正統派マルクス主義」の指導的な地位にあったにもかかわらず、既存の秩序を暴力的に転覆するのではなく、平和的ないし合法的に打破することはできるのかという問題意識を共有し、その回答として「社会改良から革命へ」という「革命的改良主義」(2)の見解をともに示していた。

ところが、これまで修正主義論争は、当時SPDに入党したばかりだったローザ・ルクセンブルクのセンセーショナルな論文を通じて、「修正主義者」と「正統派マルクス主義者」が演じた「社会改良か革命か」の二者択一をめぐる論争とばかり理解されてきた。すなわち、エドゥアルト・ベルンシュタインに代表される修正主義者が、正統派マルクス主義の思弁的傾向を攻撃し、議会制と市場経済の枠内での「社会改良」を唱えた一方で、ルクセンブルクやカール・カウツキー、アレクサンドル・パルヴスといった正統派が、権力掌握と計画経済への移行のために「革命」の必要性を改めて強調し、最終的に党の指導原理から修正主義を放逐したというものである。しかも、その後の第一次世界大戦における戦争協力問題も相まって、正統派の中でも最も急進的であったルクセンブルクの主張以外は、結局ナショナリズムにのみこまれた思想として判断され、ほとんど顧みられてこなかった(3)。

本稿は、そうして忘却されてきた修正主義論争の立役者たち、すなわちベルンシュタインとカウツキーの主張を再構成することで、ローザ・ルクセンブルクの大胆な枠組みでは十分に捉えきれなかった「革命的改良主義」の立場を明らかにする試みである。さらに、考察の対象にフランスから論争に介入したジャン・ジョレスを加えることで、ドイツの理論闘争を相対化し、多角的に「革命的改良主義」を把握することをめざす。というのも、ジョレスは、共和国の社会主義者として、ドイツ帝国の社会主義者とは別の観点から修正主義を捉え、論争の実践的展開として一八九九年に起こった「ミルラン入閣問題」において「革命的改良主義」を主張したからである。また、第一次大戦前夜において、一九一四年七月三一日に暗殺されるまでルクセンブルクと並んで反戦を訴えつづけた改良主義的な社会主義者であった。

本稿の構成は次の通りである。第一に、ベルンシュタインの主著である『社会主義の諸前提と社会民主党の任務』（一八九九年、以下『諸前提』）を読み直し、ルクセンブルクが厳しく追及した「人びとが一般に社会主義の最終目的と呼んでいるものは、わたしにとって無であり、運動がすべてである」という有名なテーゼの再解釈を試みる。第二に、カウツキーの『ベルンシュタインと社会民主党の綱領』（一八九九年）を取り上げることで、正統派マルクス主義の理論的指導者によるベルンシュタイン批判の要点を確認するとともに、カウツキー理論を改めて吟味する。第三に、ジョレスがカウツキーとベルンシュタインの論争を総括的に批評した「ベルンシュタインと社会主義的方法の発展」（一九〇〇年）と、ミルラン入閣問題が事実上の決着を迎えた第二インター・アムステルダム大会（一九〇四年）の論戦とを振り返ることで、共和国の社会主義者の観点から修正主義論争を捉えなおす。

一　修正主義と革命――エドゥアルト・ベルンシュタインの「批判的社会主義」

エドゥアルト・ベルンシュタイン（一八五〇―一九三二年）は、ベルリンの下層中間階級に位置するユダヤ系家庭の第七子として生まれ、一八七一年から七二年にかけての「転向」にいたるまで、これといった波乱のない青年時代を過ごした。(4) 病弱であったために十六歳でギムナジウムを中退した後は銀行見習いとして就職し、一八六九年からはベルリンの商会でしがない銀行員として働いていた。そんな彼を社会主義の道に導いたのは、普仏戦争中の出来事である。戦時公債の発行に反対したアイゼナハ派のヴィルヘルム・リープクネヒトとアウグスト・ベーベルが反逆罪で報復的に告訴された事件が、若き銀行員のでっちあげられた罪に対する同情と社会主義思想に対する興味を掻き立てた。ベルンシュタインは事件後ほどなくしてアイゼナハ派に加入し、社会主義運動に打ち込んでいった。

マルクス主義に共感した若者がその批判者に変貌していくのは、本人も予想しえなかった二〇年間に及ぶ長期の亡命生活を通じてである。一八七八年、社会主義者鎮圧法が成立する直前の二八歳秋に出国したベルンシュタインは、一八八八年までの約一〇年をスイス南部ルガノと北部チューリッヒで過ごし、その後エンゲルスのお膝元であるロンドンに移り住んだ。とくに一九〇一年の帰国まで続くロンドン生活が転機であった。ベルンシュタインは、エンゲルス傘下のマルクス主義者として活動する一方で、フェビアン協会のメンバーとの交流やイギリス労働運動の観察を通じて、正統派に対する疑念を徐々に膨らませたのである。修正主義者ベルンシュタインはこうして誕生する。一八九六年、修正主義論争の始まりを告げる論文「社会主義の諸問題」(一八九六年―一八九八年、以下「諸問題」)の第一論文を発表し、マルクス主義体系全体に対する疑念を爆発させた。

ただし、その公刊はエンゲルスが亡くなった翌年のことであり、少なくともベルンシュタインは、自己を信頼し、遺言執行人のひとりにまで指定したエンゲルスの存命中に恩を仇で返すような無粋な人間ではなかった。また、修正主義論争がSPDあるいは第二インターナショナルの要であった「将軍」エンゲルスの死というある種のアノミー状態で起こったことは強調しておいてよいだろう。つまり、序論で論じたプロレタリアートの「国民化」、議会制民主主義の定着、そして「資本主義の柔軟性」という世紀末の政治経済的条件にくわえて、修正主義論争の背景には、理論的混乱を制御する求心力あるリーダーの不在があった。リープクネヒトやベーベル、あるいはカウツキーなど世界的に名の知れたマルクス主義者は何人かいたものの、やはり彼らではエンゲルスの後継者として力不足だったのである。

1　修正主義の不可逆的影響――ルクセンブルクの警戒

まず、ローザ・ルクセンブルクの『社会改良か革命か』冒頭にあるベルンシュタイン批判から議論を始めるとしよう。少し長いが引用する。

この理論のすべては実際のところ、社会民主党の終局の目的である社会変革を放棄し、社会改良を階級闘争のひとつの手段からその目的へと転じてしまおうという提案以外のなにものでもない。ベルンシュタインが「人びとが一般に社会主義の最終目的と呼んでいるものは、わたしにとって無であり、運動がすべてである」とするとき、彼自身その見解を最も的確にまた最も鋭く定式化したのである。

しかしながら社会主義の終局の目的は、社会民主党の運動をブルジョワ民主主義やブルジョワ急進主義から区別し、労働運動全体を資本主義制度の救済のための無意味なつぎはぎ細工から、この制度を廃止することを目的とした、この制度に対立する階級闘争へ変化させるただひとつの、決定的な要因である。〔……〕ベルンシュタインおよびその一派との論争においては、あれこれの闘争方法、あれこれの戦術が問題になっているのではなく、社会民主主義運動の全存在が問題になっている。(5)

ルクセンブルクは、このようにベルンシュタインが「諸問題」第二論文「崩壊理論と植民政策」で示した最も有名なテーゼに修正主義の本質が現れていると指摘する。彼女によれば、ベルンシュタインは、一見すると「闘争方法」や「戦術」の練り直しを求めているにすぎないが、実際はブルジョワ的な改良主義運動と社会民主主義運動の差異を抹消し、資本主義の枠組みにおける社会改良で十分だと主張している。そこでは、革命のための運動が改良のための運動に転化し、資本主義体制そのものの抜本的な転換を狙う「階級闘争」は存在理由を喪失してしまっているのである。要するに、彼女の説明によれば、最終目的を放棄する修正主義とは、労働運動から「プロレタリア的」な性格を剥ぎ取り、無意識に社会民主主義運動を死に追いやる「プチ・ブルジョワ的気まぐれ」にほかならないのだ。(6)

もっともルクセンブルクは、ベルンシュタインがいたるところで「目的」の重要性を強調していたことや、SPDの実践活動をほぼ全面的に承認していたこと、また彼女とは別の方法で「目的」に達しようと努力していると述べていたことも知っていた。さらに、それらを無視するかのような発言が、第三者に「誇張されている」という印象を与えかねないことも理解していた。しかしそれでもなおルクセンブルクは批判を止めなかった。なぜなら、ベルンシュタインは、まだ「独自の形式」と「独自の言葉」を見つけられていないがために、「旧い外皮」をまとっているにすぎなかったからである。プロレタリア大衆の利益を真に慮るのであれば、その「外形にまどわされることなく、ベルンシュタインの理論のなかに潜んでいる核心を摘発しなければならない」というのが彼女の確信であった。[7]

一八九八年にSPDに入党したばかりだったルクセンブルクの使命感は、十分に理解できるものである。ポーランド社会党の民族自決路線に反対し、社会変革のためであれば祖国の独立も顧みない革命的マルクス主義者としてドイツに渡り、また、当時「マルクス主義の教皇」として名を馳せていたカウツキーから「正統派マルクス主義」の急先鋒を任された彼女が、一切の妥協を見せなかったのは当然の成り行きであった。さらにルクセンブルクは、修正主義論争はSPDだけに終始する問題ではなく、その後の全世界的な社会主義運動全体の動向を決定する問題と考えていた。彼女から見れば『諸前提』は、「社会民主党内の日和見主義的潮流に理論的根拠を与えようとする、はじめての試み」であり、それ以降の「ドイツ労働運動や国際労働運動にとって大きな歴史的意義を持つもの」だったのである。[8]

2 科学的社会主義のユートピア性——ベルンシュタインの反論（1）

しかしながら、そもそもルクセンブルクはベルンシュタインの主張を適切に捉えられていたのだろうか。以下では、『諸前提』を中心に、ベルンシュタインの理論を象徴するとされてきた「人びとが一般に社会主義の最終目的と呼んでいるものは、わたしにとって無であり、運動がすべてである」というテーゼが何を意味していたのかをいま一度検討することで、彼自身の修正主義が本来的に有していた革命的な性格を明らかにしたい。

ベルンシュタインは『諸前提』において、ルクセンブルクの立論は「若干のおぞましい論理的飛躍」を含んでおり、「観念論」と「ユートピア主義」を同一視していると反論する。彼によれば、ルクセンブルクが核心を突いていたのは次の一点のみであった。

わたし〔ベルンシュタイン〕は実際、社会主義の勝利をその「内在的な経済的必然」に従わせていないし、むしろ、純粋に唯物論的な根拠説明を社会主義に与えることが可能だとも必要だとも考えていない。[9]

ベルンシュタインが熱心に批判しつづけたのは、マルクス主義に残存すると考えた「ユートピア主義」である。この「ユートピア」とは非科学性と言い換えることもできる言葉である。彼によれば、正統派マルクス主義者は『共産党宣言』や『資本論』の想定を現実が追い越したことを直視せず理論を盲信するが、いざドイツの現実に目を向ければ、重工業を中心にした目覚ましい経済成長を通じて、有産者数は増加し、労働者も物質的利益を享受していた。労働者が経験した経済的恩恵は、むろん彼らの生活水準を劇的に向上させるものではなかったが、一定の満足感をもたらし、将来的な生活改善に対する期待感を高めた。その結果として、労働者の革命的意識に陰りが見えはじめていた(10)。ベルンシュタインの批判のポイントは、そうした理論と現実の乖離を正統派が真剣に考慮していない点にあった。

たとえばベルンシュタインは、有産者数の増加という自身の分析に対する驚くべき反応として、次のカウツキーの言葉を引用した。「もしそれ〔有産者の増加〕が正しいとすれば、われわれの勝利の時点がはるか遠方に押しやられるだけでなく、われわれがそもそも目標に到達しないことになろう。増えるのが資本家であって無産者ではないというのであれば、ますますわれわれは目標から遠ざかり、強まるのは資本主義であって社会主義ではない、ということになろう(11)」。この主張は、ベルンシュタインから見れば、「空想的《ユートピア》社会主義」に代わる「科学的社会主義」として登場したマルクス主義が世紀の転換点において「ユートピア主義」に回帰するという逆立ちした現象にほかならなかった。

修正主義論争のほとぼりが冷めた一九〇九年にベルンシュタインは、『諸前提』の増刷に寄せて「一万三〇〇〇部への序文——一〇年ののちに——」を記し、修正主義の狙いを改めて明らかにした。くしくもそれは、ベルンシュタイン理論の最良の要約になっている。

労働者階級の偉大な解放闘争の歴史的権利と目標とは、できあいの公式に執着するものではなく、この階級の歴史的存在条件と、そこから生じる経済的、政治的および倫理的要求とによって規定されるものであり、労働者階級が実現しなければならないのは、理想なのであって、教条ではない、というのがそれ〔『諸前提』の見解〕である。この見解を《修正主義》と呼びたいのなら、そうするがよい。[12]

マルクス主義の「科学」が現実と一致しないのであれば、現実の認知ではなく、理論を疑わなければならない。なるほど、マルクス主義を卓越した社会主義思想たらしめたのは「科学」であった。しかし、そこに修正の余地が残されていなければ、それはもはや「科学」と呼びうる代物ではない。なぜなら「科学」とは、「演繹におけるなんらかの恣意を容認」しないどころか「法則的に必然なものの把握をその任務」とし、「探究される現象や事象の究極の原因とか、確認された発展の最終結果とかに関しては、〔……〕不可知論に立つ」ことだったからである。[13] したがって、社会主義が科学性を担保するためには、事実に基づく科学的推論を通じて、自らの理論を修正しつづけなければならないというのである。理論よりも経験が先立ち、理論よりも実践が優先される。修正主義の本質はこの批判性にあった。

こうしてベルンシュタインは、科学性を失った「科学的社会主義」に代わる、高度の科学性を保つ新たな社会主義の名称として「批判的社会主義」を奨めるのである。

3「指導的修正主義者」と「追随者」——ベルンシュタインの反論（2）

もう一点「一万三〇〇〇部への序文」で注目したいのが、「追随者」との差異化である。たしかに、ルクセンブルクは最初の引用で「ベルンシュタインおよびその一派」と十把一絡げに「社会改良」の陣営を括っていたし、後年のベルンシュタイン評価もSPD「右派」の理論的指導者というもので定着している。しかしそうした混同は、ピーター・ゲイが指摘したように、ベルンシュタインをはじめ、コンラート・シュミットやエドゥアルト・ダーフィトといった「指導的修正主義者」と、彼らの理論から革命的な性格を奪い、やがてベルンシュタインから背を向けられる「追随者」とを同じ範疇に押し込めることを意味している。[14]

前者の「指導的修正主義者」は、ベルンシュタインの言葉を借りれば、資本主義的な社会秩序が従来の想定よりも「長い寿命ともっと強靭な弾力」を有することを経験的に感得し、「闘争の実践を発展させなければならない」ことを信じて疑わなかった人々である。彼らは、「暴力の否定」や「倫理学の重視」、「日常的改良の強調」という立場を共有し、「倫理的社会民主主義的世界観の確立」をこころざした。これに対して、後者の「追随者」は、前者が有していた「社会主義をめざし辛抱強く前進する気概」を欠き、教条的なマルクス主義との訣別を「社会主義と国際主義の放棄」と都合よく解釈する人々である。さらに、その相当数を占めた「最も穏健な社会主義に対する関心すら薄いグループ」は、保護貿易主義の観点から帝国主義者に接近し、やがて社会帝国主義へと流れていくことになった(15)。

このようにベルンシュタインら「指導的修正主義者」と「追随者」のあいだには、決して一括りにできない理論的な隔絶がある。その最大のポイントこそが、社会主義をめざすか否かだったのである。ゲイは、こうした相違を踏まえて、前者を「修正主義者」もしくは「真の修正主義者」と呼び、後者を「改良主義者」と呼ぶことで、両者を区別する必要があると主張した。本稿はその必要性について全面的に同意している。ただ一点、ここまでの用法に則って、前者を「革命的改良主義者」の一潮流、後者を「改良的改良主義者」の一潮流と位置づける。したがってゲイの語法による「修正主義」や「批判的社会主義」は、「革命的改良主義」の下位概念という理解になるだろう。

一九〇一年、二八歳のときに去ったドイツの地を約二三年ぶりに踏んだ亡命者を待ち受けていたのは、自著『諸前提』をバイブルとする「改良的改良主義者」の熱烈な歓迎であった。まだ何者でもなかった若き社会主義者は、第二インター最大の社会主義政党に成長したSPDのなかでもとくに大きな勢力を誇ったグループの理論的指導者として帰国したのである。しかし、彼を待望した人々こそ、修正主義に本来的に備わっていた革命的な性格をねじ曲げ、資本主義の枠内における社会改良で満足するというプチ・ブルジョワ的な考えの持ち主であった。彼は何を思っただろうか。少なくとも、帰郷から八年の時間が経って執筆された「一万三〇〇〇部への序文」では、自己解釈を開示することで、自身の修正主義が正統派とも「追随者」とも区別されうる社会主義思想であることが告白されていたのである。

4 「最終目的」か、それとも「運動」の自由か——ベルンシュタインの反論（3）

最後に、ベルンシュタインがいかに「最終目的」を捉えていたのかについて確認する。ここまで論じてきたとおり、ベルンシュタインのテーゼは、「最終目的」に基づいてあらかじめ規定された理論が経験的事実を無視し、実践をがんじがらめにするマルクス主義の教条的ないし似非科学的な態度を批判するのであって、決して革命や社会主義という目的そのものの断念を意味していなかった。彼が強調したのは、社会主義運動にとって重要なことは、「運動」すなわち「一連の過程」であり、その自由な展開を拘束するような、こと細かに決められた「最終目的」はなんら本質的なものでない、ということであった。(16) ベルンシュタインはそうした見解の根拠として、マルクスの『フランスの内乱』から次の一節を引く。

労働者階級は〔……〕人民の決議によって採用すべきできあいのユートピアをなにももっていない。彼らは、彼ら自身の解放を成し遂げ、それとともに、現在の社会がそれ自身の経済的発展によって不可抗的にめざしているところの、あのより高度な生存形態をつくりだすためには、彼ら労働者階級が長期の闘争を経過し、人間や環境を完全に変化させる一連の歴史的過程を経過しなければならないであろうということを知っている。彼らは、実現すべき理想をもつものではない。彼らは、崩壊しつつあるブルジョワ社会の胎内ですでに発展してきたところの、新しい社会の諸要素を解放しさえすればよい（MEW 17: 300）。

労働者階級の主体的能力を信頼した実にベルンシュタインらしい抜粋である。(17) 社会主義指導者が「最終目的」など設定しなくとも、労働者は自ずとそれを見つけ出す。それゆえに、「人びとが一般に社会主義の最終目的と呼んでいるものは、わたしにとって無」なのである。この抜粋に続いて、ベルンシュタインは再度テーゼを説明し、その責任を果たした。

私は当時すでにこう言明していた。すなわち、最終目的に関する文言の形式が、原理として定式化される労働運動の一般的目的のすべてを無価値だと説明するような解釈を成立たせるおそれがあるかぎりでは、私はこの文言の形式を放棄するにやぶさかではない、と。しかし、運動の結果を先取りして述べる理論が、運動の原理的方向や性格を規定する一般的陳述としての目的を乗り越えるとなると、それは、必然的にいつもユートピアごっこに堕してしまうのであり、いつかは、運動の真の理論的・実践的進歩を妨げたり阻んだりする障害と化すだろう。[18]

以上より、ローザ・ルクセンブルクの文章は誤解を招くものだったといわざるをえないだろう。ベルンシュタインは革命を断念した「改良的改良主義者」ではなかった。もっとも、『社会改良か革命か』の執筆当時ベルンシュタインと「追随者」の運動は密接に関わりあっていたし、そもそもルクセンブルクの目的は正統派に挑戦する改良主義運動全体に対抗することであった。したがって修正主義を斥ければそれでよく、ベルンシュタイン理論から何かを救い出す必要もなかった。とはいえベルンシュタインが、プロレタリアートの「国民化」、議会制民主主義の定着、そして「資本主義の柔軟性」という二〇世紀以降の社会にも通底する条件に適応する社会主義運動を構想した点は改めて評価されてしかるべきだろう。ベルンシュタインの修正主義とは、社会改良という方法を推進しながらも、あくまで社会主義という革命的結果を追い求める、イギリス亡命者の「革命的改良主義」である。

二　正統派マルクス主義と社会改良——カール・カウツキーのプラグマティズム

カール・カウツキー（一八五四—一九三八年）ほど晩節を汚さずに一生を終えることの難しさを教える人物もめずらしいだろう。第二インターナショナルに君臨した「マルクス主義の教皇」は、第一次大戦において「背教者」（レーニン）に転落し、地に堕ちた権威は回復することのないままナチスの迫害を逃れたアムステルダムで客死した。むろん「背教者」というのは、かつて尊敬の念を抱いたカウツキーの「裏切り」に対するレーニンの怒りに満ちた言葉であり、必ずしもそのまま受け取る必要はない。だが、第一次大戦と『背教者カウツキー』（一九一八年）が、彼の評価の凋落する転換点であったことはまちがいないだろう。

プラハ出身のマルクス主義者として、とくにドイツやオーストリアなど中東欧で絶大な影響力を誇ったSPD屈指の理論家の生涯はおおかた次のようなものである[19]。

幼少期から青年期にかけては、オーストリアで演劇関連の仕事で生計を立てる一家の長男としてウィーンで育ち、複数の使用人を雇う裕福な生活を送った。彼自身一時は劇作家として身を立てることをこころざしたこともあった。この労働者階級と無縁の若者が社会主義に傾倒していくのはパリ・コミューンに感化された一八七〇年代のことであり、さらにマルクス主義へ転向するのはチューリッヒで生活を始め、ベルンシュタインと出会った一八八〇年代以降のこととされている。五歳年上のベルンシュタインと友情を育み、『反デューリング論』の共同研究に打ち込んだカウツキーは、若くしてマルクスやエンゲルスの知遇を得、一八八三年には『ノイエ・ツァイト』誌を創刊した。さらに、一八八五年にエンゲルスが居を構えるロンドンに移住し、マルクス主義の理論家としての地位を確固とした。一八九〇年の社会主義者鎮圧法の撤廃後には、マルクス主義を党是とするSPDの新綱領「エアフルト綱領」（一八九一年）をベルンシュタインとともに起草した。修正主義論争では、『農業問題』（一八九九年）や『ベルンシュタインと社会民主党の綱領』（一八九九年、以下『社民綱領』）などの著作を公刊し、正統派の重鎮として論陣を張った。そのうえで、論争終結後の一九〇九年に「最後で最良の書」（レーニン）と評される『権力への道』を発表した。しかしその翌年から、栄光の物語は終わりへ向かっていく。一九一〇年に世にいう「大衆ストライキ論争」が発生すると、ルクセンブルクら「急進左派」と袂を分かち、「中央派」を形成した。さらに、来たる一九一四年八月四日、政府の戦時公債案に賛成票を投じ、「城内平和」を承認した。「教皇」は「マルクス主義へのナショナリズムの浸透[20]」に白旗を上げた。

「マルクス主義の教皇」か「背教者」か。修正主義論争中のカウツキーは一体何を論じていたのだろうか。本節では、戦争協力の問題をいったん切り離し、カウツキーのベルンシュタイン批判を『社民綱領』を中心に整理することで、「裏切り者」や「背教者」というレッテルによって覆い隠されてきたその理論的および戦術的射程を検討する。もっとも、これまでの研究において、そうしたレッテル貼りに惑わされることがなかったとしても、修正主義論争中のカウツキーは「革命的気質が欠けていた[21]」だったり、「場当たり的[22]」だったりと必ずしも評価されてこなかった。実際、ローザ・

ルクセンブルクと比べれば、カウツキーのベルンシュタイン批判はいくぶん歯切れが悪く、どっちつかずでパッとしない印象を与える。しかし以下では、あえてそうした割り切れなさを見直すことで、「社会改良か革命か」という作為的な決断を避ける「革命的改良主義者」カウツキーの姿を探っていく。

1　割り切れなさの理由――ゲアリ・P・スティーンソンの功績

カウツキーの名誉を回復する記念碑的な伝記を著したゲアリ・P・スティーンソンはその「序文」において、それまでのカウツキーの不幸な描かれ方について次のように語っていた。「カウツキーの人間性とその理論は、敵味方を問わずどちらにも誤解され不正確にしか理解されていない。教条主義的な政論家はもちろん、大部分の歴史家や政治学者ですら、これまで彼を詳細に考察したことも、公平に考察したこともなかった(23)」。残念なことに、この言葉から約五十年が経過した今日でもそうした傾向に大きな変化はなく、むしろ忘却の一途をたどっているようにも思われるが、ともかくスティーンソンは共産主義者の赤いヴェールに覆われていたカウツキーの実像に肉薄した(24)。彼自身は「本書の研究は伝記の決定版を書くことではない(25)」と謙遜し、いくつかの論点の不足を挙げていたとはいえ、文字通り「揺り籠から墓場まで」を描きだした。修正主義論争について論じた箇所では、カウツキーとベルンシュタインの共通点と対立点を明白にする次の重要な指摘を行った。

当時の多くの論者たちは、ベルンシュタインは単に党の理論をドイツの現実の政治状況に結びつけたにすぎないと考え、そして大部分の歴史家がこうした見方に同意してきた。だが、事実はそうではなかった。ベルンシュタインとカウツキーとは、党の純プロレタリア的性格の維持ということを別にすれば、戦術問題について意見の違いはほとんどなかった。〔……〕ふたりの膨大な量にのぼる論争は、ほとんどもっぱら理論に関するものであり、とりわけマルクスのある種の仮説――価値論、循環性恐慌、集積、窮乏化、その他――が、目前の事実と一致するか否か、ということに関するものであった。しかも、修正主義論争の中心的問題は、理論の内容ではなく、党活動における理論の役割であった。[26]

イギリス亡命中のベルンシュタインが一八九六年に『ノイエ・ツァイト』誌上で発表した「諸問題」は、すぐさまドイツで大きな波紋を呼んだ。だが、当初カウツキーは、ベルンシュタインに対する直接的な批判を躊躇した。カウツキーにとってベルンシュタインは、チューリッヒやロンドン時代をともに過ごした約二〇年来の友人であり、「エアフルト綱領」の起草を分担した同志であった。もちろんベルンシュタインの偏向に不満がなかったわけではないが、カウツキーはそれを公言し友情を犠牲にする決断を容易には下せなかったのである。それゆえ、カウツキーの出版物における本格的なベルンシュタイン批判は、修正主義論争が始まってから約三年が経過した一八九九年三月まで待たなければならなかった。ただし、それ以降は一転して、修正主義の積極的な批判者としてふるまっていく。

ところが、スティーンソンが指摘したとおり、カウツキーは理論面においてベルンシュタインに反駁する一方で、戦術面においてはその主張をほぼ全面的に受け入れていた。すなわち、ベルンシュタインの「窮乏化」や「恐慌」の否定、「有産者の増大」という仮説に基づく「資本主義の適応性」の主張を排撃する一方で、議会制民主主義と労働者の日常闘争を通じた社会改良を肯定し、それらに基づくベルンシュタインの革命観を許容したのである。

かれ〔ベルンシュタイン〕は、「破局に望みをかけた戦術」ということを口にする。しかし、そもそも、SPDのどこにそういう戦術があるのかとなると、口を閉ざす。実際、SPDの戦術は、まさにその理論的基礎において、どんなものよりも状況に適応する力を持っている。それは、どのような思いがけない事態に対しても用意があり、恐慌も好況も、反動も革命も、そして破局も漸進的で平和的な発展も考慮しているのだ。〔……〕SPDはあらゆる状況を利用するのであって、自ら両手を縛るようなことはしない。[27]

この点は、たとえば理論と戦術の整合性を重視したルクセンブルクと比較すれば、煮え切らない不誠実な態度、あるいは修正主義に妥協的な態度のように思われるかもしれない。しかし、カウツキーは、あくまでマルクスないし「エアフルト綱領」に忠実な人であった。彼によれば、マルクスの理論それ自体が本来的にこうした幅広い戦術を包摂する懐の深さを有し、それゆえに党の戦術は臨機応変に変更可能であった。すなわち、好景気においては、ベルンシュタインが主張するように、労働組合や協同組合を通じた日常的な経済闘争が重要であり、一方で不景気においては、ブルジョワジーの抵抗が強まり、日常闘争による状況改善が不可能になるために、「経済上の最大の勢力」である国家をのっとる政治闘争が優先されるというのである。[28] そこには、革命のためであればいついかなる時も、どんな方法であっても闘争を継続するカウツキー特有のプラグマティズムを発見できるだろう。

2 正統派の諸相——カウツキーとルクセンブルクの「本質的差異」

当然として、こうしたカウツキーの割り切れなさに批判的な論者もいる。たとえば、ややルクセンブルク贔屓の感があるJ・P・ネットルは両者を次のように比較していた。

ふたり〔カウツキーとルクセンブルク〕の本質的な差異は、ふたりが協力する過程で、抹消されたというよりは、むしろ隠蔽されていた。カウツキーは原則を決して疑うことはなかったし、したがって、ローザ・ルクセンブルクのように、その妥当性を再確認もしなかった。妥当性はか弱く消極的であった。練りあげたり大衆化することには意欲的であったにしても、彼は、その政治的動力を当然のことと見なしていたのであった。このことによって事実上、彼は特定の分野——理論——の防衛だけに終始した。理論に（またはそのチャンピオンとしての彼に）攻撃が加えられないかぎり、彼は必ず平気で修正主義的実践を無疵のまま継続させていた。[29]

ネットルによれば、自らが起草した「エアフルト綱領」の擁護に集中した自己中心的なカウツキーに対して、ローザ・ルクセンブルクこそがマルクス主義の新たな要であった。というのも彼女のみが、実践のために理論を歪曲しようとするベルンシュタインの挑戦を真正面から受け止め、理論と実践の両面において反論を行ったからである。ルクセンブルクにとって「原則は戦術の革命的性格を維持する手段であったが、どの戦術を選択するかは、マルクス主義の原則と厳格に整合しているか否かによるべき」であった[30]。

ルクセンブルクが最も理論的に洗練された修正主義批判を展開したことは誰もが認めるところである。ベルンシュタインでさえ、「方法という点では、それら〔ルクセンブルクの諸論文〕は、私への反論として書かれたもののうちで最優秀なものである[31]」と認めていた。実際、『社会改良か革命か』では、ベルンシュタインの理論的基礎を次々に論難し、マルクス主義の根本的な理論を救出した。だが、その一方で、理論的な厳密さを追求する代償として、ルクセンブルクの戦術には妥協のための余白が残されていなかった。すなわち、その論拠が切り崩されたベルンシュタインの議会主義的で漸進的な改革案は、なんら社会主義に貢献しない「ユートピア主義」と判断され、一切の容赦なく棄却された。

法律による改良の仕事は長期間にわたって行われる革命であり、革命は短縮された改良であると想像することは、まったくの誤りであり完全に非歴史的である。社会革命と法律による改良とは継続の期間によって区別される要因ではなく、その本質によって区別される要因である。〔……〕政治権力の奪取や社会の変革のかわりに、またそれらに反対して、法律による改良の方法に賛成する人は、実際にはおなじ目的にむかっての、より温和で確実なよりゆるやかな道をとっているのではなく、〔……〕たんに旧い社会構成体の内部でのとるにたりない改革のほうを選択しているのだ[32]。

プロレタリアートが「資本のくびき」のもとにあるかぎり、いくら法律を変えようともそこから解放されることはない。社会主義的な形態への移行には、労働者自身による政治権力の奪取すなわち「プロレタリアートの独裁」を通じて、ブルジョワ的法秩序の土台である資本主義生産様式を「廃止」することが不可欠である。ベルンシュタインは、いつ訪れるかもわからない「破局」に政治権力奪取の機会を賭ける戦術に反対し、議会制民主主義を利用することで、社会改良を着実に積み重ね、漸進的に社会変革を実現していくことを勧める。[33]しかし、ルクセンブルクによれば、現存する民主主義に全幅の信頼を寄せる前に、まずもってその性格が「ブルジョワ的」であることをもっと真剣に考慮すべきであった。

ただし、続く箇所では、たしかに民主主義は「ブルジョワ社会を変革するに際しての足がかりとして足場として役に立つ政治形式」を提供し、また、民主主義のための闘争やその権利の行使は、プロレタリアートが「自己の階級的利害と歴史的使命を自覚すること」を可能にせしめる、と一部譲歩を見せていた。だが結局のところ、民主主義がなし得るのはそこまでである。つまり、民主主義とは「それがプロレタリアートによる政治権力の奪取〔独裁〕を不必要にするからではなく、逆に、それがこの権力奪取を必要にすると同時に、唯一可能にするがゆえに不可欠なもの[34]」にすぎないのだ。ルクセンブルクはまたこうも断言する。

資本主義社会の生産関係が社会主義的なものに近づけば近づくほど、資本主義社会の政治的また法的な諸関係は、その反対に、資本主義社会と社会主義社会のあいだにますます高い障壁をきずきあげる。この障壁は社会改良や民主主義の発展によってつき破られうるようなものではなく、逆にしっかりした不動のものにされてしまう。それではこの障壁はどうやって破壊されうるかというと、ただ革命の鉄槌によってのみ、すなわち、プロレタリアートによる政治権力の奪取によってのみ破壊されうる。[35]

ルクセンブルクによれば、議会制民主主義を利用するベルンシュタインの戦術は、いずれ袋小路に入り込み、社会主義運動を窒息せしめる愚策である。社会改良は、社会主義あるいはプロレタリアートの勝利に貢献するどころか、むしろそれらを遠ざけてしまうのである。結局、若きマルクス＝エンゲルスが示したように、労働者の解放のためには彼ら自身による「政治権力の奪取」、いいかえれば「プロレタリアートの独裁」に頼るほかないのだ。

しかし、こうした「赤いローザ」の戦闘的な態度は、カウツキーを含めた正統派マルクス主義者の総意ではなかった。たとえば、カウツキーは『エアフルト綱領解説』（一八九二年）において、過大評価に注意を促しながらも、「〔労働時間の短縮や労働条件の改善、社会立法〕をもとめるということは、正しいことであるし、実際必要なことである。こういう改良は〔……〕資本主義的生産様式の自死的傾向を遠ざけるどころか、むしろこれを強める」[36]と明確に社会改良の革命的役割を語っていた。さらに『社民綱領』では、「私は、プロレタリアートの階級支配が必然的に階級独裁の形態を取るということを主張したいわけではない」[37]と述べ、民主主義を通じた平和的な社会変革の可能性を示唆した。スティーンソンが指摘するように、カウツキーは、イギリスの立憲君主政を踏まえたベルンシュタインの戦術が帝政ドイツに適合するとは考えなかったが、その一般的な可能性は認めていたのである。

そうした点で、ベルンシュタインが先のルクセンブルクの記述に対して面食らったように漏らした不満は、見当違いのおかしな言いがかりというわけではなかった。

> ローザ・ルクセンブルクはこの問い〔社会改良か革命か〕を、これまで社会民主党内で通例となっていたようなかたちではなく、つまり、社会主義実現のための道の二者択一としてではなくて、その一方――彼女の考えでは革命――だけが目標へ導きうるのだというかたちで、対立的なものとして提起しているのである。[38]

以上より、カウツキーとルクセンブルクに関する三つの「本質的差異」が確認できるだろう。第一に、「エアフルト綱領」とくにその理論部分を見直すか否か。第二に、修正主義の戦術を排除するか否か。第三に、理論による戦術の厳密な規定を期待するか否か。もちろん、これらすべてに肯定の返事で答えるのがルクセンブルクであり、その逆の返事の主がカウツキーである。非妥協的なルクセンブルクに対して、「場当たり的」や「どっちつかず」という誹りは免れ得ないかもしれないが、カウツキーは「社会主義実現のための道」を限定することに拘泥しなかった。彼にとってプラグマティックに闘争を継続することこそが重要であり、それゆえに「革命的改良主義」もまた「社会主義実現のための道」のひとつとして残されていたのである。そしてそれは、「エアフルト綱領」、あるいは複線的で多様な革命の道があることを明かした晩期のマルクスやエンゲルスに忠実なふるまいだったともいえよう。

三　正統派と修正主義のあいだ——ジャン・ジョレスの「共和主義的社会主義」

ジャン・ジョレス（一八五九—一九一四年）は、第二インターナショナル期のフランスを代表する社会主義者である。その名前は、ドレフュス事件における熱心な「ドレフュス派」としての活動、共和派左派と形成した「左派ブロック」を通じた社会政策の実現、そして第一次大戦前夜の文字通り命を賭した反戦運動でとくによく知られている。

ところが、意外なことに、その政治家としてのキャリアは共和派として始まった。社会主義へ転換する以前の青年ジョレスは、高等師範学校に首席として入学し、一八八一年に哲学のアグレガシオンを取得した紛れもない共和派エリートであり、一八八五年の下院選挙では二六歳で共和派議員として立候補当選した。もっともブーランジスムの風が吹き荒れた最初の議員生活（一八八五—一八八九年）では、儘ならない日々が続き、最終的に再選もならなかった。だがその四年間は、共和派の改良主義政策に対する違和感を抱かせるには十分な期間であった。一八九三年に国政の舞台に戻ってくるのは社会主義者ジョレスである。

なぜ青年ジョレスは共和派に対する懐疑を膨らませ、社会主義者へ転身するに至ったのか。先行研究では、落選期間中の一八九〇年前後に経験した次の二つの出来事が指摘されてきた[39]。第一に博士論文執筆を契機としたマルクス理論の直接的な摂取であり、第二に自ら支援に回った「カルモーの大ストライキ」における階級闘争の目撃である。ジョレスはそれらを通じて、社会に階級対立が存在し、フランス革命以来の「自由」と「平等」の理念を達成するためには「生産手段の社会的所有」が必要であることを確信した。所有の領域に決して踏み込まない共和派は、未完のフランス革命を完成しえないのである。

こうしてジョレスは社会主義者として活動を開始する。しかし、それは共和主義的伝統との断絶を意味していなかった。むしろ、フランス革命の延長線上に社会主義革命を位置づけ、共和主義から社会主義への飛躍を必然的なものと理解したのである。歴史家エルネスト・ラブルースの表現を借りれば、ジョレスの社会主義とは「共和主義的社会主義」[40]であった。

それでは、ジョレスは修正主義論争にどのように介入したのだろうか。論争が勃発し加熱したのは、ジョレスの転身からほんの数年後の一八九〇年代後半のことであった。とはいえ、その頃にはすでにジョレスは、持ち前の雄弁さ、鋭敏な哲学的思考、そしてドレフュス擁護派として見せた人間性を武器とし、ジュール・ゲードやポール・ラファルグといった「フランス・マルクス主義者」と一線を画す社会主義者として頭角を現していた。フランス社会主義の指導的地位に一足飛びに駆け上がったジョレスは、「修正主義の理論」と「教条主義の実践」に対する二重の批判を展開し[41]、革命的改良主義の論陣を張る。

1　正統派の理論と修正主義の実践

ジョレスが修正主義論争に直接的に介入するようになったのは、一八九九年に独立系社会主義者アレクサンドル・ミルランのブルジョワ政権入閣の是非をめぐって発生し、結果的にフランスの社会主義者を二分することになった世にいう「ミルラン入閣問題」からである。教条的なマルクス主義者であるゲードや元「コミュナール」であるエドゥアール・ヴァイヤンが入閣に反対する一方で、ジョレスは、友人ミルランの政権参加を通じて、ドレフュス事件において築かれた共和派左派との協調関係がさらに発展し、フランス・プロレタリアートにとってより有利な状況が創出できると考え、入閣を支持した。ジョレスが期待したとおり、そうして形成された「左派ブロック」（一八九九―一九〇六年）は、労働時間の短縮や社会権の拡充、さらには政教分離の確立や兵役制度の改革など社会改良を次々に実現した。

その一方で、当然としてジョレスのそうした融和的な態度は、ゲードやヴァイヤン、また彼らが一九〇二年に結成したフランス国社会党（ＰＳｄＦ）のメンバーから非難された。またローザ・ルクセンブルクも「社会民主主義と議会主義」において、ＳＰＤにおけるベルンシュタインの姿を彷彿とさせるジョレスに対して、フランスの労働者や第二インターナショナルを過剰な階級協調によって混乱に陥れているとその責任を追及していた[42]。

このように修正主義論争に関与したジョレスは、その階級協調路線を通じて、フランス・マルクス主義者や正統派マルクス主義者といった「左派」からの攻撃にさらされる立場にあった。それゆえ当時から今日にいたるまで、ベルンシュタインに近しいフランス社会主義「右派」の代表的論客であるというのがジョレスの一般的な評価になっている。

ところが、ジョレス自身は、ベルンシュタインの批判者を自認していた。たとえば、一九〇〇年二月一〇日にパリのソシエテ・サヴァント会館で行った講演「ベルンシュタインと社会主義的方法の発展」（以下「発展」、OJJ 8: 292-311）では、「社会主義の原則と方法に関してベルンシュタインとカウツキーのあいだで論争が巻き起こったが、わたしは全体としてカウツキーに賛成する（OJJ 8: 292）」と公言した。ジョレスによれば、ベルンシュタインは労働者による日常闘争の擁護をめざしてマルクス主義の根本理論――すなわち、価値論、弁証法、史的唯物論――を攻撃したが、それらはいずれも不経済な行為である。というのも、そもそもマルクスの理論は「組織されたプロレタリアートの改良的、持続的、日常的、即時的、そして直接的な介入や行動を排除するものではない（OJJ 8: 303）」からである[43]。

ここで想起されるのはカウツキーの議論であろう。ジョレスの論調は、基本的にカウツキーが『社民綱領』で示したものと同様であり、マルクス理論の包括性を強調するものであった。ただし、スティーンソンがカウツキーの唯一拘泥した点と指摘した「党の純プロレタリア的性格の維持[44]」については、必ずしも全面的に賛成というわけではなかった。ジョレスは「発展」において、ベルンシュタイン理論に一通り反駁した後、次のように問いかける。

さて、終わりを迎えるに当たってもうひとつの問題に触れないわけにはいかない。これは、昨今のフランス社会主義の分裂をもたらした最大の要因のように思われる。すなわち、いかなる範囲において、いかなる条件において、いかなる形式において社会主義政党とプロレタリアートは他党と協力し、協同しうるのかという問題である（OJJ 8 : 308）。

ジョレスは、カウツキーが警戒したような社会主義政党の「国民政党」化や脱「階級政党」化を狙っていたわけではない。むしろ社会主義政党は、生産手段の所有という伝統的な区分に基づく「階級闘争」を継続し、生産手段の社会化という「革命的」目標を維持しなければならないと強く訴えていた（OJ 8: 305, 308-309）。だが、その一方で、マルクス主義の伝統的な教説である、いわゆる「窮乏化」論ないし「中間階級消滅」論を明確に否定し——むろん当時の正統派とてナイーヴに信じていたわけではないが——、社会主義体制への民主的で平和的な移行のために「階級闘争」概念の部分的な刷新を求めていた。

マルクス主義の革命構想は、周知のとおりブルジョワジーとプロレタリアートという二大階級の闘争を通じた弁証法的展開を辿るものである。より具体的には、資本主義的生産の発展に伴って、搾取の増大と階級対立の先鋭化が進み、やがて恐慌の発生、そして資本主義の崩壊へ至るというものである。その根拠になっていたのが、『共産党宣言』の「下層中間階級すなわち小商人、小工業者、小金利生活者、手工業者、農民らはすべて次第にプロレタリアートに転落する（MEW 4: 469）」という窮乏化の予言であった。この諸階級のプロレタリア化を通じて、社会主義革命の状況が成熟すると考えられていたのである。

しかし、ジョレスによれば、こうした窮乏化論および中間階級消滅論がもはや世紀転換期の状況に妥当しないということは、ほとんど公然の秘密と化していた。

重要なことは、今日、いかなる社会主義者もプロレタリアの絶対的窮乏化論を受け入れていないということである。ある者は大っぴらに、ある者は細心の注意を払いながら、またある者はウィーン的ないたずらっぽい善良さをもって、プロレタリアの物質的経済的状況が全体として悪化しているというのは誤りである、と明言している。〔……〕もはやマルクスやエンゲルスにならって、資本主義体制は被搾取者に生活に必要な最低限さえも保障しないがために崩壊すると繰り返したりはできない。したがって、プロレタリアの生命そのものを脅かす経済的大変動が、生存本能の反乱を通じた「ブルジョワジーの暴力的崩壊」を引き起こすと期待することは子供じみている（OJ 8: 516）。

ジョレスは、ベルンシュタインと同様に、資本主義経済の破綻とそれに伴う政治的混乱に乗じようとするマルクス主義の革命構想の時代錯誤を指摘した。そうした一九世紀的な戦術に拘泥する者とは、「前世紀のプロレタリア運動の決定的な成果〔すなわち民主化〕を真に受け入れない者」であり、「『共産党宣言』までさかのぼる者」であり、そして「混沌の中で生きることを自ら宣告する者」なのだ（OJ 8: 517）。したがって、ジョレスが狙うのは、社会主義政党の孤立でもなければ、階級闘争の放棄と革命的主張の撤回に伴う「国民政党」化でもない。それは、もはや自動的にプロレタリアートに「転落」しえない広大な中間層を社会主義の陣地に引き込み、多数派を形成することである。カウツキーが反革命的な存在として判断した中間層は、ジョレスにおいて社会主義の倫理性を理解しうる、説得可能な存在として捉えなおされるのである。ジョレスは自身の立場をこう説明していた。

この点〔階級闘争〕に関して、わたしはカウツキーにもベルンシュタインにも同意できない。ベルンシュタインに反して、プロレタリア階級とブルジョワ階級は、われわれが何をしようとも、根源的に区別され、根本的に対立しつづけると考えている。その一方で、カウツキーに反して、自らの意識と行動を監督できるプロレタリア階級と、他の階級との邂逅や接触の機会が増えることを恐れる必要はないとも考えている。なぜなら、ある階級にとって、自身と人間社会のほかの部分との接触面を拡大することなしに行動することは不可能だからである。接触しないことは必然的に行動しないことであり、行動することは必然的に普遍的な運動と交わることを意味している（OJ 8: 309-310）。

2　共和国の社会主義と反転する正統派

ジョレスの正統派とも修正主義者とも〔あるいはカウツキーともベルンシュタインとも〕一線を画する革命的改良主義の主

張は、フランスにおけるマルクス主義の紹介者かつ実践者であったゲード派の反発を招いていたにもかかわらず、驚くべきことに第二インター・パリ大会（一九〇〇年）で実質的に追認される。パリ大会のいわゆる「カウツキー決議」は、「特定の場合において、政治情勢がこの危険な実験を求めるならば、これは戦術の問題であって、原則の問題ではない。したがってインターナショナル大会は、この点について宣言する必要はない（HI 3: 40）」と述べ、ジョレスの階級協調路線を例外的処置として容認した。

この第二インターの判断は、ドイツの正統派と友好的な関係を築いていたゲード派にとって梯子を外されるような経験であった一方で、ジョレス派ないし左派ブロックにとってはまたとない後押しであった。事実上のお墨付きを得た左派ブロックは、ピエール・ワルデック゠ルソー内閣（一八九九年六月—一九〇二年六月）、エミール・コンブ内閣（一九〇二年六月—一九〇五年一月）と協力関係を継続し発展させていく。そうして、労働時間の短縮や老齢年金といった社会立法、また「二年兵役法」や「政教分離法」といったフランス共和国の根幹となる重要法案を制定ないし準備するという大きな成果をわずか数年で上げた。

ところが、SPDのドレスデン党大会（一九〇三年）において修正主義が党の公式見解として否定されると、事態は急変していく。ドレスデン大会は、修正主義の戦術を「社会の既成秩序に譲歩する政策」であり、「階級闘争を有名無実化する企て」と非難し、さらにSPDは「革命党」すなわち「ブルジョワ社会を社会主義社会へと可及的速やかに変革しようと努力する党」であることを決議した。すなわち、ベルンシュタインやジョレスに支持が集まるにつれて、形骸化しつつあったカウツキー決議の例外規定（階級協調路線は原則ではなく、あくまで時限的な戦術であるということ）を厳格に適用することを決定したのである。さらに、ドイツにおける勝利に満足しなかったSPDの正統派マルクス主義者は、ドレスデン決議をインターナショナルのレヴェルでも確認することを希望し、一九〇四年のアムステルダム大会において実質的にジョレスを標的にする同内容の決議案を提出した(45)。

このSPDの方針転換を歓迎したのが、ゲード派の社会主義者であった。彼らは、パリ大会で予想外の辛酸を嘗めたが、それ以降も対決姿勢は崩すことなく、フランス社会主義が一枚岩になることを阻害し、労働者を混乱に陥れているとしてジョレス批判を続けていた。それゆえ、ゲード派にとってアムステルダム大会は待望の場であった。ベーベルによれば、ドレスデン決議が「議会制度のあるすべての国々における社会民主主義の戦術の基本にうってつけ（CA: 11）」と考えたのは彼らであった。

こうしてアムステルダム大会では、ベーベルらSPDの正統派マルクス主義者とゲードらフランス・マルクス主義者が本来的な同盟関係を再構築し、ジョレスを追い詰めていく。彼らの主張はおおむね次のようなものであった。たしかにドレフュス事件で発覚したナショナリストや保守派の反動に対抗して、民主的でリベラルな共和国を防衛する左派ブロックの企ては理にかなっていたかもしれない。しかし、いったん危機を乗り越えたのであれば、階級闘争の原則に回帰しなければならない。すなわち、左派ブロックはその役目をすでに終えているのである。ベーベルはドレスデン決議を踏襲し、ジョレスをこう諭した。

近年、フランスで共和国が危機に瀕している――それは事実として認められる――とすれば、またブルジョワの擁護者たちと協力して共和国を救ったのであれば、あなたは完全に正しかった。われわれも同じようにしただろう。さらに教権主義との闘いについても非難することはない。単独で十分に闘えなければ、自由主義者と手を組めばいい。われわれもそうしている。ただし闘いが終われば、赤の他人同士である（CA: 18）。

こうした強硬な要求に対して、もちろんジョレスは黙っていなかった。持ち時間を超過する長広舌を振るい、ドイツ帝国の「半議会 demi-Parlement」しか有していないSPDの方針が共和国あるいは民主主義国に強制されるのは言語道断の暴挙だと徹底的に反論する。

あなたがたは、たとえ帝国議会で多数派を占めたとしても、社会主義が多数派を占めたとしても、支配者になれない唯一の国を生きている。なぜなら、あなたがたの議会は半議会にすぎないからだ。議会はその手に行政権、統治権を持たず、その決定は帝国当局によって恣意的に破棄される要望にすぎない以上、議会とはいえない。〔……〕その無力を非妥協的な理論の形式で覆い隠している（OJJ 9: 428）[46]。

ドイツには、権力を有した議会が存在しない代わりに、党員数や得票数で他を圧倒し、模範とすべき組織力を誇る世界最大の社会主義政党があり、フランスやイギリスには、そうした政党が組織できていない代わりに、議会制民主主義がある。各国の社会主義運動はそれぞれの強みを活かして、革命をめざせばよいのであって、誰かにその方法を強制される謂れもなければ、何かを強制する権利もない。要するに革命の道は複線的で多様なのだ。それにもかかわらず、ドレスデン決議をインターナショナルで採択することは、ドイツの政治的無能力の押し付けであり、国際社会主義の発展どころか、フランスやイギリス、スイス、ベルギーなどより成熟した「民主主義」や「自由」を享受する国々の社会主義運動を妨害することにほかならないのである（OJJ 9: 429）。第二インターナショナルで圧倒的な影響力をもったドイツ社会主義に毅然と立ち向かい、民主主義国の不満を代弁したジョレスの演説は、他の議題に構うことなく集まった聴衆を釘付けにした。

とはいえ、フランス史上屈指の雄弁家の大演説も多勢に無勢であった。アムステルダム大会は、ドレスデン決議を二五対五（白票一二）で可決する。対抗案であったアードラー＝ヴァンデルヴェルデ修正案は、日本から参加した片山潜の反対票もあり、同票（二一対二一）で否決に追い込まれたのである。大会後のジョレスは、正統派マルクス主義者が実質的にヘゲモニーを握っていた第二インターナショナルの意向に沿って、左派ブロックからの離脱とゲード派優位でのフランス統一社会党（ＳＦＩＯ）の結成に合意することになる。

結論

本稿の主役であるベルンシュタイン、カウツキー、ジョレスは、それぞれ一八五〇年、一八五四年、一八五九年の生まれであり、むろん同時代人である。さらに、彼らは、ドイツやイギリス、オーストリア、そしてフランスといった程度の差こそあれ政治的自由が保障され、物資的にも豊かだった国、もっといえばベルリン、ロンドン、ウィーン、パリという世界的な大都市で多くの時間を過ごした。それゆえに、一八四八年革命を経験したマルクスやエンゲルス、ヴィルヘルム・リープクネヒトといった先行世代と違って、一八九〇年代から二〇世紀初頭にかけて西欧の大都市で見られたような、労働者が余暇を楽しみ、選挙があれば投票所に赴く光景は、それほどめずらしいものではなかっただろう。いわば彼らは、一八四八年の『共産党宣言』が描き出した世界とはもはや別の世界の住人だったのである。そして、そうした三人の修正主義論争における主張を包括的に読み直すことが本稿の企てであった。

議論を簡単に振り返っておこう。まず、修正主義論争を巻き起こした張本人であるベルンシュタインが、ローザ・ルクセンブルクが悪魔化し批判したような、資本主義の枠内での社会改良に満足する反革命的な人物ではなかったということを示した。彼は、当時SPDで蔓延していた「目的」に対して「過程」を蔑ろにする傾向に反対したのであって、最終的に社会主義に移行する必要を一度たりとも否定していなかった。多くの誤解を生んできた有名なテーゼ「人びとが一般に社会主義の最終目的と呼んでいるものは、わたしにとって無であり、運動がすべてである」もそうした「過程」の軽視に対する警告であった。

次に、正統派の指導者であったカウツキーの革命的改良主義者としての側面を明らかにした。論争勃発から数年の沈黙を経て友人ベルンシュタインに対する批判を開始したカウツキーは、価値論や弁証法、史的唯物論など理論面に反駁した一方で、ベルンシュタインが強調した「社会改良から革命へ」という漸進的で平和的な社会変革の一般的な可能性を認めた。カウツキーが見出したベルンシュタインの問題点とは、第一にイギリスの経験を根拠にした民主主義による革命構想を安易に帝政ドイツに適用しようとしたこと、第二に世紀末ドイツの「前代未聞の好景気」という「特殊状態」の戦術を一般化しようとしたこと、第三にそうした戦術の変更に伴って不必要な理論の修正を試みたことの三点であった。

最後に、共和派から社会主義者に転身したジョレスに注目することによって、フランスにおいても革命的改良主義の主張が登場していたことを確認した。ミルラン入閣問題を通じてフランス・マルクス主義者やドイツの正統派マルクス主義者と対立したジョレスは、議会制民主主義が定着した社会における階級闘争ないし社会主義戦術を論じ、ドイツ帝国にはドイツ帝国の、フランス共和国にはフランス共和国の革命の道があることを訴えていた。さらに、本稿では詳しく論じられなかったが、第一次大戦においてベルンシュタインやカウツキーなど多かれ少なかれ「社会改良」に理解を示した人々がナショナリズムに傾斜し、「城内平和」に加担したにもかかわらず、ジョレスが最期まで戦争に反対していたという事実が、安易に修正主義論争と戦争協力問題を連続して捉えることを許さないのである。

以上より、修正主義論争において第三の立場、すなわち「革命」とも「社会改良」とも割り切ることのできない「革命的改良主義」の議論が展開されていたことが明らかになった。第二インターナショナルの改良主義とは、資本主義に妥協し、革命を放棄した「改良的改良主義者」の占有物でもなければ、必然的にナショナリズムと結びつく思想でもなかった。それは平和的な社会変革が可能かもしれないと希望を抱き、その可能性を追求した者たちの思想でもあったのだ。したがって、そうした論陣を張る人物が中心にあった修正主義論争もまた、戦争協力問題から把握できるような単に「社会改良か革命か」を争うだけの理論闘争ではなく、社会主義実現のための多様な道を構想するもっと開かれた論争だったのである。

本稿を終えるにあたって、一九〇八年一〇月のSFIOトゥールーズ党大会で採択された決議から一節を抜粋することにしよう。トゥールーズ党大会は、一九〇五年四月に「階級闘争および革命の党」として創設されたSFIOにおいてしばらく閑職にあったジョレスが、再びフランス社会主義の指導者に返り咲いた大会であった。したがってトゥールーズ決議は、ジョレス社会主義思想のエッセンスであると同時に、「革命的改良主義」の宣言である。

社会党、すなわち労働者階級と社会革命の党は、資本主義体制の破壊と階級の廃止を通じてプロレタリアを解放するために、政治権力の支配を追求する。〔……〕革命の党であるがゆえに、またブルジョワ的ないし資本主義的な所有という、その目には時代遅れのものとして映る権利によって、不断の要求を諦めないがために、最も本質的で、

最も積極的に改良に臨む党であり、労働者の各要求を完全に実現できる唯一の党である。(47)

〔引用について〕

＊邦訳のある文献に関しては、基本的にそれを参照し、必要に応じて適宜訳文を変更した。

＊以下の文献に関しては略号を用い、巻号とページ数もしくはページ数のみ付した。

OJJ: *Œuvres de Jean Jaurès*, tome. 1-17, Paris, Fayard. 2000-2023.

MEW: *Karl Marx Friedrich Engels Werke*, Bd. 1-41, Berlin, Dietz, 1956-1968.

HI: *Histoire de la II* [*e*] *internationale*, tome.1-23, Genève, Minkoff, 1976-1985.

CA: *Au congrès d'Amsterdam / discours de Jules Guesde, Aug. Bebel, Édouard Vaillant*, Paris, Au siège du Conseil central, 1904.

（1）ここでの参政権とは、周知のとおり「男性参政権」である。当時から「サフラジェット」のように「女性参政権」を求める声が上がっていたが、それらは黙殺された。

（2）「革命的改良主義（réformisme révolutionnaire)」は、いわゆる「革命主義」でも「改良主義」――本稿の言葉では「改良的改良主義」――でもない第三の立場を指す語である。近年では、術語として、思想史研究（cf. Jean-Paul Scot, *Jaurès et le réformisme révolutionnaire*, Seuil, 2014）だけでなく、現代社会主義研究（cf. Chantal Mouffe, *For a Left Populism*, Verso, 2019, Ed Rooksby, "Towards a 'Revolutionary Reformist' Strategy: Within, Outside and Against the State," *Critique*, Vol. 39, n° 1, 2011, pp. 27-51）の文脈でも使用されている。

（3）個別的な人物を扱った研究には、そうした一般的な理解と一線を画したものがある。さしあたり本稿で論じる三者についての研究を挙げておく。Peter Gay, *The Dilemma of Democratic Socialism: Eduard Bernstein's Challenge to Marx*, Octagon Press, 1979（長尾克子訳『ベルンシュタイン』木鐸社、一九八〇年）. Manfred B. Steger, *The Quest for Evolutionary Socialism Eduard Bernstein and Social Democracy*, Cambridge University Press, 1997. 亀嶋庸一『ベルンシュタイン　亡命と世紀末の思想』みすず書房、一九九五年。Massimo Salvadori, *Karl Kautsky and the Socialist Revolution 1880-1938*, Verso, 1979. Gary P. Steenson,

Karl Kautsky, 1854-1938 Marxism in the classical years, University of Pittsburgh Press, 1978（時永淑・河野裕康訳『カール・カウツキー 1854-1938 古典時代のマルクス主義』法政大学出版局、一九九〇年）. John H. Kautsky, *Karl Kautsky Marxism, Revolution and Democracy*, Routledge, 1994. Scot, *Jaurès et le réformisme révolutionnaire*. Gilles Candar et Vincent Duclert, *Jean Jaurès*, Paris, Fayard, 2015. また、近年における修正主義論争の研究として、Emmanuel Jousse, *Réviser le marxisme ?: D'Edouard Bernstein à Albert Thomas, 1896-1914*, Editions L'Harmattan, 2008, Matthias Lemke, *Republikanischer Sozialismus Positionen von Bernstein, Kautsky, Jaurès und Blum*, Campus Forschung, 2008 を参照。

（4）以下の伝記的記述は主に次の文献を参照した。Gay, *The Dilemma of Democratic Socialism*, pp. 19-81（邦訳、一五一―九八頁）. Steger, *The Quest for Evolutionary Socialism Eduard Bernstein and Social Democracy*. 亀嶋『ベルンシュタイン』三一―六七頁。

（5）Rosa Luxemburg, Sozialreform oder Revolution?, in Rosa Luxemburg. Gesammelte Werke, Bd. 1.1, S. 369-370（喜安朗訳「社会改良か革命か」『ローザ・ルクセンブルク選集』第一巻、現代思潮社、一九六九年、一五五頁）.

（6）*Ibid.*, S. 371（邦訳、一五七頁）.

（7）*Ibid.*, S. 370（邦訳、一五五―一五六頁）.

（8）*Ibid.*, S. 440（邦訳、二三九頁）.

（9）Eduard Bernstein, *Die Voraussetzungen des Sozialismus und die Aufgaben der Sozialdemokratie*, Dietz, 1984, S. 210（佐瀬昌盛訳「社会主義の諸前提と社会民主党の任務」『社会主義の諸前提と社会民主党の任務』ダイヤモンド社、一九七四年、二五九頁）.

（10）Gay, *The Dilemma of Democratic Socialism*, pp. 121-130（邦訳、一四二―一四九頁）.

（11）Bernstein, *Die Voraussetzungen*, S. 210（邦訳、二五九頁）.

（12）*Ibid.*, S. 25（邦訳、二九頁）.

（13）エドゥアルト・ベルンシュタイン「科学的社会主義はいかにして可能か――エドゥアルト・ベルンシュタインの講演――」佐瀬昌盛訳、『社会主義の諸前提と社会民主党の任務』ダイヤモンド社、一九七四年、三一六―三三三頁。

（14）以下の「指導的修正主義者」と「追随者」についての記述は、とくに Gay, *The Dilemma of Democratic Socialism*, pp. 255-262（邦訳、三一九―三二五頁）に依拠している。

（15）*Ibid.*

（16）Bernstein, *Die Voraussetzungen*, S. 202-203（邦訳、二五〇頁）.

(17) ただし、全面的に「労働者の主体的能力」を信用していたわけでもなかった。平子友長『社会主義と現代社会』青木書店、一九九一年、二八三—二九四頁を参照。
(18) Bernstein, *Die Voraussetzungen*, S. 203（邦訳、二五〇頁）.
(19) 以下の記述は、Salvadori, *Karl Kautsky*, Steenson, *Karl Kautsky* を参照した。
(20) 植村邦彦『「近代」を支える思想——市民社会・世界史・ナショナリズム——』ナカニシヤ出版、二〇〇一年、二二三—二二六頁。
(21) J. P. Nettl, *Rosa Luxemburg*, Verso, 2019, p. 241（諫山正他訳『ローザ・ルクセンブルク』上巻、河出書房新社、一九七四年、二三六頁）.
(22) Gay, *The Dilemma of Democratic Socialism*, p. 262（邦訳、三二六頁）.
(23) Steenson, *Karl Kautsky*, p. 4（邦訳、三頁）.
(24) スティーンソン以降のとくに重要な研究としては、Kautsky, *Karl Kautsky* を参照。
(25) Steenson, *Karl Kautsky*, p. 5（邦訳、四頁）.
(26) *Ibid*., p. 118（邦訳、一七三頁）.
(27) Karl Kautsky, *Le marxisme et son critique Bernstein*, Martin Leray trad., P.-V. Stock, 1900, pp. 308-309.
(28) *Ibid*., pp. 303-304.
(29) Nettl, *Rosa Luxemburg*, p. 242（邦訳、二三八頁）.
(30) *Ibid*., p. 243（邦訳、二三八—二三九頁）.
(31) Bernstein, *Die Voraussetzungen*, S. 210（邦訳、二五九頁）.
(32) Luxemburg, Sozialreform oder Revolution?, S. 428-429（邦訳、二二四—二二五頁）.
(33) Bernstein, *Die Voraussetzungen*, S. 147-170（邦訳、一八〇—二〇八頁）.
(34) Luxemburg, Sozialreform oder Revolution?, S. 432（邦訳、二二九頁）.
(35) *Ibid*., S. 400（邦訳、一八八—一八九頁）.
(36) Karl Kautsky, *Das Erfurter Programme in feinem grundsätzlichen Theil erläutert von Karl Kautsky*, Verlag Vorwärts, 1892, S. 109-110（都留大治郎訳「エルフルト綱領解説」『世界大思想全集』第一四巻、河出書房、一九五五年、七七—七八頁）.

（37）Kautsky, *Le marxisme et son critique Bernstein*, p. 319.

（38）Bernstein, *Die Voraussetzungen*, S. 99-100（邦訳、二二〇頁）.

（39）Scot, *Jaurès et le réformisme révolutionnaire*, pp. 31-135. Candar et Duclert, *Jean Jaurès*, pp. 122-165. 横山謙一『ジャン・ジョレースとフランス社会主義運動』成文堂、二〇一九年。

（40）Ernest Labrousse, « Préface à Jean Jaurès », *L'Histoire socialiste de la Révolution française*, tome. 1, Éditions Sociales, 2014, p. 9.

（41）Scot, *Jaurès et le réformisme révolutionnaire*, p. 152.

（42）Rosa Luxemburg, Sozialdemokratie und Parlamentarismus, in *Rosa Luxemburg. Gesammelte Werke*, Bd. 1.2, S. 447-455（高原宏平訳「社会民主主義と議会主義」『ローザ・ルクセンブルク選集』第一巻、現代思潮社、一九六九年、一四二―一五三頁）.

（43）cf. Emmanuel Jousse, « Jean Jaurès et le révisionnisme de Bernstein : logiques d'une méprise », in *Cahiers Jaurès*, n° 192, 2009, pp. 13-49.

（44）Steenson, *Karl Kautsky*, p. 118（邦訳、一七三頁）.

（45）ジョレスとアムステルダム大会については、以下の文献を参照のこと。Scot, *Jaurès et le réformisme révolutionnaire*, pp. 187-191. Candar et Duclert, *Jean Jaurès*, pp. 290-293. Jean-Numa Ducange, *Jules Guesde L'anti-Jaurès ?*, Paris, Armand Colin, 2017, pp. 116-120. 横山謙一「一九〇四年の第二インターナショナル・アムステルダム大会と一九〇五年のグローブ大会（フランス社会党ＳＦＩＯ創立大会）（１）――第二インターナショナル・アムステルダム大会とジャン・ジョレース――」、『國學院法學』、第五四巻第三号、二〇一六年。

（46）西川正雄『第一次世界大戦と社会主義者たち』岩波書店、二〇一三年、三四頁も参照。

（47）*Compte-rendu sténographique du congrès national de Toulouse*, Paris, Conseil National de la SFIO, 1909, p. 484.

＊本研究はＪＳＰＳ科研費JP 24KJ2143の助成を受けたものです。

〔政治思想学会研究奨励賞受賞論文〕

契約主義的リスク論の意義と問題

――事前的契約主義と多段階リスク

柴田龍人

一　イントロダクション

社会的なリスクの分配と正当化の問題は実践的にも哲学的にも重要である。社会的リスクと関連する問題は、公衆衛生・災害・ＡＩ・気候変動など枚挙に暇がない。例えば、原子力発電所のリスクを、人口の疎らな地域の人々に課すことの正当化を考えよう。その人々に対して「あなたにこのリスクを課すことが社会全体の利益となるから」と正当化することはどこかおかしい。これは社会全体への正当化だが、リスクを課される当人への正当化ではない。社会的なリスクの分配は、リスクを課される当人に正当化されなければならない。この考えに基づいて社会的なリスクを論じるのが、スキャンロンの契約主義的なリスク論（以下、契約主義的リスク論とする）である[1]。

本論文は、契約主義的リスク論の意義と問題を論じる。契約主義的リスク論は、リスクが伴う行為の正・不正を、リスクを被る人からの理に適う（以下、適理的）拒否の可能性（reasonable rejectability）から論じる。すなわち、あるリスクがそのリスクを被る人にとって適理的拒否可能かどうかに応じて、そのリスクの正・不正が判断される。スキャンロン的契約主義は、少数の人に過大なリスクを押し付けることによって社会の期待効用を増大させることを許容しない。個人間集計を許容しないという点は、契約主義的リスク論の特徴であり、利点である。

契約主義的リスク論は事後的契約主義（ex-post contractualism）と事前的契約主義（ex-ante contractualism）に区別される。事後的契約主義は、リスクがもたらす結果が全員に正当化されていることを求める。ただ、事後的契約主義には、非直観的・非生産的・現実の慣習にそぐわない形でリスクを不正と判断しすぎてしまうという問題がある。例えば、車の運転のリスクは、交通事故で誰か死ぬという結果をほぼ確実にもたらすから、交通事故で死ぬ人の適理的拒否が可能になる。事後的契約主義のこの問題への応答として提示されたのが事前的契約主義である。事前的契約主義は、結果がわかる前のリスク（帰結の確率分布）が正当化されていることを求める。それゆえ、事前的契約主義は、自動車の運転を不正としない。

だが、事前的契約主義には「事前ルール（ex-ante rule）」という問題が知られている。その問題とは、事前に誰が負担を負うかに関する抽選を行うことが適理的に拒否不可能であるがゆえに、一部の人に大きな負担を課してしまうことが正当化されてしまう、という問題である。この問題を回避するために提示されたのが、「分解テスト（decomposition test）」である。分解テストは、リスクが人為性の介在するタイミングで多段階に分解できるとき、全段階でリスクが正当化されていることを求める。

本稿は、分解テストを採用する事前的契約主義に対して反直観性に基づく二つの異論を提示する。第一の異論は、分解テストがもたらす示唆の反直観性である。分解テストを支持する直観は、分解テストの適用対象となる別の事例――誰かが確実に死ぬという確実性や子どもが死ぬという鮮明さがない事例――では訴えることができないものである。そのような事例で分解テストを導入することは、むしろ反直観的な示唆をもたらす。首尾一貫して分解テストを適用しないことはある事例で反直観的な示唆をもたらすが、逆に一貫して適用することも別の事例で反直観的となる。第二の問題点は、分解テストの規範的な考慮事項の反直観性である。分解テストにおける原理の正当化可能性は、人為性が介在するタイミングという規範的に重要でない考慮事項に左右される。その結果、分解テストを採用する事前的契約主義は、重要な規範的考慮事項を見逃してしまう。

本論文の構成は以下の通りである。第二節では、スキャンロン的契約主義の概要を説明する。第三節では、事後的契約主義の概要と問題点を説明する。第四節では、その問題点への応答として提示された事前的契約主義の概要を説明する。第五節では、事前ルールの問題と分解テストを説明する。第六節で、分解テストの第一の問題である示唆の反直観性の問題を論じる。第七節で、分解テストの第二の問題である、人為性が介在するタイミングという考慮事項に正当化可能性が左右される問題を論じる。以上より本論文は、事前的契約主義は大きく改善される必要があることを主張する。

二　スキャンロン的契約主義の概要

スキャンロン的契約主義の特徴はある行為の正・不正を、その行為を許可する原理の適理的拒否の可能性に基づく、他者に対する正当化可能性から論じる点である。ある原理が適理的拒否できるかどうかということは、次の状況を念頭に検討される。特定の仕方で行為すること（φすること）がある状況（C）で不正となるかどうかを検討するとしよう。その場合、我々が行うのは、Cのような状況でφすることを司るものとして採用されうる様々な原理の比較である。ここで比較される原理は「常にφせよ！」や「絶対にφするな！」というような単純な原理だけではない。むしろそうした原理は、道徳の様々な状況に対する全体的な感度に関わる複合的な要素を含む。そうした要素は、ルールが適用されるときや、ルールが許容する例外、ルールが対立する状況で持ちうる強さである。[2]

ここでφすることを許容する原理（許容原理）とφすることを禁止する原理（禁止原理）の二つを考えよう。我々が比較するのは、これら二つの原理が、それぞれの人格にどのような帰結をもたらすかということである。特に重要なのが、それぞれの原理の受容が、個人の送る生の種類にどのような違いをもたらすかという点である。[3] 例えば、次の事例を考えよう。φをすることは少し面白いが、繰り返し行うとφの影響を被る人に深刻な害をもたらすとしよう。そうすると、φすることの許容原理と禁止原理のどちらを採用するかに応じて、各人格は異なる種類の生を送ることになる。許容原理を採用した場合、一部の人格はちょっとした面白さを享受するが、繰り返しφの影響を被る人格には深刻な害が及ぶ。一方で禁止原理を採用した場合には、ちょっとした面白さを享受する人格はいなくなるが、深刻な害を被る人

格もいなくなる。(4)

スキャンロンはこうした人々の生を「観点（standpoint）」と「負担（burden）」という用語で特徴づける。「観点」とは、それぞれの原理の下で諸個人が送ることになる生を指す。(5)「負担」とは、生の選択肢としての魅力を損なうそれらの観点の特徴である。(6)各人格が負う負担は、その負担をもたらす原理に反対する理由を各人格に提供する。先の例では、繰り返しφの影響を被る人は、そうされることによって被る負担を、許容原理に反対する理由として利用できる。原理への反対理由として利用できるのは、福利の減少だけではない。スキャンロンによると、身体的危害・他者の助けを頼みにできないこと・自身の身体に起きることへのコントロールを有さないことなども、原理への反対理由となる。こうした理由は、個人の特定の選好や目的に依存しない理由であるという点で、「包括的（generic）理由」と呼ばれる。(7)

以上のように原理を特徴づけ、スキャンロンは、次のように諸原理を比較する。第一の作業は、それぞれの原理の下で最も大きな負担を被る人格を識別することである。次の作業は、それらの原理を拒否するために諸個人が有する人格的理由（personal reason）の強さを、一対一の形で比較することである。この比較でより強い理由を持つ個人は、自身の生に負担をもたらす原理を適理的に拒否できる。対照的に、ある原理に対する最弱の反対理由しか持たない人は、その原理を適理的に拒否できない。なぜなら、他の原理に対する反対理由の全てが、その最弱の反対理由より強いからである。(8)

また、この理由は、異なる人格の間で集計されてより強い理由とならない。例えば、あなたと他の人が、ある原理に反対する理由を有しているとしよう。たとえそうだとしても、あなたと他の人の理由を集計して、その理由がより強い力を持つには至らない。これをスイッカネンは、「個人主義者制約（individualist restriction）」と呼ぶ。(9)

例えば、上述のφすることの許容原理と禁止原理は以下のように比較される。許容原理は、繰り返しφの影響を被る人に深刻な害を及ぼす。それゆえ、最も大きな負担を被る人格の観点とは、繰り返しφの影響を被る人格の観点である。また、その負担は、φされることの深刻な害として特徴づけられる。一方で、禁止原理は次のように特徴づけられる。φすることは少し面白いが、禁止原理の下ではφできなくなる。また、φが行われなくなるので、繰り返しφの影響を被ることによる深刻な害も生じない。それゆえ、禁止原理の下で最も大きな負担を被る人の観点とは、φすることができなくなったために少しの面白さを享受できなくなった人の観点である。また、その負担は、φできないことで失われる少しの面白さとして特徴づけられる。この場合の適理的拒否不可能な原理とは、禁止原理である。禁止原理への反対理由であるφの少しの面白さの喪失は、許容原理への反対理由であるφを繰り返し被ることの害よりも、理由として弱い。それゆえ、上述の例で適理的拒否不可能な原理として選ばれるのは、禁止原理となる。(10)

以上の考えは次のようにまとめられる

最大負担の最小化：ある原理があなたに負担を課すという理由でそれを退けることは、全ての代替的原理が他の人々にもっと大きな負担を課すときには適理的でない。(11)

このように適理的拒否を特徴づけることで、スキャンロンの契約主義は、功利主義の反直観的な事例に対処できる。それが次の事例である。百万人の人がワールドカップの決勝戦を見ている最中に、放送設備の一つがジョーンズに落ちてきた。ジョーンズは激痛を伴う電気ショックを被っているが、ジョーンズを救うには放送を一五分止めないといけない。そうすると、決勝戦を見るという百万人の楽しみが失われる。この事例で功利主義は、〈ジョーンズを救うな〉原理を不適切に支持する。一方で、スキャンロンの契約主義は適切に、〈ジョーンズを救え〉原理を支持する。なぜなら、〈ジョーンズを救うな〉原理に反対するジョーンズの人格的理由の方が、〈ジョーンズを救え〉原理に反対する視聴者の人格的理由よりも強いからである。(12)

以上がスキャンロン的契約主義の特徴である。スキャンロン的契約主義は適理的拒否という考えから、最も大きな負担を被る人の観点に着目し、その負担を最小化しようとする。また、人々の理由の集計を認めないという点で、スキャンロン的契約主義は諸個人の一人ひとりの人格的理由を尊重する。だが、リスクを伴う事例に関してスキャンロン的契約主義は、反直観的で・非生産的で・現実に行われている事柄とそぐわない示唆をもたらすことが指摘されてきた。次節以降では、スキャンロン的契約主義に基づくリスク論とそれへの批判を説明する。

三　スキャンロン的契約主義とリスクの問題——事後的契約主義

リスクを伴う事例に関してスキャンロン的契約主義は、反直観的で・非生産的で・現実に行われている事柄とそぐわない示唆をもたらすことが指摘されている。そのような批判は次のように特徴づけられる。車の運転やワクチン接種といった現実の社会的慣習は、死を始めとする深刻な危害のリスクを伴う。スキャンロン的契約主義にとって、こうした慣習を許可する原理に反対する理由は強力である。なぜなら、当該のケースでは、リスクが現実化した人は死の負担を被るからである。一方で、こうした慣習を禁止する原理に反対する理由はそれほど大きくない。なぜなら、車の運転やワクチン接種などがもたらす便益は、死の負担ほど大きくないからである。それゆえ、スキャンロン的契約主義に従うと、こうしたリスクを伴う社会的慣行は許容されない[13]。

確かにスキャンロン的契約主義は、次のようなリスクの事例を適切に禁止する。

○人体実験

ある原理は、ごく少数の諸個人をランダムに選び、非自発的に、危険で苦痛を伴う医学的な人体実験の被験体とすることを許容する。この実験の成果は多くの人々の便益となる[14]。

人体実験を許可する原理[15]は、スキャンロン的契約主義によると、適理的に拒否される。ランダムに選ばれた被検体となる人々の観点は、危険と苦痛を伴うものとなる。一方、人体実験を拒否した場合に大多数の人が失うことになる便益は、被検体となった人々の危険と苦痛を上回らない。それゆえ、スキャンロン的契約主義によると、人体実験は適理的に拒否される。これは我々の直観に適う。

この点は功利主義に典型的な、便益と負担の集計に基づく原理の許容可能性の判断とは一線を画する。集計を許容すれば、被験体の人数がごく僅かであり、実験から便益を享受する人数に応じたその便益の総和が十分大きければ、人体実験が正当化される。だが、スキャンロン的契約主義に従えば、人体実験は正当化されない。スキャンロン的契約主義は、最も大きな負担を被る観点である人体実験を被る人の観点から、許容可能性を判断する。

一方で、スキャンロン的契約主義は反直観的で・非生産的で・現実に行われている事柄とそぐわない示唆をもたらすことも指摘されている。その事例として、クマールは以下の事例を挙げる。

○アーミッシュのジェバダイア

ジェバダイアは、車を使わず馬車に乗るなどする前近代的な生活様式を保持する、アーミッシュの農家である。彼の住まいの上空は飛行機が多く通る航空路線となっている。ジェバダイアに機体からの落下物が衝突し、彼は致命的な傷を負ってしまった。(16)

スキャンロン的契約主義にとって、この事例の飛行機の運行を、ジェバダイアにとって正当化可能なものとすることは困難である。このようにクマールは述べる。(17)

ここのポイントは、ここまで論じてきたスキャンロン的契約主義が、生じうる害の程度に対するその現実化の確率に基づく割引を、直観に沿うように行わない点である。ある原理の適理的拒否の可能性を評価するにあたって関連するのは、リスクがもたらしうる害の全体である。(18) 例えば、人体実験の事例でスキャンロン的契約主義が考えるのは、ランダムに被験体として選ばれる確率で割り引かれた危険と苦痛ではなく、被験体として選ばれた人の危険と苦痛である。同様に、アーミッシュのジェバダイアの事例でスキャンロン的契約主義が考えるのは、機体の一部がジェバダイアに落下する確率で割り引かれたジェバダイアへの害ではなく、機体の一部と衝突してしまったジェバダイアへの害である。このように考えると、人体実験とアーミッシュのジェバダイアの事例における飛行機の飛行の両方が適理的に拒否されてしまう。だが、我々の直観や現実の社会慣行に従えば、拒否されるべきなのは人体実験だけであり、飛行機ではない。

確かにスキャンロン的契約主義は、問題があるリスクの事例について、そのリスクを被る当人の観点に基づいてその問題点を指摘できる。スキャンロン的契約主義は、功利主義的な便益と負担の集計なしに、原理の問題点を提示できる。この点はスキャンロン的契約主義の意義である。だが、スキャンロン的契約主義はリスクを過剰に禁止しすぎる。この契約主義のバージョンは、リスクが現実化した後の人々の観点に着目するという点で、「事後的契約主義」と呼ばれる。スキャンロンのオリジナルの考えも事後的契約主義に属する。[19] 一方で、この問題の解決策として提示されたのが、リスクが現実化する前の人々の観点から適理的拒否の可能性を検討する「事前的契約主義」である。次節では事前的契約主義を説明する。

四　リスクが現実化する前の観点から考える——事前的契約主義

事前的契約主義は、リスクが現実化する前の観点に基づいてリスクを許容／禁止する原理を評価する。フリックは、個人の意思決定の事例とのアナロジーを用いながら、事前的契約主義を支持し、事後的契約主義の問題点を提示する。[20] フリックが用いる事例は次の二つである。

○集団接種（未知の犠牲者）：百万人の幼い子どもがウイルスの脅威に晒されている。[21] もし何もしなければ、ウイルスが子どもを確実に殺す。我々は次の二種類のワクチンのうちどちらかを大量生産できる。

● ワクチン一は確実に子ども全員の命を救う。だが、ワクチン一はウイルスへの完全な保護はもたらさない。ワクチン一を接種した場合、ウイルスは子どもの片方の脚を麻痺させ、子どもの今後の人生は松葉杖が不可欠となるだろう。

● ワクチン二にはリスクがある。ワクチン二はそれぞれの子どもに、九九・九％の確率でウイルスから生存し、後遺症もない可能性をもたらす。だが、子ども全員が〇・一％の確率でワクチン二が完全に無効で、死んでしまうというリスクに直面する。（この確率はそれぞれの子どもの間で独立である。）死んでしまった子どもを「不運な子ども」と呼ぼう。(22)

〇集団接種（既知の犠牲者）：脅威に関する状況は上述の集団接種（未知の犠牲者）と同じである。ここで違うのは、次の二つのワクチンを選ぶという点にある。

● ワクチン一は上述のように、片足の麻痺を代償に子ども全員の命を救う。
● ワクチン三は九九万九千人の子どもの命を確実に救い、後遺症もない。だが、既知の遺伝子の特異性により、ワクチン三は千人のすでに識別された子どもたちには全く効果がないことがわかっている。これらの「運命づけられた子ども」は、我々がワクチン三を選んだら確実に死ぬ。(23)

まず、集団接種（既知の犠牲者）を検討しよう。この事例において、適理的に拒否されるのはワクチン三である。この点は、リスクが現実化する前の視点を採用する事前的契約主義であろうと、現実化後の視点を採用する事後的契約主義であろうと、関係ない。なぜなら、「運命づけられた」子どもの観点が被る死の負担は、ワクチンを選択する時点で識別済みだからである。一方で、ワクチン一によって生じる片足麻痺の負担は、ワクチン三の「運命づけられた」子どもの死の負担よりも重大ではない。それゆえ、集団接種（既知の犠牲者）ではワクチン一は適理的拒否不可能である。(24)

次に、集団接種（未知の犠牲者）を検討しよう。この事例は、事前的契約主義と事後的契約主義が分かれる事例である。まず、事後的契約主義は次の事実に着目する。すなわち、誰も死なないということがほとんどあり得ないということは統計的な事実である。(25) 事後的契約主義はこの事実を重く見る。接種の犠牲者が事前にわかっているかは関係のない情報であると、事後的契約主義は考える。(26) すなわち、事後的契約主義は集団接種（未知の犠牲者）の問題の枠組みは、確実に片足麻痺するワクチン一か、確実に誰か死ぬワクチン二かというものである。そう考えると、事後的契約主義にとって拒否不可能なのはワクチン一となり、ワクチン二は拒否される。だが、そうしてしまうと事後的契約主義は、やはり反直観的で・非生産的で・現実に行われている事柄とそぐわない示唆をもたらすことになる。現実ではリスクを伴う集団接種が行われていると、フリックは指摘する[27]。

また、フリックは事後的契約主義に対して反直観性以上の批判を加える。フリックの反対の根拠の中で重要なものが二つある。第一に、事後的契約主義は個人主義者制約に違反し、個人間集計を許容しているとフリックは論じる[28]。すなわち事後的契約主義は、「異なる可能世界の異なる諸個人の不平の組み合わせ[29]」を行っている。第二に、事後的契約主義は、契約主義が利用できない類の理由を利用しているとフリックは述べる。誰かが損失を被るのは確実であるという「結果の全体的な形状にこだわること」は非人格的理由であり、契約主義では訴えることのできない理由である[30]。フリックにとって事後的契約主義は「誰かが死ぬであろうこと」と「死んでしまうと私たちが知っている誰かがいること」を区別できていない[31]。

フリックが提示するのが事前的契約主義である。それは、リスクが現実化する前の観点からリスクの正当化可能性を検討する。すなわち、事前的契約主義は集団接種（未知の犠牲者）の問題を、確実に片足麻痺するワクチン一か、〇・一％の確率で死ぬかもしれないが後遺症のないワクチン二かという形でフレーミングする。フリックは一人の子どものためにワクチン一と二の間で選択する個人の接種とパラレルに議論を進める。フリックは、個人の接種の事例で正当な選択肢とはワクチン二だと考える[32]。これを踏まえてフリックは、集団接種（未知の犠牲者）の事例を百万個の一人用のギャンブルに分解する[33]。すなわち、集団接種（未知の犠牲者）におけるワクチン二の選択は、個人の接種でワクチン二を選択することと同じである[34]。

このように考えると、事前的契約主義において、ある原理を拒否するための理由の強さは、リスクの現実化の可能性に応じて割引される。すなわち、危害に基づく反対理由は、その危害が生じる可能性によって割引される[35]。そうすると、ワクチン二がもたらすかもしれない死のリスクは、死の現実化の確率である〇・一％を掛け算したものに割引される。それゆえ、拒否不可能なのはワクチン二となる。

事前的契約主義の意義は、事後的契約主義の抱える反直観的な示唆の問題をある程度回避する点にある。ワクチン接種や車の運転のような全員が利益を得るリスクに関して事前的契約主義は適切な答えを提示できるように思われる。[36]だが、事前的契約主義には未解決の問題が残る。それは人体実験の事例と関連する。ランダムに被検体を選ぶ前は、人体実験を許容することが全員にとって好ましい原理となるのではないだろうか？　すなわち、第一段階でランダムに被検体を選ぶという手続きを踏めば、人体実験の負担をランダム化された分だけ割り引くことが可能になるのではないだろうか？　次節以降はこの問題に取り組む。

五　事前ルールと分解テスト

事前的契約主義に対して思い浮かぶ疑問が、上述の人体実験の例に関するものである。上述の人体実験の例をより分析しやすくするために、フリックに従って次のように再定式化しよう。

○人体実験（多段階）：第一時点において医者は、百人の麻痺のある子どもの間でくじを行う。そのくじは子どもから一〇人を選ぶ。第二時点において医者は、その一〇人の子どもが人体実験の途中で死ぬことを予見する（ものの意図はしない）。これによって得られた知識は残りの九九〇人の子どもの麻痺の治療を可能にすることは確実であると、医者は知っている。[37]

また、人体実験に対抗する原理として次のものを考えよう。

○リスクのある治療：第一時点において医者は、リスクのある治療を麻痺のある子どもに行う。それぞれの子どもが治療に成功する可能性は八五％であり、子どもは一五％の確率で第二時点で死んでいるというリスクに直面する。[38]

これら二つの原理から選択するケースを「麻痺のある子どもの事例」としよう。フリックはこの事例において拒否されるべき原理は人体実験（多段階）であると考え、スキャンロンも同じだろうと想定する。[39]もしこの事例で人体実験（多段階）が拒否されないのであれば、契約主義は個人間で負担を集計することが可能になるのではないかという懸念をフリックとスキャンロンは共有する。[40]というのも、第一時点において、それぞれの子どもにとって助かる可能性が高いのは死の確率が一〇％である人体実験（多段階）であり、リスクのある治療ではないからである。この問題をフリックは「事前ルール」と名付けた。[41]

事前ルールの特徴は、第一段階で誰が負担を負うかについて当事者全員の間で抽選を行い、その抽選で外れを当てた人に第二段階で全ての負担を押し付ける点にある。より詳しく述べると、次のようになる。第一段階では誰がどんな負担を負うかに関する自然的な無知のヴェール[42]が当事者たちにかかった状態で原理が選択される。重要なのは、外れくじを当てる確率を全員で等分して割り引くことで、第一段階では人体実験が全員の利益に適うように[43]なる点である。事前ルール状況ではハルサニーの提示する原初状態[44]と同様に、期待値を最大化する原理が選ばれる。だが、これだと第二段階で負担を負う人格の観点は、尊重不可能である。

上述の例では、第一時点の当事者たちから見た場合の人体実験（多段階）を選んだ際の死の確率は一〇％である。一方で、リスクのある治療を同様に考えると、死の確率は一五％である。第一時点の当事者たちにとって人体実験（多段階）の方が望ましく見えるのは、外れくじを引く可能性と引かない可能性を考慮し、外れくじを引かない可能性をより多く見積もるからである。だが、第二段階でその自然的無知のヴェールが除去された後には、誰がどんな負担を負うかに関する知識が明らかとなる。この時点で、一部の人が確実な死という負担を被っていることが明らかとなる。

この懸念に対応するためにフリックが提示するのが「分解テスト」である。分解テストは次のように定式化される。

もし規則や手続きが、何らかの行為者の自発的行為（やプログラム済みの機械のような人間の行為者の代理）を伴う別々の因果的な段階の連なりに分解できる場合、すべての段階でその規則や手続きが命じる行為がその時にそれぞれの人に正当化可能であるときに限って、その規則や手続きを採用することが許される。[45]

人体実験〔多段階〕の事例のようなリスクが人為性を伴う複数の段階に分解できる場合、先の例では、実験の被験者を選ぶことと、実験を実際に行うことが分解可能な場合には、全段階でリスクが正当化可能でなければならない――このように分解テストは命じる。人体実験〔多段階〕は分解テストをパスしない。くじで選ばれた一〇人の子どもに対する第二時点の人体実験は、第二時点のその一〇人の子どもたちにとって正当化可能でない。フリックは、リスクが全段階で正当化可能であることを求め、事前ルールの問題を回避する。

六　契約主義的リスク論における直観と首尾一貫性の緊張

本節と次節は、以上の分解テストに対して批判的な検討を加える。本節は、分解テストを首尾一貫して適用することも、分解テストを首尾一貫して適用しないことも、直観に沿う示唆をもたらすことができないことを論じる。次節は、分解テストが人体実験〔多段階〕などの事例を禁止する根拠は、我々がそうした事例に見出す不正さとはかけ離れたものであることを明らかにする。

第一に、分解テストを首尾一貫して適用することも、分解テストを首尾一貫して適用しないことも、直観に沿う示唆をもたらさない。麻痺のある子どもの事例は「受け入れがたい」と直観されたが、分解テストの適用対象となる他の事例――子どもの死の確実性と鮮明さの無い事例――の多くはこのような直観をもたらさない。麻痺のある子どもの事例は、「受け入れがたい」と直観させるような、リスク下の人々の直観の傾向に訴えている。そうした直観に訴えられないケースにおいて、分解テストは反直観的になる。

フリックは、分解テストを導入する動機を次のように述べる。「こうした〔事前〕ルールは直観的には、ほとんどの非帰結主義者にとって受け入れがたいものだろう。」[46]だが、分解テストを適用すべき全ての事例において、分解テストは直観適合的な示唆をもたらすだろうか。すなわち、「もし規則や手続きが、何らかの行為者の自発的行為（やプログラム済みの機械のような人間の行為者の代理）を伴う別々の因果的な段階の連なりに分解できる場合」[47]にはいつでも、事前ルールの適用が直観に適う示唆を与えるだろうか。分解テストは「各段階で」リスクが正当化されていることを求める。[48]すなわち、リスクの第一段階で得られる結果の期待値ではなく、各段階を経た全ての帰結やその見込みの中で、最大の負担が最小化されている帰結を正当化する。本節の議論が示すのは、このように首尾一貫して分解テストを導入することで、一部の事例における示唆の直観適合性が疑わしくなるということである。そのことを示すために本節は確実性と鮮明さという二点から検討する。

1　確実性

我々のギャンブルやリスクに対する選好に関する傾向として、「確実性効果」が知られている。人々は起きる可能性があるに過ぎない結果よりも、確実に起きる結果を過剰に評価する。すなわち、確実に利益を得るかリスクを追求するかという選択において、人々はリスク回避的になる。[49]これを表す事例として次のものがある。

アレーの逆理

くじA

A1：確実に三〇〇〇円を得る。	A2：八〇％で四五〇〇円を得る。

くじB

B1：二五％で三〇〇〇円を得る。	B2：二〇％で四五〇〇円を得る。

人々は、くじAにおいてはA1を好み、くじBにおいてはB2を選ぶことが実験により知られている。[50]くじBにおいては

期待値のより大きい方であるくじB2が選ばれる。一方で、くじAではA2の期待値の方が大きいにもかかわらず、確実に三〇〇〇円が得られるA1が好まれる。人間のリスク下の判断は、確実性がある場合は確実性を優先し、そうでない場合には期待値を最大化する——的中率に従って判断しない——という首尾一貫しない、すなわち非合理的な判断をしてしまう傾向がある。

分解テストに関する直観に対する確実性効果の影響を明らかにするために次の事例を比較しよう。

麻痺のある子どもの事例C
人体実験(多段階)C:百人のうち一〇人の子どもが選ばれ、その子どもは確実に死ぬ。
リスクのある治療C:全員が一五%で死ぬ確率に直面する。

麻痺のある子どもの事例D
人体実験(多段階)D:くじで百人の子どもから一〇人が選ばれ、その子どもは二〇%の確率で死ぬ。
リスクのある治療D:全員が三%で死ぬ確率に直面する。

アレーの逆理のくじAとBは麻痺のある子どもの事例CとDと同じ比率の確率を有している。すなわち、アレーの逆理のくじBの確率はくじAの確率を五分の一にしたものであった。同様に、麻痺のある子どもの事例Dの確率は、事例Cにおける死の確率を五分の一にしたものである。麻痺のある子どもの事例Cで分解テストを適用すべきであることがフリックの直観に適っているとしても、事例Dの分解テストの適用が我々の直観に適うかは明らかでない。アレーの逆理に関する実験は、事例Cではリスクのある治療が直観に適い、事例Dでは人体実験(多段階)が直観に適うのではと我々に疑いを抱かせる。一〇%の確率で確実に死ぬこと(Cの人体実験)は一五%の死の確率に直面すること(Cの治療)よりも深刻だろう。だが、それと同じくらいの深刻さの程度の差が、一〇%での確率で二〇%の死の確率に直面すること

（Dの人体実験）と三％の死の確率（Dの治療）の間にあるとはいえないだろう。但し、事例Dにおけるリスクのある治療の三％と不運な子どもの二〇％の差は大きいので、分解テストを支持する直観が弱くなっただけで、Dでもリスクのある治療が依然として直観に適っているのかもしれない。だが、次の事例Eを検討しよう。

麻痺のある子どもの事例E

人体実験（多段階）D：くじで百人の子どもから一〇人が選ばれ、その子どもは二〇％の確率で死ぬ。

リスクのある治療E：全員が一九・九九％で死ぬ確率に直面する。

この事例で分解テストを適用してリスクのある治療を選択すべきだろうか。事例Eでリスクのある治療を選んだ際に全員が直面する死の確率は、人体実験（多段階）で不運な子どもが直面する死の確率よりも〇・〇一％だけ低い。最大負担の最小化をするために分解テストを適用すれば、選択されるのはリスクのある治療である。だが、第一段階の子どもが死ぬ確率は二％から一九・九九％へとほぼ一〇倍となる。事例Eの分解テストの適用の直観適合性は、かなり疑わしい[51]。

確実な死に対して抱く「受け入れがたい」という直観は、フリックが事前的契約主義の問題として提示した統計上の生命と識別済みの生命（statistical lives and identified lives）[52]の問題においても大きな役割を果たす。この問題は、次の例で描写される。

鉱山労働者たち：鉱山労働者であるガレスは、事故で鉱山に閉じ込められた。我々が彼を救わなければ、彼は数日のうちに死んでしまうことは確実である。しかし、救助には大きなコストがかかる。次の二つの選択肢がある［がfont択一的だ］としよう。

救助：利用可能な資金を全てガレスの救助に費やす。

予防：利用可能な資金の全てをこの鉱山の安全の向上のために費やす。そうすれば、ガレス以外の百人の鉱山労働者の各人が将来の事故で死ぬ確率は三％から一％へと減る。これは二人の命を（誰の命なのかはわからないが）救うだろうということが予期される。しかし、ガレスは死ぬ。[53]

事前的契約主義はこの事例において、予防ではなく救助を選択する。なぜなら、ガレスの死という個人的理由は割り引かれないのに対して、予防によって将来救われる人が有する死という個人的理由は確率で割り引かれるからである。[54]

フリックは統計上の生命と識別済みの生命の問題を次のように論じる。確かに、予防が救う命が二人だけの場合にガレスの救助を優先することは直観に適う。だが、事前的契約主義は予防によって救われる命が幾つだろうと、ガレスの救助を優先する。例えば、ガレス以外の鉱山労働者の数が千人の場合、予防はおよそ二〇人の命を救う。この場合でも事前的契約主義はガレスの救助を選択する。予防によって救われる命が百人、千人、一万人だろうと、いやそれどころか一億人だろうと関係ない。フリックの主張では、この点は「必ずしも契約主義にコミットするわけではない」多くの人の直観に反する。[55]この事例も分解テストの首尾一貫した適用と直観の緊張がみられる事例である。首尾一貫した適用は、予防によって救われる命が何個あろうとも、ガレスの救助を選択する。だが、それは直観に反する。

統計上の生命と識別済みの生命のこの問題は、確実性効果に関する、麻痺のある子どもの例とは逆向きの事例である。[56]麻痺のある子どもの例では、死が確実ではなく単なる可能性に過ぎない場合に、人体実験（多段階）に対する「受け入れがたい」という直観が弱くなっていき、人体実験（多段階）を受け入れる直観が強くなることを確認した。逆に鉱山労働者たちの例は、確実な一人の死が重く見られるとしても、それには限度があるということを示している。ギャンブルの期待値がいつかもらえる二万円だけなら、今確実に一万円を受け取る方がいいかもしれない。だが、ギャンブルの期待値がいつかもらえる二〇万円なら、今確実に一万円を受け取るよりも、ギャンブルを選ぶ方がいいだろう。こうしたリスク下の判断を、我々は鉱山労働者たちの事例でも行っている。それゆえ、予防によって救われる統計上の生命が多くなればなるほど、ガレスという識別済みの生命を優先させることが反直観的になっていく。

確実性効果の問題は次のように要約できる。確実性効果は、起きる可能性があるに過ぎない結果よりも、確実に起きる結果の方が過剰に評価されるという人々のリスク下での判断の傾向性である。人体実験（多段階）の事例において、人体実験（多段階）の被検体の子どもが確実に死ぬ場合に人体実験（多段階）を拒否することは直観に適う。だが、被検体の死の確率を下げれば下げるほど、人体実験（多段階）の反直観性は薄くなる。統計上の生命と識別済みの生命の問題において、今死に瀕するガレスを救うことで将来的に犠牲となる命の数が僅かなら、ガレスを確実な死から救うことは直観に適う。だが、我々の直観がガレスの確実な死を重く評価するとしても限度があるように思われる。将来的に犠牲となる命の数が多いなら、我々の直観は個人主義者制約を解除した上でガレスを犠牲にして、より多くの命を救うことを支持するのではないか。

2 鮮明さ

子どもの死という事例は鮮明（vivid）な事例である[57]。この事例は、感情に訴えかけ、具体的で想像力を喚起する[58]。鮮明な事例は、思考の中でより多くの時間を占め、より多くの思考が費やされる[59]。こうした鮮明な情報の問題点は、平凡だがより生じる見込みのある別の事例が等閑視される点である。平凡だが生じる見込みの高そうな事例として次の事例を検討しよう。

痛み止め：特有の痛みを症状とする病気に苦しむ百人の子どもたちがいる。この痛みはさほど深刻ではないが、不快な痛みである。子どもたちにFとGのどちらの痛み止めを与えるか決める。また、FとG以外にこの痛みを抑える薬はない。どちらの薬も百人分は手に入らないので、くじによる分配を行う。

痛み止めF：これは注射薬で、九〇人分しか用意できない。第一段階においてくじで接種権を分配し、第二段階で接種権と交換に痛み止めFを注射する。これは百日間の痛み止めとなる。

痛み止めG：これは飲み薬で、八五人分しか用意できない。当たりくじに痛み止めGが付いている抽選を作る。

第一段階で、抽選を行い、くじを当てた子どもはその場で服用する。これは百日間の痛み止めとなる。(60)

この事例も麻痺のある子どもたちの治療の事例とパラレルな事例である。痛み止めFは人体実験（多段階）とパラレルな構造を有している。すなわち、子どもたちは第一段階で一〇％の確率で外れ、九〇％の確率で当たりとなるくじを引く。当たりを引いた子どもは、第二段階で確実に痛み止めを注射してもらえる。一方で外れを引いた子どもは、第二段階で確実に何も受け取れない。痛み止めFは第二段階で医者が注射するかしないかのどちらかを行うという点で、人為性を伴う。以上の点で、痛み止めFは人体実験（多段階）とパラレルな構造を持っている。また、痛み止めGはリスクのある治療とパラレルな構造を有している。どちらも、各子どもが八五％で当たりを引き、一五％で外れを引くという抽選になっている。

以上の人体実験（多段階）とパラレルな構造を所与にすると、人体実験（多段階）で分解テストを適用するのであれば、痛み止めの事例でも同様に痛み止めFが拒否不可能なものとなる。だが、これは直観に適うだろうか。麻痺のある子どもの事例では、医者が人体実験で子どもを殺すという鮮明な事柄が扱われていた。一方で痛み止めの事例では、確実に痛み止めを貰えないというさほど鮮明でない事柄が扱われている。痛み止めFの第二段階で医者から痛み止めを注射してもらえないことが確実だということを「受け入れがたい」と思わせる直観は、ほとんどない。分解テストは麻痺のある子どもの事例では直観に適う示唆をもたらすが、痛み止めの事例ではそうではない。

本節の主張が示したのは、分解テストを導入する動機となった直観の頼りなさである。その直観の頼りなさは二つの側面から記述される。第一に、その直観は、確実に何かを失うということを過剰に評価してしまうという確実性効果を反映している。第二に、その直観は、子どもの生死という事例の鮮明さに依存している。事前的契約主義は事前ルールの問題に対して、分解テストを適用可能な全ての事例で適用するという首尾一貫性と示唆の直観適合性を両立できない。分解テストを採用して、各段階での最大負担の最小化をどの事例でも首尾一貫して適用する場合、確実性効果や鮮明さのない事例で契約主義は直観適合性を失う。かといって、分解テストを全く適用しないことも、人体実験（多段階）

の拒否が不可能になるので、やはり直観に反する。

3　可能的反論

以上の事前的契約主義に対する批判に対して次の二つの可能的反論があるかもしれない。第一に、分解テストを適用する対象は「受け入れがたい」と直観するものだけにすればいいというものである。第二に、分解テストの問題は契約主義の他の重要な部分――すなわち、他者への配慮・対等者としての関係・諸理由の善意に基づく交換――を満たすことによって回避可能であるというものである。この第二の反論はゴードン゠ソロモン(61)によって提示された。本小節は、これら二つの反論に応答する。

第一に、分解テストの適用対象は「受け入れがたい」と直観するものだけにすればいいという考えがあるかもしれない。これを受け入れると、分解テストの適用条件は次のように書き換わる。「もし規則や手続きが、何らかの行為者の自発的行為(やプログラム済みの機械のような人間の行為者の代理)を伴う別々の因果的な段階の連なりに分解でき、それが受け入れがたいという直観がある場合」に分解テストが適用されることとなる。だが、これは契約主義をアドホックな直観主義へと変質させる。これは契約主義にとって受け入れがたい。

第二に、第一のものを洗練させた反論として、契約主義にとって重要な要素に着目して、事前ルール問題を解決するものがある。ゴードン゠ソロモンはそれを、「深く関係的な契約主義(deep-relational contractualism)」と名付け、提示する(62)。深く関係的な契約主義は二つの要素から原理の正当化可能性を判断する。第一の要素は、従来の契約主義と同様の最大負担の最小化という要素である。第二の要素は、正当化可能な原理が備えていなければならない三つの特徴に関連する。その特徴とは、(一)それぞれの当事者が自尊心を示し、他者に配慮すること、(二)当事者間の平等な地位の相互認識、(三)諸理由の善意に基づく交換である(63)。

麻痺のある子どもの事例で人体実験(多段階)を採用することは次のような仕方で、「深く関係的な契約主義」に背く。すなわち、他者の身体的自律性を奪うという点で人体実験(多段階)に対して拒否ができると、ゴードン゠ソロモンは述べる[64]。他者の身体を、当人の意図とは関係なしに利用可能な資源としてみなすことと、その人を道徳的平等者であり同胞であるとみなすこととの間には明らかな緊張関係がある[65]。

だが、これは上述の問題の部分的な解決にしかならない。上述の痛み止めの例では、痛み止めFと痛み止めGが同じくらい深く関係的な契約主義が参照するのは、その第一の要素である最大負担の最小化のみである。この場合、深く関係的な契約主義は分解テストを採用して、当たりくじに痛み止めが付いている痛み止めGが正当化されるとするべきだろうか。あるいは、分解テストを採用せずに、医者に痛み止めを注射してもらう痛み止めFが正当化されるとすべきだろうか。深く関係的な契約主義が分解テストを採用しようとしまいと、この種の事例で一貫して直観適合的な判断を下せるようにはならない。

痛み止めFとGの事例では、深く関係的な契約主義は分解テストを採用せずに期待値最大化ルールを採用して痛み止めFを正当化するかもしれない。なぜなら、それが直観に適うからである。すなわち、深く関係的な契約主義の第二の要素が関係のない事前ルール問題では、分解テストを採用せずに、第一段階の期待値のみが参照されるとしよう。ただ、痛み止めGの代わりに、次の痛み止めHが全員分調達できるとしよう。痛み止めHは、痛み止めFの当選確率と痛み止めの効く時間を掛け算した期待値（九〇日の痛み止め）よりも一日だけ少ない八九日間効く。痛み止めFは九〇人を百日間痛みから救うが、痛み止めHは全員を八九日間痛みから救う。GとHの比較では確実性効果に従って、我々の直観は痛み止めHを選ぶ。だが、そうすると、先ほど想定した期待値最大化ルールから逸脱する。ここで直観を優先させるとどうなるだろうか。すなわち、深く関係的な契約主義の第二の要素が関係のない事前ルール問題では、直観に従って正当化される原理を決定すると想定してみよう。そうすると、深く関係的な契約主義もこの面ではアドホックなものになる。

よりフォーマルに定式化すると次のようになる。期待値最大化ルールでは、配分の良さはF≻H≻Gと序列化される。分解テストを採用すれば、H≻G≻Fと序列化される。FとGの比較では直観的にF≻Gかつ、FとHの比較は直観的にH≻Fである。F≻Gの直観に従って期待値最大化ルールを採用するとしよう。この場合、FとHの比較は反直観的になる。H≻Fの直観に従って、分解テストを採用するとしよう。この場合、FとGの比較は反直観的になる。直観的にはH≻F≻Gだが、これはアドホックな直観主義である。

七　事前的契約主義は何を悪いと見出すのか？

本節では、分解テストを採用する事前的契約主義において原理が拒否される際の根拠に対して批判的検討を加える。前節は、事前的契約主義の示唆という点で、いわばアウトプットに注目していた。本節は、アウトプットというよりむしろ、事前的契約主義のプロセスに着目する。本節の主張は次のものである。分解テストを採用する事前的契約主義にとってある原理の拒否不可能性を左右するのが、人為性が介在するタイミングという契約主義にとって本質的でない規範的考慮事項のみである事例がある。

前節の痛み止めの分配の事例を思い出そう。分解テストを採用する事前的契約主義で拒否不可能なのは、痛み止めを注射してもらう痛み止めFではなく、くじに直接痛み止めが付いている痛み止めGである。その理由に、当たったときの見返りの大きさ（痛み止めが効き続ける日数）や当たる確率は関係ない。単に痛み止めFには人為性の介在があるから、そうなる。二つの分配方法の正当化可能性を左右する理由は人為性が介在するタイミングだけであるように思われる。だがもしそうなら、分解テストを採用する事前的契約主義は、規範的に重要な多くの考慮事項を見落とすことになる。

分解テストを採用する事前的契約主義が人為性の介在するタイミング以外の考慮事項を見落とすことを確認するために、麻痺のある子どもの事例に関する次の事例を検討しよう。

人体実験（投薬）：麻痺のある子どもたちの治療のために医者は投薬実験を行う。第一時点以前に医者は、一〇個の実験用の錠剤と九〇個のプラセボを混ぜ区別できなくする。第一時点で医者は、百人の子どもたち一人ひとりに、区別できなくなった百個の錠剤の一つを摂取させる。実験用の錠剤を飲んだ子どもは死んでしまうが、実験によって得られた知識は残りの九〇人の子どもの治療を可能にする。

この選択肢を、それぞれの子どもが一五％で死ぬ確率に直面するリスクのある治療と比較しよう。分解テストを採用しても、正当化されるのはリスクのある治療ではなく、人体実験（投薬）である。なぜなら、リスクのある治療の場合に子ども全員が第一時点で直面する死の確率は一五％だが、人体実験（投薬）の場合は一〇％だからである。

人体実験（投薬）は分解テストの適用条件を満たさない。すなわち、人体実験（投薬）は「行為者の自発的行為（やプログラム済みの機械のような人間の行為者の代理）を伴う別々の因果的な段階の連なりに分解[66]」できない。人体実験（多段階）では、実験の被験者に選ばれることと、実験を実際に受けることは分解可能である。一方で、人体実験（投薬）では、実験の被験者に選ばれることと、実験を実際に受けることは分解不可能である。プラセボと区別できなくなった錠剤を服用することを止めるためには、子どもが飲もうとしているものがプラセボか実験用の錠剤かに関係なく、止めるしかない。だが、それは人体実験（投薬）を因果的な連なりに分解しているのではなく、実験そのものの中止である。それゆえ、人体実験（投薬）は分解テストの適用対象とならない。

ただ、人体実験（投薬）は人体実験（多段階）とある一点を除いて違いがない。すなわち、ランダム化を実験の前に組み込むことによって、人体実験（投薬）は分解テストの適用対象となることを回避している点しか違いがない。それ以外の規範的考慮事項に対する変更は、人体実験（投薬）に加えられていない。人体実験（投薬）と人体実験（多段階）を区別する規範的考慮事項とは、人為性が介在するタイミングだけである。

このように分解テストには、どの規範的考慮事項を考慮して行為の悪さを識別するかという点においても、直観にそぐわない部分がある。前節でみたように、分解テストはもたらす示唆というアウトプットの側面で反直観的である。それだけでなく、どの規範的考慮事項を考慮してその示唆をもたらすかというプロセスの部分でも、分解テストは反直観的である。人体実験（多段階）が「受け入れがたい」と直観的に判断された理由は、誰が負担を負うかに関する抽選の後に人為性の介在があるからではないはずである。事前ルールの問題は次の点にあるはずである。誰が負担を負うか決める抽選は、一人ひとりの観点を尊重しながら原理の正当化を行うことを不可能にする。すなわち、スキャンロン的契約主義が、人それぞれの観点の違いを無視した個人間の集計に堕落することが問題だったはずである(67)。

人体実験（投薬）を「受け入れがたい」と直観させ、リスクのある治療にはそうでないと直観させる根拠は、人為性が介在するタイミングではなく、むしろ次の点にある。リスクのある治療の場合には、それぞれの子どもたちが、リスクを負うことで麻痺が治療される可能性を抱く。リスクのある治療の場合、子どもたちが負うかもしれない死の負担は、自分自身の麻痺の治療の可能性のために負われるものである。ある子どもが死の負担を負うということは、他の子どもたちが助かる確率に影響を及ぼさない。すなわち、自分が死ぬことと他者が生き残ることは、統計的に独立である。それゆえ、リスクのある治療で全員が負うリスクは自分自身のために負われるリスクである。一方で、人体実験（投薬）や人体実験（多段階）の場合のリスクは、誰が犠牲となるかを決めるリスクである。人体実験（投薬）や人体実験（多段階）の抽選に外れた人は、全員のために負担を負うことを強いられる。自分が死ねば、他の者が助かる。他者の生存は、自分の死と統計的に独立でない(68)。人体実験の二つの事例で子どもたちが負うかもしれない死の負担は、他の子どもの治療のために負う負担である。リスクのある治療と人体実験の二つの事例の間で子どもたちが負う負担は、別である。リスクのある治療の死の負担は自分自身のための負担である。一方で、人体実験の死の負担は、ある子どもが他の子どもたちのために負う負担である。多段階のリスクにさえ対応すれば、事前ルールを解決できるわけではない。

人為性が介在するか否かに関係なく、自分の利得には全くつながらない、誰かのための犠牲となることを強いられる観点を確率で割り引いて考慮することは、スキャンロン的契約主義にとって受け入れがたい(69)。しかし、分解テストは、人為性が介在するタイミングという契約主義にとって本質的でない事柄に原理や行為の正当化可能性を左右させる。それゆえ、分解テストだけでは事前的契約主義の個人間の集計への堕落を止めることはできない。それを防ぐために契約主義はむしろ、自分が負う負担が誰のための負担なのかを問わねばならない。

要約しよう。本節は、分解テストは人為性が介在するタイミングのみに原理の正当化可能性を左右させてしまう事例があることを確認した。そうした事例で分解テストは、人為性が介在するタイミング以外の規範的な考慮事項を無視してしまう。特に問題なのが、他者のために犠牲となる人が生じてしまうことを無視する点である。他者のために犠牲となる人の観点を尊重できなければ、事前的契約主義は個人間の集計に堕落する。

八　まとめと結論

本稿は契約主義的リスク論の意義と問題点を論じた。契約主義的リスク論は期待効用の集計に頼らずにリスクの不正さを提示するという点に意義がある。契約主義的リスク論には、リスクが現実化した後の正当化可能性を問う事後的契約主義と、リスクが現実化する前の正当化可能性を問う事前的契約主義がある。ただ、事後的契約主義は、反直観的で・非生産的で・現実に行われている事柄とそぐわない示唆をもたらす。

しかし、事前的契約主義を採用してしまうと、新たな問題が現れる。多段階リスクに関する重要な問題として提起されたのが事前ルールである。事前ルールは、第一段階で負担を押し付ける人を決める抽選を行い、第二段階で外れを引いた人に全ての負担を押し付ける。こうすることで、少数の人々に負担を押し付けることが可能になる。この問題を回避するために、原理の各段階での正当化可能性を命じる分解テストが導入された。

だが、分解テストの採用は、示唆と考慮事項の両面で問題がある。分解テストの採用を動機づける麻痺のある子どもの事例で直観は、「確実性効果」や鮮明さといった要素の影響を受けている。それ以外の場合には、分解テストの採用は反直観的な示唆をもたらす。分解テストは首尾一貫性と直観適合性を両立できない。深く関係的な契約主義にとって重要な側面である相互性や対等性からこの問題を解決しようと試みる。だが、このアプローチも、相互性や対等性の関係のない事例における直観適合性と首尾一貫性を両立させることができない。

また、分解テストは契約主義にとって本質的でない考慮事項に、原理や行為の正当化可能性を左右させてしまう。すなわち、人為性が介在するタイミングのみに正当化可能性を左右させてしまう事例がある。だが、契約主義にとって重要なのは、人為性が介在するタイミングではなく、犠牲となる人が誰のために犠牲となったかということである。分解テストはこの点を見逃してしまう。

以上の議論が示すのは、事前的契約主義は大きく改善される必要があるという点である。この課題に対して契約主義者たちは、多くの提案を行っている(70)。だがそれだけでは、第六節で論じた人間のリスク下における直観的判断の頼りなさの問題を解決できるわけではない。この問題に対して契約主義は、人間のリスク下の直観を反映した期待効用関数を導入するべきかもしれない。そのような期待効用理論としてプロスペクト理論(71)がある。この理論を採用することで、契約主義はこの問題を回避できるかもしれない(72)。だが、この契約主義の展開は今後の課題としたい。

（1）社会的なリスクを予防の観点から論じるものとして、児玉聡『予防の倫理学』、ミネルヴァ書房、二〇二三年を参照。また、AIのリスクの倫理的問題を論じるものには以下のものがある：久木田水生「AIのリスクと倫理」『人工知能学会論文集』第三六回、二〇二一年。

（2）Scanlon T. M., *What We Owe to Each Other*, Cambridge: Harvard UP, 1998, pp. 4-5, 153, 195（p. 195に対して四三—四四頁）; Suikkanen, J., *Contractualism*, Cambridge: Cambridge UP, 2020 p. 5. 本文献はCh. 5のみ日本語訳が存在する（T・M・スキャンロン「契約主義の構造」池田誠訳『現代倫理学基本論文集Ⅲ　規範倫理学篇②』大庭健編・古田徹也監訳、勁草書房、二〇二一年）。本節のスキャンロンの契約主義の説明はSuikkanenを参考にしている。また、必要に応じて池内訳に改変を加えている。

（3）Scanlon, 1998, pp. 195, 202-206（四三—四四頁、五五—六一頁）. Suikkanen, 2020, pp. 5-6.

（4）Suikkanen, 2020, p. 6.

（5）Scanlon, 1998, p. 202（五五頁）. Suikkanen, 2020, p. 6.

（6）Scanlon, 1998, p. 195（四三—四四頁）. Suikkanen, 2020, p. 6.

（7）Scanlon, 1998, p. 204（五七—五八頁）. Suikkanen, 2020, p. 7. スキャンロンの理由の解釈としては、福間聡「道徳的価値の規範性」、『哲学』五九号、二〇〇〇年を参照。スキャンロンの理由を中心とした規範構想に批判を加えるものとして、安倍里美「理由の規範性によって義務を捉えることはできるのか —スキャンロンの議論を理由中心主義の観点から評価する—」、『先端倫理研究』第一二巻、二〇一八年がある。

（8）Scanlon, 1998, pp. 19, 229（四三―四四頁、九七頁）. Suikkanen, 2020, p. 7. こうした原理の比較が不確定的なものであるという懸念に応答するものとして、Oshitani, K., “Specifying Contractualism: How to Reason About What We Owe to Each Other”, *Journal of Value Inquiry* vol. 58 no. 1, 2024, pp. 151–168.

（9）Scanlon, 1998, p. 229（九七頁）. Suikkanen, 2020, p. 7.

（10）Suikkanen, 2020, pp. 7-8.

（11）Scanlon, T. M., “Contractualism and Utilitarianism”, in *Utilitarianism and Beyond*,（eds.）Amartya Sen & Barnard Williams, Cambridge: Cambridge UP, 1982, p. 111.（T・M・スキャンロン「契約主義と功利主義」森村進訳『功利主義をのりこえて』後藤玲子監訳、ミネルヴァ書房、二〇一九年、一四九頁）。必要に応じて邦訳の引用には変更を加えた。

（12）Scanlon, 1998, p. 235（一〇六―一〇七頁）. Suikkanen, 2020, p. 9.

（13）この点を指摘するものとして、以下の文献が挙げられる。Reibetanz, S., “Contractualism and Aggregation”, *Ethics*, vol. 108 no. 2, 1998, pp. 296-311; Ashford, E., “The Demandingness of Scanlon’s Contractualism”, *Ethics*, vol. 113 no. 2, 2003, pp. 273-302.

（14）この事例を挙げるものとして、以下のものがある。Scanlon, 1998, p. 209（六五頁）; Kumar, R., “Risking and Wronging”, *Philosophy and Public Affairs*, vol. 43 no. 1, 2015 pp. 27-51; Frick, J., “Contractualism and Social Risk”, *Philosophy and Public Affairs*, vol. 43 no. 3, 2015 pp. 175-223.

（15）以下では行為や選択肢に対して付される「を正当化する原理」を省略する。だが、検討されているのはあくまでも、行為や選択肢を正当化する原理である。

（16）Kumar, p. 34.

（17）Ibid.

（18）Kumar, p. 33. Frick, pp. 184-186.

（19）スキャンロンは自身のリスク論を「理に適う予防策」と特徴づける（Scanlon, p. 209（六六頁））。だが、フリックの初期版の原稿を踏まえて、スキャンロンは自身の事後的契約主義を撤回している（Scanlon, T. M., “Reply to Zona Stemplowska”, *Journal of Moral Philosophy*, vol. 10 no. 4, 2013, pp. 510-511.）。

（20）同様の論証はKumarやOberdiek, J., *Imposing Risk*, Oxford: Oxford UP, 2017にもみられる。

（21）ここで子どもが検討されているのは、患者の自律性に関する複雑な問題を回避するためだとフリックは述べる。大人の患者は、いずれの事例においても両方の処置を拒否する権利がある（Frick, note 13）。

（22）Frick, pp. 181-182.

（23）Frick, p. 183.

（24）Frick, p. 183.

（25）実際その確率は $1-\left(\frac{1}{1000}\right)^{1{,}000{,}000}$ であり、ほぼ1である。また、チェビシェフの不等式より、九〇〇人から一一〇〇人の子どもが死ぬ確率は九九％以上である（Frick, note 15）。

（26）Frick, p. 184.

（27）Frick, p. 185. ここで重要なのは、全てのワクチン接種が直観適合的なのではなく、死の可能性があるワクチン接種をすべて禁止することが直観不適合的であるということである。

（28）Frick, p. 196.

（29）Ibid.

（30）Frick, pp. 196-197. 第三の論拠としてフリックは、ここで採用する確率に関する哲学的な見解は決定論ではなく、あくまでも認識的不確実性であると述べる。リスクの結果誰かが死ぬのは、誰かが死ぬというあらかじめ定められた運命に直面しているからではない。むしろ、大数の法則という統計的な事実から、誰かが死ぬということがわかっているに過ぎない（Frick, pp. 197-201）。

（31）Rüger, Korbinian "On Ex Ante Contractualism", *Journal of Ethics and Social Philosophy*, vol. 13, 2018, p. 244.

（32）Frick, p. 187.

（33）フリックはフォン・ノイマン＝モルゲンシュテルンの期待効用理論と優先主義の考えからこの結論を支持する（Frick, pp. 186-187）。だが、ホルムは事後的契約論者が期待効用理論に従う点に疑問を呈する。Holm, S., "The Luckless and the Doomed. Contractualism on Justified Risk-Imposition", *Ethical Theory Moral Practice*, vol. 21 no. 2, 2018, p. 240.

（34）Frick, pp. 187-188.

（35）Frick. p. 188. 同様の定式化は、クマールによる「同様の状況にある人に起こりうるリスクの適理的拒否の可能性」（Kumar, p. 48）やオーバーディークによる「個人内集計」（Oberdiek, p. 138）という形で行われている。

（36）パンデミック下における自粛の正当性について、契約主義と費用便益分析を対比したものに以下のものがある。瀧川裕英「感染対策か経済活動か—費用便益分析と契約主義」、『法学教室』二〇二一年三月号、二〇二一年、四三—四八頁。

(37) Frick, p. 204.

(38) Ibid.

(39) Ibid.

(40) Scanlon, 1998, p. 209（六五―六六頁）. Frick, p. 204.

(41) Frick, p. 202.

(42) これはロールズの無知のヴェールとは異なる。ロールズの無知のヴェールの場合には、誰がどのような負担を実際に負っているか・実際の社会編成の中で自分がどの位置を占めるかということを、当事者たちは実際に知っている。当事者たちのこの知識を人工的に剥奪するのがロールズの無知のヴェールである。一方で、自然的無知のヴェールの場合、誰がどのような負担を負うかに関して当事者たちは実際に知らないか、確率上の見込みしか知らない。Rawls, J., *A Theory of Justice* (*Revised Edition*). Cambridge, MA: Harvard 1971 [1999], sec 24（ジョン・ロールズ『正義論』川本隆史・福間聡・神島裕子訳、紀伊国屋書店、二〇一〇、第二四節）; Frick, p. 189.

(43) Frick, p. 202-203.

(44) 例えば、Harsanyi, J., "Morality and the Theory of Rational Behavior", in *Utilitarianism and Beyond*, pp. 39-62.（ジョン・C・ハルサニー「道徳性と合理的行動の理論」栗林弘幸訳『功利主義をのりこえて』、五三―八四頁）を参照せよ。

(45) Frick, p. 205.

(46) Frick, p. 203. 括弧による補足と傍点は筆者による。

(47) Frick, p. 205.

(48) Ibid.

(49) Kelman, M., *The Heuristics Debate*, Oxford: Oxford UP, 2011, p. 21.

(50) Tversky, A. & Kahneman, D., "The Framing of Decisions and the Psychology of Choice", *Science*, vol. 211 no. 4481, p. 455.

(51) これらの確率はほぼ同じなので、スキャンロンはこれらの害を同じカテゴリーの害として、違いのないものとして扱うかもしれない（Scanlon, 1998, pp. 238-239 一二二―一二三頁）。ただその場合には、二〇%と同じカテゴリーには辛うじて含まれない値を一九・九九%の代わりに設定すれば、この議論は依然として成り立つ。

(52) Cf. Jenni, K. & Lowenstein, G., "Explaining the Identifiable Victim Effect", *Journal of Risk and Uncertainty* No. 14, 1997, pp.

235–257. 統計上の生と識別済みの生の問題は生命・医療倫理において重要なトピックとなっている。例えば次のものがある。Moore, R. F., “Caring for identified versus statistical lives: An evolutionary view of medical distributive justice”, *Ethology & Sociobiology*, vol. 17 issue. 6, 1996, pp. 379–401; Brock, Dan W., “Identified versus Statistical Lives: Some Introductory Issues and Arguments”, in I. Glenn Cohen, Norman Daniels, and Nir Eyal（eds.）, *Identified versus Statistical Lives: An Interdisciplinary Perspective, Population-Level Bioethics*, Oxford UP.

（53）Frick, p. 212. 括弧内は筆者による補足である。

（54）Frick, pp. 216-217.

（55）Frick, pp. 218-219. 括弧内は筆者による補足である。

（56）Jenni, K. & Lowenstein, G., p.238

（57）Nisbett, Richard & Ross, Lee, *Human Inference: Strategies and Shortcomings of Social Judgment*, New Jersey: Prentice-Hall, Inc, 1980, Ch. 3.

（58）Nisbett & Ross, p. 45.

（59）Nisbett & Ross, p. 55.

（60）痛み止めの事例は、子どもたちのくじの当たり外れが独立でないという点で、麻痺のある子どもの事例とは完全にパラレルではない。だが、最初のくじが引かれる前に子どもたちが直面する確率は痛み止めの事例でも同一である。

（61）Gordon-Solmon, Kerah, “Should Contractualists Decompose?”, *Philosophy and Public Affairs*, vol. 47 no. 3, 2019, pp. 259-287.

（62）Gordon-Solmon, p. 282.

（63）Gordon-Solmon, pp. 280-281.

（64）Gordon-Solmon, p. 280.

（65）Gordon-Solmon, p. 283.

（66）Frick, p. 205.

（67）リューガーも同様の指摘を行うが、ランダム化という人為性が介在するタイミングという規範的に無関係な考慮事項に正当化可能性が左右されるという、事前的契約主義の根本問題には気づかなかった。リューガーは事前的契約主義の症状を指摘したものの、病因に気づかなかった。Rüger, p. 250.

また、多数者の利益のために課される少数者への犠牲を事前的契約主義が許容するということのみを指摘するリューガーの観点は不十分である。事前的契約主義は個人間集計に堕落する以上の問題がある。例えば、次の事例を考えよう。ある診療所にはある薬が二単位だけある。第一段階で診療所に来た二人の麻痺の患者は治療のためにその薬をそれぞれ一単位ずつ必要とする。医者は二人の治療のために、その薬を渡すことを約束した。第二段階で診療所に来た一人の麻痺と骨折の患者は治療のためにその薬を二単位必要とする。分解テストに従えば、第二段階で現れた患者の治療のために医者は、二人の麻痺の患者との約束を破らないといけない。事前的契約主義は、約束という規範的考慮事項も見落としてしまう。Cf. Gordon=Solomon p. 285.

（68）ここで統計的独立性を持ち出すのは、リスクのある治療と人体実験（多段階）のリスクには単なる数値以上の違いがあり、その違いが重大な考慮事項であることを示すためである。ただ、統計的独立性はリスクの適理的拒否可能性にとって必要条件でも十分条件でもない。例えば、一〇人の患者に対して九人分の分割不可能な治療薬しかない場合、誰かひとりが治療薬にありつけないということは確実である。ここで、九人のグループとあぶれた一人の組み合わせはどんなものであれ統計的に独立でない。どんな分配をしようとも、その分配は誰かが薬にありつけないということが成り立つ。

（69）こうした問題を解決するためにゴードン＝ソロモンが提示するのが「深く関係的な契約主義」である。だが、ゴードン＝ソロモンも、ランダム化という人為性が介在するタイミングという規範的に無関係な考慮事項に正当化可能性が左右されるという、事前的契約主義の根本問題には気づかなかった。ゴードン＝ソロモンは、事前的契約主義の治療法を提示したが、その病因に気づかなかった。

（70）その例として、相互尊重に重きを置くゴードン＝ソロモンの「深く関係的な契約主義」、事前と事後のハイブリッド的な「リスク認知的事後的契約主義（risk-acknowledging ex post contractualism）」（Suikkanen, J., "Ex Ante and Ex Post Contractualism: A Synthesis", *The Journal of Ethics*, vol. 23, 2019, pp. 77–98）、人々のリスク選好度を組み込む「リスク選好度調整確率的事前アプローチ（risk-preferences-adjusted, probabilistic-ex ante approach）」（Scharding, Tobey K., "Contractualism and Risk Preferences", *Economics and Philosophy*, vol. 37 no 2, 2021, pp. 260–83）が挙げられる。

（71）Waker, Peter P.,（2012）*Prospect Theory For Risk and Ambiguity*, p. 2.

（72）プロスペクト理論を期待効用関数に用いる議論として「プロスペクト功利主義」が十分主義の文脈で提示されている。Chung, H. "Prospect utilitarianism: A better alternative to sufficientarianism", *Philosophical Studies* vol. 174 no. 8, 2017.

【謝辞】

本原稿のプロジェクトは、二〇二三年の政治経済学会のリスク論に関する私の報告で討論者を務めていただいた瀧川裕英先生による、契約主義に注目する必要性を指摘するコメントをきっかけに始まった。その後、本原稿は、二〇二三年秋の井上彰先生のゼミ、二〇二四年春のオンライン政治理論研究会、二〇二四年の応用哲学会で報告し、参加者の方々から多くの有益なコメントを頂いた。井上彰先生、押谷健さん、吉村佳樹さんには個別にコメントを頂いた。二名の匿名査読者、本プロジェクトにご助言・ご協力してくださったすべての方に厚く御礼申し上げます。

〔政治思想学会研究奨励賞受賞論文〕

アメリカ期ハンス・コーンと「西」

――ソ連とフランスを手がかりに

小島　望

一　問題の所在

本稿では、ナショナリズム研究者ハンス・コーンの「西」、すなわち西欧とアメリカの評価を、とりわけ理念的・思想的観点から検証する。まず本稿の目的を示すとともに、先行研究の状況を確認し、具体的な分析視角を設定する。しかる後に分析を行い、最後に本稿全体の結論を提示する。

ハンス・コーンは、一般的にそのナショナリズムの二分法的理解によって知られている。一九四四年に著した『ナショナリズムの理念』において、コーンは「西」、すなわち西欧およびアメリカと、中東欧および非ヨーロッパ世界を指す「東」においては、ナショナリズムの性格が異なるとの見解を示した。前者がナショナリズム形成に先立って国家的統合を果たし、それゆえナショナリズムは中産階層が実現した自由民主主義の理念に立脚したものとなった一方、かかる条件を欠く「東」において、ナショナリズムはエスノ文化的集合性の実現を本質とした[1]。かかる「コーン的二分法(Kohn dichotomy)」は、しばしば批判されるように、「西」と「東」におけるナショナリズムの性格を単純に一般化、本質化し、その上で前者の後者に対する質的優越性を前提するものだ[2]。

このような、明らかに「西」に偏向した分析枠組みを提示したコーンは、「西」を過度に肯定的に捉えていたと今日の研究者から否定的に評価されるかもしれない。確かに、本稿で焦点を当てるアメリカ期の彼は、[3] 明らかに「西」とその理念の擁護者として知的活動に従事していた。しかしながら、「コーン的二分法」から距離を置き、コーンの「西」の理念の評価をより広い歴史的文脈から捉えなおし、そこに「西」の理念の理想視とは異なる側面が析出されるとすれば、それは親「西」的な知識人・思想家による「西」の理念の評価の多面性を浮き彫りにする契機となろう。これが、本稿でコーンの「西」の理念を改めて分析する目的である。

繰り返しになるが、コーンと「西」の関係は、特にナショナリズムの二分法との関連に位置付けられる傾向にある。とりわけ、コーン研究の蓄積が薄い我が国において、非ナショナリズム、国民国家的文脈におけるコーンの「西」認識を対象化すること自体が稀である。だが、二〇〇〇年代後半よりとみに進展しつつあるコーン研究では、彼の「西」認識は、第二次世界大戦に前後する時期から冷戦期にかけてのアメリカ期における彼の思想的方向性を解釈する上で重要視されている。アディ・ゴードンの手になる最新の知的伝記研究では、一九三四年のアメリカ移住と一九四一年の第二次世界大戦への同国の参戦を契機として、コーンがアメリカに自由民主主義の理想的体現を見出し、それを内面化したことが強調されている。[4] こうした「アメリカ化」を経験したコーンは、冷戦の開始とともに、反共の論客としての活動を開始した。冷戦期のコーンについて、ゴードンは彼がモンペルラン協会に関与したことを挙げ、彼が後の新自由主義との思想的邂逅を果たしていたこと、彼がアメリカの擁護者にしてソ連外交の批判者――「冷戦時代の正統説の順応主義者の群れの一人」――であったことを示す。[5] 彼が積極的に反共論陣を張ったことは、ゴードンのみならず、ロミー・ランゲハイネも指摘している。彼女は、コーンが、CIAに極秘裏に後援されたことで知られる文化自由会議（Congress for Cultural Freedom）の母体、アメリカ人知的自由同盟（Americans for Intellectual Freedom）の創設メンバーであったことを示している。[6] さらに、ゴードンと同様に、コーンが外交政策研究所（Foreign Policy Research Institute）への協力を通じ、ヘンリー・キッシンジャーの知己を得ていたこと、一九五七年にベルギーで開催された北大西洋条約機構のブルージェ会議の企画を担ったことを指摘した。[7] ゴードン、ランゲハイネの描き出す冷戦期コーンは、まさに活動的反共知識人であり、それゆえ、彼は「西」の信奉者あるいは礼賛者であったと解釈することができる。

他方で、ブライアン・スモレットは、ゴードン・ランゲハイネ的な見方に異を唱える。彼によれば、冷戦期コーンを反共の闘士と見ることは妥当ではなく、むしろコーンは、「西」の精神的統一性に基づいた自由民主主義的、「西」的なNATOの統合に学術的努力を注いでいたと解釈する。[8] こうした見方に基づき、スモレットは先述のブルージェ会議において、コーンが同会議は「経済、軍事的諸問題というよりはむしろ、共通の文化的、歴史的主題に焦点を当てる」べきであると提案した事実を示している。[9] スモレットの主張においては、冷戦期のコーンは反共の闘士というよりも自由民主主義の擁護者としての側面が強調されている。

このように、ゴードン・ランゲハイネ的な反共知識人としてのコーンと、スモレット的な非・反共知識人としてのコーンという、一見すると相反する解釈像が並立しているかのようである。しかしながら、ゴードンもNATOを「西」の精神的統合の基盤として把握するコーンの視座に言及していることから窺えるように、[10] スモレット的な見方は反共の闘士としての冷戦期コーンを強調するゴードン・ランゲハイネ説と必ずしも矛盾するものではなく、この時期の彼の政治的立場を反共、別言すれば「西」の信奉者として位置付けることそれ自体には問題がないように思われる。

残る問題は、反共の闘士であったとされるコーンが、果たして自らの奉ずる「西」に対する批判的契機を持ち得なかったのか、換言すれば、彼は「西」の無謬性を内面化していたのか否かという点だ。ゴードンは、朝鮮戦争時の国連軍による三八度線以北への侵攻、ベトナム戦争の勃発や、NATOによる「西」の統合の不徹底等を受けて、彼が一九五〇年代から間欠的に「西」の外交政策に失望したとする。[11] アメリカの内政面については、黒人や先住民の問題に、晩年近くになって彼がようやく言及したことにも、ゴードンは触れている。[12] このように、特に一九六〇年代から晩年にかけて、初めてコーンは「西」に対する批判を表明したとされている。こうしたゴードンの指摘は、確かにコーンの「西」認識を解明する上で重要である。しかし、それらは「西」の現実政治についてのコーンの評価に焦点を当てたものであり、「西」についての彼の思想的・理念的評価という論点については、検討の余地があるよう考えられる。この問題について、スモレットは、冷戦期のコーンが、全体主義や人種主義、権力への志向がフランス、イギリス、アメリカといった「西」にも見られたこと、それらが「西」において流行することもあり得たと認識していたという注目すべき指摘を行っている。[13] さらにスモレットは、第二次世界大戦後すなわち冷戦開始後のコーンの著作を分析する際に、ジャコバン派的ナショナリズムと全体主義の関係を踏まえたコーンの記述にごく僅かながら触れており、かつ、イギリス革命を肯定しつつフランス革命を否定的に捉え、イギリスを範とする政治風土・理念の改革に一九世紀フランスが失敗したとのコーンの見方に言及している。[14] フランスが一般に西欧思想の主要な培養地であると認識されていることを踏まえれば、この指摘は重要だ。同様に、アンドレ・リービッッヒは、コーンがフランスをドイツやイタリアと同様に、ファシズムや共産主義が間欠的に隆盛を示す一方で、自由民主主義の定着が困難である国と見なしていたとしている。[15] しかし同時にリービッッヒは、国民国家とナショナリズムに関する議論において、コーンがフランスを「西」の典型例としたことを以て、彼が大枠ではフランスを「西」の内部に位置付けていたと解釈する。[16]

これらの指摘は、コーンによる「西」の思想的・理念的評価に焦点を当てる点で重要だが、それぞれに限界がある。まず、リービッッヒの研究には、二つの限界がある。第一の限界として、コーンの否定的なフランス認識の背後に、フランス的政治思想・理念についての彼のいかなる評価が潜んでいるのかが明確ではない。そして第二の限界として、ナショナリズム、国民国家の東西二元論と必ずしも関係しない文脈において、彼がフランス的政治思想・理念を「西」全体との関係においてどのように位置付けていたのかという点に、リービッッヒは立ち入ってはいない。それに対してスモレットの見方は、リービッッヒの第一の限界を乗り越えるものであるし、彼の指摘それ自体は本稿の検証結果とも整合的だ。しかし、スモレットの研究については、次の二つの問題を指摘できる。まず、彼の研究はジャコバン独裁と全体主義との関係性についてのコーンの断片的言及に僅かに触れてはいるものの、コーンのフランス革命あるいはフランスへの評価と「西」の政治理念・政治思想との関係性について自覚的に解明し得ていない。この点で、彼の見解もリービッッヒの研究に備わる第二の限界を乗り越えているとは言えない。より重要な問題として、時系列的変化の把握について難がある。先に示したフランス及びフランス革命へのコーンの評価に関するスモレットの記述は、第二次世界大戦後のコーンの著作を根拠とするものである。しかし彼は、本稿の分析が着目する、コーンのフランス革命やフランスの政治理念への評価が第二次世界大戦終結を境として変化したという事実と、その含意に着目していない。

このように、先行研究では、コーンの思想における「西」と非「西」との思想史的な起源—後裔という系譜的関係性、親和性を特に理念的・思想的次元に位置付けつつ、アメリカ期コーンの思想を通貫する長期的視野に立って分析する向きが弱い。かかる問題意識を念頭に置きつつ、コーンの論考、著作、時事評論を手がかりとしながら、アメリカ期——概ね第二次世界大戦に前後する時期から冷戦初期、すなわち一九三〇年代から一九五〇年代にかけて——の彼の「西」認識を解明することが、本稿の具体的課題である。この際に、以下の戦略を以てこの課題の達成を試みる。本稿における分析は、コーンによる「西」の理念への評価それ自体ではなく、コーンの議論における、非「西」との関係における「西」——「西」の影——に焦点を当てる。このような方針を採る理由は、ある思想家の肯定対象単独よりも、否定対象との関係における肯定対象にこそ、隠蔽されたネガティヴな評価が見出されると考えるからである。具体的には、第一に、ソ連あるいは共産主義と「西」の理念の関係、第二に、「西」との関係におけるフランスの政治理念、歴史が分析対象となる。やや結論的に言えば、コーンはこれらを最終的には否定的に評価するに至るが、しかし彼はそれらと「西」との系譜的関係性、親和性を踏まえた議論を展開していたのである。本稿の冒頭に掲げた目的を達する上で、以下では「西」の理念と非「西」的なるものとの系譜的関係性、親和性という観点を分析視角に据えたい。

二　アメリカ期コーンとソ連

1　前第二次世界大戦期

本章では、前第二次世界大戦期、第二次世界大戦期、冷戦期にかけての彼の論考、著作、時事評論等を手がかりに、コーンの議論におけるソ連と「西」の系譜的関係性、親和性について検証する。

まず、一九三〇年代のコーンのソ連論を確認する。この時期のコーンの議論の特徴は、一九世紀的進歩と変革を二〇世紀において継受・促進する勢力として、ソ連を描き出す点である。より具体的に言えば、一九世紀に資本主義が推進した、グローバル経済と国際社会の統合機能を、ソ連が二〇世紀に継承するというのだ[17]。また、一九三一年にソ連を訪問したコーンが著した『ソビエト連邦におけるナショナリズム』においては、ソ連は未だ持続する「汎ロシア的ショーヴィニズム」と、スプラナショナルな理想を実現する可能性との分岐点にあると彼は述べている[18]。後者の道について注目するべきは、この流れが多数の国々の動きと融合し、グローバル化の深化に帰結する可能性をコーンが指摘している点だ[19]。ここで、彼はソ連に世界史的潮流の推進者としての地位を認めているように読める。

では、この時期のコーンは、ソ連において現実に存在した独裁体制についてどのような評価を下していたのだろうか。とりわけ、この論点は一九三三年のナチス（NSDAP）による政権掌握と共に問題となったはずである。まずコーンは、ナチス・ドイツおよびファシスト・イタリアと、スターリン体制下のソ連が等しく独裁国家であることを認める。その上で彼は、両者の異同を強調する。その際コーンは、共産主義を、フランス革命とそれがもたらした民主主義の完成者として位置付けている。

> 共産主義者による歴史解釈が正しく、共産主義独裁がその目的を達することに成功した場合、新しい人と社会が創造されるだろう。このように、第三身分の台頭をもたらすことで、フランスのみならず、人類全体を政治的民主主義とナショナリズムの時代に導いたフランス革命の大業（work）を、それ〔注：共産主義〕は続けるのだろう。ロシア革命は第四身分〔注：プロレタリア階級〕の台頭を代表する社会革命であるが、ロシアのみならず、人類全体を社会的民主主義（social democracy）の時代に導くのだろう[20]。

ここでは、フランス革命とそれがもたらした民主主義（「西」の理念）とソ連（共産主義）が、系譜的関係に位置付けられており、同時に両者が肯定的に評価されている[21]。その一方で、ナチズム、ファシズムに対する彼の評価は手厳しい。コーンによれば、ファシズムは進歩の理念や、人類の完全可能性（perfectibility）といった、未来を向いた発想を拒否する[22]。コーンにとって、ファシズムはヨーロッパの諸革命、ひいてはキリスト教以前への後退を欲する、第一次世界大戦によってもたらされた「脱人道性」の産物であり、既存の文明の否定である。[23] コーンは、後のエリック・ホブズボームやエンツォ・トラヴェルソの見方と同様に、「啓蒙の子」である点において、ソ連（共産主義）と「西」が、思想的兄弟関係にあるとの認識を示している。[24] この時期のコーンの議論は、ナチズム、ファシズムと共産主義の政治体制面での類似性を踏まえつつも、後者と「西」との系譜的関係と親和性を明らかに前提している。

この時期のコーンの議論おいて特徴的であるのが、共産主義とキリスト教との間の高度な類似性を指摘する点である。ユダヤ＝キリスト教と共産主義に備わる歴史観、宗教的情熱を喚起する能力といった共通点や、[25] 絶対的妥当性を備えたテクスト（聖書、マルクスあるいはレーニンの著作）が崇敬され、その解釈者が政治的正統性を承認されるという構造の類似性をコーンは指摘する。[26] 両者の間に見られる親和性を、彼は人類社会の統合を目指す理念との関係においても見出している。傍証としては、国際連盟と共産主義との関係性についての彼の解釈を挙げることができよう。コーンは、市民革命によって世俗化したキリスト教共同体（respublica Christiana）の理念を、国際連盟の根底に見出している。[27] 彼は共産主義思想が国際連盟の道徳的基盤を破壊したと述べるが、それは共産主義と結びついた暴力によるものであって、共産主義自体は「本質的に言って、国際連盟が立脚する諸原則に反するものではなかった」とする。[28] ここで暗示されているのは、究極的にはキリスト教的普遍に還元される、「西」の市民革命が結晶化した人類社会統合の理念と、普遍性を備えた共産主義思想の親和性であるだろう。

このように、この時期のコーンは、ファシズム諸国とソ連（共産主義）がともに独裁国家であることを前提しつつ、後者については、民主主義の実現・発展や人類社会の統合という目標を巡り、「西」との系譜的関係と親和性の双方を備えたものと解釈し、正当化し得るものとして肯定している。

2 第二次世界大戦期

第二次世界大戦期のコーンのソ連論には、二つの方向性が見出される。まず、前節でも言及した、ソ連（共産主義）と「西」の理念的関係を強調する視座を確認する。米英ソを中核とした「大連合」を擁護するためか、第二次世界大戦以前の記述と比して、この時期のコーンのソ連（共産主義）に対する評価は、より一層好意的なものとなっている。例えば、一九四二年に発表した著作において、コーンはナチス・ドイツによるキリスト教の敵視や、その徹底した価値相対主義的ニヒリズムを批判し、次のように述べている。

　このような部族道徳〔注：ナチズム〕と人類文明の間には、一切の妥協も理解も可能ではない。あらゆる異同にもかかわらず、イギリスのプロテスタント的自由主義、ローマ・カトリック的保守主義、ロシア的共産主義は、同じ文明の伝統の後継者である。各々は異なる解釈を有しているだろうが、これらは人類の単一性と個人の価値を信奉しているのだ(29)。

本質的に同一の価値観を有する「大連合」ならびにあらゆる諸文明は一致団結して、有史以前の価値観へと退行し、自らの優越性を奉掲する日独――「オーディンと天照」――を打倒しなければならないとコーンは宣言する(30)。

　こうしたコーンの主張は、前節に見た、「啓蒙の子」としてのソ連を踏まえ、ソ連と「西」の系譜的関係を強調するものだ。同時にソ連のロシア性を前提した記述も、この時期に前景化した。具体的には、ソ連をキエフ公国にまで遡る、革命以前のロシアの延長に位置付けるものだ。一例として、一九四〇年夏にコーンが著した論文が挙げられよう。ポーランド侵攻から一年が経過し、しかし「大連合」形成の契機たる独ソ戦と真珠湾攻撃まで未だ時を要したこの時期、ソ連にナチス・ドイツに対する防波堤を期待した反ファシズム勢力の願いは、モロトフ＝リッベントロップ協定という権力政治の産物によって完全に裏切られていた。そうした時代背景に抗うように、コーンは、この論考でソ連の擁護を試みたようである。彼は、ロシア史における二つの潮流として、西欧化とそれに抗するスラブ主義（Slavophilism）を挙げ、前者にピョートル大帝を、後者にロシアの中世的基盤と正教を結びつける(31)。彼は近代ロシア精神史を両者の闘争過程として解釈し、その結末について以下のように述べる。

しかし、スラブ主義は一八二五年のデカブリストから一九一七年の臨時政府の自由主義者たちまで、様々な西欧化主義者と改革者に反対された。彼らは、ロシアの救済を、西欧的イデオロギー、西欧的経済発展、政治的憲法の受容――すなわち、人類発展の一般的過程への適応と参加に見出した。多くの点で、そしてかなり思いがけないような形で、レーニン主義がロシアにおける西欧化の傾向を大勝利に導いたのである。[32]

この記述においては、これまでに見た、ソ連（共産主義）と「西」の理念との親和性が確かに強調されている。しかし同時に、ここではソ連がロシア精神史の文脈に明確に位置付けられている点には注意が必要だ。「西」と本質を等しくする普遍的原理たる共産主義の一発現形態としてのソ連ではなく、文化・宗教・歴史において特殊な存在であるロシアの歴史的一段階としてのソ連にコーンは注目しているのである。このような見方は、スターリンの評価においても妥当する。この時期のコーンは、イヴァン雷帝、ピョートル大帝の後継者の地位をスターリンに与えており、前二者が成し遂げられなかった、ロシアにおける創造性の普及、大衆の覚醒を実現した――「自らのネイションをヨーロッパ化している」――と彼を比較的肯定的に評価しているのである。[33]

このように、第二次世界大戦期コーンのソ連論には、二つの方向性が見出された。第一には、それを「啓蒙の子」とする解釈であり、第二には、それを特殊ロシア史的文脈に位置付けるものである。もっとも、これまでに見たように、第二の視座においても、ボリシェヴィキ的ロシアと「西」はレーニン主義あるいはスターリンを媒介として結びつけられており、この意味でこれら二つの説明枠組みは相互排他的ではない。こうした状況に変化が生じるのは、次節に見る冷戦期のコーンの議論においてである。

3　冷戦期

第二次世界大戦後のコーンの議論において目を引くのは、革命以前のロシアと「西」の異質性の強調である。まず、モンゴル帝国によるロシア支配、いわゆる「タタールの軛」をロシアと「西」との断絶の契機とする点だ。[34] 第二に、過去のロシアの支配者の性格についても、コーンはその非「西」的性格を強調し、イヴァン雷帝治下のモスクワ大公国を「初の完全な全体主義国家」と解釈し、また、ピョートル大帝の西欧化政策はヨーロッパに対抗するための富国強兵策であったとし、「西」を範とした精神的改革ではなかったと言う。[35] そして、コーンは、西方教会圏と距離を置く正教の中心たる自覚——第三のローマ意識——が、普遍的任務を強く意識したナショナル・アイデンティティに帰結したと見る。[36]

「西」から隔絶した政治的・精神的空間であるロシアを、コーンはソ連の原型とする。万人の生殺与奪を握る絶対的権威者イヴァン雷帝が実現した「平等」は、大粛清の嵐が吹き荒れたスターリン体制下の「平等」の祖型なのだ。[37] 全世界に遍く平等をもたらすべきソ連は、真なる信仰を宣布する正教のロシアの全き後継者である。[38] こうした文脈において、かつてはロシアの西欧化を実現したとコーンが評価したレーニンは、逆にその非西欧的性格が強調されるに至った。

レーニンの権力掌握は、ヨーロッパの一部としてのロシアの〔歴史的〕期間に終止符を打った。意識的に、レーニンはヨーロッパからアジアへとロシアを向けたのだ。当初より彼は、ロシア・レーニン的革命、あるいはレーニンによる非民主主義的な反革命と呼びたいと私が考えているものと、アジアにおける——とりわけ中国における——ナショナリスト的指導者層との密接な同盟関係の価値を信じていた。[39]

西欧プロレタリア階級との協同によるヨーロッパ革命〔世界革命〕のみならず、東方被圧迫諸民族との提携を重視したボリシェヴィキの路線を、コーンはレーニンのアジア的性格の発露と見る。同様に、彼はレーニンの革命思想それ自体にも——かつての解釈とは異なり——非西欧的中核を見出す。

だが、マルクス主義を学んだにもかかわらず、彼の哲学は、ロシアの革命的絶対主義の強力な潮流によって条件づけられていた。彼は、他のロシア社会主義者たちのヨーロッパ主義と革命の道徳的側面に対する没頭を「ブルジョア的」先入観と人道的センチメンタリズム〔の反映〕と見なしていたのである。[40]

とはいえ、この時期のコーンはイデオロギーとしての共産主義に「西」との親和性を認めてもいる。「マルクス主義それ自体は、イングランドに起源を持つ自由主義的な理想〔国家の「消滅」〕と、「理想」を実現し、酷く腐敗したこの世界を救済する唯一の道である、革命社会学の非西欧的手法とを結びつけた」と彼は言う。[41] この段階においても、コーンは共産主義の「啓蒙の子」としての性格を未だ認めており、[42] また、レーニンの西欧主義的側面に立ち戻りもする。しかし、今やコーンは西欧主義者レーニンの敗北、ソ連の特殊ロシアへの屈服を宣告する。

> 一九一七年のレーニンにとって、ロシア革命は、後進的ロシアではなく先進的西欧諸国が主導することになる世界規模の運動の出発点でしかなかった。〔しかし〕今日のロシアの青年たちにとって、一九世紀のスラブ主義者たちにとってもそうであったように、ロシアはそれ固有の性格の結果として、宗教（かつては正教、今日では共産主義）を通じて、虚偽の教説と異端的過ちによって解体しつつある世界を救うこととなる存在なのだ。[43]

西欧主義者レーニンの勝利の証として植えられたソ連という苗木は、最終的に特殊ロシアという土壌によって変質を余儀なくされた。コーンはすぐれて象徴的に言う。「一九一七年に世界はボリシェヴィズムによるロシア征服に驚愕したが、今日では伝統的ロシアがボリシェヴィズムを飲み込んだ」のだと。[44]

4　小括

コーンのソ連、共産主義論は時系列的には下記の変遷を経験した。第一に、全体主義国家であることを前提しつつ、「西」との系譜的関係性、親和性を備えた普遍的イデオロギーを体現する、「啓蒙の子」としてソ連を把握した第二次世界大戦以前の見方がある。第二に、ソ連の特殊ロシア的性格を射程に入れながら、なおもその「西」との系譜的関係性、親和性を際立たせた、第二次世界大戦中の解釈がある。そして第三に、全体主義国家ソ連の特殊ロシアの延長としての性格を批判的に強調し、「西」との系譜的関係性と親和性を否定する冷戦期の説明がある。言うまでもなく、この変化の背景には、「大連合」の解体と冷戦の開始という史的状況が潜んでいる。第二次世界大戦終結までのコーンにとって、ソ連はファシズムとは異なり、「西」との系譜的関係性、親和性を有した、いわば許容される全体主義国家であった。しかし、米ソ冷戦の到来によって、彼は「西」を擁護するために、「西」と敵対関係に陥った、生き残った全体主義国家たるソ連を否定せざるを得なくなったのである。それゆえ、この時期以降のコーンは、ソ連と「西」との関係を断ち切るとともに、全体主義国家という政体それ自体を拒否することとなった。

このようなコーンのソ連論の変転は、第二次世界大戦以前においては、ソ連の普遍性、「西」の自由民主主義との系譜的関係性、親和性を強調し、冷戦期にはソ連をパン＝スラブ主義の延長に位置付けた、コーンのソ連解釈の断絶を強調するゴードンの見方を、確かに裏付けるものである。[45] しかしながら、ここで強調するべきは、これまでに見た三段階のいずれにおいても、コーンが共産主義、あるいはレーニンの「西」との親和性それ自体は完全には否定しなかったという点だ。冷戦期の彼の議論における、共産主義（マルクス主義）とイングランド的自由主義との関係性、また、レーニンのアジア的――すなわち非「西」的――性格を重視する一方で、彼を西欧主義者とも見るアンビバレントな評価は、その証明である。より重要なことに、コーンは共産主義の実現を目指した国家としてのソ連あるいはレーニンの「西」的性格が、強固な影響力を備えた特殊ロシアに敗北したと見ている。こうした解釈が意味するのは、現実の国家としてのソ連の問題点――膨張的外交政策や普遍的理想と矛盾した苛政――を、「西」との系譜的関係や親和性を有した、共産主義の発現としてのソ連ではなく、本来的に非「西」的な伝統的ロシアの産物とするコーンの戦術であろう。奇妙な言い回しになるが、コーンは特殊ロシアの延長にある現実のソ連から、共産主義の発現あるいは「啓蒙の子」としてのソ連を救おうとしていたのだ。「西」のイデオローグであるコーンにとって、「西」との系譜的関係と親和性を備える普遍的イデオロギーたる共産主義の発現としてのソ連が、「西」を象徴するアメリカの自由民主主義の敵対者となることを認めることはできなかった。[46] つまり、特殊ロシアに現実のソ連の問題を擦り付けることで「啓蒙の子」ソ連を救おうとするコーンは、同時に、「啓蒙の子」ソ連との系譜的関係性、親和性を備えた「西」の理念と、現実のソ連との思想的・理念的関係を否定しようとしていたと解釈し得るのである。(47)

三　コーンとフランス

1　フランス革命論の変転

右に見たように、コーンの議論において、ソ連（共産主義）は「西」との系譜的関係性、親和性を備えており、それゆえに冷戦期の彼は、ある意味で「西」の理念を現実のソ連から遠ざけるべく、従来の議論からの転回を果たした。同様に彼の議論において問題となるのは、一般的に西欧政治理念の主要な培養地の一つであるとされるフランスである。本節では、フランス革命と様々な政治理念・イデオロギーとの関係についてのコーンの議論を検証し、彼のフランス革命論の時系列的変化を追う。

第二次世界大戦終結までのコーンは、フランス革命は自由主義の実現の画期であったという、きわめて一般的な理解を示している。

> フランス革命においては、アングロ・サクソンの諸革命においてそうであったように、自由主義とナショナリズムは不可分に結びついていた。アメリカとフランスの革命の背景は、啓蒙、合理主義と個人主義の世紀であった。自由、平等、同胞愛は、どこにおいても普遍的な目的と射程を備えたメッセージを伝えたのである。(48)

ここでは、英米の諸革命とフランス革命の共通性が強調されている。後者について彼が特に重視するのが、ナポレオンである。コーンは、ナポレオンを単なる専制君主とは見なしておらず、彼はネイションの意思と主権の体現者として自らを正統化した点で画期的であったとする。(49) 別言すれば、コーンはナポレオンを、フランス革命によって確立されたネイションの主権の延長に位置付けており、彼の理解においてナポレオンは単なる革命の簒奪者ではない。ナポレオンはあくまでも、「一八世紀とフランス革命の子」であったのだ。(50) この点が重要であるのは、コーンがナポレオンと後のファシズム指導者との系譜的関係を指摘しているからである。

人民投票は民衆の意思を表明する新しい手段であるが、ナポレオンの新たなる威厳に相応しかった。この「民主的専制」という形式は、後にムッソリーニとヒトラーのような連中の師にして模範となる、ナポレオン三世によって完成されたのである。(51)

フランス革命によって切り開かれた、人民の意思の政治的権威化の時代——民主主義の時代——が、結果として後のファシズム形成の前提を成したことをこの記述は暗に示している。フランス革命によって確立されたネイションの主権、そして民主主義がナポレオンを産み、彼はナポレオン三世を介して、二〇世紀のファシズム指導者に帰結した。間接的ながら、ファシズムもまた、フランス革命、ひいては「西」の理念の後裔であるとコーンは解釈しているようである。ファシズムもまた、この意味で「啓蒙の子」であるのだ。既に見たように、この時期のコーンはフランス革命を共産主義の先駆者として見なしてもいる。つまり彼は、自由主義や民主主義といった「西」の理念、共産主義、ファシズムの三つが、等しくフランス革命に思想史的起源を有すると解釈している。フランス革命は、このような意味で三者の共通の系譜的「父」である。(52) とはいえ、これら三つのうち、この時期のコーンは前二者の親和性をやはり強調する。

フランス革命において初めて、ナショナリズムと自由主義の二つの理念は強力に表現された。一九世紀と〔第一次〕世界大戦終結までの二〇世紀の歴史は、これら二つのカテゴリの政治思想の調和の努力と、これらの間の紛争と妥協を代表している。〔……〕ファシズムはナショナリズムを受容したが、〔……〕フランス革命の他のすべての理念を拒んだ。我々が自由主義と呼び得るこれらの諸理念には、共産主義のイデオロギーがより近く身を寄せたのである。[53]

この時期のコーンは、ファシズムと共産主義という二つの全体主義と系譜的関係を有していたからといって、フランス革命を否定的に解釈してはいない。第二次世界大戦終結までのコーンが重視した、「西」と彼にとって肯定され得る全体主義国家ソ連との系譜的関係性、親和性が、この時期の彼のフランス革命論にも投影されているのである。

しかしながら、第二次世界大戦以降のコーンの議論において、「西」の政治理念、具体的には自由主義、民主主義との関係におけるフランス革命に対する評価は変化した。冷戦の開始によって英米と敵対するに至った——それゆえコーンにとってもはや正当化が不可能となった——特殊ロシアの延長たる現実のソ連という生き残った全体主義の西欧における先駆けが、ここに見出されるようになったのである。[54]

一九五一年に彼が発表した論考「全体主義的恐怖の序曲」は、そのタイトルが示すように、全体主義の先駆としてフランス革命を否定的に把握する試みである。一七八九年の革命勃発当初、その目的は個人の自由、理性の命令の確立にあった。[55] しかしながら、国外の反革命勢力との戦争とそれに伴う総動員によって喚起された民衆の狂熱は、「一七八九年」が実現した憲法秩序の破壊——八月一〇日事件——に帰結し、「フランス人権宣言はただの紙切れになった」[56]。政権を掌握したジャコバン派の下、個人の権利は溶解し、暴君と革命の敵に抗する戦士の共同体として定義されたフランス人の理念が称揚された。[57] 革命化されたネイションという掛け声の下で、自由は激情の犠牲者となり、「国民の敵」に対する苛烈な恐怖政治が生起した。[58] かくて、「一七八九年」は「一七九三年」に墜ちた。コーンは、こうしたジャコバン独裁と二〇世紀的全体主義の比較を試みる。少なくとも理論上、フランス革命戦争はフランス人各員の「個人的関心事項」となり、政府は戦争に全ての人員・資源を投入するよう、人々を精神的にも動員するよう図った。[59] ここにコーンは、総力戦・全体主義的体制の萌芽を見出している。戦争のあり方それ自体のみならず、コーンは戦争が社会に与えた影響という点においても、フランス革命と後の全体主義との関係性を示唆している。例えば、革命戦争に従軍し、戦場経験や勝利の陶酔を内面化した兵士たちが日常生活に再順応することに困難を覚えたとのコーンの記述は、第一次世界大戦後の社会の暴力化という二〇世紀的全体主義の温床を明らかに意識したものである。(60) このようにコーンは、「一七九三年」に奏でられた、全体主義の序曲を見ていよう。

それ以前の議論とは異なり、冷戦期コーンにおいて、自由主義と民主主義、つまり「西」の政治理念の定着の契機としてフランス革命を捉える向きは薄弱だ。むしろ、コーンによってそれ自体として否定されることとなった全体主義とフランス革命との系譜的関係性、親和性が強調されている。別言すれば、かつての自身のフランス革命論とは異なり、フランス革命から「西」の理念の淵源——自由主義と民主主義——を隔離することが、この時期のコーンの意図であった。この点との関係において特に注意するべきは、「一七九三年」に帰結するフランス革命と、一七世紀イギリス革命の異同である。彼は、この点について以下のように言う。

> イングランドにおいて、名誉革命は、狂信（Fanatismus）と内戦に対する反動と同じく終結をもたらした。フランス革命は、それに対して異なる道を進んだ。フランス革命は一七八九年に名誉革命と共に始まりながら、内戦がそれに続き、悲痛なる目的のために、内なる反対派と外なる敵に対する闘争が必要とされた。和解のための真の精神は、語られることがなかった。それ以降、ヨーロッパでは「限界に至るまでの闘争（Kampf bis zm äußersten）」が繰り返されたのである。(61)

イングランドでは、絶対的正義を巡る闘争の果てに、多元性を前提する思惟が勝利した一方で、フランスではその逆のプロセスが生じたとコーンは見る。フランス革命において前景化した「悲痛なる目的」、すなわち「暴政と不正に終止符を打つという目的と結びついた平和」は、「暴政と不正」をいかようにも解釈し得る点において、文字通りの永久戦争に転化するのだ。(62) これがコーンの理解するフランス革命の帰結であり、それは絶対的正義という発想を放棄し、多元性と結びついたイギリス的精神との懸隔を示している。ここでは、彼が全面的に否定するに至った全体主義の特徴でもある、思想的画一性への衝動（フランス）と、政治的多元性の受容（英米）が対照的に評価されている。後に見るように、英米的理念と、フランス的理念の間で否定された親和性は、冷戦期コーンの「西」の理念の評価についての重要な知見を提起する。

2 「西」と異質なるフランス

第二次世界大戦後のコーンはフランスの伝統的な政治思想・理念と、英米を中核とした「西」の理念との距離を強調し、両者の間の親和性を否定した。むろん、本稿冒頭にて触れた「コーン的二分法」において、「西」のナショナリズムはシヴィックな紐帯に依拠するものと解釈されており、この点についてフランスと英米は基本的に共通するものであるとされてはいる[63]。この点でリービッヒの解釈は妥当だ。しかしながら、第二次世界大戦後、特にナショナリズム、国民国家以外の文脈において「西」にコーンが言及する際、フランスと英米の思想的異質性が強調されるようになった。具体的には、「西」の特徴たる自由主義の実現者の座を英米に与える一方で、フランスの貢献を矮小化するかのような評価を彼は示し始めたのだ。コーンは、次のように言う。

> 一七八九年のフランスにおいて光輝と熱狂と共に宣言された諸原理自体は、その起源を主としてイングランド、アングロ・アメリカ、スイスにおける遥かに緩慢なそれら〔諸原理〕の成長に負っているのである。それらがフランスからこうした国々に波及してきた際、それらはゆっくりと、しかし堅固に、漸次国民的伝統と構造に定着したのである[64]。

自由の理念の定着の最初の例を、この時期のコーンはフランスではなくイングランドに見出す。「一七世紀のピューリタン革命と名誉革命は、西の新たな文明の基礎を据えた」のであり、フランス的啓蒙はそれを普遍化したに過ぎない[65]。近代的「西」の理念は「一七世紀にイングランドとオランダにおいて始まったのだ[66]」。先に見たように、冷戦期コーンは英米とフランスの革命の帰結の対照性を強調しているが、両革命の結果は各々の政治的精神の相違を反映していると彼は解釈する。すなわち、コーンは英米革命を歴史的に形成、承認された自由と権利の防衛のために遂行された、本質的に保守的な現象とする一方、フランス革命を政治的生と社会の全面的革新の試みであったと見ているのである。(67)経験に基盤を置いた英米と、理性への信仰を特徴とするフランスの精神的特質が、二つの政治的軌跡の根底に潜んでいるとコーンは解釈している。

このような理念的異同の歴史的基盤としてコーンが挙げているのが、中産階層のあり方である。まず、イングランドの中産階層は企業家精神と自立精神に満ちた商人層であるのに対して、アンシャン・レジーム期フランスにおける中産階層は主に弁護士と官僚であり、コーンは、彼らが政府〔権力〕との接近志向を内面化していたと見る。(68)同時にコーンは、議会主義とイングランドの中産階層がナポレオンを打倒したとして、これらを肯定的に評価する。(69)先に見た英仏革命の軌跡の異同についてのコーンの解釈を踏まえると、ここで彼は、本来的に多元な空間である議会と自立心に富んだ中産階層とが結びついたイングランドでは寛容と権力の多元性が確立される一方、絶対王政に癒着しようとするフランスの中産階層のあり方は、理念と統治権力の一元性を強調する思潮をもたらしたと理解していよう。このようなフランス的思惟についての解釈には、同国の政治的伝統と後の全体主義との親和性を前提するこの時期のコーンの評価が垣間見える。

フランス的政治精神のこのようなあり方は、同国に極度の政治的不安定性をもたらしたとコーンは見ている。それは、一方では、反革命派、保守的カトリシズム、反ドレフュス派、シャルル・モラス、ペタンを、他方ではジャコバン派、バブーフ、ドレフュス派、共産主義を産み出した。(70)こうした史的文脈の下で、フランスにおける自由民主主義体制の定着は常に困難であった。

〔独仏戦争後の〕一八七五年の臨時憲法は数十年間にわたって効力を持ち続けた。一連の革命と反革命の時代は過去の話となった。しかし、フランスでは、自由主義的伝統は、イングランドやアメリカにおいてそうだったように、全市民から総体的に受容されることは決してなかった。それは、絶対主義的伝統主義者からユートピア的急進主義まで、右からも左からも何度も攻撃された[71]。

コーンは、親英、親「西」的第四共和政を好意的に評価しているものの[72]、フランスのこうした政治的不安定性の再発に、一九五〇年代後半に向き合わざるを得なかった。具体的には、第四共和政の宿痾というべき小政党乱立と植民地アルジェリア防衛を叫ぶ極右、植民者勢力の蠢動の結果として、一九五八年には第二次世界大戦の英雄ド・ゴールが主導する第五共和政が成立した[73]。コーンがフランスにおける自由民主主義的体制定着の――すなわちフランスの「西」化の――象徴と信じた第四共和政は、わずか一二年で崩壊のやむなきに至ったのである。このような状況において大統領に就任したド・ゴールについて、コーンは批判的な評価を下している。彼は、ナポレオン三世、ペタン元帥、ド・ゴールの三者の共通性について、次のように言う。

〔……〕三人はフランスの軍事的伝統に訴えており、また、彼らに対する投票は右翼的、ナショナリスト的立場への移行の表明であった。三人〔への投票〕は、民主主義への批判票だった。各々はフランスの過去をいくらか異なって解釈したにもかかわらず、彼らは壮大さというフランスの伝統への訴えであった[74]。

コーンは、「一八四八年」（ナポレオン三世）、「一九四〇年」（ペタン元帥）のフランス社会に蔓延した政治的無関心や民主主義への不信を、「一九五八年」にも見出しているのである。ヒトラー、ムッソリーニの師としてナポレオン三世を解釈するコーンの見方を想起すれば、ここで彼は、ド・ゴールと全体主義者を事実上同列に置いていると見ることができよう。このように、冷戦期のコーンは、フランスについて一貫してその非自由民主主義的性格を指摘しており、フランス革命以前にまで遡る、非英米的な、同国に特殊な政治精神の帰結として彼はそれを理解しているのである。彼は、フランスにおける自由民主主義体制の不安定性を、現実政治に必ずしも回収されない問題として把握している。その上で彼は、革命以前にまで遡る同国の伝統的政治思想・理念という次元から、フランスと「西」との関係性を問題視しているのである。

3 小括

第二次世界大戦終結以前とは異なり、冷戦期のコーンは、フランスから「西」を隔離した。フランス革命については、「一七八九年」の意義を認めつつ、それが恐怖政治の跋扈する、全体主義の先駆けたる「一七九三年」に帰結したことを否定的に強調するに至った。こうした評価は、フランス革命が共産主義、自由主義と民主主義、ファシズムの三者の思想的起源であることを踏まえつつ、前二者の親和性を肯定的に捉えた冷戦以前の議論とは明確に異なる。冷戦期コーンはフランスの政治的精神を、あるべき「西」の理念からの逸脱として否定している。彼は、同国に特徴的な、理念と権力の一元性への憧憬を、全体主義の西欧的先駆の淵源として否定するに至ったのだ。そしてコーンは、それとは対照的な多元的英米思想に「西」の本質を見出した。こうした変化の要因は、冷戦の開始に求められるだろう。ファシズムが潰え、生き残った全体主義国家たる特殊ロシアすなわち現実のソ連との対決に臨むコーンにとって、全体主義の萌芽となった「一七九三年」と、その背後に潜む特殊フランス的精神に目をつむることは、もはやできなかった。さらに、フランスはその伝統的政治精神のために、一九世紀から第四共和政崩壊に至るまで、常に自由民主主義の動揺に悩み、コーンから見て非自由民主主義的指導者が間欠的に政権を掌握した。フランスの政治思想・理念に由来するこうした特徴を、コーンはあまりにも危険であると判断したと考えられる。政治的安定性を伴う自由民主主義的な英米を「西」の本質とする以上、このようなフランスと同国の政治的精神を「西」の理念から切り離すという選択以外の道をコーンは取り得なかったのだ。コーンにとってのフランス的思想・理念は、いわば「西」の問題児であった。それゆえコーンは、西欧と北米から成る間大西洋的「西」と、フランスとの異質性を強調しようとしたのである。(75)

結論

本稿の具体的課題は、アメリカ期を通じたコーンの「西」の理念についての立場を、彼が否定的に把握するに至った対象との関係を手がかりに解明することであった。以下では、これまでの分析を踏まえ、この課題に対する回答を提示したい。

コーンの議論においては、二つのソ連が存在した。すなわち、普遍的イデオロギーたる共産主義の発現としての第一のソ連と、特殊ロシアの延長としての第二のソ連である。第二次世界大戦以前と大戦中、コーンはいずれのソ連にも「西」との系譜的関係性、親和性を見た。しかしながら、冷戦勃発以降のコーンにとってそうした見方は維持できるものではなかった。そこで彼は、正教と専制の伝統を継受する、「西」と本質的に異質な存在として再定義された第二のソ連が第一のソ連を征服したとの議論を展開するに至った。こうした解釈によって、米ソ冷戦は、「西」の理念たる自由民主主義と、「西」との系譜的関係性、親和性を帯びた共産主義という二つの普遍的イデオロギー間の世界内戦(Weltbürgerkrieg)であるという、コーンにとって破滅的な結論を回避することが可能になった。第一のソ連は「西」の理念との系譜的関係性と親和性を備えていたのであり、第一のソ連と第二のソ連との異質性を強調する彼は、前者と結びついた「西」の理念を第二の、すなわち現実のソ連から切り離すことを図っていたのである。

冷戦期に至り、コーンはフランスの政治精神と全体主義との系譜的関係性、親和性を危険視し始めた。彼は、フランスの政治精神の本質を理念、権力の一元性への志向の結果として解釈する。絶対王政に端を発するこうした傾向のために、フランス革命は二〇世紀的全体主義の先駆となり、同国の自由民主主義体制の定着は極めて不安定なものとなった。このような見方は、フランス革命と、自由主義と民主主義、共産主義との系譜的関係と後二者の親和性を前提し、同時に英米の諸革命とフランス革命の共通性を踏まえた冷戦以前の記述とは明確に異なったものである。ここで重要であるのは、冷戦期コーンがフランスの政治理念の問題点を指摘する際に、それらと英米的なるものを対比し、かつ後者を肯定的に評価したという点である。全体主義との親和性を備えた、理念や権力の一元性を内面化したフランスとは対照的に、英米の政治理念的本質は多元性と寛容の精神にあるとコーンは解釈し、それを「西」の理念の中核に位置付ける。全体主義との系譜的関係性、親和性を有したフランス革命と、その後景となる同国の精神性を、米ソ冷戦下のコーンが受容することはできなかった。それゆえ、かつての議論とは異なり、冷戦期の彼はフランス革命と自由主義、民主主義との関係を希薄化することを選択したのだ。同時に、その政治思想・理念に由来する、フランスの自由民主主義体制の不安定性を彼は懸念していた。つまり、「西」の理念を擁護する責務を負ったコーンにとって、フランスは「西」の一員として受け入れるにはあまりにも危険な存在であり、彼はフランスと「西」の理念との距離を強調したのである。

コーンは、冷戦期に至り「西」と、ソ連（共産主義）及びフランスとの理念的関係の清算を行った。かつては系譜的関係性、親和性を有すると解釈した「西」と、ソ連（共産主義）及びフランスとの理念的義絶を果たそうとしたのである。別言すれば、彼は「西」とソ連（共産主義）及びフランスとが思想的・理念的に接続していると理解していたがゆえに、両者の関係性を断ち切ろうとしたと解釈し得る。自らが認識していない関係を断ち切ることは、もとより不可能であろう。こうした見方からは、アメリカ期コーンが、「西」と非「西」的なるものが系譜的関係性、親和性を有する可能性あるいは危険性を理解していたという逆説的な結論を導き得る。確かに、コーンは「西」の理念を理想的なものと把握し続けていた。この意味で、「コーンの二分法」が示唆する「西」の優越性を、コーンは内面化していたと言って大過ない。ただし、「西」の理念へのそうした肯定的評価と並行して、コーンの記述からは、「西」が非「西」との系譜的関係や親和性を有する可能性あるいは危険性の自覚が浮き彫りとなる。こうした意味で、彼は、「西」の理念を肯定しつつも、同時に「西」の理念の危うさを警戒していたと考えられるのである。確かに彼は「西」の理念を受容したが、それは単純な理想視でも全面的肯定でもなく、警戒的契機をも伴うものであった。彼の「西」の理念への評価は、このような意味で多面的なものであったのだ。こうした結論は、同時代の親「西」的知識人の「西」の理念への評価の再考の契機となろう。むろん、これまでに示した解釈が彼らの思想に一般的に妥当するのか否かは、本稿の範囲を超えた問題ではある。しかし、少なくともコーンに関する限り、彼の「西」の理念への評価は、彼の名を高らしめた「コーンの二分法」から想像されるほどに、単純なものではなかったのである。

（1）Hans Kohn, *The Idea of Nationalism: its Origins and Background*, New York: Macmillan Company, 1944a, pp. 329-331.

（2）Konstantin Symonolewicz, "Nationalist Movement: An Attempt at a Comparative Typology", *Comparative Studies in Society and History*, vol. 7, no. 2, 1965, p. 224; Krzystof Jakulowski, "Western (civic) versus Eastern (ethnic) Nationalism: The Origins and Critique of the Dichotomy", *Polish Sociological Review*, vol. 171, no. 3, 2010, pp. 298-299; Tomasz Kamusella, "civic and ethnic nationalism: a dichotomy", in: Zuzana Poláčková et. al. (eds.), *Minority Policies in Central and Eastern Europe in Comparative Perspective*, Bratislava: VEDA, 2017, p. 20.

（3）コーンの生涯は、概ね次のように区分される。第一に、彼が文化的シオニズムの影響を強く受けた、青年期ないしはプラハ期、第一次世界大戦中にロシア軍の捕虜となり、捕虜収容所で思索に耽ったシベリア期、多民族政体の実現を目指すべく奮闘したパレスチナ期、そして、「西」の理念を内面化したとされる、一九三四年の渡米から一九七一年の死去までのアメリカ期である。本稿では、特に彼の後半生に相当するアメリカ期における彼の「西」の理念の評価を検証するが、分析の精緻化を目指し、アメリカ期の下位区分として、以下の分析上の時期区分も適宜用いる。すなわち、一九三四年の渡米から第二次世界大戦までを指す前第二次世界大戦期、第二次世界大戦期、冷戦期の三つである。

（4）Adi Gordon, *Toward Nationalism's End: An Intellectual Biography of Hans Kohn*, Waltham: Brandeis University Press, 2017, pp. 193-202. ロミー・ランゲハイネも、特に第二次世界大戦初期のコーンがアメリカの自由民主主義に感化されたことを指摘している。Romy Langeheine, *Von Prag nach New York. Hans Kohn. Eine intellektuelle Biographie*, Göttingen: Wallstein Verlag, 2014, S. 209-212.

（5）Gordon, *op. cit.*, pp. 216-217.

（6）Langeheine, a. a. O., S. 213.

（7）Ebenda, S. 213-214.

（8）Brian Smollett, "Reviving Enlightenment in the Age of Nationalism: The Historical and Political Thought of Hans Kohn in America", The City University New York (Ph. D. Thesis), 2014, p. 4, pp. 142-143.

（9）*Ibid.*, p. 143.

（10）Gordon, *op. cit.*, p. 225.

（11）*Ibid*., pp. 231-232, pp. 234-236.

（12）*Ibid*., pp. 234-236.

（13）Smollett, *op. cit*., p. 144.

（14）*Id*., *op. cit*., p. 144, p. 153, pp. 158-159.

（15）Andre Liebich, "Searching for the perfect nation: the itinerary of Hans Kohn（1891-1971）", *Nations and Nationalism*, vol. 12, issue. 4, 2006, p. 591.

（16）*Ibid*.

（17）Hans Kohn, "The Philosophy of Bolshevism.", *The American Scholar*, vol. 1, no. 4, 1932, p. 483, pp. 485-486.

（18）*Id*., *Nationalism in the Soviet Union*, London: George Routledge, 1933, pp. 104-105.

（19）*Ibid*., p. 104.

（20）*Id*., "Communist and Fascist Dictatorship: a Comparative Study", in: Guy Stanton Ford（ed.）, *Dictatorship in the Modern World*, Minneapolis: Minesota University Press, 1935, p. 143, p. 155.

（21）少なくとも、冷戦期までのコーンの議論において、フランス革命とアメリカ独立革命との共通性が強く前提されており、フランス革命に対する評価は、そのまま「西」に対する評価として解釈することが可能だ。しかし、本稿で明らかにするように、このような状況は冷戦の開始とともに変化する。

（22）Hans Kohn, "Between Democracy and Fascism", in: Guy Stanton Ford（ed.）, *Dictatorship in the Modern World*, 2nd ed, Minneapolis: Minesota University Press, 1939a, p. 84.

（23）*Id*., *Force or Reason: Issues of the Twentieth Century*, Cambridge, Mass: Harvard University Press, 1937, p. 33; *Id*., *Revolution and Dictatorship: Essays in Contemporary History*, Cambridge, Mass: Harvard University Press, 1939b, p. 219.

（24）エリック・ホブズボーム『20世紀の歴史――両極端の時代（上）――』大井由紀訳、筑摩書房、二〇一八年、三五七頁；エンツォ・トラヴェルソ『全体主義』柱本元彦訳、平凡社、二〇一〇年、一六七～一七六頁。

（25）Kohn, *op. cit*., 1933, pp. 31-33.

（26）*Id*., *op. cit*., 1932, pp. 480-481.

（27）*Id*., *op. cit*., 1939b, p. 351.

(28) *Ibid.*

(29) *Id., World Order in Historical Perspective*, Cambridge, Mass: Harvard University Press, 1942, p. 248. ここでは、先に触れたソ連（共産主義）とキリスト教共同体理念の共通性が示されている。なお、本稿の引用中の傍点は、特に断りがない限り全て筆者による。

(30) *Ibid.*, p. 256.

(31) *Id.*, "Coalesce or Collide", *The American Scholar*, vol. 9, no. 3, 1940, p. 268.

(32) *Ibid.*, p. 269.

(33) *Id.*, "Fundamentals of Peace", *The American Scholar*, vol. 12, no. 4, 1943, p. 409; Anon., "Kohn Emphasized Stalin Supremacy", *Vasser Chronicle*, 1 Mar., 1944b, p. 4.

(34) Anon., "Kohn Explains Russian Past", *Vasser Chronicle*, 6 Dec., 1947, p. 1; Hans Kohn, "Russia", *Naval War College Information Service for Officers*, vol. 1, no. 3, 1948a, pp. 21-23; Hans Kohn, "Historical and Cultural Background of the U. S. S. R.: a lecture delivered at the Naval War College on 26 October 1956", *Naval War College Review*, vol. 9, no. 8, 1957a, p. 4.

(35) Anon., *op. cit.*, 1947, p. 4; Kohn, *op. cit.*, 1948a, p. 26.

(36) Hans Kohn, "The Permanent Mission: An Essay on Russia", *The Review of Politics*, vol. 10, no. 3, 1948b, pp. 269-270.

(37) *Id., op. cit.*, 1957a, p. 6.

(38) *Id., op. cit.*, 1948a, p. 25.

(39) *Id., op. cit.*, 1957a, pp. 12-13.

(40) *Id.*, "Revolution's Servant", *New York Times*, 25 Apr., 1948c, p. 5. この時期のコーンは、レーニンの非「西」的性格を、バクーニンの影響に求めている。*Id., Basic History of Modern Russia: Political, Cultural, and Social Trend*, Princeton, NJ: Van Nostrand, 1957b, pp. 116-117.

(41) *Id., op. cit.*, 1948b, p. 273.

(42) コーンは一九五七年の著作においても、「共産主義的マルクス主義」がソ連において「新しい種類の民族社会主義」に堕したとしつつ、元来それは「非ナショナルかつ反ナショナルな運動」であったことを認めている。Hans Kohn, *Is the Liberal West in Decline?*, London: Pall Mall Press, 1957c, p. 51. この時期においてなお、コーンはソ連（共産主義）の理念それ自体が普遍的であったことを必ずしも否定はしていない。

（43）Hans Kohn, “Germany and Russia: Old Dreams and New Realities”, *International Journal*, vol. 1, no. 2, 1946, p. 119.

（44）*Ibid.*, p. 117.

（45）Gordon, *op. cit.*, pp. 180-181, pp. 218-219. 第二次世界大戦以前におけるソ連の理念への高評価から、冷戦期の反ソ的見解への移行というコーンの変化は、ランゲハイネも指摘している。Langeheine, a. a. O., S. 212-213.

（46）ゴードンとスモレットは、冷戦期のコーンが、ソ連の普遍的理念それ自体を否定的に評価していたわけではないと見る。こうした解釈は妥当であるが、本稿が重視するコーンにおける二つのソ連の相克という論点を彼らが十分に認識しているとは言えない。Gordon, *Ibid.*, p. 219; Smollet, *op. cit.*, p. 208.

（47）繰り返しになるが、第二次世界大戦後のコーンのソ連評価には、明らかに冷戦という時代背景が潜んでいる。ただし、冷戦開始以降の彼のソ連否定論は、権力政治的動機によって必ずしも説明され得ない要素を含んでいる。伝統的ロシアに現実のソ連の責任を負わせようとする彼の姿勢は、ソ連をはじめとする共産圏と対峙するアメリカの外交と矛盾する危険性を孕んでいる。共産主義イデオロギーそれ自体の危険性を強調すれば、全世界規模で浸透しつつある共産主義運動へのアメリカの対抗措置をより強く正当化することができたはずだ。しかしながら、既に見たように、コーンはソ連以前のロシアの政治的、社会的、宗教的遺産に現実のソ連の問題の淵源を見出す。こうした解釈は、アメリカの対手を、共産主義を奉じる全勢力ではなく、ロシアの延長たるソ連に限定してしまいかねない。また、コーンの議論は特殊ロシア的な精神的土壌にソ連樹立の責任ありとするものであって、反ボリシェヴィキ的立場から国外へ脱した白系ロシア人勢力からすれば承服できかねるものであり、反ソ闘争におけるアメリカの潜在的協力者との間に無用の対立を喚起する危険性があった。このように、権力政治的観点から見れば、彼の主張は明らかに問題含みである。それは冷戦開始以降のコーンのソ連論が、「大連合」の解体と冷戦の展開という現実政治の趨勢に影響を受けた結果でありつつ、伝統的ロシアの延長としてのソ連と「西」との系譜的関係性や親和性を否定しようとする彼の思想的必要性に起因するものでもあったことを示唆している。

（48）Kohn, *op. cit.*, 1939b, p. 71.

（49）*Ibid.*, p. 45.

（50）*Ibid.*, p. 66.

（51）*Ibid.*, pp. 45-46.

(52) *Id., op. cit.*, 1935, p. 156.

(53) コーンが「西」の理念の本質としたのは自由民主主義（liberal democracy）である。この時期のコーンの議論を見る限り、フランス革命はその構成要素である自由主義と民主主義の有力な起源であるとされている。ただし、自由主義と民主主義、そして両者が後に融合した結果として生じた自由民主主義は、それぞれ別個のイデオロギーである。この時期のコーンがフランス革命と結びつけていたのは、厳密に言えば自由民主主義それ自体ではなく、その構成要素たる自由主義と民主主義であると考えられる。本文において、コーンのフランス革命論との関連においては自由民主主義ではなく、「自由主義と民主主義」といった表記を行うのは、この点を踏まえてのことである。

(54) 冷戦期コーンのイヴァン雷帝評から窺えるように、コーンは最終的に現実のソ連に帰結する特殊ロシアの政治形態を「全体主義」という言葉で表現している。

(55) Hans Kohn, „Ein Vorspiel zum totalitären Terror“, *der Monat*, Heft. 35, 1951, S. 512.

(56) Ebenda, S. 513.

(57) Ebenda.

(58) Ebenda, S. 514-515.

(59) Ebenda, S. 516. ただし、コーンはジャコバン体制が二〇世紀的総力戦体制ほどの動員手段を持ち得なかったことも指摘している。

(60) Ebenda, S. 517.

(61) Ebenda, S. 518. 本引用における傍点部は原文ではイタリックである。

(62) Ebenda.

(63) Kohn, *op. cit.*, 1944a, pp. 329-330.

(64) *Id., Nationalism and Liberty: the Swiss Example*, London: G. Allen & Unwin, 1956, p. 14.

(65) *Id., op. cit.*, 1957c, p. 20.

(66) *Ibid.*, p. 40.

(67) *Id., Making of the Modern French Mind*, New York: Van Nostrand, 1955, p. 12.

(68) *Ibid.*, p. 10.

（69）*Ibid.*, p. 22.

（70）*Id., op. cit.*, 1957c, pp. 21-22.

（71）*Id., op. cit.*, 1955, p. 43.

（72）*Ibid.*

（73）水口修成「フランス第四共和制の崩壊から第五共和制への成立過程――ドゴール将軍（General de Gaulle）を中心として――」『日本政教研究所紀要』第四号、一九八〇年、六三～六九頁。

（74）Hans Kohn, "The French Rightist Revolution," *Current History*, vol. 36, no. 213, 1959, pp. 257-258.

（75）米ソ対立において前者を擁護することがコーンの主たる目的であったとするならば、彼は確かに非東側陣営に属したフランスとアメリカの親和性、共通性を強調したはずだ。にもかかわらず、本稿で確認したように、逆に彼はフランスと英米の懸隔を強調した。これは、冷戦期の彼のフランス論もソ連論と同様に、必ずしも権力政治的動機によって規定されてはいないことを示唆している。

［謝辞］本稿は、二〇二四年二月に開催された、お茶の水政治研究会（日本政治学会分野別研究会「政策・制度研究会」）定例研究会における筆者の報告を基盤としている。当日の列席者の方々、とりわけ、コメンテーターを務めてくださった相川裕亮氏に感謝申し上げる。

〔政治思想学会研究奨励賞受賞論文〕

ある植民地知識人における「社会」と「国家」
——張徳秀《チャンドクス》の「労働本位の協調主義」の形成と発展を中心に

金　鎮燁

一　はじめに——張徳秀の政治思想研究における諸問題

冷戦の国内化がもたらした「左派の排除」と、[1]「過大成長国家」による「上からの労働統制」は韓国の現代政治史の重要な特徴として挙げられる。[2] さらに、民主化以前のこういった特徴が民主化以降にも連続されているとの指摘も存在する。例えば、左派の排除の上に、イデオロギー的に狭隘な政党システムが定着したこと。[3] また、民主化以前の「強い国家」が「強い大統領制」に繋がり、政党を含む市民社会が大統領の権力をめぐる闘争の場に化しているとの指摘がそれである。[4] 植民地—冷戦—朝鮮戦争—急激な経済発展という一連の歴史の展開のなかで、イデオロギー的に狭隘な政党体制、政治的権利の薄弱な労働組織、国家と社会の非対称性という現象は必然的なものであったのか。

こうした韓国現代史の特徴を鑑みる際、本稿の考察対象である張徳秀《チャンドクス》（一八九五〜一九四七）[5] と彼の政治構想は少し異質的なものに見える。一九四六年九月、「韓国民主党」（以下、韓民党）[6] の政治部長であった彼は党の代議員総会で国際情勢について報告を行う。彼は第二次大戦以降の世界に現れている「二大潮流」として「弱小民族の独立」と「社会革新による階級解放」を挙げ、特に後者について次のように語っている。「イギリスは戦争直後に、チャーチルのような大物を退け、アトリーを首班とする内閣を組織しました。最近の消息によると、同内閣は炭鉱を国有化し、イギリスの中央銀行である英蘭《ママ》銀行を国有化することを決めると同時に、各方面の社会化政策を進めているそうです。欧州大陸の弱小国家は多少のスタンスは異なるものの、土地制度を根本的に改革し耕作農民に分配を行い、労働者に対しては大規模の社会立法を実施し、階級解放に全力を傾注しているところです…このような観察によると、社会革新による労働階級の解放はなるほど世界大勢の一大潮流だと言わざるを得ません…皆さんは本党の使命が何であるか、その政綱政策は何であるかご存じだと思います。世界の大勢と呼吸を一緒にし、文明の進運と歩調を同じくすることです」（傍点引用者、以下断りなければ同じ）[7]。

「社会革新による労働階級の解放」というこのような認識は彼の制度構想にも反映されている。一九四七年韓国の「過渡政府」の取るべき姿を問うアメリカ軍政の質疑案に応じるため、張徳秀の主導で作成された答申案「臨時政府樹立大綱」（以下「大綱」）は[8]、「行政各部」とは別に、経済計画を立てるための「経済企画院」を設置すること、そのなかに計画の内容を協議するための「全国産業協議会」を設置し、それを「産業別全国経営者協議会」の代表と「産業別全国労働者協議会」の代表で構成することを提案している[9]。また、「最高《ママ》労働時間」を「一日八時間週四八時間」に制限し、「最低賃金制度」を実施し、労働組合の「団体交渉権と罷業権」を認めること、「労働者の死亡、老衰、廃疾、疾病、傷害、失業等の境遇における生活を保障」するために「社会保険法」を制定することを主張している[10]。本研究は、労働問題への積極的な対応を促すと同時に、労働者団体や経営者団体という社会組織の自発的な役割を新生国家の国家像に結び付けていた張徳秀のこういった構想がどのように形成され、また発展したのかという問いから出発する。

早稲田大学の政治経済学科を卒業し、植民地朝鮮で『東亜日報』の初代主筆を務めたジャーナリストとして、さらに、その後コロンビア大学で博士号を取得し、独立直後は韓国の「野党」の起源になる政党である「韓民党」の外交・政治部長として活動するなか、暗殺によって死を迎えた張徳秀の生涯は、植民地と帝国、戦前と戦後、理論と実践を跨いだものであった。しかし、多岐にわたる彼の活動に比べると、張徳秀個人に関する研究はそれほど多くない。その最大の原因は、張徳秀を含め、彼の携わった「東亜日報グループ」や「韓民党」についての消極的な評価と関わっている。彼らについては植民地期の「親日」活動をめぐる批判が常につきまとっている[11]。先行研究においても、「地主・資本家階級」の利益を表出した勢力として、[12] または「民族の統一」という課題から背き、南北の分断を招いた極右陣営の「冷戦論者」として批判された。[13] かくして張徳秀と「東亜日報グループ」は韓国の現代史研究のなかでは「保守右派」として分類されるのが一般的であった。[14] さらに、独立後の保守勢力の中でも、民族主義者の金九《キムグ》と、反共主義の中心であった李承晩《イスンマン》との間で「実利」のみに従って動く、政治理念の欠如した存在として評価された。[15] しかし、以上のような既存の評価が、社会問題への対応と労働組合の役割を強調した張徳秀の主張について十分な説明を提供できずにいることは明らかである。

もちろん、二〇〇〇年代以降には今までの研究状況に反駁を試みる研究も登場する。[16] 特に、張徳秀の生涯全般を研究対象とし、彼の思想からイギリスのニューリベラリズムとの類似性を見つけ、張徳秀を「社会的自由主義者」として規定した崔善雄の博士論文はすぐれた研究業績といえる。しかし、本研究は二つの点で、崔善雄の研究とは異なる目的を有する。第一に、本研究は張徳秀の生涯の究明より、その生涯の軌跡を一つの補助線として引きつつも、知識人としての、さらに政治家としての張徳秀が「情熱的献身」の対象としていた「課題」の内容に注目する。[17] そのため、本研究は『東亜日報』の創刊主旨を通して張徳秀が行った主張、なかんずく「労働本位の協調主義」という思想の形成と発展に焦点を絞って分析を行う。[18] 第二に、本研究は張徳秀の持っていた思想内容を彼一人のみのものとせず、人と人の間で、さらには地域と地域を越えて、変容を伴いながらも共有できるものと捉え、その変化と連続性に注目する。[19] もちろん、崔善雄の研究も張徳秀の思想形成の背景として大正時期の思想状況を指摘している。ただ、崔善雄の研究は、張徳秀の思想と大正の知識人の思想内容の関係について、ニューリベラリズムとの類似性を媒介にして説明するだけで、彼らの言説の比較は行っていない。しかし、そもそもニューリベラリズムとは二〇世紀転換期のイギリスの歴史の中で作られた思想潮流を概念化したものであり、それに基づいて両者を結びつけることは遡及的な分析といえる。それに対し本研究は張徳秀の思想形成に関わった文脈をより具体的に絞り、その言説の間で比較を行い、その間における共鳴と変容の内容まで確認することを目的とする。

それでは、その比較の対象をどこに求めるべきか。本論考は張徳秀及び彼の属していた「東亜日報グループ」が共有していた「大学」や「宗教」という知的背景に注目する。例えば、『東亜日報』の設立者であった金性洙《キムソンス》は早稲田大学の卒業生であり、草創期の『東亜日報』の経営陣や論陣も主に早稲田大学出身者から構成されていた。また『東亜日報』の創刊号は、加藤高明、尾崎行雄、島田三郎のような当時の憲政会系の政治家と、浮田和民、安部磯雄のような早稲田大学の知識人から受けた祝辞を載せているが、こういった構成からも創刊当時の『東亜日報』のアイデンティティが窺える。[20] 何よりも、張徳秀の生涯の軌跡は早稲田大学からの影響を深く受けている。彼は早稲田大学が「大学普及《ユニバーシティエクス》運動《テンション》」の一環として行っていた「通信講義録」制度と「校外生」制度を通して大学に入学し、その後は同大学の代表的な学内活動であった「擬国会」と「雄弁会」にも積極的に関わっていた。[21] 卒業後、総督府の官僚職への途を拒んだ彼が携わったのは各種の結社活動と『東亜日報』でのジャーナリズム活動であり、一九二三年にアメリカに渡って翌年入学した大学は早稲田大学と協定を結んでいたコロンビア大学であった。[22]

張徳秀を含む東亜日報グループのもう一つの知的背景として指摘されているのはキリスト教活動である。特に、「基督教青年会」を媒介とした「東亜日報グループ」と吉野作造との関係は松尾尊兊の研究によって明らかになっている。[23] 例えば、張徳秀の実兄で『東亜日報』の論説班の創立メンバーであった張徳俊《チャンドクジュン》、『東亜日報』の社長を務めた崔斗善《チェドゥソン》、高麗大学の初代総長を務めた玄相允《ヒョンサンユン》、『東亜日報』の主筆・韓民党の宣伝部長を務めた金俊淵《キムジュンヨン》、韓民党の総務役を務めた白南薫《ペクナムフン》などの名前は吉野の日記に登場している。[24] また、吉野作造は『東亜日報』の設立にも関わっていた。新聞社設立の許可のため、総督府の秘書課長であった守屋栄夫宛に吉野作造は紹介状を書き、それを張徳俊が受け取っている。[25]

一方、キリスト教活動は張徳秀においても重要な知的背景であった。幼い頃から教会に通っていた張徳秀は渡日後も九段下にある教会に通い続けた。[26] また、一九〇六年創立された「在日本東京朝鮮基督教青年会」（以下、在東京ＹＭＣＡ）は、張徳秀も深く関わっていた朝鮮留学生の団体「学友会」と密接な関係を持っており、[27] さらに、一九一四年「在東京ＹＭＣＡ」の会館が神田区に建てられると、同会館は朝鮮留学生の活動拠点になる。張徳秀は同会館で開催された各種のイベントに参加して雄弁を振るっており、実兄の張徳俊《チャンドクジュン》も「在東京ＹＭＣＡ」で副幹事役を務めるほど深く関わっていたが、当時同会館では吉野作造、内村鑑三、大山郁夫による講演も行われている。[28] 張徳秀の死後刊行された彼の伝記には、東京留学時の張徳秀が吉野作造に「個人的に師事していた」と記述されているが[29]、キリスト教活動はそれを媒介した背景であったといえる。以上の先行研究に基づき、本稿は張徳秀の早稲田大学在学の当時、政治学、社会学などの主要科目を担当し、『東亜日報』の紙面にもその名前が挙げられている浮田和民、そして『東亜日報』の創立メンバーとの交流の深かった吉野作造の思想内容を軸とし、張徳秀の思想内容との関係を考察する。

一方、張徳秀の思想を、それをめぐる知的文脈の中で考察する本稿にとって、彼の思想が誰の言説と関係するのかという問題だけでなく、どのような言説と関係するのかという問題も生じる。ここで本稿は、大正期の日本に留学していた若い頃の張徳秀が「社会」という言葉を駆使していたことに注目する。一九一七年の論考の中で、張徳秀は古代から近代までの歴史を「社会至上主義」から「個人至上主義」への発展過程として捉えながら、近代を通して「個人が個人として目覚め」たように今度は再び「社会的に目覚める」ときであると強調している[30]。このように社会に目覚めることを唱えた張徳秀は、人間の本性としての「社会性」に注目し、その「社会性」が創出する様々な「社会組織」の存在を強調するに至る[31]。一方、様々な社会組織の登場は国家をその社会組織の一部として相対化する契機になる。張徳秀はこういった国家の相対化を積極的に受け入れながらも、依然として国家の存在を擁護し、その役割を具体化するために努めた。しかし、個人の社会性に基づいて創出される様々な社会組織の発見も、その上で国家の意味を問い直す過程も、張徳秀一人のみの特徴ではなかった。本稿は「社会」と「国家」の関係をめぐる張徳秀の思想的特徴が、どのような言説を参考しながら展開されたかを分析する。

以上のような研究視座に基づいて、まず次節では浮田和民の社会学が張徳秀の「社会」と「国家」をめぐる認識に与えた影響を、第三節では吉野作造の「理想的・人道的社会主義」が与えた影響について考察する。第四節では張徳秀の修士論文の内容を通して、浮田和民と吉野作造からの影響が彼の「国家」概念を通して現れていることを、第五節では張徳秀の博士論文に見られる思想の変化と連続性を考察する。そして最後に、以上の節の内容を踏まえた上で、張徳秀の思想の再評価が持っている意味についてまとめる。

二　浮田和民の「社会学」——多元的社会組織を前提とした国家

「政治の世界」を「権力の世界と非権力の世界とが不可避的に交錯する世界」として捉えた三谷太一郎は、「政党制の確立」という政治的現象が展開された「大正デモクラシー」という時代の根底には、「国家的価値に対する非国家的価値の自立化傾向」があったと述べ、「「国家」の再定義の必要を生み出した」時期としてこの時代を紹介している。[32]一方、国家の再定義は「社会」という領域の登場とパラレルな現象でもあった。例えば一九二〇年を前後した時期での、「国家もほかのさまざまな社会集団の一種であるという立場」をとった「多元的国家論」の受容はその代表的な例である。[33]しかし、さまざまな社会集団の中で国家をその一部として相対化する試み自体はより早い時期からも見つかる。本稿では、「政治学は社会学の一部分なり」と宣言し、[34]「社会学を基礎とする政治学」の確立に努めた浮田和民の試みに注目する。[35]それでは、彼は社会と政治の関係をどう捉えていたのか。まず浮田和民の講義録『社会学』から考察する。

その講義録の第一の特徴は、諸般社会現象の根底に置かれている一般的な原理・法則を想定している点である。浮田によると「十九世紀に於て新たに現出したる学問」である社会学は「倫理学、法理学、経済学、政治学」のように「人間社会の現象の一部分丈け」を研究するものではなく、その諸学問の「根本となる所のもの」、「社会の根本現象」を研究するものであり、「人類の関係を支配する所の法則を発見」するための学問である。[36]また、その法則として浮田は「模倣の原則」と「同情の原則」を提示し、さらにその二つの原則によって可能になる「分業・協力の原則」を強調している。[37]

第二に、「分業・協力の原則」の存在によって、人間は「組織」を作ることができる。浮田は「政治上社会上総て組織のある所は此分業協力で成立つて居る」と述べ、その例として「家族」「国家」「会社」「種々の協会」を挙げている。[38]またここで浮田が「分業協力が一時的ではなく永久に各人其分担する所の業務を為すと云ふことになつて来るからして、爰に始めて組織的社会が成立つ」と述べているように、社会組織の成立は人間の間の協力が永久的で複雑になることを意味する。[39] 人間の「分業協力」の複雑化・永久化を可能にする「組織」の強調は、多様な組織の存在を認めるための前提になると同時に、「無組織社会」から「有組織社会」への移行を「文明開化」として捉える彼の主張にも繋がる。つまり「組織的社会」とは「家族」「会社」「学校」「国家」「宗教上の団体」が存在するものであり、「文明開化の進歩は詰り組織的社会の進歩発達に外ならぬ」[40]。

第三に、浮田はこうした多様な社会組織の存在を認め、それにより国家はその様々な社会組織と同じ形成原理を持っている一つの組織として相対化されるが、それにもかかわらず浮田にとって国家は最も優先的地位を占める。こういった国家の地位をめぐる主張は、「組織的社会としては家族及国家と云ふものが二つの大黒柱」であると明言している『社会学』にも現れているが[41]、その論旨は彼の他の講義録である『政治原論』を通してより明確に展開される。そこで浮田は「人間社会は政治的に組織せらるゝのみならず血族的に組織せられ宗教的に組織せられ経済的に組織せられ其の他種々様々の特別の目的に依りて組織せらるゝ」といい、その事例として「家族又は親族」「寺院又は教会」「都府村落又は種々の会社、組合等」を挙げている。しかし、「国家」は「是等の組織の上に全体の平和秩序を成立せしめ各階級又は各個人の争議を公共的に裁決」するものであり、「国家は社会組織の最高位を占め又最大勢力を有するものにして所謂社会の社会」である[42]。

第四に、こうした「最高位」の地位を占める国家の位置づけにもかかわらず、国家はその性格上「自然的制限」を有している。「国家は外部に現わるゝ人間の行為に制限を加ふることを得れども其の精神上に属する思想、感情、信仰に就ては直接に之を如何ともすること能はざる者」であり、国家が用いられる方便は「物質的・外部的」なものである。国家は「宗教的信仰を生ぜしむること」はできず、「文芸、科学、美術等を作成」することもできない。これらの分野において「国家は唯だ其の発達を助長すべき状態を設備し以て之を保護奨励することを得べきのみ」であると浮田は指摘する[43]。

一方、国家を社会の諸般組織のなかで捉え、その再記述を試みた浮田の議論はアメリカのF・H・ギディングスの社会学に基づいていた。ギディングスの著作『社会学原理』(*the Principle of Sociology*)は一八九六年「早稲田叢書」として既に翻訳されていたが、一九〇一年に出版された浮田和民の著書『社会学講義』はその要約であり[44]、社会と国家の関係をめぐる上述の講義録における議論も、ギディングスの社会学に立脚していたものといえる。さらに浮田は一九一四年からは、担当科目であった「原書研究」を通してギディングスの『社会学綱要』(*the Elements of Sociology*)を紹介している[45]。

浮田和民を媒介とした社会学的な観点は当時の張徳秀の文章にも姿を現しており、さらに、彼の実践活動の方向性も定めている。まず、早稲田大学を卒業した直後の張徳秀は、「国家」やその他の諸般「社会」の根底に「社会性」という一般的な原理が置かれていることを明確に認識している。「人は天性社会的動物である……これをある学者は個人性質の一般的方面と言い、或は社会性とも言う。この方面がある故にはじめて国家も存在できるし、社会も存在できる」[46]。国家と諸般社会の根底には「社会性」という同一の一般的な原理が置かれており、国家は「社会性」が生み出したものの一つとして存在する。

このような観点は一九一五年の論説「卒業生を送る」でも同じく現れている。ここで張徳秀は卒業生がこれから果たすべき役割として「社会組織」の創出を唱えている。「人間の尊厳」と「人格の実現」の障害になるものを除去することは簡単なものではないが、「社会的動物」である人間はそのために「同類の助力」を得ることができ、「同類の助力は社会組織の形式を通して実現」される。それゆえ「社会組織が完全でなければ、その民衆は鋭敏な活動を行えず、組織がなければその民衆は全然文明域に進められない」。このような主張の上で張徳秀は社会組織を三つに分類する。第一は「学校、学術研究会、図書館、新聞雑誌社」や「各種宗教団体及び付属慈善事業」団体を含めた「教化社会」(Cultural Association)であり、第二は「法政組織」としての「国家組織」、第三は「地主の大合同」「小作人組合」「資本主・企業家の合同」「消費者の連合」などの「経済組織」である[47]。ここでも、国家は他の社会組織と同じく「同類の助力」に基づいて作られ、三種類の「社会組織」のなかの一つとして捉えられる。また、社会組織の創出は「人間の尊厳」と「人格の実現」を可能にする基盤であり、それがなければ「文明の域に進められない」という張徳秀の主張からは、人間の協力を「永久」的なものにする「有組織社会」の存在を「文明開化」の前提として捉えた浮田和民と同じ認識が現れている。

同様の論理は『東亜日報』の論説からも窺える。一九二〇年七月に掲載されたシリーズ論説「新道徳を論じ、新社会を望む」では、「国家は一種の社会であり、人類の自然的団体である。団体をなす根本は人類の社会性であり、したがって国家は各人を貫いた社会性によって現れた自由人の結合である」と主張している。[48] 一方、一つ注目すべきことは、国家を人間の「社会性」によって作られた「一種の社会」として相対化しながらも、その役割については特別な地位を与えている点である。つまり、一九二二年一月一日の論説「現代政治の要義」は、「人類の生活の様式を、個人と家庭と社会と国家とに分かつことができ……国家的事務を指して政治と称する。それゆえ、人類生活の様式として政治も一種の事務に過ぎない」と述べ、「国家的事務」も人間の生活が成し遂げる一つの「様式」であると捉えているが、他方で、国家組織は「人類の生活を料理することに対して他の様式より第一に緊切な関係」を持っていると強調している。さらに、その「国家的事務」としての「政治」を通して人類は「生活を支配し向上発展」をはかり、「政治組織が完全なものは偉大な存在を享受し幸福の生活を栄作」することができるが、それを有しない場合は「滅亡の深淵に陥り、ただ悲惨な労役を忍為」することを余儀なくされると主張している。[49] 要するに、国家を人間の「分業・協力の原則」によって作られる社会組織の一つであると捉えながらも、同時に国家は「最高位の地位」を占める「社会の社会」であると認めていた浮田の主張がここにおいても共有されていることが分かる。

このように、人間の社会性の発展であり、人格を実現するための基盤でもある社会組織の発見は、張徳秀の実践活動にもつながる。「卒業生を送る」という論説を通して、社会組織の創出を強調した張徳秀自身も卒業後、様々な社会組織の創設に関わる。特に「朝鮮労働共済会」「朝鮮教育改善会」「興農会」「朝鮮体育会」には創立段階から関わっており、「朝鮮青年会」「朝鮮人産業大会」などの団体でも役人を務めている。[50]『東亜日報』での主筆活動も彼の言った「教化社会」のためのコミットメントであったといえる。

三　吉野作造の「人道的社会主義」――労働運動と政治の両立、マルクス主義の相対化

大正期の社会へのまなざしは「社会問題」を発見し、さらには労働者の生活にまで向かっていた。吉野作造は当時の「社会問題」と「労働問題」に多大な関心を寄せた知識人の一人であった。特に第一次世界大戦が終戦を迎える頃の吉野作造は、資本主義制度下の労働者の社会的実体に迫ろうとした当時の思想動向に積極的に関わり、労働問題を含む「社会的要求」を彼の民本主義論のなかに位置づけようとした。[51] 吉野は「社会問題」をめぐる自身の論説を一九二〇年に『社会改造運動に於ける新人の使命』という題目で、一九二七年には『無産政党の辿るべき道』という題目で上梓したが、[52]本論考は大学卒業後の張徳秀の活動と時期的に重なる前者の本を中心に「社会問題」をめぐる二人の共通点を考察する。

第一に、吉野作造は「社会問題」をめぐる対応が、「宗教・道徳家」による対応から始まり、それに反発した「社会問題攻究家」の対応を経て弁証法的に発展したと捉え、マルクス主義をそういった社会主義の変遷の一段階として相対化している。つまり、社会問題の核心である「貧困問題」は昔から存在した問題であり、それは個人の「道徳的覚醒」を唱えた「宗教道徳家」によって扱われてきた。しかし、一九世紀の産業発展に伴い、「貧困問題」を宗教・道徳的な問題として捉える従来の観点は批判に直面し、サン・シモンのような「社会問題攻究家」が登場し、社会問題を「自然科学」的に攻究することを主張する。また、これらの傾向を徹底させたのがマルクスであった。マルクス主義は資本主義の弊害をより体系的にまとめ、「余剰価値説」と「唯物史観論」を基調とする「科学的社会主義」を提唱する。しかし、吉野は「純粋な社会主義の主張と、之に附帯する諸々の唯物的主張とを、少くとも理論の上に於て区別」するべきであるという。また、現在に至っては逆に宗教・思想の方面から社会問題が扱われることになり、「英吉利のフエービアン・ソサイテー」のように「理想主義者の方から進んで社会問題に手を出す」ことになったと述べている。ここで吉野は「社会問題の攻究は必ずしも唯物論に依らなくてもい丶」と強調し、現在は「理想主義的立場を取つても、社会問

題は立派に取扱へると云ふ事が明らかに」なったという認識を示している。(53)

第二に、吉野のいう「理想主義的」立場は人間の「精神的方面」を認めている点で、「唯物的主張」と対比され、二つの相違点を生み出している。まず、「唯物的社会主義」は「人間を以て全然其物質的境遇の奴隷」として捉え、そのため「制度の改革に絶対の価値を」置いており、それゆえ「改革の為めに手段を選ぶと云ふが如きは無意義」になっている。それに対して理想主義的立場は「制度の人類生活に及ぼす偉大なる影響」は認めながらも、「之を遂行する手段を択ばず、為に肝心な根本の精神生活の前途を傷けるような事があつてはならないと、頗る慎重の態度を取る一派」であると紹介している。吉野は手段の重要性を認識した理想主義的な立場こそ「最近までの欧米の社会改造運動の主たる基調」になっていると強調する。さらに、人間の精神的方面を認める理想主義的な立場は、社会問題をただ資本家と労働者の間の「経済的分配における正義」の確立問題に局限せず、人々の「最小限度の生存の保障」をめぐる問題として捉える。「すべての人に最低度の生存必需品を提供」することを主張するこの思想は、「富の生産以外に於て尚人類に生存の目的あることを豫定するもの」であり、人間が「各自其の天分を銘々思ふ存分に発達せしめ」ることを目指すものである。(54)

第三に、吉野は「階級闘争」それ自体に目的を置くことについては反対を唱えている。吉野によると、「人間はすべて物質的環境の如何によつて支配される」ものであると捉える最近の社会改造運動は「制度万能論」に陥っており、それゆえ「階級戦争夫れ自身が目的で、従つて階級的対立関係は一番根本的なもの」になっていると批判する。(55)しかし、だからと言って吉野が資本家と労働者の間の関係における不平等から目をそらしている訳ではない。吉野は「兎も角も先づ労働者階級をして、凡ゆる意味に於て、資本家と対等独立の地位に居らしむること」を強調し、それが「必ずしも温情主義や労資協調主義を排斥するものではない」ものの、まずは「先決問題として、凡ゆる意味に於て、奴隷的境遇から労働者を解放して置かなければならない」と主張している。また、そのためにも「労働者に完全なる団結権を認め又同盟罷業権を認むる」ことを唱えている。(56)

最後に、こうした吉野の立場は必然的に労働運動と「政治形式」の両立に向かうことになる。吉野は「今や天下の耳目は国民の生活といふ実質問題に集中」し、「形式的問題を全然等閑に附」していると指摘する。また、政治の形式は問題にせず、経済的正義の確立のみに注目する「政治否認説」はその実行において革命に依るしかないと批判する。その上で吉野が主張する政治形式とは、「資本家階級も労働者階級も共に自由なる発言権を有し得る有機体其物に最高の権能」を認めることを意味する。もちろん、そのなかでも「多数を占むる労働者が、有機体に於て特に優勝の地位を占むべき」ではあるが、それにもかかわらず、その有機体は「少数なる資本家階級も十分なる発言の機会を有する」ことを可能にする。つまり、吉野は異質な階級間の共存を可能にする政治空間としての形式を想定しており、そのなかで労働者階級の用いるべき「闘争の武器」は「一は説得であり、一は政治」であると主張する。[57]

一方、経済・社会的な平等、労働者の地位向上は張徳秀においても一貫した課題であった。『東亜日報』の創刊号では民主主義を「国体や政体の形式的標準」ではなく「人類生活の一大原理で精神」であると捉え、それが発現されたものとして国内政治における「自由主義」と共に、社会生活における「平等主義」、経済組織における「労働本位の協調主義」を取り上げている。[58] 創刊主旨を敷衍している翌日の論説も、自由の範囲が「社会的自由」まで届いていない状況を指摘し、それゆえ「経済社会における資本主と労働者の関係」が「奴隷と主人」の関係に留まっていることを批判している。[59] 政治的自由を社会的自由まで拡張する論調はその後も続く。例えば一九二〇年七月の論説では、国家に要求される「新道徳」の内容として「第一に人民がその固有な参政権を通じて国制を料理する」ことと共に、「第二に各階級の解放」を挙げている。[60] また一九二二年一月のシリーズ論説「現代政治の要義」では民主主義を三つの段階に分類し、「産業上の民主主義」という概念を提示している。その一つ目の段階は「国家の主権が人民にあり、議会が国民の代表機関になって国家の主権を行使するが、議会を組織する国民の代表は全国民の各階級又は男女の一般代表によって組織されてない」状態で、それを「政治上の民主主義」と呼んでいる。二つ目は「普通選挙制」を採用し、議会を組織する代表も「全国民の一般代表であり、男女又は階級の制限がない」状態であるが、それを「社会上の民主主義」と呼んでいる。最後の三つ目は「女子の代表又は労働者の代表が『尸位素餐《しいそさん》』であり、ただ議席を充数《ママ》しているに過ぎない」状況ではない状態で、論説はそれを「労働主義の国家基礎を作る」ための「産業上の民主主義」として紹介している。[61] 要するに、政治上の自由を社会的自由まで拡大する際、その重点は「資本主と労働者の関係」の是正に置かれている。

しかし、張徳秀のこうした「労働主義」の主張は、必ずしも「階級闘争」を必要とするものではなかった。張徳秀は一九二〇年四月結成された「朝鮮労働共済会」に創立メンバーとして参加しており、同じころ『東亜日報』の第一面に「朝鮮労働共済会に対して——労働の文化価値を論ずる」という題名の論説が掲載される。ここでは「国家の基礎と社会の生脈」は労働に置かれていると強調し、「現代の社会組織」が「資本家のみを重んじて労働者を軽んずる」と批判しながらも、労働者と資本家を「社会維持経営の責任」を一緒に負担し「労働者と資本家が連帯して事業を経営」する存在として描写している。また「出力の機械」ではなく「人格者」である労働者を、「国家に対してはその維持責任を同じく負担する同僚市民であり、社会に対しては文明を促進する連帯責任の合力者」として位置づけている(62)。それは「多数を占むる労働者が有機体に於て特に優勝の地位」を占めながらも、「決して闘争其事が目的ではない」という吉野の主張と共通する部分である。

このような張徳秀と吉野作造の認識の共通性を観察するとき、もう一つ注目されるのは、『東亜日報』の第一面に「社会主義の三変遷」という題名で吉野作造の文が翻訳・紹介されていることである。論説は「社会主義が来るべき社会組織に対して大なる光であり、哲学である」と述べ、「社会主義が依存している根拠の変遷」を考察するために「吉野作造氏がかつて『解放』に寄稿したものを翻訳」したと翻訳の目的を説明している(63)。ここで翻訳された論説の主な主張は、「貧困の根絶」という動機から生じた「空想的社会主義」が、その後「経済的正義の確立」を目的とする「科学的社会主義」に移り替わり、また現代に入って再び「人道的社会主義」へ移っているとのことである(64)。張徳秀の「階級闘争」の否定には「人道的社会主義」という吉野作造の前提が共有されていたと言える。

最後に、張徳秀は吉野作造と同じく政治形式の必要性を認めているが、それは一九二二年の「朝鮮労働共済会」の分裂過程にもつながっている。一九二〇年に発足し、張徳秀も深く関わっていた「朝鮮労働共済会」は創立から約一年弱で全国に一五個の支会が設置され、総会員数は一万七八八九名に達していた(65)。しかし、そもそも多様な流れの社会主義者が集まっていた労働共済会は一九二二年から分裂の様子を呈し、その際に最も目立ったのが張徳秀ら共済会右派の排除であった。事態の発端は「甲午改革」時の外務大臣であった金允植《キムユンシック》の葬儀の形式をめぐる論争であった。当時、金允植の「社会葬」を唱えた張徳秀と『東亜日報』は「封建的遺物」を擁護しているとの批判にさらされる(66)。反対派は張徳秀らに対して「社会主義のみならず、民族革命も否定」する勢力として攻撃し、「社会改良家の埋葬」を主張した(67)。さらに、一九二二年四月からは労働共済会の内部で尹徳炳《ユンドクピョン》、申伯雨《シンベグ》などによって張徳秀批判が提起され、張徳秀が議事長を務めていた労働共済会の「議事会」が廃止される(68)。また同じ頃、張徳秀が創立から関わっていた「朝鮮青年会」でも金思国《キムサグック》を中心としたグループによって張徳秀は「偽装社会運動家」として批判され、レーニンが送ったといわれた運動資金を流用したとの攻撃にもさらされる。張徳秀批判の中心であった尹徳炳、申伯雨、金思国は一九二二年一月から既に「無産者同志会」を結成していたが、その後、尹徳炳、申伯雨はマルクス主義的社会主義者を中心とした労働団体の組織に着手し、同年一〇月には「朝鮮労働連盟会」の創立に至る(69)。また同じ頃、長い間の同僚で、『東亜日報』の論説班の一員であった金明植も同社から離れ、マルクス主義とロシア革命の紹介に注力する雑誌『新生活』の創刊に合流する(70)。こういった一連の展開に鑑みると、張徳秀の排除はただのスキャンダルというより、社会主義内部における分裂過程としての性格を持っていたといえる。

それではその頃の張徳秀の主張はどのようなものであったのか。一九二二年一月一日から掲載され、シリーズの後半部をマルクス主義と第三インターナショナルの台頭の紹介に割り当てた論説「現代政治の要義」に注目する必要がある。論説は「マルクスが『コミン』と議会を区別し、議会は支配階級を代表し人民を圧迫するものであると言うことに、またなぜ理由がないだろうか」と述べ、その主張に一定程度の共感を示す一方(71)、ロシア革命後「非議会主義」が世界に伝播されている状況を紹介している(72)。しかし、これらの説明の中で、論説の立場は非常に曖昧なものである。論説は、「今日に行われる民衆政治は国家的事務の政治を意味することより、社会的事務を意味することが大部分」になっていること、また「社会政治を以て従来の国家政治に代わって人類の生活を料理」しようとする試みはロシアやドイツの革命のみならず、他の列国でも様々な「運動」として出現していることを認めている。しかし、再び文章の末尾では「社会的民衆政治は自由にできない事情が多い」と指摘し、これに対して「遺憾を感じることをやむを得ない所である」

と述べている。[73]こうした曖昧な態度は「政治」の位置付けと関わっている。シリーズの最終編は、一方では当時の革命や社会主義運動を人力で左右できない「季節」に比喩しながらも、もう一方では「政治の改革」や「労働者の政治」をその季節に合う服として提示している。[74]結局、このシリーズ論説は「社会政治」の「理想」に共鳴を示しながらも、国家的事務としての「政治」の存在を依然として残し、その代わりに「政治の改革」と「労働者の政治」を提示している。「産業上の民主主義」「労働主義」「労働者の政治」をめぐる以上のような議論から分かるように、『東亜日報』が主旨として提唱していた目標の一つは労働者と資本家の対等な関係であった。しかし、それは階級闘争を前提とするものではなく、社会の維持責任を「同僚市民」として同じく担うという連帯の観念に基づいている。また、こういった観念の根底には「科学的社会主義」から「人道的社会主義」への発展という発想が置かれており、政治形式としての国家の存在も依然として認められている。もちろん、こうした観点は当時朝鮮にも本格的に台頭していたマルクス主義的社会主義との矛盾を内包していた。実際に、労働共済会から排除された張徳秀は、一九二三年アメリカへの留学に出発し、一九二四年コロンビア大学に入学する。そして、そこで提出した修士論文のテーマは「マルクス主義の国家概念に対する批判的検討」であった。

四　修士論文――張徳秀における国家擁護の論理

一九二六年張徳秀がコロンビア大学に提出した修士論文の主な問いは、マルクス主義の国家概念、なかんずく、その国家概念の前提をなしていた「経済決定論」と「国家の歴史的起源」の「科学性」への問いであった。また、マルクス主義の科学性への問いは、F・H・ギディングスの社会学に立脚しながら行われている。

まず、張徳秀はギディングスの『人間社会の理論的研究』(*Studies in the Theory of Human Society*) 及び『社会学原理』を参照しながら、社会の持つ二つの特徴を提示している。第一に、社会は進化するものである。社会は人間の「自由意志」によって変化を推動されるが、それは決して独立して動くものではなく、物理的な「世界に依存」している。それゆえ、「すべての社会的なアクションは実はリアクションを伴い、それゆえ明確に制限され、条件づけられ」ている。即ち、社会の進化はその進化とは反対の方向性を持つ「復帰」の運動まで含む「リズミックなスウィング」の形で行われ、その中で作られた「均衡」は再び「新しい力」が登場するまで暫定的に維持される。しかし、その暫定的な均衡の上に成り立った社会的構造物は、その効用が認められたゆえに、むしろ「新しい力」による次の変化においては障害になる。こうした条件の中で人間社会の「最も難しい課題」は、社会の「制度」が極端な「不安定」や「破壊」の危険に陥らないようにしながら、同時に進化のための「柔軟性」を保つこと、言い換えれば「動的均衡」(moving equilibrium)を設けることである。そのために何よりも重要なことは、それを担う「最高・最良の政治的・社会的リーダーシップ」の存在である。

張徳秀の社会概念の第二の特徴は多元性である。人間の社会は「本質的に多元的であると同時に、その中に秩序を含めている」。社会とはその内部の「多元的なものの間における刺戟と反応」が機能する場であり、「複数の社会的産物を通して自らを表現すると同時に、そのすべてを括る統一」でもある。つまり、ここでも社会は多元的でありながら、一つの均衡に向かっている。要するに、張徳秀における社会とは、時間的に進化し、空間的・内容的に多元的なものである。しかし、社会は同時に、進化における暫定的なバランスと、内部の多元的なものの間のバランスを作りだすことができ、国家はその役割を果たすために存在する。つまり、張徳秀においてギディングスの社会学は、進化のなかの均衡、多元性の上の秩序という課題に取り組むための科学としての意味を持つ。論文は社会と国家の性格に対するこういった自身の前提を紹介した上で、それではマルクスの国家概念は何であり、それはどのぐらい「科学的調査の精神」に立脚しているのかを問いながら、その「批判的」検討を始める。[75]

張徳秀の検討は主に三つの内容を中心に構成されている。第一に、張徳秀はマルクスの主張が一九世紀という時代の産物であることを強調している。つまり、「立憲主義」の理想が「七月革命」を通して達成された後、歴史の展開は「労働者階級」を含む「すべての男性」(all men)の自由と平等の確保に向かう。これらの展開を背景にサン・シモンなど「空想的社会主義者」が登場し、その流れは「階級闘争」を唱える「科学的社会主義」に発展する。その上で張徳秀はマルクス主義が「人道的センティメンタリズム」より「政治的闘争」に注力し、「ヒューマニティー」より「階級闘争」を叫んだと批判する。(76)

第二に、論文はマルクスの主張の前提である「経済決定論」に対する反駁を行う。マルクスはすべての社会現象の下には「物質的な生産力」と「生産関係」が存在すると想定し、それによって「政治的上部構造」や「社会的意識」が決められると主張している。しかし、論文は国家が人々の経済的な関係に関わっていることを認めながらも、「それにもかかわらず国家はそれ以上のもの」であると反駁する。つまり、国家は「人間の利益と幸福のすべての範囲を表現」するものであり、「家族」「教会」「学校」「民族」を保護する役割を果たす。また「自由」「名誉」「道徳」「知識」の維持をはかり、人々の間の「紛争を調整」する役割も果たす存在である。(77)

第三に、張徳秀は国家の起源とその機能に関するエンゲルスの主張に対して反駁を試みている。エンゲルスにおける国家は、社会のある特定の進化段階の産物であり、それは階級間の衝突を抑圧する道具に過ぎない。これに対して論文は、社会には単に階級闘争という「経済的性格」のみならず「宗教的基礎」と「政治的基礎」といった複数の利益が存在し、それゆえある共同体の福利という概念には、より「広くて、深い」意味が含められていると反駁する。論文はさらに進んで、社会の進化過程においては「分化」現象のみならず「統合」現象も存在し、その統合のプロセスは「物理的」側面のみならず、「道徳的目標」「高尚な理想」「明確なヴィジョン」「知的な思考」のような「精神的」側面も有しているという。つまり、国家は「確かに常備軍、警察、監獄などを備えて」いるが、それは国家の「物理的表現」の側面に過ぎない。それより重要なことは、国家の「物理的強制を随伴する主権的力」には、「そのグループの意志に深い基礎をおいているとの事実を通して人々を服従させる権威」という精神的側面が存在している点である。それゆえ国家は「社会活動における規範やタイプを設定」する存在として認められている。(78)

論文のこうした主張からは浮田和民の影響が依然として窺える。まず、マルクス主義の科学性を問うために用いたギディングスの社会学は、浮田和民の「原書研究」科目を通してすでに紹介されたものであった。また、社会には「家族」「教会」「学校」「民族」という「組織社会」の多様性と、「自由」「名誉」「道徳」「知識」という「社会精神」の多様性が存在しているとの論文の主張も、浮田和民の講義録を通して強調された内容であった[79]。さらに、社会内部にあるそれらのことを保護し、その間で起こる紛争を調整する役割を国家に与えている張徳秀の主張は、国家に諸組織の間の「平和秩序」の維持と争議を「公共的に裁決」する役割を与えた浮田の主張と合致するものである。また、吉野作造との共通性も同じく見られる。マルクス主義を時代の産物として相対化しながら、それが階級闘争に注力し「人道的センティメンタリズム」を失ったとの張徳秀の批判には、「空想的社会主義」から「科学的社会主義」を経て、「人道的社会主義」に至るという吉野作造の論旨が繰り返されている。そもそも、国家の強制力を「そのグループの意志に深い基礎をおいて」いる「主権的力」であるという張徳秀の主張も、国家による「客観的支配」は「自分の決めた事」を「紙に書いたもの」、即ち「自己の決意」を客観化したものと捉え、権力現象を擁護した吉野作造の議論と合致するものであった[80]。

五　博士論文——国家の擁護から政治的空間の擁護へ

修士論文の提出後約一〇年が経過した一九三六年に提出された博士論文『産業平和のイギリス的方法——労働紛争に関するデモクラシーの研究』を通して、張徳秀は社会と国家の関係をめぐる彼自身の思想を発展させている。

博士論文で張徳秀が焦点を当てていたのは、デモクラシーが産業問題に、特に労資関係における紛争にどう関わるべきかという問題であった。ここで張徳秀のいうデモクラシーという言葉は「ただの多数の支配」を意味せず、「十全で自由な人生を生きるための機会が共同体のメンバーの誰一人にも拒否されていない」状態を指す。しかし、社会の実態をみると、地位、福、権力、知識によって各人の人生における機会は不平等である。それゆえデモクラシーは各個人の持つべき固有の権利の保障を要求し、また民主的政府は「社会的動揺」と「産業紛争」への対応を最も重要な課題とする。

しかし、デモクラシーは理想の実現だけでなく、その実現において適切な「手段」を用いなければならない点で「共産主義」や「ファシズム」と「巨大な相違」を有する。つまり「独裁」は「自己統治のできない平民に善とされるもののために、政府当局によって強制され、上から与えられる秩序と統一」を意味するのに対し、「イギリスで行われているような」デモクラシーは「寛容」を根本原則とし、またそこに現れる「統一」や「秩序」も、「複数で多元的な形式を持つ多様な社会組織の中で、普通のイギリスの市民が最も深いところに持っている精神的・社会的な天性の自由な表現を通して」追求される(81)。

要するに、デモクラシーは人々の十全で自由な人生の機会を産業領域においても保障することを課題とすると同時に、その理想の実現において「多様な社会組織」と「自由な表現」を前提とする点で、共産主義やファシズムとは異なる「手段」を取る。論文のこういった発想からは、「民主主義」を「国体や政体の形式的標準」ではなく「人類生活の一大原理で精神」として捉え、民主主義の精神を社会・経済領域まで拡大することを要求するなか、「産業上の民主主義」を唱えた東亜日報主筆時代からの問題意識が依然として窺える。また、理想主義的社会主義を擁護するなか、制度の改革における「手段」の重要性を説いた吉野作造の問題意識もここで共有されている。それでは産業問題の解決と民主的方法という二重の課題にどのように対応すべきか。以下ではその議論の特徴を吟味する。

第一に、論文は民主的社会の重要な特徴として「複数で多様な形式を持つ多元的な社会組織」を挙げながら、その社会組織の自律的な性格に、特に労働組合の登場に注目している。まず第一章を通して、労働組合の結社がイギリスで認められていく過程に簡単に触れた後(82)、第二章では、イギリスにおける労資関係の調整と仲裁の歴史的経験が第一次世界大戦以前からはもちろん、一八九六年の「調停法」(the conciliation act)の成立以前からも存在していたといい、その発展を可能にした条件として労働者の結社を挙げている。つまり組織された労働者の登場は経営者との間で「相互の協議」を可能にし、その上で形成された「産業慣行」が国家による強制的な措置を代替し始めたと強調している(83)。もちろん第三章で述べているように、第一次大戦のような非常事態の場合、国家は労働者の配置や賃金の推移に介入し、自由を制限することもある。しかしこうした場合さえも、国家が「自由な精神」を有している労働者から真実の協調を得ることは、「説得」と「理解」、また「正義と公正さに関する彼らの感覚」を満たす方法を通して達せられる(84)。

第二に、社会の自律性を前提としながらも、国家の存在は依然として認められている。論文は産業平和を維持するための国家の常時的な役割として、「雇用者と労働者を招き寄せ、彼らの相違を自ら組み立て」させることを挙げている。また、深刻な産業紛争が生じた場合、国家は「適切なタイミング、適切な方法で、適切な人を通じて介入」する責任を持ち、その具体的な方法が「調整」と「仲裁」である。(85) 論文の第四章から第六章まではその「調整」と「仲裁」を担った実際の制度を扱い、国家の役割を検討している。

第三に、それにもかかわらず国家の役割には明確な限界が伴う。その限界に関わる要因には主に二つがある。まず、個人との関係において国家は限界を持つ。論文は各個人を「自らの中で倫理的価値を有している人格」として捉え、その人格の成長は「是非に関する彼自身の感覚に従って行動する」ことによって可能になるという。また、その成長のためには他人との「協働」をも必要とするが、その協働は国家のみならず「産業職場、芸術、科学、宗教」領域など多様な場を通して行われる。つまり、個人が自らの人生における潜在力を最大限まで発展させることは国家の力が及ばない所で行われる。もう一つの限界は社会が内包している「対立」の自然的な性格から起因する。論文の結論に該当する第七章では、「対立はすべての所で蔓延」しており、それゆえ「労資間の相違も自然に起こる」と強調されている。こうした社会の性格は国家の意思とは関係なく存在するものである。

しかし、倫理的価値を内在した個人と、対立を内包している社会を前提とするなか、論文は「秩序」の可能性を否定しない。むしろ「何が社会の最良の秩序を形成するのか」という問題は「政治学の中心テーマ」である。ただ上述の条件を前提とする以上、「平和」や「秩序」は「ただの対立の回避」だけでは実現できない。真正な秩序は「個人の人格に対する強制と抑圧ではなく、自由な表現と十全な成就を追求」する中で形成される。国家の役割もここにある。国家は各個人の「最低限の生活水準」を保障することで個人の発展を支えるための「社会的安全の権利」を確保する。また、労働組合と経営者団体の間における「調整」と「仲裁」を通して、「結社体の自由の権利」を支えながら、紛争の深刻化が「産業の生産」「社会の平和」「貧しい労働者階級の家族」に及ぶ弊害を防ぐ。(86)

一方、以上のような議論からは浮田和民や吉野作造の主張と異なる論調も見つかる。例えば、「国家の一員として生活するにあらざれば完全なる自我を実現し人格をなすことが出来ぬ」と断言している浮田和民に比べ[87]、張徳秀の博士論文は人格の成長の場として「産業職場、芸術、科学、宗教」など多様な領域における協働を想定している。また、国家の機能的な分化を試みたギルド社会主義や職能代表性の主張からは一定の距離をとっていた吉野作造に比べ[88]、張徳秀の博士論文は産業領域における労働組合の職能代表性をより積極的に認めている。張徳秀の博士論文における国家は、個人との関係、及び社会の諸集団との関係において、その存在感が薄れていると同時に、機能的な分化も進んでいる。それは浮田和民や吉野作造の国家像からの変化ともいえる。

しかし、張徳秀にとって国家は異質的な階級を共存させる独特な役割を果している点で、社会の多元的集団の一つに過ぎない存在ではないことも事実である。こういった国家の姿は、むしろ「全体の平和秩序を成立せしめ各階級又は各個人の争議を公共的に裁決」する浮田和民の国家像に近い。また、張徳秀における社会は諸集団の自律的な営みのみによって構成される空間ではない。この空間のなかで各個人は社会的安全を必要とし、各集団間の紛争も解決されずに深刻化される場合もある。これらの問題には国家による介入が必要になる。一方、吉野作造も、国家によって代表される「命令—服従」という統合原理とは異なる、「習慣」や「道徳」という統合原理を認めており、しかも後者をより理想的なものとして考えていた[89]。ただ吉野は「政治組織の必要の無い状態」を「永久に到達することの出来ない遠い〳〵先きの理想的目標」として設定しながらも、「不完全なる」存在である人間にとっては、強制組織としての国家が依然として必要であると認めている[90]。権力の契機を最後まで残している張徳秀の社会観は、理想郷を設定しながらも現実的な立場をとった吉野の社会観と共通していたといえる。

もちろん、最後まで議会の擁護者であった吉野作造と、産業問題をめぐる議論の場を職能団体が存在する議会の外まで広げた張徳秀との間には無視できない相違が存在する。しかし、そもそも吉野が「政治的形式の整頓」のために「パーラメンタリズム」を重視したのは、「政治問題を飛越えて経済問題に突進」するなかで、異質的な階級を「撲滅せなければならぬ」対象とみなして「絶対支配」を追求する態度への反対から起因するものであった。「民本主義は必ず社会主義者であるとは限らないが、しかし社会主義者であっても妨げない」という吉野作造の主張は、労働者階級による社会的要求を異質的な相手の存在まで含む「政治的形式」と両立させるための試みであった。[91] 一方、「労資間の相違」と「対立」を自然に起こるものとして認めると同時にその調和を求めている点、またその際の国家は同一性を追求する手段ではなく、異質的なものが交流し競争する政治的空間を保障する役割を担っているという点で、張徳秀も労働者階級の要求と両立できる「政治的形式」の再構成を試みていた。博士論文における張徳秀の国家像は変化を遂げると同時に、大正期からの課題も依然として抱え込んでおり、その答えを発展させている。

六　終わりに

本論考の「はじめに」で確認したように、張徳秀の一九四七年の「大綱」は、産業計画における当事者団体の対等な協議を前提とした経済の計画、労働条件の向上をめぐる国家の役割を特徴とする。さらに、「大綱」は産業分野の運用において「個人の創意を尊重し、労資協調の精神を基本とする」こと、各産業組織においても労働者の代表を経営に関する協議に参画させ、資本家のみを重んじた従来の「起業家本位」の経営を改善することも強調している。[92] こういった張徳秀の制度構想は、労資間の対立の調整と仲裁をテーマとした彼の博士論文の実践版であった。しかし、国家と区別される領域として社会を見出し、社会主義と労働運動に共鳴しながらも、国家を労資間の対等な協調の場として活かしている点からすると、「大綱」の「労資協調の精神」は『東亜日報』主筆時代の「労働本位の協調主義」の発展版とも言える。その主張に関わった知的背景として本論考は、浮田和民を媒介としたF・H・ギディングスの社会学、吉野作造の「人道的社会主義」に基づいたマルクス主義の相対化を提示した。また彼らの議論が、多元性と調和の共存を課題とした政治空間の創設という点で一つの知の領野を形成しているということを論じた。それでは、こういった張徳秀の政治思想に関する研究はどのような意味を持つのか。

第一に、労働問題と社会主義への共鳴を前提とし、また、社会の自律性を前提条件としている張徳秀の国家像は、「左派の排除」と「過大成長国家」という韓国の現代政治史の特徴から鑑みると珍しい伝統といえる。実は張徳秀の死後、

「経済企画院」という名称を冠した制度は、軍事クーデタを通して成立した朴正熙政権によって再登場する。しかし、朴正熙政権の経済企画はいわゆる「国家コーポラティズム」の典型であった[93]。それに対し張徳秀の経済企画院構想は、対立を内包した社会の多元性と自律性、そして労資間の自然な相違を前提としたものである。それゆえ、経済の計画というアウトプットの側面において両者は同じく見えても、そのインプットの側面、即ち経済の計画を設立する段階において、社会の多元性と自律性、及び対立の存在を認めた政治空間を前提としているか否かをめぐって、両者は重大な相違を持つ。だとすれば、こういった相違が生まれる哲学的な基礎をはじめて提供した、大正期の社会をめぐる思想状況は韓国の現代史を考察する際にも重要な観察軸となる。それにもかかわらず、「親日反民族行為者」として下された「決定」と、それに伴った彼の思想への無関心は、韓国現代政治史の重要な知的遺産まで捨象していたのではなかろうか。

第二に、韓国の現代史において張徳秀をめぐる歴史的評価を支えたパラダイムを顧みることができる。以上の議論からすると、「労働本位」「産業上の民主主義」「労働階級の解放」を唱えた張徳秀を、ただ単に地主・資本家階級の利益を代弁し、社会主義との対決を唱えた右派陣営の冷戦論者として片づけることは明らかに無理が伴う。それでは逆に、そういった既存の評価を支えた基準は何であったのか。つまり、前者はマルクス主義のパラダイムに、後者は南北分断の克服を最優先課題とする民族主義のパラダイムに依拠した評価だったのではなかろうか。もちろん、ある特定のパラダイムは現象をより体系的に捉えるための認識の道具としても十分に使える。しかし、前者のパラダイムによってマルクス主義を相対化した社会主義という言葉の歴史は正当な評価の機会を失った。また、後者によっては、冷戦という国際環境の中で北朝鮮と韓国の分断を認める「単独政府樹立」の道を選びながらも、国内体制においては「労働階級の解放」を依然として追求した独特な立場が、極右陣営の冷戦論として裁断されたといえる。

最後に、「韓民党」で理論家としての役割を果たした張徳秀のみならず、そもそも同党の創設に関わった主要メンバーが大正期の日本で青年期を過ごした事実は、いわゆる「大正デモクラシー」の外延を問い直す材料になる。三谷太一郎は政治現象としての「大正デモクラシー」を、「政党内閣制の確立」過程と、大正デモクラシー運動を媒介した「合法無産政党」の形成過程とに分けている。特に後者の局面はアメリカの台頭以降の「デモクラシー」をめぐる思想の勃興と、出版ジャーナリズムの発達による知識人の影響力の増大を背景として展開され、知識人や学生による社会運動団体、労働組合、農民組合などの「政治的非職業人《アマチュア》」が政治体制（政党制）の一翼として登場する局面であった(94)。三谷太一郎は権力の多元的な主体を生み出したこうした展開を通して、日本における「政治体制の政党化」を説明している。しかし、この後者の局面は「東亜日報グループ」の誕生、即ち政治的主体性を主張するもう一つの勢力を植民地に生み出した背景でもあった。もちろん、参政権の与えられなかった朝鮮で彼らが自らを政治勢力として標榜することはできなかったが、その勢力によって準備された人的・物的基盤は独立後の「野党」の登場と共に表に現れたといえる(95)。「大正デモクラシー」は、空間的には植民地における局面を、時間的には戦後（独立後）の韓国における野党勢力の形成を含めることで、より立体的な姿を現す。そういった意味で本研究は「大正デモクラシー」と韓国の野党の誕生という、一見すると空間的・時間的に離れているように見える両政治現象を、「知の領野」の制作に関わった知識人の政治思想を通して、連続的に捉えようとする一つの試みでもある。

（1）朴瓚杓『한국의 48년 체제』후마니타스、二〇一〇年、三二〜七六頁。

（2）Jangjip Choi, *Labor and the Authoritarian State: Labor Unions in South Korean Manufacturing Industries, 1961-1980* (Seoul: Korea University Press, 1989), pp.308-316.「過大成長国家」はパキスタンとバングラデシュの経験を通して、脱植民地社会の特徴を分析したハムザ・アラビが用いた概念である。国家機構が植民地の土着階級ではなく、植民母国に基盤をおいて成立した植民地では、植民時期に形成された軍部や行政機構が独立後にも残り、社会に比べて国家が「過大成長」する現象が現れる。Hamza Alavi, "The State in Post-Colonial Societies: Pakistan and Bangladesh," in the *New Left Review*, vol.74, 1972。崔章集はハムザ・アラビのこういった概念を用い、植民地からの独立後、冷戦の展開と朝鮮戦争をも経験した韓国社会には「他のどのような脱植民地社会よりも極端的な形で過大成長国家」が成立したと説明する。Jangjip Choi, op. cit., pp.193-197.

（3）崔章集『민주화 이후의 민주주의——개정2판』후마니타스、二〇一〇年、一三二〜一三六頁（崔章集『民主化以後の韓国民主主義』磯崎典世等訳、岩波書店、二〇一二年）。

（4）崔章集『민중에서 시민으로——한국 민주주의를 이해하는 하나의 방법』돌베개、二〇〇九年、六九～一一六頁。ここで崔章集は、政党や利益集団の制度化の水準が低い市民社会の状況と大統領への権力集中が結合されることで、社会の重要な意思決定は大統領私人の意思、あるいは大統領をめぐる私的人脈によって左右されるか、あるいは、社会のヘゲモニー的な見解が公共の領域で十分な議論を経ず、そのまま大統領の決定に反映・実行される韓国の政治構造の問題を指摘し、そのなかで「個人は恒常的に上から設定された目標に動員され、その目標に駆り立てられる存在に転落」していると批判している。

（5）張徳秀の生年月日については一八九四年一二月一〇日と記されている文献が多いが、崔善雄の研究が指摘しているように、それは旧暦の日付である。崔善雄「張徳秀의 社会的自由主義思想과 政治活動」高麗大学博士学位論文、二〇一三年、二四頁。また、張徳秀の自筆署名と共に新暦の生年月日（一八九五年一月五日）が記載されている一九四六年の「宣言書」（雩南李承晩文書編纂委員会編『雩南李承晩文書　東文編（第一四巻）』中央日報社現代韓国学研究所、一九九八年、四四四頁所収）を参照。本稿は新暦の年度で記する。

（6）韓国の野党の創始である「韓国民主党」は独立直後の一九四五年九月に結成され、『東亜日報』と「普城専門学校（のち高麗大学）」の創立者である金性洙《キムソンス》を中心とした「東亜日報グループ」が主流を占めていた。「東亜日報グループ」の人的・物的基盤については、木村幹『韓国における「権威主義的」体制の成立——李承晩政権の崩壊まで』ミネルヴァ書房、二〇〇三年の第一章を、「韓国民主党」の誕生については、同書、第二章を参照。

（7）沈之淵『韓国民主党研究Ⅰ』풀빛、一九八二年、三九一～三九七頁所収。

（8）臨時政府樹立対策協議会「臨時政府樹立大綱——共委決議第五・六号諮問에 対한 答申」一九四七年。同資料は韓国の「独立記念館」所蔵資料のデジタル・アーカイブ（管理番号 1-000826-000）で閲覧。「臨時政府樹立対策協議会」については、崔善雄、前掲論文、二六〇～二七〇頁を参照。

（9）臨時政府樹立対策協議会「第五号答申」六頁及び、同「第六号答申」八頁。

（10）同「第六号答申」九～一〇頁。

（11）二〇〇四年制定された法律「日帝強占下親日反民族行為真相究明に関する特別法」に基づいて設置された「親日反民族行為真相究明委員会」によって刊行された報告書は、一九四〇年代の張徳秀の「戦時協力」活動を「親日反民族行為」として「決定」している。親日反民族行為真相究明委員会「親日反民族行為真相究明（Ⅳ-11）」二〇〇九年、三一七～三六六頁。また、金性洙も同じく「親日反民族行為者」として「決定」されている。同委員会「親日反民族行為真相究明（Ⅳ-1）」二〇〇九年、四三～九七頁。

(12) 金炅宅「一九一〇・二〇年代東亜日報主導層의 政治経済思想研究」延世大学博士学位論文、一九九八年、一一～一四頁。

(13) 沈之淵『韓国民主党研究Ⅱ――韓国現代政党論』創作과批評社、一九八四年、一一六～一五五頁。

(14) 独立直後における韓国の諸政治勢力の分類については、木宮正史『国際政治のなかの韓国現代史』山川出版社、二〇一二年、一六～一八頁が詳しい。

(15) 鄭秉峻『우남 이승만 연구――한국 근대국가의 형성과 우파의 길』역사비평사、二〇一三年、六五六～六五七頁。

(16) 沈在昱「雪山張徳秀의 政治活動과 国家認識」東国大学博士学位論文、二〇〇七年。及び、崔善雄、前掲論文。

(17) マックス・ウェーバーは政治家の資質として情熱、責任感、目測能力を挙げ、なかんずく情熱については、「なにごとかに即していること（Sachlichkeit）…つまりなにごとか《ザッヘ》を司っている神ないしデーモンに情熱的にコミットすること」であると述べている。マックス・ウェーバー（野口雅弘訳）『仕事としての学問・仕事としての政治』講談社、二〇一八年、一八〇頁。三谷太一郎はこういったウェーバーのザッヘ（Sache）を「客観的課題」と訳し、彼の原敬研究に活かしている。三谷によると、すぐれた政治家におけるほど「状況に対する思想の非拘束性」が強い。しかし、すぐれた政治家ほど、「価値選択ないし態度決定の根底には、状況を越えた同一性」が認められる場合も少なくない。彼は政治家の政治的諸行動における根底的同一性を保障するものを「政治的人格」と呼び、その「政治的人格」の解明のためには、まず「政治的人格の統一性を保障している»Sache«に接近しなければならない」と述べている。三谷太一郎『日本政党政治の形成――原敬の政治指導の展開』東京大学出版会、一九六七年、三頁及び同章の注一～三を参照。また本論文も、知識人であり、政治家でもあった張徳秀の諸行動の根底に置かれていた「課題」を考察の対象としている点で三谷太一郎の観点を共有している。

(18) 張徳秀によって書かれた『東亜日報』の創刊主旨では、「民主主義」の精神が発現されたものとして、「国内政治における自由主義」「国際政治における連盟主義」「社会生活における平等主義」「経済組織における労働本位の協調主義」が唱えられている。『東亜日報』一九二〇年四月一日。東亜日報の創刊主旨の作成に関しては、『東亜日報社史（巻一）』東亜日報社、一九七五年、九〇～九九頁を参照。

(19) こういった発想は、思想の「循環モデル」という方法論を前提とする。つまり、ある特定のアイディアを、一国の範囲に閉じ込められるものではなく、書籍・雑誌・パンフレットなどの多様な「媒介」を通して「循環」するものとして捉え、その媒介のなかで特定のアイディアが他の地域においても「認識可能な」ものとして普遍化「される」プロセス、及びその上で成立する「空間横断的な知の領野」を観察するモデルである。Christopher L. Hill, “Conceptual Universalization in the Transnational Nineteenth

Century" in Global Intellectual History, Samuel Moyn & Andrew Sartori eds., *Global Intellectual History* (Columbia UP, 2013), pp.134-158.

（20）『東亜日報』一九二〇年四月一日の第七面を参照。また「東亜日報グループ」における早稲田大学の与えた影響については、金炅宅、前掲論文、七九～九一頁を参照。

（21）崔善雄、前掲論文、二四～二八頁。「大学普及運動《ユニバーシティエクステンション》」については、中野勝郎「草創期の早稲田大学」『自由主義の政治家と政治思想』五百旗頭薫・松田宏一郎編、中央公論新社、二〇一四年、九一～九二頁及び一〇九～一一〇頁。早稲田大学の「擬国会」については、内田満『早稲田政治学史研究――もう一つの日本政治史学』東信堂、二〇〇七年、二四三～二五〇頁。雄弁会については、伊東久智「明治・大正期における早稲田大学雄弁会」『早稲田大学史紀要』第四三号、二〇一二年、五三～八八頁。

（22）早稲田大学と協定を結んでいた大学については、中野勝郎、前掲書、九四～九五頁。

（23）吉野作造と朝鮮留学生の関係を究明した松尾尊兊の一連の研究は先駆的な業績と言える。松尾尊兊「吉野作造と在日朝鮮人学生」『原弘二郎先生古稀記念――東西文化史論叢』原弘二郎先生古稀記念会、一九七三年。同「吉野作造と朝鮮・再考」『朝鮮史研究会論文集』朝鮮史研究会、一九九七年など。

（24）松尾尊兊、前掲論文、一九九七年、八頁。

（25）『一九二〇年～一九四五年東亜日報社史（巻一）』東亜日報社、一九七五年、六九～七〇頁。松尾尊兊、前掲論文、一九九七年、一二三頁。

（26）李光洙「雪山과 나」『李光洙全集第一七巻』三中堂、一九六二年、四二九頁。

（27）小野容照「1910년대 전반 재일유학생의 민족운동――在東京朝鮮學生親睦會를 중심으로」『崇実史学』第二七号、崇実史学会、二〇一一年、二四八～二四九頁。

（28）이철호「1910년대 후반 도쿄 유학생의 문화인식과 실천――『基督青年』을 중심으로」『韓国文学研究』第三五号、東国大学韓国文学研究所、二〇〇九年、三一九～三三〇頁。

（29）李敬南『雪山 張徳秀』東亜日報社、一九八二年、一三四頁。

（30）ここで「社会に目覚める」ことは古代の「社会至上主義」とは異なり、個人の存在を常に前提としたものであり、「個人が個人を意識すると同時に社会を意識する」ものであった。雪山「社会와 個人」『学之光』第一三号、一九一七年。「雪山」は張徳秀の号。

(31)「社会性」と「社会組織」に関する張徳秀の認識については本稿の第二節を参照。

(32) 三谷太一郎『大正デモクラシー論（第三版）』二〇一三年、一～二頁。

(33) 蠟山政道『日本における近代政治学の発達』新泉社、一九七三年、一六九～一八六頁。有馬学『「国際化」の中の帝国日本』中央公論新社、二〇一三年、第五章。

(34) 浮田和民『政治原論』早稲田大学出版部、一九一五年、一頁。初出一九一一年。浮田和民の著作の出版年度については、松田義男氏の個人ホームページに掲載・更新されている目録に大いに負っている。https://ymatsuda.kill.jp/（二〇二四年四月一一日閲覧）

(35) 社会学と政治学の関係をめぐる浮田和民の議論については、吉村正『政治科学の先駆者たち』サイマル出版会、一九八二年。内田満、前掲書。中野勝郎、前掲書。個人と社会の関係をめぐる浮田の認識については、姜克実『浮田和民の思想史的研究――倫理的帝国主義の形成』不二出版、二〇〇三年、第一〇章。浮田の「社会主義観」については、栄田卓弘『浮田和民物語――自由主義者の軌跡』日本評論社、二〇一五年、三〇～三六頁。

(36) 浮田和民『社会学』早稲田大学出版部、一九〇九年、一～一二頁。初出一九〇八年。

(37) 同上、九二頁。

(38) 同上、九七～九八頁。また、浮田和民は様々な社会組織には各々の精神が存在しているという。つまり「特殊の組織的社会には特殊の社会的精神がある。此精神があるので社会組織が永久に存続する」のである。その例としては「軍隊の精神」「僧侶の精神」「町人の精神」「教員の精神」「官吏の精神」を挙げている。同上、一〇〇～一〇一頁。

(39) 同上、九八～九九頁。

(40) 同上、二二～二三頁。

(41) 同上、一〇八頁。

(42) 浮田和民、前掲書、一九一五年、八～九頁。

(43) 同上、一四二～一四三頁。

(44) 中野勝郎、前掲書、一一二～一一三頁。

(45) 内田満『アメリカ政治学への視座――早稲田政治学の形成過程』三嶺書房、一九九二年、六六頁。

(46) 雪山、前掲論考、一九一七年。

(47)張徳秀「卒業生을 보내노라」『学之光』第六号、一九一五年、四～九頁。
(48)「新道徳을 論하야 新社会를 望하노라」『東亜日報』一九二〇年七月二〇日。
(49)「現代政治의 要義」『東亜日報』一九二二年一月一日。
(50)沈在昱、前掲論文、五三頁。
(51)松本三之介『近代日本の思想家11 吉野作造』東京大学出版会、二〇〇八年、一六七～一八〇頁。また、一九一八年一二月の「黎明会」結成を前後した頃の吉野作造における「労働問題」認識、特に、労働者の「産業経営」への参加要求をめぐる吉野の議論については、田澤晴子『吉野作造と柳田国男――大正デモクラシーが生んだ「在野の精神」』ミネルヴァ書房、二〇一八年、第五章を参照。一方、坂野潤治は吉野作造の思想における特徴の一つとして、「『民本主義』を普選という政治的平等の面に限定せずに、経済的不平等の縮小をもその目標とした点」を挙げている。坂野潤治「戦前日本における「社会民主主義」、「民主社会主義」、「企業民主主義」」『現代日本社会4』東京大学社会科学研究所遍、東京大学出版会、一九九一年、二四六～二四七頁。
(52)吉野俊造『吉野作造博士民主主義論集第五巻 社会問題及び社会運動』新紀元社、一九四七年、三一六頁。
(53)吉野作造『社会改造運動に於ける新人の使命』文化生活研究会出版部、一九二〇年、二〇～三七頁。
(54)同上、三三～四九頁。
(55)同上、六一～六四頁。
(56)同上、一三〇～一三一頁。
(57)同上、一九九～二一〇頁。
(58)「主旨를 宣明하노라」『東亜日報』一九二〇年四月一日。
(59)「世界改造의 劈頭를 當하야 朝鮮의 民族運動을 論하노라(一)」『東亜日報』一九二〇年四月二日。及び「世界改造의 劈頭를 當하야 朝鮮의 民族運動을 論하노라(二)」『東亜日報』一九二〇年四月三日。
(60)「新道徳을 論하야 新社会를 望하노라」『東亜日報』一九二〇年七月二〇日。
(61)「現代政治의 要義(十六)」『東亜日報』一九二二年一月二四日。
(62)「朝鮮労働共濟會에 對하야」『東亜日報』一九二〇年四月一七日。
(63)「社会主義의 三変遷(上)」『東亜日報』一九二一年四月一三日。翻訳の原文は、吉野作造「社会主義の将来」『解放』第二巻第三号、一九二〇年三月。

(64)「社会主義의 三変遷（下）」『東亜日報』一九二一年四月一四日。
(65)신용하「朝鮮労働共済会의 창립과 노동운동」『사회와역사』第三巻、韓国社会史学会、一九八六年、九六～一二六頁。
(66)李炅龍「1920년대 초반 노동운동의 분화과정──朝鮮労働共済会을 중심으로」『中央史論』第八号、中央大学校中央史学研究所、一九九五年、一三五頁。
(67)崔善雄、前掲論文、八六頁。
(68)신용하、前掲論文、一八七頁。
(69)李炅龍、前掲論文、一三五～一三七頁。
(70)박종린「한국의 사회주의──인물（1）꺼지지 않은 불꽃、송산 김명식」『진보평론』第二号、一九九九年、三六五頁。
(71)「現代政治의 要義──代議政治와 民主主義」『東亜日報』一九二一年一月二四日。
(72)「現代政治의 要義──議会万能主義의 破壊」『東亜日報』一九二一年二月二〇日。
(73)「現代政治의 要義──처음말」『東亜日報』一九二一年一月一日。
(74)「現代政治의 要義──結論」『東亜日報』一九二一年三月二日。
(75)Ducksoo Chang, *A Critical Examination of the Marxian Conception of the State* [Master, s Thesis, Columbia University], 1925, pp.1-9.
(76)Ibid., pp.18-31.
(77)Ibid., pp.51-70.
(78)Ibid., pp.71-76.
(79)注38を参照。
(80)吉野作造「現代政治思潮」『吉野作造選集1』松尾尊兊・三谷太一郎・飯田泰三編、岩波書店、一九九五年、三一二～三二一頁（以下、『吉野作造選集』は『選集1』の形に略記する）。吉野作造が社会の統合原理として「道徳」や「自由連合」の持つ価値を認めながらも、権力現象と政治の積極的機能の持つ価値を依然として擁護していたとの分析は、飯田泰三「吉野作造──〝ナショナルデモクラット〟と「社会の発見」」『日本の国家思想』小松茂夫・田中浩編、青木書店、一九八〇年、六〇～六五頁。
(81)Ducksoo Chang, *British Methods of Industrial Peace: A Study of Democracy in Relation to Labor Disputes*, Columbia University Press, 1936, pp.14-15.

(82) Ibid., pp.16-20.
(83) Ibid., pp.43-47. 及び、Ibid., p.60.
(84) Ibid., p.118.
(85) Ibid., pp.61-62. ここで「調整」は、より迅速な判断と紛争における両当事者の相違点についての深い理解が要求される行為であり、「仲裁」は落ち着いた雰囲気、司法的なマインド、理性的な決定が要求される行為として定義されている。
(86) Ibid., pp.288-293.
(87) 浮田和民『政治道徳論』早稲田大学出版部、一九一五年、五〇～五一頁。
(88) 織田健志「戦間期日本における「社会」と「政治」——吉野作造・中島重・蠟山政道を手がかりに」『季刊日本思想史』第八十三号、二〇一九年、一二八頁。
(89) 清水靖久「解説　吉野作造の政治学と国家観」『選集1』岩波書店、一九九五年。
(90) 吉野作造「国家と教会」『選集1』岩波書店、一九九五年。
(91) 吉野作造「民本主義、社会主義、過激主義」『中央公論』六月号、一九一九年。
(92) 臨時政府樹立対策協議会「第六号答申」八頁。
(93) 崔章集、前掲書、二〇〇九年、八四～八五頁。
(94) 三谷太一郎、前掲書、二〇一三年、一～三四頁。
(95) 木村幹、前掲書、九二～九三頁。

[謝辞]

本稿及び本稿の基になった修士学位論文の執筆の時から貴重なご助言をいただいた木宮正史、酒井哲哉、馬路智仁先生、韓国の崔章集、朴常勳先生に深謝する。また、本研究の発展のために欠かせない大事なご指摘とアドバイスを送っていただいた二名の匿名査読者にも感謝を申し上げる。なお、研究報告の場を作っていただいた朝鮮史研究会、そして留学期間中、財政的に支えていただいた綿貫国際奨学財団にもお礼申し上げる。最後に、本稿の内容に関する助言からネイティブチェックまで労を取っていただいた苅部真也、岡部柊太、両同僚にも心より感謝を申し上げる。

◆書評

市場はそもそものはじめから、共同性を基底としている

●――重田園江

小島秀信『市場と共同性の政治経済思想』(ミネルヴァ書房、二〇二二年)

本書は、グローバリゼーションの時代に唯一の経済秩序であるかのように見なされてきた自由市場経済システムに、共同性の観点から異議を唱えた著作である。著者は、「理想的かつイデオロギー的な普遍的価値として、市場主義とリベラル・デモクラシーの理念が世界的に承認すべきもの」(七頁)とされた、二一世紀のはじまりの二〇年を振り返る。そして、市場主義が前提とする、自由で利己的な個人とグローバル化する市場という二つの単位が、果たしてこの社会を理解するのに適切かを問う。

ここで著者が提起するのは、市場の外に市場以外の領域があるかという「ポランニー的」な問いではない。むしろ、市場自体が孤立した個人の利益追求動機ではなく、人々の間の共同性によって作られてきたのではないかという、市場の成り立ちそのものへの問いかけがなされている。だから本書のタイトルは、『市場と共同性の政治経済思想』となったのだ。

この一貫したテーマの下で、さまざまな思想家が取り上げられる。アリストテレス、アダム・スミス、カール・ポランニー、マルクス、ハイエク、メンガー、ジンメル、マリノフスキー、モース、バーク、ホイジンガなどなど。これらの思想家の著作を紐解き、彼らがいかに市場の基底に共同性や社会性を見出したかを明らかにしていく。そういう意味で実に正統派の思想史研究となっている。

なかでも興味深かったのが、ポランニーによるアリストテレスの価格論を糸口として、アダム・スミスの自然価格を読み直す第一章である。ここでは一八世紀に対立した二つの市場像、モラル・エコノミーの思想と市場経済の思想とが対置されている。そして、スミスの「自然価格」概念が再検討される。

スミスの自然価格は、市場価格がそこに近づくことで市場の健全性が測られる基準であるとの解釈がなされてきた。同時にそれは、当局による規制を廃した自由な市場、価格シグナルによって導かれる競争空間における、自由競争価格としても理解されてきた。つまり、市場競争こそがあるべき「自然」で、既得権は排除されるべきという、典型的な自由競争至上主義による「競争の自然化」の言説=市場経済の思想として捉えられてきたということだ。

こうした見方に対して、著者はスミスの自然価格をむしろ市場を律する外的規範として捉え返している。「自然価格は、特定の社会において慣習的に規定された基準となる価格であり、地主、

労働者、商人や資本家たちが「通常」の生活を営むに足る人道的な価格であり、つまるところ公正価格の要素を包含するものであったと言える。その意味ではスミスの自然価格は均衡価格に解消しきれない社会的要素を含んでおり、むしろ市場価格を掣肘する公正基準でもあったと言うことができる」(一三八頁)。

近年、アダム・スミスの思想のうちに、自由市場の正当化とは異なった主張を読み取ろうとする研究が増えている。たとえば、山森亮『忘れられたアダム・スミス——経済学は必要をどのように扱ってきたか』(勁草書房、二〇二四)と本書を併せ読むと、こうした方向での立体的なスミス読解が得られるのではないか。

こうした着眼点から、著者はハイエクやメンガーについても、市場を共同性によって支えられ進化する存在として捉えていたことを示す。このような見方は、自由市場主義とグローバル化の弊害が強く意識されるようになり、それに代わる経済秩序が求められている現在、重要なヒントを与えてくれるだろう。

だが、思想史として見た場合に、もう少し別の角度から論点を剔出できたのではないかと思われる部分もある。著者はさまざまな思想家のうちに、「共同性によって支えられた市場」という共通する考えを見出し、それを活かした新しい市場像を描く必要性を示している。一方でこうした共通点の強調のため、それぞれの思想家独自の構想、共同性と市場との両立をどのような形で見定めようとしたのかの掘り下げが弱いように思われる。

著者が取り上げる思想家の中で、とくにマルクス、ポランニー、モースは、市場に対して強い警戒心を抱いていた。彼らは市場の拡大が共同性に脅威をもたらし侵食してきた歴史を、独自の方法と着眼点で描き出した。近代のとば口で社会に何が起こり、どのようにして共同性が掘り崩されたのか、それぞれの思想家の危機意識に目を配る必要があるだろう。そうすることで、市場が共同性に「支えられてきた」ということの意味も、違ったしかたで捉え返されるのではないだろうか。

また、ホイジンガを通じて示された市場の遊戯性も、考えようによっては恐ろしい。マイケル・ルイス『世紀の空売り』やジョーダン・ベルフォード『ウォール街狂乱日記』をはじめ、市場の遊戯性にハマった人々が世界にもたらす被害の深刻度を示す実話は多い。金融資本主義の猛威の大きな原動力となっている市場の情念について、遊戯との関係では何が言えるだろうか。現代において制御不能なのは、鉄の規律よりリモート監視とビッグデータであり、商人の貪欲よりネット上の数字の遊戯としての取引ではないか。市場の根底にあるはずの共同性はこれらとどう関われるのだろう。著者の次なる思索の成果を待ちたい。

◆書評

非国教徒の政治思想

●――田上雅徳

中村逸春『Ａ・Ｄ・リンゼイの政治思想――ピューリタニズムの現代的展開』（東北大学出版会、二〇二二年）

特定の宗教や主義に深くコミットした政治思想家を扱おうとする場合、研究者の姿勢は強張ったものになりやすい。当該思想家が奉じている価値から然るべき距離を取らなくては、という思いがそうさせるのであろう。となると、その敬虔さをもって鳴る、前世紀イギリスで活躍したアレキサンダー・Ｄ・リンゼイに人はどう向き合うのか。緊張を覚えながら本書を読み始めた私の危惧は、著者・中村逸春の設定した視座によって、軽く一蹴された。

内外の研究動向を踏まえつつ中村はリンゼイを、二〇世紀英国史の中に定位させることを提案する。そのことで、『民主主義の本質』や『現代民主主義国家』などの代表作が有していた、同時代的な含意が示された。しかも、この視座設定によって、本書の主人公はかえって、キリスト教的な政治（思想）メッセージの発信者としての姿を鮮明にする。教会出席者数の低下など、キリスト教圏の現状を見聞きしている私たちはともすれば、この篤信の政治思想家もまた、世俗化するイギリス現代史の中で孤高の知的営為を強いられていたのではないか、と想定しがちである。しかし、どうしてどうして、当時の読者や聴衆に対してリンゼイは、説得力をともなうアピールを行い得る人でもあった。

本書の構成は以下の通りである。序章と終章を除く四つの章は、時代順に配置されている。すなわち、オックスフォードで支配的だった英国観念論に強い影響を受けたリンゼイが、多元主義に批判的に向き合う一九二〇年代半ばまでを扱うのが第一章。第二章では『民主主義の本質』が著される主に一九二〇年代後半が、続く第三章ではナチズムと対峙する一九三〇年代から戦中期が取り上げられる。そして第四章で記されるのは、貴族院議員として労働党政権の施策を擁護する第二次世界大戦後の時期である。

その際、時代を分けたことの妥当性を示すべく、中村は各期に特徴的なリンゼイの主張を指摘していくが、それらはいずれもキリスト教との関連性が強い。たとえば、一九二〇年代前半、労働組合や大学などの社会団体が担う課題と国家が担うそれとを区別したうえで、後者を相対化しようとする多元主義にリンゼイは一定の評価を与える。ただし中村が注意を促すのは、個人の「善き生」向上に共に関与すべきだとする立場から、国家と社会団体としての教会との相補性もリンゼイが強調していた点である。また三〇年代に入りナチズムが台頭すると、その全体主義的な性格がデモクラシーと相容れないとして、彼はヒトラーらを批判する。

その際デモクラシーは、「統治の原理」としてではなく、自由と平等の実現を多様な社会団体内で（生活様式の次元から）実践してそれを積み上げていこうとする「社会の原理」として構想されることになったが、そこでの自由と平等はあくまでキリスト教に由来するものとして理解されている。戦後になると、国教徒たちのとは異なる、非国教徒たちの精神が引き継がれているとして、リンゼイは、労働党の政策理念が英国近現代史における「もうひとつの」正統性に即するものだと説く。

要するに、中村の描くリンゼイは、単なるクリスチャンとも言うまい、非国教徒の政治思想家であり、コールリッジやバーカーら「リベラル・アングリカン」とも区別される存在なのである。

さて、周知の通り、パトニー討論時のクロムウェルから、議会制「民主主義の本質」にかかわるインスピレーションをリンゼイは得た。つまり、徹底した討論を通じて、はじめ当事者同士さえも気付かなかった妥当性の高い意志決定を導き得る可能性を、合意を帰結すること以上に重んじる、デモクラシーのあり方である（中村はそこに熟議のモーメントを見出そうとしているが、私にはむしろ、闘技のそれに引きつけて解釈する方がよいのではないかと思う）。こうした理解については、民主主義理論としての更なる検討が加えられるべきであろう。しかし、私自身は本書を通して、リンゼイその人に見られる、非国教的なキリスト教なるものの理解それ自体に、強い興味を覚えた。

ブリテン島北部で長らくエスタブリッシュメントの地位にあった長老派教会において、教会員自治の契機が弱まっている、との批判から分離独立したスコットランド自由教会。そこに会員籍を有することが、リンゼイの宗教的出自であった。そして中村は彼を、この自由教会が構成員たちに積ませてきた歴史的経験によって、非国教徒として自発的結社を形成・維持することの意義と、その政治思想的な含意とを自覚した人物として位置づける。

だが、ここで気になるのは、近代のキリスト教を比較的素朴な仕方で理解し、それにもとづいて非国教徒とそのあるべき（政治）生活をリンゼイが想定していたのではないか、という点である。たとえば、牧師招聘における各個教会の自治とその際に示される教会員の意志を過度に重視したためか、ピラミッド型の階層秩序に教会会議を（それぞれ全国規模・地方規模・各個教会規模で）配置することによって、国家に比するともいえる組織の強化を図ってきた長老派の歴史的経験とそれに対する評価が、リンゼイの教会観にはあまりうかがえないのである。

なるほど、教会員ひとりひとりの自主性を重視する宗教的な自発的結社であれば、巨大化した主権国家とのコントラストを描きやすくはなるであろう。しかし、そこからは、個人としてのキリスト教徒の政治的抵抗は述べることはできても、国家に対峙し続けてこれを牽制する宗教団体のあり方は物語りにくい。

既存の社会秩序に支配的な価値を相対化できる「精神的拠点」の必要性を、中村は本書の最後で訴えている。しかし、そうした拠点の形成という課題が個人に丸投げされて終わるのでないならば、私たちには、敬虔なリンゼイのキリスト教理解それ自体を批判的に吟味する必要がありそうである。

◆書評

ルソー型デモクラシーの可能性

●――川出良枝

鳴子博子『ルソーの政治経済学――その現代的可能性』(晃洋書房、二〇二三年)

本書は、ジャン゠ジャック・ルソーが描き出したあるべき国家像(アソシエーションとしての国家)を明快に打ち出し、現代の読者にその意義と可能性を問いかける著作である。著者の長年にわたるルソー研究の現時点での集大成と述べて良い。

日本においてルソー研究は相変わらず活況を呈している。ルソーを出身地ジュネーブの歴史的文脈におきなおしたり、その語り口の虚構性に注目したり、自然科学に属する類の著作を分析の対象としたりと賑やかである。ルソーの政治理論への関心も負けず劣らず盛んで、若い世代の台頭も著しい。その一人である西川純子による本書の書評(『社会思想史研究』四八号、二〇二四年)は、斬新なルソー論(『統治のエコノミー――一般意志を防衛するルソー』勁草書房、二〇二二年)の著者ならではの本格的論評である。

こうした近年の研究動向の中にあって、本書はあくまでもルソーの代表的な政治論(『社会契約論』『人間不平等起源論』『ポーランド統治論』など)の内在的な解釈に専念する。ルソーの政治思想の主要論点(自然人、一般意思、社会契約、直接民主主義、市民宗教、アソシエーション)を網羅しており、その点においても著者のルソー研究の集大成の名に値する。ルソーの思想を十八世紀の歴史的文脈に位置づけるというよりは、その思想の後世における受容の過程に注目し、その延長線上で現代の読者にとってのアクチュアリティを強調する。過去と現代の間の自由な往来も本書の魅力の一つである。ルソーをフランス革命期の諸議論(ロベスピエールのジャコバン独裁やル・シャプリエ法による同業組合の弾圧)と照らし合わせ、革命がルソーの何を受け継ぎ、どこを歪曲したかの腑分けが試みられる(第三章、第四章)。日本社会が抱える問題への問題意識も鮮明で、巻町の住民投票から(第五章)選択的夫婦別姓をめぐる議論まで(コラム五)、ルソーの議論に立ち返りつつ、縦横無尽に論を進める。イギリスのEU離脱をきっかけに、ポーランドにおける「自由拒否権」を条件付きで擁護したルソーの真意を問い直す第八章なども著者の発想のユニークさを際立たせる。

本書は既発表の単著(『ルソーにおける正義と歴史―ユートピアなき永久民主主義革命論』(中央大学出版部、二〇〇一年)『ルソーと現代政治―正義・民意・ジェンダー・権力』(ヒルトップ出版、二〇一二年)の論考を再録し、その後刊行した論文、書評、エッセイなどを加え、新たに一つの作品として彫琢したものである。学術的成果を専門家のみならず、一般の読者にも届けたいという著者の並々ならぬ意欲が再編集の作業を貫いている。

その結果、読者は組み合わせの妙を大いに楽しむことができる。その典型例が第四章の本論とコラム四の組み合わせである。第四章の本論では、ル・シャプリエ法について、それがルソーの中間団体批判を隠れ蓑としたものにすぎず、経済的自由主義を貫徹するための法律、貧者の犠牲の上に「富者の正義・利益を自由に追求する」（九四頁）ための法律であるとされる（ただし、この断定にはもう少し丁寧な裏付けが必要であろう）。他方、ルソーにとって自由と平等は両立し得るもので、彼は持続可能な自由の存立条件は人々の平等であると信じていた。この重要な指摘は、コラム四によって別の角度から補強される。このコラムはランゲの『市民法理論』の邦訳への書評である。ランゲは、一人の主人に抑圧されるにすぎない奴隷は、窮乏という最も恐ろしい主人に隷属する日雇い労働者よりましであるとして、専制政治を擁護する。コラムの最後で、経済的不平等への批判をいわば隠れ蓑にして政治的隷従を肯定したランゲと、自由と平等をともに目指す道を選んだルソーとが対比される。鮮やかな幕切れである。

本書の中核的なメッセージは、ルソー型デモクラシーと呼びうるモデルの提示である。立法過程に直接参加するすべての市民にとって、「十分な情報をもち、しかも市民同士は決して相談しない」という点が重要になってくる（五二頁）。ガットマンのような熟議デモクラシーの唱道者にとっては、熟議に冷淡な『社会契約論』は克服すべきデモクラシーの集計モデルである。だが、著者は討議による意思形成にひそむ危険に鋭敏である。ルソーが討議に冷淡な理由は、平等で独立した個人の意見表明によってしか、公共の利益を追求する共同意志（一般意志）は発見できないと考えているからである。ただし、徒党の形成につながる他者との意見交換は禁じても、熟慮した上で選択するという契機は大切にする。こうしたルソー型デモクラシーの可能性について、建設的な論争が展開することが望まれる。

第七章以下の諸論考の中には、書評者の関心（拙著『平和の追求―18世紀フランスのコスモポリタニズム』（東京大学出版会、二〇二三年）第五章を参照）と切り結ぶ論点が含まれるため、最後にそれらについて論評しておきたい。著者はまず堕落した国家における戦争状態を克服するためのアソシエーション（国家）の創設とルソーの祖国愛へのコミットメントが密接に連携することを示す（第七章）。そのようなパトリ（祖国）は専守防衛のみの「戦争をしない国家」となる（コラム六）。さらに、主権をもつパトリが連合を形成し、その果てに世界政府が見えてくる（第八章）。大筋においてこの解釈に異論はないが、あえて述べれば、ルソーのコスモポリタニズムに対する評価は時期や作品によって変化していることへの目配りがあってしかるべきでないか。また、サン゠ピエールの『永久平和論』との関係についての著者の解釈も知りたいところである。

もっとも、ルソーを首尾一貫した思想家として捉えるところに著者の眼目があるとみれば、こうした指摘は新鮮な刺激に満ちたルソー論に対するないものねだりとも言えよう。

◆書評

「生活事実」と社会秩序の構想

●——神谷昌史

織田健志『長谷川如是閑の政治思想——社会・生活・日本と「保守」の心性』(成文堂、二〇二四年)

ある思想家が一般的にどの程度知名度があるかということと、その思想家が専門家や思想史に関心のある人々のなかでどう評価されどのように位置づけられているかということは、必ずしも重なりはしない。本書の扱う長谷川如是閑は、誰もが知る人物ではないだろうが、日本政治思想史に関心がある者には評価が高く重視されている思想家といえるだろう。そしてそれは、如是閑自身の思想の強度や影響力などによるところはもちろんだが、彼の思想に関する研究に優れたものが多いことが大きな要因ではないだろうか。本書はそうした優れた如是閑研究の系譜にあらたな一頁を加えるものである。

本書は二〇〇九年に提出された博士学位請求論文を原型としており、出版が待望されていたものである。序章と終章に挟まれた第一章から第五章までで構成されており、おおむね時系列に沿って記述されている。コンパクトかつ丁寧に先行研究がまとめられ、「社会」・「生活」・「日本」というキーワードを手がかりに如是閑の思想を明らかにしていくことが述べられる序章に続き、第一章では如是閑の思想形成期が扱われる。現実社会への違和感を抱えた「煩悶青年」如是閑が、ジャーナリストとして立ち、「煩悶青年」である自己と決別するまでが検討されている。不安定な個に安定をもたらし、かつ個性が発揮できる秩序を探求することが彼の思想課題であった。そうした秩序の根拠を、如是閑は庶民の日常生活に求め、それを「生活事実」という言葉で表したとされる。

第二章では『我等』創刊から主著『現代国家批判』が刊行された一九二〇年前後が対象とされる。『我等』創刊期の如是閑は国民の具体的生活=社会に基礎づけられた「国家主義」を主張していた。しかしいわゆる「社会の発見」の潮流に触発され、社会を国家に優先させる傾向を強める。この段階の如是閑はアナーキズムに近かったと先行研究ではされており、実際国家を批判的に見てはいたが、アナーキズムと違い国家を否定的には捉えていなかったと著者は指摘している。むしろ社会の中に国家をどう位置づけるかという課題に対峙していたというのである。

二〇年代前半の如是閑は国家中心の秩序に代わり、人々の具体的生活=社会に新たな秩序の可能性を見いだそうとしていた。その際の枠組が社会有機体論であったが、二〇年代後半に至り大きな転換が起こる。彼が理想とした個と共同性が調和した世界はすでに失われてしまった。そこで如是閑は「行動」概念を導入し、個々人の行動の相互関係から秩序が生み出されるとした。しかしその秩序はつくり出されては消えていくはかないものであり「ニヒリズムと紙一重」だったとされる。

以上を描いた第三章に続く第四章は本書の白眉といえる。人々の日常生活に基礎を置く社会秩序を追い求めた如是閑の「生活事実」は批判原理としては鋭かったが、秩序を構想する原理としてはつかみどころがなく、ニヒリズムに陥る恐れがあった。しかも彼は生活事実を定義することも詳述することもなかった。著者は難題である「生活原理」を取り扱うためにナショナリティ論を手がかりとする。二〇年代のナショナリティ論は「生活事実」の観点から構築され「文化接触」と「階級対立」の論理を基軸としていた。三〇年代半ばになり「国民的性格」が論じられるようになると「階級対立」の視点は見られなくなる。従来このことは「転向」として論じられてきた。しかし著者はこれを「転向」ではなく「「生活事実」の問い直しの延長線上で現われた現象と」見るべきと主張している。この第四章をどうみるかが本書の評価を決定すると思われる

戦後の如是閑を扱う第五章は、河上徹太郎や中野重治を補助線としつつ、日本の伝統やナショナリティといった「特殊」から普遍的秩序を構想しようとした如是閑の試みが検討され、本書は閉じられる。

本書を特徴づけているのは、長谷川如是閑の先行研究を詳細に踏まえ、それらが指摘してきた要点を読み替えて、如是閑思想の新たな全体像をうち立てようとしている点である。著者自身、本書について、飯田泰三と池田元とが提示した「如是閑像を何とか乗り越えようと苦闘した産物」と述べている。これは先行研究に対する単なる儀礼的な謝辞ではなく、それらを最大限踏まえて活用しつつ、文字通り「乗り越えようと」していることの言明である。とりわけ飯田泰三、平石直昭、山領健二の諸研究が強く意識されている。先行研究を丹念に読み込み正当に位置づけた上で新たな思想像を提示しようとすることは珍しいことではなくむしろ正攻法だが、それが着実に行われている例は必ずしも多くはない。本書はかなりそれに成功している。

また如是閑の思想世界に「「保守」の心性」を見出し、それを位置づけようと試みている点も重要である。ただしこの点については終章で手短に説明されており、詳論されていないことが悔やまれる。如是閑の「「型」の問題」や「文明の作法」論については別に論じたいとされており、それとともに如是閑の保守主義についてさらに深められることを期待したい。

◆書評

南原繁研究における新たな出発点

●――苅部　直

川口雄一『南原繁「戦争」経験の政治学』（北海道大学出版会、二〇二四年）

著者、川口雄一の長年にわたる南原繁研究が、一冊の本にまとまった。本誌『政治思想研究』や『思想』誌上で発表してきた論文をもとにしているが、原論文に改訂を加え、周到にまとめ直している。一つの長篇という形で、南原の政治哲学の全体像を独自の視点から体系的に提示した意義は大きい。

本書の第二章で川口は、従来の研究がしばしば、南原の思想について、昭和期の戦争の戦前・戦中・戦後を通じた「一貫性」を前提としてきたことを批判している（八六～八七頁）。たとえば主著『国家と宗教』の第三章「カントにおける世界秩序の理念」は、世界平和をめぐる南原の提言の底にある原理を示す論考としてよく注目されるが、この章は一九二七（昭和二）年に発表した論文を原型とする。そして一九四二（昭和十七）年、『国家と宗教』に再録されるにあたって改訂が加えられ、さらに戦後、一九五八（昭和三十三）年の『国家と宗教』新版で再び改訂されている。つまり、戦前・戦中・戦後の三つの版が存在するのであった。

カント論の改訂は、評者自身のものも含め、先行研究がすでに言及してきた点ではある。だが、その変化の背後にあるはずの、同時代の状況を見すえながら、南原がみずからの思想体系を練り直し、深化させていった過程については、十分な検討がなされなかった。その一つの原因は、南原の政治思想を体系的に語る著書『政治哲学序説』（一九七三年）の成立過程が明らかでなかったことである。一九二八（昭和三）年度から四年度にわたって、東京帝国大学法学部で行った「政治学」（政治原論）講義を元にした一冊であるが、本にまとめられたときには、講義終了からすでに四十年以上たっている。そのため、戦前・戦中期の論文を読みとく場合にも、その背景にある南原の思想と結びつけて解釈しようとすると、後年の『政治哲学序説』を参照するほかに手段がなかった。戦前から戦後にわたる「一貫性」を前提とせざるをえない事情もあったとは言える。

この難問について川口は、文献を博捜し、「政治学」講義の講義プリント（学生の聴講ノートを元にして専門業者が作成・販売した冊子。東大法学部では一九八〇年代まで「講義録」の名称で存在していた）を複数年度にわたって収集し、詳しく検討することを通じて、突破口を切りひらいた。その結果として、国際秩序をめぐる構想や、独自の福祉国家構想としての「理想主義的社会主義」「国民社会主義」「共同体社会主義」の概念について、その変化の過程が明らかになったのである。川口の言う「「戦争」の時代」に、時代状況に対する批判を背景としながら学究生活に専念し、政治思想研究の諸論文を書いていたことが、戦後における政治思想家としての活躍を可能にした。そうした経緯が、本書によって初めて詳細に明らかにされている。南原の政治思想をめぐる研究史に、画期をもたらす仕事であることはまちがいない。

また、本書の第一章と第三章、とりわけ後者における叙述を通じて、南原の政治哲学と「大学の自治」をめぐる議論とが、強く結びついていることが明らかになった。ヨハン・ゴットリープ・フィヒテの政治哲学の研究を南原がライフワークとし、『ドイツ国民への講話』などの作品で述べられる「国民共同体」の理想を、みずからの政治構想の中心にすえていたことは、すでによく知られている。その「国民共同体」は、「個々人相互の「教育」による「自由」の追求」(一〇一頁)の場であると南原は解した。それは各人の「人間性」の発展をめざす教育である。「ここでの自己と他者とは、たんなる相互依存の関係ではない。人間関係に働く「教育」は理性的なものだからである。未熟ながらも自立を志向する理性的存在者としての個々人が想定されている」(一三八頁)と川口は説明している。

そして、一九三八(昭和十三)年に南原は『帝国大学新聞』紙上で、当時の荒木貞夫文部大臣の大学政策を批判し、「学問の自由」と「大学の自治」を主張した(一五三頁)。この「大学の自治」もまた、「国民共同体」を強く支えるものとして構想されていたと川口は位置づけているようである(一七四〜一七五頁)。それは一面で、大正時代における新カント派哲学の受容が、非政治的な方面にしか向かわなかった限界をのりこえる試みだった。カント哲学を基盤にした政治哲学を確立し、その精神態度を大学において育てあげ、一部のエリートにとどまらず「国民」全体の「教養」(一七五頁)にとりくむこと。その営みを支えるものとして、「大学の自治」は、南原の政治構想にとって重要な意味をもつものだった。戦後の東京大学総長としての活躍とその政治哲学との関連が、説得力をもって明らかにされている。

なお、南原の戦後天皇論について、南原が大日本帝国憲法の規定する天皇の大権を「可及的にこれを制限」するべきだと説いたこと、また天皇を現人神でなく一人格としてとらえたことを、川口は強調する(一六一、二〇三頁)。だが、一九四六(昭和二十一)年八月、貴族院本会議での憲法改正案審議における南原の質問演説には、国家機関としての天皇の行為には「単に儀礼的でなく、まさに政治に関する国務たるの名分と形式を具えなければならぬ」という言葉が見える(一六一頁)。日本国憲法に規定された儀礼的・形式的な国事行為だけでなく、たとえば議会において与野党間の交渉が行き詰まったときの調整権など、独自の政治的権限を天皇にもたせるべきだ。南原はそう考えていたように思うのだが、どうだろうか。

もちろん、これは些細な補足である。南原研究に関して、また昭和期の政治思想史をめぐる研究において、今後の出発点となるべき重要な業績として、本書は位置づけられる。そのことはまったく確かである。

◆書評

「突破」と「保守」の間
——橋川文三の思想的軌跡

●——趙　星銀

須藤健一『橋川文三の政治思想——三島由紀夫・丸山眞男・柳田国男との思想的交錯』（慶應義塾大学出版会、二〇二四年）

　思想史家・評論家の橋川文三（一九二二―一九八三）は、代表作『日本浪曼派批判序説』（一九六〇年）の中で、戦時下の青年たちが日本ロマン派に魅了された理由について次のように述べている。「私たちの感じ取った日本ロマン派は、まさに『私たちは死なねばならぬ！』という以外のものではなかった」と。死を所与として受け入れざるを得なかった戦時下の青年たちにとって、日本ロマン派はその死を「美しいもの」に昇華させてくれた存在であった。「美しい」ものは必ずしも「正しい」ものを意味しない。しかし、「美しい」ものには確かに人間を魅了する力がある。橋川の『批判序説』は、かつて日本ロマン派に心酔した自身の経験を踏まえ、戦時下の青年たちに大きな影響を与えたその耽美的パトリオティズムを内在的に理解しようとした著作である。

　このように文学、歴史、政治学をまたぐ橋川の業績を統括的に分析し、彼の「政治思想」を正面から論じた本格的な研究書が、本書である。いままでの橋川研究と比較したとき、本書の試みは二つの点で興味深い。第一に、本書は文学批評家としての橋川ではなく、「政治」思想家としての橋川理解を試みる。そのため、たとえば文学論を分析する際にも、著者の主眼はそこに潜む橋川の「政治」に置かれている。第二に、三島由紀夫（一九二五―一九七〇）、丸山眞男（一九一四―一九六六）、柳田国男（一八七五―一九六二）といった戦後日本の知の巨人たちとの比較を通じて、橋川を同時代の思想的文脈の中に位置づけている点である。したがって、本書は狭義の橋川研究にとどまらず、戦後日本の文学、政治学、民俗学に関する思想史研究に広く貢献している。

　第一章では、橋川と三島由紀夫との対話が検討される。本書が指摘する通り、橋川はおそらく三島の最大の理解者の一人であり、だからこそ最大の批判者でもあり得たといえよう。三島の思想における「美の論理」と「政治の論理」の混同を見破り、その「突破の思想」の危うさを批判する橋川の言説は、おそらくそこに含まれる橋川自身への自警の契機を含めて、正鵠を射ている。

　続く第二章では、橋川と丸山眞男との関係、特に両者の相違点や葛藤が取り上げられる。たとえば丸山にとって日本ロマン派は、覚めた現実認識も、厳しい結果責任も欠如した「政治オンチ」に過ぎない。だが橋川が問題視するのは、そのような非政治的な言説が、なぜ同時代の青年たちに多大な政治的影響力を発揮し得たかという点である。その原因を日本における「美」の原理的優越に求める橋川は、死や美をめぐる情念の問題を政治論議の内部に取り込むことによって、独自の思想史を切り開いた。

そして第三章では、橋川の柳田国男研究が分析される。著者によれば、日本ロマン派の問題点を克服する思想を模索する過程で柳田研究に着手した橋川は、たとえば明治政府の合理主義的な地方改良運動に対して、民俗学の「帰納的」知の見地から批判を展開した柳田の保守主義を評価する。こうして「持続するものへの信愛」を骨子とする「保守の思想」を受容するようになった橋川だが、しかし晩年の西郷隆盛論や昭和維新論には依然として「突破の思想」への共感が示唆されている点を、著者は鋭く指摘する。

本書の魅力は、多角的な比較を通じて、橋川の思想的営為を戦後思想史の中に文脈化した点にあると思われる。本書が描く橋川は、三島に代表される「突破の思想」、丸山に代表される「近代の思想、理性の思想」への接近と批判を経て、柳田に代表される「保守の思想」に辿り着いたものの、最後まで「突破の思想」への共感を捨てきれず、「突破」と「保守」の間で揺れ続けた両儀的な思想家といえる。また研究の手法として、日記や書簡、未公刊の原稿類を含む豊富な資料を幅広く駆使し、個人史と社会史に適切な目配りをしている点も評価されるべきだろう。

しかし、多岐にわたる論点を提起する野心的な著作であるだけに、すべての論点について十分な検証が行われているといえるかについては疑問が残る。たとえば昭和期の超国家主義思想についての橋川の評価、つまり彼がそこから国家を超えて普遍的な人間の価値を追求するヴィジョンを見出したことについては、批判的な視座を介した慎重な検証が必要ではないか。また「絶対者への希求」や「象徴としての政治」を重視する橋川のスタンスが政治学においてどのような意義を持つかについての解明が、やや不十分ではないかという疑問が残る。

さらに欲を言えば、丸山と橋川の比較に関して、両者の共通の関心領域によりフォーカスを絞った分析が加えられていたならばどうだっただろうか。たとえば丸山が「肉体文学から肉体政治まで」（一九四九年）の中で展開した文学と政治についての議論は、橋川との比較においても興味深い論点を提供すると思われる。丸山はそこで近代の合理的政治観に潜む高度のフィクション性を指摘し、すべての社会関係を個人の目的意識的な産物として理解する「社会契約論」に触れている。これは無論、非歴史的、機械的な理論だが、だからこそ、この理論枠を通して人間を環境から徹底的に切り離して捉えることが可能になり、そこからはじめて根深い因習や歴史的慣行を断ち切る主体的な思想が生まれる。ファシズムは、そのような近代的なフィクションの意味を信じることができなくなった時代の産物であり、「血と土」の生々しい感覚に訴える思想ではないか。もし近代政治におけるフィクションの意義をこのように捉えるならば、橋川はどのように応答するだろうか。

若干の疑問点は残るものの、本書は、橋川と諸論者の有機的対話の再構築を通じて、「死」と「美」をめぐる政治思想上の難題に真摯に立ち向かう堅実な研究である。本書の成果を踏まえ、今後、橋川および橋川的な問題関心に関する研究がさらに活発化することを期待したい。

◆書評

現代的な政治状況を見通すための基礎理論の可能性

●――西山真司

田中拓道『福祉国家の基礎理論――グローバル化時代の国家のゆくえ』（岩波書店、二〇二三年）

社会における格差の拡大や、グローバルな競争圧力のもとで置き去りにされた旧中間層の存在、少子高齢化、高まる排外主義、民主主義のポピュリズム化・不安定化など、現代の政治が抱える課題は多い。本書は「福祉国家とは何か」という問いを歴史的かつ理論的に解明することを通じて、混迷する現代の政治状況に見通しをあたえようとする試みである。

著者も指摘するように、近年の福祉国家研究は社会的投資へと関心を集中させつつある。戦後のコンセンサスとしての福祉国家を支えた諸条件が軒並み崩れ、グローバル資本主義というあらたな共通項が立ち現れた現在、各国には社会的投資という政策上の収斂が生まれている。だが同時に、現実の政治が一定方向に収束する気配はない。こうしたズレの存在は、総体としての福祉国家の見直しを求めるものだと著者は考えた。しかもそうした見直し作業は、実証的・経験的な知見に裏打ちされつつ、今後の研究の方向性に示唆を与える「基礎理論」の構築を要求する。

ここで基礎理論とは、それ自体で事例やデータによって検証されるモデルのことではなく、そうした個々のモデルを統合する、より体系的かつ一般的な理論を指す。本書は、こうした基礎理論の構築に向けて、理論的な先行研究整理をおこなった後（第一章）に、福祉国家の力学を支配する三つの次元として資本主義（第二章）、国家（第三章）、社会運動（第四章）それぞれの検討を経たうえで、それらを総合するような知見を提供する、という構えになっている。

第一章においては、これまでの福祉国家研究の変遷をたどりつつ、先行研究の焦点が「構造」から「制度」を経て「アクター」へと移ってきたことが示される。とりわけ合理的選択制度論の隆盛によってアクターが偏重されるようになると、かつての福祉国家論の中核にあったはずの構造への関心が見失われてしまう。そこで本書の到達目標として、構造と制度とアクターという三つの項の相互関係を把握できるような基礎理論が目指されることになる。

第二章の主題は明確だ。資本主義はそれ自体で社会秩序を生み出すことはできず、外部にある何らかの制度（国家や社会など）によって支えられなければ長期的に存続できない。著者はスミスやマルクスなどの古典から説き起こしつつ、福祉国家の理論的基礎付けは主流派経済学の枠組み内では完結しないことを強調する。つまり、福祉国家の基礎理論には政治的なるものや規範理論が必要だということである。

それを受けて第三章では、資本主義との関係から国家の役割が検討されることになる。ここでは国家が機能的には社会経済領域の中に埋め込まれていながら、概念的にはそこから超越し、特殊な統合機能を有するという二面性が示される。資本主義は機能的に国家に依存していることは間違いないが、だからと言って国家の役割が資本主義によって構造的に規定されるわけではない。国家権力のあり方は社会集団によるヘゲモニー闘争と権力関係によって決まるからである。

第四章では、社会運動論と同時に、現在の福祉国家を取り巻く社会状況が概説される。本書における社会運動は、社会的亀裂に基づく集合行為として定義されており、それは社会構造に基盤を置いた対抗運動としての性格を持つ。グローバルな資本主義と新自由主義は「新たな社会的リスク」にさらされる人を増やし、それが社会的投資国家の出現背景として説明されることになる。

紙幅の制約もあって、以上のような内容紹介の仕方では本書の最大の特徴である緻密かつ重厚な文献整理を見せることができないのは残念である。一体どうすれば政治経済学の最新の成果に通暁しつつ、古典的な思想・理論への深い造詣と両立させることができるのか、もはや評者のような者の想像のおよぶところではない。本書は、まず間違いなく今後の福祉国家研究のスタンダードな参照点になるだろう。

そのうえで、評者からは検討すべき論点を一つ挙げておきたい。本書の到達目標は福祉国家の「基礎理論」を構築することであった。先述の通り、たしかに本書における理論的検討作業には隙がない。しかし、資本主義‐国家‐社会運動という福祉国家の主題（問題構成）に関わる三次元と、構造‐制度‐アクターという理論の部品に関する三項が終章においても何らかの具体的な像へと結実することはない。むしろ、本書は福祉国家研究が展開されるべき座標軸（しかも三次元の座標軸）を提示することに主眼があるように思われる。だが、福祉国家の基礎理論のためには、社会における国家とは何かについて、もう一歩踏み込んだ考察が要求されるのではないだろうか。

社会における福祉国家の顕著な特徴の一つは、国家が人びとの日常的な生活のあらゆるところに浸透していることだ。それは、本書ではメインの検討テーマにならなかった家族やケアやジェンダーといった問題系が如実に示すところである。人びとにとっての福祉国家のリアルは、人びとの結婚生活や子育てや介護、役所からもらうパンフレットや窓口での対応、病院での支払い、介護施設への送迎車、子どもの通う学校、給与明細に書かれた天引きの数字、そんなところにあるのかもしれない。そう考えると、福祉国家の基礎理論には、人びとの日常生活とグローバル資本主義や国家を同時に記述するための認識論や概念体系が必要になるように評者には感じられる。

◆書評

批判的政治理論の可能性に向けて

●――上野成利

成田大起『「批判」の政治理論――ハーバーマスとホネットにおける批判の方法論』(勁草書房、二〇二三年)

ユルゲン・ハーバーマスとアクセル・ホネット――言わずと知れた批判理論の現在を代表する思想家である。ハーバーマスがコミュニケーションと討議、ホネットが承認をめぐる闘争を自らの鍵概念としていることも周知の事実であろう。それでも両者ともに長きにわたって厖大な数の著作を刊行してきただけに、その思想の全体像を正確に摑むことは思いのほか難しい。

こうしたなかで本書はハーバーマスとホネットの理論の輪郭を明快な構図で描き出す。手がかりとするのは「批判の方法論」という観点である。本書によれば、ハーバーマスとホネットはともに「再構成的批判」を導きの糸としているという。平たくいえば、ある社会が抱える問題を外部の視点から断罪するのではなく、内部の当事者に納得のいくかたちで問題を炙り出し、そのうえで当事者自身が当の社会の制度や慣習を組み換えるかたちで社会の変革を目指す、そういう「批判」の構えのことである。本書はこの「再構成的批判」という視座を軸に据えることによって、二人の思想家の著作全体に一本の太い串を通そうとする。

もちろん二人の思考が完全に軌を一にするわけではない。本書によれば、ホネットが感情や倫理の問題を重視するのにたいして、批判の正当化の手続きを重視するハーバーマスの場合、感情や倫理は彼の理論にとっては二次的な位置づけにとどまる。さらにハーバーマスは、民主的な意志形成が(非西洋も含む)あらゆる近代社会で不可避的に進行すると捉え、この進歩の過程は経験的に確証されると考える一方、ホネットの場合、進歩とは承認をめぐる闘争の正しい方向を指し示す規範的な次元に属する問題とみなされる。こうした違いも押さえたうえで、本書は二人の思想をそれぞれ首尾一貫したものとして骨太に描き出す。両者の思考が見立てどおりに一貫しているかどうかは議論の余地があるにせよ、ここにはじつに見通しのよい見取り図が示されている。ここに本書の真骨頂を見て取る向きもあるだろう。

とはいえ本書の目指すところはさらにこの先にある。本書後半では、二人の方法論が現代政治理論の文脈のなかで検討の俎上に載せられる。G・A・コーエンとR・フォアストの「外在的批判」、M・ウォルツァーとR・ローティの「文脈主義的批判」、J・ロールズの「構成主義的批判」――まずはこうした一連の政治理論の方法論が、「再構成的批判」と比較検討される。それに続いてK・O・アーペルとA・アレンからハーバーマスとホネットに寄せられた批判、ハーバーマスとロールズとのあいだの論争、ホネットとN・フレイザーとのあいだの論争が取り上げられる。いずれの場合も正当化可能性と実現可能性という基準に照らして、「再構成的批判」の独自性と有意性が検証される。

こうした作業をふまえて本書は最終的に次のように確言する。「ハーバーマスとホネットの政治理論は、少なくとも他の政治理論と比較した時に、正当化可能性と実現可能性の点で優れたものであると言える」(二八〇頁)。旗幟はこのうえなく鮮明だ。思想研究がともすると当の思想の評価については正負両面を指摘して終わることも少なくないなかで、本書は二人の思想家の「再構成的批判」を躊躇うことなく擁護する。こうした思い切りのよさは本書の持ち味だといってよい。それを可能にしているのは、正当化可能性と実現可能性という二つの評価基準を設定したことであろう。もっとも本書の掲げる旗幟が鮮明であるだけに、読み手はさらなる論争のアリーナへ自ずと誘われることにもなる。

たとえば評者が気になったのは「近代」をめぐる問題である。ハーバーマスとホネットは西洋近代を範型とする進歩概念に囚われているのではないか、とアレンは指摘する。本書によれば、ハーバーマスの理論は「近代」の討議原理を非西洋社会でも受容可能とみなすものであり、そこに批判への応答が見て取れるという。一方ホネットは、より平等で多様な承認を求める方向へ進む「近代」の過程は非西洋社会でも現に生じていると捉えており、本書の見立てではこうした視座が批判への応答とみなしうるという。「近代」を西洋固有のものと捉えない点は、たしかに批判にたいする一定の応答に当たるかもしれない。しかし「近代」そのものに内在する問題が、これでは等閑視されることにならないか。

評者がもう一つ気になったのは批判の「担い手」の問題である。本書のみるところ、「再構成的批判」の強みは、社会的病理の分析・解明を行なう「理論家」、社会の内部で日常的に批判を行なう「参加者」、この両者のあいだの分裂と非対称性を克服しうる回路をそなえている点にある。しかし個々のアクターの内面における分裂——あるいは葛藤や否認や自己欺瞞など——は、どのように考えたらよいのか。二人の思想家(とりわけホネット)はこの問いについて自覚的であるように思われるが、本書はこれを深追いするのを避け、「理論家/参加者」の分裂の克服という一点に問題を収斂させているようにみえる。だが、主体の機制そのものへの問いは、「再構成的批判」にとって避けることのできない死活的な論点ではないだろうか。

この二つの論点はフランクフルト学派第一世代やM・フーコーらが直面した問いでもある。彼らの念頭にあったのは実現可能性よりも「批判」の深度であった。もとよりそれはハーバーマスとホネット自身が取り組んだ課題でもあるだろう。両者は何よりも第一世代の批判理論の逼塞を乗り越えるべく自らの思考を深化させてきた。本書でも、フーコーの系譜学やホルクハイマー/アドルノの批判理論を視野に入れつつ「批判」の方法をより深めることが、今後の課題として言及されている。右に記した論点も著者には織り込み済みであったというべきだろう。いずれにせよ本書が「批判的政治理論」の可能性を果敢に切り拓こうとした意欲作であることは間違いない。続編の刊行を期して待ちたいと思う。

二〇二四年度学会研究大会報告

◇二〇二四年度研究大会企画について

企画委員長　岡野八代（同志社大学）

◉大会開催について

二〇二四年度（第三一回）政治思想学会研究大会は、二〇二四年五月二五日、二六日の両日、国際基督教大学にて開催された。開催校のICU関係者、そして、懇親会含めすべてを取り仕切っていただいた木部尚志代表理事には心より感謝している。また、企画委員として、各シンポジウムのテーマとシンポジストの選定、連絡を引き受けていただいた、田村哲樹会員と梅森直之会員からは、大会開催のために全面的なサポートをいただいた。記して感謝の意を伝えたい。

◉大会テーマについて――政治思想とフェミニズム

本大会は、木部代表理事のイニシアティヴもあって、「政治と性／ジェンダー／セクシュアリティ」を全体テーマとした。こうしたテーマの背景には、フェミニスト政治思想・理論が格闘、あるいは摑もうとしてきた〈政治的なるもの〉に少しでも迫りたいという企画者としての思いがあった。

21世紀に入り、フェミニスト思想・理論は一言では定義できないほどに、その議論は進化・深化してきた。フェミニスト思想・理論が扱う領域は、人文・社会科学にとどまらず、広く自然科学にまでその射程は広がっている。他方でそれは、フェミニスト理論の拡散ともいえ、フェミニズム内部においても、いやむしろ、フェミニズム内部だからこそ、多くの論点において分断ともいえるほどの主張の対立が存在する。そうしたなか、本大会で是非とも議論できればと願ったのは、学問分野の前提を根本的《ラディカル》に問い直すフェミニズムのアプローチから、政治思想が伝統的に論じてきた〈政治的なるもの〉が、性／ジェンダー／セクシュアリティの構築にどのような力を与えてきたかということであった。

ラディカルに〈政治的なるもの〉を問い返すという作業は、学問としての政治思想の存在理由を問い返すことにもなり、政治思想研究者としてはアイデンティティそのものが揺らぐほどのことである。その一方で、政治思想が〈政治的なるもの〉とはなにかを常に問い返し、議論を蓄積しつつ刷新してきたことを考えれば、政治思想とフェミニスト思想・理論というのは、そのアプローチやパースペクティヴにじつはかなり強い親和性があるとわたしは考えてきた。とはいえ、〈政治的なるもの〉の探究はつねに、その構成的外部としての〈非政治性〉を遂行的に生み出さざるを得ず、とりわけ本大会のテーマに据えた性は、政治的力によって、非政治化され、自然視されてきた最たる領域のひとつでもある。こうした両義的なテーマであるため、実際のところ政治思想学会の会員だけで各シンポジウムを組むことは難しかった。その意味で、政治思想学会全体で、フェミニズムに関心がある研究者に学会への門戸をいかに拓いていくかは、今後の検討課題であろう。

以上のような本大会テーマの特徴は、大会参加者における非学会員の割合にも表れていたように思う。開催校のご尽力で、ＩＣＵの学生も多く参加していたことに加え、わたしが認識した限りでも、法哲学、倫理学といった隣接領域から多くの若手研究者が参加してくださった。これを機に政治思想にも関心を拡げてくださることを願っている。

◉国際シンポジウムについて――ケアと民主主義

二五日の午後開催された国際シンポジウムには、ミネソタ大学・ニューヨーク市立大学名誉教授のジョアン・トロント氏を招聘することができた。トロント氏は、二三年に開催されたアメリカ政治学会年次大会において、ベンジャミン・リピコット賞を授与されている。本賞は、出版後一五年以上にわたり学界に影響を与えた理論書を公刊した研究者に与えられるのだが、トロント氏が一九九三年に出版した『モラル・バウンダリー』（NY: Routledge）と、二〇一三年に出版した『ケアリング・デモクラシー』（NY: NYU Press）は共に、学会開催直前に勁草書房より翻訳が刊行されるという最高のタイミングでの来日であった。

トロント氏の講演は、ケア倫理、ケア理論の展開を大きく促進した、ベネレス・フィッシャーとの一九九〇年の共著論文でのケア定義から始められた。その定義は、「もっとも一般的な意味において、ケアは人類的な活動であり、私たちがこの世界で、できるかぎり善く生きるために、この世界を維持し、継続させ、そして修復するためになす、すべての活動を含んでいる」という非常に広くケア活動を捉えるものであり、すべての活動がケアであれば、それは定義ではないというもっともな批判を呼んだ。そうした批判についてトロント氏はこれまで、「その通り、あらゆる活動はケアである」と応えてきた。本定義は、第二波フェミニズム運動のなかで、ケアの与え手（の抑圧状況、搾取、態度・傾向性）に議論が集中していたケアへの関心を、ケア活動、実践への関心へと転換した定義である。

報告では、実践として捉えられたケアの特徴からむしろ、民主主義が生き残るためにわたしたちがいかに活動すべきかを考えるべきだと呼びかけられた。その呼びかけを、わたしは、政治思想を学ぶ者への鼓舞のように受け止めた。トロント氏の講演は、合衆国の政治状況を背景にしていたとはいえ、富と防衛への関心に政治が傾斜しているのは日本も同じである。ケア概念のもつ広大な政治的含意が、多くの会員に伝わったことを願っている。

◉各シンポジウムについて

各シンポジウムの内容は、それぞれの報告を読んでいただきたいが、二日間にわたり、政治思想学会において現代のケア論、女性たちが担った政治運動の歴史化、そして政治思想史とジェンダーといったフェミニズムの議論が活発になされたことは、画期的であった。自由論題の報告にもフェミニズム思想・理論に関する報告が例年に比べ多く、統一テーマが、フェミニズム思想・理論に果敢に取り組む若手会員を鼓舞したのであれば、主催者の一人として望外の喜びである。

【シンポジウムⅠ】

ケアと政治

司会　田村哲樹（名古屋大学）

シンポジウムⅠのテーマは、「ケアと政治」であった。統一テーマの「政治と性／ジェンダー／セクシュアリティ」に鑑みて、近年何度目かの注目を浴びている「ケア」をテーマとしたシンポジウムを企画することは不可欠と思われたからである。

報告は、グローバルな正義論を専門とする山田祥子会員（東北大学）と、フェミニズム・ジェンダー論の研究動向に詳しく、政治学・政治思想研究との接点も有している田中東子氏（非会員・東京大学）にお願いした。討論は、多文化主義研究を中心としつつ、フェミニズム・ジェンダー論にも造詣が深い石川涼子会員（立命館大学）にお願いした。

まず、山田会員からは、「ケアとグローバルな正義――ケア実践で結ばれた諸関係の民主化に向けて」と題した報告が行われた。山田報告の関心は、ケアの問題が一国内にとどまらない問題になっている状況に対して、グローバルな正義論はどのように対応できるか、というものである。

報告は、次のように展開された。まず、国境を超えるケアの問題を、「グローバルなケアの連鎖」（ホックシールド）として理解することが述べられた。次に、このグローバルなケアの連鎖に対する規範的な評価が試みられた。ケアの有償労働あるいは無償労働によって世界中の人々が結びついていることは、経験的な問題である。それへの規範的な評価が、政治哲学の課題である。この問題に対しては、ケアを担う女性たちの「自発的な選択」である限り問題はない、との見解もある。しかし、この見解には、①グローバルな経済構造の不平等性と、②女性がこうしたケア労働の主たる担い手だというジェンダー的な不正義の問題を等閑視してしまう点で問題がある。とりわけ山田会員は、②のジェンダー的な不正義の問題の重要性を主張する。すなわち、母親が外国にケア労働者として移住することで、その子どもとの親密な関係性が脅かされたり家族関係が悪化したりする可能性があること、および、男性（父親）のケア参画の不十分性という問題があることが、正当に注目されなければならない。他方で、山田会員は、移住ケア労働者たちを、この種の不正義の犠牲者として、脆弱で無力な存在として捉えることにも異議を唱える。彼女たちは、行為主体性（エージェンシー）を有する存在として理解されるべきなのである。

以上の考察に基づいて、山田会員は、グローバルなケアの連鎖として現実に存在しているケアの実践やそれに伴う関係性を、より不正ではない形に変えていくことが必要であり、そのためには民主主義的なメカニズムが必要であると主張する。そのいくつかの方向性として、①国内レベルでは、移住ケア労働者の政治的エンパワーメントの必要性、②国家間レベルでは、送り出し国と受け入れ国との間でのケアの責任に関する公的議論の必要性、③トランスナショナルなレベルでは、ケア労働に関する規範を変化させる民主的運動の重要性が述べられた。

次に、田中氏からは、「ケアとテクノロジー」と題して報告が行われた。冒頭で、かつて政治学で「フェミニズム」の研究を続けることが難しかった状況からの一定の変化が述べられた。その後に、「ケアの不足」がテクノロジーによって代替／補完されるようになっている現状をどのように考えるべきかという問題提起がなされた。

報告では、まず「ケアの不足」が生じた原因とそれへの対応策としてテクノロジーが浮上していることが述べられた。女性の労働参加（公的領域への進出）の増大とともに、フェミニズム思想の発展に伴って女性たちがケア労働を忌避する傾向が強まったために、「ケアの不足」が生じている。これへの対策として、ケアに関する商品開発とテクノロジー化が進んだ。次に、その評価が試みられた。田中氏は、ケアのテクノロジー化において、一見したところでは分割可能で誰にでも学習可能な「スキル」に置き換えられたはずの「ケア」がもたらす問題として、次の三点を指摘する。第一に、ケアに関連するアプリや機器が開発されても、それらを用いてケアを行う女性（主婦）の役割はなくなっていない（または、むしろ強化されている）。第二に、ケアに関する新たなテクノロジーは、「女性化」されている。つまり、それは、新たな「ママ」として男性優位の社会を支えることになる。第三に、そもそもケアは、人間的な関係性に関わっており、身体的要素と感情的要素が組み合わさった活動であるため、それをテクノロジーによって完全に代替することはできない。以上の考察を踏まえるならば、テクノロジー化を「ケアの不足」に対する解決策と見なすことはできない。テクノロジーはケアを補完するかもしれないが、なおもジェンダー化されている上に、「ケアの不足」を根本的に解決するものではない、そこで最後に田中氏は、ケアのテクノロジーに組み込まれたジェンダー規範の変更と、テクノロジー支配に陥らないための市民の声の政治への反映のための民主主義の重要性を主張して、報告を締めくくった。

討論者の石川会員からは、まさに「ケアと政治」に直接に関わるコメントと質問がなされた。まず石川会員は、二つの報告が共に「ケア労働」に注目していることから、ケア労働は結局のところ「足枷」なのだろうかという問題を提起した。その上で、石川会員は、報告者への個別的な質問とともに、政治・民主主義によって目指されるのは、ケア労働が男女間で公正に配分され誰もがケアを担う社会なのかどうかという問題、そして、公正な配分だとして、そこにこれまでケアを担ってこなかった人々をどのようにして取り込んでいくことができるのかという問題を提起した。前者は、ケアをめぐるジェンダー平等とは何かという問題に関わっており、後者はケアをめぐる政治とはどのようなものかという問題に関わっている。その意味で、この問題提起は、「ケアと政治」をテーマとした本シンポジウムにおいて重要なものであった。その後は、両報告者からのリプライと共に、会場からも活発に質問がなされ、「ケアと政治」というテーマの今後の発展を期待させるようなシンポジウムになったと思われる。

【シンポジウムⅡ】

政治運動のなかのフェミニズム、フェミニズムのなかの政治運動

司会　梅森直之（早稲田大学）

フェミニズムは、つねに運動とともにあり続けてきたし、現在もそうである。解放・平等・自立をめざす願望、そのための抵抗と行動によって織りなされてきた運動を通じて、フェミニズムといわれる思想は、徐々にそのかたちをなしてきた。政治思想としてのフェミニズムを問うことは、そうした運動の歴史を辿ることと密接不可分である。シンポジウムⅡでは、「政治運動のなかのフェミニズム、フェミニズムのなかの政治運動」のタイトルのもと、日本における女性運動を具体的なケースとして取りあげることで、運動と思想との関連において露呈するジェンダーを問題化した。シーダー、チェルシー・センディ（青山学院大学・非会員）「一時的なMomentから継続的なMovementへ―日本の戦後学生運動・環境運動における再生産ケア・ワークの再検討」、黒川伊織（神戸大学・非会員）「フェミニズム以前の〈フェミニズム〉―女性革命家は女性の革命運動の歴史をどう見出したか」の二報告に続き、寺岡知紀会員（中京大学）、上野成利会員（神戸大学）によるコメントと問題提起のあと、議論を会場に開き、質疑応答をおこなった。

女性史をめぐる問題は、常に二重写しのかたちであらわれる。第一は、特定の時代を生きた女性たちが、どのように運動にコミットし、そのなかで、どのように行動し、苦悩し、それを克服しようとしたのかという事実認定の次元である。多くの歴史家が指摘してきたように、日本における女性史研究の蓄積の薄さを鑑みれば、女性を対象とする史料の発掘とその収集は、依然として女性史の深さと拡がりを増していくための重要な条件であり続けている。第二は、現在の研究者が、そうした史料をどのように収集し、それをもとにどのような歴史を語るのかというナラティヴの次元である。女性史の研究が、一定の権力関係の中で行われる抵抗としての性格を持つものである以上、それ自体が、政治的な実践にほかならない。そこでは、女性史を語ることの政治性もまた、主題化されるべき重要なテーマとなる。シンポジウムⅡのタイトルには、こうした問題の重層性をうきぼりにする意図が込められている。

シーダー氏の第一報告は、日本の学生運動において「女子」学生が果たした役割を素材に、運動におけるケア・ワークの意義を捉え直そうとするものであった。同氏はすでに、*Coed Revolution: The Female Student in the Japanese New Left* (2021)において、戦後日本の学生運動において女子学生が演じた現実と想像上の役割を主題化していたが、本報告は、その研究の途上で、社会運動におけるケア・ワークの意義が浮上してきた経緯を明らかにし、それが現在同氏が着手している環境運動の研究にどのように引き継がれているのかを論じたものであった。同氏は本報告において、これまでの社会運動史研究において、運動のリーダーたちによる華々しいアクティビズムが前景化される一方、多くの無名の活動家によって行われてきたさまざまなケア・ワーク（食

事の準備、獄中支援、通訳、史料の収集と保管など）が、「女性的な仕事」としてジェンダー化され、切り捨てられきたことの問題性を提起した。同氏は、Bernice Fisher と Joan Tronto の“Care consists of everything we do to continue, repair, and maintain ourselves so that we can live in the world as well as possible”という一文を引用しつつ、これまで周辺化されてきたこうした仕事こそが、社会運動を一時的な moment から継続的な movement へと発展させるうえで、もっとも必要なものであると主張し、社会運動史ならびに社会運動そのものに対する視座転換を迫った。

黒川氏の第二報告は、戦前の非合法時代を生きた女性革命家たちが、戦後に至って、どのように自らの運動と向き合い、そこでどのような思想を育んでいったのかを中心に議論を展開するものであった。本報告は、回想や伝記、聞き取り（報告者自身によるものも含む）に基づいて、20世紀女性革命家の歩みを通時的に再構成しようとする試みとして位置づけられる。より具体的には、日本共産党の歴史において掲げられている「ジェンダー平等」の内実、「旧左翼と新左翼」の分岐、「母の戦争責任」論争や『丹野セツ』、『田中ウタ』の刊行とその反響にみられる生活記録の可能性と限界性、運動史研究会において露呈したハウスキーパー問題の複雑さなどをめぐる豊富な事例分析を通じて、男性中心の運動世界のなかで、女性革命家がいかにして自らの立ち位置を問い直し、自らの苦難の経験をいかに若い世代に伝えていくかに悩み苦しむ過程がうきぼりにされてゆく。本報告は、旧左翼の経験を有する年長世代の女性たちが、新左翼の人びとの救援活動を担っていった事実への着目を通じて、社会運動における〈ケア〉の意味を再考する試みでもあったが、それはまた、女性たちが内面化していたジェンダーバイアスの内実を鋭く問うものでもあった。

コメンテーターの寺岡会員は、既存の運動史を語り直そうとする両報告に対し、それ自体を運動の meta-maintenance とみなす解釈を提起した。同氏は、Quentin Skinner の contextualism と、Robert Brandom の inferentialism という方法論上の対立に言及し、本シンポジウムにおける両報告の立場が、「推論を行うのは歴史家としての現在を生きている我々」であることを主張する Brandom の立場と親和性を持つものであることを指摘し、政治思想史上の方法論的論争における両報告の位置づけを明確化した。

もう一人のコメンテーターである上野会員からは、両報告で提起された諸問題が、どれほど共産主義固有の問題、すなわち前衛党＝民主集中制という思想に規定されたものであるかという問題が提起された。あわせて同氏は、両報告により提起された問題が、丸山眞男など、戦後民主主義を担った知識人の思想と、どのように切り結ぶのかの整理をおこなった上で、両報告の主題となっていた「ケア」について、それを「倫理」としてとらえる立場（岡野八代）と、「労働」すなわち「ケアワーク」とみなす立場（J・C・トロント）とに腑分けする必要性とその意味を論じた。

論争的な報告とコメントを受けて、会場を巻き込んだ活発な質疑が行われた。具体的な論点は多岐にわたるが、司会者としては、社会運動の再解釈をめぐる議論が、「ケア」へ着目することの必要性とその可能性に収斂していった点が印象的であった。

【シンポジウムⅢ】

政治思想におけるジェンダー

司会　岡野八代（同志社大学）

本シンポジウムでは、統一テーマである「政治と性／ジェンダー／セクシュアリティ」を、古代、近代、現代の政治思想・理論がいかに論じ、またいかなる問題提起を行っているかを考察することが目指された。「学会研究大会報告」でも述べたように、性と政治はあたかも相反する事象、少なくとも、異なる領域で生じる事象であるかのように政治学的には論じられてきたが、現実の政治権力の働きをみるならば、性現象は、政治的現象といってよいほどに、強い政治的磁場のなかで生じている。さらに西洋政治思想史を振り返るならば、政治的・国的動物であると定義された人間の性現象をどのように規制し、国民・市民の再生産に国家権力がいかに介入するかは、プラトンの『国家』以降、政治思想の核心にある問いでもある。

シンポジウムではこうした関心から、政治思想はいかに性現象、あるいはジェンダーを論じてきたのか、その系譜とともに、政治思想はどのような論点をもって性現象と関わってきたのかを次の三人の学会員に報告していただいた。第一報告は、アリストテレス研究を専門とする稲村一隆会員（早稲田大学）から「スーザン・オーキンの機能主義批判が表現しなかったアリストテレスの家庭内人間関係」、第二報告は、近代日本における性管理体制の研究を専門とする林葉子会員（名古屋大学）から「山川菊栄の性管理政策批判——結婚、性売買、避妊および中絶に関する制度論を中心に」、第三報告は、ウェーバー研究、そして現代フェミニスト理論を専門とする内藤葉子会員（大阪公立大学）から「〈自然〉支配のポリティックス——ケアと動物をめぐるフェミニズムの考察」を論じていただいた。

稲村会員の報告は、フェミニストによる西洋政治思想史の批判的読解の古典となった、スーザン・オーキン著『政治思想のなかの女——その西洋的伝統』(Princeton U.P., 1979) におけるアリストテレス批判を出発点に、オーキンが明らかにした西洋政治思想史に根深い家父長的偏向はそれとして認めつつ、現代的な視点からは理解しがたいアリストテレスの家族観がどのような背景から生まれているのか、またオーキンが論じていない、当時の人間関係を詳細にされた。

オーキンによれば、アリストテレスが論じた家族における男女の本性的な違いは、じつは機能主義的な人間観から生まれたもの——セックスではなく、ジェンダー——であって、男性と異なり女性を道具的な存在へと貶めた。それに対して、稲村会員は、現代でも残存する機能主義、性別分業について、アリストテレスとの対話を模索し、オーキンも同意できるような着地点を見出そうとした。「多様な人間関係の間に、倫理的要求の違いが見出されるのか」と問い続けることで、現代社会において、生物学的な決定論を排しつつ、さらに多様化した人間関係、諸個人の違いに敏感な分業の在り方や財・サーヴィスの配分といった積極的な視点を、アリストテレスからわたしたちは学べるかもしれない。

林会員の報告は、戦後の女性史研究において、社会主義者としての評価から、もっぱら女性労働問題を中心に論じられてきた山川菊栄を、山川のテキストの再読を通じて位置づけ直そうという試みである。本報告の画期は、フェミニズム理論においてステロタイプ化した、第一波、第二波という時代区分と特徴づけに対し、山川菊栄のテキスト読解から再検討する視点を提示していることである。

林報告によれば、山川の特筆すべき点は、家族制度、婚姻制度、生殖をめぐる規制、そして公娼制度や妊産婦の労働環境などのすべてを、社会構造のひとつとして捉えたからこそ、日本における性規制を女性の「奴隷」化として理解し得た点である。林報告は、こうした構造的な視点を、廃娼論のなかで培われた資本主義論や人権論、イギリスの女性解放論からの影響、有名な母性論争における主張、そして男性支配の極致として軍国主義・帝国主義を批判した山川の思想の歩みを詳らかにすることで描きだした。性と政治を語ることが女性にとっての最大のタブーであった時代に、まさにその二つをテーマとした論考を発表し続けた山川の思想こそが、女性の性的自由や自主性を奪おうとする政治に対する抵抗そのものであったのだった。

内藤会員の報告は、ケアの視点から、人間と動物だけでなく、人間と自然を峻別してきた境界線そのものを問い返そうとする現代のフェミニスト理論の所説が展開された。稲村報告でも指摘されたように、西洋政治思想の歴史上、女性はつねに自然視されてきた。第二波フェミニズム運動におけるラディカル・フェミニストのなかからエコロジカル・フェミニストが誕生するが、そこには、身体性を動物視・自然視するイデオロギーへの抵抗という共通関心が存在していた。

内藤報告によれば、エコロジカル・フェミニズムは、女性の生殖能力を含めた自然を収奪することを正当化する家父長制や資本主義を厳しく批判する。さらに、キャロル・ギリガン『もうひとつの声で』を嚆矢とするケアの倫理と出会うことで、動物や環境への関心を「ケア」という観点から論じることになるが、そこでも、ケア（責任）「対」権利という論争が巻き起こる。それに対して内藤報告は、ケアへの関心こそが政治的課題の中心を占めると訴えるトロントの議論を援用しながら、自然や動物を主題とする政治学研究がいまだ少ないことを指摘し、人間の境界を超える正義を求める政治の可能性を示唆した。

討論者である齋藤純一会員からは、各報告に対して丁寧な質問がなされた。シンポジウム全体に対しては、ケアの倫理とフェミニズムとの関係を明らかにすることを求めつつ、齋藤会員は、ケア責任を逃れる特権的な「パス」は許容しないとしても、ケア実践そのものに内在的価値を見出すことが可能かと問う。たしかに、フェミニズムがケア責任の強要を批判してきたのであれば、各人の生き方の自由とケア責任遂行との両立をどう考えるかは、開かれた問いである。齋藤会員からの質問ほか、会場からは、各報告に内在的な質問ほか、現在の政治状況に関わる多くの質問もなされ、活発な議論が行われた。

【国際シンポジウム】

司会　武田宏子（名古屋大学大学院）

「政治と性／ジェンダー／セクシュアリティ」が統一テーマであった２０２４年度研究大会の国際シンポジウムは、ミネソタ大学およびニューヨーク市立大学名誉教授であるジョアン・Ｃ・トロント教授を基調講演者としてお招きして開催した。「ケアの倫理」概念の導入を通じてデモクラシー論を刷新しようと試みるトロント名誉教授の研究は、２０２３年にアメリカ政治学会のBenjamin E. Lippincott賞（初版以来15年以上が経過したが、依然としてその重要性が認められる著作を出版した政治学者に贈られる賞）を受賞したことが示すように、新型コロナパンデミックを経た現在、国際的にますます高く評価されるようになっている。日本では、『ケアをするのは誰か？――新しい民主主義の形へ』（白澤社、２０２０年）の出版を通じて、トロント名誉教授の議論は広く知られるようになったが、今回の国際シンポジウムの直前には、主著である『モラル・バウンダリー――ケアの倫理と政治学』と『ケアリング・デモクラシー――市民、平等、正義』の翻訳が、本学会会員の尽力で揃って勁草書房から出版され、非常にタイムリーな開催となった。

‘Caring is an Activity, Democracy is an Activity: Beyond Capitalism and Protection’と題された基調講演の主題は、ケアリング・デモクラシーを現在、世界に蔓延するデモクラシーへの攻撃に対抗するための方策として提示することであった。トロント名誉教授によれば、ケアリング・デモクラシーは、ケアの倫理に基づいてデモクラシーを再編するだけではなく、ケア実践を民主化する方向で私たち自身が行為する（act）ことを通じて実現される。したがって、ケアリング・デモクラシーを構想する際には、具体的にどうやってケアを実践することがケアリング・デモクラシーの実現に結実するのかを見極めなければならない。そこで、トロント名誉教授は、現代社会で広く観察される「悪いケア」（bad care）である「権威主義的ケア」を取り上げて精査し、これを乗り越えるべき事例として私たち自身のケアについての理解や実践の仕方を見直す際の手がかりとするように誘う。

「悪いケア」の具体例として、基調講演では、現代的状況を考える際には特に重要であるとの理由から、「富のケア」（wealth-care）と「保護的なケア」（protective-care）の２形態に焦点が当てられた。「富のケア」は家父長制を通じて受け継がれていく富の創出と拡大を中心的な社会的価値として位置づけるが、これにより数多くの裕福ではない人びとが経済的により脆弱な状況に追いやられることが覆い隠される。これに対して、「保護的なケア」では、アイリス・マリオン・ヤングが議論したように、保護する者と保護される者の間に階層的な権力関係を作り出すことで、保護される者を受動的行為者として位置づけるだけではなく、保護の対象から外される者の排除を通じて、ケアは不平等に配分される。こうした「富のケア」と「保護的なケア」は、権威主義的な強い政治リーダーを求める風潮に拍車をかける不正な（unjust）ケアの形態であるが、厄介なことに、互いに強化しあう傾向が見られる。

それでは、これらの「悪いケア」が広く観察される現状からケアリング・デモクラシーへの転換はどのように実現されるのか。トロント名誉教授が強調したのは、先にも触れたように、私たち自身が行為し、ケアの受け手であることを通じて連帯することによって、「悪いケア」の実践を特定し、より公正なケア実践に置き換えていくことである。基調講演の結論部分では、そのための一連の具体的な提案がなされた。ケア労働者を組織化し、その地位の向上を図ること。ケア実践により親和的方向で経済システムを改革すること（たとえば、富への課税や住宅ストックを確保するための住宅市場の規制など）。時間概念を再構築すること。人びとのニーズへの応答を促進する方向で政治制度を改革すること。毎日のケア実践を行う男性を増やすこと。ケアとケア資源を共有し、「コモン」化すること。そして、ケアを私たち自身／他者の行為や制度、実践を評価する際の基準とすること。このように、すぐにでも始められる試みは、多様に存在している。

以上のように、今回の基調講演は、現実世界で展開する「悪いケア」の実践を精査するに留まらず、現状のデモクラシーを改善するための処方箋を具体的に提示するものであった。こうした基調講演に対して、海外からの招聘者や非会員を含む4名が、それぞれの研究関心に基づいて討論者として登壇し、コメントした。まず、『モラル・バウンダリー』の翻訳者である杉本竜也会員は、新自由主義が浸透する現代の政治社会に対する批判としてケアリング・デモクラシーを位置づけた上で、他者への関心が薄いことなど、新自由主義が強く影響するからこそ生じると予想される、ケアリング・デモクラシーの実現を阻む問題を指摘した。ふたり目の討論者であった鈴木知花会員もまた、ケア実践と（ネオ）リベラル資本主義の関係に焦点を当てて質問を構成し、ケアの受け手という観点から広範な連帯を構築することで、ケアリング・デモクラシーが資本主義を乗り越える可能性を考察することの重要性に注意を促した。これに対し、国際関係論を専門とし、国際援助についての研究を行ってきた非会員である高松香奈国際基督教大学准教授は、国際援助の現実に照らして、外交やニーズの解釈と評価をめぐる政治においてケア概念が用いられる際の問題を具体的に提起し、理論と現実の間に存在する緊張関係を浮き彫りにした。最後に、韓国政治思想学会から派遣された Donghye Kim 延世大学講師によるコメントからは、強く、武装したリーダーが提供する「悪いケア」が充満する現状からケアリング・デモクラシーへの転換の道筋を具体的に探る重要性が浮かび上がった。

今回の国際シンポジウムでは、フロアからも積極的に質問が寄せられた。若手研究者を含む多様な参加者とトロント名誉教授の間で活発な議論が行われ、ケアリング・デモクラシー論の豊かな可能性を感じさせるやりとりが交わされた。

〔自由論題　第1会場〕

司会　中田喜万（学習院大学）

本分科会では、常瀟琳会員（筑波大学）「「感情の時代」における「人心」と「風俗」――内藤耻叟の思想を中心にして」、藤川剛司会員（東京大学大学院）「中江兆民の外交思想――『三酔人経綸問答』論」、上田悠久会員（茨城大学）「「地方自治は民主主義の学校」の思想史試論――日本における受容と展開」の三つの報告がおこなわれた。

最初の常報告は、幕末の水戸家中の苛烈な内部抗争を生きのび、明治期には歴史家・言論人として活躍した内藤耻叟の思想を主に論じ、それを通して、「理」や「智力」よりも「人心」や「風俗」、その背景にある人々の「情」「感情」こそが歴史を動かすと、明治期の思想家たちの認識が転回していく一端を示した。内藤は、耳目を集めやすい「好題目」や西洋由来の「空理論」を批判し、「実事」である「感情」こそが本質的であるとし、その「感情」の制御のため、君父への愛敬、名誉心、上流への憧れを利用することを考える。恐怖や怨恨、嫉妬などの負の感情は用いない。それにしてもその内藤が最終的に回帰するのは、江戸時代、「人情」の伊藤仁斎の儒学なのであった。福沢諭吉や三宅雪嶺なども射程に収め、幕末・明治思想史に新たな視座を提供する研究であった。

次に藤川報告は、日本の政治思想史の最重要古典の一つである、中江兆民『三酔人経綸問答』のテキスト分析を、直接にはジュール・バルニ、エミール・アコラスら近代フランスの、間接的にカントなどの、西洋近代思想の典拠にさかのぼって深めた。特に平和論（自衛権の議論を含む）の系譜や、有事における自己犠牲、理想主義と現実主義に絡みあう西洋近代への心酔と反発といった論点がとりあげられた。報告論題を「外交思想」とする所以である。三人の登場人物と著者兆民自身の関係についても考察された。日本政治思想史を学ぶ者にとって必要不可欠の研究であった。

最後に上田報告は、「地方自治は民主主義の学校」という、日本の中等教育の現場で繰り返し語られ、自明視されてきた命題の来歴を問い直した。トクヴィル、ミル、ブライスの理論の系譜、ブライスを紹介した小野塚喜平次、そして戦後改革期における旧内務官僚の林敬三、岸昌らの地方自治解説への言説史をたどり、この命題の意味変化を分析した。口頭の報告では割愛されたが準備原稿は相当の情報量で、補論として福沢諭吉のトクヴィル・ミル受容、戦前の地方自治制度におけるブライス受容の限界（蠟山政道）なども述べられた。政治思想史にとどまらず、行政学史や教育史にも論点が及ぶ、発展可能性の高い研究であった。

各報告が三〇分以内に縮約して発表された後、残り時間いっぱい会場で活発な質疑応答がなされた。

なお今回初めての試みとして、企画委員会からの指示により、二〇二三年度総会で採択された倫理綱領にもとづき、他者の人格尊重と生産的質問をうながす「自由論題報告における方針」が、毎度報告前に司会者から告知された（他の分科会も同様）。

〔自由論題　第2会場〕

司会　辻康夫（北海道大学）

第二会場では、大場優志会員（名古屋大学大学院）による「構造的不正義に取り組む政治理論に向けて：認識的分断にいかに取り組むか」、山岸大樹会員（同志社大学大学院）による「アイリス・マリオン・ヤングの思想におけるフェミニスト現象学と規範的政治理論の関係」、倉田大輔会員（早稲田大学大学院）による「依存の観点からみたコンセンサス公共的理性リベラリズムの限界」の、三つの報告が行われた。

大場会員の報告は、不正義をめぐる認識の分断を克服する関心のもとに、第一に「抑圧」と「構造的不正義」の定義をめぐる諸理論の比較・分析が行われる。その際に重視されるのが、「抑圧」や「不正義」の定義における「行為者性」および「歴史性」の高低、またその基準の「一義性」「非一義性」である。報告は、かつてのマリリン・フライの議論と対比して、アイリス・ヤングの議論を、「行為者性」の低さ、「歴史性」の低さ、「非一義性」として特徴づけるとともに、これらの点について、ヌーティやマッキオンの議論との異同を分析する。あわせて、分断の認識的次元に焦点をあてる分析の重要性が指摘される。

山岸会員の報告は、アイリス・ヤングの思想において、「フェミニスト現象学」が「規範的政治理論」に接続する事情を解明する。ヤングはメルロ＝ポンティの「生きられた身体」やボーヴォワールの「女性の経験」の観念を参照しつつ、社会の規範によって身体に定着した振る舞いや感覚を女性性と規定し、それを肯定・否定の両方の角度から検討した。ここから生まれた知見は、後の「規範的政治理論」に受け継がれる。とくに「状況づけられた知」を積み重ねることで記述の客観性を高めるという「フェミニスト現象学」の洞察がヤングの「規範的政治理論」の基礎にあり、この観点から、ヤングのコミュニケーション的民主主義の構想の諸特徴も理解しうるとされる。

倉田会員の報告は、後期ロールズの「コンセンサス公共的理性リベラリズム」が「ケアの政治理論」の批判に応答しうる可能性を検討する。「基礎構造への限定条件」と「フリースタンディング条件」を維持したまま「ケア責任の脱私事化」および「ケア責任の脱ジェンダー化」の要請に対応することの可能性と限界が検討される。このうち「ケア責任の脱私事化」は、国家によるケアの提供を、個人の相互扶助の自然的義務の国家化、ないしは、基本財の適切な配分とみなすことで対応しうる。他方、「ケア責任の脱ジェンダー化」のためには、各人のケアの責任を問う必要があるため、二つの条件のもとでは困難であるとされ、二つの条件の見直しの必要性が指摘される。

三つの報告のテーマは相互に関連する点が多く、また、大会の統一テーマにも密接に関係していたこともあり、会場から多くの質問・コメントがよせられ、充実した会合になった。報告者および参加者の皆様に感謝申し上げたい。

〔自由論題　第3会場〕

司会　安武真隆（関西大学）

本分科会では、和田昌也会員（同志社大学）「デモクラシーとユートピア――ミゲル・アバンスールの視座から」、佐久間啓会員（同志社大学大学院）「「革命的改良主義者」としてのジャン・ジョレス――修正主義論争とそれ以後における展開に着目して」、石山将仁会員（早稲田大学）「人格的自律の新たな構想――他者の背景の認知による批判的反省」の、三報告が行なわれた。

和田報告は、アバンスールの「蜂起するデモクラシー」論を理解する鍵として、彼の「ユートピア論」に着目する。報告では、ユートピアに対する当時の悪評に抗して、マルクーゼに触発されつつ、ユートピアの可能性を救出する試みが、アバンスールにおけるユートピアの概念展開の歴史的検討の中に見出される。それは、自己批判によって展開する自律的運動、別の仕方で考える試みとして特徴づけられる「新しいユートピア精神」に基づくものである。現実の政治秩序の中に身を置きつつそれを自明視せず、また一つの確かなユートピア像への到達も指向せず、絶えず様々な亀裂を走らせることを通じて解放の可能性を保持し続け、「ユートピアを複数化しようとする意志」を持つ「ユートピア的動物」の営みとして、彼のデモクラシー論が確認される。

佐久間報告は、「改良的」でも「革命的」でもあったジョレスの社会主義思想の特徴を解明すべく、目覚ましい経済成長によって「資本主義の崩壊」の見通しが揺らいだ中で、労働者の日常闘争に重きをおく改良主義的戦術の採用の是非を巡って展開されたベルンシュタインや、カウツキー、ルクセンブルグによる修正主義論争の対立構図の中に、ジョレスを位置付ける。ジョレスは、マルクス＝エンゲルスの窮乏化論や中間階級消滅論が現行の状況では妥当しないとし、資本主義社会の内部に共産主義社会の萌芽を見出そうとする。生産手段の私有化により階級対立は消滅しないが、議会制民主主義の定着の中での社会主義者の役割を再定義すべく、階級協調路線を当面推奨して広大な中間層を味方につけつつ、社会主義を目指す辛抱強い前進を志向したとする。

石山報告は、人格的自律の構想として、自らの善の構想に関する自己決定においてなされる批判的反省の規準を、「他者の背景」の認知に求める構想を提示する。まず人格的自律を道徳的自律や政治的自律と区別した上で、先行研究として、「二階の意欲モデル」や「強い実質的説明」「弱い実質的モデル」について検討し、その問題点を指摘する。その上で、これらに代わるものとして「他者の背景モデル」を提示するのである。この構想は、第一に自らの善の構想を「他者の背景」の認知によって相対化し、第二に自らの善の構想に対して一応の権威性の感覚を有することができるかどうかを吟味する、という二段階の批判的反省を経るものである。ここでの「他者の背景」とは、当該他者が持つ善の構想それ自体とその構想の形成過程を意味する。また第二段階における権威性の感覚については、自らの善の構想に向けられる潜在的な批判に対して、明確な理由が自信を持って答えられる程の強い主体は想定されていないが、むしろ日常の実践に即しているとする。

〔自由論題　第4会場〕

司会　梅田百合香（桃山学院大学）

本分科会では、近藤和貴（拓殖大学）「クセノフォンの正義論――『ポロイ』を中心として」、松尾哲也（大阪大学）「神学‐政治問題」とは何か――レオ・シュトラウスが提起する主題の意義について」、小野寺研太（日本女子大学）「ジェーン・アダムズの初期平和論――世紀転換期アメリカのフェミニズムと進化思想」の三つの報告が行われた。

近藤報告は、『ポロイ』に着目し、第一に、アテナイの帝国主義思想およびプラトン・アリストテレスらと比較検討することにより、クセノフォンの正義論の特徴を明示し、第二に、ソクラテスの議論との重なりを抽出することで、その正義論をソクラテス学派の系譜に位置づけることを試みた。報告では、ポリスの財政を主題とする『ポロイ』が実は反アテナイ帝国主義の平和主義的正義論であることが示され、プラトン・アリストテレスとは対照的に、彼の議論は外国人への寛容、商業の肯定、国際的な平和と正義を提唱するものであることが強調された。また『メモラビリア』で展開される不正の抑制および不文の法の遵守の議論はソクラテスの正義論に即したものであるという解釈が提示された。

松尾報告は、「神学‐政治問題」こそレオ・シュトラウスの研究の主題であったと位置づけ、この問題をナチ体制下のドイツの政治的危機において現れた「狂信的蒙昧主義」と「体制順応主義」に対抗する問題として探究していたという解釈を提示した。彼が西洋の伝統の二つの根源と見なし、「神学‐政治問題」の中核をなす「イェルサレムとアテナイ」という対立軸は、ともに道徳原理の代替探しという近代のリアリズムと悪しき権力者を共通の敵として闘ってきたのであり、シュトラウスは「イェルサレムとアテナイ」の間の永続的な緊張関係を冷徹に示す一方、道徳の重要性では一致するこれらの存在が体制順応主義に対抗する可能性を示唆しようとしていたことが主張された。

小野寺報告は、一九～二〇世紀の転換期にアメリカで活躍したジェーン・アダムズの『新しい平和の理想』を取り上げ、彼女の初期平和論を明らかにすることを試みた。歴史的文脈として、米西戦争と米比戦争を契機として展開した平和運動と、本書が前提としたスペンサーの進化論を検討し、アダムズの議論との類似性と差異の考察を提示した。報告では、アダムズが、スペンサーの「軍事型」と「産業型」の類型を援用し、「軍国主義」と「産業主義」というイズムに転化させ、アメリカの都市社会、とりわけ移民居住区に着目して、新しい人道主義を提起したことが示された。それは、多様で混雑した関係性を前提とする、社会的コミュニケーションを促進し、自治と非強制的協力を要求する産業主義的なものを目指すということであった。

会場では活発な討論がなされた。近藤報告には歴史学からの批判が、松尾報告にはなぜ宗教ではなく「神学」なのかという疑問が、小野寺報告にはスペンサーの類型化とアダムズのイズム化の違いの意味を問う議論などが提起され、いずれに報告に対しても、充実した討論が時間いっぱいまで展開された。

【海外研究者招聘講演】

ジョアン・C. トロント教授（ミネソタ大学、ニューヨーク市立大学名誉教授）

活動としてのケア実践とデモクラシー
——資本主義と保護を超えて——

Caring is an Activity, Democracy is an Activity: Beyond Capitalism and Protection

Joan C. Tronto

A paper prepared for presentation at the Annual Meeting of the Japanese Conference for the Study of Political Thought, ICU, Tokyo, Japan, 25 May 2024.

"There is always more reality around than we allow for; and there are always more ways to structure it than we use."

— Elizabeth Janeway (Janeway 1980, 34)

Introduction

For the past generation, a growing group of feminist thinkers have argued for thinking seriously about care, care understood not as the mind-numbing

reproductive work of daily life, but as a fundamental aspect of human life. Indeed, the broad definition that Berenice Fisher and I offered in 1990 is still widely used as a starting point:

> On the most general level, we suggest that caring be viewed as a species activity that includes everything that we do to maintain, continue, and repair our 'world' so that we can live in it as well as possible. That world includes our bodies, our selves, and our environment, all of which we seek to interweave in a complex, life-sustaining web. (Fisher and Tronto 1990, 40)

But in a world that is basically unjust, if we simply accommodate care to our existing intellectual and political frameworks — to adapt the phrase of Charlotte Bunch, if we simply "add care and stir"— we miss the possibilities for the profound global changes that we currently need if we are ever to pursue the equal value and dignity of all people, and treat the planet with respect.

This paper is a plea for humans to realize that the current widespread attacks on democracy require a drastic solution: they require that we *act*. But the kind of action now required is not simply more of the same forms of interest- and identity- based "political participation" that has characterized modern politics. The old order needs to change drastically: we need a new way to think and to act about ourselves, our relations with others, and the planet. I shall try to convince you that democracy, in order to survive, needs to become more attuned to caring, and caring has to become more thoroughly democratic.

An authoritarian recipe for care

Suppose that we are a band of authoritarian masterminds who want to take over the world, or at least a country. How shall we proceed? One of the things that the radical right has been very good at doing is taking ideas from the left — what are genuinely interested in people — and using them against the left to make certain that "the people" (or at least enough of them) are taken in by their appeals to allow them to gain power.

The chilling thought that animates this paper, then, is this one: How do contemporary care practices and ideas allow right-wing authoritarians (and most authoritarians are on the political right (Silver and Fetterolf 2024)) to claim that they are the political leaders who are best able to care?

Let us think as authoritarians, then:
What will not work for our cabal is to admit that we are elitists, supremacists, people who think of most people (and entirely of some groups of people) as unworthy of kindness, consideration, respect, and basic dignity. If our right wingers voice overt racism, sexism, homophobia, then it may not play well with the people who, until now, have been trained to take ideals of equality seriously. No, instead, (and this is my worst nightmare, having devoted my life's work to thinking about care), what will make our appeal irresistible is a claim that we, and only we, can care for the people. But since people are patently capable of, and do, care for themselves and the others around them every day, how must we bend people's understanding of care to make such a case? Sadly, given the state of the current world, such a conjuring act will not be difficult. We will do what strong men have always done: convince people that they have no alternative but to support us (even if it means that they will feed our greed), and, in return, we will protect them from their worst fears and enemies.

I wish my flight of fancy were only that, but indeed, it seems clear that what right wing authoritarians have been peddling is what I have described here: a kind of care that nods in the direction of understanding economic dislocation but offers instead a solution that is a kind of protection based on resentment, fear of others, and group identity. (1)

For several years, I have been thinking a lot about bad forms of care. In the past, I've been content to condemn these bad forms of care as forms of injustice. They are that, I still believe, and if we mean by "injustice" a violation of norms of equality and fairness, this remains so. But I now realize that not only are these forms of bad care types of injustice, they also make a compelling account of an alternative vision of care — let's call it strong-armed leader care. Let me suggest two dimensions of this problem (there are many more) and show how they work to make authoritarian care seem like a plausible, viable, and perhaps convincing alternative to democratic caring. Then I shall, at the end of the paper, suggest how commitments to caring democracy can overcome this worldview, if we act to stop it.

Let's Get Real About Care: Forms of Bad Care that Lend Support to Strong-Armed Leader Care

Care is everywhere but virtually nowhere is it done perfectly, or even, well. Suppose following our colleagues who study injustice to learn about justice(2), we consider bad forms of care. Once we start thinking about bad care, we discover it everywhere, too.

Let me describe now two forms of bad care that are especially important in the current authoritarian moment: wealth-care and protectionism.

Wealth-Care (3)

Although neologisms are not always welcome, I want to describe our current political economy as a system of "wealth-care" rather than as a "free market" or even by the popular term "neoliberal" because it highlights the fact that wealth-care is a set of fundamental values. Wealth-care posits that the growth of wealth is the central value, activity, and purpose of society, and that society's rewards should go to those who create and grow wealth since they are the most worthy members of society. Wealth is a system without limit. So-called socialist regimes, like China and the USSR, as well as welfare-state, liberal and neoliberal regimes, embrace wealth care. Let me point out some of features of wealth-care, as a pervasive system of values, institutions and practices.

Wealth-care depends upon passing wealth on to one's heirs, which makes it familistic, hetero- patriarchal, in a deep manner (Harrington 2016). Such concentrations of intergenerational wealth perpetuate class, racial, ethnic, and linguistic boundaries as well. Despite their false claims to the contrary, wealthy people *depend* upon the state as a source of wealth: as protection against disorder, by creating wealth through provisioning the state (think of the "military-industrial complex," the "prison-industrial complex").

In his important book, *Oligarchy*, Jeffrey Winters (2010) argued that no genuine democracies have ever existed because the wealthy have always been able to exert the power of their wealth. In oligarchic democracies, the wealthy persuade others that the preservation of their wealth is in the interests of everyone.(4) The wealthy work first to get "buy in" from others in the upper

echelons of the political economy. This "9 per cent" are increasingly skewed towards helping the wealthy preserve their wealth: the financial sector, lawyers, bankers, and other highly paid workers create an international global support system that Winters called "The Income Defense Industry" (Winters 2010). This distorts the use of society's talents towards these sectors of the economy, provides unfair advantages for their children, and perpetuates and deepens inequality (Stewart 2018).

Political leaders primarily accept a view that the task of the political order is not to serve people's needs and interests- as people themselves might understand their needs - but to "grow" the economy. And people's conceptions of their interests become equally narrowed and citizens become unable to think of themselves as possessing larger interests or responsibilities. Insofar as economic achievement becomes the measure of everything, people come to think of themselves only as producers/workers and consumers and lose their capacity to think of themselves as *citizens* who may have larger responsibilities. (5)

Contemporary financialized capitalism (6) means that even work will no longer serve as a basis for economic well-being, especially when the vicissitudes of finance require greater "flexibility" from workers. Indeed, much of the discontent with current economic life voiced by people has to do with the precarity of earning an income, the constantly changing expectations of work and work hours, and the absence of any assurance that working hard will guarantee that one has a secure, reliable, and adequate income into the future. In the US, this economic precarity is especially serious for those without college educations, those in rural areas, and primarily for men who previously worked in manufacturing or extractive industries. (7) (8) Ironically, the wealthy then make the claim to the benefits of state benefits such as lower taxes on the grounds that they are the "job creators," cynically reflecting the idea that a "job" allows one to care for one's family; which used to be true but is now increasingly not so (Warren and Tyagi 2003).

Indeed, financialization is a vital contributing factor to another huge economic crisis now popping up in many parts of the world: the exorbitant cost of housing. As rent, and increasing values of investments in housing climb, financializing housing becomes an attractive economic investment; much housing

stock now is being vacuumed up by private equity firms and wealthy people to build their wealth (Mayer 2024). The end result is to create a new kind of precarity for younger people.

Care also participates in this economy of wealth production. It can seem as if there is a lot of care around; chronic needs are rarely discussed publicly and the dire straits of poor people, from the backyards of the wealthy in high-income countries to the slums of the world where a quarter of the world's urban population reside, little attention is paid. Some go so far as to argue that care becomes important only when it becomes a profit center, as it does in health care and the privatized portions of the welfare state (Nadasen 2022).

Again, there is nothing new about the wealthy trying to become more wealthy; even Adam Smith noted this tendency among humans. But the insight that mid-twentieth century thinkers had is the idea that wealth should be subject to *some* control, fitting in with the other ends of society (Polanyi 2001 [1944]). Psychologically, fifty years of free market fundamentalism have spread idea of individualism so thoroughly that the wealthy no longer believe that they somehow owe their position to those whose economic livelihoods they draw upon to produce wealth: the workers and consumers beneath them. They attribute their remarkable situation to their own qualities of being superior to others, never to historical advantage, and so it is too bad for those less worthy others (Coehn 2021). Any restriction proposed to their wealth is an unacceptable limit to their freedom. In these ways, wealth-care also reshapes human psychology, requiring that people "invest" in themselves, their children, their education. June Carbone and Naomi Cohen describe the decline of marriage in the US among non-college educated people in this way: marrying someone else is really only amalgating debt; better to invest in one's children than in a partner (Carbone and Cahn 2014). Along with the psychological view that life's choices are limitless, comes the view that misfortune is one's own fault, or a unfortunate coincidence, but certainly no fault of social structure. As wealth inequality comes to appear natural, the idea that there are deep social structures that can explain these patterns of class, race, and other forms of strata appear wrong. Something else must be to blame.

Given this narrowing of concern to those at the top of society, it is no

surprise, then, that wealth-care is hostile to democratic life. Why should ignorant people be given control over the lives of those who have "succeeded"? And aren't such "have not's" only interested in taking the property of the wealthy? The political power of elites and business interests is unquestionable, and laws are created to shape this power. (Gilens and Page 2014, Pistor 2019). The idea of a public, that there might be public values other than allowing individuals free range to pursue their interests (which the wealthy have marked as, in the best case, the pursuit of wealth), becomes a dangerous one.(9)

If the goal of wealth care is to preserve wealth, then forms of care aimed at helping others in the society improve or maintain their health or well-being appear as competitors for wealth. The end result is that public disinvestment in care has marked the period since the 1970s. Care is relegated, then, to two other types of institutions: to markets and to families. Market care is problematic because the logic of the market is to seek greater profits. Care is expensive on the market, it requires intensive amounts and kinds of labor. As a result, care work seems always to be underpaid and short-changed even when laws exist to protect the workers (Hayes 2017).

The end result of these changing structures of care is that while wealth is better preserved and continues to thrive, the resources for caring well — education, health, access to fresh air, culture, healthy food — for others declines. Faced with such hardships, people are likely to become more anti-egalitarian, more anti-democratic, and to focus more on preserving those who are closest to them rather than to focus on reaching out towards others. Wealth-care becomes a vicious circle. Despite decades of work that speak to care work as a public good (e.g.) (Folbre 2001), wealth-care discounts the importance of care and makes everyone practice a kind of vicious, desperate care.(10)

The global imbalance in care that will perhaps precipitate an accelerated "care drain" is another example of wealth-care at work, the care needs of the wealthy matter more than the care needs others. Recent studies have begun to demonstrate the suffering endured by caregivers who have traveled abroad to work, only to be blocked from providing adequate care for themselves and loved ones as they age.

Care is a way to meet needs. When the needs that are being met foremost

are the needs of "growth," of generating ever more wealth, predominantly for the already wealthy, the world will not become more caring because there is greater wealth. Many have begun to question the logics of unlimited growth, for the effect it has on the planet, its ongoing colonialist implications. (11)

Don't misunderstand me: wealth *is* important. The wealth produced by humans in the last several centuries have allowed us to make tremendous progress in improving the material well-being of many people in the world. But the singularity with which we pursue wealth distorts society's values and means that a very few are really well cared-for while many others suffer. In sum, wealth care is a form of bad care that by hiding its true nature and effects has devastating consequences of creating precarity for the vast unwealthy population.

At this point, people are left in a precarious and powerless situation. Their faith in public institutions has fallen and their sense of economic well-being is shaken. They can see, in their daily work lives, that it does not make much difference whether they pursue their work diligently or not, their fate is not in their control. Since they are struggling to care well in their own lives, they can't imagine that the problem is of their own making. It must be someone else who is causing the problem (but not the wealthy). They are really ready to have their fears of others stoked.

Protective-Care

Now let's turn to a second form of bad care that advances the strong-armed appeal: protective care. The logic of protection has long been criticized by feminist scholars thinking about security studies; Judith Stiehm first called it "the protection racket" (Stiehm 1982), but the argument was made forcefully by Iris Marion Young (Young 2003) after September 11, 2001. Young began with a gendered point, by noting that "good men" protect their women and families against bad men; and that the protection such weaker family members receive justifies whatever inequality is extracted as the price for such protection. But Young observed that the logic of all such forms of protection are infantilizing, as she wrote, "Through the logic of protection the state demotes members of a democracy to dependents" (Young 2003, 9). "When leaders promulgate fear and

promise to keep us safe, they conjure up childish fantasies and desires. We are vulnerable beings, and we want very much to be made safe by a being superior in power to all that might threaten us...." (21) Young concluded with the stark claim: "Democratic citizenship...means ultimately rejecting the hierarchy of protector and protected." (21)

In whose interest is it to create a hierarchy of protector and protected? Keeping a democratic population under control has historically worked by distinguishing insiders from outsiders, full from partial citizens (this term is used by (Parreñas 2001), and so forth. Those who serve as "protectors" can make special claims against those who are protected. In *Caring Democracy* (Tronto 2013) I explored the ways in which protection justified unequal care burdens by gender, and we could add, by race, and by sexuality. [12]

Indeed, we can take this point one step further and say that the protection racket is *always, inherently*, uncaring in at least some important ways. Protecting one's own family, for example, might entail making certain that one receive more than one's share of a scarce resource: say, of good teachers. Too bad for that other family whose share has been diminished, but this constitutes good care, protection, for one's own. The creation of a class of people who are protected and those who must be protected against requires that one also create a barrier against caring well for those excluded "others." [13] From the standpoint of democratic care, where we expect that everyone receives some form of "equal" care, dangerous "others," however they are characterized, cannot have the same status in the democratic polity.

The protection racket works not by actually providing protection for the in group, but by promising that, if the protection has failed this time, "you will receive your just rewards next." There is a reason why these claims become nostalgic and seductive. But as Young suggested, they make a democratic people passive and childish.

Mutually Reinforcing Bad Care

The interesting quality of wealth-care and protective-care is that they often function together. When the wealth-care narrative seems to falter ("more wealth isn't making it easier for me to care") then the protection racket narratives

gain greater plausibility. For authoritarians, what is essential is to make certain that people not realize that there is an alternative. If people noticed that there might be another way out of the predicaments, for example, by seeking a collective solution, then the authoritarians would not be able to take advantage of the unjust power that bad care affords them. As others have argued, in such uncertain times, moral panics play well the role of dividing people and making democracy look unattractive. Wealth-care can function well with an ideology of openness to everyone (for example, you can sell a lot of tee shirts during gay pride — it produces wealth). But when the wealth-driven economy wobbles, the force of protective care wins out. For example, at such times, casting all gay people as threats, all trans people as fundamentally untrustworthy, all people of color as lesser, and inviting violence to enforce these hateful views, as happens in the USA and in places such as Hungary or Brazil, reinforces the precarity of the world and the need for protection, so the unequal care such protection offers seems to be the only legitimate resort of pacified, frightened, infantilized, citizens.

It would be difficult to convince people to surrender their attachments to the wealth - care and the protective - care narratives. After all, and this is a key point - having enough to care well for ourselves and those around us, and being able to provide safety to ourselves and those around us, are probably the most important forms of care that we can imagine. Threatening our capacity to have enough, and to provide safety, is a real threat. But the current organization of society, and its right - wing doubling - down on domination, do not solve these problems. Frightened by precarity, clinging to the hope of becoming rich, people are willing to watch concerns for care distorted to meet the needs of those who demand greater wealth and growth and those who are able to command the forces of protection. And what they receive, in return, is what Joseph Stiglitz has recently described as “freedom for wolves, death for sheep” (Stiglitz 2024, xix). To summarize my point thus far: narratives of bad care — ones that stress the necessity of caring first for wealth and build upon peoples' fears — do offer a “caring” solution. It is “care,” but it is unjust care, offered with the promise that an all-powerful strong armed authoritarian leader can somehow address these problems, which it cannot.

To summarize our point in the starkest possible terms: Uma Narayan observed nearly thirty years ago that colonialism was a discourse of care (Narayan 1995). Speaking of care is not necessarily to invoke a form of goodness or justice. Indeed, because societies always have to explain their ways to themselves, we cannot imagine a form of injustice that does not justify itself as caring.(14) If all injustices can claim, somehow to be caring, how will we know what good care looks like, and how will we achieve it?

Getting Real About Care: the Justification for Caring Democracy

Whether motivated by a concern for addressing injustice, or a concern to stop authoritarians, I hope by now I have convinced you that the current modes for caring that exist in modern (primarily western, primarily high-income) societies offer a not-very-good form of care that is inadequate for people to meet their needs, obscures the origin of their problems, and invites them to seek protection rather than change. So, let me now suggest what we might do to address this situation.

The starting point is to say: *let's act.* After all, let us not forget that care, in every one of its forms, is an activity. And democracy, well understood, is not simply a set of institutions and procedures for choosing leaders, it is also a way of being, a kind of activity. (15) While I have shown how current circumstances can be viewed as a justification for authoritarian rulers, these same current circumstances can also be taken as a justification for a status quo that puts wealth-care first and practices these other forms of injustices as well with the bromide that, "there is no alternative." (16) Moving forward requires courage and vision.

In short: 1) we need to replace wealth-care with care-for-all, recognizing that if we share in the world's resources, there is enough; 2) individuals, organizations and institutions need to deal with the responsibilities that they have in an accountable and thoughtful way; 3) we need to think about safety instead of protection so that everyone is protected, and not just those who are on top in a hierarchically ordered set of presumptions about worthiness.

But: where do we start? And how will we know what to do?

Getting Started

At the most fundamental level, we need to democratize and broaden our commitments to care. We need to reconceive our interests and identities. After all, it is in everyone's interests to be well cared for and to be able to care well for those around them. And as I have noted elsewhere, we are all care receivers throughout our lives. This more humble identity unites us all. With broader interests and an overarching *common* identity, we then need to act.

From this standpoint, it makes sense to pursue caring democracy, which has these three primary premises: First, by redefining democracy itself: democracy is a way to allocate caring responsibilities in a society in a just way; second, by reorganizing caring responsibilities so that they are more equal throughout society and no one is able to avoid participating and learning from them; and third, using democratic means to arrive at caring solutions: care is not often about equality, so citizens need to learn to practice care democratically and to ensure that all voices be incorporated into democratic care (Tronto 2013).

How do we begin to pursue these values? We can begin by building on important work to make caring more visible that is already being done throughout the world; here are a few of its forms:

First, we can support the organizing and uplift (in economic and non-economic terms) of care workers — skilled workers, unskilled workers, migrant workers, and unpaid domestic workers and carers. (17)

Second, we can take seriously and implement the many changes suggested to make economies more caring, but turning in the direction of degrowth, by taxing wealth to aid in fostering care, by changing the rewards in the labor market to favor care, by regulating the housing market so that housing becomes the fundamental purpose of housing stock, etc. (18)

Third, we can restructure *time* in modern societies so that people have time to care for themselves, those around them, distant others, and their environs and the planetary environment (Nedelsky and Malleson 2023),

Fourth, we can make political institutions more responsive to people's needs through a variety of institutional reforms and mechanisms that invite greater levels of criticism without punishment, (19)

Fifth, we can support practices aimed at including more men in everyday hands-on caring; [20]

Sixth, we can participate in and support efforts as "commoning," that is sharing care and care resources beyond the usual limits of family institutions, and "abolition" (for example, of penal institutions). [21]

Seventh, we can use care as a framework, everywhere and always, by which we evaluate our own and others' activities, institutions, and practices, for example, perhaps by creating "care impact statements" for public policy.

As Emma Willard advised long ago, "do everything" (Willard 1895). What she meant by that, to adapt it to a care perspective, is that we can see care, and ways to improve care practices, everywhere — at every level of activity, in every kind of institution. Because care is a practice, an activity, it becomes deeper the more we do it. Approaching our lives with greater care, and expecting others to do the same, can create a world in which we are all better cared for.

Conclusion

There is mounting and worrying evidence that democracy is not so firmly embraced now as in the past. I sadly think there is good reason for this shift: Democratic politics, parties, elections, parliaments, are not enacting the people's concerns with care and justice enough. They are not doing enough to cope with climate change. The disenchantment with democracy is not with a democratic ideal, but with the realities that democracy remains, in the end, limited to *some of the people* as if they were the entire demos.

This hope for caring democracy is not a story of perfection or consensus. We will not all agree on the best ways to care. But we now face a crisis about the very survival of democracy itself. The same old assurances will not work. We need to state decisively that we are living in a society where bad modes of care have come to shape our institutions and our lives. Calling out the authoritarian tendencies unleashed by current practices of "bad care" is a first step. But as we all become more adept at thinking about the world in terms of care practices, this framework allows us to address each other within the context of arriving at suitable moral judgments about becoming more

adept at caring and about caring about justice. It will create the conditions for us to develop multiple perspectives, multiple metrics, by which we think about, evaluate, and adjudge one another's engagements, both as receivers and givers, of care. (22) And all of this will thus move us closer towards a more just, democratic, and caring future.

(1) Although this is particular reading of it, I take this to be the message of (Hochschild 2016). There is a huge body of research about the causes for right-wing support, but fear of out-groups, sexism, support for hierarchy, and racism are common themes; see, inter alia (Bhambra 2017, Glick 2019, Van Assche, Dhont, and Pettigrew 2019, Wright and Esses 2018, Hochschild 2022).

(2) Consider, among others, (Ackerly 2018, Goodhart 2018).

(3) This section of the paper was previously presented, first at a conference in Santiago, Chile in August 2022 and on several occasions since. On wealth-care, see also (Tronto 2023).

(4) A subject of much writing in political science, see, e.g., (Shapiro 2002).

(5) Karl Polanyi foresaw this consequence that such a world-view makes it impossible to hold people responsible:

> "The radical illusion was fostered that there is nothing in human society that is not derived from the volition of individuals and that could not, therefore, be removed again by their volition. ...... The one derived his income 'freely' from the market, the other spent it 'freely' there. Society as a whole remained invisible. The power of the state was of no account, since the less its power, the smoother the market mechanism would function. Neither voters, nor owners, neither producers, nor consumers could be held responsible ...... Any decent individual could imagine himself free from all responsibility for acts of compulsion on the part of a state which he, personally, rejected; or for economic suffering in society from which he, personally, had not benefitted. He was 'paying his way,' was 'in nobody's debt,' and was unentangled in the evil of power and economic value. His lack of responsibility for them seemed so evident *that he denied their reality in the name of his freedom*." (Polanyi 2001, 266) [emphasis added]

(6) A useful account of financialized capital appears in Emma Dowling where she described financialization as "the pursuit of profits through rent and interest, as opposed to productive activity" (Dowling 2022, 13).

(7) Paul Krugman frequently argues that such economic dislocation based on work that is now happening among rural white men and women is similar to the dislocation that occurred when manufacturing left cities beginning in the 1970s with the same attendant economic and social costs — declines in family stability, increased drug use,

etc. (Krugman 2024) See also (Case and Deaton 2022); Case and Deaton write: "Our story is one in which the economy has increasingly come to serve some, but not all, Americans, and where a central division is between those who do and those who do not have a 4-year college degree."

(8) In response, on the left, there has been a vigorous debate about whether "work" should even be the basis of economic activity any longer; Kathi Weeks' broadsided attack on work and advocacy instead for a universal basic income (Weeks 2011, 2020) has been met by calls for re-invigorated republican forms of work (Gourevitch 2022).

(9) In her book *Democracy in Chains*, Nancy MacLean quotes Pierre LeMieux, an historian of the movement for public choice economics, "The public choice revolution rings the death knell of the political 'we'" (MacLean 2017, xix).

(10) Even if we discuss health care, the kinds of healthcare that receive the most support are the kinds that generate profits through medical devices, expensive new medications, rather than public health. As the *British Medical Journal* reported about the pandemic, "The burden of covid-19 follows extraction patterns dating from colonial times, with the worst outcomes suffered by marginalised people and poorer countries" (Bump et al. 2021). The shortages of PPEs, even the shortages of ventilators, can be tied to making health supply judgments on the basis of wealth rather than need.

(11) See, among others, (Jackson 2021, Saitō 2024 [2020]). There is a vast body of work by economists such as Herman Daly that criticize growth and the inevitability of capitalism, see for a review, inter alia, (Mair 2022)

(12) White racists, for example, are especially good at portraying people from other races as hostile, dangerous, and requiring the their "vulnerable" need protection from them. The current hysteria about trans-gendered and gay children in the USA is another indicator of a heightening of the protection racket.

(13) This point may change how we read de Beauvoir's description of "the other" at the opening of *The Second Sex*. (Beauvoir 2010).

(14) An instructive case here is ancient slavery; it could not be perceived as an injustice because it was understood as a necessity; see e.g., (Williams 1994)

(15) I cannot here fully explain the justification for this reading of democracy, but I trust that readers will understand it as coming from a tradition of democratic theorizing that includes, to some extent, Tocqueville, and clearly John Dewey and Sheldon Wolin. See, inter alia, (De Tocqueville 1961, Dewey 1993, Wolin 2008, Dewey 1927).

(16) For a critique of this view, see, inter alia, (Tronto 2017).

(17) A great deal has been written about these topics: see, inter alia, (Duffy, Albelda, and Hammonds 2013, Glenn 2010, Poo 2015)

(18) Here are some of the care manifestos that call for changing the world economic system: Oxfam: *Time to Care* (2020)
https://oxfamilibrary.openrepository.com/bitstream/handle/10546/620928/bp-time-to-

care-inequality-200120-en.pdf
UN Women: (2020) *Families in a Changing World*
https://www.unwomen.org/en/digital-library/progress-of-the-worlds-women
Austrian Scholars of Care: (2020): Clean Up Time
https://care-macht-mehr.com/clean-up-time-redesigning-care-after-corona/
Women's Budget Group, UK; Commission on a Gender Equal Economy: *Creating a Caring Economy* (2020)
https://wbg.org.uk/commission/
CEPAL, UN Women (2021)
"Hacia la construcción de Sistemas Integrales de Cuidados en América Latina y el Caribe" / "Towards the construction of Comprehensive Care Systems in Latin America and the Caribbean"
https://lac.unwomen.org/sites/default/files/Field%20Office%20Americas/Documentos/Publicaciones/2021/11/HaciaConstruccionSistemaCuidados_15Nov21-v04.pdf
The Purple Pact
https://womenlobby.org/IMG/pdf/purplepact_publication_web.pdf
Economic Justice and Rights Action Coalition, The Care Manifesto by women from Latin America, Asia, and Sub-Saharan Africa:
https://femnet.org/wp-content/uploads/2021/06/EJR-AC_CSO_Care-Manifesto.pdf
Italian feminists call for caring democracy:
https://www.ingenere.it/articoli/verso-una-democrazia-della-cura
Global Women's Strike for Peace:
https://globalwomenstrike.net/careincomenow/
Public Services International
https://publicservices.international/resources/campaigns/care-manifesto-rebuilding-the-social-organization-of-care?id=11655&lang=en
See also: (Care Collective 2020).

(19) In a longer (?!) version of this paper, I would elucidate the ways in which Albert Hirschman's framework of "exit, voice, loyalty" can help us to create more caring interactions (Hirschman 1970). It is also worth exploring the ideas of Elinor Ostrom on how non-hierarchical and informal networks of control can work (Ostrom 1998, 2009); I am indebted to Leticia Merino-Perez, UNAM for helping me to make this connection.

(20) See, e.g., the work of the organization Equimondo (https://www.equimundo.org/). A contemporary Japanese example appeared in The New York Times (Rich, Ueno, and Notoya 2024)

(21) See, among others, (Woodly et al. 2021, Zechner 2021).

(22) Another intriguing possibility is to discuss aesthetic dimensions of care; see, e.g., (Bourgault 2022, Thompson 2015)

Ackerly, Brooke A. 2018. *Just Responsibility: A Human Rights Theory of Global Justice*. New York: Oxford.

Beauvoir, Simone de. 2010. *The Second Sex*. Translated by Constance Borde and Sheila Malovany-Chevallier. New York: Alfred A. Knopf.

Bhambra, Gurminder K. 2017. "Brexit, Trump, and 'methodological whiteness': on the misrecognition of race and class." *The British journal of sociology* 68 (S1).

Bourgault, Sophie. 2022. "Jacques Rancière and Care Ethics: Four Lessons in (Feminist) Emancipation." *Philosophies* 7 (3). doi: 10.3390/philosophies7030062.

Bump, Jesse B., F. Baum, M. Sakornsin, R. Yates, and K. Hofman. 2021. "Political economy of covid-19: extractive, regressive, competitive." BMJ 372:n73. doi: 10.1136/bmj.n73.

Carbone, June, and Naomi Cahn. 2014. *Marriage Markets: How Inequality is Remaking the American Family*. New York: Oxford University Press.

Care Collective, The. 2020. *Care Manifesto: The Politics of Interdependence*. London: Verso Publishers.

Case, Anne, and Angus Deaton. 2022. "The Great Divide: Education, Despair, and Death." *Annu Rev Econom* 14:1-21. doi: 10.1146/annurev-economics-051520-015607.

De Tocqueville, Alexis. 1961. *Democracy in America*. Translated by Henry Reeve. 2 vols. New York: Vintage.

Dewey, John. 1927. *The Public and Its Problems*. Athens, OH: Swallow Press.

Dewey, John. 1993. *Political Writings*. Indianapolis: Hackett.

Dowling, Emma. 2022. *The Care Crisis: What Cased It and How Can We End It?* London: Verso.

Duffy, Mignon, Randy Albelda, and Clare Hammonds. 2013. "Counting Care Work: The Empirical and Policy Applications of Care Theory." *Social Problems* 60 (2):145-167. doi: 10.1525/sp.2013.60.2.145.

Fisher, Berenice, and Joan C. Tronto. 1990. "Toward a Feminist Theory of Caring." In *Circles of Care*, edited by Emily K. Abel and Margaret Nelson, 36-54. Albany, NY: SUNY Press.

Folbre, Nancy. 2001. *The invisible heart : economics and family values*. New York: New Press : Distributed by W.W. Norton.

Gilens, Martin, and Benjamin I. Page. 2014. "Testing Theories of American Politics: Elites, Interest Groups, and Average Citizens." *Perspectives on Politics* 12 (3):564-581. doi: 10.1017/s1537592714001595.

Glenn, Evelyn Nakano. 2010. *Forced to Care: Coercion and Caregiving in America*. Cambridge: Harvard University Press.

Glick, Peter. 2019. "Gender, sexism, and the election: did sexism help Trump more than it hurt Clinton?" *Politics, Groups, and Identities* 7 (3):713-723. doi: 10.1080/21565503.2019.1633931.

Goodhart, Michael. 2018. *Injustice: Political Theory for the Real World*. New York: Oxford.

Gourevitch, Alex. 2022. "Post-Work Socialism?" *Catalyst* 6 (2):8-48.
Harrington, Brooke. 2016. *Capital Without Borders: Wealth Managers and the One Percent.* Cambridge: Harvard University Press.
Hayes, Lydia J. B. 2017. *Stories of care: a labour of law: gender and class at work.* London: Palgrave.
Hirschman, Albert O. 1970. *Exit, Voice, and Loyalty: Responses to Decline in Firms, Organizations, and States.* Cambridge, MA: Harvard University Press.
Hochschild, Arlie. 2016. *Strangers in Their Own Land.* Brooklyn, NY: The New Press.
Hochschild, Arlie Russell. 2022. "Turbluence Ahead: A New Book Tracks the Rise of Right-Wing Extremism in the United States." *New York Times Book Review*, October 16.
Jackson, Tim. 2021. *Post Growth: Life after Capitalism.* Bristol: Polity Press.
Janeway, Elizabeth. 1980. *Powers of the Weak.* New York: Alfred Knopf.
Krugman, Paul. 2024. "The Mystery of Rural Rage." *New York Times.* https://www.nytimes.com/2024/02/26/opinion/white-rural-voters.html.
MacLean, Nancy. 2017. *Democracy in Chains: The Deep History of the Radical Right's Stealth Plan for America.* New York: Viking.
Mair, Simon. 2022. "Writing our way to sustainable economies? How academic sustainability writing engages with capitalism." *Environment and Planning A: Economy and Space.* doi: 10.1177/0308518x221114138.
Mayer, Andre. 2024. "The dirty secret of the housing crisis: Homeowners like high prices." CBC, Last Modified April 15 2024, accessed April 15. https://www.cbc.ca/news/business/housing-prices-affordability-real-estate-1.7170775?cmp=newsletter_CBC%20News%20Morning%20Brief_11428_1506197.
Nadasen, Premilla. 2022. "How Capitalism Invented the Care Economy." *The Nation*, July 16.
Narayan, Uma. 1995. "Colonialism and its others: considerations on rights and care discourses." *Hypatia* 10 (2):133-40.
Nedelsky, Jennifer, and Tom Malleson. 2023. *Part Time for All: A Care Manifesto.* New York: Oxford University Press.
Ostrom, Elinor. 1998. "A Behavioral Approach to the Rational Choice Theory of Collective Action." *American Political Science Review* 92 (1):1-22.
Ostrom, Elinor. 2009. "Prize Lecture Beyond Markets and states: Polycentric Governance of complex economic systems." Nobel Prize, accessed April 30. <https://www.nobelprize.org/prizes/economic-sciences/2009/ostrom/lecture/>.
Parreñas, Rhacel Salazar. 2001. *Servants of Globalization: Women, Migration, and Domestic Work.* Stanford, CA: Stanford University Press.
Pistor, Katharina. 2019. *The Code of Capital: How the Law Creates Wealth and Inequality.* Princeton NJ: Princeton University Press.
Polanyi, Karl. 2001 [1944]. *The Great Transformation.* Boston: Beacon Press.

Poo, Ai-Jen. 2015. *The Age of Dignity: Preparing for the Elder Boom in a Changing America.* New York: The New Press.

Rich, Motoko, Hisako Ueno, and Kiuko Notoya. 2024. "Facing Labor Shortages, Japan Moves to Advance Working Women." *New York Times*, May 8, 2024, A4.

Saitō, Kōhei. 2024 [2020]. *Slow Down: The Degrowth Manifesto.* Translated by Brian Bergstrom. New York: Astra House.

Shapiro, Ian. 2002. "Why the poor don't soak the rich." *Daedalus* 131 (1):118-129.

Silver, Laura, and Janell Fetterolf. 2024. "Who Likes Authoritarianism, and How Do They Want to Change Their Government." Pew Research Center, Last Modified February 28, 2024, accessed May 7 2024. https://www.pewresearch.org/short-reads/2024/02/28/who-likes-authoritarianism-and-how-do-they-want-to-change-their-government/.

Stewart, Matthew. 2018. "The Birth of a New American Aristocracy." *The Atlantic*, June, 48-63.

Stiehm, Judith Hicks. 1982. "The Protected, the Protector, the Defender." *Women Studies International Forum* 5 (3-4):367-76.

Stiglitz, Joseph E. 2024. *The Road to Freedom: Economics and the Good Society.* New York: W W Norton.

Thompson, James. 2015. "Towards an aesthetics of care." *Research in Drama Education: The Journal of Applied Theatre and Performance* 20 (4):430-441. doi: 10.1080/13569783.2015.1068109.

Tronto, Joan. 2017. "There is an alternative: homines curans and the limits of neoliberalism." 1 (1):43.

Tronto, Joan C. 2013. *Caring Democracy: Markets, Equality and Justice.* New York: NYU Press.

Tronto, Joan C. 2023. "Beyond Wealth-Care: Pandemic Dreams for a Just and Caring Future." In *From Crisis to Catastrophe: Care, COVID, and Pathways to Change*, edited by Mignon Duffy, Kim Price-Glenn and Amy Armenia, 11-18. New Brunswick, NJ: Rutgers University Press.

Van Assche, Jasper, Kristof Dhont, and Thomas F. Pettigrew. 2019. "The social - psychological bases of far — right support in Europe and the United States." *Journal of Community & Applied Social Psychology* 29 (5):385-401. doi: 10.1002/casp.2407.

Warren, Elizabeth, and Amelia Warren Tyagi. 2003. *The Two Income Trap: Why Middle-Class Mothers and Fathers are Going Broke.* Cambridge MA: Basic Books.

Weeks, Kathi. 2011. *The Problem with Work: Feminism, Marxism, Antiwork Politics, and Postwork Imaginaries.* Durham, NC: Duke University Press.

Weeks, Kathi. 2020. "Anti/Postwork Feminist Politics and A Case for Basic Income." *TripleC.*:575-594. doi: 10.31269/triplec.v18i2.1174.

Willard, Emma. 1895. Do Everything: A Handbook for the World's White Ribboners. In *Harvard University Library Open Collections Program*, edited by Womens Christian Temperance Union. Cambridge MA: Harvard University.

Williams, Bernard. 1994. *Shame and Necessity*. Berkeley: University of California Press.
Winters, Jeffrey A. 2010. *Oligarchy*. New York: Cambridge University Press.
Wolin, Sheldon S. 2008. *Democracy Inc.: Managed Democracy and the Specter of Inverted Totalitarianism*. Princeton: Princeton University Press.
Woodly, Deva, Rachel H. Brown, Mara Marin, Shatema Threadcraft, Christopher Paul Harris, Jasmine Syedullah, and Miriam Ticktin. 2021. "The politics of care." *Contemporary Political Theory*. doi: 10.1057/s41296-021-00515-8.
Wright, Joshua D., and Victoria M. Esses. 2018. "It's security, stupid! Voters' perceptions of immigrants as a security risk predicted support for Donald Trump in the 2016 US presidential election." *Journal of Applied Social Psychology* 49 (1):36-49. doi: 10.1111/jasp.12563.
Young, Iris Marion. 2003. "The Logic of Masculinist Protection: Reflections on the Current Security State." *Signs: Journal of Women in Culture & Society* 29 (1):1-24.
Zechner, Manuela. 2021. *Commoning Care & Collective Power: Childcare Commons and the micropolitics of municipalism in Barcelona*. Vienna: transversal texts.

執筆者紹介〔掲載順〕

山田祥子
一九八六年生まれ。日本学術振興会特別研究員（早稲田大学政治経済学術院次席研究員）。博士（法学）。『グローバルな正義と民主主義――実践に基づいた正義論の構想』（勁草書房、二〇二二年）、「グローバルな正義の主体の語り方」（『思想』第一一五五号、二〇二〇年）。

黒川伊織
一九七四年生まれ。会社役員／神戸大学大学院国際文化学研究科協力研究員。博士（学術）。『戦争・革命の東アジアと日本のコミュニスト――1920～1970年』（有志舎、二〇二〇年）、「「唯物論研究会」弾圧と周辺の人々」（荻野富士夫編『治安維持法一〇〇年と現代』大月書店、二〇二五年）。

林　葉子
一九七三年生まれ。名古屋大学ジェンダーダイバーシティセンター教授。博士（文学）。『性を管理する帝国――公娼制度下の「衛生」問題と廃娼運動』（大阪大学出版会、二〇一七年）、「買売春問題と戦後日本の民主主義――売春防止法制定をめぐる国会と地方議会での議論を中心に」（出原政雄・望月詩史編『「戦後民主主義」の歴史的研究』法律文化社、二〇二一年）。

内藤葉子
一九七〇年生まれ。大阪公立大学大学院現代システム科学研究科教授。博士（社会科学）。『ヴェーバーの心情倫理――国家の暴力と抵抗の主体』（風行社、二〇一九年）、「戦争の暴力とケア――第一次世界大戦期のドイツ市民女性運動を中心に」（『法と哲学』第一〇号、信山社、二〇二四年）。

ソ・ジンヒョン（蘇眞瑩［소진형］）
一九七四年生まれ。ソウル大学奎章閣韓国学研究院責任研究員。博士（ソウル大学）。「モンテスキュー『法の精神』の東アジア的翻訳と翻訳の連鎖――一九世紀末から二〇世紀初頭の日本と中国における『法の精神』翻訳書の政治概念を中心に」（『韓国東洋政治思想史研究』第二〇巻第二号、韓国東洋政治思想史学会、二〇二一年）、「噂と政治――朝鮮後期琉球王子殺害説の発生と流行に関する政治史的アプローチ」（『韓国政治学会報』第五七集第四号、韓国政治学会、二〇二三年）。
【翻訳者　具知會（立正大学仏教学部研究員）】

上田知夫
一九八〇年生まれ。法政大学法学部教授。Doktor der Philosophie. "Kantian Pragmatism and the Habermasian Anti-Deflationist Account of Truth." *Studia Semiotyczne* 34 (2), (2020). https://doi.org/10.26333/sts.xxxiv2.07、「規範的メタ討議と理論的討議参加者の相互信用」（『法学志林』第一二二巻二号、二〇二四年）。

田中将人

一九八二年生まれ。岡山商科大学法学部准教授。博士（政治学）。『ロールズの政治哲学——差異の神義論＝正義論』（風行社、二〇一七年）、『平等とは何か——運、格差、能力主義を問いなおす』（中央公論新社、二〇二五年）。

福島　弦

一九九一年生まれ。日本学術振興会特別研究員PD。博士（政治学）。「これからの『正統性』の話をしよう——国家の規範的正統性の概念分析」（『政治思想研究』第二二号、二〇二二年）、「人の概念を笑うな——政治哲学における多元的概念工学の擁護」（『年報政治学』二〇二四—Ⅱ号、二〇二四年）。

和田昌也

一九八七年生まれ。同志社大学法学部非常勤講師。「ハンナ・アーレントの法概念——ノモス／レックスの二元論を超えて」（『政治思想研究』第二〇号、二〇二〇年）、「「批判的政治哲学」という企て——現代フランス政治哲学の興隆におけるミゲル・アバンスールの位置」（『同志社グローバル・スタディーズ』一一巻、二〇二一年）。

小野寺研太

一九八二年生まれ。日本女子大学家政学部准教授。「フェミニスト社会科学の科学性と政治性——フェミニスト認識論の統合的理解に即して」（『ジェンダー研究』第二三号、二〇二三年）、『戦後日本の社会思想史——近代化と「市民社会」の変遷』（以文社、二〇一五年）。

田渕舜也

一九九六年生まれ。慶應義塾大学法学研究科後期博士課程。修士（法学）。「南原繁と尾高朝雄——価値哲学と現象学、国民国家と広域秩序の相克」（『社会思想史研究』第四八号、二〇二四年）、「「政治哲学としての社会契約説」の誕生——南原繁・バーリン・論理実証主義の狭間で」（『政治思想研究』第二三号、二〇二三年）。

佐久間　啓

一九九六年生まれ。同志社大学大学院グローバル・スタディーズ研究科博士後期課程。日本学術振興会特別研究員。

柴田龍人

一九九六年生まれ。東京大学総合文化研究科博士課程。「誰かに対する義務において要求は中心を成すか？——不確実性と人類の負う義務の観点から」（『相関社会科学』第三二号、二〇二三年）。

小島　望

一九八八年生まれ。白鷗大学法学部講師。博士（政治学）。「三王国戦争期イングランド・ニューズブックにおけるネイション概念の展開——主権・意思・世論」（『年報政治学』二〇二四—Ⅰ号、二〇二四年）、「オーストリアはとこしえに存立す——ハンス・コーンの思想的転回と連続性を巡って」（『社会思想史研究』第四七号、二〇二三年）。

金　鎮燁
一九九一年生まれ。東京大学総合文化研究科国際社会科学専攻博士課程。

重田園江
一九六八年生まれ。明治大学政治経済学部教授。『ホモ・エコノミクス――「利己的人間」の思想史』（ちくま新書、二〇二二年）、『統治の抗争史――フーコー講義1978-79』（勁草書房、二〇一八年）。

田上雅徳
一九六三年生まれ。慶應義塾大学法学部教授。博士（法学）。『入門講義　キリスト教と政治』（慶應義塾大学出版会、二〇一五年）、「教会」（古賀敬太編『政治概念の歴史的展開』第八巻、晃洋書房、二〇一五年）。

川出良枝
一九五九年生まれ。放送大学教授。東京大学名誉教授。博士（法学）。『平和の追求――18世紀フランスのコスモポリタニズム』（東京大学出版会、二〇二三年）。"Liberty and the Rule of Law," in *A Cultural History of Democracy*, vol. 4 (The Age of Enlightenment), eds. M. Mosher and A. Plassart (Bloomsbury Academic, 2021).

神谷昌史
一九七一年生まれ。滋賀文教短期大学国文学科教授。博士（政治学）。『華北交通社員会『興亜』1939～1944――占領地北京の日本語雑誌　別巻　解題、総目次細目』（金沢文圃閣、二〇二二年）、「雑誌『興亜』と弘報・宣撫・錬成――城所英一の言説を中心に」（『滋賀文教短期大学紀要』第二四号、二〇二二年）。

苅部　直
一九六五年生まれ。東京大学法学部教授。『基点としての戦後――政治思想史と現代』（千倉書房、二〇二〇年）、『小林秀雄の謎を解く――『考へるヒント』の精神史』（新潮選書、二〇二三年）。

趙　星銀
一九八三年生まれ。明治学院大学国際学部准教授。博士（法学）。『「大衆」と「市民」の戦後思想――藤田省三と松下圭一』（岩波書店、二〇一七年）、「清水幾太郎と「危機」の20世紀――「流言蜚語」から「電子計算機」まで」（『思想』第一一五三号（岩波書店、二〇二〇年）。

西山真司
一九八三年生まれ。関西大学政策創造学部教授。博士（法学）。『信頼の政治理論』（名古屋大学出版会、二〇一九年）、「心的なカテゴリーは政治の世界をどのように作ったのか――C・メリアムと心理学」（『ノモス』第五四号、二〇二四年）。

上野成利
一九六三年生まれ。神戸大学大学院国際文化学研究科教授。

『暴力』（岩波書店、二〇〇六年）、『『啓蒙の弁証法』を読む』（共編著、岩波書店、二〇二三年）。

ジョアン・トロント Joan Tronto

一九五二年生まれ。ニューヨーク市立大学・ミネソタ大学名誉教授。政治学博士。*Caring Democracy: Markets, Equality, and Justice* (NY: New York University Press, 2013).：岡野八代監訳『ケアリング・デモクラシー——市場、平等、正義』（勁草書房、二〇二四年）、*Moral Boundaries: A Political Argument for an Ethics of Care* (NY: Routledge, 1993).：杉本竜也訳『モラル・バウンダリー——ケアの倫理と政治学』（勁草書房、二〇二四年）。

●政治思想学会規約

第一条　本会は政治思想学会（Japanese Conference for the Study of Political Thought）と称する。

第二条　本会は、政治思想に関する研究を促進し、研究者相互の交流を図ることを目的とする。

第三条　本会は、前条の目的を達成するため、次の活動を行なう。
（1）研究者相互の連絡および協力の促進
（2）研究会・講演会などの開催
（3）国内および国外の関連諸学会との交流および協力
（4）その他、理事会において適当と認めた活動

第四条　本会の会員は、政治思想を研究する者で、会員二名の推薦を受け、理事会において入会を認められたものとする。

第五条　会員は理事会の定めた会費を納めなければならない。会費を滞納した者は、理事会において退会したものとみなすことができる。

第六条　本会の運営のため、以下の役員を置く。
（1）理事　若干名　内一名を代表理事とする。
（2）監事　二名

第七条　理事および監事は総会において選任し、代表理事は理事会において互選する。

第八条　代表理事、理事および監事の任期は二年とし、再任を妨げない。

第九条　代表理事は本会を代表する。
理事は理事会を組織し、会務を執行する。
理事会は理事の中から若干名を互選し、これに日常の会務の執行を委任することができる。

第十条　監事は会計および会務の執行を監査する。

第十一条　理事会は毎年少なくとも一回、総会を召集しなければならない。
理事会は、必要と認めたときは、臨時総会を招集することができる。
総会の招集に際しては、理事会は遅くとも一カ月前までに書面によって会員に通知しなければならない。
総会の議決は出席会員の多数決による。

第十二条　本規約は、総会においてその出席会員の三分の二以上の同意がなければ、変更することができない。

付則　本規約は一九九四年五月二八日より発効する。

【論文公募のお知らせ】

『政治思想研究』編集委員会では、第二六号の刊行（二〇二六年五月予定）にむけて準備を進めています。つきましては、それに掲載する論文を下記の要領で公募いたします。多数のご応募を期待します。

1 **投稿資格**

査読用原稿の提出の時点で、本会の会員であること。また原則として修士号を取得していること。ただし、『政治思想研究』本号に公募論文もしくは依頼論文（書評や研究大会報告などは除く）が掲載された者は、次号には応募することができない。

2 **応募論文**

応募論文は未刊行のものに限る。ただし、インターネット上で他者のコメントを求めるために発表したものはこの限りではない。

3 **エントリー手続**

応募希望者は、二〇二五年七月十五日までに、編集委員会宛（jjpt2025@gmail.com）に、①応募論文のタイトル（仮題でも可）、②執筆者氏名、③メールアドレス、④現職（または在学先）を知らせること。ただし、やむを得ない事情があってこの手続きを踏んでいない場合でも、下記の締切までに応募した論文は受け付ける。

4 **審査用原稿の提出**

原則として、電子ファイルを電子メールに添付して提出すること。

締切　二〇二五年八月三十一日

メールの「件名」に、「公募論文」と記すこと。

次の二つのアドレスの両方に、同一のファイルを送付すること。jjpt2026@gmail.com　tamura@law.nagoya-u.ac.jp

5 **提出するもの**：ファイルの形式は、原則としてWord形式にすること。

（1）論文（審査用原稿）

審査における公平を期するために、著者を特定できないように配慮すること（「拙稿」などの表現や、特定大学の研究会や研究費への言及を避けること。また、電子ファイルのファイル情報（プロパティ欄など）の中に、作成者名などが残らないように注意すること）。

ファイル名には、論文の題名をつけること。題名が十五文字を超える場合には、簡略化すること（ファイル名には著者の名前を入れないこと）。

例：「社会契約説の理論史的ならびに現代的意義」→「社会契約説の意義.docx」

（2）論文の内容についてのA4用紙一枚程度のレジュメ

（3）以下の事項を記載した「応募用紙」

（「応募用紙」は本学会ホームページからダウンロードできるが、任意のA4用紙に以下の八項目を記入したものでもよい）。

①応募論文のタイトル、②執筆者氏名、③連絡先の住所とメールアドレス、④生年、⑤学部卒業年（西暦）月、⑥修士以上の学位（取得年・取得大学）をすべて、⑦現職（または在学先）、⑧主要業績（五点以内。書誌情報も明記のこと）。

6　審査用原稿の様式

（1）原稿の様式は、一行四〇字、一頁三〇行とし、注や図表等も含め、全体で二七頁以内とする（論文タイトルとサブタイトルを除く。また、この様式において、字数は、改行や章・節の変更にともなう余白も含め、三万二四〇〇字以内となる）。二七頁を超えた論文は受理しない。なお、欧文は半角入力とする。

（2）論文タイトルとサブタイトルのみを記載した「表紙」を付けること。「表紙」は字数に含めない。

（3）本文及び注は、一行四〇字、一頁三〇行で、なるべく行間を広くとる。注は文章末にまとめる。横組みでも縦組みでもよいが、A4用紙へのプリントアウトを想定して作成すること。詳しくは「執筆要領」に従うこと。

（4）図や表を使用する場合には、それが占めるスペースを字数に換算して、原稿に明記すること。使用料が必要なものは使用できない。また印刷方法や著作権の関係で掲載ができない場合もある。

7　審査

編集委員会において外部のレフェリーの評価も併せて審査した上で掲載の可否を決定する。応募者には十月下旬頃に結果を通知する。また編集委員会が原稿の手直しを求めることもある。

8　最終原稿

十二月初旬に提出する。編集委員会から修正要求がある場合には、それに対応することが求められるが、それ以外の点については、大幅な改稿は認めない。

9　転載

他の刊行物に転載する場合は、予め編集委員会に転載許可を求め、初出が本誌である旨を明記すること。

10　ホームページ上での公開

本誌に掲載された論文は、原則としてホームページ上でも公開される。

以上

【政治思想学会研究奨励賞】

本賞は『政治思想研究』に掲載を認められた応募論文に対して授与されるものである。

・ただし、応募時点で政治思想に関する研究歴が一五年程度までの政治思想学会会員に限る。
・受賞は一回限りとする。
・受賞者には賞状と賞金（金五万円）を授与する。
・政治思想学会懇親会で受賞者の紹介をおこない、その場に本人が出席している場合は、挨拶をしてもらう。

【執筆要領】

1 入稿はWord形式のファイルで行うこと。ただし特殊なソフトを使用しているためPDF形式でなければ不都合が生じる場合は、PDF形式も認める。

2 見出しは、大見出し（漢数字一、二……）、中見出し（アラビア数字1、2……）、小見出し（⑴、⑵……）を用い、必要な場合にはさらに小さな見出し（i、ii……）をつけることができるが、章、節、項などは使わないこと。

3 注は、文末に（1）、（2）……と付す。

4 引用・参考文献は、以下のように示すこと。

①洋書単行本の場合

著者名、タイトル（イタリック）、出版社、発行年、を明記する。なお、邦訳書を併記する場合は、カッコを付して③の要領で示す。

（例）Habermas, J. *Legitimationsprobleme im Spätkapitalismus*, Suhrkamp, 1973（ユルゲン・ハーバーマス『後期資本主義における正統化の問題』山田正行・金慧訳、岩波文庫、二〇一八年）.

②洋雑誌掲載論文の場合

著者名、タイトル、掲載誌（誌名イタリック、および巻・号等）、発行年、を明記する。

（例）Tokei, F., "Lukács and Hungarian Culture", in *The New Hungarian Quarterly*, vol. 13, no. 47, 1972.

＊編著掲載論文等の場合も、同様に示す（編著の示し方は①に準じる）。

（例）Pocock, J. G. A., "Theory in History: Problems of Context and Narrative", in *The Oxford Handbook of Political Theory*, (eds.) J. S. Dryzek et al., Oxford University Press, 2006.

③和書単行本の場合

著者名およびタイトル（『　』）、出版社、発行年、を明記する。

（例）丸山眞男『現代政治の思想と行動』増補版、未來社、一九六四年

④和雑誌掲載論文の場合

著者名およびタイトル（「　」）、掲載誌（誌名『　』、および巻・号等）、発行年、を明記する。

（例）坂本慶一「プルードンの地域主義思想」、『現代思想』第五巻第八号、一九七七年

＊編著和書掲載論文等の場合も、同様に示す（編著の示し方は③に準じる）。

（例）福田有広「共和主義」、『デモクラシーの政治学』福田有広・谷口将紀編、東京大学出版会、二〇〇二年

5 引用・参考文献として欧文文献を示す場合を除いて、原則として数字は漢数字を使う。

6 「、」や「。」、また「　」（　）等の括弧類は全角のものを使う。

7 校正は印刷上の誤り、不備の訂正のみにとどめ、校正段階での新たな加筆・訂正は認めない。

8　『政治思想研究』は縦組みであるが、本要領を遵守していれば横組み入力でも差し支えない。

9　「書評」および「学会研究大会報告」は、一ページの字数が二九字×二四行×二段（すなわち二九字×四八行）という定型を採用するので、二九字×〇行という体裁で入力する。

10　その他、形式面については第六号以降の方式を踏襲する。

二〇二四—二〇二五年度理事および監事（二〇二四年度第一回総会において承認）

［代表理事］

安武真隆（関西大学）

［理事］

安藤裕介（立教大学）
稲村一隆（早稲田大学）
井上彰（東京大学）
大久保健晴（慶應義塾大学）
岡野八代（同志社大学）
乙部延剛（大阪大学）
鹿子生浩輝（東北大学）
苅部直（東京大学）
川添美央子（慶應義塾大学）
島田英明（東京都立大学）
田村哲樹（名古屋大学）
内藤葉子（大阪公立大学）
早川誠（立正大学）
森川輝一（京都大学）
李セボン（成蹊大学）

伊藤恭彦（名古屋市立大学）
犬塚元（法政大学）
梅田百合香（桃山学院大学）
岡﨑晴輝（九州大学）
小田川大典（岡山大学）
重田園江（明治大学）
鏑木政彦（九州大学）
川上洋平（専修大学）
河野有理（法政大学）
菅原光（専修大学）
堤林剣（慶應義塾大学）
野口雅弘（成蹊大学）
松元雅和（日本大学）
山岡龍一（放送大学）

［監事］

髙山裕二（明治大学）
柳愛林（九州大学）

政治と性／ジェンダー／セクシュアリティ（政治思想研究　第25号）

2025年５月１日　第１刷発行

編　　者　政治思想学会（代表理事　安武真隆）
学会事務局　〒603-8577　京都市北区等持院北町56-1
立命館大学法学部　山本圭研究室内
E-mail：jcsptoffice@gmail.com
学会ホームページ：http://www.jcspt.jp/

発 行 者　犬 塚　　満
発 行 所　株式会社 風　行　社
〒101－0064　東京都千代田区神田猿楽町１－３－２
Tel.・Fax. 03-6672-4001／振替 00190-1-537252
印刷／製本　中央精版印刷株式会社
装丁　古村奈々

ISBN978-4-86258-162-4　C3031　Printed in Japan